Curso de SENTENÇA CÍVEL

• Técnica • Prática • Desenvolvimento de habilidades

Fabrício Castagna Lunardi
Luiz Otávio Rezende

Curso de SENTENÇA CÍVEL

• Técnica • Prática • Desenvolvimento de habilidades

CONFORME novo CPC

2018

EDITORA JusPODIVM
www.editorajuspodivm.com.br

EDITORA
*Jus*PODIVM
www.editorajuspodivm.com.br

Rua Mato Grosso, 164, Ed. Marfina, 1º Andar – Pituba, CEP: 41830-151 – Salvador – Bahia
Tel: (71) 3045.9051
• Contato: https://www.editorajuspodivm.com.br/sac

Capa: Ana Caquetti

Diagramação: Lupe Comunicação e Design *(lupecomunicacao@gmail.com)*

L961 Lunardi, Fabrício Castagna.
Curso de Sentença Cível: Técnica, Prática e Desenvolvimento de Habilidades / Fabrício Castagna Lunardi e Luiz Otávio Rezende. – Salvador: Juspodivm.
672 p.

Bibliografia.
ISBN 978-85-442-1832-7.

1. Sentenças (Direito). 2. Sentenças (Processo Civil) I. Lunardi, Fabrício Castagna. II. Luiz Otávio Rezende III. Título.

CDD 347.077

AGRADECIMENTOS

Redigir os agradecimentos de uma obra acadêmica sempre se apresenta como uma das tarefas mais árduas, em especial pela necessidade de se fazer jus à grandeza de cada um de nossos familiares e caríssimos amigos.

No turbilhão de atividades do dia a dia da vida moderna, marcada pelo encadeamento contínuo de afazeres pessoais e profissionais, é preciso louvar o espírito altruísta de todos aqueles que, de alguma forma, reservaram parcela de seu precioso tempo para nos auxiliar.

Nesse cenário, e para a nossa sorte e felicidade, nossos projetos sempre partem do incentivo total e irrestrito de nossos familiares, cujas palavras de encorajamento, conforto, alegria e, principalmente, compreensão pela pequena ausência durante o estudo, pesquisa e redação do livro, são os pilares de sustentação do êxito que se visa alcançar com a obra.

Partimos deles, e para eles voltamos, motivo pelo qual os agradecimentos não poderiam ter outro início senão pelo nosso muito obrigado à Gabrielle, Sofia e Luca, e Cristiana, Gabriel e Rafael, e ainda a nossos pais e irmãos!

Noutra via, e pelo auxílio primordial no aprimoramento do livro, mostra-se imperioso agradecer a nossos amigos e colegas de magistratura que nos enviaram suas sentenças, engrandecendo a obra ao permitir que nossa proposta de ensino pudesse contar com a apresentação aos leitores de peças elaboradas a partir da análise de casos reais, autorizando, assim, a aproximação da teoria com a prática forense, nesse caso qualificada pelo vasto conhecimento jurídico e técnico de cada um deles, todos com ampla experiência no exercício da judicatura na área cível.

Assim, fica aqui nosso agradecimento aos colegas magistrados Ana Magali de Souza Pinheiro Lins, Ângelo Pinheiro Fernandes, Atalá Correa, José Rodrigues Chaveiro Filho, Luciano dos Santos Mendes, Magáli Dellape Gomes, Matheus Santarelli Zulliani, Ricardo Rocha Leite, Roque Fabrício Viel e Társis Augusto de Santana Lima.

Por outro lado, também não poderíamos esquecer a especial ajuda prestada por Arnaldo Bruno Oliveira e o Curso Mege, que abriram as portas da docência ao professor Luiz Otávio, permitindo a criação e aprimoramento dos exercícios simulados e dicas de preparação para a etapa de sentença do concurso da magistratura, além de Antônio Vilas Boas, pelo incondicional apoio durante a elaboração da obra.

Vale também a nossa lembrança a Ricardo Didier, que mais uma vez confiou em nosso trabalho e pôs elevada ênfase para o desenvolvimento deste projeto.

Agradecemos, ainda, pela honraria de nos brindar com sua participação nesta obra, redigindo o inigualável prefácio, ao Eminente Ministro Luiz Fux, um dos expoentes do direito processual brasileiro, e que diariamente apresenta à comunidade jurídica ampla construção jurisprudencial inovadora e antenada aos novos tempos em que vivemos. Mesmo ante toda a sua titulação e brilhante carreira na magistratura, desde os tempos de juiz de direito substituto no prestigioso Tribunal de Justiça do Estado do Rio de Janeiro, onde tomou posse após aprovação no certame local na primeira colocação, e também ocupando cargo na mais alta Corte de Justiça do país, segue cotidianamente sua busca constante pelo aprimoramento e transmissão do conhecimento jurídico, servindo de inspiração a todos nós magistrados, professores e estudiosos do direito.

Rendemos de igual forma nossa homenagem ao Ministro Paulo de Tarso Sanseverino, civilista de renome nacional, professor e doutrinador, pelo posfácio, no qual deixa inconteste e reafirma sua técnica e precisão terminológica, bem como o conhecimento jurídico trazido em seus julgados. Certamente são palavras que se prestam a incentivar toda uma nova geração de operadores de direito, pois proferidas por magistrado e professor que dedicou sua vida à carreira e à docência, e que por certo ainda nos brindará com vários entendimentos inovadores e paradigmáticos no Superior Tribunal de Justiça.

Por fim, e o mais importante, agradecemos ao leitor, que é a razão desta obra.

Capital Federal, outubro de 2017.

Fabrício Castagna Lunardi
Luiz Otávio Rezende

APRESENTAÇÃO

Logo após a publicação do nosso livro *Curso de Sentença Penal* (Juspodivm, 2017), recebemos de nossos alunos e leitores grande incentivo para que replicássemos a proposta didática na seara cível.

Cientes do desafio e da enorme responsabilidade, considerando a recente edição do novo Código de Processo Civil e suas inovadoras regras, decidimos abraçar a ideia e nos dedicar com todo o afinco a este projeto, sempre com o propósito de auxiliar a comunidade jurídica em geral, aí inclusos magistrados, professores e candidatos à carreira da magistratura, fomentando o saudável debate sobre a elaboração da sentença cível e suas principais nuances.

No entanto, tal como nosso livro congênere, tínhamos como meta desenvolver um projeto que não resultasse apenas em mais uma obra sobre o tema, mas que oportunizasse aprofundada abordagem sobre a técnica de redação da sentença cível e, ademais, permitisse o desenvolvimento da habilidade de aplicar o conhecimento jurídico exposto na prática do ato sentencial cível.

Assim, tem-se o escopo de propor um guia que, ao mesmo tempo, possui base teórica e dogmática por trás de cada frase escrita, mas que também é extremamente prático, com leitura fluida e direcionado a levar o leitor a desenvolver a capacidade de elaborar uma sentença técnica, bem fundamentada, objetiva e completa, no menor tempo possível e com toda a qualidade que se exige tanto na atividade judicante quanto nos concursos públicos.

Desse modo, pretende-se que a leitura deste livro permita não somente o desenvolvimento da aptidão de interpretar e julgar o caso concreto de acordo com os parâmetros traçados pela lei, pela jurisprudência e pela doutrina, mas que também recrudesça o juízo crítico e reflexivo, ou seja, a capacidade de enfrentar questões jurídicas inéditas, cada vez mais comuns na vida contemporânea, diante das constantes mudanças sociais.

Para tanto, esta obra apresenta a forma de estruturação da sentença, as questões mais comuns na prática e em concursos públicos, bem ainda como enfrentá-las, com modelos de redação para cada questão analisada.

De outro lado, aos candidatos à magistratura, a fim de auxiliar na árdua tarefa de preparação, o livro apresenta vários diferenciais, de maneira que também pode ser considerado um guia, já que traz valiosas orientações sobre a preparação para a prova de sentença do concurso da magistratura, bem como as normativas que regem essa etapa do certame.

Além disso, com o intuito de desenvolver a habilidade de sentenciar – um dos objetivos principais –, o livro contém exercícios simulados e seus respectivos gabaritos, que, juntamente com as sentenças reais de diversos magistrados, vão permitir o acesso a inúmeros formatos e modos de redação do ato sentencial, tudo para autorizar o leitor a desenvolver seu próprio estilo de escrita, e não somente seguir o dos autores do livro.

Para tornar a proposta de ensino mais completa, e promover a necessária interligação entre a prática forense de 1º grau e a jurisprudência das Cortes Superiores, inseriu-se capítulo com extenso rol de precedentes firmados nos recursos submetidos à sistemática da repercussão geral e recursos repetitivos, além das súmulas do Supremo Tribunal Federal e Superior Tribunal de Justiça envolvendo as matérias direito civil e processual civil, de forma sistematizada, tudo no intuito de otimizar o estudo e tempo do juiz e do candidato à magistratura.

Nesse ínterim, didaticamente, o livro foi estruturado em seis capítulos.

No capítulo I, traz-se a introdução à sentença cível do concurso da magistratura, com a exposição inicial do regramento geral editado pelo Conselho Nacional de Justiça, seguido de inúmeras orientações práticas específicas de preparação para a prova de sentença.

No capítulo II, apresentam-se os elementos e a estruturação da sentença, sempre com modelos, a fim de instrumentalizar o leitor. Desse modo, inicia-se abordando os requisitos da sentença e a forma de exposição dos seus elementos. A seguir, trata-se do preâmbulo e da ementa, como elementos facultativos da sentença. Expõe-se a forma de elaboração do relatório da sentença cível, a partir da demonstração das suas funções, das questões redacionais, inclusive quando se julga mais de um processo na mesma sentença. Na sequência, aborda-se a fundamentação da sentença, a partir da sua definição, função, forma e estilo de redação, estruturação e conteúdo, analisando-se, inclusive, os impactos do Novo CPC na argumentação da sentença cível. A seguir, desenvolvem-se as questões preliminares ao mérito mais comuns na prática e em concursos públicos, bem como a forma de enfrentá-las. Trata-se, também, da análise das questões preliminares de mérito. Mostra-se a forma de analisar o mérito propriamente dito, bem como a sua estruturação, de acordo com a ordem de prejudicialidade das questões. É analisado, ainda, o dispositivo, dentro de toda a sua importância e complexidade, nas sentenças terminativa e definitiva, de procedência e de improcedência, no indeferimento da petição inicial e no julgamento liminar de improcedência. Abordam-se, ademais, todos os outros elementos que devem constar do dispositivo, como juros e correção monetária, medidas de coerção, custas e honorários advocatícios, reexame necessário, determinações diversas, dentre outras. Ao fim do capítulo, mostra-se como fazer o epílogo e o fecho (ou parte autenticativa).

O capítulo III tem como mote a exposição dos pontos essenciais das ações mais comuns, cuja presença no dia a dia forense e nas provas dos concursos para o ingresso na carreira da magistratura é naturalmente esperada. Em cada um dos itens do capítulo, buscou-se delinear os pontos de evidência dos procedimentos expostos e a correta forma de resolução fundamentada de variadas questões práticas de cada um deles, sempre tomando a jurisprudência do STF e STJ como referência, sem descurar da citação, se o caso, da doutrina correspondente. Ao final, para aprimoramento, colacionou-se pesquisa realizada sobre as últimas provas de quase todos os certames da magistratura, apontando não só as ações cobradas nos questionamentos, mas também, em alguns casos, o entendimento base reputado correto pela respectiva banca examinadora.

Por sua vez, o capítulo IV visa apresentar uma compilação da jurisprudência consolidada do STF e STJ, que, à evidência, são os tribunais responsáveis pela última palavra em matéria constitucional e infraconstitucional, respectivamente. Fez-se não só a exposição das súmulas editadas pelas citadas Cortes em matéria civil e processual civil, separadas por assunto, mas também se colacionou os julgados que ocorreram sob a sistemática da repercussão geral e dos recursos repetitivos, com ênfase nos mais recentes.

O capítulo V foca em um dos principais objetivos do livro, atinente ao desenvolvimento de habilidades, uma vez que tem em seu bojo mais de vinte exercícios simulados envolvendo direito civil, processual civil, administrativo, constitucional e empresarial, todos criados para treinamento voltado a certames promovidos por vários tribunais brasileiros, de modo a permitir o contato direto do leitor com a realidade vindoura na prova futura, qual seja, a efetiva redação da sentença cível a partir da análise de um caso hipotético envolvendo as citadas áreas do direito. Todos os exercícios são acompanhados de padrão de resposta, para permitir o completo aprendizado com a realização do treinamento.

Em arremate, e não menos importante, o capítulo VI subjaz ideia que entendemos primordial, relativa à necessidade de disponibilização de variadas técnicas de abordagem e fundamentação da sentença cível, com o objetivo claro de permitir ao leitor a escolha daquela que melhor se adeque ao seu perfil quando da redação da sentença, ainda na seara de fomentar o desenvolvimento da habilidade natural para a escrita efetiva da peça, e sem impor, portanto, o formato adotado pelos autores do livro.

Assim, o livro foi desenvolvido didaticamente no sentido de instrumentalizar, passo a passo, o aprendizado ou o aprimoramento da técnica de sentença cível, bem como o desenvolvimento dessa habilidade, e, ao se juntar a nosso *Curso de Sentença Penal*, também editado pela Juspodivm, completa nossa coleção sobre a técnica de elaboração da sentença, seja essa cível ou criminal.

Desejamos a todos uma ótima leitura!

Capital Federal, outubro de 2017.

Fabrício Castagna Lunardi

Luiz Otávio Rezende

SOBRE OS AUTORES

FABRÍCIO CASTAGNA LUNARDI

Juiz de Direito da Justiça do Distrito Federal e dos Territórios. Doutorando em Direito pela Universidade de Brasília e Mestre em Direito pela mesma Universidade (2014). Possui Graduação em Direito (2004) e Especialização em Direito Civil pela Universidade Federal de Santa Maria (2006). Foi advogado privado em 2005 e 2006. Defensor Público do Estado do Rio Grande do Sul no ano de 2006. Exerceu o cargo de Advogado da União (AGU) no período de 2006 a 2009. Foi professor de direito processual civil e de direito constitucional da UFSM e parecerista da Revista Eletrônica do Curso de Direito da mesma Universidade no período de 2006 a 2007. Aprovado nos concursos públicos para os cargos de Defensor Público do Estado do Rio Grande do Sul, Procurador do Estado do Rio Grande do Sul, Procurador Federal, Procurador da Fazenda Nacional, Advogado da União, Promotor do Ministério Público do Paraná (1º lugar) e Juiz de Direito Substituto da Justiça do Distrito Federal e dos Territórios. É professor de direito processual dos cursos de Pós-Graduação "Lato Sensu" do Instituto Brasiliense de Direito Público (IDP), dos Cursos de Aperfeiçoamento da Escola de Administração Judiciária do TJDFT e de diversas outras instituições de ensino. É pesquisador e palestrante. Parecerista/avaliador da *Revista de Doutrina e Jurisprudência* do TJDFT e da *Revista Sociais e Humanas*. Autor de diversos livros, incluindo *Curso de Direito Processual Civil* (Saraiva, 2017). Coautor do livro *Curso de Sentença Penal* (Juspodivm, 2017). Possui diversos artigos publicados na área de direito processual civil. Examinador em Bancas de Concursos Públicos organizados pelo CESPE/CEBRASPE.

LUIZ OTÁVIO REZENDE

Juiz de Direito Substituto da Justiça do Distrito Federal e dos Territórios. Gestor Jurídico do Estado de Goiás (2007), atuando como coordenador jurídico de vários concursos estaduais promovidos nos anos de 2008 e 2009. Aprovado no concurso público para o provimento do cargo de Procurador junto ao Tribunal de Contas do Estado de Roraima (2008). Foi membro da Banca Examinadora do Cespe/UnB no XIV Concurso para provimento do cargo de Juiz Federal Substituto do Tribunal Regional Federal da 2ª Região, no XII Concurso para provimento do cargo de Juiz Federal Substituto do Tribunal Regional Federal da 5ª Região, no concurso para provimento do cargo de Juiz do Trabalho Substituto do Tribunal Regional do Trabalho da 5ª Região, no concurso para provimento do cargo de Juiz-Auditor Substituto da Justiça Militar da União, e nos certames para provimento dos cargos de Juiz de Direito Substituto dos Estados do Piauí, Pará, Maranhão, Ceará e Espírito Santo. Autor do livro *Concurso para a Magistratura:* guia prático (Juspodivm, 2017). Coautor do livro *Curso de Sentença Penal* (Juspodivm, 2017). Professor do curso preparatório MEGE.

PREFÁCIO

O Código de Processo Civil de 2015 empreendeu uma mudança de cultura na sociedade brasileira, decorrente da revolução do modo como os litígios são solucionados, o que alçou o Brasil ao patamar dos países com sistemas processuais mais eficientes. O novo diploma, pretendendo atualizar o sistema processual para responder as demandas da sociedade do século XXI e desincentivar o excessivo número de demandas e a prodigalidade recursal, aumentou a eficiência processual, combateu o formalismo processual e reduziu o número de impugnações.

Os tempos hodiernos reclamam uma justiça acessível ao povo, que conceda ao cidadão uma resposta justa e tempestiva, apta a nutrir o respeito e a credibilidade pelo órgão que a presta, o Poder Judiciário, diante da cláusula pétrea constitucional da inafastabilidade da jurisdição.

Imbuído desse espírito, o novo Código de Processo Civil também dispensou especial atenção à sentença, ato máximo do exercício da jurisdição. O artigo 489, *caput*, define os elementos essenciais da sentença. Em seguida, os §§ 1º e 2º do mesmo dispositivo apresentam regras programáticas que norteiam a fundamentação das decisões judiciais, com vistas a incentivar os juízes a fortalecer o equilíbrio epistemológico dos fundamentos de fato e de direito adotados para decidir o caso concreto. Por sua vez, os artigos 491 e seguintes definem os acessórios, a extensão e os limites das sentenças, em observância ao princípio da correlação à demanda.

A obra dos Juízes Fabrício Castagna Lunardi e Luiz Otávio Rezende, alinhada à reforma processual civil, consiste em farol prático não apenas para os profissionais que se encontram em preparação para o árido concurso da magistratura, mas certamente para os juízes brasileiros em constante interesse por atualização. A divisão metodológica do trabalho prima pelo didatismo, percorrendo todas as fases de produção de uma sentença, do relatório ao dispositivo, incluindo-se, nesse iter, as questões preliminares processuais, as questões prejudiciais de mérito e o mérito propriamente dito. Todos os pontos mais comuns rotineiramente enfrentados por um magistrado na solução dos litígios encontram-se minuciosamente explicados nos seis capítulos da obra, que também prima pela atualização jurisprudencial, apresentando ao leitor os entendimentos mais abalizados dos tribunais pátrios.

Por fim, destacam-se os dois últimos capítulos da obra, que desafiam o leitor a produzir alguns exercícios de sentença. A obra colaciona 26 exercícios, construídos com base nas últimas provas de concurso para a magistratura dos tribunais de justiça do país, dos anos de 2015 a 2017. Correlatamente, os autores apresentam espelhos de resposta, com soluções detalhadas dos problemas propostos.

Em tempo, a substanciosa obra dos magistrados e professores Fabrício Castagna Lunardi e Luiz Otávio Rezende inegavelmente contribui para a formação de conhecimento sobre o nosso microssistema processual civil, especialmente sob o prisma da reforma de 2015. Ao enfrentar temas tradicionais e atuais com notável refino teórico, os autores lançam luzes para novas discussões do Direito Processual Civil e inspiram a comunidade jurídica a pensar criticamente o nosso estado da arte.

Brasília, 24 de agosto de 2017.

Luiz Fux
Ministro do Supremo Tribunal Federal

SUMÁRIO

LISTA DE ABREVIATURAS

ACP – Ação civil pública
ADC – Ação declaratória de constitucionalidade
ADI – Ação direta de inconstitucionalidade
ADPF – Ação de descumprimento de preceito fundamental
AgRg – Agravo regimental
Al. – Alínea
AgInt – Agravo Interno
AgReg – Agravo Regimental
AP – Apelação
AP – Ação popular
AREsp – Agravo de Instrumento para subida de Recurso Especial
Art. – Artigo
CC – Código Civil
CC – Conflito de Competência
CF – Constituição Federal
CNJ – Conselho Nacional de Justiça
CP – Código Penal
CPC – Código de Processo Civil
CPP – Código de Processo Penal
Des. – Desembargador(a)
divulg – Divulgado em.
DJ – Diário da Justiça
DJe – Diário da Justiça Eletrônico
DJU – Diário da Justiça da União
DOU – Diário Oficial da União
DP – Defensoria Pública
EC – Emenda Constitucional
ED – Embargos de declaração

Ed. – Edição
ENFAM – Escola Nacional de Formação e Aperfeiçoamento de Magistrados
FGTS – Fundo de Garantia do Tempo de Serviço
FPPC – Fórum Permanente de Processualistas Civis
HC – Habeas Corpus
HD – Habeas Data
IAC – Incidente de assunção de competência
i.e. – Isto é (Id est)
Inc. – Inciso
Inq – Inquérito
INSS – Instituto Nacional do Seguro Social
IRDR – Incidente de resolução de demandas repetitivas
j. – Julgado
LIA – Lei de Improbidade Administrativa
LC – Lei Complementar
LMS – Lei do Mandado de Segurança
LOMP – Lei Orgânica do Ministério Público
MI – Mandado de Injunção
Min. – Ministro(a)
MP – Ministério Público
MP – Medida Provisória
MPDFT – Ministério Público do Distrito Federal e Territórios
MS – Mandado de Segurança
n. – número
NCPC – Novo Código de Processo Civil
OAB – Ordem dos Advogados do Brasil
p. – Página
P. ex. – Por exemplo
PJe – Processo Judicial Eletrônico
public – Publicado em
QO – Questão de ordem
RE – Recurso extraordinário
Rcl – Reclamação
Rel. – Relator

Res. – Resolução
REsp – Recurso especial
RHC – Recurso Ordinário em *Habeas Corpus*
RMS – Recurso Ordinário em mandado de segurança
Segs. – Seguintes
STF – Supremo Tribunal Federal
STJ – Superior Tribunal de Justiça
STM – Superior Tribunal Militar
T. – Turma
TNU – Turma Nacional de Uniformização de Jurisprudência dos Juizados Especiais Federais
TJ – Tribunal de Justiça
TJDFT – Tribunal de Justiça do Distrito Federal e Territórios
trad. – Tradução
TRF1 – Tribunal Regional Federal da Primeira Região
TRF2 – Tribunal Regional Federal da Segunda Região
TRF3 – Tribunal Regional Federal da Terceira Região
TRF4 – Tribunal Regional Federal da Quarta Região
TRF5 – Tribunal Regional Federal da Quinta Região
TRT – Tribunal Regional do Trabalho
TSE – Tribunal Superior Eleitoral
TST – Tribunal Superior do Trabalho
v. – volume
§ – Parágrafo

INTROITO

POR QUE UM CURSO DE SENTENÇA CÍVEL?

Fabrício Castagna Lunardi

Ao se buscar intitular uma obra, é preciso encontrar signos linguísticos que possam espelhar o seu conteúdo. Portanto, nominar o livro de *Curso* de Sentença Cível, assim como fizemos na obra congênere ("Curso de Sentença Penal"), se deve a todos os diferenciais que se pretendeu imprimir à obra, que não se circunscreve apenas à apresentação da técnica, tampouco possui uma abordagem puramente teórica. Muito além disso, tem o formato de um *Curso*, pois pretende desenvolver o conhecimento e as habilidades necessárias a partir do domínio do direito material e processual, da sua sistematização do direito dentro da estrutura da sentença, bem como a partir da demonstração de como o conhecimento jurídico deve ser adequadamente aplicado, dentro da técnica, propondo-se modelos de redação, apresentando-se estilos de linguagem, sentenças reais, questões de concurso e exercícios simulados para serem desenvolvidos, com o que se pretende desenvolver a própria habilidade de sentenciar.

Para tanto, na construção do presente livro, pressupõe-se que a preparação do candidato para o concurso da magistratura possui um relevantíssimo papel de formá-lo para o exercício de sua atividade, além, é claro, de instrumentalizá-lo a obter o conhecimento necessário e a desenvolver habilidades para aquilo que será exigido na prova do certame, suprindo-se eventuais carências na formação jurídica.

A formação e o aperfeiçoamento técnico-profissional dos magistrados devem começar antes mesmo do ingresso na magistratura, ainda na fase de preparação para o concurso. Ao julgador, não é dado o privilégio de experimentar a profissão. O magistrado personifica o Poder Judiciário[1]. Ao desempenhar a

---

1 "A capacitação técnico-profissional dos membros da magistratura brasileira, mediante a formação, o aperfeiçoamento e uma atualização permanente, consubstancia objetivo ma-

atividade judicante, está dizendo a vontade concreta do direito e modificando o mundo real, distribuindo justiça, enfim, impactando diretamente a vida das pessoas.

Desse modo, para se conseguir efetividade no Judiciário, assim entendido o julgamento de casos de forma qualificada e no menor espaço de tempo possível, é imprescindível a profissionalização da magistratura.[2] Com efeito, o juiz, chamado a decidir um caso concreto, não pode partir para um pensamento teorético infindável, enquanto existe uma parte esperando a solução do seu caso[3]. No entanto, também não está autorizado a ser puramente casuísta, ou seja, decidir o caso somente a partir da sua concepção de justiça, ignorando os parâmetros normativos. Portanto, para o julgador, não é suficiente nem o pensamento puramente casuísta, nem o puramente sistemático, pois "deve ser adotado um juízo prático, mas com vinculações sistemáticas".[4]

---

triz, de significativa relevância, quando se trata de refletir sobre a dinâmica institucional de presteza e atuação adequada do Poder Judiciário. Em verdade, a instituição judiciária são os seus juízes, como órgãos de Poder, firmando-se cada um deles um desempenho qualitativo na função essencial de distribuição de Justiça". (ALVES, Jones Figueirêdo; LIRA, Jorge Américo Pereira de. Apresentação. In: ALVES, Jones Figueirêdo; LIRA, Jorge Américo Pereira de. Apresentação (Coord.). *Manual das decisões judiciais cíveis*. 2. ed. Rio de Janeiro: Forense, 2010)

2 Sobre o tema, assim afirma Dalmo de Abreu Dallari: "A consequência é que, por mais que se queira evitar, não há como recursar a profissionalização dos juízes, determinada por circunstâncias de ordem prática. [...] Por outro lado, entretanto, o reconhecimento do caráter profissional nada tem de degradante para a magistratura nem reduz seu prestígio e sua respeitabilidade. A par disso, a profissionalização permite uma seleção mais adequada e amplia a possibilidade de aperfeiçoamento constante dos juízes, além de proporcionar o aproveitamento de sua experiência acumulada." (DALLARI. Dalmo de Abreu. *O poder dos juízes*. 3. ed. São Paulo: Saraiva, 2008. p. 26)

3 Desse modo, é infundada, errônea e injusta a crítica por vezes feita pela academia aos candidatos a concurso públicos, quando afirmam que, ao invés de uma perspectiva crítica, adotam um método de estudo direcionado visando absorver o máximo de conhecimento jurídico sobre as diversas áreas do direito.

4 "O pensamento sistemático parte de uma totalidade; o pensamento casuístico procede de modo diverso, podendo contar com conhecimentos fragmentários. O primeiro tem sido criticado pelo racionalismo e pela desvinculação entre o caso e o mundo real, e por isso há um retorno à análise do direito como uma técnica de solução de problemas. A análise de casos é enriquecedora e realista, mas pode levar ao caos social esse a única perspectiva considerada forem os interesses de dois indivíduos. É necessário considerar quais benefícios e prejuízos sofrerá o terceiro ausente de um conflito bilateral, que é justamente a sociedade, sendo imprescindível para tato ter em conta uma perspectiva global. Esse enfoque nos leva a indicar que ambas as perspectivas são complementares, razão pela qual deve ser adotado um juízo prático, mas com vinculações sistemáticas." (LORENZETTI, Ricardo Luis. *Teoria da decisão judicial: fundamentos de direito*. 2. ed. São Paulo: Revista dos Tribunais, 2010. p. 76)

O acúmulo de conhecimento sobre as diversas áreas do direito é uma necessidade, tanto para o ingresso no concurso público (em que será exigida essa habilidade), quanto na prática judicante, pois o magistrado precisa decidir com rapidez e segurança,[5] além de equilíbrio, sensatez e consequencialismo.[6] Para isso, o domínio do conhecimento e o desenvolvimento de certas habilidades inerentes à magistratura são essenciais.

Nesse sentido, o critério de seleção por concursos públicos cada vez mais concorridos tem a importante função de proporcionar a escolha de melhores magistrados,[7] por um processo seletivo que compreende diversas fases e que exige o conhecimento das mais variadas matérias, além, é claro, de legitimar o processo de ingresso na carreira, pelo critério meritório[8], assegurando-se a participação de todos.[9]

---

5 "O magistrado é requisitado a decidir com rapidez e com segurança. Precisa aliara produtividade e a coerência." (NALINI, José Renato. *Ética na magistratura*. 2. ed. São Paulo: Revista dos Tribunais, 2010. p. 190)

6 NALINI, José Renato. *Ética na magistratura*. 2. ed. São Paulo: Revista dos Tribunais, 2010. pp. 189-192.

7 Também nesse sentido Dalmo de Abreu Dallari: "Por todos esses motivos, bem como pelos resultados colhidos da experiência, não há dúvida de que, na sociedade moderna, o melhor modo de seleção dos juízes é o concurso público, aberto, em igualdade de condições, a todos os candidatos que preencham certos requisitos fixados em lei, excluída qualquer espécie de privilégio ou discriminação. Desde que a Constituição preveja esse modo de escolha e uma vez que os juízes, regularmente selecionados, atuem nos limites de sua competência legal, não há como pôr em dúvida sua legitimidade. Esta decorre da Constituição e não é menor do que a resultante do processo eleitoral". (DALLARI. Dalmo de Abreu. *O poder dos juízes*. 3. ed. São Paulo: Saraiva, 2008. pp. 26/27)

8 "Dessa forma, a ordem constitucional permaneceu fiel à tradição do sistema concursal para a investidura no cargo de Juiz de Direito, o que acentua o critério competitivo meritório por via da escolha dos candidatos com maior capacidade e conhecimento técnico e idoneidade moral, a caracterizar, pois, 'uma das expressões mais vigorosas da democracia, pois permite que todos concorram, valendo-se de seus méritos, ao acesso aos cargos públicos', observada a ordem de classificação no concurso que livre os melhores candidatos de eventuais constrangimentos para a obtenção de sua nomeação. O concurso de provas e títulos, observados os princípios constitucionais da legalidade, impessoalidade, moralidade, publicidade e eficiência, envolve exames escritos e orais sobre as disciplinas jurídicas e não jurídicas, sob os aspectos teóricos e práticos, a comprovação de titulação (v.g. pós-graduação, aprovação em outros concursos públicos, exercícios de outros cargos públicos, publicações de livros e artigos técnico-científicos etc.) e a idoneidade moral dos candidatos." (PELUSO, Vinicius de Toledo Piza; GONÇALVES, José Wilson. *Comentários à lei orgânica da magistratura nacional:* Lei Complementar 35/1979 – LOMAN. São Paulo: Revista dos Tribunais, 2010. p. 146)

9 Assim, assegurando-se a possibilidade de participação a todos, desde que atinjam os requisitos para a investidura no cargo, e o critério meritório, trata-se de um processo talvez ainda mais legítimo que o de escolha dos membros dos outros poderes, onde a eleição tem

A par do conhecimento jurídico exigido, os concursos públicos atualmente demandam que o candidato tenha treinado habilidades, inclusive a de proferir uma sentença com qualidade dentro de um curto espaço de tempo.

Nessa perspectiva, o presente livro tem por objetivo, além de apresentar um roteiro lógico e didático para a elaboração de uma sentença cível, também proporcionar que o candidato treine e desenvolva essa habilidade, que lhe será essencial para o desempenho da judicatura.

Com este *Curso de Sentença Cível,* serão desenvolvidas as seguintes competências[10] genéricas: a) capacidade de identificar, selecionar e organizar as questões relevantes postas no caso a ser julgado; b) escrever uma sentença de forma estruturada, técnica e juridicamente fundamentada, dentro dos limites da questão posta. Além disso, também serão desenvolvidas as seguintes competências específicas: a) capacidade de aplicar o conhecimento jurídico ao caso concreto; b) capacidade de desenvolver uma forma de escrita para cada tipo de questão posta (preliminares ao mérito, preliminares de mérito, questões prejudiciais, alegações das partes, exame de provas etc.), dentro da técnica; c) capacidade de escrever uma sentença fundamentada e completa no menor tempo possível; d) capacidade de agir com autonomia frente a novas questões, em relação às quais não há precedente específico ou prévia interpretação que possa lhe indicar um norte de decisão.

Para isso, esta obra utiliza basicamente dois métodos, quase que simultaneamente. O primeiro é o jurídico-dogmático, analisando-se as questões normativas, dentro de uma linha metodológica jurisprudencial,[11] assumindo-se a dialética entre o ordenamento e o problema localizado. O segundo método

---

por trás um forte processo de financiamento de campanha, que fatalmente leva a autoridade eleita a privilegiar determinados interesses daqueles que o apoiaram no processo eleitoral.

10 O conceito de competência aqui adotado é de natureza metodológico, como na abordagem de André Rodrigues Corrêa: "A noção de competência utilizada nesse trabalho guarda conexão com aquelas expostas por Elisabeth Dugué, para quem as competências, compreendidas como 'saberes em ação', são 'o conjunto de conhecimentos e de maneiras de ser que se combinam harmoniosamente para responder às necessidades de uma dada situação em dado momento', e Richard Wittorski, que a define como 'a mobilização na ação de um certo número de saberes combinados de maneira específica, em razão do quadro de percepção que o ator constrói da situação'. No mesmo sentido, Philippe Perrenoud define competência como 'capacidade de agir eficazmente em um determinado tipo de situação, apoiada em conhecimentos, mas sem limitar-se a eles', termo que relaciona com outro: 'habilidades'." (CORRÊA, André Rodrigues. Por que privilegiar o desenvolvimento de competências? Relato de uma aula de Direito Contratual. In: GHIRARDI, José Garcez; VANZELLA, Rafael Domingos Faiardo (orgs.). *Ensino jurídico participativo: construção de programas, experiências didáticas.* São Paulo: Saraiva, 2009. p. 27-72. pp. 32-33)

11 GUSTIN, Miracy B. S.; DIAS, Maria Tereza Fonseca. *(Re)pensando a pesquisa jurídica*. Belo Horizonte: Del Rey, 2010. p. 21

utilizado – combinado ao primeiro – é o de estudo de caso[12], em que serão propostos problemas (exercícios/provas de sentença simulada) que devem ser solucionados. A partir dessa metodologia, o livro pretende ser não somente uma obra doutrinária, de onde o conhecimento deve ser absorvido, mas também um guia e um facilitador, proporcionando que possa haver uma melhor compreensão dos temas abordados, já que se passa a ter não apenas a perspectiva teórico-dogmática da técnica de sentença, mas também um contato com o modo pelo qual o conhecimento afirmado em tese pode ser bem aplicado e utilizado concretamente na estrutura da sentença. Nesse sentido, como o leitor é convidado a participar ativamente do processo de construção da solução, há uma maior retenção do conhecimento, no desenvolvimento da habilidade de desenvolver uma sentença fundamentada, tecnicamente correta e bem estruturada.

Desse modo, poderá ser encontrado neste livro um verdadeiro *Curso* de Sentença Cível, que contém tanto o conhecimento jurídico necessário para aplicar, de forma correta, técnica e adequada, o direito material e processual, a fim de julgar o caso concreto, como também um roteiro para o aprimoramento da técnica, para exercitar a prática de sentença e para visualizar os diversos tipos de sentenças e de estilos de magistrados. Além disso, para o candidato a concurso público, também terá um importante aliado na preparação, pois são colocadas dicas de estudo, normas que regem a prova de sentença, diversos modelos de redação em cada item abordado, exercícios simulados, questões mais importantes relativas aos procedimentos especiais e modelos de dispositivos de sentença.

Ao final da leitura do livro e da prática dos exercícios propostos, espera-se que o candidato esteja apto a enfrentar as provas de sentença para o concurso da magistratura, e o magistrado, na prática judicante, a elaborar uma sentença de forma mais técnica, fundamentada e rápida.

12 GIL, Antonio Carlos. *Didática do Ensino Superior.* São Paulo: Atlas, 2008. pp. 178-180.

Capítulo I

ORIENTAÇÕES GERAIS SOBRE O CONCURSO PARA INGRESSO NA CARREIRA DA MAGISTRATURA

Luiz Otávio Rezende

1. REGRAS CONSTANTES DA RESOLUÇÃO N. 75/09 DO CONSELHO NACIONAL DE JUSTIÇA[1]

Segundo a Resolução n. 75/09 do CNJ, os candidatos às carreiras da magistratura estadual e federal devem se submeter, obrigatoriamente, a duas provas de sentença, em dias sucessivos, sendo uma versando sobre matéria cível, e outra tratando de matéria criminal. A Justiça Militar demandará a feitura de apenas uma sentença criminal[2].

A convocação dos aprovados para realizarem esta etapa deve ser feita no mínimo 15 (quinze) dias antes da data prevista para a prova, e o desatendimento a essa regra poderá levar à anulação da fase de sentença, desde que comprovado o prejuízo aos candidatos[3-4].

---

1 Para maiores esclarecimentos sobre todas as fases do concurso da magistratura, bem como dicas específicas de preparação para cada uma delas, vide: (REZENDE, Luiz Otávio. *Concurso para a magistratura: guia prático*. Salvador: Juspodivm, 2017).

2 Art. 49, II e III, da Resolução n. 75/09. A partir desta previsão, conclui-se que os Tribunais não podem mais exigir dos candidatos mais de duas provas de sentença, situação antes vivenciada, por exemplo, nos certames do TJDFT, que, até o ano de 2008, submetia os candidatos à magistratura distrital a quatro provas de sentença de matérias variadas em dias subsequentes, cada um deles com uma nota mínima a ser alcançada para permitir a aprovação do postulante ao cargo.

3 Artigo 50 da Resolução n. 75/09 do CNJ.

4 A inobservância de regra procedimental de divulgação de notas não acarreta a nulidade de concurso público quando não demonstrado prejuízo aos concorrentes (AO n. 1395 ED / ES. Rel. Min. Dias Toffoli. Julgamento: 24.06.2010. Órgão Julgador: Tribunal Pleno).

O tempo de duração da prova não pode ser inferior a 4 (quatro) horas, e há nota mínima a ser alcançada pelo candidato para fins de aprovação, qual seja, 6 (seis) pontos de 10 (dez) possíveis[5], cabendo realçar que as provas de sentença devem ser obrigatoriamente discursivas e realizadas em dias distintos, preferencialmente nos finais de semana[6], sendo afastada a possibilidade de utilização de computadores ou laptops para a feitura da prova[7].

Ao candidato, poderá ser facultada a consulta à legislação desacompanhada de anotação ou comentário, não lhe sendo permitido, porém, a utilização de obras doutrinárias, súmulas e orientações jurisprudenciais durante a realização da prova[8].

Noutra via, observa-se que não só o conhecimento jurídico será avaliado, mas também a utilização correta do idioma oficial e a capacidade de exposição do candidato[9].

Entregues as provas aos candidatos, são vedados esclarecimentos sobre o enunciado das questões ou sobre a forma de resolução dessas[10-11].

Na elaboração do questionamento atinente à prova de sentença, há de se observar que a Banca Examinadora pode optar por determinada linha interpretativa do direito, desde que baseada em lei, jurisprudência e doutrina[12], e

---

5 Art. 54, parágrafo único, da Resolução n. 75/09.

6 Artigo 52 da Resolução n. 75/09 do CNJ.

7 PEDIDO DE PROVIDÊNCIAS PARA AUTORIZAR TRIBUNAIS DE JUSTIÇA A PERMITIR O USO DE COMPUTADORES NA SEGUNDA FASE DO CONCURSO DE INGRESSO PARA A CARREIRA DA MAGISTRATURA. IMPROCEDÊNCIA. PEDIDO PARAREALIZAR PROVA ORAL POR ARGUIÇÃO EM COMISSÕES TEMÁTICA. IMPROCEDÊNCIA.1. O objetivo precípuo da Resolução nº 75 é "a imperativa necessidade de editar normas destinadas a regulamentar e a uniformizar o procedimento e os critérios relacionados ao concurso de ingresso na carreira da magistratura do poder Judiciário nacional".2. Autorizar os Tribunais a adaptar seus dispositivos internos em detrimento das regras da Resolução nº 75 equivale a fulminar a própria Resolução.3. Improcedência do pedido. (PP n. 0005476-63.2011.2.00.0000. Rel. Conselheiro NEVES AMORIM. Julgado em 06.12.2011).

8 Artigo 46 da Resolução n. 75/09 do CNJ.

9 Artigo 48, parágrafo único, da Resolução n. 75/09 do CNJ.

10 Artigo 53, § 1º, da Resolução n. 75/09 do CNJ.

11 Não há previsão no Edital ou na Resolução 75/CNJ de que a Banca Examinadora forneça aos candidatos material de consulta. O parágrafo único do art. 46 da Res. 75 apenas estabelece que a Comissão Examinadora poderá dirimir dúvidas durante a prova, mas não a autoriza a distribuir qualquer tipo de subsídio para a sua realização. ETAPA ANULADA. (PCA n. 0005003-09.2013.2.00.0000. Rel. Conselheira Maria Cristina Irigoyen Peduzzi. Julgado em 05.11.2013).

12 Em entendimento aplicável pelo Conselho Nacional de Justiça, a jurisprudência do Supremo Tribunal Federal e a do Superior Tribunal de Justiça são pacíficas em não caber ao Poder Judiciário, no controle jurisdicional de legalidade, substituir-se à banca examinadora nos

respeitados os ditames estabelecidos nos artigos 489, § 1º, e 927, ambos do novo CPC, que trazem as balizas referentes aos precedentes jurisprudenciais de observância obrigatória.

O conteúdo programático a ser utilizado para a elaboração das provas tem previsão geral na Resolução n. 75/09 do CNJ[13], regramento que não impõe, todavia, a forma como as disciplinas lá constantes devem ser abordadas pelas Bancas Examinadoras, ou ainda a maneira como devem ser interpretadas e, claro, corrigidas a partir dos questionamentos formulados[14-15].

---

critérios de correção e atribuição de notas de provas, salvo em caso de erro grosseiro ou de ilegalidade. É possível que a banca de qualquer concurso cometa erros de caráter metodológico ou científico, mas isso, dentro de certos limites, é inerente à falibilidade e à subjetividade próprias de seleções na área das ditas Ciências Humanas, como o Direito. De toda forma, não se verificou a ocorrência de erros na correção, neste caso. A adoção do princípio do livre convencimento motivado do juiz aos candidatos em concurso público é equivocada. Esse princípio diz respeito aos juízes, no exercício da função jurisdicional. A tese autorizaria a conclusão de que qualquer resposta, em prova de natureza dissertativa, aberta, desde que não teratológica, poderia ser tida por correta pela banca examinadora. Isso inviabilizaria a correção das provas e a competitividade inerente ao concurso público. A banca pode eleger determinada linha interpretativa do Direito, desde que amparada pela legislação, pela jurisprudência ou pela doutrina. (PCA n. 0001270-35.2013.2.00.0000. Rel. Conselheiro Wellington Saraiva. Julgado em 06.08.2013)

13 A necessidade de previsão exaustiva no conteúdo programático de todas normas e casos julgados que poderiam ser usados pela Banca Examinadora nos certames foi devidamente afastada pelo Supremo Tribunal Federal. Para a Corte Suprema, "*havendo previsão de um determinado tema, cumpre ao candidato estudar e procurar conhecer, de forma global, todos os elementos que possam eventualmente ser exigidos nas provas, o que decerto envolverá o conhecimento dos atos normativos e casos julgados paradigmáticos que sejam pertinentes, mas a isto não se resumirá*", razão pela qual "*não é necessária a previsão exaustiva, no edital, das normas e dos casos julgados que poderão ser referidos nas questões do certame, sob pena de se malferir o princípio da razoabilidade*". Assim, seguindo o raciocínio exarado no citado aresto do STF, o candidato deve entender que "*estudar cada um dos pontos do programa do concurso deverá englobar, necessariamente, o estudo dos atos normativos e casos julgados pertinentes, e não o contrário.*" (STF. MS 30860/DF. Rel. Min. Luiz Fux. Julgamento: 28.08.2012. Órgão Julgador: Primeira Turma).

14 PP n. 0000416-07.2014.2.00.0000. Rel. Conselheira Maria Cristina Irigoyen Peduzzi. Julgado em 25.02.2014.

15 "RECURSO ADMINISTRATIVO EM PROCEDIMENTO DE CONTROLE ADMINISTRATIVO. CONCURSO PÚBLICO PARA INGRESSO NA CARREIRA DA MAGISTRATURA DO ESTADO DO PARÁ. PROVA DE SENTENÇA CRIMINAL. ELABORAÇÃO E CORREÇÃO. AUTONOMIA DAS BANCAS EXAMINADORAS PARA A ATIVIDADE. 1. É do entendimento deste Conselho Nacional de Justiça, com base em inúmeros precedentes, que no tocante a elaboração de provas de concursos públicos para o preenchimento de cargos do Poder Judiciário, bem assim a sua correção, deve-se zelar pela autonomia dos Tribunais e das respectivas bancas examinadoras, ainda que terceirizadas, cabendo a esta Casa apenas o exame de legalidade das normas previstas no edital do certame, bem como dos atos emanados da comissão responsável pela organização do concurso. 2. Excepcionalmente, somente em casos de flagrante ilegalidade ou divergência inequívoca

No tocante à correção da prova pela Banca Examinadora, insta inferir que restou expressamente vedada a possibilidade de arredondamento de nota, nos termos do art. 7º, parágrafo único, da Resolução n. 75/09 do CNJ, regra essa que seguiu a orientação exarada pelas Cortes Superiores[16], cujo entendimento é firme no sentido de não ser admitida tal prática com o fito de beneficiar candidato de concurso.

É desnecessária a explicação detalhada da nota atribuída pela Banca Examinadora (espelho pormenorizado)[17], além do que não é obrigatória a divulgação do espelho de correção da prova[18-19].

---

com o que dispõe o edital, no que concerne aos atos praticados por bancas examinadoras de concursos, compete a este CNJ atuar, mormente porque dentro da competência que lhe cabe (CF, art. 103-B), não se trata este Conselho de instância superior administrativa revisora de todo e qualquer ato praticado pela banca em questão. 3. Verificado, no caso concreto, que a insurgência dos requerentes no tocante à prova de sentença criminal corresponde à elaboração, interpretação e critérios de correção, não havendo nos atos praticados pelas bancas examinadoras competentes ilegalidade ou contrariedade ao que dispõe edital, não há providência a ser tomada. Recurso Administrativo que se conhece, e a que se nega provimento." (PCA n. 0006413-39.2012.2.00.0000 Rel. Conselheiro Ney José de Freitas. Julgado em 02.04.2013).

16 STJ. RMS 15836 / ES. Rel. Ministra Laurita Vaz. 5ª Turma. DJ 12.04.2004. STF. MS 21408 / BA. Relator(a): Min. Moreira Alves. Órgão Julgador: Tribunal Pleno. Julgamento: 20.03.1992. STF. MS 26302 AgR/DF. Rel. Min. Carmem Lúcia. Julgamento: 17.11.2011. Órgão Julgador: Tribunal Pleno.

17 PP n. 0006218-25.2010.2.00.0000. Rel. Conselheiro Jefferson Luis Kravchychyn. Julgado em 19.10.2010.

18 O Conselho Nacional de Justiça já se manifestou pela desnecessidade de divulgação dos critérios de correção da prova subjetiva, ou mesmo do espelho de correção da prova, como pretende o recorrente, por via transversa. Precedentes do STF e STJ. (PCA n. 0007693-45.2012.2.00.0000. Rel. Conselheiro Ney José de Freitas. Julgado em 06.08.2013).

19 Em sentido diverso, reputando haver nulidade na hipótese de ausência de motivação do ato avaliativo do candidato, confira-se trecho de recente aresto do STJ: (...) na seara de concursos públicos, há etapas em que as metodologias de avaliação, pela sua própria natureza, abrem margem para que o avaliador se valha de suas impressões, em completo distanciamento da objetividade que se espera nesses eventos. Nesse rol de etapas, citam-se as provas dissertativas e orais. Por essa razão, elas devem se submeter a critérios de avaliação e correção os mais objetivos possíveis, tudo com vistas a evitar contrariedade ao princípio da impessoalidade, materializado na Constituição Federal (art. 37, caput). E mais. Para que não pairem dúvidas quanto à obediência a referido princípio e quanto aos princípios da motivação dos atos administrativos, do devido processo administrativo recursal, da razoabilidade e proporcionalidade, a banca examinadora do certame, por ocasião da divulgação dos resultados desse tipo de avaliação, deve demonstrar, de forma clara e transparente, que os critérios de avaliação previstos no edital foram devidamente considerados, sob pena de nulidade da avaliação. A clareza e transparência na utilização dos critérios previstos no edital estão presentes quando a banca examinadora adota conduta consistente na divulgação, a tempo e modo, para fins de publicidade e eventual

2. ORIENTAÇÕES PRÁTICAS DE PREPARAÇÃO – TÉCNICAS DE REDAÇÃO DA SENTENÇA CÍVEL

2.1 Início da preparação – aquisição da técnica de elaboração da sentença por meio de treinamentos com exercícios simulados

Para boa parte dos candidatos à magistratura, o início da preparação para a prova de sentença apresenta contornos de extrema dificuldade.

Como estudar para elaborar o ato sentencial sem o contato direto com a praxe forense, de modo a se inteirar sobre o adequado uso do direito civil e processual civil, ainda mais em tempos de mudança legislativa expressiva? Até que ponto essa falta de contato com a prática pode impedir a aprovação de um bom candidato?

---

interposição de recurso pela parte interessada, de cada critério considerado, devidamente acompanhado, no mínimo, do respectivo valor da pontuação ou nota obtida pelo candidato; bem como das razões ou padrões de respostas que as justifiquem. As informações constantes dos espelhos de provas subjetivas se referem nada mais nada menos à motivação do ato administrativo, consistente na atribuição de nota ao candidato. Tudo em consonância ao que preconizam os arts. 2º, caput, e 50, § 1º, da Lei n. 9.78419/99, que trata do processo administrativo no âmbito federal. Salvo exceção reconhecida pela jurisprudência deste Tribunal Superior – notadamente no que diz respeito à remoção ex ofício de servidor público (RMS 42.696/TO, de minha relatoria, Segunda Turma, DJe 16/12/2014; AgRg no RMS 40.427/DF, Rel. Min. Arnaldo Esteves Lima, Primeira Turma, DJe 10/9/2013; REsp 1.331.224/MG, Rel. Min. Mauro Campbell Marques, Segunda Turma, DJe 26/2/2013) -, referida motivação deve ser apresentada anteriormente ou concomitante à prática do ato administrativo, pois caso se permita a motivação posterior, dar-se-ia ensejo para que fabriquem, forjem ou criem motivações para burlar eventual impugnação ao ato. Nesse sentido, a doutrina especializada (Celso Antônio Bandeira de Mello, in Curso de direito administrativo. 26 eds. São Paulo: Malheiros, 2009, p. 112-113). Não se deve admitir como legítimo, portanto, a prática imotivada de um ato que, ao ser contestado na via judicial ou administrativa, venha o gestor "construir" algum motivo que dê ensejo à validade do ato administrativo. Precedentes: RMS 40.229/SC, Rel. Ministra Eliana Calmon, Segunda Turma, DJe 11/6/2013; RMS 35.265/SC, Rel. Ministro Castro Meira, Segunda Turma, DJe 6/12/2012). É certo que alguns editais de concursos públicos não preveem os critérios de correção ou, às vezes, embora os prevejam, não estabelecem as notas ou a possibilidade de divulgação dos padrões de respostas que serão atribuídos a cada um desses critérios. Em tese, com suporte na máxima de que "o edital faz lei entre as partes", o candidato nada poderia fazer caso o resultado de sua avaliação fosse divulgado sem a indicação dos critérios ou das notas a eles correspondentes, ou, ainda, dos padrões de respostas esperados pela banca examinadora. Tal pensamento, no entanto, não merece prosperar, pois os editais de concursos públicos não estão acima da Constituição Federal ou das leis que preconizam os princípios da impessoalidade, do devido processo administrativo, da motivação, da razoabilidade e proporcionalidade. Do contrário, estaríamos diante verdadeira subversão da ordem jurídica (STJ, RMS 49.896/RS, Rel. Ministro OG FERNANDES, SEGUNDA TURMA, julgado em 20/04/2017, DJe 02/05/2017).

Muito embora as perguntas acima declinadas delineiem uma dificuldade a princípio desafiadora, cumpre mencionar que essa circunstância negativa pode ser superada com estudo dirigido e resolução seriada de problemas simulados.

Com efeito, à míngua da possibilidade de análise de casos concretos envolvendo as matérias cobradas na prova de sentença cível, o caminho a ser trilhado pelos candidatos passa pela resolução de inúmeras sentenças-problema ao longo da preparação para o exame real[20].

Nesse ponto, o candidato deve buscar auxílio de cursos preparatórios, tais como as escolas da magistratura, ou ainda cursos voltados à resolução e correção de provas simuladas[21], cujo intento certamente é ensinar a escorreita técnica de elaboração da sentença, seja essa cível ou penal.

A obtenção dessa expertise é muito importante para o êxito dos que têm como intento a carreira da magistratura, e o motivo para tanto decorre da quase inviabilidade de se elaborar de modo escorreito o ato se ausente o prévio contato com sua regular estrutura, sem a qual não será possível a exposição do conteúdo jurídico visando a resolução do problema trazido pelo examinador, cuja consequência direta e imediata é a reprovação do postulante ao cargo.

Noutra via, a resolução seriada de exercícios se prestará a tornar a elaboração da sentença um ato natural, quase automático, o que permitirá não só o afastamento definitivo da necessidade de o candidato perfazer rascunho prévio da peça, mas lhe dará a importantíssima experiência visando incrementar as chances de superação de todos os obstáculos que eventualmente venham a ser encontrados nas provas reais.

2.2 Treinamento – orientações práticas

A resolução das provas simuladas deve observar algumas regras práticas, cujo atendimento certamente irá otimizar o resultado esperado com os exercícios, sobretudo porque essas visam a reprodução do ambiente que será encontrado na prova de sentença real.

---

20 Não são necessários arroubos de treinamento. A resolução de uma sentença cível e outra penal por semana já se mostra suficiente para um treinamento qualificado, desde que, é claro, sejam respeitados pelo candidato os estritos termos que encontrará na prova real (prazo determinado, folhas limitadas, necessidade de elaboração de relatório, impossibilidade de consulta a súmulas e textos doutrinários e acesso apenas à legislação sem comentários). Nesse ponto, esclarece Eduardo Francisco de Souza que "o intervalo entre cada treinamento deve ser fixo, com a elaboração de uma sentença a cada dois ou três dias, proporcionando um tempo de "descanso" para o cérebro". (SOUZA, Eduardo Francisco de. Sentença Criminal para concursos da magistratura. São Paulo: Edipro, 2012. p. 14)

21 As provas simuladas inseridas nesse manual foram elaboradas para as turmas de 2ª Fase do Curso Mege, englobando todos os concursos da magistratura estadual nos anos de 2015, 2016 e 2017.

As orientações estão declinadas por tópicos nos itens a seguir, visando facilitar seu entendimento pelos leitores.

2.2.1 *A correta administração do tempo*

As provas do concurso da magistratura têm pequena variação no que toca ao quesito tempo, e cada teste diário dura de quatro a seis horas, a depender do tribunal realizador do certame[22].

Por esse motivo, o candidato já se depara com uma primeira condicionante, centrada na oferta de tempo limitado para a resolução da prova, cuja dificuldade muitas vezes torna hercúlea a tarefa de apresentar uma resposta completa.

No que toca a sentença cível, muito embora o tempo não seja comumente uma questão em evidência, a falta de prática pode levar o candidato a ter enorme dificuldade para finalizar a peça no lapso temporal conferido, seja pela necessidade de leitura atenta de enunciado com inúmeras questões processuais pendentes, seja pela obrigatoriedade de avaliação de vários itens obrigatórios relativos ao mérito da demanda, cujo realce expressivo decorre da dicção constante do novo artigo 489, § 1º, do CPC.

Nesse cenário, a administração do tempo para a resolução dos exercícios ganha relevo, e impele o candidato a utilizar um relógio em seus treinamentos, de modo a permitir, assim, a prévia ciência do quantum necessário médio para finalizar e apresentar a resposta, que, com a habitualidade da tarefa, tende a ser cada vez menor.

Ignorar essa orientação com certeza diminuirá as chances de êxito na prova real, especialmente porque a falta de administração do tempo para a resolução do problema significará, na grande maioria das vezes, a impossibilidade de finalização da prova efetiva a contento, com todos os consectários negativos daí decorrentes[23].

---

22 O 187º concurso do TJSP previu o prazo de quatro horas para as provas de sentença, ao passo que o atual concurso promovido pelo TJSC determinou que cada prova de sentença teria duração máxima de seis horas.

23 A prática sugere o seguinte esquema para a divisão do tempo da prova, com a utilização de todo o tempo disponibilizado: 1) leitura atenta e anotação das teses esposadas por autor e réu, além de fatos processuais relevantes (40 minutos); 2) realização de esquema prévio ou roteiro lógico do ato (20 minutos); 3) início da resposta, com a análise das preliminares e prejudiciais arguidas (30 minutos a 1 hora); 4) fixação da controvérsia e avaliação do mérito da demanda, pedido por pedido (se mais de um), com verificação prévia da precedência de análise (2 a 3 horas); 5) elaboração do dispositivo (30 minutos); 6) revisão ortográfica do texto trazido (30 minutos).

2.2.2 *Esquema prévio ou roteiro lógico da sentença antes de se iniciar a resposta*

Para facilitar a organização das ideias durante o treinamento e a prova real, deve ser adotada a forma de esquema prévio da sentença ou pequeno roteiro lógico, por meio do qual se promoverá a anotação simples dos argumentos que serão utilizados após a análise detida das teses trazidas pelas partes no caso proposto, sem se esquecer, por certo, da importantíssima indicação dos fundamentos legais para cada argumento[24].

Esse procedimento não demanda grande esforço e é baseado, substancialmente, na leitura atenta do enunciado para posterior resolução da peça prática[25].

Em resumo, uma vez anotados de maneira concisa os pedidos do autor ou, eventualmente, do réu em sede de reconvenção, e todas as teses de defesa aviadas[26], seria necessário apenas organizar os argumentos para a elaboração da sentença antes do início da escrita na folha de resposta definitiva, num esquema de direcionamento que se mostra, na grande maioria das vezes, muito importante para evitar omissões indesejáveis pelo candidato, que passa a ter um material de rápida consulta para lhe dar um norte para a resposta que será feita.

Todas as etapas da sentença devem ser objeto de esquematização, com especial atenção para a fundamentação (CPC, art. 489, § 1º) e dispositivo.

---

24 A adoção de um esquema prévio antes do início da prova é uma dica constante em todos os manuais de elaboração de sentenças, e cada autor pontua um método visando facilitar a anotação e enfrentamento de todas as questões da prova prática seguindo uma ordem lógica e completa. Alguns se atem a leitura inicial e anotação dos pedidos das partes, e outros já defendem o esquema de leitura total do enunciado, com a marcação dos principais pontos processuais e de mérito que serão objeto de análise num rápido quadro sinóptico. O que não se vê, e essa é uma informação extremamente importante, são autores e preparadores defendendo que o candidato receba a prova, leia-a totalmente e já inicie a elaboração da resposta sem qualquer anotação das questões previstas no caso hipotético proposto para exame. Como alerta João Norberto Vargas Valério, *"a memória, sempre falha, ainda mais quando estamos sob naturais estados de tensão e ansiedade que aumentam, em muitos casos, se, na metade do exame da prova, quando já estivermos resolvendo o mérito, percebermos que não atentamos para uma questão processual ou que resolvemos erradamente uma questão meritória anterior"*. (VALÉRIO, J.N. Vargas. *Curso Avançado de Sentença Trabalhista*. Rio de Janeiro: Forense, 2012. p. 32)

25 O método da leitura atenta também é defendido por Eduardo Francisco de Souza, juiz federal do TRF 2ª Região, e que foi o primeiro colocado no certame em que obteve a sua aprovação. Segundo ele, *"é importante uma leitura inicial e pelo menos uma ou duas releituras atentas do enunciado da questão, procurando entender o que realmente o examinador cobra, e não aquilo que se quer que ele cobre"*. (SOUZA, Eduardo Francisco de. *Sentença Criminal para concursos da magistratura*. São Paulo: Edipro, 2012. p. 15).

26 Ressalte-se aqui a mudança legislativa do CPC/15, que autoriza o manejo da reconvenção na peça de defesa, sem a necessidade de nova inicial para trazer o pedido formulado pelo réu em desfavor do autor. (CPC, art. 343).

O atendimento à essa orientação tem como benefício imediato a organização da resposta e afastamento de omissões de pontos importantes da prova[27], incrementando, assim, as chances de êxito do candidato que a observar.[28]

Neste ponto, cumpre mencionar que alguns autores defendem outro método, por meio do qual o candidato deve, inicialmente, apenas anotar os pedidos das partes, sem maiores preocupações de leitura atenta e total do enunciado, visando minorar os efeitos relativos à ansiedade logo no início da prova[29]. O transporte dessa lição para a sentença cível indicaria a necessidade de avaliação, num primeiro momento, apenas dos pedidos formulados, bem como os pleitos da defesa na contestação.

Muito embora seja um método válido, é preciso mencionar que seu uso na sentença cível pode levar o candidato a erro, já que boa parte da problemática da peça cível está centrada na análise dos detalhes fáticos e correta verificação de eventuais aspectos procedimentais e de prova que redundam ou não na procedência dos pedidos formulados.

---

27 Como bem afirma Guilherme Guimarães Ludwig: "Em primeiro lugar, é que, ressalvados os raros candidatos detentores de uma memória verdadeiramente extraordinária e de muito controle emocional, a tendência é que, sem a roteirização, venham a existir perdas, que podem ocorrer: a) diante da quantidade de tópicos e subtópicos controvertidos; e b) pela natural tensão do momento de uma prova de concurso público, que normalmente conduz à impressão de "brancos" (lapsos) de memória. A consequência direta será o prejuízo irreparável no que se refere às características da completude e da congruência da sentença, diante da existência de omissões no julgado. Em segundo, o estabelecimento de um roteiro também é fundamental, pois torna muito mais fácil constatar, antes de iniciar a redação propriamente dita, eventual equívoco na ordem de prejudicialidade. Sendo a redação manuscrita e caso não percebido tempestivamente o mencionado erro, este poderá ser fatal depois de algumas laudas escritas, quando já for impossível remediar ou corrigir em face da ausência de tempo para refazer, sem sacrifício do restante da prova. (LUDWIG, Guilherme Guimarães. *Manual de Sentença Trabalhista*. Salvador: Editora Juspodivm, 2013. p. 70).

28 Como bem menciona Eduardo Francisco de Souza: "O cérebro precisa de algum tempo para reter o problema proposto. É aconselhável que o candidato não escreva de imediato, mas raciocine por alguns minutos enquanto redige o relatório. Pode-se, nesse intervalo de tempo, elaborar um pequeno esquema da sentença, no rascunho da prova. Nele, o candidato define a ordem de apreciação, quando possível, da resolução das questões, num pequeno esboço dos tópicos da sentença" (SOUZA, Eduardo Francisco de. Sentença Criminal para concursos da magistratura. São Paulo: Edipro, 2012. p. 15).

29 Nesse sentido é a lição de João Norberto Vargas Valério: "A experiência, e mesmo a neurolinguística, autoriza afirmar que as sensações de tensão, nervosismo, ansiedade, angústia e até medo, que afloram nos sentidos, assim que se abre a prova, se dissipam em pouquíssimos minutos, se o candidato de antemão souber os pedidos que irá julgar. Ao contrário, a leitura completa da prova, de início, faz com que aqueles sentimentos prejudiciais se prolonguem por muito tempo, e, além disso, podem contribuir para a falsa ideia de que a prova é mais complexa do que realmente é, exasperando aquelas sensações prejudiciais". (VALÉRIO, J.N. Vargas. Curso Avançado de Sentença Trabalhista. Rio de Janeiro: Forense, 2012. p. 58).

A par da observação acima, cabe ao postulante ao cargo escolher, em seus treinamentos prévios, o método de esquematização mais adequado as suas características, tendo como objetivo adotar a metodologia que permita a obtenção de melhores resultados nos exames vindouros.

2.2.3 Material de apoio ao treinamento

Conforme expressa determinação do Conselho Nacional de Justiça, as provas para o ingresso na carreira da magistratura podem permitir a consulta a códigos e legislação não comentada.

Em virtude da autorização conferida pelo CNJ, mostra-se imperiosa a reprodução dessa realidade nos treinamentos simulados, com enfoque a adquirir a habitualidade do manuseio dos códigos passíveis de uso no exame real.

Nesse ponto, é muito comum a aquisição de um novo compêndio de legislação (vade-mécum) pouco antes da data dos exames da 2ª Etapa, livro esse sem qualquer marcação do local das leis e códigos mais relevantes, com o abandono dos antes usados durante o período de estudo prévio.

Muito embora pareça uma orientação sem maior importância, o fato é que perder grande lapso de tempo para a localização de uma lei, código e artigo para a formalização da resposta pode levar a um desgaste desnecessário, com o aumento do stress durante a prova, gerando desespero, e, por consequência, desatenção no momento da escrita na folha de resposta definitiva.

Assim, a prática demonstra que a opção pelos códigos já utilizados nos treinamentos aumenta a velocidade de resolução da prova, especialmente pelo fato do prévio manuseio permitir a formação de memória visual sobre a localização das leis e códigos mais importantes nos compêndios de legislação.

No tocante aos vade-mécuns vendidos no mercado, cumpre ressaltar que a grande maioria não traz em seu bojo todas as leis específicas constantes nos editais dos concursos da magistratura, ficando o aludido material inserto no CD-ROM que acompanha os livros.

Dessa maneira, faz-se necessária a busca por livros específicos das matérias agrupadas, sendo comum a venda de pequenos códigos de processo civil[30] e civil, todos acompanhados da legislação mais importante aplicável às matérias[31].

---

30 Nesse início de vigência, e considerando que as provas podem cobrar a aplicação de regras do CPC/73, revela-se prudente levar o antigo código de processo civil para os exames, já que eventual problema posto pode demandar o uso de algum artigo do códex anterior, como, por exemplo, no julgamento de feito que correu pelo antigo procedimento sumário, atualmente não mais previsto no CPC.

31 A prova de sentença cível abarca inúmeras outras matérias, razão pela qual pequenos códigos tratando de direito empresarial, tributário e administrativo também devem ser utilizados.

Uma vez adquirido o livro específico, o candidato deve proceder a marcação das leis mais relevantes de cada matéria, para, como dito linhas atrás, facilitar o manuseio do código durante a realização dos treinamentos.

Em arremate, há de se rememorar a necessidade de aquisição ou acesso a compêndios atualizados, evitando, assim, a eventual formulação, durante os treinos e prova real, de raciocínio baseado em legislação já revogada.

2.2.4 Caligrafia – aperfeiçoamento e aspectos relativos ao uso da letra de forma

Um dos principais pontos de atenção durante os treinamentos para a realização das sentenças simuladas diz respeito à caligrafia do postulante ao cargo, em especial ante o regramento impositivo da resolução das provas de forma manuscrita.

Dessa maneira, a preparação direcionada demanda prévia autocrítica quanto a esse aspecto, tudo no intuito de incrementar as chances de sucesso na prova real. Se a caligrafia se mostra deficiente[32], e inviabiliza a leitura do que foi escrito na folha de resposta, o treinamento específico se apresenta obrigatório, com a finalidade de melhorar sua apresentação visual da resposta, que vai permitir, pois, que o examinador possa efetivamente compreender o que foi escrito pelo candidato ao cargo.

À evidência, merece relevo inferir a grande quantidade de casos em que os examinadores se deparam com grafias ilegíveis nas folhas de resposta, e, para realizar a contento as correções das provas, implementam verdadeiro exercício de decifração. Alguns editais chegam a prever a possibilidade de eliminação na hipótese de impossibilidade de leitura da resposta apresentada, a teor do último concurso promovido pelo Tribunal de Justiça do Mato Grosso do Sul, que tinha a Vunesp como organizadora do certame.

32 Um exercício simples vai lhe permitir ter a real noção do quanto sua caligrafia precisa ser melhorada. E ele consiste na seguinte sequência básica. Primeiro escreva em uma folha de caderno por volta de três parágrafos sobre qualquer assunto jurídico, respeitando as regras de escrita (paragrafação e vírgula) e a grafia correta das palavras. Após, usando um celular ou máquina digital, tire uma foto do papel, ou mesmo o coloque no scanner do computador. De posse da imagem, o candidato a apresentará a no mínimo três pessoas, pleiteando que façam uma leitura do texto. Se mais de uma tiver dificuldade para a leitura do documento, é necessário que a caligrafia seja melhor treinada, haja vista que mais de 50% das pessoas que tiveram contato com o documento escrito pelo candidato não conseguiram ler com clareza o que foi escrito. À evidência, e por questões lógicas de segurança, todas as instituições especializadas e alguns Tribunais optam pela digitalização da folha de resposta de cada candidato para fins de correção pelos examinadores, razão pela qual o singelo exercício aqui proposto vai dar uma ideia ao candidato sobre como seu texto será visto no momento da avaliação das provas realizadas.

Na realidade, e a par do possível esforço intelectivo de leitura para não prejudicar o detentor de um belo "garrancho", o cenário acima exposto se apresenta prejudicial ao candidato, pois a nota atribuída pelo examinador passa pela obrigatória avaliação se o postulante ao cargo fez o correto uso do idioma oficial e demonstrou boa capacidade de exposição do direito aplicado à resolução do caso proposto.

Por fim, salvo na hipótese de expressa vedação editalícia, nada impede o uso da letra de forma para a escrita da resposta, que demanda apenas a atenção no que toca a primeira letra do parágrafo, necessariamente de tamanho superior para demonstrar que a frase ali se inicia, sem descurar da necessidade de tal circunstância ser previamente utilizada nos treinamentos[33].

2.3 Aspectos essenciais da linguagem e fundamentação da sentença

2.3.1 Sentença completa[34] e com linguagem clara, concisa, correta e organizada

Pode parecer algo inusitado, mas são muito comuns os casos de candidatos que perdem a oportunidade de aprovação nos certames para o ingresso

---

33 Como explana Eduardo Francisco de Souza: "Caso o candidato decida fazer a prova usando letra de forma, deverá usá-la em seus treinamentos. Por fim, eventuais erros na redação devem ser meramente riscados, com um risco simples, salvo se houver expressa vedação no enunciado da questão. Pode-se, para preservar a estética do texto, utilizar fórmulas de correção tipo "DIGO" (ex. No processo penal, é possível a acusação, digo, às partes juntarem documentos a qualquer tempo, nos termos do art. 231 do CPP)." (SOUZA, Eduardo Francisco de. *Sentença Criminal para concursos da magistratura*. São Paulo: Edipro, 2012. p. 18).

34 A prova é de sentença! Por mais que o candidato veja alguma circunstância que impeça a análise do mérito, é absolutamente certo que a peça cível não será uma decisão interlocutória de declaração de nulidade de atos e reabertura da instrução. Não foram poucos os casos de alunos que "perceberam" nulidades insanáveis e decidiram converter o feito em diligência, não proferindo, portanto, a sentença determinada no enunciado da questão, recebendo, por essa atitude, uma nota condizente com a falta de atenção à especificidade primeira da prova discursiva de sentença, que é a realização única e exclusiva deste ato, e não de uma decisão interlocutória. Destaco que é da característica da prova de sentença a inserção de problemas processuais, cuja resolução deve ser dar na própria peça. Obviamente, essa circunstância anula as chances de uma prova trazer caso simulado narrando um processo limpo, com decisão saneadora rejeitando as preliminares, fixando os pontos controvertidos e atribuindo a uma das partes o ônus da prova. Essa efetiva prudência de condução do processo está prevista no novo CPC, de maneira que caberia ao magistrado observá-la em todos os feitos. Todavia, há de se dizer que provas visam avaliar a capacidade de resolução dos problemas processuais e meritórios envoltos no caso apresentado no exame, e o processo sem qualquer desafio processual não se mostra consonante com a necessidade de demonstração de conhecimento por parte do candidato, em especial nas provas da magistratura federal e de tribunais como os de Santa Catarina, Paraná, Distrito Federal, São Paulo e Rio de Janeiro, cuja etapa de sentença é elaborada por magistrados locais.

na carreira da magistratura em virtude da falta de apresentação de resposta completa na prova de sentença cível, que, salvo expressa dispensa no enunciado da questão, deve ser elaborada com relatório, fundamentação e dispositivo, com todas as especificidades de cada uma das citadas partes da sentença.

Algumas bancas mais conservadoras adotam o entendimento de que a ausência de finalização da sentença afasta a possibilidade de se conferir pontuação ao candidato, que não superou a condicionante tempo para ofertar uma resposta adequada à questão trazida na prova.

Como exemplo, cabe citar o caso do candidato que deixa de finalizar o dispositivo da sentença cível, não declinando, por exemplo, os parágrafos atinentes aos honorários de sucumbência e comunicações finais, em virtude do encerramento do horário conferido para a realização da prova. Deixou, portanto, de atender aos requisitos obrigatórios constantes do artigo 489 do CPC[35], razão pela qual não terá sua prova corrigida quanto ao mérito, com a consequente eliminação do certame.

Pelo exposto, e a fim de evitar o indesejável efeito declinado acima, os treinamentos devem ser efetivados visando à elaboração de uma sentença completa, habituando o postulante ao cargo a perfazer ato com todos os requisitos exigidos em lei.

Por outro lado, há de se destacar que a prova de sentença se pauta pela necessidade de não só se demonstrar conhecimento jurídico e capacidade de argumentação, mas, também, a articulação de raciocínio direcionado à prolação do ato em vernáculo claro[36-37], conciso, e com o uso correto do idioma oficial[38-39], sem prejuízo do respeito às regras previstas em lei.

---

35 É vedada qualquer espécie de identificação na prova de sentença. A assinatura mencionada no caso diz respeito tão somente a inserção do cargo buscado ao final do ato (Juiz de Direito Substituto), alocada após a data em que esse foi elaborado.

36 Nas palavras de José Carlos Barbosa Moreira, *"em qualquer caso, a simplicidade – que não exclui a elegância – será preferível ao rebuscamento pedante"* (MOREIRA, José Carlos Barbosa. *Comentários ao código de processo civil*, v. V. 7ª Ed. Revista e Atualizada. Rio de Janeiro: Forense, 1998. p. 539).

37 Como pontua Jaylton Jackson de Freitas Lopes Junior: "Para que seja possível o atendimento do comando do artigo 93, IX, da Constituição Federal e, consequentemente, a compreensão e eventual controle por parte da sociedade, a sentença deve ser clara. O juiz moderno deve se fazer compreender. Daí o papel da linguagem – como capacidade de expressar ideias – na técnica de construção da sentença. É preciso ter em mente que, sendo a sentença voltada às partes, deve ser capaz de ser compreendida por todos, independentemente do grau de instrução de cada um". (LOPES JUNIOR, Jaylton Jackson de Freitas. *Sentença Cível Descomplicada*. 2ª Edição, revista e atualizada. Brasília: Editora CPiuris, 2017. p. 22).

38 Colaciono aqui o prudente alerta de Eduardo Francisco de Souza: "A sentença não é peça literária, pelo que não deve ser redigida em versos. A citação de termos em latim está consagrada pela tradição, devendo-se evitar os excessos. Por outro lado, o uso de vocabulário estran-

No ponto, insta frisar que clareza não se coaduna com o uso de linguagem rebuscada, assim como a concisão não significa ser omisso na análise do problema. Ademais, raciocinar articuladamente passa pela organização fluída do texto, bem como pelo encadeamento das ideias seguindo uma lógica de enfrentamento, que, na sentença cível, observa o seguinte esquema numa regra geral:

1 – Relatório;

2 – Possível Julgamento Antecipado de Mérito;

3 – Preliminares ao mérito;

4 – Preliminares de mérito;

4 – Mérito propriamente dito (teses autorais e defensivas[40]);

5 – Dispositivo[41].

---

geiro também deve ser evitado, a não ser em caso de citação de doutrina ou jurisprudência estrangeira, que deverá ser acompanhada de tradução livre". (SOUZA, Eduardo Francisco de. *Sentença Criminal para concursos da magistratura,* São Paulo: Edipro, 2012. p. 19). Cumpre fazer um pequeno adendo, no sentido de que o candidato deve evitar terminantemente o uso de expressões estrangeiras e em latim, haja vista que o uso dessas em nada agrega à nota do candidato, e, muitas vezes, se mal utilizadas, geram, na verdade, uma impressão ruim da prova objeto de correção. Em resumo, o objetivo sempre é facilitar a resposta, sem acréscimos desnecessários, de maneira que proceder a escrita de forma simples, sem a utilização de latim ou expressões em língua estrangeira, certamente atende a essa expectativa!

39 Como o uso do rascunho se mostra contraproducente, é certo que as chances de eventualmente se promover a grafia incorreta de uma palavra são maiores. Todavia, ressalvada a hipótese de proibição de uso de um risco sobre a palavra ou frase grafada de forma errônea, não há qualquer problema em demonstrar a correção do equívoco, com a continuação do texto seguindo o escorreito uso da língua portuguesa. Cabe alertar, todavia, que a folha de resposta não é um "edifício", de modo que as linhas para a feitura da resposta não têm andares, razão pela qual é terminantemente proibido se promover a escrita da palavra ou frase correta em cima da riscada na mesma linha, fato esse cuja consequência é o desconto de pontos pelo examinador ou até, para os mais rígidos, desconsideração do que foi redigido.

40 As teses apresentadas pelas partes devem ser previamente anotadas. Nada pode ficar sem apreciação pelo candidato. É de se destacar a existência de precedente do STJ já versando sobre o novo CPC no sentido de que argumentos não suficientes para vergastar a conclusão do juiz em um sentido ou outro não merecem maior digressão pelo julgador (EDcl no MS 21.315/DF, Rel. Ministra DIVA MALERBI (DESEMBARGADORA CONVOCADA TRF 3ª REGIÃO), PRIMEIRA SEÇÃO, julgado em 08/06/2016, DJe 15/06/2016). Todavia, não se pode confundir a prática forense com o concurso público. Nesse, em que há necessidade de demonstração de conhecimento, a regra é avaliar todas as questões suscitadas pelas partes, sem exceções, mesmo que elas se mostrem inaptas a alterar a conclusão emitida na sentença. À evidência, não se sabe previamente, nas provas, o que o examinador irá alocar em seu espelho de correção, de modo que a prudência indica a formulação de resposta completa, abordando todos os temas declinados no exame.

41 A ação civil pública por improbidade administrativa segue formato diverso, já que tem sua ordenação assemelhada à sentença penal, pois a dosimetria da pena eventualmente aplicada em razão do reconhecimento da prática de ato improbo vem descrita após o dispositivo,

Desatender a ordem acima descrita implica demonstração de falta de técnica e deixa a impressão, a quem avalia a resposta, de incapacidade de ordenação do ato de acordo com o esperado e previsto em lei, causando, por certo, uma impressão ruim que influencia negativamente a nota a ser atribuída, e fatalmente torna a reprovação no exame uma realidade incontornável.

2.3.2 Atenção especial às especificidades do problema (datas e pedido), bem como às questões cognoscíveis de ofício (CPC, art. 10)

A elaboração das provas de sentença cível segue uma lógica construtiva, e a partir do momento em se desvenda ou se conhece previamente o formato de construção utilizado pelo examinador, a tarefa de resolver o questionamento é facilitada.

No caso da sentença cível, o principal problema de mérito diz respeito à correta leitura da controvérsia apresentada a partir dos fatos e provas colacionadas aos autos.

As provas em geral são feitas com a finalidade de gerar dúvida quanto aos aspectos declinados no parágrafo anterior, e a praxe demonstra que os examinadores geralmente trazem omissões intencionais ou argumentos contraditórios para confundir a avaliação pelo candidato.

Em virtude do já descrito encadeamento de apresentação do ato sentencial, é certo que a avaliação equivocada no tocante a uma preliminar, prejudicial, ou mesmo ponto meritório irá gerar erro em cascata, prejudicando a pontuação em todos os demais pontos do questionamento, especialmente no dispositivo, com as consequências negativas decorrentes.

Desse modo, não custa realçar a essencialidade de se memorizar a doutrina e jurisprudência sobre a ocorrência das principais ações cobradas[42] e assuntos em voga[43], visando permitir o treinamento especializado prévio, sempre com o intuito de consolidar a habitualidade do cotejo escorreito dos fatos narrados não só com o direito posto, mas também com a jurisprudência consolidada.

---

com os fundamentos relevantes para a escolha de cada uma das penas aplicadas, à luz dos ditames da lei de improbidade.

42 Aqui se inserem todos os principais procedimentos especiais previstos no CPC (embargos de terceiro, embargos à execução, ação monitória e demandas possessórias), assim como na legislação esparsa (mandado de segurança, ação civil pública, ação popular e ações locatícias).

43 Nesse ponto sempre chamam a atenção demandas envolvendo a aplicação do CDC (abusividade em contratos e ato ilícito em relação de consumo), bem ainda relativas a lides relativas a contratos em espécie, ou mesmo responsabilidade civil, seja no âmbito de particulares, seja no tocante a administração pública.

Noutra via, e ainda quanto a necessidade de se desvendar os caminhos construtivos das provas de sentença, mostra-se imperiosa a atenção a alguns dados do enunciado cuja inserção tem um objetivo, enquadrando-se nesse ponto datas dos fatos narrados e de atos processuais (possibilidade de reconhecimento da prescrição, decadência ou mesmo intempestividade[44]), bem ainda a idade dos autores ou vítimas do ilícito (possível diferença, por exemplo, no caso de pedido de pensionamento em virtude de ato ilícito, tendo em vista que o STJ apresenta frações diversas de valores devidos a depender da idade da vítima).

2.3.3 Observância obrigatória da orientação dos Tribunais Superiores (jurisprudência e entendimentos sumulados) e referências legais

A correta fundamentação da sentença exige o respeito à legislação aplicável e ao posicionamento das Cortes Superiores[45, 46, 47], que servem de parâmetro para a elaboração da quase totalidade das provas aplicadas nos certames para o ingresso na carreira da magistratura.

O atendimento ao primeiro aspecto passa pela habitualidade do manuseio das leis aplicáveis (CC, CPC e legislação esparsa – p. ex. lei de locações) e pela memorização dos principais artigos referentes às principais ações e ao ato sentencial em si, que devem ser citados, mas não transcritos quando da resolução da prova[48].

---

44 Veja-se nesse caso a necessidade de o enunciado demonstrar, à luz do novo CPC (art. 10), que as partes foram previamente instadas a se manifestar sobre o ponto cognoscível de ofício pelo magistrado.

45 Os capítulos VII e VIII trazem os principais julgados, súmulas e entendimentos predominantes do STJ e STF sobre os principais aspectos atinentes ao direito civil e processual civil, num formato inédito que visa facilitar e otimizar o estudo dirigido para a prova de sentença cível.

46 Advirto aqui a desnecessidade de o candidato promover a transcrição de artigos de lei, bastando apenas a simples remissão legal, ressalvada a hipótese excepcional daquele proceder servir para a correta compreensão do raciocínio articulado, haja vista que em nada acrescentará à nota a ser atribuída pelo examinador, e, ademais, tomará espaço do caderno de respostas, o que pode implicar falta de linhas para a escrita de alguma parte da peça prática, prejudicando, assim, o candidato.

47 Há autores de livros de técnicas de sentença que defendem a desnecessidade de indicação do artigo de lei ou da súmula de jurisprudência em que se apoia o argumento, a exemplo de José Norberto Vargas Valério (VALÉRIO, J.N. Vargas. *Curso Avançado de Sentença Trabalhista*. Rio de Janeiro: Forense, 2012. p. 27). Todavia, cumpre ressaltar que a resposta que traz a remissão expressa ao artigo de lei ou entendimento sumulado será melhor valorada no quesito pontuação quando em confronto com outra não detentora dessa especificidade. O candidato não deve se esquecer nunca que está em um ambiente de competição, e nenhum diferencial capaz de diferenciar sua prova das demais e, assim, aumentar suas chances de sucesso, pode ser olvidado.

48 Seguem alguns exemplos da simples citação dos artigos de lei eventualmente utilizados para a argumentação no texto, sempre ao final da frase em entre parênteses (CPC, art. 373, I; CC, art. 22; CPC, art. 330, § 1º, I e II).

Já o respeito ao segundo parte da atualização constante acerca dos entendimentos delineados pelo STF e STJ no que tange aos principais pontos de direito civil, processual civil, administrativo, tributário, constitucional, e empresarial, com ênfase não só nos julgados que tratam dos principais temas em específico (responsabilidade civil, contratos, obrigações e procedimentos especiais), mas também nos verbetes sumulares por aqueles editados sobre as citadas áreas do direito[49].

Como assentado, a dúvida quanto à posição a ser seguida nas resoluções dos treinamentos e provas reais deve ser dirimida a partir do entendimento das Cortes Superiores, cuja prevalência há de ser prestigiada, já que detém última palavra no tocante as questões constitucionais (STF) e infraconstitucionais (STJ).

Não se defende, todavia, que seja inviabilizada a possibilidade de entendimento dissonante ser defendido pelo eventual candidato, mas o bom senso e a expertise prática demonstram que o número de fracassos é infinitamente superior ao de sucessos quando se avaliam os casos de pessoas que decidiram expor no ato sentencial posicionamento não alinhado à jurisprudência das Cortes Superiores.

Insta relembrar que o mecanismo construtivo dos questionamentos atinentes à sentença cível passa pela elaboração de um espelho padrão de correção da peça, que traz as informações de análise obrigatória no teste aplicado, bem como a pontuação relativa a cada item da prova.

Como esse padrão usualmente é fechado, e tem por base o entendimento delineado pelo STJ ou STF em seus julgados, visando minorar ou mesmo afastar a possibilidade de questionamentos administrativos e judiciais sobre a tese adotada para a resolução do problema, vê-se que a admissão de variantes quanto ao mérito se torna restrita, quase inviável.

Assim, a despeito de eventual conhecimento aprofundado sobre a matéria, capaz, portanto, de permitir a construção de raciocínio em sentido oposto ao eventualmente adotado pela Banca Examinadora, o certo é que, nas provas para o concurso da magistratura, o privilégio aos precedentes pretorianos é uma regra que comporta raríssimas exceções, e não pode ser desprezada[50]!

---

49 Caso o candidato não se recorde do número da súmula que irá aplicar, basta dizer que a hipótese está assentada em súmula de jurisprudência do STJ ou STF. Na dúvida quanto ao tribunal, a saída é mencionar apenas que se trata de entendimento sumulado pelas Cortes Superiores. Por fim, no que concerne a jurisprudência, cabe dizer que a simples menção de que o entendimento é o adotado pelo STJ ou STF já se mostra suficiente, sendo a citação do número do eventual julgado ou mesmo o relator para o acórdão algo não usual nas provas reais, ressalvada a hipótese de pessoas com excepcional memória, que, a toda evidência, não se apresentam com muito regularidade nos exames.

50 Numa hipótese prática, caso o examinador seja conhecido por adotar posição no sentido de que a cobrança das cotas condominiais submete-se ao prazo prescricional de 10 anos,

2.4 Prova de sentença determinada – adaptação do treinamento às características da prova – orientações específicas

A par das observações antes delineadas de forma geral para o treinamento visando a escorreita escrita da sentença cível, cumpre asseverar que a aprovação para a fase de sentença de certame determinado demanda algumas atitudes do postulante ao cargo, notadamente quanto a alteração dos treinamentos para atender eventuais especificidades da prova vindoura, dentro do já explanado intento de reprodução prévia do cenário esperado no exame.

Assim como no item 2.3, as orientações estão separadas por tópicos, sempre no intuito de facilitar o aprendizado.

2.4.1 Análise das provas anteriores – estilo, extensão do questionamento e limitação de linhas

A análise das provas anteriores do Tribunal alvo ganha ares de essencialidade na preparação dirigida, já que permite ao candidato direcionar os treinamentos para o formato que provavelmente virá a ser adotado.

Apesar de nem todos os Tribunais ou instituições contratadas ofertarem os enunciados e espelhos de correção para o público em geral, é possível se obter tais documentos nos melhores cursos preparatórios, detentores de extenso banco de provas de inúmeros certames, e, em alguns casos, até com o respectivo padrão de resposta.

A análise acima referida vai permitir ao candidato perceber se o Tribunal tem adotado uma linha de questionamento mais tradicional ou de vanguarda em seus exames, bem como se as provas têm se pautado pela grande extensão dos enunciados, ou ainda se utilizam a limitação de linhas para a resposta, informações essas certamente capazes de otimizar o estudo prático prévio.

No que concerne ao primeiro ponto (uso de linha tradicional ou de vanguarda), insta inferir que a referência antes exposta relativa ao prestigio da jurisprudência dos Tribunais Superiores permanece inalterada, sendo possível afirmar que os concursos para o ingresso na carreira da magistratura dificilmente fogem da ideia de conservadorismo quanto ao direito civil e processual civil, já que são poucos os Tribunais que inovam nessa seara em seus certames[51].

---

em dissonância, pois, do entendimento atualmente sufragado pelo STJ, que delimita o prazo prescricional de 5 anos para a espécie, ainda assim o candidato deve seguir as Cortes Superiores, citando, todavia, a existência de prestigiosa doutrina e jurisprudência em sentido contrário, o que vai demonstrar ao examinador que o postulante ao cargo tinha conhecimento da posição por aquele defendida, e a ela fez expressa referência na resposta.

51 Pela forte construção jurisprudencial de vanguarda, temos como expoente na adoção de novas teorias para o direito civil e processual civil o Tribunal de Justiça do Rio Grande

Como se sabe, novidades e tendências vanguardistas são mais exploradas nos concursos para a carreira do Ministério Público, cujas nuances progressistas em todas as áreas do direito são mais aceitas de maneira geral.

Entretanto, há de se frisar que, na hipótese de a pesquisa prévia da banca indicar uma postura de vanguarda dos examinadores, que, por exemplo, fazem uso de doutrinas processualistas modernas em seus arestos, esse aspecto há de ser observado com atenção no estudo direcionado, pois a chance do questionamento futuro abordar a utilização das teses esposadas cresce exponencialmente.

Noutro giro, uma outra característica a ser detidamente analisada é a extensão do enunciado das provas anteriores. Certames como os promovidos pelo Tribunal de Justiça de Santa Catarina têm por praxe apresentar aos candidatos enunciados com várias laudas, que demandam enorme tempo para a leitura atenta e escorreita para fins de elaboração da resposta[52]. Igual característica se percebe no Tribunal Regional Federal da 4ª Região, famoso por provas com longos enunciados.

Diversamente, a visualização das últimas provas das bancas examinadoras do Cespe/Unb, Fundação Carlos Chagas e Vunesp permite concluir que essas instituições preferem adotar o formato de enunciados pequenos, somente com as informações essenciais para a resolução da prova[53].

Nesse cenário, caso o candidato se depare com a clara indicação de que a prova vindoura terá enunciado extenso e cheio de detalhes, o treinamento obrigatoriamente deverá ser feito considerando essa circunstância.

Igual raciocínio se desenvolve para a hipótese inversa, pois o treino deve reproduzir até o tempo necessário para a leitura e compreensão do questionamento, que, obviamente, varia para mais ou para menos a depender do tamanho do texto a ser lido e devidamente compreendido antes do início efetivo da resolução da prova.

Por fim, o último aspecto a ser objeto de prévia análise diz respeito à possível limitação de linhas para se perfazer a resposta.

---

do Sul. Na ponta oposta, para exemplificar o conservadorismo, cabe citar o Tribunal de Justiça de Minas Gerais e o do Estado de São Paulo, ainda apegados à doutrina tradicional na área.

52 A última prova de sentença cível do TJSC (2015) tinha um enunciado com cinco laudas e uma diminuta fonte, dificultando, por certo, a leitura e compreensão do texto. O citado concurso ainda tem outra especificidade, já que por vezes omite o nomen juris da ação, de forma a obrigar o candidato a "compreender" qual feito está julgado, e, a partir daí, resolver o mérito.

53 Como exemplo, as provas de sentença cível do 186º concurso do TJSP e do TJPI/2016 tinham um enunciado com apenas duas laudas.

A toda evidência, a limitação de espaço para que a prova seja resolvida implica alteração substancial do treinamento direcionado, pois obriga o postulante ao cargo a buscar o chamado "poder de síntese" para bem fundamentar a sentença.

No ponto, sobreleva mencionar que duas das mais conhecidas instituições organizadoras dos concursos da magistratura (Cespe/Unb e Fundação Carlos Chagas) têm ofertado apenas 120 (cento e vinte) linhas para a realização do ato sentencial, testando no grau máximo a capacidade dos candidatos de abordar todos os tópicos obrigatórios da sentença cível no diminuto espaço conferido[54, 55, 56].

Por outro lado, a hipótese oposta também apresenta seus desafios, pois quando o candidato tem à sua disposição linhas ilimitadas para resolver o problema apresentado, algumas dificuldades adicionais são decorrência direta e imediata, e merecem especial atenção.

Em primeiro lugar, há de se destacar que quando o espaço não é um problema, a boa vontade dos examinadores quanto a provas desorganizadas e tecnicamente mal estruturadas é quase zero, o que aumenta a necessidade de se realizar treinamentos visando apurar e incrementar a técnica de organização e apresentação da sentença.

Desse modo, a separação da peça por tópicos e subtópicos se mostra o formato mais acertado, tendo em vista que vai permitir uma melhor organização do ato, bem como a exposição mais completa dos temas tratados, cuja avaliação será fechada em um tópico específico.

Tratando especificamente da sentença cível, pode-se adotar o seguinte esquema, abaixo alocado num quadro para facilitar a compreensão, consi-

54 Sistemática adotada nos últimos certames do TJAM (Cespe/Unb) e TJSE (FCC).

55 Nessa hipótese, a dica usual de separação da peça por tópicos torna-se menos recomendável, já que gastar uma linha para a abertura de cada tópico toma espaço importante do caderno de resposta, e pode significar a impossibilidade de finalização do ato nas linhas conferidas para tanto. Será admissível, quando muito, e mediante avaliação prática da possibilidade, a divisão entre preliminares (todas num tópico só), mérito (ação principal e, se o caso, oposição ou reconvenção), e dispositivo.

56 A análise dessa circunstância sob o viés positivo autoriza afirmar com boa margem de certeza que a concisão já foi adotada pelo examinador em seu padrão de resposta ao problema, obviamente adequado à quantidade de linhas ofertada para o candidato. Como o padrão de resposta é o norte a ser alcançado, e há uma clara indicação de que aquele é conciso, nada mais salutar do que seguir esse formato argumentativo no momento da elaboração da resposta, já que arroubos de exposição doutrinária e jurisprudencial sobre o tema não só não foram utilizados para criar o ato, mas também não serviram de texto base para a feitura do espelho de correção do examinador.

derando provas sem a necessidade de elaboração de relatório e com vários pedidos ou feitos sob análise, usualmente as mais adotadas nos testes sem limitação de linhas:

01 – Do julgamento antecipado de mérito	Exposição se o caso se encaixa nos ditames estabelecidos no artigo 355 do CPC.
02 – Das preliminares	a) Preliminar "A" b) Preliminar "B" c) Preliminar "C"
3 – Do mérito	Fixação da controvérsia e apontamento da legislação que irá reger a análise meritória, com determinação de precedência lógica entre os pedidos formulados, ou, na hipótese de mais de uma ação (ação e reconvenção, ou ações conexas submetidas a julgamento conjunto, p. ex), a explanação de qual será avaliada em primeiro lugar.
4 – Dispositivo	Procedência ou Parcial Procedência dos pedidos formulados, com resolução de mérito (CPC, art. 487, I)[57].

A quantidade de informações, tópicos e subtópicos acima expostos já dá uma ideia da dificuldade esperada numa prova com as características ora analisadas, e deixa mais do que evidenciada a necessidade do treino direcionado ser feito visando suportar o esforço adicional de escrita no tempo conferido para tanto.

Em arremate, ressoa pertinente assentar apenas que usualmente uma prova de sentença padrão com dois ou mais feitos vai demandar do candidato a entrega de resposta com no mínimo de quatro a seis laudas, e escrever um texto único e cursivo de tamanha extensão não é tarefa fácil, o que só reforça a necessidade de o treino abarcar também o aspecto físico atinente à escrita rápida, legível e por longo período ininterrupto.

57 O TJRJ 2016 apresentou uma especificidade crucial em sua prova de sentença cível. Os examinadores do certame exigiram dos candidatos a expressa rejeição das preliminares no dispositivo, além da consignação expressa da rejeição de parte dos pedidos. O espelho extraoficial do exame apontava para a parcial procedência dos pedidos formulados pela parte autora, mas os examinadores exigiram dos candidatos a expressa menção aos pleitos rejeitados. Com a devida vênia, cuida-se de questionável técnica, já que não há ordem legal de repetição obrigatória da rejeição das preliminares, e, ademais, a ordem de parcial procedência tem como consequência lógica a improcedência dos pedidos não delineados com manifestação positiva. De todo modo, trata-se de situação fática ocorrida em prestigioso concurso, e cujo conhecimento prévio pode auxiliar em futura prova no citado tribunal.

2.4.2 Pesquisa do perfil dos examinadores – estilos de redação, estruturação de parágrafos e fundamentação por esses adotados

Muito mais do que nas etapas anteriores do certame da magistratura, a fase de sentença demanda a pesquisa do perfil dos examinadores, pois tendências doutrinárias e jurisprudenciais podem ser facilmente detectadas a partir da produção literária e precedentes de lavra do examinador.

Esta análise normalmente é realizada pelos cursos preparatórios nos concursos mais relevantes, mas o candidato pode fazer uma simples pesquisa no sitio eletrônico do Google, onde poderá encontrar valorosas informações que podem servir de norte sobre as preferências e inclinações doutrinárias e jurisprudenciais dos examinadores.

Informação, aqui, significa maior probabilidade de acerto do entendimento a ser adotado na prova de sentença, pois com certeza o examinador verá com melhores olhos uma resposta fundamentada em entendimento por ele adotado, razão pela qual essa singela dica deve ser objeto de grande atenção pelo candidato.

Na hipótese de o membro da Banca responsável pela elaboração da sentença ser conhecido por alguma preferência doutrinária ou jurisprudencial específica, cuja aplicabilidade possa influir no julgamento a ser eventualmente perpetrado pelo candidato na prova prática, é de bom alvitre que essa informação seja aferida antes da realização do exame.

Mais uma vez, ressalta-se que informação, neste momento, pode ser o diferencial para a aprovação ou reprovação do candidato, ainda mais considerando que o examinador certamente demonstrará grande tendência a enxergar com melhores olhos uma prova cujo entendimento adotado se mostra consonante ao que usualmente utiliza no seu dia a dia forense.

Noutra via, e sob o viés estritamente prático, pode-se adotar uma tática de enfrentamento dos temas trazidos nas provas fazendo uso do próprio estilo de escrita do examinador, extraído de seus julgados e produção doutrinária.

No caso específico de direito civil, processual civil, empresarial, administrativo, constitucional e tributário[58], é de bom alvitre, por exemplo, fazer uma busca avançada nos sites dos Tribunais de Justiça alocando alguns assuntos chave[59], sempre com a seleção apenas dos arestos do examinador.

58 As matérias de direito público têm cobrança muito esparsa em sentenças da magistratura estadual, especialmente as relativas a direito tributário. São mais comuns questões envolvendo direito administrativo e constitucional, como por exemplo na hipótese de julgamento de um mandado de segurança. Na magistratura federal, por outro lado, espera-se ampla prevalência de matérias envolvendo direito tributário e previdenciário, inerentes ao exercício da judicatura no âmbito federal.

59 Se enquadram nesse conceito os parâmetros "prescrição", "decadência", "inépcia da inicial", "interesse de agir", "ilegitimidade", "ônus da prova", "inversão do ônus da prova",

De posse do inteiro teor dos julgados, será fácil visualizar e adaptar a escrita para o modo utilizado pelo examinador, bem como utilizar os argumentos por esse usados em seus julgados, como por exemplo os mencionados para rejeitar uma preliminar de nulidade ou de incompetência, ou mesmo para não acolher uma tese defensiva visando a improcedência do pleito autoral.

Por fim, há ainda outro grande benefício da adoção da tática ora exposta, consistente na possibilidade de criação de parágrafos-padrão, ou textos dentro de um formato pré-determinado, extraídos do próprio estilo de enfrentamento do examinador, e com os usos dos mesmos argumentos por esse utilizados, o que, com a habitualidade dos treinamentos, irá gerar reduzir de forma drástica o tempo para a resolução da prova, afastando, dessa forma, o fantasma da impossibilidade de finalização do exame no lapso temporal conferido.

"reconvenção", "denunciação da lide", "oposição", pesquisados em conjunto com os assuntos mais comuns, tais como "responsabilidade civil", "consumidor", "boa-fé objetiva", "contratos", "despejo", "improbidade administrativa", "posse" "propriedade", "reserva do possível", entre outros.

Capítulo II

ESTRUTURAÇÃO E DESENVOLVIMENTO DA SENTENÇA

Fabrício Castagna Lunardi

1. AS DECISÕES JUDICIAIS

Os pronunciamentos judiciais podem decidir determinada questão dentro de um processo, ou ser simplesmente destinados a impulsioná-lo.

Os provimentos jurisdicionais com **conteúdo decisório** são denominados de **decisões em sentido amplo.**

Tanto nos juízos de primeira instância como nos tribunais, os atos de **mero impulsionamento** são denominados de **despachos**.

De outro lado, para definir e classificar as decisões em sentido *lato*, é preciso distinguir as decisões proferidas pelo juízo de primeira instância e as proferidas pelos tribunais, de segunda instância ou superiores.

No âmbito dos **tribunais**, as decisões em sentido amplo podem ser classificadas em: **a) decisões monocráticas (quando a decisão é proferida por apenas um membro do tribunal)**; e **b) acórdãos (quando a decisão é proferida pelo órgão colegiado).**

As decisões (atos judiciais com conteúdo decisório) do juiz de primeira instância podem ser: **a) decisões interlocutórias**; e **b) sentenças.**

As **decisões interlocutórias** são aquelas que resolvem **questão incidente no curso do processo.**

A **sentença**, por sua vez, "é o pronunciamento por meio do qual o juiz, com fundamento nos arts. 485 e 487, põe fim à fase cognitiva do procedimento comum, bem como extingue a execução", consoante definição legal prevista no art. 203, § 1º, do Novo CPC.

Assim, o ato decisório "sentença" foi conceituado legalmente levando em consideração tanto o efeito que causa no processo (pôr fim à fase cognitiva do procedimento comum, ou extinguir a execução) como o seu conteúdo (arts. 485 e 487, NCPC).

O objetivo do dispositivo legal foi, portanto, eliminar a controvérsia anterior que havia sobre as decisões proferidas no curso do processo que tinham conteúdo de sentença (atuais arts. 485 e 487, NCPC), na medida em que fez constar expressamente que, além do conteúdo, deve se levar em consideração o efeito que tal decisão produz no processo.[1]

Desse modo, no Novo CPC, se houver uma decisão com conteúdo de art. 485 (hipóteses em que não há resolução do mérito) ou de art. 487 (casos de resolução do mérito), mas que não põe termo à fase de conhecimento ou à execução, não se trata de sentença parcial, senão de decisão interlocutória.

Logo, haverá decisão interlocutória de mérito quando, por exemplo, o juiz: homologa acordo parcial; julga um dos pedidos, por ser incontroverso; ou reconhece a prescrição em relação a um dos pedidos. Observe-se que, nesses casos, a decisão não põe termo à fase de conhecimento, tampouco extingue a execução, razão pela qual se trata de decisão interlocutória, ainda que tenha conteúdo de art. 487 do Novo CPC.

Assim, o Novo CPC elimina a dubiedade que havia no conceito legal de sentença do CPC/1973 (art. 162, § 1º)[2], que, textualmente, podia ser interpretado como se estivesse definindo sentença somente pelo seu conteúdo, levando a certas distorções por parte da doutrina[3] e da jurisprudência de alguns tribunais .

---

1 Também nesse sentido Gajardoni, Dellore, Roque e Oliveira Jr.: "Assim, sentença, para o Código, é o provimento que põe fim à fase cognitiva do processo ou extinga a execução (critério finalístico), mas que também tenha o conteúdo estabelecido nos arts. 485 e 487 do Código (critério de conteúdo). Logo, setença se tem pelo amálgama da finalidade extintiva do processo com conteúdo predeterminado pelos arts. 485 e 487". (GAJARDONI, Fernando da Fonseca; DELLORE, Luiz; ROQUE, Andre Vasconcelos; OLIVEIRA JR., Zulmar Duarte de. *Processo de conhecimento e cumprimento de sentença:* comentários ao CPC de 2015. Rio de Janeiro: Forense, 2016. pp. 513/514)

2 Segundo o art. 162, § 1º, do CPC/1973, alterado pela Lei n. 11.232/2005, sentença era "o ato do juiz que implica alguma das situações previstas nos arts. 267 e 269 desta Lei", que estabelecia as hipóteses em que havia decisão com resolução e sem resolução de mérito, correspondentes, respectivamente, aos atuais art. 485 e 485 do Novo CPC.

3 Com esse entendimento, Marcus Vinicius Rios Gonçalves: "A sentença volta a ser conceituada pelo conteúdo, e não pela aptidão de encerrar o processo em primeiro grau. Sempre que o juiz examinar algum dos pedidos formulados na inicial, ele sentenciará, ainda que o processo prossiga em relação aos demais. [...] Com a nova sistemática, como a sentença não precisa mais pôr fim ao processo, haverá aqueles que terão mais de uma sentença, cada qual julgando um dos pedidos formulados na petição inicial" (*Novo curso de direito processual civil.* 2. ed. São Paulo: Saraiva, 2006. p. 2. v. 2). No mesmo sentido, Marcos Destefenni (*Curso de processo civil.* São Paulo: Saraiva, 2006. p. 411-412. v. 1).

4 Nesse sentido, parcela substancial da jurisprudência do **TJDFT**: "Sepultando o critério formal e o momento processual como critérios de identificação da sentença, **o legislador proces-**

Ocorre que, mesmo diante do Novo CPC, há doutrina, ainda que minoritária, que continua defendendo a possibilidade de sentença parcial de mérito[5]. No entanto, a consequência prática de se definir a sentença pelo seu conteúdo, desconsiderando a questão de pôr fim ou não à fase de conhecimento em primeira instância, ou à execução, causa efeitos desastrosos, tendo em vista que o recurso cabível contra sentença é a apelação (art. 1.009, NCPC). Com efeito, caso se entenda que existe possibilidade de sentença parcial e for adotado o procedimento da apelação, os autos devem ser remetidos ao Tribunal, sem a resolução de todos os pedidos do autor, e, por conseguinte, o processo terá um curso infindável.[6]

---

sual resgatara a vocação original da apelação, que é a revisão de questões de mérito, e privilegiara o conteúdo do provimento como determinante para sua caracterização, ensejando que, independente do momento em que é prolatado e da denominação que lhe seja conferida, o ato judicial que se enquadra numa das situações delineadas pelos artigos 267 e 269 do estatuto processual qualifica-se como sentença" (TJDFT, Acórdão n. 624199, 20120020182569AGI, Rel. Teofilo Caetano, 1ª Turma Cível, *DJe* 15-10-2012. p. 70). No mesmo sentido, vários julgados do **TRF da 4ª Região**: "**Ante a nova definição legal de sentença, trazida pela Lei n. 11.232/05, é cabível apelação do ato judicial que, acolhendo a prefacial de falta de interesse de agir, extinguiu parcialmente o processo, sem resolução de mérito, quanto ao pedido de isenção de imposto de renda**" (TRF4, AG 2008.04.00.016634-0, Quarta Turma, Rel. Valdemar Capeletti, *DJe* 8-9-2008).

5 "O já criticado art. 354, parágrafo único, do Novo CPC também é aplicável às decisões de mérito que resolvem apenas parcela do processo. Trata-se da consagração da sentença parcial de mérito, ainda que recorrível por agravo de instrumento por expressa indicação legal. Ocorre, entretanto, que as mesmas críticas já feitas quanto à decisão terminativa parcial também se aplicam à decisão parcial de mérito" (NEVES, Daniel Amorim Assumpção. *Novo Código de Processo Civil*. São Paulo: Método, 2015. p. 252).

6 Para tentar resolver esse problema, os defensores deste entendimento (da sentença parcial) preconizam duas soluções: 1ª) que o recurso cabível contra a "sentença parcial" deve ser o agravo de instrumento; ou 2ª) que o juiz deve determinar que sejam extraídas cópias dos autos e, após, remeter apenas o instrumento formado para julgamento no Tribunal. Acolher a primeira solução geraria uma verdadeira subversão do processo civil, na medida em que se criaria um novo recurso, uma "apelação por instrumento". Além de aviltar o princípio da taxatividade dos recursos, instaura, sem qualquer base constitucional ou legislativa, uma forma própria para o procedimento da apelação, ferindo o princípio constitucional do devido processo legal. De outro lado, caso se adotasse a segunda solução (cabimento de agravo de instrumento contra essa "sentença parcial"), estar-se-ia estabelecendo uma hipótese de agravo de instrumento, não prevista no Novo CPC. Portanto, os conceitos de decisão interlocutória e de sentença adotados por essa corrente minoritária são juridicamente infundados e pragmaticamente desastrosos. Deve-se fazer uma interpretação gramatical, histórica, sistemática e teleológica do art. 203, § 1º, do Novo CPC, a fim de se construir o conceito de sentença. Em primeiro lugar, mesmo por uma interpretação puramente gramatical do art. 203, § 1º, do Novo CPC, chega-se à conclusão de que o conceito de sentença não pode ser obtido pela simples análise do seu conteúdo, pois também deve ser aferido o seu efeito no processo. Com efeito, o dispositivo prevê que sentença é "o pronunciamento por meio do qual o juiz, com fundamento nos arts. 485 e 487" e que, ao

Portanto, a **sentença** deve ser definida como a **decisão judicial tendente a encerrar a fase de conhecimento em primeira instância, que, resolvendo ou não o mérito, possui conteúdo previsto nos arts. 485 ou 487 do Novo CPC, ou que encerra a execução.** Qualquer outro **ato judicial que resolva questão incidente**, no curso da fase de conhecimento, de liquidação ou de execução, ou em tutela de urgência preparatória, **independentemente da matéria apreciada, é decisão interlocutória.**

Assim, **tem natureza de decisão interlocutória**, por exemplo, a decisão judicial que: a) exclui um dos litisconsortes do processo (conteúdo de art. 485, VI, NCPC); b) indefere o processamento da reconvenção (art. 485, I, NCPC); c) resolve o mérito de um dos pedidos antecipadamente, necessitando os demais pedidos de instrução probatória (art. 356, NCPC); d) reconhece a prescrição em relação à parte da pretensão (art. 354, p. único; e art. 487, II, NCPC), mas o feito prossegue em relação aos demais pedidos; e) homologa acordo parcial (art. 354, parágrafo único; art. 487, III, CPC), prosseguindo-se o processo no tocante à parte controversa.

Com efeito, o art. 354, *caput*, do Novo CPC estabelece que, "ocorrendo qualquer das hipóteses previstas nos arts. 485 e 487, incisos II e III, o juiz proferirá sentença".

---

mesmo tempo, "põe fim à fase cognitiva do procedimento comum, bem como extingue a execução". Uma interpretação histórica do dispositivo não conduz a outra conclusão. Não se deve desenterrar um conceito de sentença que já foi abolido pelo processo civil há muito tempo e do qual o processo penal tenta incessantemente se desapegar. Definir a decisão judicial pelo conteúdo e não pela finalidade é causar um retrocesso no processo civil, o que não deve ser admitido. Por uma interpretação teleológica do art. 203, § 1º, do Novo CPC, observa-se que a intenção da inovação legislativa foi adequar a redação do dispositivo à nova sistemática de processo civil, calcada no sincretismo do procedimento. Assim, o que pretendeu o legislador foi superar o arcaico conceito legal de sentença, para que o referido dispositivo não mais dispusesse que a sentença "põe termo ao processo". Ademais, por uma interpretação sistemática, não há como deixar de concluir que a sentença sempre foi e sempre será o ato final de cognição do juiz na fase de conhecimento, ou que extingue a execução. Durante toda a fase cognitiva, o juiz estabelece o contraditório, instrui o processo, sana as nulidades, resolve as questões incidentes para, ao final, prolatar a sentença, declarando o direito no caso concreto. Após, na fase executiva, o juiz encerra o processo com uma sentença. Assim, não se pode compactuar com a ideia de que a sentença resolve questões incidentais, preparando o processo para uma decisão final, que será outra sentença. Demais disso, do ponto de vista prático, definir uma decisão interlocutória como sentença parcial implica não ter um recurso cabível previsto no Novo CPC, ou não ter um procedimento adequado para processá-lo, o que, por si só, já seria fundamento para não o admitir. Felizmente, a doutrina majoritária, a posição da maioria dos tribunais pátrios e o entendimento pacífico do Superior Tribunal de Justiça, mesmo durante a redação dúbia do CPC/1973, já era no sentido de que a sentença deve ser definida também pelo seu efeito no processo, entendimento que foi consagrado no Novo CPC. (LUNARDI, Fabrício Castagna. *Curso de Direito Processual Civil.* 2. ed. São Paulo: Saraiva, 2017)

2. A SENTENÇA E SEUS REQUISITOS

A palavra sentença deriva, etimologicamente, do latim "*sententia*", cuja raiz é "*sentire*". Desse modo, ainda que sejam impostos diversos limites pelo sistema jurídico ao julgador na sentença, ao fim e ao cabo, há uma grande margem de valoração dos fatos, da prova e do direito.

Todo o processo civil se desenvolve para o ato decisório final do juiz, que é a sentença. É na sentença que o Estado-Juiz analisa as alegações das partes e as provas dos autos, que diz o direito, que aplica o direito objetivo e dita a norma para o caso concreto, fazendo justiça, restabelecendo a ordem jurídica perturbada[7] e dando a cada um o que é seu[8].

Trata-se do principal ato do juiz e certamente de um dos atos mais importantes do processo, onde diversas deficiências e atipicidades processuais podem ser corrigidas, supridas, convalidadas. Contudo, para que este ato judicial seja legítimo e válido, é preciso que tenha sido desenvolvido argumentativamente dentro de determinados parâmetros, balizados, sobretudo, pela Constituição Federal, pela legislação e pela jurisprudência.

A sentença civil possui requisitos essenciais e facultativos. Os requisitos facultativos são os dispensáveis, ou seja, aqueles cuja ausência não enseja qualquer invalidade, nem mesmo irregularidade. De outro lado, a ausência dos requisitos essenciais enseja a nulidade absoluta da sentença.

Em termos estruturais, são **requisitos facultativos**: a) preâmbulo; e b) ementa.

Os **requisitos estruturais essenciais** são: a) relatório; b) fundamentação; e c) dispositivo.

---

7 "Por variados que sean los fines de la sentencia y los efectos que produzca, el primordial es de hacer justicia. La implitude del concepto justicia supene una grave dificuldad para el análisis de tan importante objetivo. Pero, em todo caso, ya se parta de la idea de intercambio, o de las igualdad, legalidad, proporción, paz u orden, la sentencia deberá de armonizar, en lo pertinente, todos los aspectos propios del caso concreto de su referencia. La sentencia resuelve un caso conflictivo y restabelece el orden jurídico perturbado, dentro de la legalidad, por supuesto, ya que es su cauce, pero com las matizaciones humanísticas que le permitan los elementos de la interpretación o de la equidad." (RODRÍGUEZ-AGULERA, Cesáreo. *La sentencia*. Barcelona: Bosch, 1974. p. 94)

8 "Não se pode esquecer que a aspiração máxima do processo tradicional é dar a cada um o que realmente é seu, ou seja, tornar concreto, diante da lei, o ideal de justiça, que só pode ser alcançado quando o juiz conhece efetivamente a verdade dos fatos e a eles atribui as consequências jurídicas previstas na lei ou nos princípios gerais do Direito." (PORTANOVA, Rui. *Motivações ideológicas da sentença*. 4. ed. Porto Alegre: Livraria do Advogado, 2000. p. 35)

Com efeito, o art. 489 do Novo CPC estabelece que "são elementos essenciais da sentença: I – o *relatório*, que conterá os nomes das partes, a identificação do caso, com a suma do pedido e da contestação, e o registro das principais ocorrências havidas no andamento do processo; II – os *fundamentos*, em que o juiz analisará as questões de fato e de direito; III – o *dispositivo*, em que o juiz resolverá as questões principais que as partes lhe submeterem".

Nos **Juizados Especiais Cíveis, Estaduais ou Federais, e de Fazenda Pública**, é **dispensável o relatório**, nos termos do art. 38 da Lei 9.099/95, ou seja, neles, o relatório é requisito facultativo.

No processo civil contemporâneo, há grande preocupação com a asseguração das garantias constitucionais, bem como com a legitimação da decisão judicial pela argumentação. Desse modo, num sistema processual civil que preza por garantias constitucionais, a estruturação e o desenvolvimento argumentativo da sentença possui grande valor. Por conseguinte, conhecer os requisitos da sentença e saber aplicá-los dentro da técnica é fundamental.[9]

3. FORMA DE EXPOSIÇÃO DOS ELEMENTOS DA SENTENÇA

A divisão entre relatório, fundamentação e dispositivo pode ser feita em **itens separados ou subentendida em um só texto**. Neste caso, existem palavras, expressões e frases que tradicionalmente caracterizam a transição de um elemento da sentença para outro.

Observem-se as formas abaixo:

Forma 1:

I. RELATÓRIO
[...]
II. FUNDAMENTAÇÃO
[...]
III. DISPOSITIVO
[...]

9 "O estudo do tema, Requisitos da sentença, deve ter em vista precipuamente a preocupação em se evitarem nulidades, uma vez que a ausência de alguns destes requisitos ou mesmo a sua simples deficiência poderá ter implicações na subsistência do ato judicial." (SOUZA, Eduardo Francisco de. *Sentença criminal para concursos da magistratura.* São Paulo : Edipro, 2012. p. 22)

Forma 2:

Trata-se de [...]
É O RELATÓRIO. DECIDO.
[...]
ANTE O EXPOSTO, [...]

Observe-se que, na última forma (forma 2), a frase "É O RELATÓRIO. DECIDO" caracteriza a transição entre o relatório e a fundamentação, ou seja, indica que se trata do fim do relatório e que se iniciará a fundamentação; a expressão "ANTE O EXPOSTO", por sua vez, indica que se encerrou a fundamentação e que se está passando para o dispositivo. Essas frases e expressões possuem variações. Por exemplo, para a transição do relatório para a fundamentação, também pode se utilizar: "É o relatório. Passo a decidir"; "É a síntese do necessário. Decido"; "É o relatório. Passo a fundamentar". De outro lado, para indicar o dispositivo, também se costuma utilizar expressões como: PELO EXPOSTO; ANTE TODO O EXPOSTO; POR TODO O EXPOSTO etc.

Adotar um ou outro estilo – divisão em itens ou redação num texto único (sem subdivisões em itens) – é opcional. Na prática judicial, não há unanimidade entre os magistrados.

Por tais razões, aqui vale reforçar uma dica importante, exposta no capítulo anterior: se o candidato tiver acesso a sentenças ou acórdãos do examinador, ou, de qualquer modo, conhecer o seu estilo de redação, seria de bom alvitre segui-lo (para utilizar a sistemática da subdivisão em tópicos ou a redação num texto único). Isso porque, em termos de psicologia comportamental, todo ser humano possui mais afeição e avalia melhor a forma a que está mais acostumado.

Assim, se o candidato somente tiver de continuar o relatório já estabelecido na questão, quando constar do enunciado "Trata-se de [...] É o relatório. Decido", aconselha-se seguir um só texto sem subdivisão entre "II. FUNDAMENTAÇÃO; III. DISPOSITIVO[10]".

Alguns juízes têm por hábito enumerar todos os parágrafos da sentença, com números cardinais (Ex.: "1. O autor alegou, na petição inicial que [...] 2. Citado, o réu, na contestação, [...] 3. Em réplica, o requerente sustentou

---

10 Amaury Silva, de forma minoritária, prefere chamar esse terceiro item de CONCLUSÃO, ao invés de DISPOSITIVO (*Manual das sentenças e atos judiciais cíveis*. 2. ed. Leme: J. H. Mizuno, 2017). Contudo, a conclusão é um elemento de finalização do raciocínio silogístico (premissa maior, premissa menor e conclusão), de modo que deve constar na análise de cada questão na fundamentação. Desse modo, deve-se preferir o item DISPOSITIVO, pois este é o elemento da sentença contém o seu comando.

que [...] 4. Na fase de especificação de provas [...]"). Essa formatação também é utilizada por alguns autores em seus modelos de sentenças.[11] Contudo, a maioria dos juízes e dos doutrinadores não utiliza essa forma. Além de não ser obrigatória, é desnecessária e, para o candidato a concurso, é um elemento a mais que pode o atrapalhar na elaboração da sentença. Por isso, recomenda-se que, nas provas de concurso, não seja utilizada essa enumeração de parágrafos.

Em toda a sentença, deve ser utilizada linguagem técnica. Não se recomenda que se utilize linguagem poética, nem se escreva uma sentença em forma de poesia ou um cordel. Embora isso possa parecer óbvio, há autores de técnica de sentença que admitem a possibilidade, inclusive, de se escrever uma sentença em forma de cordel, dando, a seguir, um exemplo disso.[12] Na verdade, isso é um bom exemplo do que se não deve fazer, inclusive porque o exemplo dado pelo autor é uma sentença omissa e carregada de ambiguidades. Portanto, na sentença, deve se utilizar linguagem técnica, pois isso inclusive objeto de pontuação nos concursos para a magistratura.

4. PREÂMBULO

O **preâmbulo**, também chamado por alguns autores de **cabeçalho**[13], é a indicação sintética do **órgão julgador**, do **número do processo**, do **tipo de ação** e das **partes processuais**.

No âmbito das decisões de tribunais, é comum que sejam colocados no preâmbulo os nomes dos advogados do autor e do réu. Nas sentenças de primeira instância, não é usual a consignação do advogado da parte no preâmbulo.

Por não se apresentar, no Código de Processo Civil, como requisito essencial da sentença, não gera nulidade a ausência de preâmbulo.

De qualquer forma, na praxe judicial, a colocação do preâmbulo é recorrente, porque, mediante fácil visualização, qualquer um pode rapidamente identificar o processo.

---

11 A título de exemplo, Sidnei Agostinho Beneti, em seu livro sobre a matéria, utiliza essa enumeração dos parágrafos na maioria dos seus modelos de despachos, decisões e sentenças (BENETI, Sidnei Agostinho. *Modelos de despachos e sentenças*. 6. ed. São Paulo: Saraiva, 2004).

12 A esse respeito, Nagibe de Melo Jorge Neto afirma que: "Uma vez dominada a técnica, a lei concede ampla liberdade àquele que é chamado a prolatar uma sentença e, por meio dela, expressar a justiça. As sentenças podem ser escritas, inclusive, em linguagem poética, como esta belíssima sentença do colega [...], lavrada em forma de cordel, que transcrevo a seguir [...]" (JORGE NETO, Nagibe de Melo. *Sentença cível:* teoria e prática. 7. ed. Salvador: Juspodivm, 2016. p. 22)

13 JANSEN, Euler. *Manual de sentença criminal*. 2. ed. Rio de Janeiro: Renovar, 2009. pp. 9/10.

Em alguns tribunais, o sistema informatizado já formata o preâmbulo, a exemplo do que ocorre no TJDFT. O preâmbulo formatado pelo sistema deste Tribunal é o seguinte:

> "PODER JUDICIÁRIO DA UNIÃO
>
> TRIBUNAL DE JUSTIÇA DO DISTRITO FEDERAL E DOS TERRITÓRIOS
>
> PRIMEIRA VARA CÍVEL DA CIRCUNSCRIÇÃO JUDICIÁRIA DE BRASÍLIA-DF
>
> Processo: 2017.04.1.036YYY-X
>
> Classe: Ação de Conhecimento
>
> Assunto: Dano moral e material
>
> Autor: Fulano
>
> Réu: Beltrano"

Na prova do concurso, somente será necessário consignar o preâmbulo se tiver de elaborar o relatório, pois, se só precisar partir da fundamentação, não haverá que se falar em preâmbulo. Além disso, no caso de somente ter de fazer a fundamentação, a colocação de preâmbulo ficaria deslocada e não seria pontuada pelo examinador, além de sujeitar o candidato a perder pontos. De outro lado, nas hipóteses em que se tem de elaborar toda a sentença desde o relatório, aconselha-se colocar o preâmbulo, de forma sucinta e objetiva.[14]

5. EMENTA

A **ementa** constitui-se na **síntese das questões postas** e **do que foi decidido no processo**.

É requisito essencial somente para os acórdãos de Tribunal (art. 943, § 1º, NCPC[15]). Assim, para as sentenças, não se recomenda a elaboração de ementa, pois não convém que se despenda tempo com isso. Contudo, alguns magistrados – ainda que sejam minoria – optam por elaborar uma ementa na sentença. De outro lado, para o candidato à magistratura, se não for exigida

14 Naturalmente, será preciso avaliar o histórico de cada certame, bem como eventual preferência do examinador responsável pela elaboração e correção da prova. Além disso, na eventualidade de ser exigida a sua elaboração, é preciso evitar sempre a identificação do candidato (inserção de informação não prevista no enunciado ou alocação de grande variedade de elementos do feito etc.). Ademais, deve se considerar a limitação de linhas para a resolução da prova de sentença. Por fim, comumente se trata de parte que não é pontuada nos espelhos de correção dos examinadores.

15 NCPC: "Art. 943 [...] § 1º Todo acórdão conterá ementa".

a ementa na prova do concurso, recomenda-se que não se desperdice tempo com algo que somente pode lhe tirar pontos, além de tomar espaço na folha de resposta (em alguns certames, limitada a 120 linhas).

De qualquer forma, alguns concursos podem vir a exigi-la,[16] razão pela qual é importante que o candidato saiba fazer uma ementa.

Os **elementos da ementa** são: a) **verbete**; b) **sumário**; e c) **dispositivo**.

O **verbete da ementa** é constituído pela palavra ou o conjunto de palavras que permitem a compreensão imediata do que trata a sentença. Deve conter o tipo de demanda, o ramo do direito material aplicável, o contexto fático e o resultado do julgamento. Ex.: *"AÇÃO DE INDENIZAÇÃO POR DANOS MORAIS. DIREITO DO CONSUMIDOR. RESPONSABILIDADE CIVIL DO FORNECEDOR. FRAUDE EM CARTÃO DE CRÉDITO. INSCRIÇÃO INDEVIDA EM CADASTRO DE INADIMPLENTES. PROCEDENTE".*

O **sumário** consiste no resumo da sentença. Deve conter a síntese das principais questões fáticas e relações jurídicas, bem como os principais argumentos da fundamentação, em ordem lógica, tais como preliminares ao mérito, preliminares de mérito, questões prejudiciais, teses centrais da parte autora e da parte ré, direito aplicável, além do resultado do julgamento. Exemplo: *"1. A fraude em cartão de crédito gera responsabilidade civil objetiva da instituição bancária, bastando ao consumidor demonstrar a fraude, o nexo causal e a inscrição indevida em cadastro de inadimplentes. 2. Fraude demonstrada pelo registro da ocorrência policial, bem como pelo fato de as compras terem sido realizadas em cidade diversa da que a parte autora estava no momento da utilização indevida do cartão. 3. O dano moral decorre da inscrição em cadastro de inadimplentes, em razão da violação da honra objetiva do consumidor. 4. Inscrições indevidas no SPC e SERASA demonstradas pelos documentos juntados aos autos. 5. A indenização deve ser fixada considerando as capacidades econômicas da parte autora e da parte ré, a extensão do dano e o caráter pedagógico e punitivo da medida. Da mesma forma, a quantia fixada não pode implicar um enriquecimento indevido para a Parte Autora".*

No **dispositivo da ementa**, por sua vez, deve constar o imperativo ou o comando da sentença. Exemplo: *"Procedência do pedido da parte autora. Fixado o valor indenizatório em R$ 5.000,00 (cinco mil reais)".*

Apresenta-se, assim, o seguinte modelo de ementa de sentença:

> *AÇÃO DE INDENIZAÇÃO POR DANOS MORAIS. DIREITO DO CONSUMIDOR. RESPONSABILIDADE CIVIL DO FORNECEDOR. FRAUDE EM CARTÃO DE CRÉDITO. INSCRIÇÃO INDEVIDA EM CADASTRO DE INADIMPLENTES. PROCEDENTE.*

---

16 Nos enunciados recentes das provas de sentença cível, nenhum concurso da magistratura estadual e federal exigiu a elaboração de ementa.

1. A fraude em cartão de crédito gera responsabilidade civil objetiva da instituição bancária, bastando ao consumidor demonstrar a fraude, o nexo causal e a inscrição indevida em cadastro de inadimplentes.

2. Fraude demonstrada pelo registro da ocorrência policial, bem como pelo fato de as compras terem sido realizadas em cidade diversa da que a parte autora estava no momento da utilização indevida do cartão.

3. O dano moral decorre da inscrição em cadastro de inadimplentes, em razão da violação da honra objetiva do consumidor.

4. Inscrições indevidas no SPC e no SERASA demonstradas pelos documentos juntados aos autos.

5. A indenização deve ser fixada considerando as capacidades econômicas da parte autora e da parte ré, a extensão do dano e o caráter pedagógico e punitivo da medida. Da mesma forma, a quantia fixada não pode implicar um enriquecimento indevido para a Parte Autora.

PROCEDÊNCIA DO PEDIDO DA PARTE AUTORA. Fixado o valor indenizatório em R$ 5.000,00 (cinco mil reais).

6. RELATÓRIO DA SENTENÇA CÍVEL

6.1 Funções do relatório

O **relatório** é a **suma dos acontecimentos do processo.**

A **função** principal do relatório é possibilitar que o jurisdicionado e o leitor possam compreender exatamente a demanda, bem como as teses da parte autora e da parte ré, além de tudo o que aconteceu no processo.

Ademais, também serve para demonstrar que o julgador leu e compreendeu todo o processo, a causa de pedir e o pedido do autor, as teses da parte ré e as provas produzidas.

O relatório também é útil para instrumentalizar o próprio julgador (e o candidato a concurso) no momento em que está redigindo a fundamentação, pois, se o relatório foi bem elaborado, bastará fazer a sua releitura para relembrar a causa de pedir e os pedidos do autor, as teses da parte ré e as provas produzidas nos autos, de modo a não deixar nada escapar à análise na fundamentação.

A maioria da doutrina entende que a ausência de relatório gera nulidade absoluta.[17] No mesmo sentido, o entendimento do STJ.[18] No entanto, não

17 Nesse sentido: DONIZETTI, Elpídio. *Redigindo a sentença cível.* 8. ed. São Paulo: Atlas, 2017. pp. 3/4.

18 "O relatório é requisito essencial e indispensável da sentença e a sua ausência prejudica a análise da controvérsia, suprimindo questões fundamentais para o julgamento do pro-

gera nulidade o relatório sucinto,[19] ainda mais nas hipóteses de extinção do processo sem resolução do mérito.

6.2 Questões redacionais

6.2.1 A expressão "Vistos etc."

Inicialmente, é preciso dizer que não é mais correto o uso da expressão "VISTOS ETC." Com efeito, originariamente tal expressão significava "vistos, relatados e discutidos os autos do processo n.º tal, [...]". Contudo, atualmente, a sentença é tomada por um juiz, individualmente, sem que ele discuta o processo com outrem. Além disso, quando tal expressão é colocada no início do relatório, o juiz ainda não leu o processo e também não o relatou. Portanto, do ponto de vista semântico, tal expressão ("Vistos etc.") é equivocada, não devendo ser utilizada.

Contudo, há juízes que, na prática, utilizam apenas a palavra "Vistos" e alguns doutrinadores que, inclusive, acreditam que, embora seja uma expressão arcaica, não prejudicaria a compreensão da sentença.[20]

De qualquer forma, além de semanticamente incorreta, essa expressão não agrega nada ao texto do relatório, razão pela qual também deve ser evitada.

Apenas por curiosidade, observe-se que, em algumas provas nas quais o relatório já vem pronto, ainda se faz o uso – tecnicamente equivocado – de tal expressão.[21]

---

cesso. Tal consideração impõe o reconhecimento da nulidade do julgado impugnado, em manifesta violação dos arts. 165 e 458, do Código de Processo Civil [de 1973], e 93, IX, da Constituição Federal. 3. Precedentes do STJ." (STJ, RMS 25.082/RJ, Rel. Ministra Denise Arruda, Primeira Turma, julgado em 21/10/2008, DJe 12/11/2008)

19 "AÇÃO DE COBRANÇA. EXECUÇÃO DE SERVIÇOS. VÍCIOS DA SENTENÇA. INEXISTÊNCIA. "Não é nula decisão cujo relatório de sentença lançada nos autos, ainda que sucinto, expõe os fatos da causa e a pretensão resistida." (REsp n. 15.417-SP). [...]" (STJ, REsp 157.105/SP, Rel. Ministro Barros Monteiro, Quarta Turma, julgado em 08/06/2004, DJ 04/10/2004, p. 301)

20 "Da minha parte, eu tenho o costume de usar essa expressão, embora possa concordar com Elpídio Donizetti quanto a ela ser arcaica ou desnecessária. Mas é uma mania que trago e gosto de usar, dispensando apenas quando estou atuando no Juizado Especial Federal, cujas sentenças costumam ser mais sintéticas. Em concursos, sempre coloquei, pois acho que, se não ajuda na nota, também não prejudica. E vai que o examinador é como a expressão, ou seja, arcaico? Aliás, é possível observar em alguns concursos que o próprio relatório proposto pelo examinador já traz o 'Vistos, etc.', conforme se viu na prova do TJ/DFT, relativa ao concurso de 2007 (sentença cível). Percebe-se que, mesmo dispensável, a expressão ainda continua com a bola toda". (ALVES, Alexandre Henry. *Sentença cível.* 2. ed. Porto Alegre: Verbo Jurídico, 2011. p. 92)

21 A título de exemplo, na prova de sentença penal do XLIII Concurso do TJDFT (aplicada em 6/3/2016), o enunciado trouxe a referida expressão (Disponível em: <http://www.tjdft.

6.2.2 *Aspectos linguísticos, ordenação e conteúdo do relatório*

No relatório, é necessário que sejam descritos todos os acontecimentos relevantes do processo, de acordo com a sua ordem cronológica (e não de acordo com a ordem lógica). Assim, se algum ato processual que comumente ocorre antes vem a acontecer depois, deve ser narrado de acordo com a cronologia em que ocorreu, e não de acordo com a lógica do momento em que deveria ter ocorrido.

Também é preciso tomar cuidado para, no relatório, não se decidir nada, nem se fazer qualquer juízo de valor[22].

Além disso, no relatório, recomenda-se que seja evitado o uso de adjetivos, a fim de não se emitir qualquer juízo de valor, pois este tipo de análise (valorativa) deverá ser reservado para a fundamentação. Por exemplo, não é adequado, do ponto de vista da técnica, escrever, no relatório, "a bem apresentada contestação"; "conforme dito na bem fundamentada petição inicial" etc. Com efeito, o relatório precisa ser o mais isento possível, ou seja, não pode ser tendencioso, não pode conter palavras e expressões que indiquem prejulgamentos.[23]

---

jus.br/acesso-rapido/concursos/juiz-de-direito-substituto/xliii-concurso/prova-pratica--de-sentenca-criminal>. Acesso em: 7/10/2016).

22 O concurso do Tribunal de Justiça de Santa Catarina tem especificidade que o diferencia de todos os outros no que concerne à elaboração de relatório. Nos últimos concursos, houve a previsão expressa de pontuação para a descrição dos fundamentos das decisões prolatadas no decorrer do processo, além da citação dos artigos de lei referentes a todas as fases processuais. Parte-se do pressuposto de que o processo, quando chega para a prolação da sentença, passou por todos os pontos obrigatórios previstos no Código de Processo Civil, de maneira que se presume que todas as questões processuais pendentes teriam sido decididas previamente à efetiva redação do ato. Assim, caso o enunciado apresentado tenha exposição de processo no qual houve dilação probatória, o candidato deveria inserir no relatório despacho saneador, não com o formato de decisão, mas em caráter expositivo, declinando os motivos que levaram o magistrado a sanear o processo e deferir as provas pleiteadas. A orientação seria circunscrita, porém, ao caso de deferimento de produção de provas, uma vez que, se anunciado julgamento antecipado, as preliminares ou eventuais questões processuais pendentes deveriam ser efetivamente analisadas já na fundamentação do ato, antes do mérito, seguindo o parâmetro normal de avaliação. Com a devida vênia à praxe local, trata-se de formato de redação que não se coaduna com a melhor técnica, pois determina ao candidato que promova a inserção de fatos não narrados no enunciado, a exemplo da decisão saneadora. Como é cediço, há uma linha muito tênue nessa hipótese, pois nunca se sabe de antemão se o que foi inventado irá alterar por completo a resolução do caso narrado, motivo pelo qual, mesmo no TJSC, defende-se o uso da técnica de redação tradicional, sobretudo porque candidatos que a utilizaram também lograram êxito no certame.

23 Nesse sentido: "Também é importante que, no relatório, adote-se linguagem a mais imparcial possível, pensando e redigindo como juiz, e não como parte. Deve-se evitar

Durante o relatório, também não pode ser mencionada a regularidade ou irregularidade dos atos processuais. Assim, no relatório, é equivocado o uso da expressão *"devidamente citado"* ou *"regularmente citado"*.

Também não devem ser utilizados termos e expressões que, de alguma forma, prejulgam o que será examinado na fundamentação. Assim, é inadequado dizer, por exemplo, *"O eminente advogado do autor bem ressaltou que [...]"*.

Em síntese, na redação do relatório, a técnica recomenda que o julgador se limite à descrição de todos os acontecimentos relevantes do processo, sempre em ordem cronológica[24], sem qualquer juízo de valor sobre o narrado.

No relatório, quando, no mesmo parágrafo, for possível condensar todas as alegações ou teses contidas na inicial ou na contestação, é recomendável que se estruture a redação de forma a evitar o que alguns autores chamam de "queísmo".[25] Por exemplo, ao invés de utilizar a estrutura *"alegou que [...]; afirmou que [...]; sustentou que [...]"*, é possível utilizar a seguinte forma redacional: *"A parte ré, na contestação, sustentou que: a) [...]; b) [...]; c) [...]."*.

Além disso, em toda a sentença deve ser utilizada linguagem técnica, clara, objetiva e inteligível.

6.2.3 *Tempo verbal e verbos comumente utilizados*

Deve ser utilizado o mesmo tempo verbal para todo o relatório. Assim, por exemplo, quando se começa utilizando verbos no presente do indicativo, é necessário que se proceda da mesma forma em todo o relatório. Do mesmo modo, caso se utilize o pretérito perfeito, do ponto de vista gramatical, impõe-se que o mesmo tempo verbal seja seguido durante todo o texto do relatório.

Exemplos:

> *Fulano de Tal propõe ação de cobrança contra Beltrano. Alega que [...]. Fundamenta que [...]*

---

a defesa dos argumentos das partes, e mesmo ressaltar determinados fatos processuais, permitindo interpretação tendenciosa do texto, limitando-se a expor em resumo as linhas de raciocínio do autor e réu." (SILVA, Marcelo Andrade Campos. *Técnica de sentença cível:* noções aplicadas de processo civil, prática de redação de sentenças cíveis e exemplos de sentenças. São Paulo: Pilares, 2012. p. 45).

24 Há autores, no entanto, que entendem que também poderia se utilizar, no relatório, a ordem lógica, a qual seria, inclusive, preferível (nesse sentido: DONIZETTI, Elpídio. *Redigindo a sentença cível.* 8. ed. São Paulo: Atlas, 2017. p. 9). No entanto, essa tese, além de minoritária, também pode comprometer o entendimento do que ocorreu no processo.

25 "Veja que, no exemplo supra, evitou-se o 'queísmo', ou seja, a repetida utilização de 'quês'. A forma 'que a impetrante [...]; que nessa qualidade [...]; que no entanto [...]', além de enfadonha, compromete a estética do texto." (DONIZETTI, Elpídio. *Redigindo a sentença cível.* 8. ed. São Paulo: Atlas, 2017. p. 8)

Ou

> *Fulano de Tal propôs ação de cobrança contra Beltrano. Alegou que [...] Fundamentou que [...]*

De qualquer maneira, como a narrativa acontece sobre fatos e atos processuais que aconteceram no passado, recomenda-se a utilização do verbo no passado.[26]

Para instrumentalizar o leitor, apresentam-se alguns verbos comumente utilizados na redação do relatório: **sustentar, afirmar, argumentar, relatar, ponderar, aduzir, asseverar, arrazoar, alegar, fundamentar, pretender, defender, advogar, suscitar, arrazoar, apresentar etc.**

6.3 Conteúdo, estruturação e modelos de relatório

O relatório deve conter "os nomes das partes, a identificação do caso, com a suma do pedido e da contestação, e o registro das principais ocorrências havidas no andamento do processo" (art. 489, I, NCPC).

Apresenta-se abaixo, um roteiro para a elaboração do relatório. Contudo, como já se expôs, esse roteiro é variável, a depender da ordem dos acontecimentos em cada processo, inclusive porque os acontecimentos devem ser relatados conforme aconteceram e não conforme deveriam ter ocorrido.

1º) Deve trazer a indicação de todas as partes envolvidas, objeto da controvérsia e pedido formulado.

Desse modo, não é correto relatar *"Fulano de Tal e outros"*, pois precisa fazer referência a todas as partes do processo, devendo dizer *"Fulano de Tal e Beltrano de Tal..."*.

Neste parágrafo, também devem ser relatadas as alegações, teses e pedidos da parte autora.

Exemplo:

> *[Autor] propôs [tipo de ação] em face de [réu], ambos já qualificados, na qual a parte autora pede [resumo dos pedidos].*
>
> *O autor alegou que [exposição dos fatos]. Fundamentou que [fundamentos jurídicos].*
>
> *A petição inicial foi instruída com os documentos de fls. xx.*

---

26 Nesse sentido, também é a lição de Eduardo Francisco de Souza: "Na redação, aconselha-se a atenção ao elemento cronológico, descrevendo os fatos em sequência (conforme o rito) e usando os verbos no passado". (SOUZA, Eduardo Francisco de. *Sentença criminal para concursos da magistratura.* São Paulo : Edipro, 2012. p. 22)

2º) Menciona-se o pagamento das custas ou a concessão de gratuidade judiciária. Ex.:

> *Na decisão de fl. X, foi concedido o benefício da gratuidade judiciária à parte autora.*

3º) Depois, trata-se da antecipação de tutela, bem como das outras decisões importantes antes da citação, se houver. Ex.:

> *Na decisão de fl. X, foi deferido o requerimento de tutela antecipada, para o fim de [...].*

4º) Faz-se referência à citação e à contestação. Relata-se a suma das teses de defesa (preliminares ao mérito, preliminares de mérito e mérito propriamente dito) sem adentrar em maiores explicações acerca de cada tese da parte ré.

Pode ser feito da seguinte forma:

> *Citado, o réu apresentou contestação às fls. XX. Em sede preliminar, alegou que [...]. No mérito, fundamentou que [...].*

Não se deve utilizar a expressão *"Regularmente citado, o réu apresentou contestação"*, porque analisar a regularidade ou não da citação implica juízo de valor, devendo ser analisada somente na fundamentação. Há doutrinadores de técnica de sentença, contudo, que utilizam as formas "regularmente citado" e "devidamente citado".[27] Contudo, além de estarem tecnicamente incorretas (pois não se pode fazer valoração no relatório), ainda podem prejudicar a análise da fundamentação, pois é bastante comum, sobretudo em concursos públicos, a preliminar de nulidade da citação. Se disser "regularmente citado", já estaria antecipando uma decisão sobre a preliminar, o que deveria ser analisado somente no mérito. Portanto, no

27 Nagibe de Melo Jorge Neto – ao nosso ver, *de forma equivocada*, com todo o respeito ao eminente doutrinador – assim ensina: "Depois disso, o relatório deve informar acerca da existência de citação e de sua regularidade e, então, deter-se sobre a contestação. Isso, normalmente, pode ser feito por meio de uma fórmula rápida, que consiste no seguinte: *Regularmente citada, a parte ré apresentou contestação à ação às fls* ... Ou *A parte ré, devidamente citada, contesta a ação com base nos seguintes argumentos* ...". (JORGE NETO, Nagibe de Melo. *Sentença cível:* teoria e prática. 7. ed. Salvador: Juspodivm, 2016. p. 70). A doutrina majoritária de técnica de sentença afirma que deve se fazer referência à citação. Nesse entido, por exemplo Amaury Silva faz referência à citação em todos os seus modelos de sentença colocados na sua obra (SILVA, Amaury. *Manual das sentenças e atos judiciais cíveis*. 2. ed. Leme: J. H. Mizuno, 2017).

relatório, basta fazer referência à citação, sem qualquer menção sobre a regularidade ou não desse ato.[28]

Além disso, também não deve se mencionar nada sobre a tempestividade da contestação (por vezes, observa-se alguns juízes escrevendo: "Na contestação tempestiva, o réu alegou que [...]"), pois isso implica juízo de valor, inadmissível no relatório.[29]

A seguir, devem ser mencionadas as preliminares suscitadas, bem como as alegações e teses de mérito:

> *Preliminarmente, a parte ré alegou que [...]*

Ou

> *Em sede de preliminar, a parte ré suscitou a [nome da preliminar – ex.: incompetência absoluta] [...]*

Continuando:

> *No mérito, a parte ré fundamentou que [...]*

Ao final do relato da contestação, deve se consignar os requerimentos da parte ré:

> *Ao final, a parte ré requereu o acolhimento das preliminares de [...] e de [...], com a extinção do processo sem resolução do mérito, ou, caso se adentre no mérito, o julgamento de total improcedência dos pedidos.*

5º) Referência a atos importantes do processo, tais como:

- Reconvenção: deve ser feita em um novo parágrafo, onde deverão ser descritos a causa de pedir, os pedidos, bem como as suas alegações e teses.
- Exceções (suspeição e impedimento): lembre-se que, caso sejam admitidas, serão autuadas em apartado. Neste caso, basta fazer referência

28 Alguns autores consideram que não deve ocorrer a referência à citação (DONIZETTI, Elpídio. *Redigindo a sentença cível*. 8. ed. São Paulo: Atlas, 2017. p. 9). No entanto, esse entendimento é minoritário.

29 "Não 'julgue' no relatório; o relatório é simplesmente uma narrativa da marcha processual. Não digam 'contestação tempestiva', pois dizer que ela foi ofertada em bom tempo, significa emitir um juízo no relatório. O correto é inserir o juízo na motivação" (PEREIRA, Ézio Luiz. *Sentenças cíveis & "dicas" para concursos de ingresso na magistratura*. 2. ed. Leme, SP: CL Edijur, 2002. p. 21)

a elas, pois constarão de autos apartados. Ex.: *"Foi oposta exceção de incompetência às fls.* xx-yy".

- Agravo de instrumento: tal recurso é interposto diretamente no tribunal, mas deve ser apresentada uma petição no Juízo de origem (se não for caso de processo eletrônico), para informar a sua interposição, bem como para que seja possível o juízo de retratação. Desse modo, também deve ser relatado. Ex.: *"A parte ré interpôs agravo de instrumento ao Egrégio Tribunal contra a decisão que deferiu a tutela antecipada, tendo informado a sua interposição às fls. xx-yy. À fl. xx, foi juntado ofício do Egrégio Tribunal comunicando o indeferimento da tutela antecipada recursal."*

6º) Réplica: em relação à réplica, comumente se faz referência a ela, ou se aborda muito suscintamente o que a parte autora acrescentou de argumento em relação à inicial. Exs.:

> *Réplica às fls. xx-yy, onde a parte autora apenas reiterou os argumentos da inicial.*

Ou

> *A parte autora apresentou réplica às fls. xx-yy, onde alegou, em suma, a insubsistência das preliminares de [...] e de [...], e, após, reiterou os termos da inicial.*

7º) Devem ser mencionadas as provas produzidas nos autos e eventuais decisões proferidas no curso do processo.

Faz-se referência a perícias realizadas, audiências etc.

Ex.:

> *Realizada perícia, foi apresentado laudo às fls. xx-yy.*

8º) Após, menciona-se o encerramento da instrução, bem como se houve decisão determinando o julgamento antecipado da lide.

Ex.:

> *Na decisão de fls. xx-yy, foi dada por encerrada a instrução, bem como determinado o julgamento antecipado da lide.*

6.4 Relatório no caso de dois ou mais processos sendo julgados simultaneamente

Se houver dois processos para serem julgados simultaneamente (em razão de conexão ou continência, p.ex.), eles devem ser relatados de forma separada, seguindo-se a ordem cronológica dos acontecimentos no respectivo processo.

Exemplo:

I. RELATÓRIO

A) Processo n.º XXXXX (ação de cobrança)

Maria Nazareno propôs ação de cobrança contra José da Silva, onde postula [...]

B) Processo n.º YYYYYY (ação de despejo)

Trata-se de ação de despejo proposta por Maria Nazareno contra José da Silva [...]

Ou

Inicialmente, relatarei o processo n.º XXXXX (ação de cobrança).

Maria Nazareno propôs ação de cobrança contra José da Silva, onde postula [...]

Vieram os autos conclusos para sentença.

[...]

Passo a relatar o processo n.º YYYYYY (ação de despejo).

Trata-se de ação de despejo proposta por Maria Nazareno contra José da Silva [...]

[...]

São os relatórios. Passo a decidir.

6.5 Frase de transição

Ao final do relatório, deve constar uma frase de transição para a fundamentação.

No caso de divisão em itens (I. RELATÓRIO; II. FUNDAMENTAÇÃO; III. DISPOSITIVO), recomenda-se uma frase de transição como esta:

Os autos vieram conclusos para sentença.

No caso de sentença redigida num texto único, sem subdivisão, recomendam-se frases de transição como as seguintes:

É o relatório. Decido.

Ou

É a síntese do necessário. Passo a fundamentar.

Ou

É o relatório. Passo a decidir.

Alguns doutrinadores chamam essa frase de transição (ao final do relatório) de fecho.[30] Contudo, não se trata somente de um fecho, pois não é apenas o encerramento do relatório, senão também algo que introduz a ideia de que o julgador passará à fundamentação.

Portanto, trata-se de frase de transição entre relatório e fundamentação.

6.6 Relatório dispensado – técnicas de leitura e anotação a partir do relatório proposto pela Banca Examinadora

Conforme exposto no capítulo I, dentro da estratégia do candidato, este deverá observar se, nas provas anteriores do concurso que pretende prestar, foi ou não exigida a elaboração de relatório. Embora, em alguns concursos, seja entregue uma cópia de autos físicos para que a sentença seja elaborada, na maioria dos concursos a questão da prova já traz um relatório, devendo apenas ser elaborada a sentença a partir da fundamentação, considerando-se como relatório a questão já posta.

Assim, no momento da prova, deve se ler atentamente se a questão diz que não é necessário fazer relatório, ou, em vez disso, se a questão denota que ela já se constitui no próprio relatório da sentença.

Ocorre que, muitas vezes, isso pode ser dúbio. Por exemplo, algumas vezes, o examinador somente coloca na questão que é para se decidir com base no relatório apresentado. Nesses casos, se, nas provas anteriores, a praxe não é fazer o relatório, deve se subentender que aquele já é o relatório e que se pode partir direto para a elaboração da fundamentação.

De qualquer forma, é importante que o candidato esteja ao menos minimamente preparado para fazer um relatório de sentença.

7. FUNDAMENTAÇÃO

7.1 Definição, função, redação, estruturação e conteúdo da fundamentação

A fundamentação da sentença é um imperativo constitucional (art. 93, inc. IX, CF) e também uma exigência do Código de Processo Civil (art. 11, *caput*, e art. 489, § 1º).

---

30 Nesse sentido, por exemplo, Euler Jansen (In: *Manual de sentença criminal*. 2. ed. Rio de Janeiro: Renovar, 2009. p. 28).

Trata-se de um fator de legitimação da própria atividade jurisdicional. No Brasil, o juiz não é eleito pelo povo, razão pela qual a sua legitimação decorre de outros fatores, tais como forma de escolha pelo concurso (meritória), possibilidade de as partes participarem do processo e influenciarem a sua decisão e fundamentação das suas decisões. Assim, diz-se que o juiz se legitima ato a ato pelo seu argumento.[31]

A **fundamentação** tem a função de **mostrar às partes do processo as razões que levaram o juiz a se convencer da sua decisão**. Assim, a motivação é uma **forma de o juiz prestar contas da sua atividade jurisdicional** (*accountability*) às partes do processo, aos demais juízes e a toda a sociedade.[32]

Com efeito, não basta ao juiz decidir a questão de forma justa, pois, além disso, precisa convencer pelo argumento, tentar mostrar que a sua decisão é melhor que todas as outras imaginadas[33] e demonstrar que está fazendo justiça. As partes não precisam concordar com a decisão, mas é preciso que o juiz mostre, com clareza, o percurso lógico do seu raciocínio, fundado nos fatos, nas provas e no direito.[34] Como já disse Michele Taruffo, a motivação

---

31 "A fundamentação, além da sua função interna na sentença (endoprocessual), possui uma função externa (extraprocessual), que garante o controle da sociedade sobre a legitimidade do exercício da função jurisdicional pelo magistrado, membro do Poder Judiciário. Assim, a motivação das decisões judiciais é historicamente uma conquista dos últimos séculos, fruto de esforços voltados à limitação do poder dos magistrados, sendo possível o exercício de um controle pela população, com a preocupação na obtenção de julgamentos pautados pela racionalidade". (ALMEIDA, Vitor Luís de. O artigo 489 do Novo CPC e o direito à fundamentaçao das decisões judiciais. In: SANTANA, Alexandre Avalo; ANDRADE NETO, José de. *Novo CPC:* análise doutrinária sobre o novo direito processual civil brasileiro. v. 2. Campo Grande: Contemplar, 2016. p. 348)

32 Também nesse sentido: BUENO, Cassio Scarpinella. *Curso sistematizado de direito processual civil:* teoria geral do direito processual civil. v. 1. São Paulo: Saraiva, 2007. p. 132.

33 "Exatamente aí, a motivação desempenha seu papel de discursivamente demonstrar que a decisão tomada é a melhor dentre todas as outras imaginadas [...] Apenas com essa árdua tarefa pode-se dar atenção suficiente ao caso concreto. A fundamentação nesses termos é ato de responsabilidade porque oferece parâmetros à atividade de julgar, e esses parâmetros precisam ser democraticamente incorporados para possibilitar o controle hermenêutico da decisão." (SCHMITZ, Leonard Ziesemer. *Fundamentação das decisões judiciais:* a crise na construção de respostas no processo civil. São Paulo: Revista dos Tribunais, 2015. p. 351)

34 "O raciocínio adotado, bem como as posições abrigadas e posturas adotadas pelo julgador sobre o tema devem, assim, restar claras ao leitor, mesmo para que possa compreender as razões de decidir e, delas discordando, exercer seu direito de recurso." (SILVA, Marcelo Andrade Campos. *Técnica de sentença cível:* noções aplicadas de processo civil, prática de redação de sentenças cíveis e exemplos de sentenças. São Paulo: Pilares, 2012. p. 44)

é um "requisito estruturante do provimento jurisdicional"[35], é "uma condição de 'jurisdicionalidade' dos provimentos do juiz"[36].

A consequência da **falta ou da deficiência de fundamentação** é a **nulidade processual.** Assim, por exemplo, se, numa decisão judicial, for simplesmente dito "indefiro, por falta de fundamento legal", haverá nulidade. A esse respeito, o Superior Tribunal de Justiça já decidiu que o acórdão que mantém a sentença por seus próprios fundamentos é nulo, por falta de fundamentação[37].

Ademais, ainda que se reconheça que a decisão judicial possui caráter criativo, na fundamentação, os seus parâmetros devem ser o direito objetivo, pois é nisso que se funda a legitimidade judicial[38].

Na prova do concurso, a fundamentação é a parte da sentença onde o candidato deve **demonstrar todo o seu conhecimento jurídico, bem como a sua capacidade de articulação, de raciocínio lógico, ao enfrentar todas as questões que são colocadas no caso apresentado.** Além disso, precisa demonstrar capacidade argumentativa, ou seja, de convencer pelo argumento.

---

35 TARUFFO, Michele. *A motivação da sentença civil.* (trad. Daniel Mitidiero, Rafael Abreu, Vitor de Paula Ramos). São Paulo: Marcial Pons, 2015. p. 378.

36 "No entanto, a definição da motivação como elemento estrutural do provimento jurisdicional (que ressai diretamente do art. 111, primeira parte, da Constituição), segundo a qual a decisão existe como tal se é racionalizada e controlável, coloca-se em plena consonância com os princípios filosóficos e políticos dos quais deriva o princípio da obrigatoriedade geral e incondicionada da motivação. Isso quer dizer, em suma, que a norma constitucional não impõe ao juiz um dever acessório em relação àquilo que constitui a manifestação típica da jurisdição, mas faz da motivação uma condição de 'jurisdicionalidade' dos provimentos do juiz, no sentido de que esses constituem expressões da jurisdição enquanto são motivados. Ademais, trata-se de um dado que se conecta coerentemente com a natureza da função jurisdicional no sistema do Estado democrático, na medida em que esse pressupõe em qualquer caso a controlabilidade externa e difusa sobe as modalidade concretas de exercício do poder conferido ao juiz." (TARUFFO, Michele. *A motivação da sentença civil.* (trad. Daniel Mitidiero, Rafael Abreu, Vitor de Paula Ramos). São Paulo: Marcial Pons, 2015. p. 380)

37 "[...] **I – A motivação das decisões judiciais reclama do órgão julgador, pena de nulidade, explicitação fundamentada quanto aos temas suscitados. Elevada a cânone constitucional, apresenta-se como uma das características incisivas do processo contemporâneo, calcado no "due process of law", representando uma "garantia inerente ao estado de direito". II – É nulo o acórdão que mantém a sentença pelos seus próprios fundamentos, por falta de motivação, tendo o apelante o direito de ver solucionadas as teses postas na apelação"** (STJ, REsp 493.625/PA, Rel. Min. Sálvio de Figueiredo Teixeira, Quarta Turma, julgado em 26-6-2003, *DJ* 29-9-2003, p. 262).

38 Sobre o tema, vide: DUNN, Pintip Hompluem. How Judges Overrule: Speech Act Theory and the Doctrine of Stare Decisis. *Yale Law Journal*, v. 113, Issue 2, p. 493-532, November 2003. p. 493-494.

Também é necessário que a fundamentação apresente clareza, objetividade, boa técnica, concisão, coerência e encadeamento lógico entre os argumentos. Não se pode deixar qualquer margem a interpretações dúbias.

As frases, como regra, devem ser escritas na ordem direta. A narrativa de cada questão abordada deve ser encerrada **conclusivamente.**

É importante usar expressões-chave em primeira pessoa do singular na conclusão do raciocínio sobre cada questão, pois elas dão feição à sentença. São **expressões comumente utilizadas** para a conclusão de ideias na sentença: "tenho que"; "verifico que"; "observo que"; "a meu sentir"; "rejeito" ou "acolho" (preliminar ou tese); etc.

Na redação da fundamentação, quando, no mesmo parágrafo, for possível condensar todas as alegações ou teses contidas sobre determinado ponto, é possível que se estruture a redação de forma a evitar o que alguns autores chamam de "queísmo".[39] Por exemplo, ao invés de utilizar a estrutura *"alegou que [...]; afirmou que [...]; sustentou que [...]"*, é possível utilizar a seguinte forma redacional: *"A parte ré, ao contestar o pedido de indenização por dano moral, sustentou que: a) [...]; b) [...]; c) [...]"*.

Na fundamentação, também devem ser **evitadas** palavras que demonstram indecisão, incerteza ou dúvida, tais como "me parece", "salvo melhor juízo", "acho que", "talvez" etc.[40]

Além disso, é imprescindível utilizar linguagem técnico-jurídica, com precisão dos termos jurídicos utilizados.

Também se recomenda evitar estrangeirismos (gramaticalmente, o estrangeirismo é um vício de linguagem), tais como: *verbi gratia; i.e. (id est); data maxima venia, punctum saliens*. Há autores de técnica de sentença que aparentemente não veem problemas nisso[41], mas é preciso salientar que o

39 "Veja que, no exemplo supra, evitou-se o 'queísmo', ou seja, a repetida utilização de 'quês'. A forma 'que a impetrante [...]; que nessa qualidade [...]; que no entanto [...]', além de enfadonha, compromete a estética do texto." (DONIZETTI, Elpídio. *Redigindo a sentença cível*. 8. ed. São Paulo: Atlas, 2017. p. 8)

40 Nesse mesmo sentido: "Por se tratar de ato judicial praticado pelo Juiz, deve ser utilizada a primeira pessoa do singular (afasto, conheço, entendo, anoto, observo, registro etc.), evitando-se sempre expressões que demonstrem indecisão, como acho, s.m.j (salvo melhor juízo), me parece etc." (TONIAZZO, Paulo Roberto Froes. Técnica de elaboração de sentença cível: parágrafo por parágrafo. Florianópolis: Conceito Editorial, 2014. p. 62)

41 Por exemplo, Nagibe de Melo Jorge Neto, ao fornecer um modelo de redação para a fundamentação, sugere a seguinte frase: "O *punctum saliens* da questão é ..." (JORGE NETO, Nagibe de Melo. *Sentença cível:* teoria e prática. 7. ed. Salvador: Juspodivm, 2016. p. 136). Contudo, a utilização dessa expressão latina constitui claramente estrangeirismo, um vício de linguagem.

estrangeirismo é um vício de linguagem. Aliás, em alguns concursos para a magistratura, essa vedação está expressa no edital.[42] Desse modo, somente está autorizada a utilização de palavras estrangeiras quando não houver outra palavra em língua portuguesa que permita a compreensão do conteúdo do que se pretender falar. Admitem-se, assim, *habeas data, de cujus* etc., pois são expressões consagradas no direito brasileiro.

Na redação da sentença, sugere-se que o magistrado utilize as normas da ABNT para as referências bibliográficas, citação de jurisprudência etc. Contudo, para o candidato, não se exige esse rigor, pois não possui em mãos os dados das referências que citará.

Na motivação, exige-se coerência argumentativa. Há incoerência na fundamentação quando, por exemplo, se diz que estão presentes os requisitos da responsabilidade civil, mas, após, simplesmente se afirma que a parte autora não faz jus à indenização.

Ademais, é preciso que a fundamentação guarde coerência com o dispositivo. Chama-se de "sentença suicida" quando o dispositivo está em contradição com a fundamentação. Neste caso, haverá nulidade da sentença.

Enquanto o relatório precisa seguir uma ordem cronológica (como já se expôs), na fundamentação, devem se apreciar as alegações e as teses das partes em ordem lógica.

A forma básica de argumentação na fundamentação é o silogismo, onde a premissa maior é o direito objetivo aplicável e a premissa menor são os fatos narrados, de onde o julgador deve extrair a conclusão, que constitui a norma para o caso concreto.[43] Contudo, essa forma básica não é suficiente na maioria dos casos[44], sendo necessária uma interpretação construtiva que

---

42 No edital do concurso do TJMS/2015, consta expressamente a vedação de estrangeirismos.

43 "Sob o enfoque da lógica aristotélica, a sentença expressa um silogismo. A premissa maior é o ordenamento jurídico – aqui se incluindo não somente a lei, mas também os precedentes judiciais –, que vai servir de critério para apreciação tanto do direito invocado pelo autor como da resistência manifestada pelo réu. A premissa menor é constituída pela fundamentação fática exposta na petição inicial, no intuito de demonstrar a procedência do pedido nela formulado, ou extraída do conjunto probatório. Finalmente, a conclusão consiste no ato de inteligência, por meio do qual o juiz, aplicando do Direito material ao caso concreto, extrai as consequências jurídicas; enfim, dá uma resposta ao pleito do autor. Agindo em substituição à vontade dos conflitantes, o Estado, no final do processo, criará uma norma individual que passará a regular o caso concreto". (DONIZETTI, Elpídio. *Redigindo a sentença cível.* 8. ed. São Paulo: Atlas, 2017. pp. 3/4)

44 "É evidente que a redução da sentença a um silogismo não demonstra todo o complexo de atividades mentais desenvolvidas pelo juiz. [...] Abstraindo-nos da análise filosófica e ideológica, que refoge ao objetivo deste trabalho, pensamos que efetivamente o sistema

vai da norma ao fato e vice-versa, em um círculo hermenêutico. Além disso, não há um modelo único de argumentação, senão diferentes formas e estilos, que variam de acordo com cada intérprete e cada situação.

Além disso, é necessário analisar todas as teses da parte autora e da parte ré, bem como todas as provas trazidas aos autos.

Numa peça processual da parte requerente ou da parte requerida, é comum que elas somente analisem as provas, os depoimentos e teses que lhes interessam, pois são partes do processo e, assim, agem com parcialidade. Contudo, o julgador não pode proceder dessa forma. Ainda que a prova, o depoimento ou a tese sejam contrários ao seu entendimento e/ou possam fragilizar os fundamentos do juiz na sentença, devem ser analisados amplamente, seja para acolhê-los ou rejeitá-los. Assim, por exemplo, se uma testemunha afirma algo que é contrário à conclusão do magistrado sobre os fatos, este deve dizer por que o depoimento de tal testemunha não merece credibilidade, ou que ela é uma prova isolada ou frágil diante do conjunto probatório ou de determinadas provas em sentido contrário. Mas não pode o julgador simplesmente ignorá-la.

Da mesma forma, ao resolver a prova do concurso, o candidato deverá atentar para não deixar passar nenhum argumento das partes sem expressa referência e fundamentação. Lembre-se que o examinador teve bastante trabalho para escrever o caso a ser analisado na prova e que cada questão colocada é pensada como geradora de alguma consequência jurídica. Então, não se esqueça: todas as questões colocadas na prova devem ser enfrentadas.

Além disso, como mencionado no capitulo anterior, para o candidato a concurso público, é necessário, ainda, que se limite às questões e circunstâncias que foram trazidas pelo examinador. Isto é, não pode o candidato pretender criar outra circunstância ou fato não referidos pelo examinador na questão. Embora isso pareça óbvio, é muito comum que alguns alunos, nos primeiros exercícios de sentença, diante da dificuldade das questões apresentadas, pela falta de provas ou de elementos mais concretos, infiram a ocorrência de determinados fatos ou presumam a ocorrência de outros, concluindo com

---

silogístico é insuficiente para retratar tanto o julgamento quanto a motivação. Realmente, assiste razão a Taruffo quando diz que o referido sistema não permite demonstrar que o julgamento tenha estrutura silogística, e também quando a firma que a estrutura dedutiva é somente uma componente da motivação. [...] Também temos a convicção de que o juiz, quer em sede de decisão, quer em sede de motivação, desenvolve vários raciocínios e argumentos, uns servindo de base para outros. [...] De outra parte, aceitamos a assertiva de Taruffo de que efetivamente não é possível estabelecer um esquema estruturalmente homogêneo e unitário do raciocínio do juiz, pois os casos são infinitos e infinitamente diversos". (SANTOS, Nelton Agnaldo Moraes dos. *A técnica de elaboração da sentença civil*. São Paulo: Saraiva, 1996. pp. 77/80)

base em elementos não fornecidos pelo examinador. Esse equívoco poderá ser fatal na prova de sentença, o que poderá implicar a eliminação do candidato. Portanto, reforça-se a dica: embora possa ser tentador, não infira da questão circunstâncias não expressamente descritas pelo examinador.

De outro lado, é preciso se prestar atenção em questões que não foram levantadas pelas partes e que devem ser conhecidas de ofício. É o caso, por exemplo, da incompetência absoluta, ou da ilegitimidade ativa ou passiva. Além disso, é preciso se atentar bastante para todas as datas indicadas no caso. Geralmente, quando o examinador coloca datas no caso, é porque ele pretende que disso se extraia alguma consequência jurídica (ex.: prescrição, decadência, preclusão, revelia etc.).

Na fundamentação, é muito importante citar os dispositivos legais aplicáveis. Mesmo após o Novo CPC, as regras continuam sendo a principal fonte de direito do sistema jurídico brasileiro.[45] Além disso, comumente dispositivos legais possuem maior densidade normativa que outras fontes do direito. Em regra, basta fazer referência ao dispositivo, sem citar o seu texto. Com efeito, somente se deve citar o texto do dispositivo de lei quando necessário para a compreensão do que vai ser dito. O examinador já conhece o texto do dispositivo e, se o candidato transcrever o dispositivo sem ser necessário, estará desperdiçando tempo (e espaço na folha de resposta) e, além disso, o examinador pode interpretar que o candidato está sendo prolixo, ou que está se esquivando de entrar na discussão específica do caso.

Para o magistrado, nas questões controvertidas ou que não possuem incidência direta de dispositivos legais, é muito importante a referência aos precedentes, sejam jurisprudência ou súmulas.

O candidato à magistratura, contudo, não pode levar consigo coletâneas de jurisprudência. De qualquer forma, quando tiver certeza da jurisprudência a que está se referindo, pode fazer referência a ela. Por exemplo, pode escrever

45 "As reformas operadas pelo novo CPC permitem observar uma interessante aproximação do sistema processual brasileiro com a técnica de precedentes da *Common Law*. Não houve, porém, alteração substancial na noção cultural de regra de Direito, pois a principal fonte do ordenamento jurídico brasileiro, vinculado à família romano-germânica, continua a ser a legislação. O papel dos precedentes, porém, cresceu significativamente, sendo recomendável que, na sua aplicação, seja considerada a larga experiência dos juristas da família da *Common Law*. Mostra-se fundamental apenas que, na aplicação concreta dos precedentes, tenha-se como vetor os princípios da segurança jurídica e da proteção da confiança." (SANSEVERINO, Paulo de Tarso Vieira. O princípio da segurança jurídica e a força vinculante dos precedentes no Novo Código de Processo Civil. In: RÊGO, Werson (Coord.). *Segurança jurídica e protagonismo judicial:* desafios em tempos de incertezas. Rio de Janeiro: LMJ Mundo Jurídico, 2017. pp. 809-834. p. 831)

o seguinte: *"Consoante jurisprudência pacífica do E. Supremo Tribunal Federal, [...]"*. No tocante à incidência de súmulas, por diversas vezes o candidato se recorda do seu enunciado, o que ocorre, sobretudo, quando já está treinando bastante a elaboração de sentenças. Se fundamentar escrevendo o número do enunciado da súmula, isso pode lhe render valiosos pontos, ou, ao menos, causar uma boa impressão no examinador. No entanto, se o candidato não tiver certeza do número da súmula, mas souber qual o tribunal que a editou, pode fundamentar da seguinte forma: *"Segundo entendimento sumulado do E. STJ, [...]"*.

Nesse ínterim, é sempre importante ao candidato fazer os exercícios propostos consultando súmulas e jurisprudência, pois, muitas vezes, os casos práticos propostos na prova de sentença são matérias que já foram julgadas pelo examinador, pois é comum ele condensar várias questões complexas da prática judicante para a prova da sentença.

7.2 Impactos do Novo CPC em relação à fundamentação: artigos 489, § 1º, e 926 e 927 da Lei 13.105/2015

Preocupado com a possibilidade de deficiência nas motivações judiciais, o § 1º do art. 489 do Novo CPC estabelece expressamente que "não se considera fundamentada qualquer decisão judicial, seja ela interlocutória, sentença ou acórdão" quando essas decisões padecerem de determinados vícios de motivação, os quais elenca expressamente.

De acordo com o dispositivo, que não será considerada fundamentada a decisão judicial que:

I – se limitar à indicação, à reprodução ou à paráfrase de ato normativo, sem explicar sua relação com a causa ou a questão decidida.

Trata-se de importante inovação no plano legislativo, mas que já era entendida como nulidade pela jurisprudência. Ou seja, se o julgador decidir simplesmente "rejeito a preliminar de nulidade da citação, na forma do art. 319 do Novo CPC", tal decisão será nula, pois não indica qual é a circunstância fática ou concreta que determina a fundamentação.

II – empregar conceitos jurídicos indeterminados, sem explicar o motivo concreto de sua incidência no caso.

Embora o dispositivo somente preveja os conceitos jurídicos indeterminados, também deve se aplicar à utilização de cláusulas gerais. Os conceitos jurídicos indeterminados referem-se à imprecisão de termos ou expressões que possuem conteúdo jurídico impreciso dentro de determinado texto legal, mas em que a consequência jurídica é dada pela própria norma. De outro lado, a cláusula geral é uma norma que confere determinada diretriz, mas que não estabelece a consequência jurídica.

Por exemplo, se o juiz decidir simplesmente "presente a atividade de risco, deve a parte ré indenizar a autora", ou "o réu é litigante de má-fé, porque age em desacordo com a boa-fé processual", terá utilizado, respectivamente, um conceito jurídico indeterminado e uma cláusula geral sem explicar o motivo da sua incidência no caso concreto, o que não se admite.

III – invocar motivos que se prestariam a justificar qualquer outra decisão.

Em tese, o julgador não poderá invocar motivos que poderiam servir como fundamentação para qualquer decisão. Contudo, isso não se aplica a matérias repetitivas, em que a decisão é muito semelhante para os diversos casos. De qualquer modo, é imprescindível analisar as peculiaridades do caso em julgamento.

IV – não enfrentar todos os argumentos deduzidos no processo capazes de, em tese, infirmar a conclusão adotada pelo julgador.

Observe-se que o dispositivo foi restritivo. Por sua redação, somente há nulidade por deficiência de fundamentação se o julgador não enfrentar o argumento deduzido pela parte que poderia modificar a decisão, ou seja, como regra, não é preciso o juiz rebater aqueles argumentos que não são capazes de infirmar a sua conclusão. Isso porque o Novo CPC adota o princípio da fundamentação suficiente, e não o da fundamentação integral.

De qualquer forma, para o candidato ao concurso da magistratura, recomenda-se que enfrente todas as teses e argumentos das partes, bem como todas as provas trazidas na questão. Isso porque, como já se disse, se o examinador, ao elaborar a questão, descreveu determinada alegação, tese ou prova, é porque ele pretende que se faça alguma análise jurídica em relação a ela.

V – se limitar a invocar precedente ou enunciado de súmula, sem identificar seus fundamentos determinantes nem demonstrar que o caso sob julgamento se ajusta àqueles fundamentos.

Em suma, o julgador não pode invocar precedente ou enunciado de súmula sem identificar a *ratio decidendi,* ou sem demonstrar que o precedente ou a súmula se ajusta ao caso que está sob julgamento.

Para o Novo CPC, essa norma é tão importante que o seu não atendimento é caso, inclusive, de ação rescisória (art. 966, § 5º).[46]

---

46 NCPC: "Art. 966 [...] § 5º Cabe ação rescisória, com fundamento no inciso V do *caput* deste artigo, contra decisão baseada em enunciado de súmula ou acórdão proferido em julgamento

VI – deixar de seguir enunciado de súmula, jurisprudência ou precedente invocado pela parte, sem demonstrar a existência de distinção no caso em julgamento ou a superação do entendimento.

Observe-se que o dispositivo prevê que a decisão judicial será nula por falta de fundamentação quando a parte invoca determinado precedente, súmula ou jurisprudência, mas o juiz não faz a confrontação analítica. Assim, o juiz não terá que fazer a confrontação analítica com todas as decisões do tribunal acerca da matéria (por vezes, há diversos entendimentos), mas somente em relação àqueles que foram invocados pela parte.

Não se exige, obviamente, que o juiz faça imensa explanação teórica ou filosófica sobre cada questão que está decidindo, até porque isso não é desejável na decisão, onde o foco deve ser resolver problemas reais, e não teoréticos. Todavia, é preciso que relacione argumentativamente o direito objetivo aplicável ao caso concreto, ainda que de forma concisa e objetiva.[47]

O juiz deverá fundamentar com base no direito objetivo aplicável. O art. 140, parágrafo único, do Novo CPC prevê que "o juiz só decidirá por equidade nos casos previstos em lei". Portanto, é preciso que o julgador fundamente a sua decisão com base no direito objetivo, não sendo suficientes apenas ilações sobre a justiça de uma ou outra solução.

Sob outro aspecto, os incs. V e VI do art. 489 do Novo CPC se referem à necessidade de confronto analítico entre o precedente judicial e o caso concreto. Sobre as técnicas de confronto e de superação dos precedentes judiciais (*distinguishing*, *overruling* e *overriding*), tratar-se-á a seguir.

7.3 Aplicação das técnicas de confronto e superação de precedentes na sentença

De um lado, os precedentes são de observância obrigatória. De outro, é certo que a sua aplicação aos casos concretos pelos demais juízes não se dá de forma mecânica, pois é necessário sempre interpretação, ao menos para verificar se o caso concreto sob julgamento possui semelhança com o caso decidido no procedente. Assim, os juízes que estão vinculados ao precedente (quando esse precedente possuir efeito vinculante) deverão, nos casos concretos, confrontá-lo, a fim de aplicá-lo.

---

de casos repetitivos que não tenha considerado a existência de distinção entre a questão discutida no processo e o padrão decisório que lhe deu fundamento".

47 Enunciado 10 da ENFAM: "A fundamentação sucinta não se confunde com a ausência de fundamentação e não acarreta a nulidade da decisão se forem enfrentadas todas as questões cuja resolução, em tese, influencie a decisão da causa".

Além disso, esses precedentes devem estar abertos a mudanças, pois, caso contrário, ou deixariam de ser aplicados ou obstaculizariam a evolução social, econômica, política, cultural etc.

Por tais razões, são desenvolvidas técnicas de confronto e de superação dos precedentes.[48] Nos sistemas de *common law*, as principais técnicas são as seguintes: a) *distinguishing*; b) *overruling*; e c) *overriding*.

O *distinguishing* é uma **técnica de confrontação** entre **precedentes judiciais e situações concretas**, que permite a comparação e eventual distinção entre a *ratio decidendi* do precedente e as condições fáticas e jurídicas do caso sob julgamento.

Na teoria dos precedentes judiciais, o termo *distinguishing* pode ser utilizado tanto no sentido de técnica de confrontação (meio), quando no sentido de resultado desse processo, em que efetivamente ocorre a distinção (fim).

O *distinguishing*, **como resultado** do processo de confrontação, pode ser classificado em *ampliative distinguishing* e *restritive distinguishing*.

O *restritive distinguishing* ocorre quando o juiz, ao fazer o confronto, verificar que, a par da semelhança inicial, o caso concreto possui peculiaridades que são determinantes para levar à conclusão diversa da estabelecida no precedente judicial. Nessa hipótese, o juiz poderá não aplicar o precedente judicial, desde que fundamente no caso concreto, dizendo, por exemplo, que a situação em análise possui peculiaridades relevantes diferentes do caso decidido no precedente que impedem a aplicação deste. Ou seja, o resultado da confrontação entre o precedente judicial e o caso concreto é o *restritive distinguishing*.

O *ampliative distinghishing* ocorre nas hipóteses em que o juiz, ao fazer o confronto analítico entre o precedente judicial e o caso sob julgamento, verifica que, embora distintas as condições fáticas e jurídicas que são a *ratio decidendi* do precedente, permite-se a aplicação da mesma solução apontada pelo precedente ao caso concreto, por razões que o juiz deve expor, tais como pela lógica, pela razoabilidade, pela analogia etc.

De outro lado, as técnicas de superação dos precedentes são o *overruling* e o *overriding*. O ***overruling*** ocorre nos casos em que há uma superação total

48 "A jurisprudência assumiu destaque característico dos sistemas da família do *common law*, vinculando juízes e tribunais, reclamando, por seu turno, a perfeita adequação da causa ao precedente (*distinguishing*), a possibilidade de sua modificação (*overruling*), bem como a modulação temporal da modificação jurisprudencial no afã de evitar a surpresa judicial, interdição que conspira em prol da prometida segurança jurídica eclipsada em cláusula pétrea constitucional. Essa força emprestada à jurisprudência viabiliza, também, a previsibilidade das decisões, respeitando as justas expectativas dos jurisdicionados". (FUX, Luiz. *Novo Código de Processo Civil Temático*. 2. ed. São Paulo: Mackenzie, 2016. pp. 19/20)

do precedente judicial.[49] O ***overriding*** significa que há a superação parcial do precedente. É o que ocorre, por exemplo, quando, diante de outro precedente ou de uma nova lei sobre casos específicos, deve ser restringida a aplicação do precedente em relação a eles.

As técnicas de confronto, distinção e superação dos precedentes já vinham sendo aplicadas pelo STF[50], pelo STJ[51], pelos tribunais de segunda

---

49 O ***overruling*** pode ser **expresso** (***express overruling***) ou **implícito** (***implied overruling***). É **expresso** quando o tribunal fundamenta as razões pelas quais está superando o precedente, seja para adotar nova orientação sobre o tema, seja porque a matéria não precisa mais ser regulada. De outro lado, o *overruling* é **implícito** quando ocorre de forma tácita, como nas hipóteses em que uma nova orientação é adotada em confronto com a anterior. O *overruling*, como regra, deve ser expresso, pois o *overruling* implícito, em grande parte das vezes, pode ser uma disfunção ou uma anacronia. Por razões de segurança jurídica e proteção da confiança, o ***overruling*** também deverá ser, em regra, **prospectivo** (***prospective overruling***). Assim, somente em casos excepcionais e com bons fundamentos o ***overruling*** deve produzir **efeitos pretéritos** (***retrospective overruling***), como nas hipóteses em que o precedente é muito recente e se verifica rapidamente que os seus efeitos dinâmicos são perniciosos na sociedade. Aliás, quando as instâncias judiciais inferiores verificam que é possível que o precedente judicial seja superado, porque, por exemplo, o tribunal já sinalizou essa possibilidade, é possível que ocorra o ***antecipatory overruling***. Ou seja, é possível que, diante da possibilidade iminente de superação do precedente, as instâncias judicias inferiores deixem de aplicá-lo.

50 O STF aplicou o *prospective overruling* nos seguintes acórdãos: "AÇÃO DIRETA DE INCONSTITUCIONALIDADE. A *prospective overruling*, antídoto ao engessamento do pensamento jurídico, revela oportuno ao Supremo Tribunal Federal rever sua postura *prima facie* em casos de litígios constitucionais em matéria de competência legislativa, para que passe a prestigiar, como regra geral, as iniciativas regionais e locais, a menos que ofendam norma expressa e inequívoca da Constituição de 1988. [...]" (STF, ADI 4060, Rel. Min. Luiz Fux, Tribunal Pleno, julgado em 25-2-2015, acórdão eletrônico *DJe*-081 divulg 30-4-2015 public 4-5-2015). Do mesmo modo, observe-se a aplicação pelo STF da técnica do *prospective overruling*: "A modulação dos efeitos temporais da declaração de inconstitucionalidade, primeiramente idealizada no direito norte-americano, com a admissão do *prospective overruling* nos casos Linkletter v. Walker (381 U.S. 618) e Stovall *v.* Denno (388 U. S. 293), não significa uma afronta à Carta Magna, mas uma defesa da segurança jurídica, também norma constitucional (art. 5º, *caput*), sob o prisma do princípio da proporcionalidade" (STF, ADI 4029, Rel. Min. Luiz Fux, Tribunal Pleno, *DJe* de 27-6-2012).

51 Por exemplo, o STJ aplicou o *distinguishing* nos seguintes precedentes, dentre outros: "A Segunda Turma afirmou a necessidade de uma 'distinção (*distinguishing*) na aplicação das Súmulas 208 e 209 do STJ, no âmbito cível', pois 'tais enunciados provêm da Terceira Seção deste Superior Tribunal, e versam hipóteses de fixação da competência em matéria penal, em que basta o interesse da União ou de suas autarquias para deslocar a competência para a Justiça Federal, nos termos do inciso IV do art. 109 da CF'. Logo adiante concluiu que a 'competência da Justiça Federal, em matéria cível, é aquela prevista no art. 109, I, da Constituição Federal, que tem por base critério objetivo, sendo fixada tão só em razão dos figurantes da relação processual, prescindindo da análise da matéria discutida na lide' (excertos da ementa do REsp 1.325.491/BA, Rel. Ministro Og Fernandes, Segunda Turma,

instância e pelos demais órgãos judiciários.[52] Com o Novo CPC, a sua observância é obrigatória.

O Novo Código adota, nos arts. 927, § 1º, e 489, § 1º, incs. V e VI, a técnica do *distinguishing*, na aplicação ou não dos precedentes judiciais, bem como o *overruling*, para a superação do precedente[53].

7.3.1 Modelos

Para o candidato, não é possível se utilizar de coletânea de jurisprudência no momento da sua prova. Contudo, é possível que o examinador, além de exigir do candidato o conhecimento de súmulas e da jurisprudência, também demande que ele utilize as técnicas de confronto e de superação

---

julgado em 5-6-2014, *DJe* 25-6-2014)" (STJ, CC 142.354/BA, Rel. Min. Mauro Campbell Marques, Primeira Seção, julgado em 23-9-2015, *DJe* 30-9-2015). Observe-se, também, a utilização do *distinguishing* no seguinte julgado do STJ: "TEORIA DAS DISTINÇÕES (*Distinguishing*). [...] Afasta-se a aplicação da orientação adotada no RE 631.240/MG no caso em que houve julgamento com resolução de mérito na instância ordinária e determinada a implantação do benefício previdenciário, face à ausência de similitude fática, em observância à teoria das distinções (*distinguishing*), porquanto o precedente do Supremo Tribunal Federal foi firmado em ação na qual não houve julgamento com resolução de mérito" (STJ, AgRg no AREsp 179.971/PR, Rel. Min. Regina Helena Costa, Primeira Turma, julgado em 7-5-2015, *DJe* 15-5-2015). O STJ aplicou o *overruling* no seguinte acórdão: "Conquanto se reconheça que a nossa jurisprudência, há muito, tenha flexibilizado, e até mesmo ampliado, as hipóteses de cabimento do *habeas corpus*, mostra-se importante, agora, em sintonia com os mais recentes julgados do Supremo Tribunal Federal, a revisão de nossa jurisprudência (*overruling*)" (STJ, HC 118.310/RS, Rel. Min. Og Fernandes, Sexta Turma, julgado em 18-10-2012, *DJe* 31-10-2012).

52 Sobre o *distinguishing*: "JURISPRUDÊNCIA PACIFICADA DO STJ. *Distinguishing*. [...] Para o caso em análise, há que se fazer um *distinguishing* que impede a utilização daquela *ratio decidendi*. Não existe a imprescindível similitude fática entre os casos" (TJDFT, Acórdão n. 892943, 20130111710303APC, Rel. Flavio Rostirola, 3ª Turma Cível, julgado em 9-9-2015, *DJe* 14-9-2015. p. 529). Em relação ao *overruling*, observe-se o seguinte acórdão: "*OVERRULING* DA SÚMULA 726 DO STF. LEI N. 1.816/1998. [...] É forçoso reconhecer a ocorrência de *overruling* ao precedente sumulado 726 do STF ante o novo entendimento adotado na ADI 3772" (TJDFT, Acórdão n. 509763, 20070110930497APC, Rel. João Batista Teixeira, Revisor: Lecir Manoel Da Luz, 1ª Turma Cível, julgado em 25-5-2011, *DJe* 6-6-2011. p. 80). Por fim, observe-se o interessante caso em que o TJES aplicou o *overriding*: "O comércio de óculos de sol não mais é considerado matéria de saúde pública, estando, por isso, dispensado do regime de vigilância sanitária municipal, razão pela qual a equiparação dessa atividade às empresas óticas ultrapassa os limites do poder regulamentar e do poder de polícia da municipalidade. *Overriding*, em função da superveniência de uma regra" (TJES, Classe: Remessa *Ex-officio*, 24080300593, Rel. José Paulo Calmon Nogueira da Gama, Órgão julgador: Segunda Câmara Cível, julgado em 4-8-2009, *DJ* 2-9-2009).

53 NCPC: "Art. 927 [...] § 1º Os juízes e os tribunais observarão o disposto no art. 10 e no art. 489, § 1º, quando decidirem com fundamento neste artigo".

dos precedentes, para, por exemplo, dizer que tais precedentes se aplicam ou não ao caso concreto.

Abaixo, são apresentados alguns modelos de desenvolvimento argumentativo das técnicas de *distinguishing* (técnica de confronto), *restrictive distinguishing, ampliative distinguishing, overruling* e *overriding:*

Modelo 1) Técnica de confronto analítico (*distinguishing*):

> *A esse respeito, existe precedente do E. TJDFT no sentido de que [...]. Observe-se que, em tal precedente, foi julgado caso que envolvia [...], ou seja, questão idêntica à que é objeto do presente processo. O referido acórdão utilizou-se como fundamento principal ("ratio decidendi") a aplicação do art. xx da Lei, bem como [...]. Portanto, a mesma orientação deve nortear a decisão do presente caso. [...]*

Modelo 2) *Distinguishing* restritivo:

> *A parte autora invoca a aplicação da Súmula xx do STF. Contudo, o referido precedente não se aplica ao caso concreto, haja vista que, embora possa parecer semelhante em primeira análise, nele foi julgada questão diversa da presente, considerando que [...]. Assim, diante dessas variáveis, chega-se à conclusão diferente, razão pela qual inaplicável o referido precedente.*

Modelo 3) *Distinguishing* ampliativo:

> *No presente caso, deve se aplicar o precedente do STF, com caráter vinculante, firmado como tese de repercussão geral em Recurso Extraordinário. A "ratio decidendi" do referido precedente está fulcrada nas seguintes premissas: [...] Embora o referido precedente tenha sido firmado para o caso de [...], todos os seus fundamentos levam à conclusão de que é aplicável também à situação dos presentes autos. Portanto, por ser a questão fática semelhante, é caso de incidência do "ampliative distinguishing", devendo se aplicar a mesma conclusão.*

Modelo 4) Técnicas de superação total ou parcial (*overruling* ou *overriding*):

> *Acerca do tema, existe precedente do STJ no sentido de que [...]. Entretanto, após a publicação do referido julgado, houve modificação do paradigma normativo, porquanto foi editada a Lei xxx, disciplinando de modo diverso a questão. Portanto, é caso de superação [total ou parcial] do precedente, pois, alterando-se uma das premissas (paradigma normativo), diversa deve ser a conclusão.*

7.4 Aplicação do princípio ou critério da proporcionalidade (ponderação ou sopesamento)

O § 2º do art. 489 do Novo CPC estabelece que, "no caso de colisão entre normas, o juiz deve justificar o objeto e os critérios gerais da ponderação efetuada, enunciando as razões que autorizam a interferência na norma afastada e as premissas fáticas que fundamentam a conclusão". Assim, observa-se que o dispositivo adota expressamente a ponderação (ou proporcionalidade), considerado, por alguns, como princípio e, por outros, como técnica de resolução de conflitos entre direitos fundamentais.

Para explicar tal questão, será exposta a máxima da proporcionalidade na forma concebida contemporaneamente – sobretudo com base na concepção de Robert Alexy – e como se dá a sua aplicação. Embora sujeito a críticas, tal princípio ou máxima foi expressamente adotado pelo Novo CPC, razão pela qual merece especial atenção[54].

Para **Alexy**[55], o **princípio da proporcionalidade possui três elementos, que devem ser analisados nesta ordem**: a) a **necessidade**; b) a **adequação**; e c) a **proporcionalidade em sentido estrito.**[56] Além disso, a máxima da proporcionalidade **somente pode ser aplicada no caso concreto**, e não em abstrato.[57]

---

54 Sobre o tema, vide: LUNARDI, Fabrício Castagna. Hermenêutica dos direitos fundamentais na pós-modernidade: do positivismo ao paradigma pós-positivista e neoconstitucionalista. *Direitos Fundamentais & Justiça*, Porto Alegre, a. 6, n. 20, p. 173-207, jul.-set. 2012.

55 ALEXY, Robert. *Teoria dos direitos fundamentais*. (trad. Virgílio Afonso da Silva). 2. ed. São Paulo: Malheiros, 2011. p. 120.

56 Alexy preconiza que os princípios são normas que ordenam que algo seja realizado na maior medida possível dentro das possibilidades fáticas e jurídicas, enquanto as regras são normas que são sempre satisfeitas ou não satisfeitas (aplicadas à maneira do tudo ou nada). Logo, os princípios contêm "mandamentos de otimização", pois devem ser aplicados na maior medida possível (ALEXY, Robert. *Teoria dos direitos fundamentais*. (trad. Virgílio Afonso da Silva). 2. ed. São Paulo: Malheiros, 2011. pp. 90-91). Por conseguinte, para ele, os princípios são qualitativamente superiores. É nesse contexto que Alexy estabelece uma estreita conexão entre a teoria dos princípios e a máxima da proporcionalidade. Segundo o autor, "princípios são mandamentos de otimização em face das possibilidades jurídicas e fáticas. A *máxima da proporcionalidade em sentido estrito*, ou seja, exigência de sopesamento, decorre da relativização em face das possibilidades *jurídicas*" (Ibidem. p. 117). Assim, quando uma norma de direito fundamental com caráter de princípio (e não de regra) colide com um princípio contrário, a possibilidade jurídica para a aplicação dessa norma depende do conteúdo do princípio de sentido antagônico. É em razão dessa necessidade de sopesamento entre os princípios contrários que surge a máxima da proporcionalidade em sentido estrito. De outro lado, as máximas da necessidade e da adequação surgem do fato de os princípios serem mandamentos de otimização, vale dizer, de que devem ser aplicados da forma mais ampla possível (Ibidem. pp. 117-118).

57 No seguinte artigo, houve a análise de conflito entre direitos fundamentais com base na máxima da proporcionalidade, razão pela qual recomendamos a leitura para aqueles que

Quando se analisa **necessidade**, verifica-se se a solução proposta para o caso concreto é realmente imprescindível, ou se há outra menos gravosa para resolver a questão.

Ao se aferir **adequação**, o intérprete deve verificar se a solução proposta realmente é adequada para os fins propostos, ou seja, deve analisar a idoneidade da medida.

Por fim, o intérprete deve analisar **proporcionalidade em sentido estrito**, sopesando as normas fundamentais com caráter de princípio que estão em conflito.

Após apreciar esses três elementos é que se poderá concluir qual das soluções propostas passa pelo crivo da proporcionalidade, ou se, ao revés, nenhuma delas atende, no caso concreto, a proporcionalidade.

Por fim, cabe ressaltar que o princípio da proporcionalidade não é imune a críticas, nem é o único método que pode ser utilizado para solucionar a questão do conflito entre direitos fundamentais[58]. Demais disso, não deve ser usado indiscriminadamente para toda e qualquer situação, quando outros métodos tradicionais já são suficientes (ex.: interpretação gramatical, sistemática, histórica, teleológica etc.).

---

quiserem aprofundar o estudo do tema: LUNARDI, Fabrício Castagna. O direito fundamental à identidade genética e a condução coercitiva para realização de exame de DNA: um debate necessário. *Direitos Fundamentais & Justiça*, Porto Alegre, ano 7, n. 23, p. 308-335, abr./jun. 2013.

58 Por exemplo, Jürgen Habermas e Ronald Dworkin são contrários à ponderação como critério ou técnica para solução do conflito entre direitos fundamentais. Para Habermas, normas válidas obrigam seus destinatários a determinado comportamento que preenche expectativas generalizadas, enquanto que valores são simples preferências compartilhadas intersubjetivamente, vale dizer, analisa-se apenas se determinados bens são mais atrativos do que outros (HABERMAS, Jürgen. *Direito e democracia:* entre faticidade e validade. (trad. Flávio Beno Siebeneichler). v. 1. Rio de Janeiro: Tempo Brasileiro, 2010. p. 315). Assim, segundo o autor, direitos fundamentais não podem ser analisados sob a ótica de custos e vantagens (Ibidem. p. 322.). Nesse ponto, Habermas adere à proposta de Ronald Dworkin, no sentido de que os direitos fundamentais devem ser entendidos como princípios (e não como valores), bem como que, nos casos difíceis (ex.: colisão entre direitos fundamentais), as decisões judiciais, para o caso singular (único e irrepetível), devem ser tomadas a partir do *contexto do direito vigente racionalmente reconstruído (Ibidem.* p. 261*)*. Assim, para Habermas (e também para Dworkin), a decisão deve ser tomada racionalmente, reconciliando as decisões tomadas pelo legislador no passado com a decisão justa a ser tomada no presente, satisfazendo simultaneamente os critérios de segurança do direito e aceitabilidade racional (Ibidem. pp. 264/297). Assim, Habermas, concordando com os supostos de Dworkin nesse ponto, propõe o método da interpretação construtiva ao invés da proporcionalidade ou ponderação.

7.5 Ordem da fundamentação

Nas sentenças simples, em que, por exemplo, se acolhe apenas uma preliminar e se extingue o processo, ou há apenas um pedido para ser apreciado, a tarefa de estruturação da sentença é bem mais singela. Contudo, a prática judicante e os concursos costumam demandar sentenças que são estruturalmente complexas, vale dizer, com diversas partes, causas de pedir, pedidos, demandas incidentes, com várias preliminares ao mérito e/ou de mérito. Por isso, é importante tratar aqui da ordenação da fundamentação em sentenças estruturalmente complexas.[59]

A ordem de análise das questões na fundamentação deve obedecer ao critério lógico de prejudicialidade, ou seja, devem ser analisadas antes as questões que são prejudiciais às demais.

Por exemplo, é imprescindível que sejam analisadas primeiro as preliminares ao mérito (por vezes, chamadas apenas de preliminares) e, somente após, as preliminares de mérito. Isso porque o acolhimento de alguma preliminar ao mérito impede que se analise qualquer questão de mérito. As questões prejudiciais devem ser analisadas dentro do mérito propriamente dito, geralmente na parte mais inicial da fundamentação, mas atendendo-se à ordem lógica de apreciação das questões de mérito, de acordo com o caso concreto.

Partindo dessa lógica, diante das diversas questões práticas já analisadas, é possível estruturar a ordem da fundamentação da seguinte forma:

1º) Abordagem do julgamento simultâneo de dois ou mais processos;

2º) Questões que já deveriam ter sido decididas no processo, mas não o foram (ex.: indeferimento de determinada prova; requerimento de denunciação da lide);

---

59 "Arruda Alvim conceitua sentenças complexas como sendo 'aquelas oriundas da conjunção do poder jurisdicional objetivado em mais de um órgão jurisdicional. Para nós, pelo objetivo da obra, sentenças complexas, quanto à estrutura e criação, são aquelas que exigem do juiz uma atenção ímpar, por não apreciar a relação existente apenas entre autor e réu, de conformidade com o pedido do primeiro, mas sim, também ao invés, bem como quando houver mais de um autor ou de um réu, ou mais de um pedido, ou mais de uma ação, ou ainda, a intervenção de terceiros. Complexas, pois, quanto à sua estrutura e criação, são todas as sentenças que não atinjam, exclusivamente, em sua apreciação e resultado, apenas o autor e o réu, diante tão-somente do pedido do autor. De forma contrária, pois, em assim ocorrendo, isto é, em sendo a sentença a apreciação apenas do pedido do autor, contra um único réu, teremos a sentença, quanto à sua estrutura e criação, *simples*. Note-se que aqui definimos sentença complexa e simples apenas do ângulo de sua estrutura técnica e de sua criação (como ato escrito e jurídico), sem que tal traduza a medida de sua importância no contexto sociopolítico, que será sempre igualitária, seja qual for a espécie de sentença." (POLONI, Ismair Roberto. *Técnica estrutural da sentença cível:* juízo comum e juizado especial. 2. ed. Rio de Janeiro, 2003. p. 93)

3º) Julgamento antecipado da lide;

4º) Preliminares ao mérito;

5º) Preliminares de mérito (prescrição, decadência etc.);

6º) Mérito propriamente dito (incluindo questões prejudiciais);

7º) Tutelas provisórias (de urgência ou da evidência);

8º) Imposição de sanções processuais.

9º) Ônus sucumbenciais.

Como já se referiu, essas questões podem ser divididas em itens, ou desenvolvidas redacionalmente num só texto. A separação em itens pode facilitar a leitura, bem como pode ser mais favorável ao candidato, pois cada questão abordada será mais facilmente identificável pelo examinador, sobretudo se este estruturar o gabarito em ordem diferente da que é desenvolvida pelo candidato na prova. Por isso, recomenda-se a divisão da fundamentação em itens.

No presente livro, tais questões serão tratadas de forma distinta e em itens próprios, na referida ordem.

8. ABORDAGEM DO JULGAMENTO SIMULTÂNEO

Havendo conexão ou continência e sendo possível a modificação de competência, **as causas serão reunidas no juízo prevento**, onde deverão ser decididas em conjunto, nos termos dos art. 58 do Novo CPC[60].

De acordo com o CPC/2015 (diferentemente da sistemática do código anterior), é prevento o juízo onde primeiro houver o registro (no caso de Vara única) ou a distribuição (onde houver mais de uma Vara) da petição inicial. Nesse sentido, o art. 59 do Novo CPC: "O registro ou a distribuição da petição inicial torna prevento o juízo".

Por fim, é preciso ressaltar a possibilidade de **modificação de competência por mero risco de decisões conflitantes,** uma inovação do CPC/2015. Com efeito, o **Novo CPC** (art. 55) estabelece uma nova hipótese de modificação de competência por necessidade prática, fora dos casos legais antes estabelecidos: "§ 3º **Serão reunidos para julgamento conjunto os processos que possam gerar risco de prolação de decisões conflitantes ou contraditórias caso decididos separadamente, mesmo sem conexão entre eles**".

Desse modo, uma das consequências da reunião dos processos é o julgamento simultâneo.

60 NCPC: "Art. 58. A reunião das ações propostas em separado far-se-á no juízo prevento, onde serão decididas simultaneamente".

Assim, no início da fundamentação, é preciso que o julgador escreva que está promovendo o julgamento simultâneo dos processos, indicando o fundamento legal.

Modelos:

> *Em razão da conexão, promovo o julgamento simultâneo dos processos n.º xxxx e n.º yyyy, na forma dos arts. 55 e 58 do Novo CPC.*

Ou

> *A fim de evitar decisões conflitantes ou contraditórias, os processos foram reunidos para julgamento conjunto, na forma do art. 55, § 3º, do Novo CPC. Assim, promovo o julgamento simultâneo dos processos n.º xxxx e n.º yyyy.*

9. TRATAR DA QUESTÃO QUE JÁ DEVERIA TER SIDO DECIDIDA, MAS NÃO FOI

Por vezes, os autos são conclusos para sentença sem que tenha ocorrido o saneamento, ou sem que alguma questão tenha sido decidida. Por exemplo, é possível que ainda haja alguma pendência a ser analisada, tal como decretação de revelia, requerimento de produção de provas, de intervenção de terceiro, gratuidade judiciária, expedição de ofício, correção de nome de alguma das partes etc.

Assim, caberá abrir um item na fundamentação, logo na parte inicial, para decidir tais questões, passando-se, a seguir, ao julgamento da causa.

A seguir, apresentam-se alguns modelos, para a fundamentação da sentença, acerca de questões que já deveriam ter sido decididas (antes da sentença), mas que muitas vezes são deixadas para o ato sentencial.

Ex. 1: Decretação da revelia do réu

> *A parte requerida foi citada à fl. x, mas não apresentou contestação no prazo legal, consoante certidão de fl. y.*
>
> *Assim, decreto a revelia da parte ré, nos termos do art. 344 do Novo CPC.*
>
> *Tendo em vista revelia e o fato de não terem sido requeridas outras provas, promovo o julgamento antecipado da lide, a teor do que dispõe o artigo 355, inc. II, do Novo CPC.*

Ex. 2: Indeferimento de prova pericial

> *A parte autora requereu a produção de prova pericial. Contudo, a prova pericial não se faz necessária, além do que o seu deferimento representaria apenas postergar o julgamento do processo, sem qualquer utilidade para a instrução da causa, haja vista que é controverso o fato que a parte pretende demonstrar com a perícia.*
>
> *Assim, indefiro o pedido de realização de perícia.*

Ex. 3: Denunciação da lide

A União requereu, em sede de contestação, a denunciação da lide do servidor público que praticou o ato apontado como lesivo pela parte autora. Contudo, deferir a denunciação da lide implicaria ampliação objetiva e subjetiva da demanda, postergando o julgamento do feito. Além disso, possivelmente também se teria de reabrir a fase de instrução probatória, pois seria necessário aferir a responsabilidade subjetiva do servidor, enquanto a responsabilidade estatal é objetiva, não demandando dilação probatória. Por todas essas razões, a denunciação da lide não deve ser admitida, consoante jurisprudência uníssona do STJ sobre a questão.

Assim, indefiro o requerimento de denunciação da lide.

Ex. 4: Desconsideração da personalidade jurídica

Nas relações regidas pelo direito civil, para que seja instaurado o incidente de desconsideração da personalidade jurídica, não é suficiente apenas o encerramento irregular das atividades desta, consoante jurisprudência pacífica do STJ e Enunciado 282 do CJF. Exige-se, também, que estejam configurados os requisitos do art. 50 do Código Civil, quais sejam, abuso da personalidade jurídica caracterizado pela confusão patrimonial ou desvio de finalidade, o que não restou demonstrado pela parte autora.

Assim, INDEFIRO o requerimento de desconsideração da personalidade jurídica da parte ré.

10. ABORDAGEM DO JULGAMENTO ANTECIPADO DO MÉRITO

"Julgamento antecipado do mérito" (não confundir com tutela antecipada) é a possibilidade de o juiz decidir a demanda sem a fase de instrução probatória, ou seja, nas hipóteses de revelia ou quando os documentos juntados pelas partes já são suficientes para o julgamento do mérito.

Não se deve confundir julgamento antecipado (julgamento sem abertura da fase instrutória) com tutela antecipada (espécie de tutela provisória).

De acordo com o Novo CPC, é possível julgar antecipadamente o mérito total ou parcialmente. Neste livro, trataremos do julgamento antecipado total do mérito, pois, no caso de julgamento antecipado parcial, não haverá sentença, senão decisão interlocutória de mérito.[61]

61 O juiz poderá, no curso do processo, proceder ao **julgamento antecipado *parcial* de mérito quando um ou mais dos pedidos forem incontroversos ou estiverem em condições de imediato julgamento** (desnecessidade de produção de novas provas em relação a alguns deles, ou revelia, sendo que sobre parte dos pedidos há presunção de veracidade). Observe-se que, nessas hipóteses, como há o julgamento de apenas parte do mérito, a **decisão é**

Será possível o juiz **julgar antecipadamente o mérito da integralidade da demanda, por sentença**, nas seguintes hipóteses (art. 355, NCPC[62]):

a) quando não houver necessidade de produção de outras provas, além daquelas já juntadas ao processo;
b) quando o juiz decretar a revelia e ocorrer o efeito de presunção de veracidade dos fatos alegados pelo autor, bem como o réu não requerer a produção de outras provas.

Em tais hipóteses, o juiz proferirá sentença com resolução de mérito, na forma do art. 484, inc. I, do Novo CPC.

Na sentença, será preciso fundamentar acerca do julgamento antecipado do mérito se ainda não houve decisão neste sentido. Ou seja, se já houve decisão que determina o julgamento antecipado do mérito, basta que, na fundamentação da sentença, se faça referência a isso.

De outro lado, se não for caso de julgamento antecipado do mérito (porque, por exemplo, foi realizada audiência de instrução ou prova pericial), não se deve falar nada sobre esse tópico.

Topograficamente, deve ser tratado no início da fundamentação, logo após o item das *questões que já deveriam ter sido decididas, mas não o foram*.

Observem-se os seguintes MODELOS:

Se for caso de julgamento antecipado, em razão da desnecessidade de produção de outras provas:

> *Diante da desnecessidade de produção de prova em audiência e o contentamento das partes com acervo probatório carreado aos autos, promovo o julgamento antecipado do mérito, na forma do art. 355, inc. I, do Novo CPC.*

Ou

> *Promovo o julgamento antecipado na forma do artigo 355, inciso I, do CPC, pois as provas constantes dos autos são suficientes para o deslinde do feito, razão pela qual é desnecessária a dilação probatória. Registro que o juiz é o destinatário das provas (artigo 370 do CPC), sendo seu dever, e não faculdade,*

---

interlocutória, e não sentença (na nossa concepção, inexiste sentença parcial de mérito). Como julga o mérito, essa decisão interlocutória (de julgamento parcial do mérito) tem aptidão para fazer coisa julgada material.

62 NCPC: "Art. 355. O juiz julgará antecipadamente o pedido, proferindo sentença com resolução de mérito, quando: I – não houver necessidade de produção de outras provas; II – o réu for revel, ocorrer o efeito previsto no art. 344 e não houver requerimento de prova, na forma do art. 349."

> *anunciar o julgamento antecipado quando presentes os requisitos para tanto, em respeito ao princípio da duração razoável do processo, expressamente adotado como norteador da atividade jurisdicional no artigo 4º do CPC.*

Ou

> *Indefiro o requerimento de produção de prova testemunhal/pericial, haja vista que [...]. Diante da desnecessidade de produção de outras provas, promovo o julgamento antecipado do mérito, na forma do art. 355, inc. I, do Novo CPC.*

Se houve revelia:

> *A parte ré foi citada à fl. xx, mas não apresentou contestação no prazo legal. Com base nisso, decreto a sua revelia e, nos termos do art. 355, inc. II, do Código de Processo Civil, promovo o julgamento antecipado da lide.*

11. PRELIMINARES AO MÉRITO

11.1 Questões introdutórias

As preliminares constituem matéria de defesa, podendo ser classificadas em dilatórias e peremptórias. As primeiras, se acolhidas, conduzem à extinção do processo sem resolução do mérito (em relação a toda ou à parte da demanda); as segundas, se acolhidas, não geram a extinção do processo sem resolução do mérito, mas impõem que se realize algum ato processual, razão pela qual impedem que o mérito seja julgado naquele momento.[63]

Desse modo, como regra, na prova do concurso, as preliminares são colocadas na questão para serem rejeitadas, total ou parcialmente. Isso porque comumente o examinador pretende analisar a habilidade do candidato de aplicar o direito ao caso concreto, analisando a prova, fixando os limites da condenação e fazendo as disposições finais da sentença sobre honorários, custas, juros etc.

---

63 "Quando a preliminar processual levar o processo à extinção, como, v.g., a ilegitimidade de parte, a inépcia da inicial, litispendência, coisa julgada, perempção etc., teremos que a preliminar processual é *peremptória*, posto que o vício é de tal ordem que inutiliza o processo como instrumento apto à obtenção da prestação jurisdicional. Quando, ao contrário, a alegação do vício provoca temporária ampliação ou dilação do curso do processo, v.g., como a nulidade da citação, a conexão, deficiência de representação da parte ou falta de autorização para a causa, ou ausência de caução [...], teremos que a preliminar processual é *dilatória*, pois seu reconhecimento não determina a pronta extinção do processo, embora possa se transformar em peremptória, se não regularizada. Assim, sendo determinada a regularização da representação em dez dias (dilatória), com a juntada da procuração e a parte não satisfaz a obrigação, aquela preliminar processual dilatória transformar-se-á em uma peremptória". (POLONI, Ismair Roberto. *Técnica estrutural da sentença cível:* juízo comum e juizado especial. 2. ed. Rio de Janeiro, 2003. pp. 85/86)

Contudo, é comum, nas provas de sentença, que se exija o acolhimento de preliminares que impedem a apreciação do mérito de parte da demanda (extinção do processo sem resolução do mérito em relação a algum pedido, ou em relação a alguma parte do processo),[64] com o julgamento de mérito de parte dos pedidos. Dessa forma, por exemplo, pode ser que o examinador pretenda que o candidato reconheça a ilegitimidade ativa ou passiva em relação a um autor ou a um réu, ou que reconheça que não é caso de reconvenção, ou que existe coisa julgada sobre um dos pedidos.

Mas é preciso alertar que já houve concurso em que o examinador pretendia que o candidato extinguisse o processo sem resolução do mérito, de modo que nenhuma questão de mérito tinha de ser julgada (mas, lembre-se, isso é exceção).

De outro lado, como a prova é de sentença, não será colocada uma preliminar dilatória para ser acolhida, pois, neste caso, o candidato teria de proferir uma decisão que determinaria a conversão do julgamento em diligência ou a remessa dos autos a outro juízo, de modo que teria natureza de decisão interlocutória e não de sentença. Tratando-se de prova de sentença, esta questão do concurso que pretendesse uma decisão interlocutória seria passível de anulação.

Como, na grande maioria das vezes, o examinador pretende que as preliminares sejam rejeitadas, total ou parcialmente, serão também apresentados diversos modelos com esse enfoque.

11.2 Forma de abordar as preliminares na sentença

As questões preliminares devem, como regra, ser apreciadas na fase de saneamento do processo (art. 357, NCPC). Contudo, na maioria dos casos, os juízes de primeira instância não proferem decisões nesta fase, deixando a análise de todas as questões para o momento da sentença.

Caso a preliminar já tenha sido analisada no curso do processo, seja por decisão que a tenha rejeitado ou acolhido, na sentença bastará fazer referência a isso, não sendo necessário reiterar os fundamentos já utilizados. Além

---

64 No mesmo sentido: "Uma coisa eu aprendi e vale para 99% das provas de sentença em concursos: em regra, em um exame para a magistratura, a sentença nunca terminará nas preliminares, pois a banca quer ver você desenvolver uma peça completa, inclusive com análise do mérito. Mas não tome essa verdade como absoluta, pois em alguma prova raríssima o examinador poderá trazer um caso para exame no qual tudo terminará numa simples preliminar. Raro, mas pode acontecer". (ALVES, Alexandre Henry. *Sentença cível*. 2. ed. Porto Alegre: Verbo Jurídico, 2011. p. 58)

disso, se a questão já foi decidida, também não deve (nem pode, em tese) ser apreciada novamente.

Modelo de referência à preliminar já decidida:

> *A preliminar de ilegitimidade passiva já foi apreciada na decisão de fl. xx, onde foi rejeitada, restando preclusa a decisão.*

De outro lado, no tocante às preliminares ainda não apreciadas, é preciso que, na fundamentação da sentença, sejam tratadas uma a uma, separadamente. Além disso, **sempre deve se encerrar conclusivamente acerca da preliminar, ou seja, deixar expresso se a acolhe ou a rejeita.**

Além disso, **no dispositivo da sentença, também deve novamente dizer se acolhe ou rejeita a preliminar.**

Modelo:

> *FUNDAMENTAÇÃO*
>
> *A parte ré suscitou, em contestação, a preliminar de [...]. Não obstante as alegações do réu, a preliminar de [...] não pode ser acolhida, haja vista que [...].*
>
> *Assim, rejeito a preliminar de [...].*
>
> *[...]*
>
> *DISPOSITIVO*
>
> *ANTE O EXPOSTO:*
>
> *1) rejeito as preliminares de [...] e de [...]*
>
> *2) julgo PROCEDENTES os pedidos, para o fim de [...]*

Também é preciso atentar para as preliminares que devem ser conhecidas de ofício pelo julgador, ou seja, que tem de ser analisadas ainda se não alegadas pelas partes.

De acordo com o art. 337, § 5º, do Novo CPC, "excetuadas a convenção de arbitragem e a incompetência relativa, o juiz conhecerá de ofício das matérias enumeradas neste artigo". Assim, o juiz deverá conhecer de ofício das seguintes matérias: *inexistência ou nulidade da citação; incompetência absoluta; incorreção do valor da causa; inépcia da petição inicial; perempção; litispendência; coisa julgada; conexão; incapacidade da parte, defeito de representação ou falta de autorização; ausência de legitimidade ou de interesse processual; falta de caução ou de outra prestação que a lei exige como preliminar; indevida concessão do benefício de gratuidade de justiça.*

11.3 Ordem de apreciação das preliminares (ao mérito)

Diversos autores já se propuseram a criar uma ordem de apreciação das preliminares ao mérito. Para Nagib Slaibi Filho e Romar Navarro de Sá, a regra deve ser seguir a ordem de preliminares na forma estabelecida no art. 337 do Novo CPC.[65]

Contudo, observa-se que a sequência de incisos na forma prevista no art. 337 não obedece à ordem de prejudicialidade. Por exemplo, se forem alegadas as preliminares de nulidade de citação (inciso I) e incompetência absoluta (inciso II), o juiz terá de conhecer primeiro da incompetência e, somente se ultrapassada essa preliminar, analisar a preliminar de nulidade da citação. Isto é, a preliminar de incompetência, estabelecida no inciso II do art. 337 do Novo CPC, é prejudicial em relação à preliminar de nulidade de citação, estabelecida no inciso I, de modo que isso já demonstra que não é possível seguir a ordem estabelecida nos incisos do art. 337 do Novo CPC.

Nelton Agnaldo Moraes dos Santos, por sua vez, criou uma ordem própria de abordagem das preliminares. Para o autor, "*a cognição do juiz, no tocante aos pressupostos processuais, deve seguir esta ordem: 1. Pressupostos processuais subjetivos: 1.1 relativos ao juiz: 1.1.1. órgão investido de jurisdição; 1.1.2. imparcialidade: 1.1.2.1 impedimento; 1.1.2.2 suspeição; 1.1.3. competência originária ou adquirida: 1.1.3.1. absoluta; 1.1.3.2. relativa; 1.2. referentes às partes: 1.2.1. capacidade de ser partes; 1.2.2. capacidade processual; 1.2.3. capacidade de postular em juízo. 2. Pressupostos processuais objetivos: 2.1. intrínsecos à relação processual (subordinação do procedimento às normas legais), pela ordem cronológica; 2.2. extrínsecos à relação processual (inexistência de fatos impeditivos): 2.2.1. falta de caução ou de outra prestação que a lei exige como preliminar; 2.2.2. coisa julgada; 2.2.3. litispendência; 2.2.4. perempção; 2.2.5. compromisso arbitral.*"[66]

Nagibe de Melo Jorge Neto segue, com poucas modificações, a ordem de apreciação de preliminares estabelecida por Nelton Agnaldo.[67]

---

65 "No conhecimento das questões preliminares, tem o juiz um roteiro (embora incompleto), nos diversos incisos do art. 337 do NCPC (art. 301 do CPC/1973): inexistência ou nulidade da citação, incompetência absoluta ou relativa, incorreção do valor da causa, inépcia da petição inicial, perempção, litispendência, coisa julgada, conexão, incapacidade da parte, defeito de representação ou falta de autorização, convenção de arbitragem, ausência de legitimidade ou interesse processual, falta de caução ou de outra prestação, que a lei exige como preliminar e a indevida concessão do benefício da gratuidade de justiça". (SLAIBI FILHO, Nagib; SÁ, Romar Navarro de. *Sentença cível:* fundamentos e técnica. 9. ed. Rio de Janeiro: Forense, 2017. p. 458)

66 SANTOS, Nelton Agnaldo Moraes dos. *A técnica de elaboração da sentença civil*. São Paulo: Saraiva, 1996. pp. 108/109.

67 "A ordem de análise das questões é a seguinte: 1. Pressupostos processuais: 1.1. Pressupostos processuais subjetivos: 1.1.1. Órgão investido de jurisdição; 1.1.2. Impedimento e

Entretanto, observa-se que as ordens de apreciação estabelecidas por Nelton Agnaldo e por Nagibe de Melo Jorge Neto também apresentam diversas falhas. Por exemplo, se estiver presente a coisa julgada ou a litispendência, elas terão de ser conhecidas antes de diversas preliminares que elencam como anteriores na ordem de apreciação, tais como incapacidade de ser parte, falta de caução, invalidade da citação (pressuposto processual objetivo intrínseco à relação processual) etc.

Assim, a prática demonstra que somente o caso concreto pode determinar qual preliminar deve ser apreciada antes de outra. Vale dizer, somente o caso sob julgamento pode ditar a ordem de prejudicialidade da análise das questões, não sendo possível estabelecer uma ordem *a priori* e generalizável[68].

Portanto, recomenda-se que, analisando a situação concreta, o sentenciante estabeleça uma ordem de prejudicialidade, de modo a analisar antes a preliminar que é prejudicial às demais.

11.4 Análise das preliminares

O réu deve alegar em preliminar de contestação as seguintes matérias (art. 337, NCPC): "I – inexistência ou nulidade da citação; II – incompetência absoluta e relativa; III – incorreção do valor da causa; IV – inépcia da petição inicial; V – perempção; VI – litispendência; VII – coisa julgada; VIII – conexão; IX – incapacidade da parte, defeito de representação ou falta de autorização; X – convenção de arbitragem; XI – ausência de legitimidade ou de interesse processual; XII – falta de caução ou de outra prestação que a lei exige como preliminar; XIII – indevida concessão do benefício de gratuidade de justiça".

A seguir, são estudadas detalhadamente cada uma dessas preliminares de contestação, além de outras, que são bastante comuns em concursos públicos e na prática judicante.

---

suspeição; 1.1.3. Competência para o julgamento da causa; 1.1.4. Capacidade de ser parte; 1.1.5. Capacidade processual; 1.1.6. Capacidade para postular em juízo; 1.2. Pressupostos processuais objetivos: 1.2.1. Pressupostos processuais intrínsecos; 1.2.2. Pressupostos processuais extrínsecos: 1.2.2.1. Falta de caução ou outra prestação que a lei exige como preliminar; 1.2.2.2. Coisa julgada; 1.2.2.3. Litispendência; 1.2.2.4. Perempção; 1.2.2.5. Convenção de arbitragem; 2. Condições da ação: 2.1. Possibilidade jurídica do pedido; 2.2. Interesse de agir; 2.3. Legitimidade ad causam; 3. Mérito: 3.1. Reconhecimento do pedido; 3.2. Renúncia; 3.3. Transação; 3.4. Decadência; 3.5. Prescrição; 3.6. Análise do direito; 3.7. Análise dos fatos." (JORGE NETO, Nagibe de Melo. *Sentença cível:* teoria e prática. 7. ed. Salvador: Juspodivm, 2016. p. 166)

68 Frise-se, nesse ponto, que não há notícia de desconto de pontuação nos certames da magistratura caso não observada a ordem estabelecida pelo artigo 337 do CPC.

Ressalta-se que se segue a sequência do art. 337 do Novo CPC somente para fins didáticos, de modo que, como já se referiu, a ordenação lógica da análise das preliminares na sentença deve ser estabelecida conforme a ordem de prejudicialidade, aferível somente em cada caso concreto.

11.4.1 Inexistência ou nulidade da citação (inc. I)

Trata-se de uma defesa dilatória, haja vista que não conduz à extinção do processo sem resolução do mérito.

O art. 239, § 1º, do Novo CPC[69] prevê que o comparecimento espontâneo do réu no processo supre a citação nula ou mesmo inexistente. Assim, se o réu comparecer pessoalmente nos autos apenas para alegar ausência ou invalidade da citação, considera-se citado, sendo reaberto para ele o prazo de contestação. De outro lado, se o réu apresentar contestação e alegar, além da invalidade ou inexistência de citação, todas as questões de mérito, o seu comparecimento supre a citação e não lhe será concedido novo prazo para contestar, tendo em vista a preclusão consumativa.

Caso o advogado da parte apenas junte procuração nos autos, estará configurado o comparecimento espontâneo apenas se a procuração contiver poderes especiais ao advogado para receber citação (art. 105, NCPC[70]). A retirada em carga dos autos do cartório (no caso de autos físicos) também pode configurar "comparecimento espontâneo", por interpretação analógica ao art. 272, § 6º, do Novo CPC[71], mas também somente se a procuração contiver poderes de receber citação. No mesmo sentido, o entendimento da doutrina[72]

---

69 NCPC: "Art. 239 [...] § 1º O comparecimento espontâneo do réu ou do executado supre a falta ou a nulidade da citação, fluindo a partir desta data o prazo para apresentação de contestação ou de embargos à execução".

70 NCPC: "Art. 105. A procuração geral para o foro, outorgada por instrumento público ou particular assinado pela parte, habilita o advogado a praticar todos os atos do processo, exceto receber citação, confessar, reconhecer a procedência do pedido, transigir, desistir, renunciar ao direito sobre o qual se funda a ação, receber, dar quitação, firmar compromisso e assinar declaração de hipossuficiência econômica, que devem constar de cláusula específica".

71 NCPC: "Art. 272 [...] § 6º A retirada dos autos do cartório ou da secretaria em carga pelo advogado, por pessoa credenciada a pedido do advogado ou da sociedade de advogados, pela Advocacia Pública, pela Defensoria Pública ou pelo Ministério Público implicará intimação de qualquer decisão contida no processo retirado, ainda que pendente de publicação".

72 "Embora o artigo 231, VIII, refira-se apenas à intimação deflagrada pela retirada dos autos, em carga, o dispositivo deve ser interpretado de forma ampliativa: o comparecimento espontâneo do réu ou do executado também pode se enquadrar nessa situação, na medida em que demonstra conhecimento inequívoco pelo demandado da instauração do processo. A simples juntada de procuração aos autos, por si só, não revela conhecimento das decisões judiciais nele proferidas – e, por isso, em geral, ao contrário da efetiva retirada dos autos

e o Enunciado n.º 274 do FPPC: "Aplica-se a regra do § 6º do artigo 272 ao prazo para contestar quando for dispensável a audiência de conciliação e houver poderes para receber citação".

Na prova do concurso, dificilmente o examinador colocará essa questão (inexistência ou invalidade da citação) para ser acolhida, pois, se a citação foi nula, o juiz teria que converter o julgamento em diligência, proferindo uma decisão interlocutória e não uma sentença.

Modelo:

> *A preliminar de nulidade de citação, suscitada pela parte ré em contestação, não merece acolhida. Com efeito, como a parte compareceu ao processo e apresentou contestação, não havendo prejuízo à ampla defesa e ao contraditório, considera-se suprida a citação, nos termos do art. 239, § 1º, do Novo CPC. Além disso, apresentada a contestação, está configurada a preclusão consumativa.*

11.4.2 Incompetência absoluta e relativa (inc. II)

11.4.2.1 Aspectos gerais

A incompetência absoluta e a relativa devem ser alegadas em preliminar de contestação. O inc. II do art. 337 do Novo CPC é, em verdade, uma repetição da norma que já consta no art. 64 do mesmo Código.[73] A novidade do Novo CPC é a inexistência da exceção de incompetência relativa.

Caso não alegada a preliminar de incompetência relativa na contestação, ocorre a preclusão e, por conseguinte, a prorrogação de competência, de modo que o juízo inicialmente incompetente se torna competente para processar e julgar a causa (art. 65, *caput*, NCPC).[74] Desse modo, por exemplo, se, no

---

em carga, não inaugura prazo para interposição de recurso ou manifestação nos autos [...] –, mas pode evidenciar a ciência, pelo demandado, de que contra ele foi instaurado um processo e caracterizar seu comparecimento espontâneo, deflagrando o prazo para contestação (se não for o caso de audiência de conciliação ou mediação) ou embargos à execução, desde que o advogado possua poderes expressos para receber citação (artigo 105). Por mais fortes razões, a retirada dos autos de cartório ou secretaria também pode caracterizar comparecimento espontâneo, desde que, mais uma vez, o advogado possua poderes expressos para receber citação". (GAJARDONI, Fernando da Fonseca; DELLORE, Luiz; ROQUE, Andre Vasconcelos; OLIVEIRA JR., Zulmar Duarte de. *Teoria geral do processo:* comentários ao CPC de 2015: parte geral. São Paulo: Forense, 2015. p. 734)

73 NCPC: "Art. 64. A incompetência, absoluta ou relativa, será alegada como questão preliminar de contestação".

74 NCPC: "Art. 65. Prorrogar-se-á a competência relativa se o réu não alegar a incompetência em preliminar de contestação".

enunciado da prova de sentença, houver a informação de que a parte ré alegou a preliminar de incompetência relativa após a contestação (p.ex., em alegações finais), deverá ser rejeitada a preliminar, sob o fundamento de que ela não foi alegada no momento próprio (em contestação), razão pela qual houve a prorrogação de competência.

De outro lado, a incompetência absoluta pode ser alegada por simples petição a qualquer momento no curso do processo. Trata-se, inclusive, de um vício rescisório.

A incompetência absoluta pode ser conhecida de ofício pelo juiz, enquanto a relativa, como regra, não (art. 64, § 1º, NCPC[75] e Súmula 33 do STJ[76]). A exceção é em relação à cláusula de eleição de foro, pois se trata de hipótese de incompetência relativa em que o juiz pode, por entender que é abusiva, decretar a sua ineficácia e remeter os autos para o juízo competente (art. 63, § 3º, NCPC)[77].

No procedimento comum[78], a alegação de incompetência é uma defesa dilatória, na medida em que não dá ensejo à extinção do processo sem resolução do mérito, senão à declinação de competência para o juízo competente.

Em razão disso, na prova do concurso, há grande probabilidade de que a preliminar de incompetência tenha de ser rejeitada, ou, quando acolhida, diga respeito a apenas parte da demanda, de modo a permitir o julgamento do mérito (de toda ou de parte da demanda).

Modelo:

> *A parte ré suscitou a preliminar de incompetência relativa em sede de alegações finais. Contudo, trata-se de hipótese de incompetência relativa e, como não foi suscitada em contestação, ocorreu a prorrogação da competência, de modo que este Juízo, inicialmente incompetente, tornou-se competente para julgar a causa.*
>
> *Assim, rejeito a preliminar de incompetência relativa.*

---

75 NCPC: "Art. 64. [...] § 1º A incompetência absoluta pode ser alegada em qualquer tempo e grau de jurisdição e deve ser declarada de ofício".

76 Súmula 33 do STJ: "A incompetência relativa não pode ser declarada de ofício".

77 NCPC: Art. 63 [...] § 3º Antes da citação, a cláusula de eleição de foro, se abusiva, pode ser reputada ineficaz de ofício pelo juiz, que determinará a remessa dos autos ao juízo do foro de domicílio do réu".

78 De outro lado, nos **Juizados Especiais**, a consequência é outra. Com efeito, se o juiz de Juizado Especial reconhece a incompetência, absoluta ou relativa, deverá **extinguir o processo sem resolução do mérito**, por uma interpretação extensiva feita ao art. 51, incs. II e III, da Lei n. 9.099/1995.

11.4.2.2 Questões especiais e comuns em relação à preliminar de incompetência

Abaixo, apresenta-se uma série de questões relativas à incompetência, sobre as quais já existe entendimento jurisprudencial consolidado:

a) Juizados Especiais Cíveis

Nas hipóteses de competência dos Juizados Especiais Cíveis Estaduais e do Distrito Federal, ajuizar a demanda no Juizado ou em Vara Cível é opção do autor. Se a lide poderia ter sido submetida aos Juizados, mas foi distribuída à Vara Comum, não poderá ser reconhecida a incompetência.

De outro lado, solução oposta ocorre no âmbito dos Juizados Especiais de Fazenda Pública (Estaduais) e nos Juizados Especiais Federais Cíveis, em que inexiste opção ao autor, ou seja, a competência dos Juizados Federais e de Fazenda Pública Estaduais é absoluta nas hipóteses elencadas nas leis específicas (Juizados da Fazenda Pública - art. 2º, § 4º, da Lei 12.153/2009[79]; Juizados Especiais Federais - art. 3º, § 3º, Lei 10.259/2001[80]).

b) Questões controvertidas sobre competência das Justiças Federal e Estadual

A competência da Justiça Federal está estabelecida no **art. 109 da Constituição Federal**. Além disso, as suas disposições foram, em parte, reproduzidas no art. 45 do Novo CPC[81].

A esse respeito, observa-se que tal competência foi fixada em razão da matéria (ex.: direitos indígenas, naturalização), do critério funcional (ex.: cumprir carta rogatória e sentença estrangeira homologada) ou em razão da pessoa (109, I, CF).

---

79 Lei 12.153/2009: "Art. 2º [...] § 4º No foro onde estiver instalado Juizado Especial da Fazenda Pública, a sua competência é absoluta".

80 Lei 10.259/2001: "Art. 3º [...] § 3º No foro onde estiver instalada Vara do Juizado Especial, a sua competência é absoluta".

81 NCPC: "Art. 45. Tramitando o processo perante outro juízo, os autos serão remetidos ao juízo federal competente se nele intervier a União, suas empresas públicas, entidades autárquicas e fundações, ou conselho de fiscalização de atividade profissional, na qualidade de parte ou de terceiro interveniente, exceto as ações: I - de recuperação judicial, falência, insolvência civil e acidente de trabalho; II - sujeitas à justiça eleitoral e à justiça do trabalho. § 1º Os autos não serão remetidos se houver pedido cuja apreciação seja de competência do juízo perante o qual foi proposta a ação. § 2º Na hipótese do § 1º, o juiz, ao não admitir a cumulação de pedidos em razão da incompetência para apreciar qualquer deles, não examinará o mérito daquele em que exista interesse da União, de suas entidades autárquicas ou de suas empresas públicas. § 3º O juízo federal restituirá os autos ao juízo estadual sem suscitar conflito se o ente federal cuja presença ensejou a remessa for excluído do processo".

A hipótese mais comum de competência da Justiça Federal em matéria cível está prevista no art. 109, inc. I, da Constituição Federal: "***I – as causas em que a União, entidade autárquica ou empresa pública federal forem interessadas na condição de autoras, rés, assistentes ou oponentes, exceto as de falência, as de acidentes de trabalho e as sujeitas à Justiça Eleitoral e à Justiça do Trabalho***".

O dispositivo acima, quando se refere a entidades autárquicas, abrange tanto autarquias quanto fundações públicas federais. Tanto é que o art. 45 do Novo CPC, com base no entendimento sedimentado na doutrina e na jurisprudência, previu que a Justiça Federal é competente quando forem parte ou terceiro interveniente "a União, suas empresas públicas, entidades autárquicas e fundações, ou conselho de fiscalização de atividade profissional".

De outro lado, segundo o mesmo dispositivo, a Justiça Federal é competente para processar e julgar as causas que envolvem empresa pública da União. Assim, as causas em que forem parte sociedades de economia mista da União serão de competência da Justiça Estadual. Nesse sentido, o entendimento do STF e do STJ, sedimentado nas seguintes Súmulas:

> **Súmula 556 do STF:** "É competente a justiça comum para julgar as causas em que é parte sociedade de economia mista".
>
> **Súmula 517 do STF:** "As sociedades de economia mista só têm foro na Justiça Federal, quando a União intervém como assistente ou opoente".
>
> **Súmula 508 do STF:** "Compete à Justiça Estadual, em ambas as instâncias, processar e julgar as causas em que for parte o Banco do Brasil S.A".
>
> **Súmula 42 do STJ:** "Compete à Justiça Comum Estadual processar e julgar as causas cíveis em que é parte sociedade de economia mista e os crimes praticados em seu detrimento".

No mesmo sentido, quando as concessionárias e as permissionárias de serviço público forem parte, ainda que a concessão ou a permissão sejam realizadas pela União ou outro ente público federal, a competência será da Justiça Estadual[82].

No tocante à competência para processar e julgar as causas que envolvem as entidades dos serviços sociais autônomos (também conhecidas como entidades do Sistema "S"), a jurisprudência é pacífica em não as reconhecer como entidades autárquicas (embora a sua receita seja em grande parte decorrente de

82 Súmula Vinculante 27 do STF: "Compete à Justiça estadual julgar causas entre consumidor e concessionária de serviço público de telefonia, quando a ANATEL não seja litisconsorte passiva necessária, assistente, nem opoente".

contribuições parafiscais), mas sim como pessoas jurídicas de direito privado. Por conseguinte, será a Justiça Estadual competente para processar e julgar as ações em que as entidades dos serviços sociais autônomos forem parte[83].

De acordo com a Súmula 570 do STJ, "compete à Justiça Federal o processo e julgamento de demanda em que se discute a ausência de ou o obstáculo ao credenciamento de instituição particular de ensino superior no Ministério da Educação como condição de expedição de diploma de ensino a distância aos estudantes". Neste caso, a competência da Justiça Federal está evidenciada em razão do interesse jurídico da União.[84]

De outro lado, o mesmo inc. I do art. 109 da Constituição Federal exclui da competência da Justiça Federal as causas de acidente de trabalho, mesmo que propostas contra o ente federal. O dispositivo pretendeu aqui tratar das ações que têm por objeto benefício previdenciário decorrente de acidente de trabalho propostas contra o INSS. Nesses casos, a competência será, então, da Justiça Estadual. No mesmo sentido, o entendimento sumulado do STF e do STJ:

> **Súmula 235 do STF:** "É competente para a ação de acidente do trabalho a Justiça Cível Comum, inclusive em segunda instância, ainda que seja parte autarquia".
>
> **Súmula 501 do STF:** "Compete à Justiça Ordinária Estadual o processo e o julgamento, em ambas as instâncias, das causas de acidente do trabalho, ainda que promovidas contra a união, suas autarquias, empresas públicas ou sociedades de economia mista".

---

83 "RECURSO ESPECIAL. AÇÃO POPULAR CONTRA O SEBRAE. COMPETÊNCIA DA JUSTIÇA ESTADUAL. 1. **A competência cível da Justiça Federal é definida *ratione personae*, sendo irrelevante a natureza da controvérsia posta à apreciação.** Não figurando, em qualquer dos polos da relação processual, a União, entidade autárquica ou empresa pública federal, a justificar a apreciação da lide pela Justiça Federal, impõe-se rejeitar a sua competência. **2. O SEBRAE é serviço social autônomo mantido por contribuições parafiscais que tem natureza de pessoa jurídica de direito privado, desvinculada da Administração Pública direta ou indireta, o que afasta a competência da Justiça Federal para a apreciação da causa.** [...]" (STJ, AgRg no REsp 604.752/SC, Rel. Min. Luiz Fux, Primeira Turma, julgado em 28-6-2005, *DJ* 22-8-2005, p. 129). No mesmo sentido, a Súmula 516 do STF: "O Serviço Social da Indústria – SESI – está sujeito à jurisdição da Justiça Estadual".

84 "O Superior Tribunal de Justiça, em Recurso Especial representativo de controvérsia – REsp 1.344.771/PR – assentou que: '**em se tratando de demanda em que se discute a ausência/obstáculo de credenciamento da instituição de ensino superior pelo Ministério da Educação como condição de expedição de diploma aos estudantes, é inegável a presença de interesse jurídico da União, razão pela qual deve a competência ser atribuída à Justiça Federal, nos termos do art. 109, I, da Constituição Federal de 1988**' [...]" (STJ, REsp 1616300/PR, Rel. Ministro Herman Benjamin, Segunda Turma, julgado em 23/08/2016, DJe 13/09/2016)

Súmula 15 do STJ: "Compete à Justiça Estadual processar e julgar os litígios decorrentes de acidente do trabalho".

Situação diversa, no entanto, é a hipótese em que o empregado, tendo como causa de pedir o acidente de trabalho sofrido, ajuíza ação de indenização por dano moral e/ou material contra o empregador. Neste caso, a competência será da Justiça do Trabalho, consoante Súmula Vinculante 22[85] e entendimento pacífico do Supremo Tribunal Federal[86].

Outra questão que desperta interesse diz respeito às ações destinadas a levantamento (alvará) de valores relativos ao PIS/PASEP e ao FGTS, em razão do falecimento do seu titular. Embora as contas do PIS/PASEP e do FGTS fiquem vinculadas à Caixa Econômica Federal (empresa pública federal), são apenas administradas por esta, mas não integram o seu patrimônio. Logo, trata-se de ações de procedimento voluntário, em que a CEF não é colocada no polo passivo. Assim, a competência para processar o pleito de autorização de levantamento de quantias vinculadas ao FGTS e PIS/PASEP é da Justiça Estadual. Nesse sentido é a Súmula 161 do STJ[87].

Outro ponto importante é o seguinte: se houver intervenção da União em causa que tramita perante a Justiça Estadual, o Juízo Estadual deverá remeter os autos ao Juízo Federal, para que este decida acerca do interesse da União. Se o Juízo Federal entender que não é caso de intervenção da União, deverá devolver os autos para o Juízo Estadual e não suscitar conflito. Esse é o entendimento pacificado no âmbito do STJ[88]. Isto é o que, em alguma medida, foi reproduzido no art. 45, *caput* e § 3º, do Novo CPC[89].

---

85 Súmula Vinculante 22 do STF: "A Justiça do Trabalho é competente para processar e julgar as ações de indenização por danos morais e patrimoniais decorrentes de acidente de trabalho propostas por empregado contra empregador, inclusive aquelas que ainda não possuíam sentença de mérito em primeiro grau quando da promulgação da Emenda Constitucional nº 45/04".

86 "**Compete à Justiça do Trabalho, e não mais à Justiça dos Estados-membros e do Distrito Federal, o julgamento das ações de indenização por danos materiais e/ou morais resultantes de acidente do trabalho, desde que fundadas no direito comum e ajuizadas em face do empregador**" (STF, RE 461925 AgR, Rel. Min. Celso de Mello, Segunda Turma, julgado em 4-4-2006, *DJ* 8-9-2006 PP-00055 EMENT VOL-02246-03 PP-00646 RTJ VOL-00202-01 PP-00370 LEXSTF v. 28, n. 334, 2006, p. 297-301 RMP n. 34, 2009, p. 303-306).

87 **Súmula 161 do STJ:** "É da competência da Justiça Estadual autorizar o levantamento dos valores relativos ao PIS/PASEP e FGTS, em decorrência do falecimento do titular da conta".

88 **Súmula 150 do STJ:** "Compete à Justiça Federal decidir sobre a existência de interesse jurídico que justifique a presença, no processo, da união, suas autarquias ou empresas públicas". **Súmula 224 do STJ:** "Excluído do feito o ente federal, cuja presença levara o Juiz Estadual a declinar da competência, deve o Juiz Federal restituir os autos e não suscitar conflito".

89 NCPC: "Art. 45. Tramitando o processo perante outro juízo, os autos serão remetidos ao juízo federal competente se nele intervier a União, suas empresas públicas, entidades au-

c) Competência da Justiça do Trabalho nas relações de trabalho após a EC 45/2004: questões polêmicas e limites tênues com a competência da Justiça Estadual e Federal

A Emenda Constitucional n. 45/2004 alterou o art. 114 da Constituição Federal[90] para ampliar a competência da Justiça do Trabalho, abrangendo as causas que envolvam qualquer relação de trabalho, e não somente aquelas que dizem respeito à relação de emprego.

Assim, quando a demanda tiver como causa de pedir **relação de trabalho**, a competência é da **Justiça do Trabalho**, independentemente da existência de vínculo empregatício. Por exemplo, será da competência da Justiça do Trabalho a demanda trabalhista envolvendo o pedreiro e a construtora, ou o pedreiro e a pessoa física proprietária da obra construída, mesmo que não haja vínculo empregatício.

Contudo, quando houver a prestação, por **profissional liberal**, de algum **serviço técnico, com especialidade**, que necessite formação específica, a **relação jurídica** é de **direito civil** e não trabalhista. É o caso, por exemplo, do contrato celebrado entre cliente, de um lado, e, de outro, o advogado, o dentista ou o médico. Nesses casos, não há relação de trabalho, senão um **vínculo de direito civil**. Por conseguinte, a competência para julgar tais relações é da **Justiça Comum Estadual** e não da Justiça do Trabalho. A tais hipóteses, continua sendo aplicada a Súmula 363 do STJ, que dispõe que "**compete à Justiça estadual processar e julgar a ação de cobrança ajuizada por profissional liberal contra cliente**".

De outro lado, se a relação envolve **vínculo estatutário** (dos servidores públicos), a competência será da **Justiça Estadual ou Federal**, conforme o caso.

Lembre-se, a esse respeito, que o servidor que ocupa cargo em comissão possui vínculo de natureza estatutária com o ente público, e não trabalhista ou empregatícia. Assim, continuam sendo aplicadas as Súmulas 137 e 218 do STJ, que assim dispõem:

> **Súmula 137 do STJ:** "Compete à Justiça Comum Estadual processar e julgar ação de servidor público municipal, pleiteando direitos relativos ao vínculo estatutário".

---

tárquicas e fundações, ou conselho de fiscalização de atividade profissional, na qualidade de parte ou de terceiro interveniente, exceto as ações: [...] § 3º O juízo federal restituirá os autos ao juízo estadual sem suscitar conflito se o ente federal cuja presença ensejou a remessa for excluído do processo".

90 CF: "Art. 114. Compete à Justiça do Trabalho processar e julgar: I – as ações oriundas da relação de trabalho, abrangidos os entes de direito público externo e da administração pública direta e indireta da União, dos Estados, do Distrito Federal e dos Municípios".

Súmula 218 do STJ: "Compete à Justiça dos Estados processar e julgar ação de servidor estadual decorrente de direitos e vantagens estatutárias no exercício de cargo em comissão".

O STF sedimentou o entendimento de que, após a EC 45/2004, é da Justiça do Trabalho a competência para processar e julgar a ação de indenização por dano moral e/ou material contra o empregador, consoante Súmula Vinculante 22.[91]

Também são da competência da Justiça do Trabalho "as ações que tenham como causa de pedir o descumprimento de normas trabalhistas relativas à segurança, higiene e saúde dos trabalhadores" (Súmula 736 do STF).

As ações possessórias cujo objeto sejam imóveis particulares são de competência da Justiça Estadual ou Distrital, salvo se envolver interesse da União, hipótese em que a competência será da Justiça Federal.

No entanto, no caso de ação possessória proposta em razão do exercício do direito de greve por trabalhadores da iniciativa privada, a competência será da Justiça do Trabalho, nos termos da Súmula Vinculante 23 do STF.[92]

d) Outras questões sumuladas relativas à competência

Algumas outras questões sumuladas pelo STJ, referentes a matérias diversas, também merecem destaque:

> Súmula 218 do STJ: "Compete à Justiça dos Estados processar e julgar ação de servidor estadual decorrente de direitos e vantagens estatutárias no exercício de cargo em comissão".
>
> Súmula 209 do STJ: "Compete à Justiça Estadual processar e julgar prefeito por desvio de verba transferida e incorporada ao patrimônio municipal".
>
> Súmula 206 do STJ: "A existência de vara privativa, instituída por lei estadual, não altera a competência territorial resultante das leis de processo".
>
> Súmula 34 do STJ: "Compete à Justiça Estadual processar e julgar causa relativa a mensalidade escolar, cobrada por estabelecimento particular de ensino".

---

91 Súmula Vinculante 22 do STF: "**A Justiça do Trabalho é competente para processar e julgar as ações de indenização por danos morais e patrimoniais decorrentes de acidente de trabalho propostas por empregado contra empregador**, inclusive aquelas que ainda não possuíam sentença de mérito em primeiro grau quando da promulgação da Emenda Constitucional nº 45/04".

92 Súmula Vinculante 23 do STF: "A Justiça do Trabalho é competente para processar e julgar ação possessória ajuizada em decorrência do exercício do direito de greve pelos trabalhadores da iniciativa privada".

Súmula 1 do STJ: "O foro do domicílio ou da residência do alimentando é o competente para a ação de investigação de paternidade, quando cumulada com a de alimentos".

11.4.3 Impugnação ao valor da causa (inc. III)

No Novo CPC, a impugnação ao valor da causa deve ser feita, pelo réu, em preliminar de contestação. Assim, não há mais um incidente próprio para tal finalidade. O inciso III do art. 337 do Novo CPC chama essa alegação de "incorreção do valor da causa".

Cabe à parte autora atribuir valor à causa, na forma prevista nos arts. 291 e 292 do Novo CPC. Caso o réu não concorde com o valor da causa, poderá impugná-lo em preliminar de contestação, sob pena de preclusão (art. 293, NCPC).[93]

O juiz decidirá essa impugnação. Se acolher a alegação do réu, deverá corrigir o valor da causa e determinar que o autor complemente as custas, se for o caso (art. 293, NCPC).

Se esta questão ainda não tiver sido decidida no curso do processo, terá de ser analisada na sentença.

Modelo:

A parte ré, em preliminar de contestação, impugnou o valor da causa atribuído pelo autor na petição inicial.

O valor da causa deve corresponder ao valor econômico da pretensão. No entanto, quando a pretensão não tiver conteúdo econômico, ele deverá ser atribuído de forma estimativa, conforme art. 291 do Novo CPC.

Desse modo, como o impetrante, no presente mandado de segurança, postula a sua inscrição definitiva em concurso público, inexiste valor econômico imediatamente aferível, razão pela qual não está incorreta a atribuição do valor estimativo de R$1.000,00 (um mil reais) à causa.

Assim, rejeito a preliminar de incorreção do valor da causa.

11.4.4 Inépcia da petição inicial (inc. IV)

A petição inicial é inepta quando (art. 330, § 1º, do Novo CPC): *"I – lhe faltar pedido ou causa de pedir; II – o pedido for indeterminado, ressalvadas as hipóteses legais em que se permite o pedido genérico; III – da narração dos fatos não decorrer logicamente a conclusão; IV – contiver pedidos incompatíveis entre si".*

93 NCPC: "Art. 293. O réu poderá impugnar, em preliminar da contestação, o valor atribuído à causa pelo autor, sob pena de preclusão, e o juiz decidirá a respeito, impondo, se for o caso, a complementação das custas".

Trata-se de preliminar muito comum nas contestações. No entanto, na grande maioria das vezes, tal preliminar não encontra fundamento.

Modelo:

> *A parte requerida, em preliminar de contestação, suscitou a inépcia da petição inicial, ao argumento de que dos fundamentos não se extrai a conclusão.*
>
> *Contudo, verifico que a petição inicial é suficientemente clara, bem como inexiste qualquer prejuízo à ampla defesa e ao contraditório, tanto é que a parte ré impugna ponto a ponto as teses da parte autora.*
>
> *Por conseguinte, rejeito a preliminar de inépcia da petição inicial.*

12.4.5 Perempção, litispendência e coisa julgada (incs. V, VI e VII)

A perempção, a litispendência e a coisa julgada são pressupostos processuais objetivos extrínsecos ou negativos. São chamados de negativos porque não podem existir para que o processo se desenvolva validamente. E são extrínsecos porque se encontram fora do processo.

A **litispendência** é, como o próprio nome já diz, a pendência de duas ou mais lides idênticas. Assim, ocorre litispendência quando já foi anteriormente ajuizada a mesma demanda (com as mesmas partes, causa de pedir e pedido). Se uma das demandas já foi julgada por sentença transitada em julgado, não há mais litispendência, senão coisa julgada. Está prevista no art. 337, §§ 1º a 3º, do Novo CPC[94].

A **perempção** ocorre quando o autor deu causa à extinção da ação sem resolução do mérito por abandono da causa por três vezes. Se intentar a demanda pela quarta vez, estará perempta. No entanto, se a ação estiver perempta, não se impede que alegue os fundamentos dessa demanda como matéria de defesa. A perempção tem previsão no art. 486, § 3º, do Novo CPC[95].

A **coisa julgada** é a qualidade da sentença que torna imodificável o seu conteúdo. Está prevista no art. 337, §§ 2º e 4º, do Novo CPC[96]. A **coisa julgada**

---

94 NCPC: "Art. 337 [...] § 1º Verifica-se a litispendência ou a coisa julgada quando se reproduz ação anteriormente ajuizada. § 2º Uma ação é idêntica a outra quando possui as mesmas partes, a mesma causa de pedir e o mesmo pedido. § 3º Há litispendência quando se repete ação que está em curso".

95 NCPC: "Art. 486 [...] § 3º Se o autor der causa, por 3 (três) vezes, a sentença fundada em abandono da causa, não poderá propor nova ação contra o réu com o mesmo objeto, ficando-lhe ressalvada, entretanto, a possibilidade de alegar em defesa o seu direito".

96 NCPC: "Art. 337 [...] § 2º Uma ação é idêntica a outra quando possui as mesmas partes, a mesma causa de pedir e o mesmo pedido. [...] § 4º Há coisa julgada quando se repete ação que já foi decidida por decisão transitada em julgado".

formal ocorre quando não é mais possível discutir a matéria no processo em que a sentença foi proferida. De outro lado, há **coisa julgada material** quando o conteúdo da sentença se tornou indiscutível em todo e qualquer processo. Assim, na sentença que extingue o processo sem resolução de mérito, há, como regra, apenas coisa julgada formal. A sentença que julga o mérito e contra a qual não cabe mais recurso tem aptidão para fazer coisa julgada material.

Trata-se de espécies de defesas peremptórias, uma vez que, se acolhidas, dão causa à sentença terminativa. Desse modo, na prova de sentença, provavelmente tais preliminares deverão ser rejeitadas, salvo se derem causa à extinção de apenas parte do processo, em relação a algum dos pedidos, quando o mérito dos demais pedidos terá de ser julgado.

11.4.6 Conexão (inc. VIII) e Continência

A **conexão** deve ser alegada em preliminar de contestação, nos termos do inciso VIII do artigo 337 do Novo CPC. A **continência**, embora não prevista expressamente no rol do art. 337, também deve ser alegada em preliminar de contestação.

A conexão e a continência constituem **preliminares dilatórias**, ou seja, não levam à extinção do processo sem resolução do mérito, senão à modificação de competência. Todavia, somente ocorre modificação de competência, com a reunião das causas para julgamento simultâneo, quando o critério de fixação de competência é relativo. Vale dizer, **as hipóteses de modificação de competência não alteram a competência absoluta.**

Por definição legal, reputam-se **conexas duas ou mais ações quando lhes forem comuns o pedido (objeto) *ou* a causa de pedir** (art. 55, NCPC)[97]. De outro lado, se forem idênticas as partes, a causa de pedir e o pedido, haverá identidade completa da demanda, razão pela qual estará presente a litispendência (art. 337, NCPC)[98] e não a conexão.

Ocorre a **continência** quando há, entre duas ou mais demandas, as **mesmas partes e a mesma causa de pedir, sendo que um pedido engloba o outro, por ser mais amplo.** A continência está prevista no art. 104 do CPC.[99]

---

97 NCPC: "Art. 55. Reputam-se conexas 2 (duas) ou mais ações quando lhes for comum o pedido ou a causa de pedir".

98 NCPC: "Art. 337 [...] § 3º Há litispendência quando se repete ação que está em curso".

99 A título de exemplo, pode se citar o seguinte caso: o autor A propõe ação anulatória do contrato contra o réu B; no entanto, B já havia proposto ação anulatória de uma determinada cláusula abusiva contra A; o pedido de anulação do contrato é mais abrangente. Nesse caso, existe continência entre essas demandas. Não se pode confundir, no entanto, continência com litispendência parcial. Por exemplo, se o autor ajuíza ação contra o réu, postulando indenização por danos materiais e posteriormente, com a mesma causa de pedir,

A conexão e a continência podem ser alegadas em preliminar de contestação ou em qualquer momento no processo, desde que até a sentença.

Havendo conexão ou continência e sendo possível a modificação de competência, **as causas serão reunidas no juízo prevento**[100], onde deverão ser decididas em conjunto[101].

De outro lado, havendo conexão ou continência, esse deslocamento de competência não pode ocorrer em qualquer momento do processo. Com efeito, como o objetivo da reunião de processos é evitar julgamentos conflitantes, se um deles já foi julgado, não há mais utilidade na reunião de processos.

Nesse sentido, o Novo CPC, repetindo o que já dispunha a Súmula 235 do STJ[102], previu expressamente que "**os processos de ações conexas serão reunidos para decisão conjunta, salvo se um deles já houver sido sentenciado**" (art. 55, § 1º).

Além disso, se uma ou ambas as partes alegaram a conexão ou a continência, mas o juízo não analisou essa questão e proferiu sentença, há aí um vício processual (*error in procedendo*). Neste caso, cabe perquirir se é passível de anulação e, em caso afirmativo, se é caso de nulidade absoluta ou relativa.

É preciso perquirir, ainda, se, estando presente a conexão ou a continência, haveria uma obrigatoriedade para o magistrado reunir os processos ou, ao revés, se este poderia analisar conveniência e oportunidade na reunião, vale dizer, se teria discricionariedade para analisar se é conveniente ou não reunir as causas, diante das peculiaridades de cada caso.

A esse respeito, o Superior Tribunal de Justiça tem jurisprudência firmada no sentido de que a reunião das causas pela conexão ou pela continência é faculdade do julgador, a quem compete "avaliar a intensidade da conexão e o grau de risco da ocorrência de decisões contraditórias". Por conseguinte, **inexistindo prejuízo, não haverá invalidação pela ausência de reunião das causas conexas ou continentes**[103].

---

ajuíza ação de indenização por danos materiais e morais, existe litispendência parcial entre os pedidos de indenização por danos materiais, pois são idênticos. Neste caso, haveria litispendência parcial e não continência.

100 É prevento o juízo onde primeiro houver o registro (no caso de Vara única) ou a distribuição (onde houver mais de uma Vara) da petição inicial. Nesse sentido, o art. 59 do Novo CPC: "Art. 59. O registro ou a distribuição da petição inicial torna prevento o juízo".

101 NCPC: "Art. 58. A reunião das ações propostas em separado far-se-á no juízo prevento, onde serão decididas simultaneamente".

102 Súmula 235 do STJ: "A conexão não determina a reunião dos processos, se um deles já foi julgado".

103 "[...] **Segundo a jurisprudência desta Corte, a reunião dos processos por conexão configura faculdade** atribuída ao julgador, sendo que o art. 105 do Código de Processo Civil concede ao magistrado certa margem de discricionariedade para avaliar a intensidade da conexão e o

Por fim, é preciso ressaltar a possibilidade de **modificação de competência por mero risco de decisões conflitantes,** uma inovação do CPC/2015. Com efeito, o **Novo CPC** (art. 55) estabelece uma nova hipótese de modificação de competência por necessidade prática, fora dos casos legais antes estabelecidos: "§ 3º **Serão reunidos para julgamento conjunto os processos que possam gerar risco de prolação de decisões conflitantes ou contraditórias caso decididos separadamente, mesmo sem conexão entre eles**".

Portanto, a partir do Novo CPC, o simples risco de decisões conflitantes ou contraditórias entre processos já autoriza a sua reunião, o que deve ser analisado pelo julgador de acordo com as circunstâncias e as necessidades dos casos concretos.

Na prova de sentença, caso esteja presente uma preliminar de conexão ou de continência, dificilmente ela deve acolhida, já que se constitui em defesa dilatória (que implicaria a declinação de competência).[104] Será preciso aferir se estão presentes os seus requisitos e, ainda que esta resposta seja afirmativa, analisar se seria causa de modificação de competência. Com efeito, é preciso lembrar que a conexão e a continência não modificam critério de competência absoluta, nem modificam competência se uma das causas já foi julgada. Além disso, de acordo com o entendimento do STJ, acima exposto, a reunião das causas pela conexão ou pela continência seria faculdade do julgador.

Modelo:

A parte ré alega, em preliminar de contestação, a existência de conexão entre a presente ação de despejo e a ação de cobrança que tramita na 2ª Vara

---

grau de risco da ocorrência de decisões contraditórias. 6. Justamente por traduzir faculdade do julgador, a decisão que reconhece a conexão não impõe ao magistrado a obrigatoriedade de julgamento conjunto. 7. A avaliação da conveniência do julgamento simultâneo será feita caso a caso, à luz da matéria controvertida nas ações conexas, sempre em atenção aos objetivos almejados pela norma de regência (evitar decisoes conflitantes e privilegiar a economia processual). 8. Assim, ainda que visualizada, em um primeiro momento, hipótese de conexão entre as ações com a reunião dos feitos para decisão conjunta, sua posterior apreciação em separado não induz, automaticamente, à ocorrência de nulidade da decisão. 9. O sistema das nulidades processuais é informado pela máxima "pas de nullité sans grief", segundo a qual não se decreta nulidade sem prejuízo, aplicável inclusive aos casos em que processos conexos são julgados separadamente. [...]" (Superior Tribunal de Justiça, REsp 1366921/PR, Rel. Min. Ricardo Villas Bôas Cueva, Terceira Turma, julgado em 24-2-2015, DJe 13-3-2015).

104 "Em uma prova de concurso, porém, o examinador poderá trazer o problema e dizer que ele ficou para ser solucionado na sentença. Aí, volto àquela dica que já dei anteriormente: a não ser em um caso raro, a alegação de conexão ou continência não será procedente, ou a sentença terminaria por ali e a avaliação dos candidatos ficaria prejudicada, visto que outros pontos importantes em uma sentença deixariam de ser trabalhados." (ALVES, Alexandre Henry. *Sentença cível.* 2. ed. Porto Alegre: Verbo Jurídico, 2011. p. 105)

Cível da Circunscrição Judiciária de Brasília. Contudo, observo que, a par da existência de conexão, pela identidade de causas de pedir, a ação de cobrança já foi julgada pelo Juízo da 2ª Vara Cível. Desse modo, não é mais possível o deslocamento de competência, pois o objetivo da reunião dos processos é o julgamento simultâneo das causas conexas, o que resta inviabilizado em virtude de a ação de cobrança já ter sido decidida.

Assim, rejeito a preliminar de deslocamento de competência pela conexão, com base no artigo 55, § 1º, do Novo CPC e na Súmula 235 do STJ.

11.4.7 *Incapacidade da parte, defeito de representação ou falta de autorização (inc. IX)*

São pressupostos processuais subjetivos relativos às partes, já estudados anteriormente.

A expressão capacidade processual é utilizada pelos doutrinadores para designar coisas diferentes, razão pela qual deve ser evitado o seu uso. Para exemplificar: Alexandre Câmara[105] e Vicente Greco Filho[106] afirmam que capacidade processual é gênero, da qual são espécies a capacidade de ser parte, a capacidade de estar em juízo e a capacidade postulatória; segundo Ovídio Baptista[107], capacidade processual é capacidade de ser parte; Fredie Didier Jr.[108] e Moacir Amaral Santos[109] dizem que é capacidade de estar em juízo.

Por isso, devem ser utilizadas as expressões sobre as quais há consenso doutrinário na sua definição. Desse modo, é preciso definir e diferenciar **capacidade de ser parte**, **capacidade de estar em juízo** e **capacidade postulatória.**

Embora tais conceitos tenham autonomia em relação ao direito material, pode se fazer um cotejo entre eles e a capacidade de direito material.

105 CÂMARA, Alexandre Freitas. *Lições de direito processual civil*. v. 1. 15. ed. Rio de Janeiro: Lumen Juris, 2006. p. 240. No Livro *O novo processo civil brasileiro, o autor continua com a mesma concepção, embora não faça essa definição (*CÂMARA, Alexandre Freitas. *O novo processo civil brasileiro*. São Paulo: Atlas, 2015. pp. 61-65*)*

106 GRECO FILHO, Vicente. *Direito processual civil brasileiro*. v. 1. 20. ed. São Paulo: Saraiva, 2007. p. 107.

107 SILVA, Ovídio A. Baptista da. *Curso de processo civil*: processo de conhecimento. v. 1. 7. ed. Rio de Janeiro: Forense, 2006. p. 233.

108 DIDIER JR., Fredie. *Curso de direito processual civil:* introdução ao direito processual civil, parte geral e processo de conhecimento. v. 1. 18. ed. Salvador: Juspodivm, 2016. pp. 318/319.

109 SANTOS, Moacir Amaral. *Primeiras linhas de direito processual civil:* processo de conhecimento. v. 1. 25. ed. São Paulo: Saraiva, 2007. p. 363.

CAPACIDADE CIVIL	CAPACIDADE COMO PRESSUPOSTO PROCESSUAL
a) Capacidade de Direito: é a aptidão para adquirir direitos e obrigações na ordem civil. Têm essa capacidade as pessoas físicas e as pessoas jurídicas.	**a) Capacidade de ser parte:** é a aptidão genérica para ser autor ou réu num processo judicial. Têm essa capacidade as pessoas físicas, as pessoas jurídicas e, também, as pessoas formais. São pessoas formais os entes despersonalizados (sem personalidade jurídica) que recebem da lei a capacidade de ser parte, tais como a massa falida, o espólio, o condomínio edilício, o PROCON, o Ministério Público etc.
b) Capacidade de fato: trata-se da capacidade de exercício dos direitos na ordem civil; é a aptidão para a prática de atos jurídicos. Considerando a capacidade de exercício, as pessoas físicas podem ser capazes, relativamente incapazes ou absolutamente incapazes. Os relativamente incapazes precisam ser assistidos, e os absolutamente incapazes precisam ser representados para a prática de atos jurídicos.	**b) Capacidade para estar em juízo:** tem capacidade para estar em juízo toda a pessoa que tem capacidade de fato. Os relativamente e os absolutamente incapazes não têm capacidade para estar em juízo. Assim, precisam ser, respectivamente, assistidos ou representados para que seja suprida essa incapacidade de estar em juízo.
	c) Capacidade postulatória: é a aptidão para peticionar em juízo. Os advogados têm capacidade postulatória plena. Em determinados casos, a lei confere à parte capacidade postulatória. Por exemplo, nos Juizados Especiais Cíveis, as partes têm capacidade postulatória em primeira instância nas causas cujo valor seja de até 20 salários mínimos (art. 9º, Lei n. 9.099/1995).

As pessoas jurídicas devem ser **representadas** (alguns autores preferem chamar de "presentadas") por aqueles que o contrato social ou o estatuto dispuserem. O representante legal da empresa pode nomear um preposto para participar do ato processual, o que deve ser instrumentalizado por uma carta de preposição. Devem ser juntadas aos autos a cópia autenticada do contrato social ou do estatuto, bem como a carta de preposição, no caso de nomeação de preposto.

Alguns órgãos estatais, sem personalidade jurídica, também possuem capacidade de ser parte, mas apenas para alguns tipos de demandas. Assim, por exemplo, a Mesa das Assembleias Legislativas, do Senado Federal e da Câmara dos Deputados possuem legitimidade para propor ADI e ADC (art. 103, incs. II a IV, CF); os diretores de órgãos públicos possuem legitimidade passiva, como autoridade coatora, no mandado de segurança. Portanto, esses órgãos, mesmo sem personalidade jurídica, possuem "personalidade judiciária", ou seja, capacidade de ser parte, ainda que de forma restrita a determinadas ações, quando defendem interesses institucionais. Nesse sentido, a Súmula 525 do STJ estabelece que "a Câmara de Vereadores não possui personalidade jurídica, apenas personalidade judiciária, somente podendo demandar em juízo para defender os seus direitos institucionais".

Também deve ser juntada aos autos a **procuração** que outorga o mandato judicial ao advogado, onde são especificados os seus poderes. Essa procuração também é chamada de instrumento de mandato.

Caso o advogado tenha de praticar ato urgente ou atuar de forma imediata para evitar preclusão, decadência ou prescrição, está autorizado a postular em juízo sem apresentar de plano a procuração, mas terá de exibi-la no prazo de 15 dias, prorrogável por igual período por decisão do órgão judicial (art. 104, *caput* e § 1º, NCPC).[110]

Além disso, em primeira instância, a ausência de assinatura de uma peça processual ou a ausência de procuração pode ser suprida no curso do processo, constituindo-se mera irregularidade.

Os membros das Procuradorias dos Estados, da Advocacia-Geral da União, dos Ministérios Públicos Estaduais e da União não precisam de procuração (art. 287, inc. III, NCPC)[111]. Isso porque desempenham um mandato legal, vale dizer, os seus poderes para representar as respectivas instituições decorrem da lei e da Constituição Federal, recebendo os poderes de representação quando tomam posse e entram em exercício no cargo. Também não precisam de procuração os membros das Defensorias Públicas (art. 287, inc. II, NCPC)[112]. Nessa hipótese, colhe-se apenas uma anuência ou autorização da parte que pretende ser representada por defensor público.

Por fim, o dispositivo trata de **autorização.**

A autorização é a forma prevista em lei para que um cônjuge manifeste o seu consentimento a fim de que o outro proponha ação real imobiliária, ou

---

110 NCPC: "Art. 104. O advogado não será admitido a postular em juízo sem procuração, salvo para evitar preclusão, decadência ou prescrição, ou para praticar ato considerado urgente. § 1º Nas hipóteses previstas no caput, o advogado deverá, independentemente de caução, exibir a procuração no prazo de 15 (quinze) dias, prorrogável por igual período por despacho do juiz".

111 NCPC: "Art. 287 [...] Parágrafo único. Dispensa-se a juntada da procuração: [...] III – se a representação decorrer diretamente de norma prevista na Constituição Federal ou em lei".

112 NCPC: "Art. 287 [...] Parágrafo único. Dispensa-se a juntada da procuração: [...] II – se a parte estiver representada pela Defensoria Pública".

ação possessória, quando exigido legalmente. O art. 73 do Novo CPC prevê que "o cônjuge necessitará do consentimento do outro para propor ação que verse sobre direito real imobiliário, salvo quando casados sob o regime de separação absoluta de bens". De outro lado, nas ações possessórias, a "participação do cônjuge do autor ou do réu somente é indispensável nas hipóteses de composse ou de ato por ambos praticado" (§ 2º do art. 73 do Novo CPC).

Lembre-se, ainda, que, no tocante ao mandado de segurança coletivo, que a Súmula 629 do STF prevê que "a *impetração do mandado de segurança coletivo por entidade de classe em favor dos associados independe de autorização destes*". Além disso, a Súmula 630 do STF estabelece que "a *entidade de classe tem legitimação para o mandado de segurança ainda quando a pretensão veiculada interesse apenas a uma parte da respectiva categoria*".

Verificada a incapacidade da parte, o defeito de representação ou a falta de autorização, o juiz deverá determinar que seja sanado o vício (art. 76, NCPC).[113]

Assim, como se trata de defesa dilatória, o acolhimento dessas preliminares enseja a conversão do julgamento em diligência.

Portanto, **na prova de sentença,** mesmo se não tiver sido suprida posteriormente, caso não paire dúvida sobre a representação da pessoa jurídica, aconselha-se que não se extinga o processo nem se converta o julgamento em diligência. Na prova de sentença cível do concurso TJDFT 2007, houve questão semelhante, sendo que não se deveria converter o julgamento em diligência, mas sim rejeitar a preliminar e proceder ao julgamento de mérito.

Modelo:

> *A parte ré alega a existência de nulidade processual, ao argumento de que a petição inicial não foi acompanhada de procuração.*
> *Contudo, considera-se suprida a irregularidade existente, haja vista que a parte autora juntou procuração posteriormente, à fl. x.*
> *Assim, rejeito a preliminar suscitada.*

11.4.8 Convenção de arbitragem (inc. X)

A **convenção de arbitragem** é um pressuposto processual objetivo extrínseco ou negativo. A convenção de arbitragem pode ser instituída por cláusula compromissória ou por compromisso arbitral.

113 NCPC: "Art. 76. Verificada a incapacidade processual ou a irregularidade da representação da parte, o juiz suspenderá o processo e designará prazo razoável para que seja sanado o vício".

Na **cláusula compromissória**, as partes contratantes inserem em determinado instrumento contratual cláusula na qual estipulam que eventuais conflitos dele decorrentes deverão ser solucionados pela arbitragem. No **compromisso arbitral**, as partes decidem que determinado conflito já existente será submetido à arbitragem.

Lembre-se que a convenção de arbitragem não pode ser reconhecida de ofício pelo juiz, conforme vedação expressa estabelecida no art. 337, § 5º, do Novo CPC[114]. Assim, por exemplo, se, na questão da prova, o examinador apenas disser, no relatório, que foi juntada a convenção de arbitragem nos autos, sem afirmar que o réu suscitou a preliminar, o juiz não poderá apreciar tal questão de ofício.

Modelo:

> *Embora tenha sido juntada convenção de arbitragem às fls. xx-yy, nenhuma das partes alegou tal preliminar.*
>
> *Assim, como não é dado ao julgador conhecê-la de ofício, consoante vedação do art. 337, § 5º, do Novo CPC, deixo de conhecer tal matéria.*

11.4.9 Ausência de legitimidade ou de interesse processual (inc. XI)

O CPC/1973 mencionava, no lugar da redação acima, que ocorreria a extinção do processo sem resolução do mérito quando "não concorrer qualquer das condições da ação, como a possibilidade jurídica, a legitimidade das partes e o interesse processual". Assim, o Novo CPC deixou de prever expressamente as condições da ação.

Com base em tais premissas, alguns renomados processualistas, tais como Fredie Didier Jr., afirmam que a categoria jurídica *condições da ação* não existe mais na sistemática do direito processual civil brasileiro, razão pela qual legitimidade e interesse processual passariam a integrar a categoria pressupostos processuais[115]. Outros, contudo, entendem que a categoria jurídica *condições da ação* continua presente, haja vista que interesse processual e legitimidade não podem ser enquadrados em outra categoria que não seja condições da ação. Nesse sentido, por exemplo, Luiz Fux[116], Daniel Neves[176], Alexandre Câmara[177] e José Garcia Medina[178].

---

114 NCPC: "Art. 337 [...] § 5º Excetuadas a convenção de arbitragem e a incompetência relativa, o juiz conhecerá de ofício das matérias enumeradas neste artigo".

115 DIDIER JR., Fredie. *Curso de direito processual civil:* introdução ao direito processual civil, parte geral e processo de conhecimento. 18. ed. Salvador: JusPodivm, 2016. p. 308.

116 "As condições da ação representam esses requisitos que o autor deve preencher para obter uma resolução de mérito, conforme se colhe do disposto no inciso VI do art. 485 do CPC,

Como já se explicou em outra obra[120], os códigos e as leis não devem adotar expressamente qualquer teoria, o que deve ficar a cargo da academia. Entretanto, o Novo CPC é inteiramente compatível a adoção da Teoria Eclética da Ação e com o instituto das *condições da ação*. Tanto é que esse dispositivo estabelece expressamente que a ausência de *legitimidade* ou de *interesse processual* conduz a uma sentença terminativa (sem resolução de mérito). Assim, para aqueles que adotam a Teoria Eclética da Ação, legitimidade e o interesse processual continuam sendo *condições da ação*.

De qualquer forma, ante a divergência existente na doutrina, recomenda-se que o candidato não faça referência às *condições da ação*, mas apenas analise as preliminares de legitimidade e de interesse processual, se o caso, sem categorizá-las.

Lembre-se, ainda, que o instituto da "possibilidade jurídica do pedido", previsto no CPC/1973 como condição da ação, não é mais previsto no Novo CPC.

11.4.9.1 Legitimidade

A legitimidade das partes, também conhecida pela sua designação do latim *legitimatio ad causa*, ou, ainda, pertinência subjetiva, é a **aptidão específica para ser parte em determinada demanda**, ou seja, para ser demandante ou demandado.

A legitimidade para agir pode ser classificada em legitimidade ordinária e legitimidade extraordinária:

a) **Legitimidade ordinária:** tem legitimidade aquele que tem um direito seu discutido no processo, isto é, aquele que faz parte da relação

---

que positivou a teoria abstrata do direito de agir. [...] Conseguintemente, afirma-se que as condições da ação consistentes na legitimidade das partes e no interesse de agir são analisadas *in abstrato* (*vera sint exposita*)." (FUX, Luiz. *Teoria Geral do Processo Civil*. 2. ed. Rio de Janeiro: Forense, 2016. pp. 146/147)

117 "Como a legitimidade e o interesse dificilmente podem ser enquadrados no conceito de pressupostos processuais, por demandarem análise da relação jurídica de direito material alegada pelo autor, concluo que continuamos a ter no sistema processual as condições da ação" (NEVES, Daniel Amorim Assumpção. *Novo Código de Processo Civil*. Rio de Janeiro: Forense, 2015. p. 49).

118 CÂMARA, Alexandre Freitas. *O novo processo civil brasileiro*. São Paulo: Atlas, 2015. pp. 35 e segs.

119 MEDINA, José Miguel Garcia. Novo CPC não deve adotar conceito sobre condições para a ação. Disponível em: <http://www.conjur.com.br/2014-ago-25/cpc-nao-adotar-conceito--condicoes-acao>. Acesso em: 25/10/2016.

120 LUNARDI, Fabrício Castagna. *Curso de direito processual civil*. 2. ed. São Paulo: Saraiva, 2017. pp. 183 e sgs.

jurídica de direito material deduzida no processo (*res in iudicium deducta*).

b) Legitimidade extraordinária: excepcionalmente, a lei pode conferir legitimidade a alguém que não tem um direito seu discutido no processo (art. 6º do CPC).

Alguns doutrinadores tratam de forma indistinta **legitimidade extraordinária e substituição processual.** Outros entendem que legitimação extraordinária estaria ligada aos direitos difusos e coletivos, enquanto a substituição processual estaria ligada a direitos individuais. Uma terceira corrente ensina que a substituição processual é o exercício da legitimação extraordinária, pois esta seria a aptidão genérica. São exemplos de legitimidade extraordinária: a legitimidade do Ministério Público para propor ação de investigação de paternidade; a legitimidade do partido político com representação no Congresso Nacional para propor mandado de segurança coletivo (art. 5º, inc. LXX, da CF) etc.

A legitimidade de determinadas instituições para propor ações representando interesses cuja proteção consiste em função institucional é chamada, por alguns, de **legitimidade autônoma** ou **legitimidade extraordinária autônoma**. Por exemplo, é função institucional do Ministério Público a proteção do meio ambiente (art. 129, III, CF) e da Defensoria Pública a proteção dos necessitados economicamente (art. 134, CF). Por conseguinte, quando o Ministério Público propõe ação civil pública para proteção do meio ambiente ou a Defensoria Pública ajuíza essa ação em favor dos necessitados, estariam atuando como legitimados autônomos, na medida em que a legitimidade para a propositura de tais ações decorre das suas funções institucionais previstas na Constituição e em leis infraconstitucionais.

O juiz somente deverá proferir sentença terminativa por ausência de legitimidade se não for possível corrigir esse vício. Com efeito, se o julgador puder, por exemplo, excluir um litisconsorte ilegítimo e possibilitar ao autor a inclusão de parte legítima, deverá fazê-lo, na forma dos arts. 338 e 339 do Novo CPC[121] (essa forma de correção de vício de legitimidade substituiu, no

121 NCPC: "Art. 338. Alegando o réu, na contestação, ser parte ilegítima ou não ser o responsável pelo prejuízo invocado, o juiz facultará ao autor, em 15 (quinze) dias, a alteração da petição inicial para substituição do réu. Parágrafo único. Realizada a substituição, o autor reembolsará as despesas e pagará os honorários ao procurador do réu excluído, que serão fixados entre três e cinco por cento do valor da causa ou, sendo este irrisório, nos termos do art. 85, § 8º. Art. 339. Quando alegar sua ilegitimidade, incumbe ao réu indicar o sujeito passivo da relação jurídica discutida sempre que tiver conhecimento, sob pena de arcar com as despesas processuais e de indenizar o autor pelos prejuízos

Novo CPC, a antiga "nomeação à autoria", que não existe mais na sistemática processual civil). Portanto, a extinção do processo sem resolução de mérito com base na ilegitimidade somente deve ocorrer se não for possível suprir essa condição da ação.

De outro lado, a ausência de legitimidade ou de interesse processual deve ser conhecidas de ofício pelo juízo em qualquer instância.

A fim de melhor sistematizar o entendimento jurisprudencial pacificado sobre a questão, apresenta-se um rol das súmulas do STF e do STJ sobre legitimidade:

> **Súmula 643 do STF:** "O Ministério Público tem legitimidade para promover ação civil pública cujo fundamento seja a ilegalidade de reajuste de mensalidades escolares".
>
> **Súmula 630 do STF:** "A entidade de classe tem legitimação para o mandado de segurança ainda quando a pretensão veiculada interesse apenas a uma parte da respectiva categoria".
>
> **Súmula 629 do STF:** "A impetração de mandado de segurança coletivo por entidade de classe em favor dos associados independe da autorização destes".
>
> **Súmula 365 do STF:** "Pessoa jurídica não tem legitimidade para propor ação popular".
>
> **Súmula 447 do STJ:** "Os Estados e o Distrito Federal são partes legítimas na ação de restituição de imposto de renda retido na fonte proposta por seus servidores".
>
> **Súmula 329 do STJ:** "O Ministério Público tem legitimidade para propor ação civil pública em defesa do patrimônio público".
>
> **Súmula 254 do STJ:** "A decisão do Juízo Federal que exclui da relação processual ente federal não pode ser reexaminada no Juízo Estadual".

Na prática e em concursos públicos, quando a preliminar de ilegitimidade é suscitada, muitas vezes se trata de matéria de mérito. Pela Teoria da Asserção, admitida amplamente pelos tribunais pátrios, deve se analisar as preliminares com base nas afirmações que constam da petição inicial (*in status assertionis*). Se precisar, por exemplo, apreciar documentos para decidir, estar-se-á diante de questão de mérito, e não de preliminar.

---

decorrentes da falta de indicação. § 1º O autor, ao aceitar a indicação, procederá, no prazo de 15 (quinze) dias, à alteração da petição inicial para a substituição do réu, observando-se, ainda, o parágrafo único do art. 338. § 2º No prazo de 15 (quinze) dias, o autor pode optar por alterar a petição inicial para incluir, como litisconsorte passivo, o sujeito indicado pelo réu".

Modelo:

> *A parte ré suscitou a ilegitimidade passiva "ad causam". Referiu que os documentos que apresenta demonstram que não possui qualquer responsabilidade no presente caso.*
>
> *No entanto, tenho que, pela Teoria da Asserção, a legitimidade de parte deve ser apreciada "in status assertionis", vale dizer, com base na mera afirmação do autor na inicial. Se for preciso analisar as provas, trata-se de questão de mérito e não de preliminar.*
>
> *Assim, no presente caso, para aferir a responsabilização ou não da requerida é necessário adentrar na análise da prova, não podendo ser afastada a sua legitimidade passiva com base nas simples alegações na petição inicial.*
>
> *Portanto, rejeito a alegação de ilegitimidade passiva como preliminar. Analisarei a responsabilidade civil da parte ré como matéria de mérito.*

11.4.9.2 Interesse em agir (ou interesse processual)

Para alguém propor uma demanda, é necessário que possua interesse (art. 17, NCPC). O interesse processual tem três requisitos, conforme a maioria da doutrina, quais sejam, necessidade, utilidade e adequação.

Para haver **utilidade**, o processo tem que trazer **alguma situação de vantagem para aquele que propõe a demanda.**

A **necessidade (interesse-necessidade)** constitui-se na impossibilidade de se obter a satisfação do direito alegado sem a intervenção do Estado-juiz, ou seja, somente haverá interesse em se propor uma demanda quando o conflito não puder ser legitimamente resolvido extrajudicialmente. Enfim, haverá necessidade se houver resistência à pretensão; se não houve resistência pelo obrigado a uma determinada prestação em cumpri-la, não há necessidade do processo e, por conseguinte, faltará interesse processual. Nesse ínterim, é preciso salientar a existência das denominadas *ações necessárias*, isto é, aquelas que são necessárias por sua própria natureza, pois a satisfação do direito somente ocorre com a vontade integrativa do Estado-juiz. É o caso, por exemplo, da ação de anulação de contrato; da ação rescisória da sentença etc.

De outro lado, é pacífico o entendimento de que, como regra, não é exigível o prévio exaurimento da via administrativa para que a parte ajuíze a ação contra o Estado, em razão do princípio fundamental da inafastabilidade da jurisdição (art. 5º, inc. XXXV, CF). São exceções a essa regra o *habeas data* e a Justiça Desportiva.[122]

---

122 A Lei 9.507/1997 determina que somente poderá ser impetrado o *habeas data* se a petição inicial for acompanhada de comprovante da recusa da prestação de informações pelo

A **adequação (interesse-adequação)** significa a aptidão da via processual eleita para que o Estado-juiz possa tutelar o direito subjetivo alegado. Por exemplo, o autor não pode obter o despejo do imóvel locado propondo uma ação de reintegração de posse; da mesma forma, não pode pleitear o divórcio propondo uma ação anulatória do casamento. Diversos autores entendem que a adequação da via eleita estaria dentro do interesse processual.[123]

Contudo, estamos com aqueles doutrinadores que entendem que adequação não está ligada ao interesse processual, mas se trata de um pressuposto processual de validade[124]. Com efeito, o problema da falta de adequação diz respeito ao processo e ao procedimento, e não à ação. Quando se está diante da inadequação da via eleita, deve-se analisar a possibilidade de converter o procedimento errado ou inadequado no procedimento correto ou adequado. Portanto, a adequação não diz respeito ao interesse processual (condição da ação), pois se trata de um pressuposto processual objetivo intrínseco de validade.

Do ponto de vista prático e nas provas de concurso, é bastante comum a preliminar de falta de interesse processual sob o argumento e que o autor não formulou o pleito na via administrativa, ou que não foi esgotada a via administrativa.

Modelo:

Não é exigível o prévio exaurimento da via administrativa para que a parte ajuíze a ação, consoante jurisprudência pacífica do STF e do STJ. Ademais, a parte requerida ofereceu contestação, havendo resistência à pretensão do autor, razão pela qual subsiste o interesse processual no prosseguimento do processo.

Assim, rejeito a preliminar de falta de interesse processual.

Outra questão bastante recorrente na prática diz respeito à falta de interesse processual superveniente ou perda do objeto, nas situações em que

---

órgão ou entidade depositária do banco de dados. A esse respeito, a Súmula 2 do STJ dispõe que "não cabe o *habeas data* (CF, art. 5º, LXXII, letra "a") se não houve recusa de informações por parte da autoridade administrativa". Sobre a Justiça Desportiva, o § 1º do art. 217 da Constituição Federal determina que "o Poder Judiciário só admitirá ações relativas à disciplina e às competições desportivas após esgotarem-se as instâncias da justiça desportiva, regulada em lei".

123 CÂMARA, Alexandre Freitas. *O novo processo civil brasileiro*. São Paulo: Atlas, 2015. p. 37.

124 DIDIER JR., Fredie. *Curso de direito processual civil:* introdução ao direito processual civil, parte geral e processo de conhecimento. v. 1. 18. ed. Salvador: Juspodivm, 2016. p. 367.

ocorre o atendimento ao pleito da parte autora. Sobre isso, é preciso diferenciar duas situações básicas.

No caso de deferimento de tutela antecipada, em que a parte ré cumpre a determinação judicial, não ocorre a perda do objeto e/ou a falta de interesse processual superveniente. Isso porque, caso haja, ao final, sentença de improcedência ou de extinção do processo sem resolução de mérito, a parte ré poderá postular a recomposição do *status quo ante*, ou seja, poderá pleitear a restituição da coisa ou pedir indenização por perdas e danos.

A falta de interesse processual superveniente somente ocorre quando a parte ré não apresenta resistência e cumpre espontaneamente a pretensão da parte autora, sem que haja uma determinação judicial para tanto.

Observem-se os **modelos** abaixo (onde são analisadas situações concretas, para auxiliar na compreensão da questão):

Modelo 1

A parte requerida alega, em contestação, a preliminar de falta de interesse processual superveniente e postula a extinção do processo sem resolução do mérito.

No presente caso, a parte autora postula a imediata expedição de certificado de conclusão do ensino médio, ao argumento de que a existência de dívidas para com a instituição de ensino ré não podem ser óbice à obtenção do diploma.

Verifico, contudo, que, sem que houvesse qualquer determinação judicial, a parte ré junta na contestação envelope com o certificado de conclusão do ensino médio e o correspondente histórico escolar da parte autora. Além disso, na peça de contestação, a parte ré apenas afirma que não houve resistência à pretensão, postulando que não seja condenada aos ônus sucumbenciais.

Além disso, à fl. xx, foi certificado que as vias originais do certificado de conclusão do ensino médio e do histórico escolar do ensino médio foram entregues à parte autora.

Dessa sorte, tenho que o pedido formulado na petição inicial perdeu o seu objeto.

Assim, verifico que houve inicial resistência à pretensão da parte autora, haja vista que a ré deixou de emitir o certificado de conclusão e o diploma, em razão de dívidas em aberto. No entanto, diante do atendimento à pretensão da parte autora durante o curso do processo, tenho que há falta interesse em agir superveniente, não havendo que se falar em julgamento de mérito.

Por conseguinte, o feito deve ser extinto sem resolução do mérito, por superveniente falta de interesse processual, na forma do art. 485, inc. VI, do CPC.

Modelo 2

A União alega, em preliminar, a perda do objeto e a necessidade de extinção do processo sem resolução do mérito.

No presente caso, observo que a parte autora postula a concessão do medicamento xxxx, bem como que, após o deferimento do requerimento de tutela antecipada, a União cumpriu a determinação judicial e passou a entregar a medicação pleiteada à parte autora. Além disso, a União apresenta contestação, opondo resistência à pretensão da parte autora.

Desse modo, verifico que o interesse de agir continua presente, porquanto existe pretensão resistida, consistente na negativa do fornecimento do medicamento solicitado, havendo necessidade de intervenção do Poder Judiciário. Tanto é assim que a União compareceu aos autos e contestou o pedido formulado na inicial.

Nesses termos, rejeito a preliminar de perda do objeto (falta de interesse processual superveniente).

11.4.10 Falta de caução ou de outra prestação que a lei exige como preliminar (inc. XII)

É o caso, por exemplo, da ausência de depósito na ação rescisória.[125] Tal preliminar, contudo, não é muito comum.

11.4.11 Indevida concessão do benefício de gratuidade de justiça (inc. XIII)

Se a gratuidade judiciária tiver sido deferida ao autor antes da citação[126], caberá ao réu, em preliminar de contestação (art. 337, XIII, NCPC), impugná-la, sob pena de preclusão. De outro lado, se o juiz deferir a gratuidade judiciária em outro momento, a parte contrária poderá impugná-la, no prazo de 15 dias, após a intimação acerca da referida decisão. Assim, tal impugnação deverá ser apresentada "na contestação, na réplica, nas contrarrazões de recurso ou, nos casos de pedido superveniente ou formulado por terceiro, por meio de petição simples", nos próprios autos do processo, sem que haja suspensão do processo (art. 100, *caput*, NCPC).

No Novo CPC, não há mais a instauração de um processo incidente, em autos apartados, para a impugnação da gratuidade judiciária.

---

125 NCPC: "Art. 968. A petição inicial será elaborada com observância dos requisitos essenciais do art. 319, devendo o autor: II – depositar a importância de cinco por cento sobre o valor da causa, que se converterá em multa caso a ação seja, por unanimidade de votos, declarada inadmissível ou improcedente".

126 Lembre-se de que o pedido de gratuidade judiciária pode ser formulado a qualquer momento durante o processo. Nesse sentido, o art. 99 do Novo CPC: "Art. 99. O pedido de gratuidade da justiça pode ser formulado na petição inicial, na contestação, na petição para ingresso de terceiro no processo ou em recurso".

Não cabe agravo de instrumento contra a decisão que defere a gratuidade judiciária. É cabível apenas a impugnação, no prazo de 15 dias. Não apresentada a impugnação no prazo, haverá preclusão.

É importante não confundir o regramento da impugnação ao valor da causa com o da impugnação à assistência judiciária gratuita.

Caso a impugnação à concessão do benefício da gratuidade de justiça não tenha sido apreciada antes da sentença (o que ocorre na maioria dos casos), terá de ser decidida nesta, na análise das preliminares (pois é colocada como preliminar pelo Novo CPC).

Modelo:

> *O réu apresentou impugnação à gratuidade, alegando que a parte autora não faz jus ao benefício legal. Contudo, cabe ao impugnante o ônus de provar o não atendimento aos requisitos necessários para a concessão da gratuidade de justiça, haja vista que milita, em favor do declarante, presunção de sua hipossuficiência (art. 99, § 3º, do CPC). Desse modo, verifico que o impugnante não trouxe elementos aptos a afastar a referida presunção. Além disso, o patrocínio da parte por advogado particular não impede a concessão da gratuidade judiciária (art. 99, § 4º, do CPC).*
>
> *Rejeito, assim, a impugnação apresentada.*

11.4.12 Desistência e abandono do processo pelo autor

O art. 485 do Novo CPC estabelece que haverá sentença de extinção do processo sem resolução do mérito nas seguintes hipóteses, dentre outras:

> II – o processo ficar parado durante mais de 1 (um) ano por negligência das partes;
>
> III – por não promover os atos e as diligências que lhe incumbir, o autor abandonar a causa por mais de 30 (trinta) dias;
>
> [...]
>
> VIII – homologar a desistência da ação;

Como já foi referido, o processo começa por iniciativa da parte e se desenvolve por impulso oficial. Assim, somente haverá **abandono do processo** quando **uma ou ambas as partes não tomarem as providências determinadas pelo juiz, sem as quais o processo não possa prosseguir**.

O inc. II (processo ficar parado por mais de 1 ano por negligência das partes) trata da hipótese de **abandono bilateral**, ou seja, quando tanto autor como réu não providenciam as diligências determinadas pelo juiz.

O inc. III, por sua vez, prevê o caso de **abandono unilateral pelo autor.**

Havendo abandono do processo por ambas as partes por mais de 1 ano, o juiz determinará a intimação pessoal das partes (não por intermédio de seus advogados), para que deem andamento ao processo em 5 dias, sob pena de extinção sem resolução do mérito (art. 485, §1º, NCPC).

Caso o autor não tome as diligências necessárias para o andamento do processo, permanecendo inerte por 30 dias, o juiz determinará também que seja intimado pessoalmente o autor para que se manifeste em 5 dias, sob pena de se colocar termo ao processo sem resolução do mérito.

A **desistência da ação** pelo autor, por sua vez, está prevista como causa de sentença terminativa (sem resolução do mérito) no inciso VIII. Não se deve confundi-la com renúncia ao direito material. Com efeito, no caso de renúncia à pretensão formulada na ação ou na reconvenção, haverá resolução do mérito (art. 487, inc. III, alínea "c", NCPC).

Entretanto, caso tenha sido oferecida a contestação, a extinção do processo por **abandono do autor** ou por **desistência do autor** depende de concordância do réu. Com efeito, nos termos do art. 485, § 6º, do Novo CPC, "oferecida a contestação, a extinção do processo por abandono da causa pelo autor depende de requerimento do réu". Da mesma forma, o § 4º do art. 485 prevê que, "oferecida a contestação, o autor não poderá, sem o consentimento do réu, desistir da ação".

Vale dizer, apresentada a contestação, caso o autor desista ou abandone a ação, o juiz deverá intimar o réu para dizer se concorda com o pedido de desistência. Na hipótese de o réu não concordar, o juiz deverá dar prosseguimento ao feito mesmo diante da desistência do autor.

Isso ocorre porque o réu pode ter interesse no prosseguimento da demanda para que seja, ao final, julgada improcedente, o que equivale, em termos práticos, a uma sentença declaratória negativa do direito do autor. Esse dispositivo representa a sedimentação da Súmula 240 do STJ, a qual prevê que **"a extinção do processo, por abandono da causa pelo autor, depende de *requerimento* do *réu*".**

Portanto, mesmo no caso de abandono ou desistência da ação pelo autor, caso o réu requeira que a ação tenha o seu mérito julgado, o juiz terá de proferir sentença, devendo superar essas questões prévias e julgar o mérito da causa.

11.4.13 Nulidades

A lei processual prescreve determinadas formas para a prática dos atos processuais, quais sejam, o tempo, o lugar e o modo a que os atos processuais devem obedecer. Se esta forma não for respeitada, haverá atipicidade legal, ou seja, descumprimento da forma. A fim de que essas formas sejam obedecidas, a lei processual comina determinadas consequências para o caso de descumprimento. A nulidade é uma consequência jurídica para determinadas atipicidades processuais.

A alegação de nulidade pode dizer respeito somente a determinado ato processual ou a todo o processo. Se houver a nulidade somente de um ato, sem a contaminação dos demais, talvez seja possível decretar a invalidade somente deste ato. Contudo, há certas nulidades que contaminam todos os demais atos.

Na grande maioria dos casos de alegação de nulidade, os parâmetros normativos mais utilizados para acolher ou rejeitar tais alegações são os princípios processuais relativos às nulidades.

Para fins didáticos, são elencados abaixo os referidos princípios processuais:

a) **Princípio da instrumentalidade:** segundo esse princípio, o processo não é um fim em si mesmo; ao revés, trata-se de um instrumento para o reconhecimento e a satisfação do direito material veiculado.

b) **Princípio da finalidade:** informa que o juiz não deverá decretar a invalidade do ato se, mesmo realizado de outro modo, atingir a sua finalidade. Está expresso no art. 277 do Novo CPC[127].

c) **Princípio do prejuízo:** informa que, se não houver prejuízo à parte, o ato processual praticado em desconformidade com a lei processual será aproveitado e não será repetido. Isto é, não há nulidade sem prejuízo (*pas de nullité sans grief*). Tal princípio aplica-se às nulidades relativas, haja vista que, nas nulidades absolutas, o prejuízo é presumido. Está previsto nos arts. 282, § 1º[128], e 283, parágrafo único, do Novo CPC[129].

d) **Princípio do interesse:** segundo o princípio do interesse, a decretação de nulidade não poderá ser requerida pela parte que lhe deu causa. É um desdobramento da boa-fé objetiva e, mais especificamente, da aplicação do princípio do *verire contra factum proprium non potest* no processo civil. Está previsto no art. 276 do Novo CPC[130]. No entanto, esse princípio não se aplica às nulidades absolutas.

---

127 NCPC: "Art. 277. Quando a lei prescrever determinada forma, o juiz considerará válido o ato se, realizado de outro modo, lhe alcançar a finalidade".

128 NCPC: "Art. 282. [...] § 1º O ato não será repetido nem sua falta será suprida quando não prejudicar a parte".

129 NCPC: "Art. 283 [...] Parágrafo único. Dar-se-á o aproveitamento dos atos praticados desde que não resulte prejuízo à defesa de qualquer parte".

130 NCPC: "Art. 276. Quando a lei prescrever determinada forma sob pena de nulidade, a decretação desta não pode ser requerida pela parte que lhe deu causa".

e) **Princípio da causalidade:** segundo o princípio da causalidade, se o ato for invalidado, serão considerados ineficazes os demais atos que dele dependam, mas a nulidade não alcançará os atos subsequentes que sejam independentes (art. 281, NCPC[131]).

f) **Princípio do aproveitamento:** está previsto nos arts. 282 e 283 do Novo CPC[132]. De acordo com o princípio do aproveitamento, a atipicidade do ato processual somente acarreta a invalidação dos atos processuais que não possam ser aproveitados, desde que também não cause prejuízo às partes.

Além disso, o art. 282, § 2º, do Novo CPC estabelece que, "quando puder decidir o mérito a favor da parte a quem aproveite a decretação da nulidade, o juiz não a pronunciará nem mandará repetir o ato ou suprir-lhe a falta".

11.4.13.1 Convalidação do ato processual

Convalidar significa tornar válido o que era inválido. É sanar as imperfeições do ato processual. A **convalidação** aplica-se aos atos que apresentam **nulidade relativa**, na medida em que a **inexistência e a nulidade absoluta são vícios insanáveis.**

Aplicam-se, aqui, os princípios acima estudados. Assim, no tocante às nulidades relativas, não haverá decretação de invalidade se não houver prejuízo (Princípio do Prejuízo); ou se o ato, mesmo que praticado de outra forma, tenha cumprido a sua finalidade (Princípio da Finalidade).

Além disso, a decretação de nulidade relativa não pode ser requerida pela parte que lhe deu causa (Princípio do Interesse).

De outro lado, caso decretada a nulidade do ato processual, devem ser também invalidados aqueles atos processuais que dele dependam (Princípio da

131 NCPC: "Art. 281. Anulado o ato, consideram-se de nenhum efeito todos os subsequentes que dele dependam, todavia, a nulidade de uma parte do ato não prejudicará as outras que dela sejam independentes".

132 NCPC: "Art. 282. Ao pronunciar a nulidade, o juiz declarará que atos são atingidos e ordenará as providências necessárias a fim de que sejam repetidos ou retificados. § 1º O ato não será repetido nem sua falta será suprida quando não prejudicar a parte. § 2º Quando puder decidir o mérito a favor da parte a quem aproveite a decretação da nulidade, o juiz não a pronunciará nem mandará repetir o ato ou suprir-lhe a falta. Art. 283. O erro de forma do processo acarreta unicamente a anulação dos atos que não possam ser aproveitados, devendo ser praticados os que forem necessários a fim de se observarem as prescrições legais. Parágrafo único. Dar-se-á o aproveitamento dos atos praticados desde que não resulte prejuízo à defesa de qualquer parte".

Causalidade), devendo ser aproveitados todos os atos que não causem prejuízo às partes (Princípio do Aproveitamento).

A seguir, são apresentadas as alegações de nulidades mais comuns na prática e em concursos públicos.

11.4.13.2 As provas ilícitas, a teoria dos frutos da árvore envenenada e a teoria da fonte autônoma de prova.

Definir prova ilícita é tarefa bastante complexa, diante das diversas conceituações e classificações apresentadas pela doutrina. Por exemplo, há doutrinadores que diferenciam prova ilegal (a que violaria o ordenamento jurídico como um todo, seja norma material ou meramente processual) de prova ilícita (a que afrontaria norma de natureza material). Também há aqueles que diferenciam ilicitude formal de ilicitude material[133].

A par da divergência, é melhor tomar emprestada para o processo civil a definição do art. 157 do Código de Processo Penal[134], com redação dada pela Lei n. 11.690/2008, segundo o qual provas ilícitas são as obtidas em violação a normas constitucionais ou legais, sejam materiais ou formais.

De outro lado, há que se analisar a validade das provas ilícitas por derivação, isto é, a prova obtida de forma lícita, mas a partir de informação extraída de uma prova obtida por meio ilícito[135]. A doutrina e a jurisprudência brasileiras[136] adotam, no tocante à prova, a **Teoria dos Frutos da Árvore**

---

133 Sobre essas definições e classificações, vide: NERY JR., Nelson. *Princípios do processo na Constituição Federal.* 10. ed. São Paulo: Revista dos Tribunais, 2010. p. 269.

134 CPP: "Art. 157. São inadmissíveis, devendo ser desentranhadas do processo, as provas ilícitas, assim entendidas as obtidas em violação a normas constitucionais ou legais".

135 Como bem exemplifica Ricardo Raboneze, "é o caso da confissão extorquida mediante tortura, em que o acusado indica onde se encontra o produto do crime, que vem a ser regularmente apreendido; ou da interceptação telefônica clandestina, pela qual se venham a conhecer circunstâncias que, licitamente colhidas, levem à apuração dos fatos" (RABONEZE, Ricardo. *Provas obtidas por meios ilícitos.* 4. ed. Porto Alegre: Síntese, 2002. p. 37).

136 **"A QUESTÃO DA DOUTRINA DOS FRUTOS DA ÁRVORE ENVENENADA ('FRUITS OF THE POISONOUS TREE'): A QUESTÃO DA ILICITUDE POR DERIVAÇÃO. [...] Revelam-se inadmissíveis, desse modo, em decorrência da ilicitude por derivação, os elementos probatórios a que os órgãos estatais somente tiveram acesso em razão da prova originariamente ilícita, obtida como resultado da transgressão, por agentes públicos, de direitos e garantias constitucionais e legais, cuja eficácia condicionante, no plano do ordenamento positivo brasileiro, traduz significativa limitação de ordem jurídica ao poder do Estado em face dos cidadãos. - Se, no entanto, o órgão da persecução penal demonstrar que obteve, legitimamente, novos elementos de informação a partir de uma fonte autônoma de prova - que não guarde qualquer relação de dependência nem decorra da prova originariamente ilícita, com esta não mantendo vinculação causal -, tais dados probatórios revelar-se-ão plenamente admissíveis, porque não**

Envenenada (*Fruit of the Poisonous Tree Doctrine*), segundo a qual "se deve considerar ineficazes no processo, e, portanto, não utilizáveis, não apenas as provas obtidas ilicitamente, mas também aquelas outras que, se em si mesmas poderiam ser consideradas lícitas, se baseiam, derivam ou tiveram sua origem em informações ou dados conseguidos pela prova ilícita"[137].

De outro lado, há que se analisar a questão da **fonte autônoma de prova** (*an independent source*). Se a parte conseguir demonstrar que obteve, legitimamente, novos elementos probatórios a partir de uma fonte autônoma de prova, não mantendo qualquer relação causal com a prova ilícita (quando não guarda qualquer relação de dependência nem decorre da prova originariamente ilícita), tais dados probatórios serão plenamente admissíveis, porque não contaminados pela mácula da ilicitude originária[138].

Além desses princípios específicos do direito probatório, também se aplicam à prova, sobretudo, o **Princípio do Contraditório** (art. 5º, inc. LV, CF), o **Princípio do Devido Processo Legal** (art. 5º, inc. LIV, CF) e o **Princípio da Proporcionalidade**, já estudados anteriormente.

Na sentença, caso a parte postule que seja decretada a **invalidade da prova**, essa alegação deve ser **analisada como questão preliminar** ao mérito.

De outro lado, a **valoração da prova** – ou seja, daquilo que a prova demonstra – deve ser feita somente durante a apreciação do **mérito.**

11.4.13.3 Ausência de atuação do Ministério Público

O Ministério Público pode atuar no processo civil como parte ou fiscal da ordem jurídica. O Ministério Público **intervirá, como fiscal da ordem ju-**

---

contaminados pela mácula da ilicitude originária" (STF, HC 93050, Rel. Min. Celso de Mello, Segunda Turma, julgado em 10-6-2008, *DJe*-142 divulg. 31-7-2008 public. 1º-8-2008 ement. vol.-02326-04 PP-00700).

137 NERY JR., Nelson. *Princípios do processo na Constituição Federal*. 10. ed. São Paulo: Revista dos Tribunais, 2010. p. 274.

138 Nesse sentido, é pacífica a jurisprudência do STF: "[...] **A doutrina da ilicitude por derivação (teoria dos "frutos da árvore envenenada") repudia, por constitucionalmente inadmissíveis, os meios probatórios, que, não obstante produzidos, validamente, em momento ulterior, acham-se afetados, no entanto, pelo vício (gravíssimo) da ilicitude originária, que a eles se transmite, contaminando-os, por efeito de repercussão causal.** [...] – **Revelam-se inadmissíveis, desse modo, em decorrência da ilicitude por derivação, os elementos probatórios a que os órgãos estatais somente tiveram acesso em razão da prova originariamente ilícita, obtida como resultado da transgressão, por agentes públicos, de direitos e garantias constitucionais e legais, cuja eficácia condicionante, no plano do ordenamento positivo brasileiro, traduz significativa limitação de ordem jurídica ao poder do Estado em face dos cidadãos**" (STF, HC 93050, Rel. Min. Celso de Mello, Segunda Turma, julgado em 10-6-2008, *DJe*-142 divulg. 31-7-2008 public. 1º-8-2008 ement. vol.-02326-04 pp-00700).

rídica, nos processos que envolvam (art. 178, NCPC): *"I – interesse público ou social; II – interesse de incapaz; III – litígios coletivos pela posse de terra rural ou urbana"*.

Lembre-se, contudo, que "a jurisprudência do STJ entende que 'o interesse público' que justifica a intervenção do Ministério Público não está relacionado à simples presença de ente público na demanda nem ao seu interesse patrimonial (interesse público secundário ou interesse da Administração). Exige-se que o bem jurídico tutelado corresponda a um interesse mais amplo, com espectro coletivo (interesse público primário)".[139]

Além dessas hipóteses, o Ministério Público também **atuará nas seguintes ações**: a) **ação civil pública** (art. 5º, § 1º, Lei n. 7.347/1985); b) **ação popular** (art. 7º, inc. I, "a", Lei n. 4.717/65); c) ações que envolverem direitos previstos no **Estatuto do Idoso** (art. 77 do Estatuto); d) ações que envolverem **crianças e adolescentes** (art. 202, ECA).

Entretanto, a ausência de intimação do Ministério Público nas hipóteses legais de intervenção constitui nulidade relativa, de modo que, para a sua decretação, é necessária a existência de prejuízo. Com efeito, de acordo com a jurisprudência do STJ, "a ausência de intimação do Ministério Público, por si só, não gera nulidade do julgado, a não ser que se constate efetivo prejuízo para as partes ou para apuração da verdade substancial da controvérsia jurídica, à luz do princípio *pas de nullités sans grief*"[140].

---

139 "[...] 2. O embargante aduz nulidade do julgado, tendo em vista que não houve intimação do Ministério Público para atuar como *custus legis*. 3. A jurisprudência do STJ entende que "o 'interesse público' que justifica a intervenção do Ministério Público não está relacionado à simples presença de ente público na demanda nem ao seu interesse patrimonial (interesse público secundário ou interesse da Administração). Exige-se que o bem jurídico tutelado corresponda a um interesse mais amplo, com espectro coletivo (interesse público primário)" (EREsp 1151639/GO, Rel. Ministro Benedito Gonçalves, Primeira Seção, julgado em 10/9/2014, DJe 15/9/2014). 4. Dessa forma, o fato de a questão envolver o Poder Público não exige necessariamente a participação do Ministério Público como fiscal da lei". (STJ, EDcl nos EDcl no REsp 1581392/RS, Rel. Ministro Herman Benjamin, Segunda Turma, julgado em 09/03/2017, DJe 20/04/2017)

140 "[...] 1. A jurisprudência da 2ª Turma desse Sodalício se orienta no sentido de que "a ausência de intimação do Ministério Público, por si só, não gera nulidade do julgado, a não ser que se constate "efetivo prejuízo para as partes ou para apuração da verdade substancial da controvérsia jurídica, à luz do princípio *pas de nullités sans grief*" (AgRg em AREsp n.º 426.672/RJ, Ministro Herman Benjamin, DJe 5/6/14). 2. É inadmissível o recurso especial quando o acórdão recorrido assenta em mais de um fundamento suficiente e o recurso não abrange todos eles – Súmula 283/STF". (STJ, AgInt no REsp 1621949/MG, Rel. Ministro Mauro Campbell Marques, Segunda Turma, julgado em 16/02/2017, DJe 23/02/2017)

11.4.13.4 Prova emprestada

Prova emprestada é a prova extraída de determinado processo, que se pretende utilizar num outro feito. É aquela prova que, já tendo sido utilizada num processo, é transportada, de forma documentada, para outro, de natureza idêntica ou diversa.

O Novo CPC, no seu art. 372, estabelece que "o juiz poderá admitir a utilização de prova produzida em outro processo, atribuindo-lhe o valor que considerar adequado, observado o contraditório".

Para verificar a sua admissibilidade, é preciso analisar três situações:

a) **Prova produzida em outro processo, no qual participaram as mesmas partes do processo em que se pretende utilizar a prova:** é perfeitamente admissível. A esse respeito, são pacíficas a doutrina e a jurisprudência[141].

b) **Prova produzida em outro processo, mas cuja natureza possibilita o contraditório diferido:** é admissível, independentemente de terem as partes participado do outro processo. É o caso, por exemplo, da prova documental: a parte apresenta os documentos em Juízo, os quais são juntados no processo e, somente depois, é dada vista à outra parte para que se manifeste, restando preservado o contraditório, embora este seja diferido. Ovídio Baptista da Silva admite essa prova para utilização em outro processo, mas afirma que não se considera prova emprestada, pois somente seriam provas emprestadas as provas casuais e não as pré-constituídas[142].

c) **Prova cujo contraditório é imediato, produzido sem que uma ou ambas as partes estivesse presente:** como regra, por violar o princípio do contraditório, não será admitida. No entanto, deve-se levar em conta o princípio da proporcionalidade e analisar o caso concreto.

---

141 "Não há falar em cerceamento de defesa pela utilização de prova emprestada, se produzida com observância do contraditório e do devido processo legal. Nesse sentido: AgRg no REsp 1.066.838/SC, Rel. Min. Herman Benjamin, Segunda Turma, *DJe* de 4-2-11" (STJ, AgRg no AREsp 187.635/RJ, Rel. Min. Arnaldo Esteves Lima, Primeira Turma, julgado em 6-11-2012, *DJe* 14-11-2012).

142 "Consideram-se emprestadas apenas as provas casuais, e não as preconstituídas porventura já utilizadas em processo anterior. Quanto a estas últimas, seu valor probatório será sempre o mesmo, qualquer que seja a natureza do processo em que elas se produzam, independentemente do número de vezes em que isto aconteça" (SILVA, Ovídio A. Baptista da. *Curso de processo civil:* processo de conhecimento. 7. ed. Rio de Janeiro: Forense, 2006. p. 341. v. 1.)

No direito processual civil, admite-se a utilização da prova emprestada produzida tanto em processo cível quanto em processo criminal.[143]

Segundo o STJ, admite-se como prova emprestada para o processo civil a produzida no processo penal, ainda que oriunda de quebra de sigilos constitucionais.[144]

Outra questão interessante diz respeito à admissibilidade do conteúdo da interceptação telefônica (produzida no inquérito policial ou no processo criminal) como prova emprestada para o processo civil. O STJ entende que é perfeitamente possível a utilização como prova emprestada do conteúdo da interceptação telefônica no processo civil, desde que produzida regularmente no inquérito policial ou no processo penal (desde que com autorização judicial)[145]. No mesmo sentido, a doutrina majoritária[146].

11.5 Possibilidade de julgamento de mérito quando essa decisão for favorável à parte a quem aproveitaria o reconhecimento de vício processual

De acordo com o art. 488 do Novo CPC, "**desde que possível, o juiz resolverá o mérito sempre que a decisão for favorável à parte a quem aproveitaria eventual pronunciamento nos termos do art. 485**".

Em determinadas hipóteses, se o vício processual que levaria o juiz a proferir sentença sem resolução do mérito (art. 485, NCPC) causar prejuízo

143 "Desde que seja oportunizado ao paciente proceder ao contraditório e à ampla defesa no feito criminal quanto à prova emprestada do juízo cível, haverá de ser reconhecida a validade da prova (Precedentes)". (STJ, HC 351.763/AP, Rel. Ministro Reynaldo Soares Da Fonseca, Quinta Turma, julgado em 24/05/2016, DJe 01/06/2016)

144 "Admite-se, excepcionalmente, a migração para o processo civil, de provas produzidas no processo penal, mesmo quando oriundas da quebra de sigilos constitucionais, desde que eventual vício de sua gênese não tenha sido reconhecido na instância criminal originária; neste caso, aliás, verificou-se o contrário, pois aquelas provas foram expressamente validadas no Juízo Penal competente". (STJ, AgRg no REsp 1182912/RS, Rel. Ministro Napoleão Nunes Maia Filho, Primeira Turma, julgado em 19/04/2016, DJe 29/04/2016)

145 "**É cabível a chamada "prova emprestada" no processo administrativo disciplinar, desde que devidamente autorizada pelo Juízo Criminal. Assim, não há impedimento da utilização da interceptação telefônica produzida na ação penal, no processo administrativo disciplinar, desde que observadas as diretrizes da Lei n. 9.296/96. Precedentes**" (STJ, MS 13.099/DF, Rel. Min. Laurita Vaz, Terceira Seção, julgado em 8-2-2012, *REPDJe* 22-3-2012, *DJe* 24-2-2012).

146 "A prova de conversa telefônica obtida licitamente, sem autorização judicial na instrução criminal (CF 5º XII), pode ser utilizada como prova emprestada no processo civil, respeitados os requisitos de validade e eficácia dessa última" (NERY JR., Nelson. *Princípios do processo na Constituição Federal.* 10. ed. São Paulo: Revista dos Tribunais, 2010. p. 269).

somente à parte a quem beneficiaria a sentença de mérito, poderá o juiz deixar de lado o vício processual e proferir sentença resolvendo o mérito.

Por exemplo, se a parte ré suscitar a preliminar de inépcia da petição inicial, ao argumento de que "da narração dos fatos não decorrer logicamente a conclusão" (art. 330, § 1º, III, NCPC), mas o juiz verificar que, apesar da ocorrência da inépcia, a sentença de mérito seria favorável ao réu, poderá proferir sentença de improcedência, resolvendo o mérito.

Contudo, como o próprio dispositivo prevê, isso deverá ocorrer "desde que possível". Por exemplo, no caso em que a parte ré alega coisa julgada e, no mérito, ausência do direito, o juiz, ao verificar que essa preliminar deve ser acolhida, mas que o autor também não possui o direito alegado, não poderá proferir sentença de improcedência ao argumento de que a coisa julgada aproveitaria ao réu. Observe-se que, neste caso, o juiz deve se restringir a proferir sentença sem resolução do mérito, até mesmo porque, se julgasse novamente o mérito, poderia reabrir o prazo para a ação rescisória.

Portanto, essa regra constitui-se em importante a inovação do CPC/2015, sendo imprescindível o seu conhecimento tanto por parte dos magistrados como pelos candidatos, pois, aplicando-a, conseguem adentrar no mérito da questão.

Modelo:

> *FUNDAMENTAÇÃO*
>
> *A parte ré suscita a preliminar de nulidade processual, ao argumento de que não foi intimada para apresentar quesitos e indicar assistente técnico para a realização da perícia.*
>
> *Verifico, contudo, que, no presente caso, deve ser aplicado o disposto no art. 488 do Novo CPC, pois, como adiante se demonstrará, a análise do conjunto probatório leva à conclusão pela improcedência dos pedidos do autor, de modo que a decisão de mérito é favorável a quem aproveitaria eventual pronunciamento de nulidade (pressuposto processual objetivo intrínseco).*
>
> *[...]*

12. PRELIMINARES DE MÉRITO

12.1 Aspectos introdutórios

As preliminares de mérito são questões prévias que impedem o "julgamento" do mérito, ou seja, o juiz não decidirá pela procedência, parcial procedência ou improcedência dos pedidos do autor. De outro lado, essas questões constituem mérito, razão pela qual, quando o julgador as decide, ele "resolve" o seu mérito, havendo, inclusive, coisa julgada material.

São preliminares de mérito:

a) Reconhecimento do pedido pelo réu;
b) Transação;
c) Renúncia ao direito (ou à pretensão) pelo autor;
d) Decadência;
e) Prescrição.

O ***reconhecimento da procedência do pedido formulado na ação ou na reconvenção é*** **ato de disposição unilateral do demandado.** Se o demandado (o réu, na ação principal, ou o reconvindo, na reconvenção) reconhece o pedido do demandante, existe autocomposição. Então, não cabe mais julgar o pedido, devendo apenas o juiz resolver o mérito homologando o reconhecimento do pedido pelo demandado. Com efeito, quando o julgador homologa a vontade das partes, não há julgamento, que é ato de imposição, mas apenas resolução do mérito.

A transação também é uma forma de autocomposição. Entretanto, na transação, há **concessões recíprocas.** Havendo transação, será caso de homologação, com resolução do mérito. Na transação ocorrida na audiência judicial, as partes podem também incluir, como objeto do acordo, outras questões que não estavam previstas na petição inicial, desde que envolvam as partes presentes na audiência (art. 515, § 2º, NCPC)[147]. No entanto, será sempre preciso verificar a competência material do juízo para homologar tal acordo.

A renúncia ao direito sobre o qual se funda a ação é um **ato de disposição do direito material pelo demandante.** Neste caso, o demandante não poderá mais exigir o direito nesta nem noutra demanda (demanda principal ou reconvenção). **Não se confunde com desistência da ação**, que é hipótese de julgamento sem resolução do mérito (art. 485, VIII, NCPC). Havendo renúncia ao direito sobre o qual se funda a ação, o **juiz deverá homologar** por sentença tal renúncia, pois é forma de autocomposição. O juiz não julga o mérito, mas homologa a autocomposição, resolvendo o mérito. Como há resolução do mérito, nesta hipótese, com o trânsito em julgado da sentença, ocorrerá a coisa julgada material.

Por apresentarem maiores complexidades e por serem mais comuns em concursos públicos, a prescrição e a decadência merecem maior atenção, razão pela qual serão tratadas mais detalhadamente.

---

147 NCPC: "Art. 515 [...] § 2º A autocomposição judicial pode envolver sujeito estranho ao processo e versar sobre relação jurídica que não tenha sido deduzida em juízo".

12.2 Prescrição e Decadência

O tempo exerce uma eficácia extintiva dos direitos subjetivos materiais e da pretensão das pessoas. Juridicamente, isso é regulado pelos institutos da decadência e da prescrição.

Cumpre fazer a distinção entre prescrição e a decadência. Para tanto, é necessário diferenciar direito subjetivo de direito potestativo.

Ao direito subjetivo, corresponde uma obrigação. Por exemplo, ao direito de crédito do credor, corresponde a obrigação do devedor de pagar o débito. Caso o débito não seja pago no dia estipulado, haverá violação do direito subjetivo.

Quando um direito subjetivo é violado, nasce para o seu titular uma pretensão, que corresponde ao direito de exigir que a outra parte cumpra a sua obrigação. Assim, observa-se que a pretensão não surge com o direito, mas num momento diverso, em razão do descumprimento da obrigação a que corresponde o direito. Logo, na **prescrição, o que se extingue é a pretensão**, ou seja, o direito de exigir que a outra parte cumpra a sua obrigação.

Assim, transcorrido o prazo prescricional, o credor não mais poderá exigir que o devedor cumpra a sua obrigação. No entanto, caso o devedor a cumpra espontaneamente, não poderá posteriormente pedir repetição de indébito, pois o que se extinguiu não foi o direito subjetivo, senão apenas a pretensão.

O direito potestativo é o poder de intervir na esfera jurídica de outrem sem que este nada possa fazer. Ao direito potestativo, não corresponde uma obrigação, senão uma sujeição. Por exemplo, qualquer dos contratantes possui o direito potestativo de pedir a anulação de um ato jurídico maculado pelo vício da anulabilidade. Se provado o vício, o outro contratante ficará sujeito à invalidação do contrato. O mesmo ocorre com o direito potestativo de revogação do mandato. Caso o mandante revogue o mandato, o mandatário nada poderá fazer. Na ação de divórcio, se um dos cônjuges pedir o divórcio, estando presentes os requisitos, a posição do outro cônjuge é apenas de sujeição à vontade do primeiro. O **direito potestativo** fica sujeito a um **prazo decadencial.**

Na decadência, há a perda do próprio direito potestativo pelo decurso do tempo. Assim, o prazo decadencial nasce junto com o direito potestativo.

De outro lado, o **prazo prescricional** não nasce com o direito subjetivo, mas com a pretensão.

De acordo com o art. 487, parágrafo único, do Novo CPC, **a prescrição e a decadência podem ser conhecidas de ofício.** Todavia, o mesmo dispositivo prevê que, ressalvada a hipótese de julgamento liminar de improcedência (art. 332, § 1º, NCPC)[148], o juiz não poderá conhecer de ofício da prescrição ou da decadência sem antes oportunizar que as partes possam se manifestar[149].

A fim de sistematizar a diferenciação entre prescrição e decadência, apresenta-se o quadro abaixo:

PRESCRIÇÃO	DECADÊNCIA
O prazo prescricional nasce com a violação do direito[150].	O prazo decadencial nasce simultaneamente ao próprio direito.
Decorre da lei.	Pode ter origem na lei (decadência legal) ou na convenção das partes (decadência convencional).
Extingue pretensões de cunho condenatório.	Extingue direitos potestativos, cuja postulação se dá mediante ação constitutiva.

12.2.1 Prazos prescricionais

No tocante à prescrição, é importante, inicialmente, salientar as regras que impedem, suspendem e interrompem o prazo prescricional, previstas nos arts. 197 a 204 do Código Civil.[151] Por ser bastante utilizada na prática e ser

---

148 NCPC: "Art. 332 [...] § 1º O juiz também poderá julgar liminarmente improcedente o pedido se verificar, desde logo, a ocorrência de decadência ou de prescrição".

149 NCPC: "Art 487. [...] Parágrafo único. Ressalvada a hipótese do § 1º do art. 332, a prescrição e a decadência não serão reconhecidas sem que antes seja dada às partes oportunidade de manifestar-se".

150 STF, Súmula 150: "Prescreve a execução no mesmo prazo de prescrição da ação".

151 CC: "Art. 197. Não corre a prescrição: I – entre os cônjuges, na constância da sociedade conjugal; II – entre ascendentes e descendentes, durante o poder familiar; III – entre tutelados ou curatelados e seus tutores ou curadores, durante a tutela ou curatela. Art. 198. Também não corre a prescrição: I – contra os incapazes de que trata o art. 3º; II – contra os ausentes do País em serviço público da União, dos Estados ou dos Municípios; III – contra os que se acharem servindo nas Forças Armadas, em tempo de guerra. Art. 199. Não corre igualmente a prescrição: I – pendendo condição suspensiva; II – não estando vencido o prazo; III – pendendo ação de evicção. Art. 200. Quando a ação se originar de fato que deva ser apurado no juízo criminal, não correrá a prescrição antes da respectiva sentença definitiva. Art. 201. Suspensa a prescrição em favor de um dos credores solidários, só aproveitam os outros se a obrigação for indivisível. Art. 202. A interrupção da prescrição, que somente poderá ocorrer uma vez, dar-se-á: I – por despacho do juiz, mesmo incompetente, que ordenar a citação, se o interessado a promover no prazo e na forma da lei processual; II – por protesto, nas condições do inciso antecedente; III – por

recorrente em concursos públicos, atente-se, especialmente, para a norma do art. 198, inc. I, do Código Civil, segundo o qual a prescrição não corre contra os absolutamente incapazes.

Os prazos prescricionais em geral estão previstos nos arts. 205 e 206 do CPC. Podem ser assim esquematizados:

PRAZO PRESCRICIONAL	TIPO DE PRETENSÃO
1 ano	I – pretensão dos hospedeiros ou fornecedores de víveres destinados a consumo no próprio estabelecimento, para o pagamento da hospedagem ou dos alimentos; II – a pretensão do segurado contra o segurador, ou a deste contra aquele, III – a pretensão dos tabeliães, auxiliares da justiça, serventuários judiciais, árbitros e peritos, pela percepção de emolumentos, custas e honorários; IV – a pretensão contra os peritos, pela avaliação dos bens que entraram para a formação do capital de sociedade anônima, contado da publicação da ata da assembléia que aprovar o laudo; V – a pretensão dos credores não pagos contra os sócios ou acionistas e os liquidantes, contado o prazo da publicação da ata de encerramento da liquidação da sociedade.
2 anos	Pretensão para haver prestações alimentares, a partir da data em que se vencerem.
3 anos	I – a pretensão relativa a aluguéis de prédios urbanos ou rústicos; II – a pretensão para receber prestações vencidas de rendas temporárias ou vitalícias;

protesto cambial; IV – pela apresentação do título de crédito em juízo de inventário ou em concurso de credores; V – por qualquer ato judicial que constitua em mora o devedor; VI – por qualquer ato inequívoco, ainda que extrajudicial, que importe reconhecimento do direito pelo devedor. Parágrafo único. A prescrição interrompida recomeça a correr da data do ato que a interrompeu, ou do último ato do processo para a interromper. Art. 203. A prescrição pode ser interrompida por qualquer interessado. Art. 204. A interrupção da prescrição por um credor não aproveita aos outros; semelhantemente, a interrupção operada contra o co-devedor, ou seu herdeiro, não prejudica aos demais coobrigados. § 1º A interrupção por um dos credores solidários aproveita aos outros; assim como a interrupção efetuada contra o devedor solidário envolve os demais e seus herdeiros. § 2º A interrupção operada contra um dos herdeiros do devedor solidário não prejudica os outros herdeiros ou devedores, senão quando se trate de obrigações e direitos indivisíveis. § 3º A interrupção produzida contra o principal devedor prejudica o fiador".

3 anos	III – a pretensão para haver juros, dividendos ou quaisquer prestações acessórias, pagáveis, em períodos não maiores de um ano, com capitalização ou sem ela; IV – a pretensão de ressarcimento de enriquecimento sem causa; V – a pretensão de reparação civil; VI – a pretensão de restituição dos lucros ou dividendos recebidos de má-fé, correndo o prazo da data em que foi deliberada a distribuição; VII – a pretensão contra as pessoas em seguida indicadas por violação da lei ou do estatuto, contado o prazo: a) para os fundadores, da publicação dos atos constitutivos da sociedade anônima; b) para os administradores, ou fiscais, da apresentação, aos sócios, do balanço referente ao exercício em que a violação tenha sido praticada, ou da reunião ou assembléia geral que dela deva tomar conhecimento; c) para os liquidantes, da primeira assembléia semestral posterior à violação; VIII – a pretensão para haver o pagamento de título de crédito, a contar do vencimento, ressalvadas as disposições de lei especial; IX – a pretensão do beneficiário contra o segurador, e a do terceiro prejudicado, no caso de seguro de responsabilidade civil obrigatório.
4 anos	Pretensão relativa à tutela, a contar da data da aprovação das contas.
5 anos	I – a pretensão de cobrança de dívidas líquidas constantes de instrumento público ou particular; II – a pretensão dos profissionais liberais em geral, procuradores judiciais, curadores e professores pelos seus honorários, contado o prazo da conclusão dos serviços, da cessação dos respectivos contratos ou mandato; III – a pretensão do vencedor para haver do vencido o que despendeu em juízo.
10 anos	Quando a lei não lhe haja fixado prazo menor.

12.2.1.1 Outros prazos prescricionais previstos em leis especiais

a) Pretensão contra a Fazenda Pública

De acordo com o art. 1º do Decreto-Lei 20.910/1932, "as **dívidas passivas da União, dos Estados e dos Municípios, bem assim todo e qualquer direito ou ação contra a Fazenda federal, estadual ou municipal**, seja qual for a sua natureza, prescrevem em **cinco anos** contados da data do ato ou fato do qual se originarem".

No caso de prestações de **trato sucessivo** (ex.: direito a verbas salariais), o art. 3º do mesmo Decreto-Lei assim estabelece: "Quando o pagamento se dividir por dias, meses ou anos, a prescrição **atingirá progressivamente as prestações à medida que completarem os prazos** estabelecidos pelo presente decreto".

A esse respeito, a Súmula 85 do STJ prevê que: "Nas **relações jurídicas de trato sucessivo** em que a Fazenda Pública figure como devedora, quando não tiver sido negado o próprio direito reclamado, a **prescrição atinge apenas as prestações vencidas antes do quinquênio anterior a propositura da ação**".

b) Ações de ressarcimento ao erário

As ações de ressarcimento ao erário são imprescritíveis, consoante art. 37, § 5º, da Constituição Federal[152].

c) Improbidade administrativa

A **prescrição das sanções da improbidade administrativa**, exceto ressarcimento ao erário, ocorrerá (Lei 8.429/1992, art. 23):

a) em **5 anos após término do exercício do mandato, do cargo em comissão ou da função de confiança.** Observe-se que, nesses casos, a prescrição não se inicia com a prática do ato de improbidade, senão a partir do momento em que aquele que o praticou deixa o mandado, o cargo em comissão ou a função de confiança.

b) **dentro do prazo prescricional previsto em lei específica para faltas disciplinares puníveis com demissão** a bem do serviço público, para o caso de réu ocupante de **cargo efetivo ou emprego público** (para os servidores federais, é de 5 anos, conforme art. 142, I, Lei 8.112/1990[153]).

152 CF: "Art. 37 [...] § 5º A lei estabelecerá os prazos de prescrição para ilícitos praticados por qualquer agente, servidor ou não, que causem prejuízos ao erário, ressalvadas as respectivas ações de ressarcimento".

153 Lei 8.112/1990: "Art. 142. A ação disciplinar prescreverá: I - em 5 (cinco) anos, quanto às infrações puníveis com demissão, cassação de aposentadoria ou disponibilidade e destituição de cargo em comissão".

De outro lado, não ação de improbidade, a sanção de **ressarcimento ao erário é imprescritível**, aplicando-se o art. 37, § 5º, da Constituição Federal. Nesse sentido, aliás, a jurisprudência pacífica do STJ.[154]

12.2.2 Prazos decadenciais

Como já se referiu, os prazos decadenciais são extintivos do próprio direito.

Não se pretende aqui apresentar exaustivamente todos os prazos decadenciais previstos na legislação especial, senão elencar os que são mais recorrentes nas sentenças.

A Lei 12.016/2009 (Lei do Mandado de Segurança) prevê que "o direito de requerer **mandado de segurança** extinguir-se-á decorridos **120 (cento e vinte) dias**, contados da ciência, pelo interessado, do ato impugnado". De acordo com a Súmula 632 do STF, "é constitucional lei que fixa o prazo de decadência para a impetração de mandado de segurança".

De acordo com o art. 54 da Lei 9.784/1999, "o direito da **Administração de anular os atos administrativos** de que decorram efeitos favoráveis para os destinatários **decai em cinco anos**, contados da data em que foram praticados, salvo comprovada má-fé".

No âmbito do direito previdenciário, o art. 103-A, *caput*, da Lei 8.213/1991 estabelece que "o d**ireito da Previdência Social de anular os atos administrativos** de que decorram **efeitos favoráveis** para os seus **beneficiários decai em dez anos**, contados da data em que foram praticados, salvo comprovada má-fé". Além disso, o § 1º do mesmo artigo prevê que, "no caso de efeitos patrimoniais contínuos, o prazo decadencial contar-se-á da percepção do primeiro pagamento".

Na seara do **direito do consumidor**, o art. 26 do CDC (Lei 8.078/1990) estabelece que "o direito de reclamar pelos vícios aparentes ou de fácil constatação caduca em: I – **trinta dias**, tratando-se de fornecimento de serviço e de produtos **não duráveis**; II – **noventa dias**, tratando-se de fornecimento de serviço e de produtos **duráveis**". De acordo com o § 1º do mesmo artigo, "inicia-se a contagem do prazo decadencial a partir da entrega efetiva do produto ou do término da execução dos serviços".

---

154 **"A aplicação das sanções previstas no art. 12 e incisos da Lei 8.429/92 se submetem ao prazo prescricional de 05 (cinco) anos, exceto a reparação do dano ao erário, em razão da imprescritibilidade da pretensão ressarcitória (art. 37, § 5º, da Constituição Federal de 1988)".** (STJ, REsp 1089492/RO, Rel. Ministro Luiz Fux, Primeira Turma, julgado em 04/11/2010, DJe 18/11/2010)

12.2.3 Prazos prescricionais e decadenciais conforme súmulas, teses firmadas em recurso repetitivo e jurisprudência pacificada

A fim de melhor organizar a temática da prescrição segundo entendimento sumulado, apresenta-se, abaixo, um rol das súmulas do STJ sobre a matéria[155]:

a) Súmula 477 do STJ: "A decadência do art. 26 do CDC não é aplicável à prestação de contas para obter esclarecimentos sobre cobrança de taxas, tarifas e encargos bancários".

b) Súmula 467 do STJ: "Prescreve em cinco anos, contados do término do processo administrativo, a pretensão da Administração Pública de promover a execução da multa por infração ambiental".

c) Súmula 427 do STJ: "A ação de cobrança de diferenças de valores de complementação de aposentadoria prescreve em cinco anos contados da data do pagamento".

d) Súmula 409 do STJ: "Em execução fiscal, a prescrição ocorrida antes da propositura da ação pode ser decretada de ofício (art. 219, § 5º, do CPC)".

e) Súmula 405 do STJ: "A ação de cobrança do seguro obrigatório (DPVAT) prescreve em três anos".

f) Súmula 314 do STJ: "Em execução fiscal, não localizados bens penhoráveis, suspende-se o processo por um ano, findo o qual se inicia o prazo da prescrição quinquenal intercorrente".

g) Súmula 398 do STJ: "A prescrição da ação para pleitear os juros progressivos sobre os saldos de conta vinculada do FGTS não atinge o fundo de direito, limitando-se às parcelas vencidas".

h) Súmula 291 do STJ: "A ação de cobrança de parcelas de complementação de aposentadoria pela previdência privada prescreve em cinco anos".

i) Súmula 106 do STJ: "Proposta a ação no prazo fixado para o seu exercício, a demora na citação, por motivos inerentes ao mecanismo da justiça, não justifica o acolhimento da arguição de prescrição ou decadência".

j) Súmula 101 do STJ: "A ação de indenização do segurado em grupo contra a seguradora prescreve em um ano".[156]

---

155 O capítulo IV apresenta todas as súmulas do STJ e do STF referentes a direito civil e processual civil, separadas por assunto e em ordem decrescente, para facilitar a apreensão do conteúdo.

156 O entendimento consubstanciado nesta Súmula se manteve indene mesmo após a vigência do Código Civil de 2002: "AGRAVO INTERNO. INTERPOSIÇÃO SOB A ÉGIDE DO CPC/2015. CONTRATO DE SEGURO DE VIDA EM GRUPO. INCAPACIDADE TOTAL. PRESCRIÇÃO ANUAL. PRETENSÃO DO SEGURADO CONTRA A SEGURADORA. SÚMULA N. 101/STJ. 1. É anual o prazo prescricional para a propositura de ação indenizatória do segurado em grupo contra a seguradora, a teor do art. 206, § 1º, II, do Código Civil e do disposto na Súmula n. 101/STJ: 'A ação de indenização do segurado em grupo contra a seguradora prescreve em

l) Súmula 85 do STJ: "Nas relações jurídicas de trato sucessivo em que a Fazenda Pública figure como devedora, quando não tiver sido negado o próprio direito reclamado, a prescrição atinge apenas as prestações vencidas antes do quinquênio anterior a propositura da ação".

No STF, foram editadas as seguintes súmulas sobre a matéria:

a) Súmula Vinculante 8 do STF: "São inconstitucionais o parágrafo único do artigo 5º do Decreto-Lei nº 1.569/1977 e os artigos 45 e 46 da Lei nº 8.212/1991, que tratam de prescrição e decadência de crédito tributário".

b) Súmula 632 do STF: "É constitucional lei que fixa o prazo de decadência para a impetração de mandado de segurança".

No âmbito do STJ, a prescrição e a decadência também já foi objeto de julgamento pela sistemática de recursos repetitivos por diversas vezes. A fim de sistematizar esses julgamentos que, após o Novo CPC, passam a ter força vinculante, apresenta-se, a seguir, uma relação das principais teses firmadas[157]:

a) "Incidência da **prescrição trienal** sobre a pretensão de restituição dos valores pagos a título de **comissão de corretagem** ou de **serviço de assistência técnico-imobiliária** (SATI), ou atividade congênere (art. 206, § 3º, IV, CC)".[158]

b) "Na vigência dos **contratos de plano ou de seguro de assistência à saúde**, a pretensão condenatória decorrente da declaração de nulidade de cláusula de reajuste nele prevista prescreve em **20 anos** (art. 177 do CC/1916) ou em **3 anos** (art. 206, § 3º, IV, do CC/2002), observada a regra de transição do art. 2.028 do CC/2002".[159]

c) "A pretensão de cobrança e a pretensão a diferenças de valores do **seguro obrigatório (DPVAT)** prescrevem em **três anos**, sendo o termo inicial, no último caso, o pagamento administrativo considerado a menor".[160]

---

um ano'. 2. Agravo interno desprovido". (STJ, AgInt no AREsp 141.687/RS, Rel. Ministro João Otávio De Noronha, Terceira Turma, julgado em 16/06/2016, DJe 23/06/2016)

157 O capítulo IV apresenta todas as teses firmadas pelo STJ (recurso repetitivo) e STF (repercussão geral) referentes a direito civil e processual civil, iniciando pelos julgados mais recentes, para facilitar a apreensão do conteúdo.

158 STJ, tese firmada em julgamento de REsp repetitivo, REsp 1551956/SP, Rel. Ministro Paulo de Tarso Sanseverino, Segunda Seção, julgado em 24/08/2016, DJe 06/09/2016

159 STJ, tese firmada na sistemática de julgamento de recurso repetitivo, REsp 1360969/RS, Rel. Ministro Marco Buzzi, Rel. p/ Acórdão Ministro Marco Aurélio Bellizze, Segunda Seção, julgado em 10/08/2016, DJe 19/09/2016.

160 STJ, tese firmada na sistemática de julgamento de recurso repetitivo, REsp 1418347/MG, Rel. Ministro Ricardo Villas Bôas Cueva, Segunda Seção, julgado em 08/04/2015, DJe 15/04/2015.

d) "A notificação do contribuinte para o recolhimento do IPVA perfectibiliza a constituição definitiva do crédito tributário, iniciando-se o prazo prescricional para a execução fiscal no dia seguinte à data estipulada para o vencimento da exação".[161]

e) "A pretensão de **repetição de indébito** de **contrato de cédula de crédito rural** prescreve no prazo de **vinte anos**, sob a égide do art. 177 do Código Civil de 1916, e de **três anos**, sob o amparo do art. 206, § 3º, IV, do Código Civil de 2002, observada a norma de transição do art. 2.028 desse último Diploma Legal'; 1.2. – 'O termo inicial da prescrição da pretensão de repetição de indébito de contrato de cédula de crédito rural é a data da efetiva lesão, ou seja, do pagamento".[162]

f) "O **termo inicial** do prazo prescricional, **na ação de indenização**, é a data em que o **segurado teve ciência inequívoca do caráter permanente da invalidez**. [...] Exceto nos casos de invalidez permanente notória, a ciência inequívoca do caráter permanente da invalidez depende de laudo médico, sendo relativa a presunção de ciência".[163]

g) "O prazo para ajuizamento de **ação monitória** em face do emitente de nota promissória sem força executiva é **quinquenal**, a contar do dia seguinte ao **vencimento do título**".[164]

h) "O prazo para ajuizamento de **ação monitória** em face do emitente de **cheque** sem força executiva é **quinquenal**, a contar do dia seguinte à **data de emissão** estampada na cártula".[165]

i) "[...] 5. **O ato administrativo de reconhecimento do direito pelo devedor importa** (a) interrupção do prazo prescricional, caso ainda esteja em curso (art. 202, VI, do CC de 2002); ou (b) sua renúncia, quando já se tenha consumado (art. 191 do CC de 2002). 6. Interrompido o prazo, a prescrição volta a correr pela metade (dois anos e meio) a contar da data do ato que a interrompeu ou do último ato ou termo do respectivo processo, nos termos do que dispõe o art. 9º do Decreto n.º 20.910/32. Assim, tendo sido a prescrição interrompida no curso de um processo administrativo, o prazo prescricional não volta a fluir de imediato, mas apenas "do último

161 STJ, REsp 1320825/RJ, tese firmada na sistemática de julgamento de recurso repetitivo, Rel. Ministro Gurgel de Faria, Primeira Seção, julgado em 10/08/2016, DJe 17/08/2016.

162 STJ, tese firmada na sistemática de julgamento de recurso repetitivo, REsp 1361730/RS, Rel. Ministro Raul Araújo, Segunda Seção, julgado em 10/08/2016, DJe 28/10/2016.

163 STJ, tese firmada na sistemática de julgamento de recurso repetitivo, REsp 1388030/MG, Rel. Ministro Paulo De Tarso Sanseverino, Segunda Seção, julgado em 11/06/2014, DJe 01/08/2014.

164 STJ, tese firmada na sistemática de julgamento de recurso repetitivo, REsp 1262056/SP, Rel. Ministro Luis Felipe Salomão, Segunda Seção, julgado em 11/12/2013, DJe 03/02/2014.

165 STJ, tese firmada na sistemática de julgamento de recurso repetitivo, REsp 1101412/SP, Rel. Ministro Luis Felipe Salomão, Segunda Seção, julgado em 11/12/2013, DJe 03/02/2014.

ato ou termo do processo", consoante dicção do art. 9º, in fine, do Decreto 20.910/32. 7. O art. 4º do Decreto 20.910/32, secundando a regra do art. 9º, fixa que a prescrição não corre durante o tempo necessário para a Administração apurar a dívida e individualizá-la a cada um dos beneficiados pelo direito".[166]

j) "No âmbito do **Direito Privado**, é de **cinco anos** o prazo prescricional para ajuizamento da **execução individual** em pedido de cumprimento de sentença proferida em **Ação Civil Pública**".[167]

k) "No caso concreto, a Corte a quo, ao julgar recurso contra sentença que reconheceu prazo trienal em ação indenizatória ajuizada por particular em face do Município, corretamente reformou a sentença para **aplicar a prescrição quinquenal prevista no Decreto 20.910/32**, em manifesta sintonia com o entendimento desta Corte Superior sobre o tema".[168]

l) "O prazo de **prescrição quinquenal** para pleitear a **repetição tributária**, nos tributos sujeitos ao **lançamento de ofício**, é **contado da data em que se considera extinto o crédito tributário**, qual seja, a **data do efetivo pagamento do tributo**, a teor do disposto no artigo 168, inciso I, c.c artigo 156, inciso I, do CTN".[169]

m) "A pretensão de cobrança de indenização decorrente de dividendos relativos à subscrição complementar das ações da CRT/Celular CRT prescreve em três anos, nos termos do art. 206, § 3º, inciso III, do Código Civil de 2002, somente começando a correr tal prazo após o reconhecimento do direito à complementação acionária".[170]

n) "Prescreve em 20 (vinte) anos, na vigência do Código Civil de 1916, e em 5 (cinco) anos, na vigência do Código Civil de 2002, a pretensão de cobrança dos valores aportados para a construção de rede de eletrificação rural, posteriormente incorporada ao patrimônio da CEEE/RGE, respeitada a regra de transição prevista no art. 2.028 do Código Civil de 2002".[171]

---

166 STJ, tese firmada na sistemática de julgamento de recurso repetitivo, REsp 1270439/PR, Rel. Ministro Castro Meira, Primeira Seção, julgado em 26/06/2013, DJe 02/08/2013.

167 STJ, tese firmada na sistemática de julgamento de recurso repetitivo, REsp 1273643/PR, Rel. Ministro Sidnei Beneti, Segunda Seção, julgado em 27/02/2013, DJe 04/04/2013.

168 STJ, tese firmada na sistemática de julgamento de recurso repetitivo, REsp 1251993/PR, Rel. Ministro Mauro Campbell Marques, Primeira Seção, julgado em 12/12/2012, DJe 19/12/2012.

169 STJ, tese firmada na sistemática de julgamento de recurso repetitivo, REsp 1110578/SP, Rel. Ministro Luiz Fux, Primeira Seção, julgado em 12/05/2010, DJe 21/05/2010.

170 STJ, tese firmada na sistemática de julgamento de recurso repetitivo, REsp 1112474/RS, Rel. Ministro Luis Felipe Salomão, Segunda Seção, julgado em 28/04/2010, DJe 11/05/2010.

171 STJ, tese firmada na sistemática de julgamento de recurso repetitivo, REsp 1063661/RS, Rel. Ministro Luis Felipe Salomão, Segunda Seção, julgado em 24/02/2010, DJe 08/03/2010.

o) "É de **cinco anos** o prazo prescricional para o ajuizamento da **execução fiscal de cobrança de multa de natureza administrativa**, contado do momento em que se torna exigível o crédito (artigo 1º do Decreto nº 20.910/32)".[172]

p) "A ação de repetição de indébito de tarifas de água e esgoto sujeita-se ao prazo prescricional estabelecido no Código Civil".[173]

q) "**Prescreve** em **vinte anos** a ação para obter, do **construtor**, **indenização por defeito da obra**, na vigência do **Código Civil de 1916**, e em **10 anos, na vigência do Código atual**, respeitada a regra de transição prevista no art. 2.028 do Código Civil de 2002".[174]

r) "A notificação do contribuinte para o recolhimento do IPVA perfectibiliza a constituição definitiva do crédito tributário, iniciando-se o prazo prescricional para a execução fiscal no dia seguinte à data estipulada para o vencimento da exação".[175]

s) "Na vigência dos contratos de plano ou de seguro de assistência à saúde, a pretensão condenatória decorrente da declaração de nulidade de cláusula de reajuste nele prevista prescreve em 20 anos (art. 177 do CC/1916) ou em 3 anos (art. 206, § 3º, IV, do CC/2002), observada a regra de transição do art. 2.028 do CC/2002".[176]

t) "A decadência, consoante a letra do art. 156, V, do CTN, é forma de extinção do crédito tributário. Sendo assim, uma vez extinto o direito, não pode ser reavivado por qualquer sistemática de lançamento ou auto-lançamento, seja ela via documento de confissão de dívida, declaração de débitos, parcelamento ou de outra espécie qualquer (DCTF, GIA, DCOMP, GFIP, etc.)".[177]

u) "O art. 26 do Código de Defesa do Consumidor dispõe sobre o prazo decadencial para a reclamação por vícios em produtos ou serviços prestados ao consumidor, não sendo aplicável à ação de prestação de contas ajuizada

---

172 STJ, tese firmada na sistemática de julgamento de recurso repetitivo, REsp 1105442/RJ, Rel. Ministro Hamilton Carvalhido, Primeira Seção, julgado em 09/12/2009, DJe 22/02/2011.

173 STJ, tese firmada na sistemática de julgamento de recurso repetitivo, REsp 1113403/RJ, Rel. Ministro Teori Albino Zavascki, Primeira Seção, julgado em 09/09/2009, DJe 15/09/2009.

174 STJ, AgRg no REsp 1344043/DF, Rel. Ministra Maria Isabel Gallotti, Quarta Turma, julgado em 17/12/2013, DJe 04/02/2014.

175 STJ, tese firmada na sistemática de julgamento de recurso repetitivo, REsp 1320825/RJ, Rel. Ministro Gurgel de Faria, Primeira Seção, julgado em 10/08/2016, DJe 17/08/2016.

176 STJ, tese firmada na sistemática de julgamento de recurso repetitivo, REsp 1360969/RS, Rel. Ministro Marco Buzzi, Rel. p/ Acórdão Ministro Marco Aurélio Bellizze, Segunda Seção, julgado em 10/08/2016, DJe 19/09/2016.

177 STJ, tese firmada na sistemática de julgamento de recurso repetitivo, REsp 1355947/SP, Rel. Ministro Mauro Campbell Marques, Primeira Seção, julgado em 12/06/2013, DJe 21/06/2013.

pelo correntista com o escopo de obter esclarecimentos acerca da cobrança de taxas, tarifas e/ou encargos bancários".[178]

No âmbito da jurisprudência do STF, restaram consolidadas algumas questões, que são elencadas abaixo:

a) "O disposto no artigo 54 da Lei nº 9.784/1999, a revelar o prazo de decadência para a Administração Pública rever os próprios atos, por depender de situação jurídica constituída, não se aplica à aposentadoria, uma vez que esta reclama atos sequenciais".[179]

b) "O Plenário da Corte, no exame do RE nº 626.489/SE-RG, Relator o Ministro Roberto Barroso, concluiu que "o prazo decadencial de dez anos, instituído pela Medida Provisória 1.523, de 28.06.1997, tem como termo inicial o dia 1º de agosto de 1997, por força de disposição nela expressamente prevista[;] tal regra incide, inclusive, sobre benefícios concedidos anteriormente, sem que isso importe em retroatividade vedada pela Constituição"."[180]

c) "A jurisprudência desta Corte firmou-se no sentido da impossibilidade de aplicação do prazo decadencial enquanto não ocorrer o aperfeiçoamento do ato complexo de concessão de aposentadoria".[181]

d) "A jurisprudência do STF pacificou-se no sentido de que, em razão da natureza complexa do ato de aposentadoria, a decadência administrativa (art. 54 da Lei 9.784/99) não se opera no período entre a concessão do benefício e o exame de sua legalidade e posterior registro pelo TCU".[182]

12.2.4 Modelos

As questões preliminares de mérito podem ser acolhidas integralmente, acolhidas parcialmente ou rejeitadas.

Assim, apenas como um norte, apresentam-se os seguintes modelos:

---

178 STJ, tese firmada na sistemática de julgamento de recurso repetitivo, REsp 1117614/PR, Rel. Ministra Maria Isabel Gallotti, Segunda Seção, julgado em 10/08/2011, DJe 10/10/2011.

179 STF, MS 28019, Relator(a): Min. Marco Aurélio, Primeira Turma, julgado em 18/04/2017, Acórdão Eletrônico DJe-091 divulg 03-05-2017 public 04-05-2017.

180 STF, RE 1017677 AgR, Relator(a): Min. Dias Toffoli, Segunda Turma, julgado em 07/04/2017, processo eletrônico DJe-093 divulg 04-05-2017 public 05-05-2017.

181 STF, RE 911054 AgR, Relator(a): Min. Roberto Barroso, Primeira Turma, julgado em 17/02/2017, acórdão eletrônico DJe-078 divulg 18-04-2017 public 19-04-2017.

182 STF, MS 24859, Rel. Min. Carlos Velloso, Tribunal Pleno, julgado em 04/08/2004, DJ 27/8/2004) e MS 28604, Relator(a): Min. Marco aurélio, Primeira Turma, DJe 21/2/2013. Tal entendimento mantém-se, sendo citado em precedentes recentes: STF, MS 27722 AgR, Relator(a): Min. Teori Zavascki, Segunda Turma, julgado em 07/06/2016, acórdão eletrônico DJe-129 divulg 21-06-2016 public 22-06-2016.

Modelo 1:

ANTE O EXPOSTO, decreto a prescrição da integralidade da pretensão da parte autora, razão pela qual resolvo o mérito na forma do art. 487, inc. I, do Novo CPC.

Modelo 2:

ANTE O EXPOSTO, reconheço a decadência do direito da parte autora, razão pela qual resolvo o mérito na forma do art. 487, inc. I, do Novo CPC.

Modelo 3:

ANTE O EXPOSTO:

1) rejeito a prescrição suscitada;

2) julgo PARCIALMENTE PROCEDENTES os pedidos, para o fim de [...]

Modelo 4:

ANTE O EXPOSTO:

1) rejeito a decadência suscitada;

2) julgo PROCEDENTES os pedidos, para o fim de [...]

Modelo 5:

ANTE O EXPOSTO:

1) decreto a prescrição das parcelas anteriores a 5 anos do ajuizamento da ação, na forma art. 3º do Decreto-Lei 20.910/1932 e da Súmula 85 do STJ;

2) julgo PARCIALMENTE PROCEDENTES os pedidos, para o fim de:

2.1) DETERMINAR que a União implemente o benefício de [...] ao autor, desde [...];

2.2) CONDENAR a União a pagar as parcelas vencidas até a data de [...], observada a prescrição quinquenal das parcelas anteriores a xx/yy/zzzz, corrigidas monetariamente e acrescidas de juros moratórios da seguinte forma: [...]

13. MÉRITO PROPRIAMENTE DITO

13.1 Aspectos introdutórios e estruturação

Ultrapassada a análise das questões prévias, o juiz deverá analisar o mérito da acusação e da defesa, com base nas provas dos autos.

Como já se expôs, no *esquema prévio* ou *roteiro lógico*[183], deverá constar, também, todos os itens que serão apreciados no mérito. Isso porque uma boa estruturação do mérito da sentença, de acordo com o critério lógico, permitirá maior clareza e inteligibilidade. Além disso, implicará otimização do tempo, o que é essencial nesse momento.

Assim, para o candidato, é importante que escreva o *rascunho* com cada item do mérito da sentença (ex.: responsabilidade civil objetiva; requisitos da responsabilidade civil do Estado; ação ou omissão; análise da prova; nexo de causalidade; dano material; termo inicial dos juros e da correção monetária; dano moral; quantificação), fazendo subdivisões em subitens, onde deverá colocar palavras-chave que lembrem questões importantes que foram colocadas para apreciação.

No curso da fundamentação, por diversas vezes surge a necessidade de argumentação acerca de questões ocasionais, como se existe requerimento de inversão do ônus da prova, se alguma das partes fala sobre questões envolvendo juros e correção monetária, sobre a parcialidade de determinada testemunha etc. É importante que tudo isso conste, em palavras-chave, no rascunho.

Como se trata de uma sentença e não de um artigo científico, é preciso objetividade. Logo, não cabem ilações desnecessárias. Portanto, o grau de profundidade argumentativa em relação a cada questão depende das alegações das partes, ou, quando é o caso de conhecê-la de ofício, de divergências doutrinárias ou jurisprudenciais sobre as quais o julgador precisa tomar posição. Ainda assim, como a sentença é um ato carregado de complexidade e muitas questões precisam ser analisadas, recomenda-se objetividade na construção das frases, sem que isso implique em omissão.

13.2 Forma de argumentação

Na argumentação a ser desenvolvida na fundamentação, é muito importante que se identifiquem as principais teses da parte autora e da parte ré, bem como as questões de fato e de direito. Além disso, também é fundamental identificar os pontos controvertidos, pois, em relação a eles, será necessária maior argumentação.[184]

---

183 Vide item 2.2.2 do capítulo I, onde se expõe a correta forma de elaboração do esquema prévio ou roteiro lógico de enfrentamento pelo candidato.

184 "O mérito pode envolver questões de fato e de direto. A ordem de resolução de tais pontos é relativa, pois depende de cada caso concreto, sendo essencial apenas que o candidato – ou o juiz – fixe previamente os pontos controversos e incontroversos, a fim de guiar a solução do mérito. [...] Superada a fase de decidir as preliminares e demais questões que antecedem o mérito, é hora de encontrar em relação a este os pontos controvertidos,

A forma de argumentação vai depender de cada caso e do estilo de cada julgador.

Assim, apenas como parâmetro inicial, sugere-se um roteiro que poderá auxiliar na estruturação da fundamentação de mérito.

Inicialmente, deve se apresentar qual é o direito ou a legislação que, em geral, rege o caso.

A seguir, devem ser expostos sucintamente o pedido do autor e os seus fundamentos principais (cada pedido deve ser analisado, como regra, de forma separada; por isso, é importante dizer, no início de cada item da fundamentação, qual pedido está sendo analisado).

Na sequência, apresenta-se o direito ou a legislação aplicável.

Após, desenvolvem-se os argumentos da parte autora e as teses da parte ré. É importante que, nos pontos controvertidos, haja a exposição das teses de ambas as partes de forma dialética.

Na sequência, faz-se a valoração das provas, confrontando-as (ex.: a testemunha disse isso; o documento tal demonstra aquilo etc.). Deve se demonstrar **porque uma prova diz a verdade e a outra não.** Nesse tocante, é importante não somente analisar as provas que dão suporte ao entendimento do julgador, mas também aquelas que são contrárias, pois, em relação a estas, é necessário dizer por que não merecem credibilidade ou se estão isoladas no conjunto probatório.

Lembre-se que cada item da fundamentação deve ser encerado conclusivamente. Desse modo, ao final da análise de cada pretensão do autor, o julgador deve se dizer se está concluindo pela procedência ou parcial procedência do pedido analisado.

13.2.1 Modelo

A seguir, apresenta-se um modelo de fundamentação, que pode auxiliar a visualizar o que foi acima exposto.

No modelo apresentado, parte-se de um caso em que a parte autora postula declaração de inexistência de dívida, retirada do seu nome do SPC e do SERASA (cadastros de inadimplentes) e indenização por dano moral, no valor de R$10.000,00 (dez mil reais), com fundamento em fraude em contratação com utilização indevida do seu nome.

---

para analisá-los detidamente. Como já dito anteriormente, meu método prático para isso é separa quais são os pedidos do autor e, em seguida, dar uma olhada nas peças de defesa do réu para ver quais as alegações que ele traz em relação a cada um dos pedidos". (ALVES, Alexandre Henry. *Sentença cível.* 2. ed. Porto Alegre: Verbo Jurídico, 2011. pp. 63/195)

Apresenta-se um caso concreto, porque, como já se expôs, a forma de argumentação depende muito da situação específica que se está julgando.

Observe-se, no referido modelo, o encadeamento lógico de cada argumento, bem como a prejudicialidade de cada argumento anterior em relação ao seguinte.

DO MÉRITO

Inicialmente, é necessário fixarem-se as normas de direito que regulam o fato. A lide em análise compreende relação jurídica consumerista, pois o autor enquadra-se no conceito de consumidor, nos termos do art. 2º do Código de Defesa do Consumidor e, por outro lado, a parte ré encontra-se na condição de fornecedora, conforme prevê o art. 3º do mencionado diploma legal.

1. QUANTO AO PEDIDO DE DECLARAÇÃO DE INEXISTÊNCIA DE DÍVIDA

A parte autora postula a declaração de inexistência de dívida, argumentando que houve fraude na realização do contrato e que jamais assinou qualquer instrumento contratual com a parte ré.

No caso dos autos, verifico que a parte autora demonstra que foi inscrita em cadastros restritivos de crédito em virtude de uma dívida oriunda do contrato de empréstimo consignado n.º 11223344, feita em seu nome com o banco réu.

Além disso, alega que não firmou tal contrato, o que tem grande verossimilhança, diante da ocorrência policial registrada pela parte ré na data de xx/yy/zzzz (fls. 10-11).

Se isso não bastasse, há diversas inconsistências em relação aos dados apresentados no contrato como sendo da parte, inclusive em relação ao endereço. Ademais, a fotografia da carteira de identidade apresentada no momento do contrato não condiz com a fotografia da identidade verdadeira da parte autora, cuja cópia foi apresentada nestes autos (fl. 12).

Demais disso, analisando-se as assinaturas apostas no instrumento contratual (fl. 85) e na carteira de identidade do autor (fl. 9), observa-se que não apresentam qualquer similitude.

Ademais, a parte ré, embora tenha alegado que a inexistência de fraude, não se desincumbiu de provar a veracidade da assinatura do autor no contrato, ônus que lhe incumbia, diante da inversão do ônus da prova (decisões de fls. 88 e 92).

Por conseguinte, tenho que o contrato de empréstimo consignado n.º 11223344 deve ser reputado inexistente.

Portanto, procede o pleito declaratório de inexistência de dívida.

2. QUANTO AO PEDIDO DE RETIRADA DO NOME DA PARTE AUTORA DE CADASTROS DE INADIMPLENTES

A parte autora postula a retirada do seu nome de todos os cadastros de inadimplentes. Para tanto, alega que a dívida é inexistente e que foi inscrita no SPC e no SERASA.

A parte autora demonstra que foi inscrita no SPC e no SERASA (comprovantes de fls. xx e yy), em razão das dívidas que são objeto deste processo.

Diante da declaração da inexistência da dívida, consectário lógico é reconhecer que são indevidas as inscrições em cadastros de inadimplentes delas oriundas. Assim, procede o pleito de retirada do nome da parte autora do SPC e do SERASA.

3. DO PEDIDO DE INDENIZAÇÃO POR DANOS MORAIS

A parte autora postula indenização por danos morais, em razão de inscrição indevida em cadastro de inadimplentes, no montante de R$ 10.000,00 (dez mil reais).

O Código de Defesa do Consumidor adotou a Teoria da Responsabilidade Civil Objetiva do fornecedor de serviços, nos termos do art. 14 da referida legislação consumerista.

Logo, para o surgimento da responsabilidade civil e o consequente dever de reparar, são necessários os seguintes requisitos: 1) defeito na prestação do serviço; 2) dano patrimonial ou extrapatrimonial ao consumidor; e 3) nexo de causalidade.

Passo a analisar cada um desses elementos.

No caso dos autos, restou demonstrada a conduta ilícita da parte requerida, estando caracterizado o chamado "defeito do serviço", pois inscreveu a parte demandante em cadastro de inadimplentes por dívida inexistente, como acima demonstrado.

De outro lado, o simples fato de haver inscrição indevida em cadastros de inadimplentes já caracteriza o dano moral, em razão da lesão à honra objetiva da pessoa.

Logo, o dano moral resta amplamente demonstrado no caso concreto.

Portanto, presentes os pressupostos da responsabilidade civil, entendo cabível a indenização por danos morais no presente caso.

Para a fixação do valor indenizatório, devem ser consideradas as seguintes variáveis: a capacidade econômica da parte autora e da parte ré, a extensão do dano e o caráter pedagógico e punitivo da medida. Da mesma forma, a quantia fixada não pode implicar um enriquecimento indevido para a parte autora.[185]

185 Esses são os critérios comumente usados pelos magistrados. No entanto, esses critérios possuem diversas variações. Por exemplo, o Ministro do STJ Paulo de Tarso Sanseverino preconiza a utilização de um critério bifásico, da seguinte forma: "Por isso, o método mais adequado para um arbitramento razoável da indenização por dano extrapatrimonial resulta da reunião dos dois últimos critérios analisados, valorizando-se tanto as circunstâncias, como o interesse jurídico lesado. Assim, o arbitramento equitativo da indenização por prejuízos sem conteúdo patrimonial deve ser desdobrado em duas etapas. Na *primeira fase*, arbitra-se o valor básico da indenização, considerando-se o interesse jurídico atingido, em conformidade com os precedentes jurisprudenciais acerca da matéria (técnica do grupo de casos). Assegura-se, com isso, uma razoável igualdade de tratamento para casos semelhantes, assim como que

Analisando tais variáveis, fixo o valor indenizatório em R$5.000,00 (cinco mil reais), como justo e necessário para a reparação.

Após a fundamentação, deve se apresentar um dispositivo. Embora o dispositivo não seja objeto deste item (será estudado após a fundamentação), cabe aqui apresentar um dispositivo para a fundamentação acima, com o objetivo de que o leitor possa fazer a correção entre esses elementos da sentença:

DISPOSITIVO

*ANTE O EXPOSTO, julgo **PROCEDENTES** os pedidos formulados pelo autor na petição inicial, para o fim de:*

*1) **DECLARAR** a inexistência de dívida do autor para com a instituição ré em relação ao contrato de empréstimo consignado n.º 11223344;*

*2) **DETERMINAR** que a instituição ré retire o nome da parte autora do SPC e do SERASA, relativamente às inscrições feitas em decorrência das dívidas declaradas inexistentes, caso ainda não tenha tomado essa providência, bem como se abstenha de fazer novas inscrições com base nela, sob pena de multa diária de R$ 200,00 (duzentos reais);*

*3) **CONDENAR** o Banco réu a pagar à parte autora indenização por danos morais no valor de **R$5.000,00 (cinco mil reais)**, corrigido monetariamente pelo INPC a partir da data da presente sentença, na forma da Súmula 362 do STJ, e acrescido de juros de mora de 1% (um por cento) ao mês desde a primeira inscrição indevida (xx/yy/zzzz), na forma do art. 398, caput, do Código Civil e Súmula 54 do STJ.*

Resolvo o mérito, com fulcro no artigo 487, inciso I, do Novo CPC.

Condeno a parte requerida a pagar as custas processuais, bem como os honorários advocatícios, que fixo em 10% (dez por cento) do valor da condenação, nos termos do artigo 85, § 2º, do Novo CPC.

Publique-se. Registre-se. Intimem-se.

Local, Data.

Assinatura do(a) Juiz(a)

Nome do(a) Juiz(a)

Juiz(a) de Direito Substituto(a)

---

situações distintas sejam tratadas desigualmente na medida em que se diferenciam. Na *segunda fase*, procede-se à fixação definitiva da indenização, ajustando-se o seu montante às peculiaridades do caso com base nas suas circunstâncias. Partindo-se da indenização básica, esse valor deve ser elevado ou reduzido de acordo com as circunstâncias particulares do caso (gravidade do fato em si, culpabilidade do agente, culpa concorrente da vítima, condição econômica das partes) até se alcançar o montante definitivo." (SANSEVERINO, Paulo de Tarso. O arbitramento da indenização por dano moral e a jurisprudência do STJ. *Revista Justiça & Cidadania*, Editora JC, Rio de Janeiro, v. 188, abr. 2016)

13.3 Declaração incidental de inconstitucionalidade/constitucionalidade

Na sentença, ao se apreciar o mérito da demanda, o juiz terá de decidir incidentalmente, como questão prejudicial, sobre a constitucionalidade ou a inconstitucionalidade da lei ou do ato normativo. Mas, naturalmente, somente haverá decisão sobre isso se houver alguma controvérsia. Isto é, toda lei é presumidamente constitucional, razão pela qual não cabe o juiz, na sentença, despender argumentação para dizer que as leis são constitucionais se isso não é objeto de controvérsia.

Lembre-se que a cláusula de reserva de plenário (art. 97, CF) e o respectivo incidente de declaração de inconstitucionalidade (arts. 948 a 950, NCPC) somente se aplicam para os tribunais, de modo que, para o juiz de primeira instância, basta analisar a questão da constitucionalidade da lei ou ato normativo na sua sentença, de forma incidental (não tem de remeter a questão constitucional para julgamento de outro órgão colegiado).

Na sentença, a decisão sobre a constitucionalidade/inconstitucionalidade de uma lei ou ato normativo deve constar apenas na fundamentação, jamais no dispositivo.[186] Isso porque essa matéria, analisada no controle difuso de constitucionalidade exercido pelo juiz, é sempre questão prejudicial, nunca principal. Com efeito, como a decisão do juiz de primeira instância sobre a constitucionalidade/inconstitucionalidade não pode fazer coisa julgada material (juiz não faz controle concentrado e abstrato de constitucionalidade), essa decisão não pode constar do dispositivo, tratando-se apenas de questão prejudicial e incidental, decidida na fundamentação.

13.4 Questões prejudiciais

Do ponto de vista da teoria processual, questão prejudicial é a que precisa ser julgada antes da questão principal, por ser logicamente antecedente. Observe-se que a relação de prejudicialidade ocorre da análise do caso em concreto, ou seja, é relacional entre duas ou mais questões.

As **questões prejudiciais** podem ser classificadas em:

a) **homogêneas:** no processo civil, a questão prejudicial é homogênea quando ela possui natureza cível (em geral, incluindo-se matérias de direito administrativo, tributário etc.), isto é, do mesmo ramo da questão principal. É o caso, por exemplo, da ação de alimentos,

186 No mesmo sentido: JORGE NETO, Nagibe de Melo. *Sentença cível:* teoria e prática. 7. ed. Salvador: Juspodivm, 2016. pp. 284/285.

quando tiver sido ajuizada ação investigatória de paternidade ou negatória de paternidade. Observe-se que a questão prejudicial (paternidade) é do mesmo ramo da questão principal (alimentos) que se está analisando.

b) **heterogêneas**: uma questão prejudicial é heterogênea quando o conteúdo da relação prejudicial possui natureza diversa da questão principal que se considera. É o caso, por exemplo, da questão envolvendo a nulidade do casamento na hipótese de crime de bigamia.

Nas questões prejudiciais heterogêneas e homogêneas, a **prejudicialidade** pode ser **obrigatória** ou **facultativa**. A prejudicialidade é obrigatória quando o julgador não pode resolver a questão principal sem antes resolver a questão prejudicial; no caso de prejudicialidade facultativa, o juiz pode sentenciar ainda que não resolvida a questão prejudicial.

No caso de questão prejudicial heterogênea obrigatória, o juiz deverá suspender o processo, até que haja o julgamento da outra causa, conforme o art. 313, inc. V, al. "a", do Novo CPC.[187] No caso de prejudicial heterogênea facultativa, também poderá suspender o processo, mas essa suspensão não poderá ultrapassar 1 (um) ano, a partir de quanto deverá retomar o seu curso (art. 313, § 4º e 5º, NCPC[188]).

Alguns doutrinadores colocam a alegação de pagamento como questão prejudicial.[189] Todavia, tal questão mais se assemelha ao mérito propriamente dito.

Na sentença, se a questão prejudicial tiver sido suscitada como motivo para suspensão do feito, sendo ela facultativa, poderá o juiz julgar imediatamente o feito. Ou, já tendo suspendido, se ultrapassar 1 (um) ano, poderá determinar que o processo retome o seu curso e, dessa forma, julgar a causa.

---

187 NCPC: "Art. 313. Suspende-se o processo: [...] V – quando a sentença de mérito: a) depender do julgamento de outra causa ou da declaração de existência ou de inexistência de relação jurídica que constitua o objeto principal de outro processo pendente".

188 NCPC: "Art. 313 [...] § 4º O prazo de suspensão do processo nunca poderá exceder 1 (um) ano nas hipóteses do inciso V e 6 (seis) meses naquela prevista no inciso II. § 5º O juiz determinará o prosseguimento do processo assim que esgotados os prazos previstos no § 4º."

189 "Como o pagamento não é uma matéria processual, entendo que seja uma verdadeira prejudicial de mérito. Acaso o magistrado decida que realmente a indenização já foi paga, extinguirá o feito ali mesmo, sem passar à análise de qualquer outro ponto sobre o acidente, a menos que o réu tenha apresentado reconvenção para excluir sua responsabilidade e ter de volta o que pagou espontaneamente". (ALVES, Alexandre Henry. *Sentença cível.* 2. ed. Porto Alegre: Verbo Jurídico, 2011. p. 176)

13.5 Análise dos fatos e das provas

Na prática judicante, a análise das provas é uma das tarefas mais complexas. Contudo, em concurso público, a questão costuma trazer certa clareza em relação ao que cada prova demonstra sobre os fatos.[190] Desse modo, a análise probatória em concursos públicos deve se restringir aos elementos trazidos na questão, devendo-se analisar todas as provas elencadas, seja para fundamentar a tese acolhida pelo julgador, seja para dizer que não possui credibilidade e que está em dissonância com as demais provas.

O procedimento probatório compreende as fases de proposição, admissão, produção e valoração.

Estando os autos conclusos para julgamento, é possível que o juiz tenha que analisar a admissão da prova, hipótese em que, se indeferir a produção de determinada prova, poderá continuar com o julgamento por sentença; caso defira a prova, terá de converter o julgamento em diligência, hipótese em que se tratará de decisão interlocutória. Essa análise deve ser feita logo no início da fundamentação (vide item *questões que deveriam ter sido decididas, mas não o foram*).

De outro lado, a fase de valoração da prova é típica da sentença. Ou seja, é no ato sentencial que o juiz analisa e atribui o valor de cada prova.

No processo civil brasileiro, vige o **princípio da persuasão racional**, segundo o qual a prova não é tarifada (não é a lei que diz o valor de cada prova), pois é o juiz que atribuiu o valor de cada prova, mas deve sempre fundamentar as suas conclusões sobre elas.

Na sentença, por vezes, o julgador também se depara com questões complexas, tais como ônus da prova, inversão do ônus probatório, alegação de falsidade documental, fato superveniente. Tais questões serão analisadas a seguir.

13.5.1 Ônus da prova

Incumbe ao **autor** provar os **fatos constitutivos do seu direito subjetivo** (art. 373, I, NCPC). Ao **réu**, cabe comprovar os **fatos modificativos, extintivos ou impeditivos do direito do autor** (art. 373, II, NCPC). Essa é a regra básica do ônus probatório.

---

190 No mesmo sentido: "O acervo probatório não costuma dar muito trabalho em uma prova de concursos, porque já está pronto e o examinador deixa evidente as conclusões sobre o que ficou provado na instrução. Na prática cotidiana, porém, a fase da instrução do processo é justamente uma das mais complexas e também a responsável por grande parte do tempo gasto no desenrolar do feito" (ALVES, Alexandre Henry. *Sentença cível.* 2. ed. Porto Alegre: Verbo Jurídico, 2011. p. 203)

Desse modo, a parte autora deverá demonstrar a existência da relação jurídica de direito material que alega.

À parte ré, incumbe provar, por exemplo: a) a prescrição, a decadência; b) a novação; c) a inexistência de vínculo jurídico; d) o pagamento; e) a existência de caso fortuito ou força maior.

A regra do ônus da prova, além de ser importante na fase instrutória, é também fundamental no momento da sentença, ao se valorar as provas, quando se imputa a alguma das partes o ônus pela não comprovação de determinado fato. Assim, caso o autor não comprove um fato constitutivo do seu direito, tal fato será reputado inexistente, pois tinha o ônus da prova. Da mesma forma, se o réu não comprovar um fato impeditivo, modificativo ou extintivo do direito do autor, será tal fato tido por não ocorrido, pois era dele o ônus da prova.

Na fundamentação, é necessária a análise percuciente das provas colhidas no processo. É o conjunto probatório que deve apontar a conclusão.

Modelo de redação:

> *Consoante art. 373, incs. I e II, do Novo CPC, incumbe ao autor provar os fatos constitutivos do seu direito subjetivo e, ao réu, os fatos modificativos, extintivos e impeditivos do direito do autor.*
>
> *Portanto, como a questão referente ao [...] é [fato constitutivo do direito do autor] / [fato modificativo/extintivo/impeditivo do direito do autor], tenho que a prova de tal fato é do autor/réu.*

13.5.2 A questão da inversão do ônus da prova na sentença

Trata-se de um dos temas mais importantes do direito probatório, sobretudo diante das suas implicações práticas. Em razão disso, tal questão precisa ser desenvolvida de forma mais aprofundada.

A **inversão do ônus da prova** consiste na possibilidade de o juiz, diante das circunstâncias do caso concreto, impor o ônus probatório de forma diferente da que estabelecida pelo art. 373, incs. I e II, do Novo CPC, determinando que a prova seja produzida por aquele que a possui (a prova) ou pode mais facilmente produzi-la. Além disso, é também a possibilidade de o juiz alterar a parte que será prejudicada caso a prova não seja produzida, ou seja, quando a decisão judicial tiver de ser proferida com dúvida sobre o fato[191].

191 "Tais regras importam quando um fato principal resulta destituído de prova, pois a sua função é estabelecer a parte que deveria provar o fato e determinar as consequências que sobre essa recaem diante da ausência de tal prova. Nesse sentido, a regra do ônus da prova se apresenta como regra destinada a viabilizar a decisão do juiz em caso de dúvida ou, em

Com efeito, o § 1º do art. 373 do Novo CPC assim prevê: "**Nos casos previstos em lei ou diante de peculiaridades da causa relacionadas à impossibilidade ou à excessiva dificuldade de cumprir o encargo nos termos do *caput* ou à maior facilidade de obtenção da prova do fato contrário, poderá o juiz atribuir o ônus da prova de modo diverso, desde que o faça por decisão fundamentada, caso em que deverá dar à parte a oportunidade de se desincumbir do ônus que lhe foi atribuído**".

Assim, por exemplo, se incumbia ao autor provar o fato, mas o juiz inverte o ônus probatório, caberá ao réu o ônus de prová-lo; por conseguinte, se a prova não for produzida, o réu terá uma situação jurídica de desvantagem, pois o juiz, no caso de dúvida, julgará a causa como se o fato alegado pelo autor tivesse acontecido na forma por ele relatada.

O art. 357, inc. III, do Novo Código prevê que a distribuição do ônus da prova deve ocorrer na decisão de saneamento e organização do processo.[192]

A questão que se coloca é se o juiz poderia inverter o ônus da prova na sentença.

O art. 373, § 1º, do Novo CPC estabelece que, no caso de inversão do ônus da prova pelo juiz (*inversão ope judicis*), deverá se oportunizar à parte que se desincumba do ônus que lhe foi atribuído.

Contudo, o Novo CPC não põe fim à controvérsia sobre o momento da inversão do ônus da prova. O argumento central daqueles que defendem a possibilidade de inversão do ônus da prova na sentença (para quem a inversão do ônus da prova é regra de julgamento) diz respeito ao fato de que as partes possuem o dever de colaborar com a atividade jurisdicional, de modo que não poderiam omitir qualquer prova, não havendo qualquer surpresa se a inversão ocorresse na sentença.[193] De outro lado, para aqueles que sustentam que a

---

outros termos, a dar ao juiz não convencido a possibilidade de decidir" (MARINONI; Luiz Guilherme; ARENHART, Sérgio Cruz. *Prova*. 2. ed. São Paulo: Revista dos Tribunais, 2011. p. 352).

192 Portanto, o Novo CPC adota uma Teoria Mista ou Eclética da Distribuição do Ônus da Prova, na medida em que, no art. 373, incs. I e II, está contemplada a Teoria Estática, mas, no § 1º do mesmo artigo e no art. 357, inc. III, estabelece-se a Teoria Dinâmica do Ônus da Prova. De um lado, é possível ao juiz estabelecer o ônus da prova analisando qual das partes tem maiores condições de provar os fatos (Teoria Dinâmica), mas, se nada for estabelecido, segue-se a regra geral (Teoria Estática).

193 Os partidários da **inversão do ônus da prova como regra de julgamento** fundamentam que, no processo civil contemporâneo, as partes têm o dever de colaborar com a atividade jurisdicional, produzindo todas as provas necessárias para a instrução do feito, evitando um julgamento por presunção. As provas não pertencem às partes, mas ao processo (princípio da comunhão da prova). Assim, não existiria surpresa na inversão do ônus da prova na sentença, haja vista que o dever de as partes produzirem as provas já existia desde o início do processo. Se não se desincumbiu desse dever, não produzindo as provas necessárias, não poderia alegar

inversão do ônus da prova é regra de instrução, não se poderia determinar a inversão na sentença, já que a parte seria surpreendida sem que tivesse sido previamente informada para produzir a prova necessária.[194]

Contudo, após muita divergência, a Segunda Seção do **Superior Tribunal de Justiça** pacificou a questão, determinando que **"a inversão *ope judicis* do ônus probatório deve ocorrer preferencialmente na fase de saneamento do processo ou, pelo menos, assegurando-se à parte a quem não incumbia inicialmente o encargo, a reabertura de oportunidade para apresentação de provas"**[195].

---

posteriormente que foi surpreendida e que não pode produzir as provas de que dispunha. De acordo com essa corrente, pensar em sentido contrário seria privilegiar uma visão individualista e liberal de processo, que não é mais admitida no processo civil contemporâneo. Defendem essa posição, dentre outros: Cecília Matos (O ônus da prova no Código de Defesa do Consumidor. *Revista de Direito do Consumidor*, São Paulo, n. 11, p. 161-169, jul.-set. 1994), Nelson Nery Júnior (Aspectos do Processo Civil no Código De Defesa Do Consumidor. *Revista do Direito do Consumidor*, São Paulo, v. 1, p. 200-221, mai. 1992. p. 217-218) e Kazuo Watanabe (Disposições gerais. In: GRINOVER, Ada Pellegrini et. al. *Código Brasileiro de Defesa do Consumidor:* comentado pelos autores do anteprojeto. 8. ed. Rio de Janeiro: Forense, 2004. p. 21-58. p. 196). Além disso, argumentam que as regras de distribuição de ônus da prova teriam como destinatárias o juiz, tratando-se de regra de julgamento, e objetivariam evitar o *non liquet* no momento do julgamento do pedido" (WATANABE, Kazuo. Disposições gerais. In: GRINOVER, Ada Pellegrini et. al. *Código Brasileiro de Defesa do Consumidor:* comentado pelos autores do anteprojeto. 8. ed. Rio de Janeiro: Forense, 2004. p. 21-58. p. 196). Nesse ínterim, fundamentam que a função do ônus da prova é autorizar o pronunciamento judicial sobre o mérito do pedido quando não haja convicção plena do magistrado sobre os fatos e, em razão disso, a inversão do ônus da prova deveria ser regra de julgamento (PACÍFICO, Luiz Eduardo Boaventura. Perspectiva sistemática do momento de inversão do ônus da prova: do CDC ao CPC. *Juris Plenum*, Caixas do Sul, RS, ano 4, n. 20, p. 65-76, mar.-abr. 2008. p. 66-67). Além disso, "por ser norma de julgamento qualquer conclusão sobre o ônus da prova não pode ser emitida antes de encerrada a fase instrutória, sob o risco de ser um pré-julgamento, parcial e prematuro" (MATOS, Cecília. O ônus da prova no Código de Defesa do Consumidor. *Revista de Direito do Consumidor*, São Paulo, n. 11, p. 161-169, jul.-set. 1994).

194 Dentre aqueles que entendem que a inversão do ônus da prova do art. 6º, VIII, do CDC é regra de instrução, estão: Hugo Nigro Mazzilli (*A defesa dos interesses difusos em juízo*. 18. ed. São Paulo: Saraiva, 2005), Carlos Roberto Barbosa Moreira (Notas sobre a Inversão do Ônus da Prova em benefício do Consumidor. *Revista de Direito do Consumidor*, São Paulo, n. 22, p. 135-149, abr./jun. 1997), Antônio Gidi (Aspectos da inversão do ônus da prova no Código de Defesa do Consumidor. *Revista de Direito do Consumidor*, São Paulo, n. 13, p. 33-41, jan.-mar. 1995) e Tania Lis Tizzoni Nogueira (Direitos básicos do consumidor: a facilitação da defesa dos consumidores e a inversão do ônus da prova. *Revista de Direito do Consumidor*, São Paulo, n. 10, p. 48-60, abr./jun. 1994).

195 **"A distribuição do ônus da prova, além de constituir regra de julgamento dirigida ao juiz (aspecto objetivo), apresenta-se também como norma de conduta para as partes, pautando, conforme o ônus atribuído a cada uma delas, o seu comportamento processual (aspecto subjetivo).** Doutrina. **Se o modo como distribuído o ônus da prova influi no comportamento processual das partes (aspecto subjetivo), não pode a inversão 'ope judicis' ocorrer quando do julgamento da causa pelo juiz (sentença) ou pelo tribunal**

Assim, recomenda-se que não se inverta o ônus da prova na sentença. Aliás, por vezes, observa-se que a própria legislação já faz a inversão do ônus probatório (inversão *ope legis*), tornando desnecessária a inversão pelo julgador. Por exemplo, no âmbito das relações de consumo, o art. 12, § 3º, o art. 14, § 3º, e o art. 38 do CDC preveem a inversão legal do ônus probatório, sendo, muitas vezes, desnecessária a inversão *ope iudicis*.

13.5.3 Alegação de falsidade documental

A contestação é o momento oportuno para o réu se manifestar sobre os documentos juntados pelo autor na petição inicial[196].

Desse modo, a alegação de falsidade dos documentos apresentados pelo autor na petição inicial também deverá ser formulada na contestação. No Novo CPC, não há mais incidente processual autônomo para tal alegação.

Se os documentos forem juntados pelo réu, ou pelo autor após a inicial, a falsidade deverá ser alegada no prazo de 15 dias, a contar da intimação acerca do documento (art. 430, *caput*, NCPC)[197].

Como regra, a falsidade será decidida como questão incidental. Mas qualquer das partes poderá requerer que o juiz a decida como questão principal, na forma do art. 19, inc. II, do Novo CPC[198], quando fará coisa julgada material.

Assim, na sentença, a alegação de falsidade documental deverá ser feita da seguinte forma:

a) se for alegada a falsidade documental, mas nenhuma das partes requerer que seja decida como questão principal: a questão da falsidade documental deverá ser enfrentada somente na fundamentação da sentença. Exemplo:

(acórdão). Previsão nesse sentido do art. 262, § 1º, do Projeto de Código de Processo Civil. **A inversão 'ope judicis' do ônus probatório deve ocorrer preferencialmente na fase de saneamento do processo ou, pelo menos, assegurando-se à parte a quem não incumbia inicialmente o encargo, a reabertura de oportunidade para apresentação de provas. Divergência jurisprudencial entre a Terceira e a Quarta Turma desta Corte**" (STJ, REsp 802.832/MG, Rel. Min. Paulo de Tarso Sanseverino, Segunda Seção, julgado em 13-4-2011, *DJe* 21-9-2011).

196 NCPC: "Art. 437. O réu manifestar-se-á na contestação sobre os documentos anexados à inicial, e o autor manifestar-se-á na réplica sobre os documentos anexados à contestação".

197 NCPC: "Art. 430. A falsidade deve ser suscitada na contestação, na réplica ou no prazo de 15 (quinze) dias, contado a partir da intimação da juntada do documento aos autos. Parágrafo único. Uma vez arguida, a falsidade será resolvida como questão incidental, salvo se a parte requerer que o juiz a decida como questão principal, nos termos do inciso II do art. 19".

198 NCPC: "Art. 19. O interesse do autor pode limitar-se à declaração: [...] II – da autenticidade ou da falsidade de documento".

> *[...]*
> *A parte ré alega, em contestação, a falsidade do documento juntado às fls. xx-yy pelo réu. Conforme demonstrado pela perícia grafotécnica, a assinatura aposta no referido documento é falsa. Por conseguinte, inexistindo documento que ampare o alegado crédito da parte autora, não há qualquer relação jurídica para amparar o pleito de cobrança. Logo, improcede o pleito da parte autora.*
> *ANTE O EXPOSTO, julgo improcedentes os pedidos. [...]*

b) se alguma das partes requerer que a falsidade documental seja decidida como questão principal: neste caso, além de enfrentá-la na fundamentação, a decisão também deverá constar do dispositivo. Exemplo:

> *[...]*
> *A parte ré alega, em contestação, a falsidade do documento juntado às fls. xx-yy pelo réu. Conforme demonstrado pela perícia grafotécnica, a assinatura aposta no referido documento é falsa. Assim, procede o pleito da parte ré (formulado em contestação, quando pede que essa matéria seja decidida como questão principal) de declaração de falsidade documental.*
> *Por conseguinte, inexistindo documento que ampare o alegado crédito da parte autora, não há qualquer relação jurídica para amparar o pleito de cobrança. Logo, improcede o pleito da parte autora.*
> *ANTE O EXPOSTO:*
> *1) DECLARO a falsidade do documento de fls. xx-yy;*
> *2) julgo IMPROCEDENTES os pedidos da parte autora. [...]*

13.5.4 Fato superveniente

É possível que as circunstâncias fáticas sejam alteradas no curso da demanda.

Se, depois da propositura da ação, algum fato constitutivo, modificativo ou extintivo do direito puder influir no julgamento da lide, caberá ao juiz tomá-lo em consideração, de ofício ou a requerimento da parte, no momento de proferir a sentença (art. 493, NCPC). Entretanto, para que o julgador adote essa providência, deverá respeitar o contraditório, intimando-se as partes para se manifestarem.

13.6 Cumulação de pedidos

A cumulação de pedidos ocorre quando é formulado mais de um pedido por uma parte no mesmo processo.

Essa cumulação pode ser própria ou imprópria. Também pode ser inicial ou ulterior.

A **cumulação própria** de pedidos é aquela em que são formulados **dois ou mais pedidos, pretendendo-se** o **acolhimento de todos eles.**

A **cumulação própria** pode ser:

a) **Simples:** quando entre os pedidos cumulados não há relação de prejudicialidade, de modo que **um pode ser julgado independentemente do outro.** É o caso, por exemplo, de pedido de indenização por danos morais cumulado com pedido de indenização por danos materiais. Nesse caso, a solução dada para um dos pedidos é independente da dada para o outro. Desse modo, como regra, o julgador poderá analisar primeiro qualquer dos pedidos.

b) **Sucessiva:** quando há relação lógica (de prejudicialidade) entre os pedidos, de modo que **o segundo somente será apreciado se o primeiro for acolhido.** Por exemplo, no caso da ação que cumula pedido de investigação de paternidade com pedido de alimentos, este somente poderá ser acolhido se aquele for procedente. Também é caso de cumulação sucessiva de pedidos a ação reivindicatória cumulada com perdas e danos; a ação de resolução do contrato cumulada com perdas e danos; etc.

De outro lado, a **cumulação imprópria** ocorre quando há cumulação de pedidos, mas **somente um deles pode ser deferido.**

A **cumulação imprópria** pode ser:

a) **Alternativa:** quando **não há uma preferência do autor** em relação a qual dos pedidos deve ser apreciado primeiro. Está prevista no art. 326, parágrafo único, do Novo CPC[199]. Por exemplo, o autor pede que o Estado forneça a cirurgia ou pague a quantia correspondente para ser realizada em clínica particular.

b) **Eventual:** é manifestação do princípio da eventualidade no pedido. O autor pede que, **caso não seja acolhido o primeiro pedido, seja acolhido o segundo**, instituindo uma ordem de apreciação ao magistrado. Está prevista no art. 326, *caput*, do Novo CPC[200]. A cumulação imprópria eventual ocorre, por exemplo, quando o autor pede a anulação do contrato, mas, caso não seja anulado, que seja deferida a sua

199 NCPC: "Art. 326 [...] Parágrafo único. É lícito formular mais de um pedido, alternativamente, para que o juiz acolha um deles".

200 NCPC: "Art. 326. É lícito formular mais de um pedido em ordem subsidiária, a fim de que o juiz conheça do posterior, quando não acolher o anterior".

revisão em razão da onerosidade excessiva; ou quando, p. ex., o autor pede a complementação de área na venda *ad mensuram* ou, caso não seja possível, a redução do preço (*quanti minoris*).

Na **cumulação imprópria eventual**, o pedido subsidiário somente deverá ser analisado pelo juiz se o pedido principal não puder ser examinado (estiver presente alguma hipótese de resolução sem mérito desse pedido) ou se este for improcedente. Esse é também o entendimento que consta no Enunciado 287 do FPPC: "O pedido subsidiário somente pode ser apreciado se o juiz não puder examinar ou expressamente rejeitar o principal".

O **pedido alternativo**, por sua vez, não se confunde com cumulação imprópria alternativa. Pedido alternativo é aquele em que o autor postula o cumprimento de uma **obrigação alternativa**. A obrigação alternativa, prevista nos arts. 252 a 256 do Código Civil, é a que pode ser cumprida de duas ou mais formas, pela escolha do autor ou do réu. Se a escolha couber ao autor, não haverá pedido alternativo, porque, na petição inicial, já exercerá o seu direito de escolha. Se a obrigação couber ao réu, o autor fará pedido alternativo. Com efeito, o art. 325, *caput*, do Novo CPC prevê que "o pedido será alternativo quando, pela natureza da obrigação, o devedor puder cumprir a prestação de mais de um modo". O parágrafo único do mesmo artigo estabelece que, "quando, pela lei ou pelo contrato, a escolha couber ao devedor, o juiz lhe assegurará o direito de cumprir a prestação de um ou de outro modo, ainda que o autor não tenha formulado pedido alternativo". Por exemplo, A e B firmam um contrato de arrendamento rural da propriedade de A, sendo acordado determinado valor, que deverá ser pago por B em sacas de soja ou em dinheiro, incumbindo a escolha ao devedor B. Nesse caso, se ocorrer o inadimplemento, o credor A proporá uma ação contra o devedor B, com pedido alternativo, a fim de que este seja condenado a entregar sacas de soja ou o valor correspondente.

A cumulação dos pedidos ainda pode ser inicial ou ulterior.[201]

Para que seja possível a cumulação de pedidos, é imprescindível que: a) o mesmo Juízo seja competente para todos eles[202]; b) haja compatibilidade

201 A cumulação inicial ocorre quando, na petição inicial, o autor já deduz os pedidos cumulados. A cumulação ulterior ocorre nas hipóteses de aditamento à petição inicial, acrescentando-se novo pedido. Contudo, o autor pode aditar pedidos sem consentimento do réu somente até a citação deste, ou, com o seu consentimento, somente até o saneamento do processo (art. 329, NCPC).

202 Contudo, no caso de incompetência relativa, é possível a cumulação de pedidos. As hipóteses em que a cumulação de demandas é permitida também servem como causas de modificação de competência relativa. Nesse sentido, o Enunciado 289 do FPPC: "Se houver

entre eles;[203] e c) o mesmo procedimento seja adequado para todos eles[204] (art. 327, § 1º, NCPC)[205].

13.7 Julgamento liminar de improcedência

O **julgamento liminar de improcedência** é também conhecido como **improcedência *prima facie*, julgamento liminar de mérito, improcedência liminar do pedido.** **É** realizado por uma decisão jurisdicional de mérito que, antes da citação do réu, julga improcedente o pedido formulado pelo demandante. Trata-se de hipótese de tutela definitiva, capaz de fazer coisa julgada material.

Caso sejam julgados liminarmente improcedentes todos os pedidos, trata-se de sentença.

O art. 332 do Novo CPC prevê que, em determinadas hipóteses que estabelece e sendo dispensada a fase instrutória, "o juiz, independentemente da citação do réu, julgará liminarmente improcedente o pedido". O julgamento é liminar porque ocorre *in limine litis*, ou seja, no início da lide, sem a oitiva da parte contrária (*inaudita altera parte*).

Desse modo, o processo não se desenvolve de acordo com todos os atos da fase de conhecimento. Por isso, somente se admite o julgamento liminar de improcedência nas hipóteses expressamente autorizadas por lei.

---

conexão entre pedidos cumulados, a incompetência relativa não impedirá a cumulação, em razão da modificação legal da competência".

203 De outro lado, a depender do caso, é possível que pedidos incompatíveis possam ser formulados em cumulação imprópria, alternativa ou eventual. Nesse sentido, o art. 326 do NCPC trata da cumulação imprópria, alternativa ou eventual: "Art. 326. É lícito formular mais de um pedido em ordem subsidiária, a fim de que o juiz conheça do posterior, quando não acolher o anterior. Parágrafo único. É lícito formular mais de um pedido, alternativamente, para que o juiz acolha um deles".

204 Mas também é possível a cumulação quando seja possível a adoção do procedimento ordinário, ainda que os pedidos formulados ensejam procedimentos diferentes. Por exemplo, quando um pedido era de procedimento especial e outro ordinário, não há maiores problemas, porque se poderá adotar o procedimento ordinário para a demanda, ainda que com a aplicação de alguns dispositivos do procedimento especial. É o caso, por exemplo, de ação de revisão contratual e ação de consignação em pagamento, em que a cumulação é permitida. No entanto, quando se propõe uma ação de inventário e partilha, ou de desapropriação, não podem ser convertidas em procedimento ordinário, diante da peculiaridade do direito material veiculado.

205 NCPC: "Art. 327. É lícita a cumulação, em um único processo, contra o mesmo réu, de vários pedidos, ainda que entre eles não haja conexão. § 1º São requisitos de admissibilidade da cumulação que: I – os pedidos sejam compatíveis entre si; II – seja competente para conhecer deles o mesmo juízo; III – seja adequado para todos os pedidos o tipo de procedimento.

O **primeiro requisito** estabelecido no Novo CPC é que **seja dispensada a instrução probatória**. Trata-se das hipóteses em que a matéria fática pode ser comprovada de plano unicamente por prova documental. Portanto, o julgamento liminar de improcedência seria um caso especial de julgamento antecipado de mérito (art. 355, I, NCPC), mas que dispensa, além da fase instrutória, a própria citação do réu.

O **segundo requisito** é que o pedido contrarie (art. 332, NCPC): "I – enunciado de súmula do Supremo Tribunal Federal ou do Superior Tribunal de Justiça; II – acórdão proferido pelo Supremo Tribunal Federal ou pelo Superior Tribunal de Justiça em julgamento de recursos repetitivos; III – entendimento firmado em incidente de resolução de demandas repetitivas ou de assunção de competência; IV – enunciado de súmula de tribunal de justiça sobre direito local".

O Novo CPC também prevê outra hipótese legal de julgamento liminar de improcedência: quando o *juiz verificar de plano a decadência ou a prescrição* (art. 332, § 1º, NCPC). Trata-se de inovação, pois, no CPC/1973, a prescrição e a decadência eram causa de indeferimento da inicial.

O **terceiro requisito** é que o juiz conclua que se trata de caso de **improcedência**. Ou seja, não se admite julgamento liminar de procedência.

No âmbito dos Juizados Especiais, é admissível o julgamento liminar de improcedência.[206]

Em relação à *fundamentação*, não há diferenças significativas da sentença de julgamento liminar de improcedência para uma sentença comum, a não ser o fato de que é preciso que, na fundamentação daquela, se demonstre que a situação concreta, além de levar à improcedência, se enquadra numa das situações do art. 332 do Novo CPC.

No tocante ao dispositivo, há algumas peculiaridades. Em razão disso, remete-se o leitor ao subitem próprio ("Indeferimento da petição inicial e julgamento liminar de improcedência"), analisado no item "Dispositivo".

13.8 Revelia – análise dos seus efeitos na fundamentação

A revelia é um **fato**, consistente na **ausência de contestação** no prazo e na forma legais. Se o réu não apresentar contestação, apresentá-la intempestivamente ou apresentar apenas reconvenção, terá ocorrido a revelia.

Não se deve confundir a revelia com os seus efeitos. Com efeito, é possível que ocorra a revelia (ausência de contestação no prazo e forma legais), mas não ocorram um ou mais dos seus efeitos.

---

206 Enunciado 43 da ENFAM: "O art. 332 do CPC/2015 se aplica ao sistema de juizados especiais e o inciso IV também abrange os enunciados e súmulas dos seus órgãos colegiados competentes".

A revelia, como regra, produz os seguintes efeitos jurídicos: 1º) presunção de veracidade dos fatos alegados na inicial (art. 344, NCPC); 2º) não intimação dos ulteriores atos e termos do processo, salvo se já tiver advogado constituído nos autos (art. 346, *caput*, NCPC); e 3º) julgamento antecipado do mérito (art. 355, II, NCPC).

A presunção de veracidade dos fatos alegados na inicial (art. 344, NCPC) é o efeito material (ou substancial) da revelia. Observe-se que a presunção de veracidade recai sobre fatos, não sobre o direito objetivo, tampouco sobre o direito subjetivo alegado pelo autor.

Além disso, a presunção de veracidade das alegações do autor é relativa. Por exemplo, pode ser que as alegações do autor sejam inverossímeis, ou estejam em contrariedade com as provas juntadas aos autos, hipóteses em que a presunção será afastada. Em tais casos, o juiz poderá determinar a abertura da fase de instrução, de modo a intimar o autor a especificar as provas que pretende produzir, se ele ainda não tiver feito isso (art. 348, NCPC)[207]. Nesses casos, o réu, se comparecer aos autos a tempo, também poderá requerer a produção de provas (art. 349, NCPC)[208].

Tudo isso leva a concluir que a revelia não induz necessariamente à procedência dos pedidos.

De outro lado, o próprio CPC estabelece exceções, em que a revelia não produz o efeito de presunção de veracidade dos fatos alegados pelo autor. São elas: quando, havendo pluralidade de réus, algum deles contestar a ação; se o litígio versar sobre direitos indisponíveis; se a petição inicial não estiver acompanhada do instrumento público, que a lei considere indispensável à prova do ato; ou se as alegações do autor sobre fatos forem inverossímeis ou contrariarem a prova dos autos (art. 345, NCPC).

O segundo efeito da revelia é a não intimação dos atos e termos do processo. Trata-se de efeito formal (ou processual) da revelia. **Tal efeito não ocorrerá, contudo, se o réu já tiver advogado constituído nos autos (art. 346, caput, CPC).** Neste caso, mesmo revel, o réu terá de ser intimado de todos os atos e termos do processo por intermédio do seu advogado.

O **terceiro efeito** é o **julgamento antecipado do mérito (art. 355, II, NCPC)**[209]. É também um efeito formal (ou processual) da revelia.

---

207 NCPC: "Art. 348. Se o réu não contestar a ação, o juiz, verificando a inocorrência do efeito da revelia previsto no art. 344, ordenará que o autor especifique as provas que pretenda produzir, se ainda não as tiver indicado".

208 NCPC: "Art. 349. Ao réu revel será lícita a produção de provas, contrapostas às alegações do autor, desde que se faça representar nos autos a tempo de praticar os atos processuais indispensáveis a essa produção".

209 NCPC: "Art. 355. O juiz julgará antecipadamente o pedido, proferindo sentença com resolução de mérito, quando: [...] II – o réu for revel, ocorrer o efeito previsto no art. 344 e não houver requerimento de prova, na forma do art. 349".

Diz-se que o julgamento é antecipado porque ocorre sem que seja aberta a fase de instrução processual, julgando-se o processo com base nas alegações e provas já produzidas.

Entretanto, o art. 349 do Novo CPC estabelece que "ao réu revel será lícita a produção de provas, contrapostas às alegações do autor, desde que se faça representar nos autos a tempo de praticar os atos processuais indispensáveis a essa produção".

Desse modo, o julgamento antecipado do mérito somente incide se o réu revel não formular requerimento de produção de prova antes que ocorra a decisão judicial que determina o julgamento antecipado do mérito ou a própria sentença.

Como já fora mencionado em item anterior, a decretação da revelia deve ocorrer na fase de ordenação e saneamento do processo. Contudo, é comum que os juízes deixem para analisar essa questão na própria sentença.

Assim, se apreciada na sentença, a **decretação da revelia** deve ocorrer logo **no início da fundamentação**, antes da análise do mérito (vide o item "questão que já deveria ter sido decidida, mas não o foi").

Na sequência, é preciso dizer se há o efeito da revelia consistente no **julgamento antecipado do mérito**.

No mérito, cabe analisar o efeito material ou substancial da revelia, consistente na **presunção de veracidade dos fatos alegados na inicial (art. 344, NCPC). Também é preciso dizer que essa presunção é relativa, razão pela qual é imprescindível o conjunto probatório existente nos autos, bem como fazer valoração das provas.**

Observe-se o seguinte modelo, que pode ser seguido tanto para o caso em que as provas estão no mesmo sentido da presunção ou em sentido contrário (com alteração apenas da parte final):

> ***I. RELATÓRIO***
>
> *[...]*
>
> *Citada, a parte ré não apresentou contestação, conforme certificado nos autos.*
>
> *Em réplica, a parte autora requereu a decretação da revelia, bem como o julgamento antecipado do mérito.*
>
> ***II. FUNDAMENTAÇÃO***
>
> ***1. DA REVELIA***
>
> *[...]*
>
> *A parte requerida foi citada à fl. x, mas não apresentou contestação no prazo legal, consoante certidão de fl. y.*
>
> *Assim, decreto a revelia da parte ré, nos termos do art. 344 do Novo CPC.*

Tendo em vista revelia e o fato de não terem sido requeridas outras provas, promovo o julgamento antecipado da lide, a teor do que dispõe o artigo 355, inc. II, do Novo CPC.

2. MÉRITO

[...]

Diante da revelia, reconhecida acima, ocorre a presunção de veracidade dos fatos alegados pela parte autora, conforme art. 344 do Novo CPC.

Contudo, trata-se de presunção relativa, podendo ser afastada quando as provas ou as circunstâncias levarem à conclusão diversa, razão pela qual é necessário analisar as demais provas constantes dos autos.

[...].

Portanto, verifico que, além da presunção de veracidade que milita em favor da parte autora, esta também demonstra que [...] / Portanto, verifico que, em que pese a presunção de veracidade que milita em favor da parte autora, trata-se de presunção relativa, além do que as provas dos autos não amparam as suas alegações.

13.9 Reconvenção

A reconvenção deve ser **apresentada na mesma peça da contestação (inovação do CPC/2015)**, de modo que também será processada **nos mesmos autos**[210]. Também é possível o réu propor reconvenção sem contestar (art. 343, § 6º, NCPC).

Se a reconvenção for apresentada em petição diversa da contestação e em momentos distintos, a protocolização da primeira gera a preclusão consumativa, impedindo a admissão da segunda. Isso porque é possível ao réu apresentar contestação sem reconvenção, bem como reconvenção sem contestação[211]. De outro lado, se forem apresentadas simultaneamente, pode haver dois entendimentos: a) inadmissão da reconvenção, porque deveria ter sido apresentada no bojo da contestação; ou b) há mera irregularidade, porque não há prejuízo.

A reconvenção pode ser proposta pelo réu (reconvinte) contra o autor, pelo réu (reconvinte) contra o autor e terceiro (reconvindos), ou pelo autor e terceiro (como reconvintes) contra o réu (reconvindo)[212].

A reconvenção **não gera processo novo.** De outro lado, a reconvenção implica **ampliação objetiva** do processo, pois se acrescenta nova causa de pedir e novo pedido.

---

210 NCPC: "Art. 343. Na contestação, é lícito ao réu propor reconvenção para manifestar pretensão própria, conexa com a ação principal ou com o fundamento da defesa".

211 NCPC: "Art. 343 [...] § 6º O réu pode propor reconvenção independentemente de oferecer contestação".

212 NCPC: "Art. 343 [...] § 3º A reconvenção pode ser proposta contra o autor e terceiro. § 4º A reconvenção pode ser proposta pelo réu em litisconsórcio com terceiro".

Para que seja possível o oferecimento de reconvenção, são necessários os seguintes **requisitos:**

1º) a reconvenção seja formulada na contestação;

2º) o juízo seja competente para ambas as demandas;

3º) haja compatibilidade entre os procedimentos; e

4º) exista conexão entre a reconvenção e a demanda principal, ou entre a reconvenção e o fundamento de defesa (conexão aqui significa algum nexo, um ponto de contato entre a reconvenção e a demanda principal, ou entre a reconvenção e o fundamento de defesa[213]**).**

Ausentes esses requisitos, a reconvenção deve ser indeferida e seus pedidos serem julgados extintos sem resolução do mérito (art. 485, I, NCPC).

Para que seja admitida e processada a reconvenção, não é necessária a utilização desse nome, bastando que o réu formule pretensão na contestação. Nesse sentido, também o Enunciado 45 do FPPC: "*Para que se considere proposta a reconvenção, não há necessidade de uso desse nomen iuris, ou dedução de um capítulo próprio. Contudo, o réu deve manifestar inequivocamente o pedido de tutela jurisdicional qualitativa ou quantitativamente maior que a simples improcedência da demanda inicial*".

A reconvenção é demanda autônoma em relação à ação principal, ainda que tramitem no mesmo processo. Desse modo, a desistência da ação principal pelo autor ou a ocorrência de causa extintiva que impeça o exame do seu mérito não obstam o prosseguimento e o julgamento do mérito da reconvenção[214].

Se possível, **a ação principal** e a **reconvenção** deverão ser **julgadas na mesma sentença.**

Outra questão importante diz respeito aos **honorários advocatícios.** Como a reconvenção é demanda autônoma, proposta pelo réu contra o autor da demanda principal, haverá, ao final, um vencedor e um vencido, pois o

---

213 Nesse sentido, também Alexandre Câmara: "O termo *conexão* não é empregado no art. 343 no mesmo sentido em que aparece em outras passagens do CPC, como no art. 55. A conexão como pressuposto da reconvenção deve ser compreendida como a exigência de [...] algum traço comum capaz de justificar sua reunião em um só processo. Não é preciso, porém, que haja identidade de causa de pedir ou de pedido, como resultaria do art. 55" (CÂMARA, Alexandre Freitas. *O novo processo civil brasileiro*. São Paulo: Atlas, 2015. p. 207).

214 NCPC: "Art. 343 [...] § 2º A desistência da ação ou a ocorrência de causa extintiva que impeça o exame de seu mérito não obsta ao prosseguimento do processo quanto à reconvenção".

pedido reconvencional será julgado procedente, parcialmente procedente ou improcedente. Por conseguinte, na sentença, também deverá haver **fixação de honorários advocatícios** sucumbenciais para a **reconvenção**. Nesse sentido, o art. 85, § 1º, do Novo CPC[215] consolida o entendimento do STJ sobre o assunto[216].

É necessário, ainda, verificar o cabimento da reconvenção em alguns **procedimentos especiais**. Abaixo, elencam-se as principais questões envolvendo o tema:

TIPO DE AÇÃO/PROCEDIMENTO	ADMISSIBILIDADE/NÃO ADMISSIBILIDADE DE RECONVENÇÃO
Juizados Especiais	**Não se admite reconvenção** no **procedimento sumaríssimo**. É admitido, contudo, o **pedido contraposto**.
Ações coletivas	O Novo CPC estabelece que "se o autor for substituto processual, o reconvinte deverá afirmar ser titular de direito em face do substituído, e a reconvenção deverá ser proposta em face do autor, também na qualidade de substituto processual" (art. 343, § 5º).
Ação monitória	**A** Súmula 292 do STJ prevê que **"a reconvenção é cabível na ação monitória, após a conversão do procedimento em ordinário"**.
Ação de busca e apreensão em alienação fiduciária	**O** STJ, com precedentes da sua Corte Especial, também pacificou o entendimento de que **"é cabível a apresentação de reconvenção à ação de busca e apreensão decorrente de alienação fiduciária**, com a finalidade de se pleitear a revisão do contrato, bem como a devolução de quantias pagas a maior"[217].

215 NCPC: "Art. 85. A sentença condenará o vencido a pagar honorários ao advogado do vencedor. § 1º São devidos honorários advocatícios na reconvenção, no cumprimento de sentença, provisório ou definitivo, na execução, resistida ou não, e nos recursos interpostos, cumulativamente".

216 **"A reconvenção constitui ação autônoma; dessa forma, são devidos os honorários em razão da sucumbência, independentemente do resultado da ação principal"** (STJ, REsp 614.617/DF, Rel. Min. Humberto Martins, Segunda Turma, julgado em 9-6-2009, *DJe* 29-6-2009).

217 STJ, AgRg no REsp 1028453/RJ, Rel. Min. Vasco Della Giustina (Desembargador Convocado do TJ/RS), Terceira Turma, julgado em 23-11-2010, *DJe* 9-12-2010.

Ação declaratória	**A** doutrina e a jurisprudência também são uníssonas em **admitir reconvenção no bojo de ação declaratória**[277].
Embargos à execução fiscal	**O** art. 16, § 3º, da Lei de Execução Fiscal (Lei 6.830/1980) prevê expressamente que "**não será admitida reconvenção nos embargos à execução fiscal**".
Ação rescisória	**S**omente será admitida a reconvenção em ação rescisória se o pedido reconvencional também for rescisório e relativo ao mesmo julgado impugnado na ação rescisória[278].

Na fundamentação sentença, é importante que se faça, na parte relativa ao mérito, a **divisão** entre a **análise dos pedidos formulados na demanda principal** pelo autor e a dos **pedidos formulados na reconvenção.**

Modelo:

I – RELATÓRIO *(analisar todos os atos do processo de acordo com a cronologia dos acontecimentos – lembrando-se que a reconvenção não gera processo novo, pois é uma demanda incidente deduzida em contestação)*

[...]

II – FUNDAMENTAÇÃO *(analisar separadamente a demanda principal e a reconvenção)*

1. QUANTO À DEMANDA PRINCIPAL

[...]

2. QUANTO À RECONVENÇÃO

[...]

III – DISPOSITIVO

ANTE O EXPOSTO:

---

218 "**AÇÃO DECLARATÓRIA DE NULIDADE DE APONTAMENTO A PROTESTO**. [...] **AÇÃO DE COBRANÇA VEICULADA EM RECONVENÇÃO. ADMISSIBILIDADE**" (STJ, REsp 953.192/SC, Rel. Min. Sidnei Beneti, Terceira Turma, julgado em 7-12-2010, *DJe* 17-12-2010). No mesmo sentido: STJ, REsp 921.947/PR, Rel. Min. Sidnei Beneti, Terceira Turma, julgado em 7-6-2011, *DJe* 13-6-2011.

219 "**Admite-se o oferecimento de reconvenção em ação rescisória quando aquela modalidade de resposta do réu também possuir natureza rescisória e referir-se ao mesmo julgado que é objeto da inicial**" (TJDFT, Acórdão n. 480597, 20090020096006ARC, Rel. João Mariosi, 3ª Câmara Cível, julgado em 14-2-2011, *DJ* 17-2-2011 p. 51).

1) julgo PARCIALMENTE PROCEDENTES os pedidos formulados pela parte autora/reconvinda na demanda principal, para o fim de:

1.1) [...]

1.2) [...]

2) julgo PARCIALMENTE PROCEDENTES os pedidos formulados pelo réu/reconvinte na reconvenção, para o fim de:

2.1) [...]

2.2) [...]

13.10 Pedido Contraposto

Admite-se pedido contraposto (formulação de pedido pelo réu na contestação) nos Juizados Especiais Cíveis. No procedimento sumaríssimo, o pedido contraposto deve ser formulado **na própria contestação**, desde que esse pedido seja fundado nos **mesmos fatos** que constituem o objeto da demanda (art. 31, Lei n. 9.099/1995). Assim, as hipóteses de pedido contraposto são mais restritas que as de reconvenção, já que esta é admissível desde que haja qualquer relação com o pedido principal ou com os fundamentos de defesa. Desse modo, admite-se pedido contraposto, formulado pelo réu, por exemplo, na contestação oposta à ação de ressarcimento proposta pelo autor, quando um imputa ao outro a culpa pelo acidente de trânsito. Observe-se que, neste caso, o pedido contraposto tem como base os mesmos fatos que fundamentam o pedido do autor.

Na sentença, inicialmente devem ser apreciados os pedidos formulados pela parte autora. Após, os pedidos contrapostos formulados pela parte ré. É importante que haja uma divisão clara entre a apreciação de um e de outro.

Modelo:

FUNDAMENTAÇÃO

1. QUANTO À DEMANDA PRINCIPAL

[...]

2. QUANTO AOS PEDIDOS CONTRAPOSTOS

[...]

DISPOSITIVO

ANTE O EXPOSTO:

1) julgo PARCIALMENTE PROCEDENTES os pedidos formulados pela parte autora na demanda principal, para o fim de:

1.1) [...]

1.2) [...]

1.3) [...]

2) julgo PARCIALMENTE PROCEDENTES os pedidos contrapostos formulados pelo réu na contestação, para o fim de:

2.1) [...]

2.2) [...]

13.11 Abordagem da intervenção de terceiros e outros incidentes na sentença

As espécies de intervenção de terceiro são as seguintes: a) assistência; b) recurso de terceiro; c) denunciação da lide; d) chamamento ao processo; e) incidente de desconsideração da personalidade jurídica; e f) intervenção do *amicus curiae*.

A assistência, o chamamento ao processo e o incidente de desconsideração da personalidade jurídica geram ampliação subjetiva da demanda e do processo. Isto é, há o acréscimo de partes, mas não de pedidos.

De outro lado, no caso de denunciação da lide, há a ampliação objetiva e subjetiva, pois há o acréscimo de pedidos e de partes.

A oposição, no Novo CPC, não é mais modalidade de intervenção de terceiro. Com efeito, trata-se de processo incidente (e não mais incidente processual). Ainda assim, é merecedor de análise neste livro, pois, se possível, deverá haver a reunião da oposição e da ação principal para julgamento conjunto.

13.11.1 Assistência

Assistência é a intervenção que permite ao terceiro **ingressar no processo para auxiliar qualquer das partes da demanda a obter uma sentença favorável.** O terceiro que ingressa no processo chama-se de **assistente**, e a parte que é auxiliada pelo assistente denomina-se **assistido.**

A **assistência simples** é aquela em que o terceiro não é sujeito da relação jurídica de direito material discutida no processo, mas **é sujeito da relação jurídica subordinada, dependente ou conexa à que é discutida no processo.**

Na **assistência litisconsorcial, o terceiro é sujeito da relação jurídica de direito material deduzida no processo.** Nesse caso, o terceiro poderia ter sido parte desde o início do processo, em litisconsórcio. Em razão disso, essa assistência é chamada de litisconsorcial[220]. Também é conhecida como **assistência qualificada.**

220 "Na assistência adesiva simples, o assistente está ligado de alguma forma ao assistido, com quem mantém relação jurídica conexa ou dependente, que poderá ser afetada pela

O **assistente simples e o assistente litisconsorcial** serão **tratados de forma distinta no processo. Por isso, a importância do seu estudo para a técnica de sentença cível.**

Abaixo, apresenta-se um quadro esquemático com as principais e características e diferenças entre essas formas de assistência:

ASSISTENTE SIMPLES	ASSISTENTE LITISCONSORCIAL
a) possui uma situação jurídica subordinada à da parte que assiste; recebe a causa no estado em que se encontra (art. 119, p. único, NCPC); b) será condenado ao pagamento das custas processuais na proporção da sua atividade desempenhada na causa (art. 94, NCPC); c) poderá desistir da intervenção, independentemente do consentimento das partes; d) a sua intervenção não obsta que a parte assistida reconheça a procedência do pedido, desista da ação, renuncie ao direito sobre o que se funda a ação ou transija sobre direitos controvertidos (art. 122, NCPC); e) se o assistido for revel, o assistente simples será seu substituto processual (art. 121, p. único, NCPC); f) atua no processo como auxiliar da parte principal, exercendo os mesmos poderes e sujeitando-se aos mesmos ônus processuais que o assistido (art. 121, *caput*, NCPC); g) poderá requerer a produção de provas, formular quesitos, fazer alegações, formular perguntas em audiências, recorrer, contra-arrazoar recursos; h) ficará sujeito à eficácia da intervenção, na forma do art. 123 do Novo CPC.	a) ao ingressar no processo, assume a posição de verdadeiro **litisconsorte** da parte em favor da qual interveio; b) "considera-se litisconsorte da parte principal o assistente sempre que a sentença influir na relação jurídica entre ele e o adversário do assistido" (art. 124, NCPC); c) possui todos os poderes, direitos, deveres, ônus, faculdades e sujeições processuais que as partes possuem, mas de forma independente delas; d) será tratado como **parte**, como **litisconsorte** no processo, para todos os fins.

13.11.2 Denunciação da lide

A denunciação da lide é uma forma de intervenção de terceiro bastante suscitada na prática judicante e também muito recorrente em concursos pú-

sentença proferida contra a parte assistida" (SILVA, Ovídio A. Baptista da. *Curso de processo civil:* processo de conhecimento. v. 1. 7. ed. Rio de Janeiro: Forense, 2006. p. 263).

blicos. Por isso, merece uma análise mais acurada, sobretudo em relação às complexidades, controvérsias e diversas peculiaridades que cercam o instituto no ato da sentença.

13.11.2.1 Questões introdutórias

A denunciação da lide é uma espécie de intervenção de terceiro forçada ou provocada, consistente em **demanda regressiva condicional acessória, que visa a garantir o direito de regresso no mesmo processo, caso a parte denunciante venha a perder a demanda principal.**

As hipóteses de cabimento da denunciação da lide estão previstas no art. 125 do Código de Processo Civil. Admite-se a denunciação da lide, provocada por qualquer das partes: **"I – ao alienante imediato, no processo relativo à coisa cujo domínio foi transferido ao denunciante, a fim de que possa exercer os direitos que da evicção lhe resultam; II – àquele que estiver obrigado, por lei ou pelo contrato, a indenizar, em ação regressiva, o prejuízo de quem for vencido no processo".**

A denunciação da lide **pode ser provocada pelo autor ou pelo réu.**

"Denunciar" tem significado de informar, de dar ciência. É informar o processo a alguém. Assim, denunciar a lide (a alguém) significa notificar alguém sobre o processo. Por conseguinte, é incorreto utilizar a expressão "denunciação à lide", pois não se denuncia alguém à lide, senão a lide a alguém.

A denunciação da lide é uma nova demanda, que **não origina um novo processo**, pois produz uma ampliação subjetiva e objetiva do processo já existente. Há **ampliação subjetiva** porque se acrescenta uma parte na relação jurídica processual, o denunciado; existe **ampliação objetiva** porque a denunciação da lide contém novo pedido, do denunciante contra o denunciado.

Observe-se o seguinte o exemplo ilustrado no quadro abaixo:

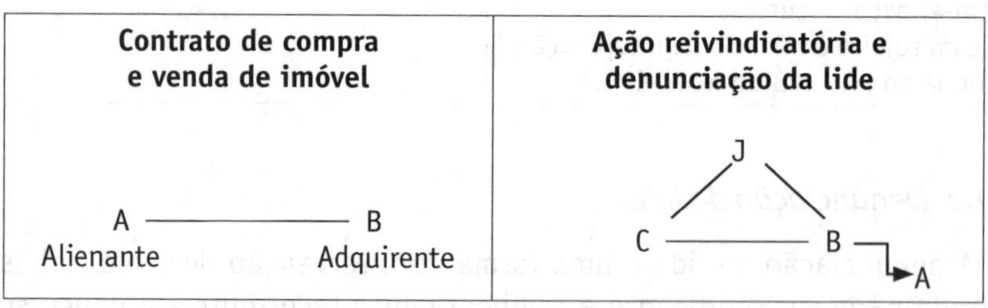

Assim, haverá duas demandas num mesmo processo: a) a demanda principal, do autor contra o réu; b) a denunciação da lide (demanda regressiva condicional), do denunciante (autor ou réu) contra o denunciado (terceiro).

Hipóteses de inadmissibilidade da denunciação da lide: a denunciação da lide **não é admissível** nas seguintes hipóteses: a) no rito sumaríssimo (art. 10 da Lei n.º 9.099/95); b) nas ações envolvendo relações de consumo (art. 88 do CDC); c) em cumprimento de sentença; d) em processo de execução[221].

13.11.2.2 Forma de estruturação da sentença

Existe uma relação de prejudicialidade entre a demanda principal e a denunciação da lide. Assim, na estruturação lógica da fundamentação da sentença, a ação principal deverá ser julgada antes da análise da denunciação da lide. Isso porque o julgamento da denunciação da lide está condicionado ao resultado da demanda principal. Assim, diz-se que a demanda principal é prejudicial em relação à denunciação da lide.

O art. 129, *caput*, do Novo CPC estabelece que, "se o denunciante for vencido na ação principal, o juiz passará ao julgamento da denunciação da lide". Assim, caso a demanda principal seja julgada procedente e o réu tenha denunciado a lide, a denunciação da lide será julgada procedente, parcialmente procedente ou improcedente, conforme exista ou não o direito de regresso.

De outro lado, o parágrafo único do mesmo artigo 129 estabelece que, "se o denunciante for vencedor, a ação de denunciação não terá o seu pedido examinado, sem prejuízo da condenação do denunciante ao pagamento das verbas de sucumbência em favor do denunciado".

Portanto, se a demanda principal for julgada improcedente e o réu tiver denunciado a lide, a denunciação não terá o seu pedido examinado. Isso porque o julgamento da denunciação da lide estava condicionado ao resultado da ação principal. Estando prejudicado o julgamento da denunciação da lide, esta deverá será julgada extinta sem resolução do mérito ou improcedente? Há duas correntes:

1ª Corrente) Cândido Rangel Dinamarco[222] e outros: se o denunciante vencer a demanda principal, a denunciação da lide será julgada prejudicada,

221 A doutrina entende que a denunciação da lide "não cabe no processo de execução, na fase de cumprimento de sentença e no processo cautelar" (MARINONI, Luiz Guilherme; MITIDIERO, Daniel. *Código de Processo Civil:* comentado artigo por artigo. 4. ed. São Paulo: Revista dos Tribunais, 2012. p. 558). No mesmo sentido, a jurisprudência: "**Este Superior Tribunal tem se posicionado no sentido de não ser cabível o chamamento ao processo em fase de execução**" (STJ, AgRg no Ag 703.565/RS, Rel. Min. Maria Isabel Gallotti, Quarta Turma, julgado em 20-11-2012, *DJe* 4-12-2012).

222 DINAMARCO, Cândido Rangel. *Intervenção de terceiros.* 3. ed. São Paulo: Malheiros, 2002. p. 148.

não sendo julgada no seu mérito, ou seja, será extinta sem resolução do mérito. Esse é o entendimento majoritário.[223]

2ª Corrente) Athos Gusmão Carneiro[224] e outros: sendo o denunciante vencedor na demanda principal, a denunciação será julgada improcedente.

Com base numa interpretação sistemática, se a demanda principal foi julgada improcedente, ocorre a perda do objeto da denunciação da lide, de modo que não há mais interesse processual em postular o direito de regresso. Por conseguinte, não haverá julgamento do pedido da denunciação da lide. Portanto, nesse caso, a denunciação da lide deverá ser extinta sem resolução do mérito.

13.11.2.3 Ônus sucumbenciais

Outra questão que desperta bastante controvérsia diz respeito à fixação dos ônus sucumbenciais em relação à denunciação da lide. É possível resumir a questão da seguinte forma:

1º) Se o denunciante for vencido na demanda principal e vencedor na denunciação da lide, tendo havido resistência do denunciado: o denunciado deverá arcar com todos os ônus sucumbenciais.[225]

2º) Caso o denunciante seja vencido na demanda principal e vencedor na denunciação da lide, sem qualquer resistência do denunciado: o denunciante deverá arcar com os ônus sucumbenciais tanto da ação principal (porque vencido – princípio da sucumbência), como na denunciação da lide (porque deu causa à demanda, pois poderia ter esperado o trânsito em julgado da ação principal e buscado o direito de regresso junto à parte denunciada, que não opôs resistência – princípio da causalidade).

3º) Se o denunciante for vencedor na ação principal e a denunciação da lide for julgada prejudicada/extinta sem resolução do mérito: o autor/réu que litiga contra o denunciante será condenado a pagar os ônus sucumbenciais da demanda principal, em razão da sucumbência, e o denunciante será

---

223 Também nesse sentido, dentre outros: SILVA, Amaury. *Manual das sentenças e atos judiciais cíveis*. 2. ed. Leme: J. H. Mizuno, 2017; DONIZETTI, Elpídio. *Redigindo a sentença cível*. 8. ed. São Paulo: Atlas, 2017. p. 87.

224 CARNEIRO, Athos Gusmão. *Intervenção de terceiros*. 13. ed. São Paulo: Saraiva, 2001. p. 119.

225 "Por consistir a denunciação da lide em verdadeira espécie de lide secundária de natureza condenatória, **impõe-se ao litisdenunciado, quando vencido ao opor resistência às pretensões da parte litisdenunciante, o pagamento de honorários sucumbenciais** [...]" (STJ, REsp 1591178/RJ, Rel. Ministro Ricardo Villas Bôas Cueva, Terceira Turma, julgado em 25/04/2017, DJe 02/05/2017)

condenado a pagar os ônus sucumbenciais na denunciação da lide, porque deu causa à ação.[226] Isso porque o denunciante foi quem deu causa à denunciação da lide sem necessidade (a qual foi julgada prejudicada/extinta), pois poderia ter esperado o trânsito em julgado da ação principal para, somente após, avaliar a necessidade de propor ação regressiva autônoma (lembre-se que, de acordo com o Novo CPC, não existe mais "denunciação obrigatória", antes prevista no art. 70, III, CPC/1973). Aplica-se, assim, a norma do art. 85, § 10, do Novo CPC, segundo a qual, "nos casos de perda do objeto, os honorários serão devidos por quem deu causa ao processo". Trata-se do princípio da causalidade.

4º) Se o denunciante for vencido na ação principal e na denunciação da lide: o denunciante deverá ser condenado a arcar com os ônus sucumbenciais tanto na ação principal quanto na denunciação da lide.

13.11.2.4 Questões peculiares e polêmicas na denunciação da lide

a) **Nas relações de consumo**

A Segunda Seção do STJ (que reúne as Turmas de Direito Privado) pacificou entendimento de que a seguradora denunciada pelo segurado pode ser condenada diretamente na ação de indenização promovida contra o segurado, ao fundamento de que, feita a denunciação da lide, seguradora e segurado ocupam a posição de litisconsortes passivos diante do autor[227]. Esse entendimento restou consolidado na Súmula 537 do STJ: "Em ação de reparação de danos, a seguradora denunciada, se aceitar a denunciação ou contestar o pedido do autor, pode ser condenada, direta e solidariamente junto com o segurado, ao pagamento da indenização devida à vítima, nos limites contratados na apólice".

De outro lado, segundo o STJ, a vítima do sinistro não pode ajuizar a ação diretamente contra a seguradora da parte apontada como causadora do dano, na medida em que a relação jurídica do segurado é com esta, e não com aquela. Nesse sentido, a Súmula 529 do STJ: "No seguro de responsabilidade

---

226 "Nos casos em que a denunciação da lide não é obrigatória, a jurisprudência desta Corte proclama que **o litisdenunciante que chamou o denunciado à lide deve arcar com os honorários advocatícios, quando a ação principal for julgada improcedente**". (STJ, AgRg no AREsp 844.663/GO, Rel. Ministro Marco Aurélio Bellizze, Terceira Turma, julgado em 10/05/2016, DJe 19/05/2016)

227 A esse respeito, a tese firmada pelo STJ na sistemática de julgamento de recursos repetitivos: "**Em ação de reparação de danos movida em face do segurado, a Seguradora denunciada pode ser condenada direta e solidariamente junto com este a pagar a indenização devida à vítima, nos limites contratados na apólice**" (STJ, REsp 925.130/SP, Rel. Min. Luis Felipe Salomão, Segunda Seção, julgado em 8-2-2012, *DJe* 20-4-2012).

civil facultativo, não cabe o ajuizamento de ação pelo terceiro prejudicado direta e exclusivamente em face da seguradora do apontado causador do dano".

Assim, a vítima do sinistro não pode ajuizar a ação direta e exclusivamente contra a seguradora. Entretanto, se o segurado, ao ser demandado pela vítima do sinistro, denunciar a lide à seguradora, esta passa a ocupar a posição de litisconsorte passiva juntamente com o segurado, razão pela qual, se procedente o pedido, a seguradora e o segurado devem ser condenados solidariamente ao pagamento direto da indenização à vítima.

No âmbito das relações de consumo, o art. 88 do CDC prevê expressamente que não pode haver denunciação da lide no caso do art. 13, parágrafo único, que trata do direito de regresso entre fornecedores.[228] Assim, se a ação for proposta contra o fornecedor, em decorrência de relação consumerista, ele não poderá denunciar a lide à cadeia de fornecedores. Se pretender exercer o seu direito de regresso, poderá, somente após cumprir a obrigação fixada em sentença, prosseguir contra a cadeia de fornecedores no mesmo processo em que foi condenado, ou ajuizar processo autônomo para tanto.

No entanto, para beneficiar o consumidor, o artigo 101, inc. II, do Código de Defesa do Consumidor prevê a possibilidade de o fornecedor chamar ao processo a seguradora nos casos de seguro de responsabilidade civil[229].

No caso de contrato de seguro, como regra, a intervenção da seguradora no processo deve ser provocada pela via da denunciação da lide, pois a seguradora não possui relação jurídica contra a parte que demanda o segurado. Entretanto, nessa previsão especial do CDC, houve uma nítida intenção de facilitar a reparação ao consumidor, de modo que, havendo o chamamento ao processo, a seguradora é incluída no processo como ré. Logo, pretendeu-se tornar indiscutível a possibilidade de condenação direta da seguradora na ação principal, de modo que terá de ressarcir diretamente o consumidor.

---

228 CDC: "Art. 88. Na hipótese do art. 13, parágrafo único deste código, a ação de regresso poderá ser ajuizada em processo autônomo, facultada a possibilidade de prosseguir-se nos mesmos autos, **vedada a denunciação da lide".**

229 CDC: "Art. 101. Na ação de responsabilidade civil do fornecedor de produtos e serviços, sem prejuízo do disposto nos Capítulos I e II deste título, serão observadas as seguintes normas: [...] II – **O réu que houver contratado seguro de responsabilidade poderá chamar ao processo o segurador**, vedada a integração do contraditório pelo Instituto de Resseguros do Brasil. Nesta hipótese, a sentença que julgar procedente o pedido condenará o réu nos termos do art. 80 do Código de Processo Civil. Se o réu houver sido declarado falido, o síndico será intimado a informar a existência de seguro de responsabilidade, facultando-se, em caso afirmativo, o ajuizamento de ação de indenização diretamente contra o segurador, vedada a denunciação da lide ao Instituto de Resseguros do Brasil e dispensado o litisconsórcio obrigatório com este".

b) Na responsabilidade civil do Estado

Outra questão bastante comum em concursos públicos é a que envolve a responsabilidade civil do Estado. Por isso, importante analisar a possibilidade ou não de denunciação da lide nesses casos.

Trata-se dos casos em que o servidor público, no exercício de suas funções, causa dano a um particular.

No âmbito doutrinário e jurisprudencial, é bastante controversa a admissibilidade da denunciação da lide ao servidor público nos casos de responsabilidade civil do Estado[230].

O STJ entende que a denunciação da lide pelo Estado deve ser possível, mas caberá ao magistrado avaliar se haverá ou não prejuízo à celeridade processual. Nesse ínterim, lembre-se que o Estado tem o dever de indenizar os danos causados por seus agentes, independentemente de demonstração de dolo ou culpa, pois possui responsabilidade objetiva. De outro lado, a responsabilidade civil do servidor público é subjetiva, pois depende da comprovação de dolo ou culpa. Assim, o juiz precisa analisar se a denunciação da lide causará tumulto processual, em prejuízo à celeridade. Para demonstração de dolo ou culpa, a prova é muito mais complexa, sendo necessária, na grande maioria das vezes, a realização de perícia, o que aumenta o tempo do processo.

Logo, se o juiz verificar que a denunciação da lide ao servidor acarretará prejuízo à celeridade processual, deverá indeferi-la. De outro lado, se observar que essa intervenção de terceiro em nada prejudicará o trâmite processual, o juiz deverá deferir a denunciação da lide, oportunizando o direito de regresso no mesmo processo. Deverá sempre o juiz fundamentar a sua decisão[231].

---

230 Tal questão foi objeto da prova de sentença cível do concurso promovido pelo TJSC no ano de 2015. À época, a Corte catarinense seguiu a orientação do STJ, aceitando a inserção do servidor no polo passivo da demanda.

231 "[...] A **denunciação da lide só tem cabimento se respeitados os princípios da economia processual e da celeridade.** 4. Há casos em que o estado avançado do processo – após a prolação de sentença de mérito, por exemplo – não recomenda o deferimento do pedido de denunciação da lide sob pena de afronta aos mesmos princípios que o instituto busca preservar. [...] No caso dos autos, não se justifica o provimento do especial a fim de acolher o pedido de denunciação da lide porque (i) o estado avançado do processo que deu origem ao presente recurso especial não recomenda o deferimento do pedido de denunciação da lide sob pena de afronta aos princípios da economia e da celeridade processuais e (ii) o indeferimento do pedido de denunciação da lide não impede a propositura de ação autônoma contra o alienante para reaver o preço pago" (STJ, REsp 1243346/SP, Rel. Ministro Ricardo Villas Bôas Cueva, Terceira Turma, julgado em 01/12/2015, DJe 09/12/2015). No mesmo sentido: "**Nos feitos em que se examina a responsabilidade civil do Estado, a denunciação da lide ao agente causador do suposto dano não é obrigatória. Caberá ao magistrado avaliar se o ingresso do terceiro ocasionará prejuízo à celeridade ou à economia processuais. [...]**

Modelos de análise de denunciação da lide

Modelo 1:

*I – **RELATÓRIO** [análise conjunta, na cronologia dos acontecimentos]*

[...]

*II – **FUNDAMENTAÇÃO***

*1. **PRELIMINARES** [análise conjunta]*

[...]

*2. **MÉRITO** [analisar separadamente]*

2.1. Da Ação Principal

[...]

2.2. Da Denunciação da Lide

[...]

*III – **DISPOSITIVO***

Ante o exposto:

1) julgo PROCEDENTE o pedido da ação principal, para o fim de [...];

2) julgo PROCEDENTE o pedido da denunciação da lide, para o fim de [...]

Tendo em vista que houve resistência pelo denunciado, condeno-o ao pagamento da integralidade das custas processuais da demanda principal e da denunciação da lide, bem como honorários advocatícios sucumbenciais, que fixo em 10% (dez por cento) do valor da condenação, em favor do patrono da parte autora, relativamente à demanda principal, e também em 10% (dez) por cento do valor da condenação, em favor dos patronos da parte ré/denunciante, no tocante à denunciação da lide, tudo na forma do art. 85, § 2º, do Novo CPC.

Modelo 2

*I – **RELATÓRIO** [análise conjunta, na cronologia dos acontecimentos]*

[...]

*II – **FUNDAMENTAÇÃO***

*1. **PRELIMINARES** [análise conjunta]*

Considerando que o Tribunal *a quo* limitou-se a indeferir a denunciação da lide com base no art. 88, do CDC, devem os autos retornar à origem para que seja avaliado, de acordo com as circunstâncias fáticas da demanda, se a intervenção de terceiros prejudicará ou não a regular tramitação do processo" (STJ, REsp 1187456/RJ, Rel. Min. Castro Meira, Segunda Turma, julgado em 16-11-2010, *DJe* 1º-12-2010).

[...]

***2. MÉRITO** [analisar separadamente]*

2.1. Da Ação Principal

[...]

2.2. Da Denunciação da Lide

[...]

III – DISPOSITIVO

Ante o exposto:

1) julgo IMPROCEDENTE o pedido da ação principal;

2) julgo PREJUDICADA e, por conseguinte, extingo sem resolução do mérito a denunciação da lide.

No tocante à demanda principal, em razão da sucumbência, condeno a parte autora ao pagamento das custas processuais, além de honorários advocatícios em favor do patrono da parte ré, que fixo em 10% (dez) por cento do valor da causa, na forma do art. 85, § 2º, do Novo CPC.

Em relação à denunciação da lide, atendendo ao princípio da causalidade e na forma do entendimento do STJ, condeno o denunciante ao pagamento das custas processuais, bem como honorários advocatícios em favor do patrono do denunciado, que fixo em 10% (dez) por cento do valor da causa, na forma do art. 85, §§ 2º e 10, do Novo CPC.

13.11.3 Chamamento ao processo

É modalidade de intervenção de terceiro em que o réu, acionado em uma ação de conhecimento, **requer a citação dos demais coobrigados, a fim de que estes ingressem na relação jurídica de direito processual como seus litisconsortes, ficando abrangidos pela eficácia da coisa julgada material resultante da sentença.**

Não se trata de direito regressivo, como no caso da denunciação da lide. No chamamento, os chamados devem ao credor comum, não ao chamante. Trata-se de um litisconsórcio passivo facultativo ulterior.

No chamamento ao processo, não há ampliação objetiva da demanda, mas apenas ampliação subjetiva, pois é acrescentada uma ou mais partes no polo passivo da relação jurídica de direito processual.

Chamamento ao Processo:

As hipóteses legais de chamamento ao processo estão previstas no art. 130 do Novo Código de Processo Civil. São elas: ***"I – do afiançado, na ação em que o fiador for réu; II – dos demais fiadores, na ação proposta contra um ou alguns deles; III – dos demais devedores solidários, quando o credor exigir de um ou de alguns o pagamento da dívida comum."***

São pressupostos para o chamamento ao processo:

a) o terceiro (chamado) precisa ser devedor ou responsável na relação jurídica de direito material;
b) o chamante precisa ter direito de reembolso no caso de pagar a dívida inteira ao autor.

O chamado se torna réu no processo. Assim, a sentença será proferida a favor ou contra os réus, de modo que, no dispositivo, não deve distinção entre chamante e chamado.[232]

Modelo:

> *ISSO POSTO, julgo procedente o pedido, para o fim de condenar os réus Fulano e Beltrano a pagar ao autor Cicrano a quantia de [...]*

Observe-se que, no dispositivo, não se faz distinção entre o chamante e o chamado.

13.11.4 Desconsideração da personalidade jurídica

A teoria da desconsideração da personalidade jurídica (*disregard doctrine*) tem por objetivo impedir que a personalidade jurídica seja utilizada abusivamente como escudo para atos tendentes a ocultar patrimônio.

A **desconsideração (direta) da personalidade jurídica** ocorre quando, atendidos os pressupostos legais, afasta-se a barreira da personalidade jurídica para **atingir o patrimônio dos sócios.**

A **desconsideração inversa da personalidade jurídica** é cabível nos casos em que, preenchidos os requisitos legais, se verifica que alguém (pessoa física) se utiliza da pessoa jurídica para subtrair-se do cumprimento da obrigação que lhe caiba, ou seja, a desconsideração inversa visa a **atingir o patrimônio da pessoa jurídica.** Trata-se de hipótese amplamente admitida

232 No mesmo sentido: "Isso significa que o chamado ao processo assume a condição de réu e, portanto, o dispositivo não precisa fazer referência à sua forma de ingresso na lide". (ALVES, Alexandre Henry. *Sentença cível.* 2. ed. Porto Alegre: Verbo Jurídico, 2011. p. 174)

pela doutrina[233] e pela jurisprudência[234]. É o que ocorre, por exemplo, quando o cônjuge transfere bens para a pessoa jurídica do qual é sócio com o objetivo de subtraí-lo da partilha de bens decorrente do divórcio.

O **art. 50 do Código Civil** prevê a possibilidade de desconsideração da personalidade jurídica para qualquer relação de direito material, nos seguintes termos:

> Art. 50. Em caso de abuso da personalidade jurídica, caracterizado pelo desvio de finalidade, ou pela confusão patrimonial, pode o juiz decidir, a requerimento da parte, ou do Ministério Público quando lhe couber intervir no processo, que os efeitos de certas e determinadas relações de obrigações sejam estendidos aos bens particulares dos administradores ou sócios da pessoa jurídica.

A desconsideração da personalidade jurídica também está prevista em leis especiais, conforme o tipo de obrigação inadimplida, quando possui requisitos próprios, como se observa das seguintes legislações: Código Tributário Nacional (art. 135, II), Código de Defesa do Consumidor (art. 28), Lei 12.529/2011 (art. 34) e Lei 9.605/1998 (art. 4º).[235]

O requerimento de desconsideração da personalidade jurídica pode ser deferido tanto em decisão interlocutória (na fase de saneamento e organização do processo) como em sentença.[236] Nesta obra, interessa a última hipótese,

---

233 "A desconsideração da personalidade jurídica na modalidade inversa incide nos casos de obrigação do sócio, por meio da superação da sua pessoa, permitindo-se, com isso, alcançar os bens da sociedade" (GARCIA, Gustavo Filipe Barbosa. *Novo Código de Processo Civil: principais modificações*. Rio de Janeiro: Forense, 2015. p. 38). Aliás, a esse respeito, o **Enunciado 283 da Jornada de Direito Civil do Conselho da Justiça Federal**: "Art. 50: É cabível a desconsideração da personalidade jurídica denominada 'inversa' para alcançar bens de sócio que se valeu da pessoa jurídica para ocultar ou desviar bens pessoais, com prejuízo a terceiros".

234 "**A desconsideração inversa da personalidade jurídica caracteriza-se pelo afastamento da autonomia patrimonial da sociedade para, contrariamente do que ocorre na desconsideração da personalidade propriamente dita, atingir o ente coletivo e seu patrimônio social, de modo a responsabilizar a pessoa jurídica por obrigações do sócio controlador**" (Superior Tribunal de Justiça, REsp 1236916/RS, Rel. Min. Nancy Andrighi, Terceira Turma, julgado em 22-10-2013, *DJe* 28-10-2013).

235 A doutrina e jurisprudência fazem a diferenciação entre a **Teoria Maior** e a **Teoria Menor da Desconsideração da Personalidade Jurídica**, conforme se exijam mais ou menos requisitos para a desconsideração. Contudo, diante dos limites deste trabalho, e para não perder o foco na sentença, remete-se o leitor para o estudo do tema em obras específicas (vide: LUNARDI, Fabrício Castagna. *Curso de Direito Processual Civil*. 2. ed. São Paulo: Saraiva, 2017. pp. 252 e segs).

236 Esta possibilidade também está prevista no Enunciado 390 do FPPC: "Resolvida a desconsideração da personalidade jurídica na sentença, caberá apelação". Elpídio Donizzeti

ou seja, quando a desconsideração tem de ser julgada na sentença, porque não foi decidida antes.

Na sentença, a análise do requerimento de desconsideração da personalidade jurídica deve constar logo no início da fundamentação. Portanto, remete-se o leitor para o item "questão que já deveria ter sido decidida, mas o não foi", onde já apresentado modelo de fundamentação acerca disso.

No mérito, interessa analisar apenas a responsabilidade daqueles que foram atingidos pela desconsideração da personalidade jurídica.

Na prática, é bastante comum a alegação de que houve o encerramento irregular da pessoa jurídica. Tal hipótese pode dar ensejo à desconsideração da personalidade jurídica nas relações jurídicas tributárias (art. 135, inc. III, CTN)[237], mas não nas obrigações regidas pelo direito civil (art. 50, CC), consoante jurisprudência do STJ[238] e Enunciado 282 do CJF[239].

13.11.5 Amicus curiae

Amicus curiae significa etimologicamente "amigo da corte". Entretanto, **a sua função no processo não corresponde exatamente à sintaxe da nomen-**

---

também admite a possibilidade de a desconsideração da personalidade jurídica ser deferida na sentença (*Redigindo a sentença cível*. 8. ed. São Paulo: Atlas, 2017. p. 99).

237 "**A desconsideração da personalidade jurídica, com a consequente invasão no patrimônio dos sócios para fins de satisfação de débitos da empresa, é medida de caráter excepcional, sendo apenas admitida nas hipóteses expressamente previstas no art. 135 do CTN ou nos casos de dissolução irregular da empresa, que nada mais é que infração à lei**" (Superior Tribunal de Justiça, AgRg no REsp 1534236/PE, Rel. Min. Humberto Martins, Segunda Turma, julgado em 18-8-2015, *DJe* 25-8-2015).

238 [...] ARTIGO 50 DO CC. DESCONSIDERAÇÃO DA PERSONALIDADEJURÍDICA. REQUISITOS. ENCERRAMENTO DAS ATIVIDADES OU DISSOLUÇÃO IRREGULARES DA SOCIEDADE. INSUFICIÊNCIA. DESVIO DE FINALIDADE OU CONFUSÃO PATRIMONIAL. DOLO. NECESSIDADE. INTERPRETAÇÃO RESTRITIVA. ACOLHIMENTO. 1. "Tratando-se de regra de exceção, de restrição ao princípio da autonomia patrimonial da pessoa jurídica, a interpretação que melhor se coaduna com o art. 50 do Código Civil é a que relega sua aplicação a casos extremos, em que a pessoa jurídica tenha sido instrumento para fins fraudulentos, configurado mediante o desvio da finalidade institucional ou a confusão patrimonial", desse modo, o "**encerramento das atividades ou dissolução, ainda que irregulares, da sociedade não são causas, por si só, para a desconsideração da personalidade jurídica, nos termos do Código Civil.**" (EREsp 1.306.553/SC, Relatora Ministra Maria Isabel Gallotti, Segunda Seção, julgado em 10/12/2014, DJe 12/12/2014) 2. Agravo interno a que se nega provimento". (STJ, AgInt nos EDcl no AREsp 148.408/SP, Rel. Ministra Maria Isabel Gallotti, Quarta Turma, julgado em 01/12/2016, DJe 02/02/2017)

239 Enunciado 282 da Jornada de Direito Civil do Conselho da Justiça Federal: "Art. 50: O encerramento irregular das atividades da pessoa jurídica, por si só, não basta para caracterizar abuso da personalidade jurídica".

clatura, nem pode haver um apego demasiado a ela para definir os contornos do instituto. Tem a função de dar novas informações para instrumentalizar o julgador na tarefa de interpretar e aplicar o direito ao caso concreto, servindo para ampliar os horizontes de conhecimento da matéria que está sendo examinada.[240]

Para que o juiz defira o ingresso do *amicus curiae*, é necessário que haja "relevância da matéria, especificidade do tema objeto da demanda ou a repercussão social da controvérsia" (requisitos alternativos), bem como que aquele que pretende ingressar nessa qualidade seja "pessoa natural ou jurídica, órgão ou entidade especializada, com representatividade adequada" (art. 138, *caput*, NCPC).

A decisão que solicita ou admite a participação do *amicus curiae*, ou que nega a sua intervenção, deve ser fundamentada, como qualquer decisão judicial. Contudo, **tal decisão é irrecorrível** (art. 138, *caput*, NCPC).

O *amicus curiae* não tem os mesmos poderes processuais das partes. Assim, não pode, em princípio, aditar a petição inicial, contestar, reconvir, requerer a produção de provas, fazer perguntas às testemunhas. Também não pode interpor de recursos em geral, ressalvadas a oposição de embargos de declaração e a interposição de recurso contra a decisão que julgar o incidente de demandas repetitivas (art. 138, §§ 1º e 3º, NCPC). Por uma interpretação analógica, de acordo com o Enunciado 391 do FPPC, "o *amicus curiae* pode recorrer da decisão que julgar recursos repetitivos".

Assim, caberá ao juiz ou ao relator, na decisão que solicitar ou admitir a intervenção, definir quais são os poderes do *amicus curiae* (art. 138, § 2º, NCPC).

A **intervenção de *amicus curiae* não gera a modificação de competência**, nem mesmo quando se trata de intervenção de ente federal nessa qualidade.

O ***amicus curiae*** não demanda nem é demandado. Ou seja, não há pedido contra ele, nem pode formular pedido. Por isso, **na sentença, o** amicus curiae **não sofrerá qualquer condenação.**

Na sentença, também podem aparecer questões sobre as quais o julgador já deveria ter decidido, mas não o fez. Por exemplo, se existe algum requeri-

240 A intervenção do *amicus curiae* deve ter por escopo permitir que se amplie a dialeticidade do processo, bem como que novas informações possam ser apresentadas, a partir de conhecimentos técnicos ou de uma visão empírica da questão a partir da vivência de determinadas categorias ou grupos. Trata-se de um **auxílio** não somente para **questões técnico-jurídicas**, mas também para outras questões, sobretudo que envolvem outras especialidades (engenharia, medicina, odontologia etc.), ou sobre questões vivenciais de determinados grupos. Nesse sentido, o *amicus curiae* tem a importância para **ampliar o debate** e a **dialeticidade do processo**, permitindo que o julgador tenha mais elementos para tomar a sua decisão.

mento de ingresso de *amicus curiae* ainda não apreciado pelo juiz ou se existe requerimento de modificação de competência em razão do seu ingresso.

Sobreleva salientar que todas as alegações, teses e provas produzidas pelo *amicus curiae* devem ser apreciadas na fundamentação do ato sentencial.

13.11.6 Intervenção especial do ente federal ou do ente federado

O art. 5º da Lei 9.469/1997 prevê a possibilidade de **intervenção da União** nos processos em que sejam parte as entidades federais da administração indireta (autarquias, fundações públicas, empresas públicas e sociedades de economia mista), tendo como requisito apenas a demonstração de **interesse econômico.** Isto é, diferentemente do que ocorre com a regra geral para a intervenção do assistente, simples ou litisconsorcial, não se exige interesse jurídico[241].

O parágrafo único do mesmo dispositivo estende essa possibilidade de intervenção por mero interesse econômico aos **demais entes federados** (Estados, Distrito Federal e Municípios), nas suas respectivas entidades da administração indireta.

Como se trata de intervenção em processo por mero interesse econômico, não configura típica modalidade de intervenção de terceiro. Em razão disso, é chamada também de **intervenção anômala** ou **intervenção anódina.**

A intervenção da União no processo por mero interesse econômico (não havendo interesse jurídico) não desloca a competência do feito para a Justiça Federal. Vale dizer, nos casos de sociedades de economia mista, em que o processo é de competência da Justiça Estadual, se a União intervier com base em mero interesse econômico, não haverá deslocamento de competência para o Juízo Federal. O deslocamento de competência somente ocorreria no caso de intervenção da União com base em interesse jurídico. Isso porque não poderia uma Lei Ordinária (a Lei n. 9.469/1997) modificar critério de competência estabelecido pela Constituição Federal (art. 109, inc. I). Esse é o entendimento pacífico do STJ[242].

241 Lei 9.469/1997: "Art. 5º A União poderá intervir nas causas em que figurarem, como autoras ou rés, autarquias, fundações públicas, sociedades de economia mista e empresas públicas federais. Parágrafo único. As pessoas jurídicas de direito público poderão, nas causas cuja decisão possa ter reflexos, ainda que indiretos, de natureza econômica, intervir, independentemente da demonstração de interesse jurídico, para esclarecer questões de fato e de direito, podendo juntar documentos e memoriais reputados úteis ao exame da matéria e, se for o caso, recorrer, hipótese em que, para fins de deslocamento de competência, serão consideradas partes".

242 "**Esta Corte Superior já pacificou a compreensão de que conquanto seja tolerável a intervenção anódina da União plasmada no art. 5º da Lei 9.469/97, tal circunstância**

Essa intervenção especial não faz com que o ente federal ou o ente federado se tornem parte na demanda, já que não deduzem pretensão, nem há pedido contra eles. Por conseguinte, **não haverá contra eles qualquer condenação, declaração, constituição, desconstituição ou determinação.**

13.11.7 Oposição (processo incidente)

Trata-se de **ação autônoma**, em que alguém, no curso de um processo já existente, postula para si a coisa ou o direito sobre que controvertem autor e réu.

Observa-se, assim, que, no Novo Código de Processo Civil, a oposição **não é modalidade de intervenção de terceiro**, pois não se trata mais de incidente processual, senão de processo incidente. Com efeito, no Novo CPC, a oposição é demanda autônoma que gera novo processo.

Aquele que propõe a oposição é denominado opoente, e o autor e o réu do processo que está em curso, contra os quais é proposta a oposição, são denominados opostos.

Processo 1 – Ação principal:

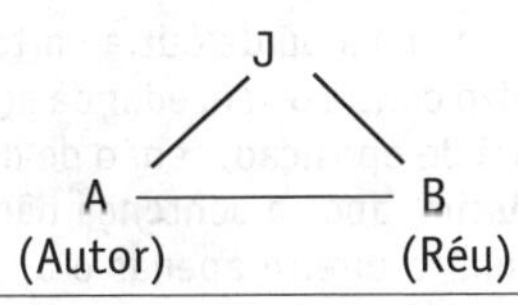

Processo 2 – Oposição:

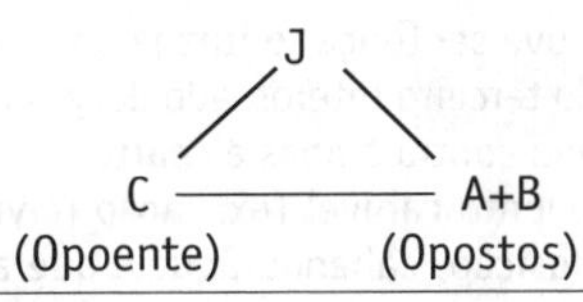

Está prevista nos arts. 682 a 686 do Novo Código de Processo Civil.

---

não tem o condão de deslocar a competência para a Justiça Federal, o que só ocorre no caso de demonstração de legítimo interesse jurídico na causa, nos termos do art. 50 e 54 do CPC/73 [...]. Somente nas hipóteses em que a pessoa de direito público recorrer é que haverá o deslocamento, o que não é o caso. 2. A Primeira Seção desta Corte possui o entendimento de que, embora permitida essa peculiar modalidade de intervenção da União e de outras pessoas jurídicas de direito público, quando constatada a potencialidade de eventual lesão econômica, a admissão do ente público não traz comando suficiente a modificar a competência originária para julgamento da demanda. E isto porque a lei ordinária não tem a força de ampliar a enumeração taxativa da competência da Justiça Federal estabelecida no art. 109, I, da Constituição Federal, razão pela qual o deslocamento da competência para a Justiça especializada somente se verificaria se configurado o efetivo interesse jurídico da União ou de outro ente federal [...]" (STJ, AgRg no REsp 1533507/RJ, Rel. Min. Moura Ribeiro, Terceira Turma, julgado em 18-8-2015, *DJe* 28-8-2015).

De acordo com o Novo CPC (art. 682), a oposição pode ser proposta até a sentença do processo no qual se controvertem autor e réu.[243] A oposição será **distribuída por dependência** e os **autos serão apensos** aos da ação principal.

A oposição deverá preencher os requisitos dos arts. 319 e 320 do Novo CPC. Além disso, deverão constar no polo ativo o opoente e, no polo passivo, o autor e o réu da ação originária (opostos).

Caso um dos opostos reconheça a procedência do pedido, a oposição seguirá somente contra o outro (art. 684, NCPC).

Se o juiz tiver admitido o processamento da oposição, tal processo será apensado aos autos e tramitará simultaneamente à ação originária, a fim de que sejam **julgadas conjuntamente na mesma sentença.**[244]

Na hipótese de a oposição ser proposta após o início da audiência de instrução, o juiz suspenderá o curso do processo da ação originária após o fim da fase probatória. Entretanto, se o juiz verificar que a unidade da instrução puder ser vantajosa, ele poderá suspender o processo da ação originária antes da instrução, enquanto aguarda que o processo da oposição chegue nesta mesma fase.[245]

---

243 Se já houve sentença, o juiz já decidiu se o direito é de uma ou de outra parte; por conseguinte, o terceiro interessado deverá ingressar em juízo contra o vencedor da ação principal, ou mesmo contra ambas as partes, mas não se tratará de oposição, senão de demanda pelo procedimento cabível (ex.: ação reivindicatória). Assim, após a sentença não se admitirá mais oposição, cabendo àquele que alega ser o titular o direito apenas o ajuizamento de ação autônoma contra o autor e o réu. Isso porque, se já proferida sentença na ação originária, não se justifica mais que a oposição tramite em apenso, também não sendo mais possível o julgamento conjunto, que é o objetivo do procedimento da oposição. Ocorre que, sem o julgamento simultâneo, é possível que ocorra certa incoerência ou conflito entre as sentenças. Contudo, não há maiores problemas do ponto de vista da validade. Se a ação principal movida por A contra B for julgada procedente, reconhecendo-se o direito ao autor A, e a oposição for posteriormente julgada procedente, reconhecendo-se o mesmo direito ao opoente C (em detrimento de A e B), teremos a seguinte situação: a sentença da ação principal não produz efeitos em relação ao opoente C, porque este não participou da ação principal; a sentença da oposição, que reconheceu o direito a C, produz efeitos em relação a A e B, porque estes participaram (como opostos) da oposição.

244 Recebida a oposição pelo juiz, os opostos (autor e réu da demanda principal) serão **citados, na pessoa dos seus advogados**, para oferecerem contestação, no prazo comum de 15 dias. Essa citação dos opostos nas pessoas dos seus advogados ocorre independentemente de haver ou não poderes específicos para estes receberem citação. Isso porque o art. 683, parágrafo único, do Novo CPC fala expressamente que a citação é na pessoa dos advogados.

245 NCPC: "Art. 685. Admitido o processamento, a oposição será apensada aos autos e tramitará simultaneamente à ação originária, sendo ambas julgadas pela mesma sentença. Parágrafo único. Se a oposição for proposta após o início da audiência de instrução, o juiz suspenderá o curso do processo ao fim da produção das provas, salvo se concluir que a unidade da instrução atende melhor ao princípio da duração razoável do processo".

Na **sentença**, existe uma ordem para apreciação dessas demandas. Por uma questão de lógica, **primeiro deve se julgar a oposição e depois a ação principal**, já que aquela é prejudicial a esta (art. 686, NCPC).

Se a oposição for procedente, a ação originária será improcedente. Com efeito, se o direito controvertido é do opoente, não pertence nem ao autor nem ao réu da ação originária e, por conseguinte, esta deve ser julgada improcedente.

De outro lado, **se a oposição for improcedente** (o direito não pertence ao opoente), a ação originária poderá ser procedente, parcialmente procedente ou improcedente (o direito pertence ao autor, ao réu ou a nenhum deles).

Modelos:

I – RELATÓRIO *[analisar separadamente, pois tramitam em autos autônomos]*

A) Autos n.º xxx (Ação principal)

[...]

B) Autos n.º yyy (Oposição)

[...]

II – FUNDAMENTAÇÃO

1. PRELIMINARES *[analisadas conjuntamente]*

[...]

2. MÉRITO *[tratar separadamente]*

2.1. Da Oposição

[...]

2.2. Da Ação Principal

[...]

III – DISPOSITIVO

Ante o exposto:

1) julgo PROCEDENTES os pedidos formulados na oposição, para o fim de [...];

2) julgo IMPROCEDENTES os pedidos formulados na ação principal.

Ou

III – DISPOSITIVO

Ante o exposto:

1) julgo IMPROCEDENTES os pedidos formulados na oposição;

2) julgo PROCEDENTES/PARCIALMENTE PROCEDENTES/IMPROCEDENTES os pedidos formulados na ação principal, para [...]

13.12 Correção monetária e juros moratórios

A análise da correção monetária e dos juros moratórios somente deverá ser feita na fundamentação se houver controvérsia entre as partes, se a questão for controvertida na jurisprudência ou, ainda, se, por outra razão, demandar necessidade de mais alongada argumentação.

Contudo, como a questão geralmente consta apenas do dispositivo, a fim de se evitar repetições, remete-se o leitor para o item próprio desenvolvido a seguir (no item "Dispositivo").

13.13 Questões prejudiciais decididas na fundamentação e coisa julgada

O Novo CPC não previu a ação declaratória incidental (que era disciplinada no CPC/1973). Em vez disso, estabeleceu uma nova disciplina acerca da força da decisão da questão prejudicial na fundamentação da sentença.

Com efeito, o Novo CPC inovou sobremaneira em relação à extensão da coisa julgada, ao admitir expressamente que faça coisa julgada material a "resolução de questão prejudicial" em determinadas hipóteses.

De acordo com o art. 503, §§ 1º e 2º, do CPC/2015, para que a **decisão sobre a questão prejudicial faça coisa julgada material**, são necessários os seguintes **requisitos:**

a) **decisão expressa:** é preciso que a questão prejudicial seja decidida expressa e incidentemente no processo.

b) **prejudicialidade de mérito:** o julgamento do mérito da demanda deve depender da resolução da questão prejudicial.

c) **contraditório efetivo:** é preciso que tenha havido contraditório prévio e efetivo sobre a questão prejudicial, não se aplicando no caso de revelia. Por contraditório efetivo, deve se entender a manifestação expressa das partes acerca da questão prejudicial, e não a mera possibilidade de manifestação.

d) **competência:** o juízo onde tramita a ação principal deve ter competência em razão da matéria e da pessoa para resolver a questão prejudicial como questão principal.

e) **cognitividade plena e exauriente:** é necessário que o procedimento não tenha "restrições probatórias", nem "limitações à cognição que impeçam o aprofundamento da análise da questão prejudicial" (art. 503, § 2º, NCPC). Assim, para que a questão prejudicial faça coisa julgada material, exige-se, além dos outros requisitos, que a cognição seja plena e exauriente.[246]

De acordo com o art. 1.054 do Novo CPC, a possibilidade de a resolução da questão principal fazer coisa julgada somente se aplica aos processos iniciados após a vigência do Novo Código[247].

Por fim, é preciso salientar que, embora não haja mais previsão da ação declaratória incidental, isso não impede que a parte ré proponha reconvenção, a fim de que ocorra a declaração de determinada relação jurídica, ou, ainda, que haja o ajuizamento de ação declaratória autônoma, pois esta possibilidade continua sendo admitida na forma estabelecida pelos arts. 19 e 20 do Novo CPC.[248]

14. TUTELAS PROVISÓRIAS (DE URGÊNCIA OU DA EVIDÊNCIA) NA SENTENÇA

As **tutelas provisórias são aquelas que podem ser concedidas com base em juízo de cognição sumária (sem cognição exauriente) e** possuem o objetivo de minimizar as consequências nefastas que o tempo do processo pode causar ao direito da parte. As **tutelas provisórias** possuem cinco características principais: sumariedade da cognição, não definitividade, temporariedade, precariedade e referibilidade.

---

246 Para melhor entender a questão, é preciso distinguir cognição no plano horizontal e cognição no plano vertical. A cognição no plano horizontal diz respeito à extensão das matérias que podem ser alegadas e conhecidas pelo julgador. Assim, no plano horizontal, a cognição pode ser limitada ou plena. Há cognição limitada, por exemplo, na impugnação ao cumprimento de sentença (art. 525, NCPC); na contestação da ação de desapropriação (art. 20, Decreto-Lei n. 3.365/1941). De outro lado, na contestação do procedimento comum, como regra, podem ser alegadas todas e quaisquer matérias, havendo cognição plena. No plano vertical, a cognição é analisada sob o ponto de vista da profundidade, isto é, se a sentença será proferida com base em uma cognição sumária (ou superficial) ou exauriente. A cognição sumária é superficial no plano vertical, é a que se contenta com juízo de probabilidade, como ocorre nas tutelas provisórias. A cognição exauriente é a que exige um juízo de certeza, sendo características das tutelas definitivas. Para que a questão prejudicial faça coisa julgada material, exige-se, além dos outros requisitos, que a cognição seja plena e exauriente.

247 Novo CPC: "Art. 1.054. O disposto no art. 503, § 1º, somente se aplica aos processos iniciados após a vigência deste Código, aplicando-se aos anteriores o disposto nos arts. 5º, 325 e 470 da Lei n. 5.869, de 11 de janeiro de 1973".

248 No mesmo sentido: "Destaca-se que o que o CPC/2015 não mais prevê é a ação declaratória incidental. Não há, portanto, qualquer impedimento ao ajuizamento da ação declaratória autônoma, que continua expressamente prevista nos arts. 19 e 20 do CPC/2015". (DONIZETTI, Elpídio. *Redigindo a sentença cível.* 8. ed. São Paulo: Atlas, 2017. p. 62)

De acordo com o Novo CPC, essa espécie de tutela destina-se tanto para os casos de direitos que necessitam de **proteção jurisdicional urgente**, como para algumas hipóteses previamente estabelecidas na lei processual em que o **direito é evidente.**

Portanto, com o Novo CPC, as tutelas provisórias podem ser divididas em **tutelas de urgência** e **tutelas da evidência.** As **tutelas de urgência** são subdivididas em **tutela antecipada** e **tutela cautelar.**

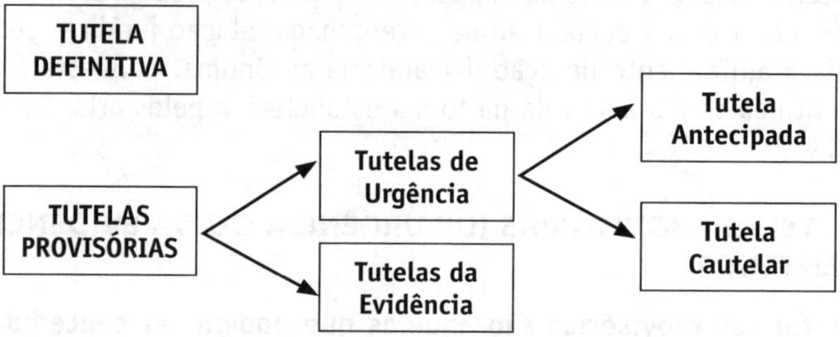

Dada a similitude entre as tutelas de urgência, apresenta-se abaixo um quadro esquemático onde são traçadas as principais semelhanças e diferenças entre as tutelas antecipada e cautelar:

TUTELA ANTECIPADA	TUTELA CAUTELAR
Tutela de urgência.	Tutela de urgência.
Temporariedade, não definitividade, precariedade, sumariedade da cognição e referibilidade.	Temporariedade, não definitividade, precariedade, sumariedade da cognição e referibilidade.
Preparatória ou incidental.	Preparatória ou incidental.
Procedimento da tutela antecipada preparatória: arts. 303 e 304 do NCPC.	Procedimento da tutela cautelar preparatória: arts. 305 a 310 do NCPC.
Satisfativa.	Não satisfativa.
Antecipa os próprios efeitos práticos da sentença de procedência.	Garante o resultado útil de outra pretensão.
Efetiva/satisfaz para assegurar.	Assegura para efetivar/satisfazer.
No caso de não haver recurso contra a decisão que concede tutela antecipada preparatória, pode gerar a estabilização dos seus efeitos, se transcorrido o prazo de 2 anos (art. 304, §§ 5º e 6º, NCPC).	A ausência de recurso contra a decisão que concede a tutela cautelar preparatória não gera a estabilização dos seus efeitos.
Exemplos: antecipação de tutela para conceder medicamentos, internação em UTI, pagamento de benefício previdenciário.	**Exemplos:** medidas cautelares de arresto, sequestro, busca e apreensão.

Com o Novo CPC, houve a **unificação dos requisitos** para a concessão das **tutelas antecipada e cautelar**, dada a sua vocação de medidas de caráter urgente[249].

De acordo com o art. 300 do Novo CPC[250], **ambas** as espécies de **tutelas de urgência (cautelar e antecipada)** possuem os seguintes **requisitos**: a) **probabilidade do direito**; e b) **perigo de dano** *ou* **risco para o resultado útil do processo.**

De outro lado, as **tutelas da evidência** são espécies de tutelas provisórias concedidas com base em **juridicidade ostensiva**, nas hipóteses legais previstas no Novo CPC.

São **quatro** as espécies de **tutelas da evidência.** De acordo com o art. 311 do Novo CPC:

> Art. 311. A tutela da evidência será concedida, independentemente da demonstração de perigo de dano ou de risco ao resultado útil do processo, quando:
>
> I – ficar caracterizado o **abuso do direito de defesa** ou o **manifesto propósito protelatório** da parte;
>
> II – as alegações de fato puderem ser **comprovadas apenas documentalmente** e houver **tese firmada em julgamento de casos repetitivos ou em súmula vinculante**;
>
> III – se tratar de **pedido reipersecutório** fundado em **prova documental** adequada do **contrato de depósito**, caso em que será decretada a ordem de entrega do objeto custodiado, sob cominação de multa;
>
> IV – a petição inicial for instruída com **prova documental suficiente** dos **fatos constitutivos do direito do autor**, a que o **réu não oponha prova capaz de gerar dúvida razoável**.
>
> Parágrafo único. Nas hipóteses dos incisos II e III, o juiz poderá decidir liminarmente.

Tanto as tutelas de urgência (cautelar ou antecipada) e as tutelas da evidência podem ser concedidas na sentença. Embora possa parecer paradoxal, por se tratar de uma tutela provisória na sentença, isso é admitido ampla-

---

249 Enunciado 143 do FPPC: "A redação do art. 300, *caput*, superou a distinção entre os requisitos da concessão para a tutela cautelar e para a tutela satisfativa de urgência, erigindo a probabilidade e o perigo na demora a requisitos comuns para a prestação de ambas as tutelas de forma antecipada".

250 NCPC: "Art. 300. A tutela de urgência será concedida quando houver elementos que evidenciem a probabilidade do direito e o perigo de dano ou o risco ao resultado útil do processo".

mente pela doutrina e jurisprudência, e também bastante comum na prática. O deferimento da tutela provisória (de urgência ou da evidência) na sentença possui como consequência a não concessão do efeito suspensivo ao recurso de apelação contra ela interposto, conforme art. 1.012, § 1º, inc. V, do Novo CPC[251], possibilitando-se a efetivação imediata da parte da sentença em relação à qual houve deferimento da tutela provisória[252].

O Novo CPC, no art. 1.059, estabelece que continuam sendo aplicadas às tutelas provisórias concedidas contra a Fazenda Pública as restrições estabelecidas em lei especial[253]. De acordo com o ordenamento jurídico brasileiro, interpretado em seu conjunto, **é cabível tutelas de urgência contra a Fazenda Pública**, com algumas ressalvas. Com efeito, a Lei n. 8.437/1992[254] e a Lei n. 12.016/2009[255] estabelecem algumas hipóteses em que é vedada a concessão de tutelas provisórias contra a Fazenda Pública.[256] O STF, em decisão liminar na ADC nº 4, entendeu constitucionais essas restrições. De outro lado, o entendimento constante no Enunciado 35 do FPPC é que "as vedações à concessão de tutela provisória contra a Fazenda Pública limitam-se às tutelas de urgência", ou seja, poderia se conceder tutelas da evidência contra a Fazenda Pública sem essas limitações.

Nos casos em que a questão da **tutela provisória** de urgência (cautelar ou antecipada) e da evidência tenha de ser enfrentada **na sentença**, ela deve

---

251 NCPC: "Art. 1.012. A apelação terá efeito suspensivo. § 1º Além de outras hipóteses previstas em lei, começa a produzir efeitos imediatamente após a sua publicação a sentença que: [...] V – confirma, concede ou revoga tutela provisória".

252 NCPC: "Art. 1.012 [...] § 2º Nos casos do § 1º, o apelado poderá promover o pedido de cumprimento provisório depois de publicada a sentença".

253 NCPC: "Art. 1.059. À tutela provisória requerida contra a Fazenda Pública aplica-se o disposto nos arts. 1º a 4º da Lei n. 8.437, de 30 de junho de 1992, e no art. 7º, § 2º, da Lei n. 12.016, de 7 de agosto de 2009".

254 "Art. 1º Não será cabível medida liminar contra atos do Poder Público, no procedimento cautelar ou em quaisquer outras ações de natureza cautelar ou preventiva, toda vez que providência semelhante não puder ser concedida em ações de mandado de segurança, em virtude de vedação legal".

255 "Art. 7º [...] § 2º Não será concedida medida liminar que tenha por objeto a compensação de créditos tributários, a entrega de mercadorias e bens provenientes do exterior, a reclassificação ou equiparação de servidores públicos e a concessão de aumento ou a extensão de vantagens ou pagamento de qualquer natureza".

256 São elas: a) quando tenha por objeto a reclassificação ou a equiparação dos servidores públicos, ou a concessão de aumento ou extensão de vantagens. Nesses casos, aliás, somente será possível a execução contra a Fazenda Pública após o trânsito em julgado; b) quando visar ao pagamento de remunerações ou vantagens a servidores públicos cujo vencimento tenha ocorrido antes do ajuizamento da ação; c) sempre que a providência semelhante à postulada não puder ser concedida em liminar de mandado de segurança.

constar **após a análise do mérito**. Alguns autores indicam que ela deveria ser um dos itens iniciais (como uma das *questões que deveria ter sido decidida, mas não o foi*), mas isso não é adequado, pois, um dos requisitos para as tutelas provisórias é a plausibilidade do direito. Por conseguinte, é muito mais fácil e lógico se analisar a tutela antecipada após a análise do mérito. Imagine-se a incongruência da situação em que, na sentença, se entende que existe plausibilidade do direito e se defere a tutela provisória, mas, após análise do mérito, se julga improcedente por falta de provas. Por todas essas circunstâncias, a questão da tutela provisória deve ser analisada após o mérito.

Desenvolvendo-se a tutela provisória no local recomendado da fundamentação (após o mérito da demanda), não será necessário, na aferição da **probabilidade do direito**, se fazer toda a análise das provas e teses novamente. Na apreciação desse requisito (probabilidade do direito), bastará consignar que, na apreciação das provas, já se reconheceu o próprio direito da parte autora. Observem-se os seguintes **modelos:**

> *Conforme demonstrado acima, está presente mais que a probabilidade do direito, pois se reconheceu, em juízo de cognição exauriente, a própria existência do direito da parte autora.*

Ou:

> *Na hipótese dos autos, há mais que probabilidade direito, pois existe demonstraçao cabal do direito postulado pelo autor, em cognição exauriente.*

Além disso, também devem ser analisados os demais requisitos da tutela provisória pleiteada. Ao final da argumentação sobre a tutela provisória, deve se encerrar conclusivamente.

Observe-se o seguinte exemplo, em que se analisa a tutela antecipada na sentença:

> *Verifico que o pleito de antecipação de tutela ainda não foi apreciado.*
>
> *Para a concessão da antecipação de tutela, é necessária a presença da probabilidade do direito e do perigo de dano ou o risco ao resultado útil do processo, na forma do que dispõe o art. 300, "caput", do Novo CPC.*
>
> *No presente momento processual, vislumbro mais que probabilidade do direito. Com base em juízo de certeza, diante de cognição exauriente, tenho que a parte autora possui o direito à [...].*
>
> *De outro lado, a urgência na efetivação do direito também é evidente, pois o tempo do processo pode impedir que a parte autora [...], o que pode lhe causar danos irreversíveis.*

> *Portanto, presentes os requisitos do art. 300, "caput", do CPC, o requerimento de antecipação de tutela deve ser deferido.*

No dispositivo da sentença, após todas as determinações, se deve decidir a tutela provisória. Também é preciso deixar expresso qual é a hipótese de tutela provisória que se está decidindo. Assim, não é correto tecnicamente, por exemplo, se dizer: *"defiro a tutela provisória, para o fim de [...]"* ou *"defiro a tutela de urgência, para o fim de [...]"*. Em vez disso, é necessário que se escreva que defere/indefere/defere parcialmente a *tutela antecipada*, a *tutela cautelar* ou a *tutela da evidência*.

Observe-se o seguinte modelo de dispositivo:

> *ANTE O EXPOSTO, julgo PROCEDENTES os pedidos, para [...]*
>
> *Pelos motivos já expostos na fundamentação, defiro o requerimento de tutela antecipada/tutela cautelar/tutela da evidência, a fim de [...].*

15. IMPOSIÇÃO DE SANÇÕES PROCESSUAIS NA SENTENÇA: ATO ATENTATÓRIO À DIGNIDADE DA JUSTIÇA E LITIGÂNCIA DE MÁ-FÉ

É comum que uma ou ambas as partes postulem a condenação da outra por ato atentatório à dignidade da justiça ou por litigância de má-fé. Contudo, na prática, a sua aplicação é mais difícil, em razão da necessidade de que esteja efetivamente comprovada a presença de seus requisitos.

A seguir, discorre-se brevemente sobre os institutos do ato atentatório à dignidade da justiça e da litigância de má-fé, com foco na sua análise no ato sentencial, e, após, mostra-se como aplicar ou rejeitar a aplicação das sanções decorrentes, apresentando-se modelos.

15.1 Ato atentatório à dignidade da justiça (*contempt of court*)

O Novo Código de Processo Civil prevê uma série de deveres processuais que se aplicam às partes, aos seus procuradores e, em geral, a todos aqueles que participam do processo (ex.: peritos, assistentes, oficiais de justiça etc.). São eles (art. 77, NCPC):

> I – expor os fatos em juízo conforme a verdade;
>
> II – não formular pretensão ou de apresentar defesa quando cientes de que são destituídas de fundamento;
>
> III – não produzir provas e não praticar atos inúteis ou desnecessários à declaração ou à defesa do direito;

IV – cumprir com exatidão as decisões jurisdicionais, de natureza provisória ou final, e não criar embaraços à sua efetivação;

V – declinar, no primeiro momento que lhes couber falar nos autos, o endereço residencial ou profissional onde receberão intimações, atualizando essa informação sempre que ocorrer qualquer modificação temporária ou definitiva;

VI – não praticar inovação ilegal no estado de fato de bem ou direito litigioso.

Constitui ato atentatório à dignidade da justiça a violação ao disposto nos incisos IV e VI acima referidos. Como **consequência**, o juiz do processo poderá aplicar, ao responsável, **multa de até 20% do valor da causa**, considerando, para tanto, a gravidade da conduta, sem prejuízo das sanções criminais, civis e processuais cabíveis (art. 77, § 2º). No entanto, se o valor da causa for **irrisório ou inestimável**, a multa em referência poderá ser fixada em **até 10 vezes o valor do salário mínimo** (art. 77, § 5º, NCPC), a fim de que mantenha o seu caráter punitivo.

A **multa por ato atentatório à dignidade da justiça não pode ser imposta aos advogados públicos ou privados, nem aos membros da Defensoria Pública e do Ministério Público**. A prática de ato atentatório à dignidade da justiça por tais profissionais do direito configura **eventual responsabilidade disciplinar**, razão pela qual o **juiz deverá oficiar ao respectivo órgão de classe ou corregedoria, para apuração de eventual responsabilização ou falta disciplinar** (art. 77, § 6º, NCPC).[257]

A multa aplicada por ato atentatório à dignidade da justiça não reverte em proveito da parte, senão **em favor do fundo de modernização do tribunal** ao qual pertence o órgão judiciário onde tramita o processo[258].

A "**inovação ilegal no estado de fato de bem ou direito litigioso**" configurava, sob a vigência do CPC/1973, motivo para a chamada cautelar de atentado. Por não ter natureza propriamente cautelar e não ser utilizada na prática, o Novo CPC prevê que tal prática constitui **ato atentatório à dignidade da justiça** (inc. VI, acima referido), cabendo a **aplicação de multa.** Além disso, o juiz deverá **determinar que a parte responsável restabeleça o**

257 Essa imunidade relativa dos profissionais do direito se justifica em razão da garantia de independência que devem ter no processo. Todavia, como essa imunidade não é absoluta, os abusos deverão ser reprimidos pelos seus órgãos de classe ou corregedorias correspondentes.

258 Novo CPC: "Art. 97. A União e os Estados podem criar fundos de modernização do Poder Judiciário, aos quais serão revertidos os valores das sanções pecuniárias processuais destinadas à União e aos Estados, e outras verbas previstas em lei".

estado anterior, bem como seja proibida de falar nos autos até a purgação do atentado (art. 77, § 7º, NCPC)[259].

15.2 Litigância de má-fé

A litigância de má-fé representa a configuração de determinadas condutas processuais das partes, que geram responsabilidade por dano processual, ou seja, dano presumido ao processo, ainda que não haja prejuízo concreto à outra parte. Em razão disso, a multa por litigância de má-fé tem nítido caráter punitivo e deve ser aplicada independentemente das perdas e danos da parte contrária.

Em primeiro lugar, diferentemente do que ocorre com a multa por ato atentatório à dignidade da justiça, somente podem ser punidos por **litigância de má-fé o autor, o réu e o terceiro interveniente** (art. 79, NCPC)[260].

As condutas das partes e do terceiro que configuram litigância de má-fé são as seguintes (art. 80, NCPC):

> I – deduzir pretensão ou defesa contra texto expresso de lei ou fato incontroverso;
>
> II – alterar a verdade dos fatos;
>
> III – usar do processo para conseguir objetivo ilegal;
>
> IV – opuser resistência injustificada ao andamento do processo;
>
> V – proceder de modo temerário em qualquer incidente ou ato do processo;
>
> VI – provocar incidente manifestamente infundado;
>
> VII – interpuser recurso com intuito manifestamente protelatório.

Se a parte ou o terceiro praticar uma das condutas acima, terá cometido litigância de má-fé. Por conseguinte, poderá ser aplicada a sanção correspondente.

O juiz, de ofício ou a requerimento da parte, condenará o **litigante de má-fé** a pagar **multa**, a ser fixada **entre 1% a 10% do valor da causa corrigido monetariamente.** Se o valor da causa for **irrisório ou inestimável**, a multa poderá ser arbitrada em **até 10 vezes o valor do salário mínimo** (art. 81, *caput* e § 2º, NCPC). A **beneficiária da multa imposta por litigância de má-fé é a parte contrária.**

---

259 Novo CPC: "Art. 77 [...] § 7º Reconhecida violação ao disposto no inciso VI, o juiz determinará o restabelecimento do estado anterior, podendo, ainda, proibir a parte de falar nos autos até a purgação do atentado, sem prejuízo da aplicação do § 2º".

260 NCPC: "Art. 79. Responde por perdas e danos aquele que litigar de má-fé como autor, réu ou interveniente".

Além disso, o litigante de má-fé será condenado a indenizar a parte contrária por todos os prejuízos que esta sofreu, bem como a arcar com os honorários advocatícios e com todas as despesas que esta efetuou (art. 81, *caput*, NCPC).

Se houver duas ou mais partes no polo processual onde está o litigante de má-fé, somente este é que deverá ser condenado às penalidades. Se forem dois ou mais os litigantes de má-fé, ainda que em polos processuais distintos, eles deverão ser condenados individualmente na proporção do seu respectivo interesse na causa, ou solidariamente, quando tiverem se coligado para prejudicar a outra parte (art. 81, § 1º, NCPC)[261].

15.3 Considerações sobre a aplicação das sanções processuais e modelos – ato atentatório à dignidade da justiça e litigância de má-fé

Na grande maioria das vezes, a parte alega a existência de ato atentatório à dignidade da justiça ou a litigância de má-fé apenas para, em verdade, buscar reforçar a sua tese ou tentar dizer que a outra parte está tão equivocada que a sua defesa é temerária. Ou seja, na maior parte dos casos, não é caso de aplicação dos institutos. É por isso que se recomenda que a análise da configuração ou não do ato atentatório da dignidade da justiça e da litigância de má-fé seja feita na parte final da fundamentação.

Além disso, também é importante que o candidato, se verificar que alguma das partes requereu a imposição à outra das penalidades da litigância de má-fé ou pelo ato atentatório da dignidade da justiça, anote isso imediatamente na estruturação feita em seu rascunho. Isso porque é muito comum que, após um exaustivo processo de escrita, se esqueça ao final da fundamentação de enfrentar tal questão.

De outro lado, embora a configuração dessas deslealdades processuais e a imposição das sanções correspondentes possam ser feitas de ofício pelo julgador, recomenda-se que, como regra, o candidato não as aplique de ofício na prova de sentença. Isso porque, se essa questão não foi mencionada pelo examinador na prova de sentença, possivelmente ele não quer que o candidato faça essa análise. Além disso, na prática, os juízes e tribunais são muito brandos na sua aplicação, não se recomendando que o candidato tenha uma postura mais ativa.

A seguir, apresentam-se alguns **modelos** de análise de alegação de **ato atentatório à dignidade da justiça** e de **litigância de má-fé**:

261 NCPC: "Art. 81 [...] § 1º Quando forem 2 (dois) ou mais os litigantes de má-fé, o juiz condenará cada um na proporção de seu respectivo interesse na causa ou solidariamente aqueles que se coligaram para lesar a parte contrária".

Modelo 1 (aplicação de multa por ato atentatório à dignidade da justiça):

FUNDAMENTAÇÃO

[...]

Verifico que, no presente caso, o réu criou diversos embaraços à efetivação dos provimentos judiciais, ocultando-se à citação e, posteriormente, às intimações, razão pela qual as suas condutas constituem ato atentatório à dignidade da justiça.

DISPOSITIVO

ANTE O EXPOSTO, [...]

Em razão de o réu ter praticado diversas condutas que configuram ato atentatório à dignidade da justiça, conforme exposto acima, aplico-lhe multa, que fixo em 15% (quinze por cento) do valor da causa atualizado, na forma do art. 77, § 2º, do Novo CPC.

Modelo 2 (ato atentatório à dignidade da justiça não configurado):

FUNDAMENTAÇÃO

[...]

A parte autora requerer a aplicação ao réu das sanções por ato atentatório à dignidade da justiça, com fundamento no art. 77, inc. I, do CPC, por ter "mentido em juízo". Contudo, verifico que a parte ré não expôs os fatos de forma falsa, mas somente apresentou a sua versão, conforme a sua visão dos acontecimentos.

Assim, não há conduta da parte ré que justifique a aplicação das sanções por ato atentatório à dignidade da justiça.

Modelo 3 (aplicação de sanções por litigância de má-fé):

FUNDAMENTAÇÃO

[...]

Observa-se que a parte autora agiu de má-fé, ao tentar obter provimento de mérito em dois processos sobre a mesma questão. A má-fé fica ainda mais evidente quando se constata que o autor não faz qualquer referência à demanda anteriormente ajuizada. Além disso, observa-se que as cópias dos documentos juntados à petição inicial já estão numeradas, numeração esta que foi feita no primeiro processo. Portanto, resta cristalino que o autor propositalmente propôs a presente ação sabendo do ajuizamento da mesma demanda em outro processo, agindo de modo temerário e usando deste pro-

cesso para perseguir objetivo ilegal. Assim, incorreu em litigância de má-fé, na forma do art. 80, incs. III e V, do CPC.

Por conseguinte, devem ser aplicadas ao autor as penas da litigância de má-fé previstas no art. 18, "caput", do Código de Processo Civil.

DISPOSITIVO

*Ante o exposto, acolho a preliminar de litispendência e julgo o processo **EXTINTO SEM RESOLUÇÃO DO MÉRITO**, na forma do art. 485, inc. V, do Código de Processo Civil.*

Condeno o autor ao pagamento das custas processuais, bem como dos honorários advocatícios sucumbenciais, que fixo em 10% (dez por cento) do valor da causa, na forma do art. 85, § 2º, do Novo CPC.

Em razão da litigância de má-fé, aplico ao autor multa de 10% (dez por cento) sobre o valor da causa, na forma do art. 81 do Código de Processo Civil.

Modelo 4 (litigância de má-fé não configurada):

FUNDAMENTAÇÃO

[...]

Por fim, ao contrário do que sustentado pela parte ré, não restou demonstrada a existência de litigância de má-fé. A parte autora não distorceu os fatos, embora tenha dado a eles interpretação jurídica que não prosperou.

Portanto, verifico que a parte autora não incorreu em nenhuma das condutas previstas no art. 80 do Novo CPC, que ensejariam a litigância de má-fé. Por conseguinte, indefiro o requerimento da parte autora de aplicação das sanções correspondentes.

16. ÔNUS SUCUMBENCIAIS: HIPÓTESES DE ANÁLISE NA FUNDAMENTAÇÃO

Na fundamentação, somente deve ser abordada a questão dos ônus sucumbenciais se houver alguma controvérsia sobre a sua fixação (p.ex., parte ré alega que não deu causa à ação, pedindo que os ônus sucumbenciais sejam imputados à parte autora), ou se, por algum motivo, tenha de haver uma explanação mais alongada que o padrão (p.ex., quando tem de se aplicar o princípio da causalidade e não o princípio da sucumbência).

Como regra, o julgador deverá condenar o vencido a pagar as despesas processuais, bem como os honorários advocatícios, nos termos do art. 82, § 2º, e do art. 85 do Novo CPC. Assim, regra geral, aplica-se o **princípio da sucumbência** para a fixação dos ônus sucumbenciais.

É possível, entretanto, que tenha sido a parte vencedora quem deu causa à ação. Neste caso, quem deve ser responsabilizado pelo pagamento dos ônus sucumbenciais, a parte vencida ou aquele que deu causa à ação? A esse respeito, a doutrina e a jurisprudência são pacíficas no sentido de que deve ser aplicado o **princípio da causalidade**, que complementa o princípio da sucumbência[262]. Isto é, deverá ser condenado a pagar as custas processuais e os honorários advocatícios aquele que deu causa à demanda.

É o que ocorre, por exemplo, quando a parte ré, após a propositura de ação de cobrança, efetua o pagamento da integralidade da dívida ao autor; ou quando, após ajuizada a busca e apreensão de veículo alienado fiduciariamente, o réu paga a integralidade da dívida[263]. Nesses casos, o juiz proferirá sentença sem resolução do mérito, por perda do objeto (falta de interesse processual superveniente ou ulterior), na forma do art. 485, inc. VI, do Novo CPC, mas é o réu quem deverá arcar com os ônus sucumbenciais, pelo princípio da causalidade, já que foi o réu quem deu causa à ação, pelo inadimplemento. Para as hipóteses de perda do objeto, o art. 85, § 10, do Novo CPC passou a prever expressamente que se aplica o princípio da causalidade[264].

Contudo, a aplicação do princípio da causalidade não se restringe apenas aos casos de perda do objeto. Por exemplo, no caso de embargos de terceiro, a jurisprudência é pacífica no sentido de que, se o exequente/embargado não apresentar contestação, não poderá ser condenado aos ônus sucumbenciais, se não deu causa aos embargos[265]. Nesse sentido, aliás, a Súmula 303/STJ estabelece que, "em embargos de terceiro, quem deu causa à constrição indevida deve arcar com os honorários advocatícios".

Nessas situações em que a questão dos ônus sucumbenciais ganha complexidade, ou em que existe controvérsia, será necessária maior fundamentação.

---

262 "**Segundo o princípio da causalidade, aquele que der causa à instauração da demanda ou do incidente processual deve arcar com as despesas deles decorrentes**" (STJ, AgRg no AREsp 759.959/SP, Rel. Min. Maria Isabel Gallotti, Quarta Turma, julgado em 17-9-2015, *DJe* 28-9-2015).

263 "**Se, em que pese a desistência da parte autora, ficar evidenciada que a instauração do processo decorreu do comportamento do réu (inadimplemento da obrigação), é inviável a condenação da autora ao pagamento das custas e dos honorários de sucumbência**" (STJ, REsp 1347368/MG, Rel. Min. Paulo de Tarso Sanseverino, Terceira Turma, julgado em 27-11-2012, *DJe* 5-12-2012).

264 NCPC: "Art. 85 [...] § 10. Nos casos de perda do objeto, os honorários serão devidos por quem deu causa ao processo".

265 "**Consoante a jurisprudência desta Corte, nos embargos de terceiro, 'o embargado, ao opor resistência à desconstituição da penhora, atrai para si a aplicação do princípio da sucumbência ao ficar vencido na demanda'**. (AgRg no Ag 668.005/RS, [...] *DJe* 28-10-2008)" (STJ, AgRg no AREsp 228.826/SP, Rel. Min. Antonio Carlos Ferreira, Quarta Turma, julgado em 18-9-2014, *DJe* 25-9-2014).

Logo, em tais casos, deverá ser aberto um item próprio, na fundamentação, para os ônus sucumbenciais, pois o dispositivo não comporta ampla argumentação.

Nesta obra, a forma de fixação dos ônus sucumbenciais será abordada dentro do item dispositivo, a fim de se evitar repetições.

17. DISPOSITIVO

17.1 Aspectos gerais

O dispositivo da sentença é a conclusão do juiz sobre tudo o que fundamentou. É o comando do ato sentencial, onde consta o provimento jurisdicional. É o núcleo da sentença, seu elemento central e mais importante. Como regra, é a parte da sentença que faz coisa julgada. Por isso, deve ser o mais completo, claro e preciso possível.

Enquanto a ausência de relatório ou de fundamentação leva à nulidade do ato, a ausência de dispositivo é um vício tão grave que implica a própria inexistência da sentença.[266]

É no dispositivo que o "juiz resolverá as questões principais que as partes lhe submeterem" (art. 489, III, NCPC).

Na dogmática de técnica de sentença, faz-se a diferenciação entre dispositivo direto e dispositivo indireto.[267]

Segundo essa classificação, **dispositivo direto** é aquele que, além de julgar o pedido imediato (procedente, improcedente ou parcialmente procedente), também decide expressa e diretamente sobre o bem da vida postulado. Por exemplo: "*ANTE O EXPOSTO, julgo procedente o pedido do autor, a fim de condenar o réu a pagar a quantia de R$10.000,00 (dez mil reais), a título de indenização por danos materiais, corrigido monetariamente pelo INPC desde a data do desembolso (xx/yy/zzzz) e acrescido de juros moratórios de 1% (um por cento) ao mês desde a data do acidente (aa/bb/cccc)*".

---

266 "A sentença encontra no dispositivo seu elemento mais importante. Com efeito, enquanto a falta de relatório ou de motivação conduzem à nulidade do ato jurisdicional, a ausência do dispositivo leva à sua inexistência. É que o dispositivo contém justamente o comando que caracteriza o ato jurisdicional como tal. À sua falta, sentença não há" (SANTOS, Nelton Agnaldo Moraes dos. *A técnica de elaboração da sentença civil*. São Paulo: Saraiva, 1996. p. 74). No mesmo sentido: DONIZETTI, Elpídio. *Redigindo a sentença cível*. 8. ed. São Paulo: Atlas, 2017. p. 11.

267 José Raffaelli Santini (*Sentenças e acórdãos cíveis:* doutrina, jurisprudência e prática. 3. ed. Campinas: Agá Juris, 1999. p. 29) e Elpídio Donizetti (*Redigindo a sentença cível*. 8. ed. São Paulo: Atlas, 2017) também fazem essa diferenciação entre dispositivo direto e indireto.

Dispositivo indireto é aquele que contém julgamento do pedido imediato, mas que decide sobre o bem da vida apenas indiretamente, fazendo-se apenas referência ao que foi postulado na petição inicial. Exemplos: "*ANTE O EXPOSTO, julgo procedente o pedido do autor, a fim de determinar que o INSS restabeleça o benefício previdenciário, nos termos postulados na inicial*". Ou: "*ANTE O EXPOSTO, julgo procedente os pedidos do autor, para condenar o réu na forma postulada na inicial*".

Embora haja doutrina que aceite tanto uma forma quanto a outra, seguindo-se o entendimento majoritário, **recomenda-se que se opte pelo dispositivo direto.**[268] Além de direto, o dispositivo deve ser elaborado de forma clara, objetiva, precisa e expressa. É recomendável, inclusive, a divisão em itens, de modo a facilitar a sua compreensão.

O dispositivo também deve conter todas as decisões e determinações necessárias. Em geral, deverá decidir, dentre outras questões, sobre: a) preliminares de mérito e ao mérito (acolhendo ou rejeitando); b) confirmação ou revogação da tutela provisória; c) decisão sobre o pedido imediato (procedente ou improcedente, condenando, decretando, declarando ou determinando); d) decisão sobre o pedido mediato (bem da vida); e) correção monetária e juros; f) disposição sobre os honorários periciais (se houve perícia); g) despesas processuais e honorários advocatícios; h) determinações diversas; i) reexame necessário (se for o caso); j) intimações que devem ser feitas.

17.2 Princípio da congruência

O **pedido delimita, fornece as balizas para a prestação jurisdicional.**

Em razão da adoção do **princípio da congruência**, o julgador deve se cingir a decidir o que foi pedido pelo autor na petição inicial. Assim, a **sentença não poderá ser *ultra petita (decidir a mais do que foi pedido)*, *extra***

268 "Dispositivo direto: o juiz indica qual bem da vida foi obtido pelo autor. Por exemplo: 'Julgo procedente os pedidos do autor para condenar o demandado ao pagamento da quantia de R$ 5.000,00 (cinco mil reais) a título de danos morais [...].' Dispositivo indireto: o juiz acolhe a pretensão autoral, mas não indica qual o bem da vida obtido pelo autor, apenas faz referência ao que foi pleiteado na inicial. Por exemplo: 'Julgo procedentes os pedidos do autor para condenar o demandado nos termos da exordial [...]'. ATENÇÃO: Em provas de concursos, o candidato deve preferir o dispositivo direto. Um mesmo examinador normalmente corrige centenas de provas. Para facilitar a compreensão e conclusão sobre o que foi exposto na fundamentação, opte por indicar exatamente o que o autor deve receber". (DONIZETTI, Elpídio. *Redigindo a sentença cível.* 8. ed. São Paulo: Atlas, 2017. pp. 18/19)

petita* (fora do que foi pedido)**[269]**, nem *citra petita[270] ***(deixar de decidir sobre algum pedido)***[271]. Trata-se de uma manifestação do princípio dispositivo, segundo o qual é a parte quem escolhe se levará ou não a sua demanda ao Poder Judiciário, não podendo o juiz atuar de ofício.

Em relação ao **pedido imediato**, há, no entanto, certa **mitigação da regra da congruência.** Por exemplo: o autor pede a decretação da nulidade de um contrato; entretanto, a nulidade é declarada e a anulabilidade é decretada; por conseguinte, o juiz pode declarar a nulidade do contrato mesmo que o autor tenha pedido que ela fosse decretada. Outro exemplo: o autor pede que o réu seja condenado a entregar o apartamento; o juiz profere uma sentença com conteúdo executivo, determinando a reintegração do imóvel ao autor.

De outro lado, o art. 536, *caput*, do Novo CPC também prevê uma hipótese excepcional de mitigação do princípio da congruência ou da adstrição em relação ao pedido imediato, quando disciplina que o juiz concederá a tutela específica ou **o resultado prático equivalente**, bem como poderá se utilizar das medidas necessárias para satisfação do direito do exequente[272]. Por exemplo, o autor postula que o Estado seja condenado à internação em leito de UTI na rede pública de saúde; o juiz, verificando que isso não é possível, por falta de vagas na UTI pública, determina a internação do autor em UTI particular, à custa do Estado, ou seja, um resultado prático equivalente ao que foi postulado e tinha direito o autor.

Além disso, no caso em que o autor pede determinado bem da vida *in natura*, mas, no caso concreto, não é possível conceder a tutela específica (p.ex., em

---

269 NCPC: "Art. 492. É vedado ao juiz proferir decisão de natureza diversa da pedida, bem como condenar a parte em quantidade superior ou em objeto diverso do que lhe foi demandado".

270 "Inicialmente, anote-se que alguns doutrinadores fazem diferença entre a decisão *citra* e a *infra petita*, com o que não se pode, em princípio, concordar, por se considerar que tanto o vocábulo *citra* como o *infra* significam aquém, isto é, abaixo. Portanto, não existe razão plausível, especialmente diante do tradicional uso sem distinção na doutrina e também na jurisprudência brasileira, para se estabelecer diferença entre tais expressões. A sentença *citra petita* é aquela que não aprecia toda a demanda objetiva, violando também o poder-dever de julgar. Tal decisão se sujeita à declaração de nulidade, especialmente pelo fato de, em princípio, não poder o órgão recursal analisar aquilo que não foi objeto de apreciação pelo juiz singular, sob pena de supressão de instância" (OLIVEIRA, Vallisley de Souza. *Nulidade da sentença e princípio da congruência*. São Paulo: Saraiva, 2004. pp. 268/269)

271 NCPC: "Art. 141. O juiz decidirá o mérito nos limites propostos pelas partes, sendo-lhe vedado conhecer de questões não suscitadas a cujo respeito a lei exige iniciativa da parte".

272 NCPC: "Art. 536. No cumprimento de sentença que reconheça a exigibilidade de obrigação de fazer ou de não fazer, o juiz poderá, de ofício ou a requerimento, para a efetivação da tutela específica ou a obtenção de tutela pelo resultado prático equivalente, determinar as medidas necessárias à satisfação do exequente".

razão do perecimento do bem), o juiz deverá converter a obrigação em perdas e danos, mesmo que essa conversão não tenha sido postulada pelo autor.

O princípio da congruência também sofre temperamentos no que diz respeito à **forma de cumprimento da decisão judicial.**

Com efeito, o art. 537 do Novo CPC autoriza que o juiz imponha multa ao réu para que a obrigação estabelecida na decisão judicial seja cumprida, independentemente de pedido do autor[273]. O art. 536, § 1º, do Novo CPC possibilita que o juiz, mesmo sem requerimento da parte, determine todas as medidas necessárias para o cumprimento da sua decisão, tais como imposição de multa por tempo de atraso, busca e apreensão, remoção de pessoas e coisas, desfazimento de obras e impedimento de atividade nociva, se necessário com requisição de força policial[274].

Tais mitigações ao princípio da congruência e ao princípio dispositivo se justificam, na medida em que a necessidade de cumprimento das decisões judiciais vai além do mero interesse privado das partes, pois diz respeito ao interesse da própria Justiça.

17.3 Proibição de sentença incerta e a questão da sentença condicional

A sentença sempre deve ser certa. Com efeito, o art. 492, parágrafo único, do Novo CPC estabelece que "a decisão deve ser certa, ainda que resolva relação jurídica condicional".

É possível que a sentença, excepcionalmente, condene em montante indeterminado, mas determinável em momento futuro, qual seja, o da liquidação da sentença. Assim, neste caso, a sentença é certa, mas ilíquida, pois apenas o *quantum debeatur* não está determinado (devendo ser apurado em liquidação de sentença).

De outro lado, alguns autores como Nagib Slaibi Filho e Romar Navarro de Sá afirmam que é vedada a "sentença condicional".[275] Entretanto, com todo

273 NCPC: "Art. 537. A multa independe de requerimento da parte e poderá ser aplicada na fase de conhecimento, em tutela provisória ou na sentença, ou na fase de execução, desde que seja suficiente e compatível com a obrigação e que se determine prazo razoável para cumprimento do preceito. § 1º O juiz poderá, de ofício ou a requerimento, modificar o valor ou a periodicidade da multa vincenda ou excluí-la, caso verifique que: I – se tornou insuficiente ou excessiva; II – o obrigado demonstrou cumprimento parcial superveniente da obrigação ou justa causa para o descumprimento".

274 NCPC: "Art. 536 [...] § 1º Para atender ao disposto no *caput*, o juiz poderá determinar, entre outras medidas, a imposição de multa, a busca e apreensão, a remoção de pessoas e coisas, o desfazimento de obras e o impedimento de atividade nociva, podendo, caso necessário, requisitar o auxílio de força policial".

275 "A sentença condicional é proibida pelo art. 492, parágrafo único, do NCPC [...] ainda quando decida relação jurídica condicional, pois a condição conspira contra a natureza da

o respeito aos renomados doutrinadores, parecem confundir sentença incerta com sentença condicional.

Sentença condicional é aquela que decide **relação jurídica condicional**, cuja condição ainda não se implementou no momento do ato sentencial. Desse modo, para que a determinação constante da sentença seja cumprida, é necessário o implemento da condição.[276] Logo, **a sentença condicional** não é proibida pela legislação processual; pelo contrário, está **prevista expressamente no art. 514 do Novo CPC**, segundo o qual, "quando o juiz decidir relação jurídica sujeita a condição ou termo, o cumprimento da sentença dependerá de demonstração de que se realizou a condição ou de que ocorreu o termo". Neste caso, observa-se que a eficácia de determinada disposição da sentença está sujeita a condição ou termo.

17.4 Dispositivos na sentença definitiva e na sentença terminativa

17.4.1 Na sentença terminativa

O art. 485 do Novo CPC estabelece as hipóteses em que o juiz extingue o processo sem resolução do mérito.

Assim, o juiz não resolverá o mérito quando: "*I – indeferir a petição inicial; II – o processo ficar parado durante mais de 1 (um) ano por negligência das partes; III – por não promover os atos e as diligências que lhe incumbir, o autor abandonar a causa por mais de 30 (trinta) dias; IV – verificar a ausência de pressupostos de constituição e de desenvolvimento válido e regular do processo; V – reconhecer a existência de perempção, de litispendência ou de coisa julgada; VI – verificar ausência de legitimidade ou de interesse processual; VII – acolher a alegação de existência de convenção de arbitragem ou quando o juízo arbitral reconhecer sua competência; VIII – homologar a desistência da ação; IX – em caso de morte da parte, a ação for considerada intransmissível por disposição legal; e X – nos demais casos prescritos neste Código*".

Trata-se, em geral, das questões preliminares, já analisadas anteriormente.

---

decisão do Poder Judiciário [...]". (SLAIBI FILHO, Nagib; SÁ, Romar Navarro de. *Sentença cível:* fundamentos e técnica. 9. ed. Rio de Janeiro: Forense, 2017. p. 262).

276 No mesmo sentido, Nagibe de Melo Jorge Neto: "Alguns confundem sentença incerta com sentença condicional, tomando-as pela mesma coisa, e dizem que a sentença condicional é aquela que submete o resultado do julgamento a evento futuro e incerto. Costuma-se afirmar que a lei proíbe a prolação de sentenças condicionais; em verdade, a lei proíbe a prolação de sentenças incertas. É preciso diferenciá-las." (JORGE NETO, Nagibe de Melo. *Sentença cível:* teoria e prática. 7. ed. Salvador: Juspodivm, 2016. p. 279)

Nesses casos, o juiz proferirá uma sentença, em que deverá extinguir o processo, total ou parcialmente, sem resolução de mérito.

Já houve prova de sentença em que o examinador pretendia que o candidato extinguisse o processo sem resolução de mérito, mas isso é bastante incomum. De outro lado, são mais recorrentes as questões de concurso que contêm uma situação em que se pretende que o candidato profira sentença sem resolução de mérito em relação à parte da demanda, mas resolva o mérito no tocante à outra.

Modelo 1:

> *ANTE O EXPOSTO, julgo EXTINTO O PROCESSO SEM RESOLUÇÃO DE MÉRITO, por falta de interesse processual superveniente, na forma do art. 485, inc. VI, do Código de Processo Civil.*

Modelo 2:

> *ANTE O EXPOSTO:*
>
> *1) rejeito a preliminar de incompetência absoluta;*
>
> *2) reconheço a ilegitimidade ativa do autor Fulano de Tal e, por conseguinte, o excluo da presente relação processual, extinguindo o feito somente em relação a ele, na forma do art. 485, inc. VI, do Novo CPC;*
>
> *3) julgo PARCIALMENTE PROCEDENTES os pedidos, para o fim de:*

Modelo 3:

> *ANTE O EXPOSTO:*
>
> *1) em relação ao pedido de [...], extingo o processo sem resolução de mérito, em razão de [...], na forma do art. 485, inc. [...], do Novo CPC;*
>
> *2) julgo PARCIALMENTE PROCEDENTE o pedido de [...], para o fim de [...]. Em relação a este pedido, resolvo o mérito, consoante art. 487, inc. I, do Novo CPC.*

17.4.2 Na sentença definitiva

A sentença definitiva é a que resolve o mérito da demanda, sendo por isso também conhecida como sentença de mérito.

De acordo com o art. 487 do Novo CPC, *"haverá resolução de mérito quando o juiz: I – acolher ou rejeitar o pedido formulado na ação ou na reconvenção; II – decidir, de ofício ou a requerimento, sobre a ocorrência de decadência ou prescrição; III – homologar: a) o reconhecimento da procedência do pedido formulado na ação ou na reconvenção; b) a transação; c) a renúncia à pretensão formulada na ação ou na reconvenção".*

Na sentença de mérito, o dispositivo deve conter a decisão sobre os pedidos imediatos e mediatos, conforme exposto a seguir.

17.5 Decisão dos pedidos imediatos e mediatos

17.5.1 Pedidos imediatos

A decisão dos **pedidos imediatos** diz respeito ao **provimento jurisdicional**, ou seja, à procedência, parcial procedência ou improcedência dos pedidos.

A técnica recomenda que não se utilize procedência/parcial procedência/improcedência "da ação", mas sim "dos pedidos". Isso porque, ultrapassada a Teoria Imanentista (em que o direito de ação se confundia com o próprio direito material), não é mais correto se falar em "procedência da ação", pois haverá direito de ação ainda que o pedido seja julgado improcedente.[277]

O pedido imediato também inclui o provimento de acordo com as cargas de eficácia da sentença, ou seja, relacionados à condenação, constituição/desconstituição, condenação e determinação.

Portanto, nesse tocante, redacionalmente, deve se utilizar o verbo adequado ao conteúdo da sentença e à sua carga de eficácia. Adotando-se a Teoria Quinária de Pontes de Miranda, as sentenças de procedência podem ser classificadas em:

a) Sentença declaratória: é também conhecida como puramente declaratória ou meramente declaratória. Trata-se da sentença que contém provimento jurisdicional de mera certificação ou declaração. No direito brasileiro, é possível postular a declaração de existência, inexistência ou modo de ser de uma relação jurídica, ou de autenticidade ou falsidade de um documento, nos termos do art. 19 do Novo CPC[278]. Assim, como regra, somente é possível sentença que declare/certifique relação jurídica, mas não declaração/certificação sobre fato, salvo se disser respeito à autenticidade ou à falsidade de documento.

---

277 "Erro muito comum ainda em nossos dias é o de, na parte dispositiva, referir o juiz à procedência ou improcedência da ação. Tal prática remonta ao tempo em que o conceito de ação era atrelado ao direito material, noção hoje inaceitável. O que o juiz acolhe ou rejeita é o pedido". (SANTOS, Nelton Agnaldo Moraes dos. *A técnica de elaboração da sentença civil.* São Paulo: Saraiva, 1996. p. 75)

278 NCPC: "Art. 19. O interesse do autor pode limitar-se à declaração: I – da existência, da inexistência ou do modo de ser de uma relação jurídica; II – da autenticidade ou da falsidade de documento".

De outro lado, é admissível ação declaratória ainda que não tenha ocorrido violação de direito (art. 20, NCPC)[279], desde que se trate de relação jurídica. A esse respeito, a Súmula 181 do STJ prevê que "é admissível ação declaratória, visando a obter certeza quanto à exata interpretação de cláusula contratual". A Súmula 242 do STJ, da mesma forma, dispõe que "cabe ação declaratória para reconhecimento de tempo de serviço para fins previdenciários". Na sentença declaratória, utiliza-se o verbo **declarar ou reconhecer**. São sentenças declaratórias as proferidas: na ação consignatória; na ação de usucapião; na ação declaratória de existência de sociedade de fato; na ação de reconhecimento de união estável; na ação declaratória de nulidade (não na de anulação) de negócio jurídico; na ação declaratória de inexistência de dívida.

b) Sentença constitutiva: Trata-se de sentença que tem como efeito a criação, a modificação ou a extinção de determinada relação jurídica. Na sentença constitutiva, utiliza-se o verbo **decretar**, mas também pode usar o verbo de ação que cria, extingue ou modifica a relação jurídica. Por exemplo, *"julgo procedente a demanda para o fim de anular o negócio jurídico [...]"*; *"julgo procedente a demanda e fixo o regime de visitas da seguinte forma [...]"*; *"julgo procedente o pedido e rescindo o contrato de arrendamento mercantil [...]"*. São exemplos de sentenças constitutivas ou constitutivas negativas (desconstitutivas) as proferidas nas seguintes ações: ação de divórcio; anulação de casamento; ação de anulação (não na de nulidade) de negócio jurídico; regulamentação de visitas; ação de guarda; ação de suspensão e destituição do pátrio poder; ação de adoção; ação renovatória e revisional de locação; ação de desapropriação; ação de divisão de terras; ação de extinção de condomínio.

c) Sentença condenatória: É a sentença que condena ou impõe ao réu um dever de pagar quantia. Utiliza-se o verbo **condenar**. Podem-se citar como exemplos de sentenças condenatórias as proferidas na ação de indenização; na ação de reparação; na ação de perdas e danos; na ação de ressarcimento; na ação de locupletamento; na ação de alimentos.

d) Sentença mandamental: Há autores que não reconhecem a autonomia da sentença mandamental e da sentença executiva, fundamentando que já estariam compreendidas na sentença condenatória. No entanto, de acordo com a Teoria Quinária de Pontes de Miranda e os doutrinadores que a seguem, tais sentenças (mandamental e executiva) possuem autonomia classificatória. A sentença mandamental é aquela que impõe um dever e o seu cumprimento por meio de **coerção indireta.** A coerção atua na esfera psicológica daquele

---

279 NCPC: "Art. 20. É admissível a ação meramente declaratória, ainda que tenha ocorrido a violação do direito".

a quem se impõe a obrigação, para que a cumpra, já que o Estado-juiz não consegue diretamente executar aquela obrigação. É possível nas ações que envolvem obrigação de entrega de coisa, de fazer e de não fazer. Utiliza-se o verbo **determinar**. São exemplos de sentenças mandamentais as proferidas nas seguintes ações: mandado de segurança; mandado de injunção; *habeas data*; interdito proibitório, segundo alguns doutrinadores; embargos de terceiro; ação de depósito.

e) Sentença executiva: Também é proferida nas ações que envolvem obrigação de entrega de coisa, de fazer e de não fazer, da mesma forma que na sentença mandamental. Contudo, diferentemente da mandamental, trata-se de sentença em que há a imposição de um dever e o seu cumprimento por meio de **coerção direta**. Vale dizer, o Estado-juiz impõe uma obrigação e atua diretamente para o seu cumprimento. A ordem não satisfeita pelo demandado é cumprida pela coerção direta do Estado. Alguns denominam a sentença executiva de "executiva *lato sensu*". Utiliza-se o verbo **determinar**, da mesma forma do que ocorre na ação mandamental. Há sentença executiva nas seguintes ações: ação reivindicatória; ação de imissão de posse; ação de reintegração de posse; ação de petição de herança; ação de adjudicação compulsória; ação de busca e apreensão (Decreto-Lei 911/1969); ação de despejo.

17.5.2 Decisão sobre pedidos mediatos

Além de contemplar os pedidos imediatos, a sentença também deve conter decisão sobre os **pedidos mediatos**, isto é, sobre o **bem da vida** que está sendo postulado na petição inicial.

Na sentença, o juiz deve dizer em qual obrigação de pagar quantia, obrigação de fazer ou não fazer que está condenando, o que está declarando, determinando ou constituindo.

Assim, como já se expôs, recomenda-se a utilização de dispositivo direto. Logo, não deve dizer simplesmente *"julgo procedente os pedidos do autor na extensão postulada na inicial"* (dispositivo indireto). Em vez disso, deve dizer *"julgo procedente o pedido do autor, para o fim de condenar o réu ao pagamento de R$1000,00 (um mil reais), corrigido monetariamente pelo INPC desde xx/yy/zzzz, acrescido de juros de mora de 1% ao mês desde xx/yy/zzzz."*

A sentença, como regra, deve ser líquida[280]. Entretanto, caso não seja possível determinar de plano o montante devido, ou se isso depender de produção

---

280 Vallisley de Souza Oliveira chama a sentença líquida de "sentença pura", em referência à nomenclatura utilizada nas Ordenações Filipinas, afirmando que "a pureza, consistente na liquidez da sentença no momento de sua prolação, é o ideal de todo julgamento e de

de prova demorada e excessivamente dispendiosa (art. 491, I e II, NCPC), o julgador deverá reconhecer a existência da obrigação e determinar que ocorra a liquidação da sentença na forma do art. 509, incs. I ou II, do Novo CPC.

17.6 Julgamento dos pedidos na cumulação própria e na cumulação imprópria

Inicialmente, remetemos o leitor ao item da fundamentação em que já foi analisada a forma de abordar a cumulação própria e a imprópria. Neste momento, cabe apenas mostrar como devem ser decididos os pedidos cumulados no dispositivo da sentença.

Havendo cumulação de pedidos, recomenda-se a divisão do dispositivo em itens.

17.6.1 Dispositivo na cumulação própria

Na **cumulação própria**, há formulação de **dois ou mais pedidos, e o autor pretende que** todos eles sejam acolhidos. Desse modo, caso somente alguns deles sejam acolhidos e outros não, há duas possibilidades de redação do dispositivo: 1ª) julgam-se "parcialmente procedentes os pedidos" (tanto no caso de cumulação própria simples ou sucessiva); 2ª) julgam-se procedentes alguns pedidos e improcedentes outros. Para tornar o dispositivo mais claro, é preferível a segunda forma.

Modelos de dispositivo na **cumulação própria simples:**

Modelo 1 (pedidos de indenização por dano moral e de indenização por dano material):

> *ANTE O EXPOSTO, julgo PARCIALMENTE PROCEDENTES os pedidos, para o fim de condenar a parte ré a pagar à parte autora, a título de indenização por danos materiais, a quantia de R$10.000,00 (dez mil reais), corrigida monetariamente pelo INPC desde a data de xx/xx/xxxx e juros moratórios de 1% (um por cento) ao mês desde a data da citação."*

---

todo processo, pelo fato de ensejar economia processual e abreviar o cumprimento da decisão. Em outras palavras, por pureza entende-se a sentença com conteúdo já apurado no juízo cognitivo, sem necessidade de que tal operação seja feita em procedimento ou etapa posterior a ela" (OLIVEIRA, Vallisley de Souza. *Nulidade da sentença e princípio da congruência*. São Paulo: Saraiva, 2004. p. 203). Contudo, por não ser comum a utilização dessa nomenclatura, recomenda-se a utilização da nomenclatura "sentença líquida" e "sentença ilíquida".

Modelo 2 (pedidos de indenização por dano moral e de indenização por dano material – forma recomendada):

> *ANTE O EXPOSTO:*
>
> *1) julgo PROCEDENTE o pedido de indenização por danos materiais, para o fim de condenar a parte ré a pagar ao autor a quantia de R$10.000,00 (dez mil reais), corrigida monetariamente pelo INPC desde a data de xx/xx/xxxx e juros moratórios de 1% (um por cento) ao mês desde a data da citação.*
>
> *2) julgo IMPROCEDENTE o pedido de indenização por danos morais.*

Como exposto, é preferível o modelo 2, pois é mais expresso quanto a cada pedido.

A seguir, apresentam-se **modelos** para o julgamento de pedidos quando há **cumulação própria sucessiva:**

Modelo 1 (pedidos de investigação de paternidade e fixação de alimentos)

> *ANTE O EXPOSTO, julgo PROCEDENTES os pedidos, para o fim de:*
>
> *1) DECLARAR que a autora é filha de Fulano de Tal [...];*
>
> *2) CONDENAR o réu a prestar alimentos à sua filha (autora) no valor correspondente a 50% (cinquenta por cento) do salário mínimo mensal, a partir da citação, devendo pagá-los até o dia 10 de cada mês [...]*

Modelo 2 (pedidos de investigação de paternidade e fixação de alimentos)

> *ANTE O EXPOSTO:*
>
> *1) julgo PROCEDENTE o pedido investigatório de paternidade, para o fim de DECLARAR que a autora é filha de Fulano de Tal [...]*
>
> *2) julgo IMPROCEDENTE o pedido de fixação de alimentos.*

17.6.2 Dispositivo na cumulação imprópria

De outro lado, na **cumulação imprópria, somente um dos pedidos cumulados pode ser deferido.**

Na **cumulação imprópria alternativa**, inexiste preferência do autor em relação a qual deve ser apreciado primeiramente; neste caso, se o juiz deferir qualquer deles, terá julgado procedente o pedido.

Observe-se o seguinte **modelo** de cumulação imprópria alternativa (autor pede que o Estado forneça a cirurgia ou pague a quantia correspondente para ser realizada em clínica particular):

> *ANTE O EXPOSTO, julgo PROCEDENTE o pedido, para o fim de condenar a UNIÃO a custear a cirurgia em clínica particular, no prazo de até 15 (quinze) dias, sob pena de incidência de multa diária no valor de R$1.000,00 (mil reais).*

Na **cumulação imprópria eventual**, contudo, o autor pede que seja deferido um pedido e, **caso não seja acolhido, que seja deferido o segundo pedido. Ou seja, há uma** ordem de apreciação imposta ao magistrado. Desse modo, caso o juiz acolha o primeiro pedido, deverá julgar "procedente" o pedido; mas, caso não o acolha e defira o segundo, deverá, em termos redacionais, julgar "parcialmente procedentes" os pedidos, ou julgar "improcedente" o primeiro pedido e "procedente" o segundo pedido.

Modelos (para os seguintes pedidos cumulados: pede a anulação do contrato, mas, caso não seja anulado, que seja deferida a sua revisão em razão da onerosidade excessiva):

> *ANTE O EXPOSTO, julgo PARCIALMENTE PROCEDENTES os pedidos, para o fim de revisar o contrato da seguinte forma: [...].*

Ou

> *ANTE O EXPOSTO:*
>
> *1) julgo IMPROCEDENTE o pedido de anulação do contrato;*
>
> *2) julgo PROCEDENTE o pedido revisional, para o fim de declarar a nulidade da cláusula xx, reputando-a abusiva.*

Embora ambas as formas sejam admitidas, é preferível o segundo modelo, por ser mais específico.

17.7 Dispositivos das sentenças homologatórias

Como já exposto em item próprio da fundamentação (preliminares de mérito), nas sentenças homologatórias, não há propriamente *julgamento* de mérito, senão *resolução* de mérito.

Na prova de sentença, provavelmente não haverá uma questão envolvendo a homologação pura e simples de um acordo formulado pelas partes. Mas é possível que haja uma questão complexa, envolvendo, por exemplo, a homologação de autocomposição em relação a um dos vários pedidos formulados pelo autor. A seguir, apresentam-se alguns modelos (simples e complexos) de dispositivos acerca dessas formas de autocomposição:

Modelo 1:

> *ANTE O EXPOSTO, homologo a transação formalizada no acordo de fls. xx-yy. Resolvo o mérito, na forma do art. 487, inc. III, al. "b", do Novo CPC.*

Modelo 2:

ANTE O EXPOSTO:

1) quanto ao pedido de indenização por danos materiais, homologo a transação parcial formalizada no acordo de fls. xx-yy;

2) julgo PROCEDENTE o pedido de indenização por danos morais, para o fim de condenar a parte ré ao pagamento da quantia de R$5.000,00 (cinco mil reais), corrigida monetariamente pelo INPC desde a data da presente sentença e acrescida de juros moratórios de 1% (um por cento) ao mês desde a data do acidente (xx-yy-zzzz).

Resolvo o mérito, na forma do art. 487, incs. I e III, al. "b", do Novo CPC.

Modelo 3:

ANTE O EXPOSTO, homologo a renúncia ao direito sobre o qual se funda a ação, formalizada na petição de fls. xx-yy. Resolvo o mérito, na forma do art. 487, inc. III, al. "c", do Novo CPC.

Modelo 4:

ANTE O EXPOSTO:

1) no tocante ao pedido de declaração de inexistência de dívida, homologo o reconhecimento da procedência do pedido, formalizado na contestação de fls. xx-yy.

2) julgo PROCEDENTE o pedido de indenização por danos morais, para o fim de condenar a parte ré ao pagamento da quantia de R$10.000,00 (dez mil reais), corrigida monetariamente pelo INPC desde a data da presente sentença e acrescida de juros moratórios de 1% (um por cento) ao mês desde a data do acidente (xx-yy-zzzz).

Resolvo o mérito, na forma do art. 487, incs. I e III, al. "a", do Novo CPC.

17.8 Análise do pedido implícito

Como regra, todos os pedidos devem ser expressos. No entanto, em determinados casos, autorizados por lei, admite-se pedido implícito.

Nessas hipóteses, é preciso que o julgador e o candidato a concurso tenham ainda mais atenção, pois a decisão sobre os chamados pedidos implícitos é obrigatória. Vale dizer, **embora o pedido possa ser implícito** (em tais hipóteses excepcionais), tecnicamente **a sentença tem sempre que ser expressa**.

Caso a sentença do juiz não tenha decidido o pedido implícito, será cabível, inclusive, o recurso de embargos de declaração. Para o candidato, de outro lado, a não consideração de pedido implícito certamente lhe causará prejuízos na sua avaliação.

São **exemplos** de pedido implícito (art. 322, § 1º, NCPC):

a) os **juros legais** (art. 405 e 406 do CC);
b) a **correção monetária** (art. 404 do CC);
c) a condenação em verbas sucumbenciais (**honorários advocatícios, custas processuais e outras verbas sucumbenciais**);
d) condenação às **prestações vincendas,** no caso de ações que tenham por objeto **cumprimento de obrigação em prestações sucessivas** (obrigações de trato sucessivo).

A esse respeito, o art. 323 do Novo CPC prevê que "na ação que tiver por objeto cumprimento de obrigação em prestações sucessivas, essas serão consideradas incluídas no pedido, independentemente de declaração expressa do autor, e serão incluídas na condenação, enquanto durar a obrigação, se o devedor, no curso do processo, deixar de pagá-las ou de consigná-las".

Assim, por exemplo, havendo ação de cobrança de aluguéis, cumulada ou não com ação de despejo, o juiz deve condenar o réu a pagar o valor dos aluguéis vencidos e vincendos, mesmo que estes (os vincendos) não tenham sido postulados pelo autor[281].

Não se deve confundir pedido implícito com pedido genérico, que é expresso.

17.9 Litisconsórcio

Havendo litisconsórcio, ativo ou passivo, é preciso que fique bem delimitado qual é o direito de cada autor e/ou a responsabilidade de cada réu.

Modelo:

> *ANTE O EXPOSTO, julgo* ***PROCEDENTES*** *os pedidos formulados na inicial, para o fim de* ***CONDENAR*** *a parte ré ao pagamento de indenização por danos*

281 Nesse sentido: "**Na ação de despejo cumulada com cobrança de aluguéis, são devidos os encargos locatícios até a efetiva entrega das chaves, mesmo na ausência de pedido expresso na peça inicial, por se tratar de obrigações de trato sucessivo.** [...] O objetivo do instituto é evitar a multiplicação de demandas, primando pelo princípio da economia processual" (TJDFT, Acórdão n. 453310, 20090710320402APC, Rel. Ana Maria Duarte Amarante Brito, 6ª Turma Cível, *DJe* 14-10-2010. p. 320).

morais aos autores João da Silva, José da Silva e Maria da Silva no valor total de R$ 65.000,00 (sessenta e cinco mil reais), sendo:

a) R$ 50.000,00 (cinquenta mil reais), na qualidade de sucessores processuais do falecido Augusto Silva; e

b) R$ 5.000,00 (cinco mil reais) para cada um, por direito próprio (dano moral em ricochete ou reflexo).

Os valores da condenação serão atualizados monetariamente pelo INPC a partir da data da presente sentença e acrescidos de juros moratórios de 1% (um por cento) ao mês a partir da data do falecimento de Augusto Silva.

Além disso, também é preciso que, em relação aos ônus sucumbenciais, fique delimitada a parte que cabe a cada litisconsorte.

Modelo:

Condeno os réus ao pagamento "pro rata" (na proporção de 50% para cada) de custas e honorários advocatícios, que fixo em 10% do valor da condenação, nos termos do art. 85, § 2º, do Novo CPC.

17.10 Indeferimento da petição inicial e julgamento liminar de improcedência

As questões atinentes à fundamentação nas sentenças de indeferimento da petição inicial e de julgamento liminar de improcedência já foram analisadas em itens próprios, na parte atinente à fundamentação. Cabe aqui aferir o modo de elaboração do dispositivo dessas sentenças.

No indeferimento da petição inicial e no julgamento liminar de improcedência, o feito é julgado de plano, sem que tenha havido a citação da parte ré. Diante disso, existem algumas peculiaridades no dispositivo.

Em primeiro lugar, como regra, não haverá condenação em honorários advocatícios, já que a parte ré não foi citada e, por conseguinte, não constituiu advogado.

Além disso, no epílogo (item que será desenvolvido a seguir), como regra, deverá constar determinação de intimação apenas da parte autora. Por isso, deve se consignar "intime-se" e não "intimem-se".

Ademais, existe uma importante inovação sobre o tema com o Novo CPC. Nas sentenças de improcedência liminar e de extinção do processo sem resolução do mérito pelo indeferimento da inicial, se o réu não tiver sido citado nem comparecido espontaneamente ao processo, deverá ser intimado do trânsito em julgado da sentença, conforme preveem o art. 332,

§ 2º[282], o art. 331, § 3º[283] e o art. 241[284], todos do Novo CPC. Embora tais dispositivos sejam de questionável utilidade, trata-se de determinação legal, razão pela qual devem ser observados pelo candidato (ainda que o magistrado, na prática, possa afastá-los).

Modelos:

a) No indeferimento da petição inicial

ANTE O EXPOSTO, indefiro a petição inicial e julgo extinto o processo sem resolução do mérito, na forma do art. 330, inc. II, e art. 485, inc. I, ambos do Novo CPC.

Condeno a parte autora ao pagamento das custas processuais. Sem honorários advocatícios, tendo em vista que a parte ré não foi citada, bem como não constituiu advogado.

Não interposta a apelação, certifique-se e, após, intime-se a parte ré do trânsito em julgado da sentença, consoante o art. 331, § 3º, do Novo CPC.

Publique-se. Registre-se. Intime-se.

b) No julgamento liminar de improcedência

ANTE O EXPOSTO, julgo liminarmente improcedentes os pedidos, na forma do art. 332, inc. I, do Novo CPC.

Condeno a parte autora ao pagamento das custas processuais. Sem honorários advocatícios, tendo em vista que a parte ré não foi citada, bem como não constituiu advogado.

Não interposta a apelação, certifique-se e, após, intime-se a parte ré do trânsito em julgado da sentença, na forma dos arts. 241 e 332, § 2º, do Novo CPC.

Publique-se. Registre-se. Intime-se.

---

282 NCPC: "Art. 332. Nas causas que dispensem a fase instrutória, o juiz, independentemente da citação do réu, julgará liminarmente improcedente o pedido que contrariar: [...] § 2º Não interposta a apelação, o réu será intimado do trânsito em julgado da sentença, nos termos do art. 241".

283 NCPC: "Art. 331. Indeferida a petição inicial, o autor poderá apelar, facultado ao juiz, no prazo de 5 (cinco) dias, retratar-se. [...] § 3º Não interposta a apelação, o réu será intimado do trânsito em julgado da sentença".

284 NCPC: "Art. 241. Transitada em julgado a sentença de mérito proferida em favor do réu antes da citação, incumbe ao escrivão ou ao chefe de secretaria comunicar-lhe o resultado do julgamento".

17.11 Correção monetária e juros

De acordo com o art. 389 do Código Civil, "não cumprida a obrigação, responde o devedor por perdas e danos, mais juros e atualização monetária segundo índices oficiais regularmente estabelecidos, e honorários de advogado". Além disso, o art. 395 do mesmo Código prevê que "responde o devedor pelos prejuízos a que sua mora der causa, mais juros, atualização dos valores monetários segundo índices oficiais regularmente estabelecidos, e honorários de advogado".

A **correção monetária** é utilizada para **recompor a perda inflacionária**, de modo a **preservar o valor real da moeda**. Assim, costuma-se dizer que a correção monetária não é um *plus* que se adita, senão um *minus* que se evita. Desse modo, existem vários índices que medem a perda inflacionária, devendo ser fixado pelo julgador aquele que melhor refletir a inflação no período.

Os **juros moratórios**, por sua vez, são **acrescidos à dívida como um consectário decorrente da mora**, ou seja, como uma penalidade contra o devedor, a fim de desestimular o descumprimento da prestação ou da obrigação. Desse modo, a incidência dos juros de mora independe da existência de prejuízo ao credor, nos termos do art. 407 do Código Civil[285].

17.11.1.1 Termo inicial da correção monetária e dos juros moratórios

O **termo inicial** da **correção monetária** e dos **juros moratórios depende de cada tipo de obrigação.**

No caso de inadimplemento de **obrigação positiva e líquida**, o seu **termo (data do vencimento) constitui de pleno direito em mora o devedor**. Nesse sentido, o art. 397, *caput*, do Código Civil. Se não for estipulado termo (data do vencimento), "a mora se constitui mediante interpelação judicial ou extrajudicial" (art. 397, parágrafo único, NCPC).

Se **não houver termo nem interpelação**, a **citação válida** constitui em mora o devedor, consoante art. 405 do Código Civil[286] e art. 240, *caput*, do Novo CPC[287].

285 Código Civil: "Art. 407. Ainda que se não alegue prejuízo, é obrigado o devedor aos juros da mora que se contarão assim às dívidas em dinheiro, como às prestações de outra natureza, uma vez que lhes esteja fixado o valor pecuniário por sentença judicial, arbitramento, ou acordo entre as partes".

286 Código Civil: "Art. 405. Contam-se os juros de mora desde a citação inicial".

287 NCPC: "Art. 240. A citação válida, ainda quando ordenada por juízo incompetente, induz litispendência, torna litigiosa a coisa e constitui em mora o devedor, ressalvado o disposto nos arts. 397 e 398 da Lei nº 10.406, de 10 de janeiro de 2002 (Código Civil)".

Nas obrigações decorrentes de **ato ilícito ou evento danoso** (que geram responsabilidade civil extracontratual), os **juros de mora** são contados desde a **data da prática do ilícito ou evento danoso** (art. 398, Código Civil[288]; Súmula 54 do STJ[289]).

Em se tratando de **indenização por dano moral**, a **correção monetária** incide desde a **data do arbitramento do valor indenizatório**, conforme Súmula 362 do STJ[290]; na **indenização por danos materiais**, a partir do **efetivo prejuízo** (data do desembolso ou do orçamento), nos termos da Súmula 43 do STJ[291].

17.11.1.2 Índice de correção monetária e taxa de juros moratórios

A taxa de juros moratórios está prevista no art. 406 do Código Civil, que assim dispõe:

> *Art. 406. Quando os juros moratórios não forem convencionados, ou o forem sem taxa estipulada, ou quando provierem de determinação da lei, serão fixados segundo a taxa que estiver em vigor para a mora do pagamento de impostos devidos à Fazenda Nacional.*

A jurisprudência do STJ estava firmada no sentido de que a taxa de juros moratórios em vigor para pagamento de impostos devidos à Fazenda Pública era de 1% (um por cento) ao mês, por interpretação do art. 161, § 1º, do Código Tributário Nacional, que assim prevê: "Se a lei não dispuser de modo diverso, os juros de mora são calculados à taxa de um por cento ao mês".

Contudo, mais recentemente, o STJ passou a decidir que, como a taxa em vigor para pagamento de impostos devidos à Fazenda Pública é a taxa SELIC (Sistema Especial de Liquidação e de Custódia),[292] nos termos da Lei 9.250/1985, é esta que deve ser utilizada. Essa taxa traz em sua composição correção monetária e juros moratórios.

---

288 Código Civil: "Art. 398. Nas obrigações provenientes de ato ilícito, considera-se o devedor em mora, desde que o praticou".

289 Súmula 54 do STJ: "Os **juros moratórios** fluem a partir do **evento danoso**, em caso de **responsabilidade extracontratual**".

290 Súmula 362 do STJ: "A **correção monetária** do valor da indenização do **dano moral** incide desde a **data do arbitramento**".

291 Súmula 43 do STJ: "Incide **correção monetária** sobre dívida por **ato ilícito** a partir da **data do efetivo prejuízo**".

292 A taxa SELIC é determinada pelo COPOM (Conselho de Política Monetária) e está sujeita a variações, conforme o contexto econômico. Desse modo, não há como o juiz estabelecer um percentual fixo.

Assim, de acordo com o STJ, deverá se utilizar a taxa SELIC para correção monetária e juros moratórios, quando ambos incidirem a partir da mesma data.[293]

No entanto, nas situações em que a correção e os juros incidem a partir de datas diferentes, não há como aplicar a taxa SELIC. Nestes casos, então, terá de se aplicar correção monetária (IPCA-E, INPC ou outro) e juros moratórios de 1% (um por cento) ao mês, conforme art. 406 do Código Civil e art. 161, § 1º, do CTN.[294]

Além disso, diversos juízes e tribunais não utilizam a taxa Selic para dívidas não tributárias. Ademais, é comum que os tribunais possuam um sistema oficial de cálculos, onde já consta o índice de correção a ser aplicado.

Ao candidato à magistratura, recomenda-se que analise a jurisprudência do tribunal para o qual prestará o concurso. Caso não saiba o índice utilizado, deve utilizar o seguinte padrão: *"[...] corrigido monetariamente pelo índice oficial adotado por este Tribunal e acrescido de juros moratórios de 1% (um por cento) ao mês desde [...]"*

17.11.1.3 Juros e correção monetária nas condenações impostas à Fazenda Pública

A Lei 9.494/1997, no art. 1º-F, incluído pela Medida Provisória 2.180-35/2001, previa que os juros de mora, nas condenações impostas à Fazenda

293 "Esse entendimento parece mais justo. É que a taxa SELIC é a taxa básica da economia. Isso significa dizer que o valor mínimo dos juros, em qualquer operação financeira é igual à taxa SELIC. Isso porque é com base na taxa SELIC que o Banco Central remunera os títulos do Tesouro Nacional. Também, se o sistema bancário precisa de dinheiro para compensar suas operações, pode pedir emprestado ao Banco Central com base na taxa SELIC. Assim, quando os bancos emprestam dinheiro, normalmente cobram uma taxa pelo menos igual ou maior que a SELIC. Dessa forma, o autor, quando tem uma ação na justiça e espera o desfecho do processo para haver do réu o que é seu por direito, deve ser remunerado tal qual tivesse seu dinheiro em uma boa aplicação. Os juros baixos estimulam o réu a postergar a ação, mesmo sabendo que seu direito não é bom, porque, no processo judicial, acabaria pagando juros menores que os mais modestos que uma aplicação financeira é capaz de assegurar." (JORGE NETO, Nagibe de Melo. *Sentença cível:* teoria e prática. 7. ed. Salvador: Juspodivm, 2016. p. 303)

294 Também nesse sentido, Nagibe de Melo Jorge Neto: "Em alguns casos, contudo, por questões de ordem eminentemente práticas, é impossível utilizar-se a taxa SELIC. É que a SELIC, por sua própria natureza, já traz em seu bojo a correção monetária e os juros. Assim, deve ser aplicada a um só tempo a título de juros e correção monetária. Em alguns casos, contudo, o *dies a quo* da contagem da correção monetária é diferente do dies a quo da contagem dos juros. É o que acontece, por exemplo, na indenização por danos morais. Arbitrada a indenização, a correção monetária deve incidir a partir da prolação da sentença, enquanto os juros incidem desde o evento danoso. Nesses casos, como não se pode aplicar a taxa SELIC, aplica-se correção monetária em índice próprio, normalmente o INPC, e os juros de 1% (um por cento) ao mês, aplicando-se o art. 161, § 1º, do Código Tributário Nacional." (JORGE NETO, Nagibe de Melo. *Sentença cível:* teoria e prática. 7. ed. Salvador: Juspodivm, 2016. p. 303)

Pública para pagamento de verbas remuneratórias devidas a servidores e empregados públicos, não poderiam ultrapassar o percentual de 6% ao ano.

Assim, o dispositivo deu tratamento diferenciado à Fazenda Pública, ao estabelecer juros de mora menores em condenações da Fazenda Pública, quando referentes a pagamentos de verbas remuneratórias a servidores e a empregados públicos. O STF, em 2007, no julgamento do RE 453.740, entendeu que esse dispositivo era constitucional.[295]

Posteriormente, a Lei 11.960, de 20 de junho de 2009, alterou o art. 1º-F da Lei 9.494/1997 e ampliou a abrangência desse beneplácito, ao estabelecer que: "Nas condenações impostas à Fazenda Pública, independentemente de sua natureza e para fins de atualização monetária, remuneração do capital e compensação da mora, haverá a incidência uma única vez, até o efetivo pagamento, dos índices oficiais de remuneração básica e juros aplicados à caderneta de poupança".

Entretanto, o STF, no julgamento da ADI 4.425, em 14/3/2013, reviu o entendimento anterior e entendeu pela **inconstitucionalidade** de diversos dispositivos que estabeleciam tratamento diferenciado à Fazenda Pública em detrimento das demais pessoas. Dentre outras conclusões, decidiu pela inconstitucionalidade da expressão "índice oficial de remuneração básica da caderneta de poupança", prevista do § 12 do art. 100 da Constituição Federal. Da mesma forma, o STF concluiu pela inconstitucionalidade, por arrastamento, do art. 1º-F da Lei 9.494/1997, com redação dada pelo art. 5º da Lei 11.960/2009.

Por conseguinte, por esse novo entendimento, nas **condenações em geral impostas** à **Fazenda Pública,** deve se aplicar **correção monetária** pelo **IPCA-E (Índice de Preços ao Consumidor Amplo Especial)** e **juros moratórios de 0,5% ao mês** (ou 6% ao ano), equivalente à caderneta de poupança. Também ficou definido que, nas **demandas tributárias contra a Fazenda Pública**, os **juros moratórios** devem ser de **1% ao mês**, haja vista que é o mesmo percentual cobrado dos contribuintes, além da correção monetária (IPCA-E) ou, se incidirem desde a mesma data, somente a taxa Selic (que inclui correção monetária e juros moratórios). [296]

---

295 "Recurso Extraordinário. Conhecimento. Provimento. 2. Juros de Mora. 3. Art. 1º-F da Lei nº 9.494, de 1997. 4. Constitucionalidade." (STF, RE 453740, Relator(a): Min. Gilmar Mendes, Tribunal Pleno, julgado em 28/02/2007, DJe-087 divulg 23-08-2007 public 24-08-2007 DJ 24-08-2007 pp-00056 ement vol-02286-14 pp-02627 RTJ vol-00202-01 pp-00341)

296 "[...] A quantificação dos juros moratórios relativos a débitos fazendários inscritos em precatórios segundo o índice de remuneração da caderneta de poupança vulnera o princípio constitucional da isonomia (CF, art. 5º, *caput*) ao incidir sobre débitos estatais de natureza tributária, pela discriminação em detrimento da parte processual privada que, salvo expressa

No entanto, o STF, posteriormente, em 25.3.2015, modulou os efeitos desta decisão (da ADI 4.425), para dizer que esse novo entendimento não deveria ser aplicado aos precatórios já expedidos por ocasião da decisão de modulação (em 25/3/2015).[297] Ocorre que a questão ainda não está definitivamente decidida, haja vista que está pendente de julgamento o RE 870.947/SE, com repercussão geral reconhecida (tema 810).

Desse modo, por ora, deve se aplicar o seguinte nas **condenações impostas à Fazenda Pública**[298]:

---

determinação em contrário, responde pelos juros da mora tributária à taxa de 1% ao mês em favor do Estado (ex vi do art. 161, §1º, CTN). Declaração de inconstitucionalidade parcial sem redução da expressão "independentemente de sua natureza", contida no art. 100, §12, da CF, incluído pela EC nº 62/09, para determinar que, quanto aos precatórios de natureza tributária, sejam aplicados os mesmos juros de mora incidentes sobre todo e qualquer crédito tributário. 7. O art. 1º-F da Lei nº 9.494/97, com redação dada pela Lei nº 11.960/09, ao reproduzir as regras da EC nº 62/09 quanto à atualização monetária e à fixação de juros moratórios de créditos inscritos em precatórios incorre nos mesmos vícios de juridicidade que inquinam o art. 100, §12, da CF, razão pela qual se revela inconstitucional por arrastamento, na mesma extensão dos itens 5 e 6 supra. [...]" (STF, ADI 4425, Relator(a): Min. AYRES BRITTO, Relator(a) p/ Acórdão: Min. Luiz Fux, Tribunal Pleno, julgado em 14/03/2013, processo eletrônico DJe-251 divulg 18-12-2013 public 19-12-2013 RTJ vol-00227-01 pp-00125)

297 "[...] Confere-se eficácia prospectiva à declaração de inconstitucionalidade dos seguintes aspectos da ADI, fixando como marco inicial a data de conclusão do julgamento da presente questão de ordem (25.03.2015) e mantendo-se válidos os precatórios expedidos ou pagos até esta data, a saber: (i) fica mantida a aplicação do índice oficial de remuneração básica da caderneta de poupança (TR), nos termos da Emenda Constitucional nº 62/2009, até 25.03.2015, data após a qual (a) os créditos em precatórios deverão ser corrigidos pelo Índice de Preços ao Consumidor Amplo Especial (IPCA-E) e (b) os precatórios tributários deverão observar os mesmos critérios pelos quais a Fazenda Pública corrige seus créditos tributários; e (ii) ficam resguardados os precatórios expedidos, no âmbito da administração pública federal, com base nos arts. 27 das Leis nº 12.919/13 e nº 13.080/15, que fixam o IPCA-E como índice de correção monetária. [...]" (STF, ADI 4425 QO, Relator(a): Min. Luiz Fux, Tribunal Pleno, julgado em 25/03/2015, processo eletrônico DJe-152 divulg 03-08-2015 public 04-08-2015)

298 Confira-se no ponto o seguinte julgado do TJSC: "[...] A EC n. 62/09 alterou o art. 100 da CRFB/88, instituindo regime especial de pagamento de precatórios pela Fazenda Pública. Referida norma foi objeto da ADI n. 4.357/DF. Ao apreciá-la, o STF declarou a "inconstitucionalidade parcial sem redução de texto, da expressão 'independentemente de sua natureza', contida no art. 100, § 12, da CF", arrastando seus efeitos também ao art. 1º-F da Lei nº 9.494/97, com redação dada pela Lei nº 11.960/09 (ADI n. 4.357, rel. Min. Luiz Fux, Tribunal Pleno, j. 14.3.13). Em 25.3.14, o STF decidiu sobre a modulação dos efeitos da declaração de inconstitucionalidade, determinando, para fins de correção monetária dos débitos a serem pagos pela Fazenda Pública, a aplicação da TR até o dia 25.3.15 e, a partir de então, o Índice de Preço ao Consumidor Amplo Especial (IPCA-E). Apesar de, aparentemente, a questão ter sido definida com a modulação dos efeitos, surgiu fato novo quando o Supremo Tribunal Federal, em 16.4.15, reabriu a discussão da matéria ao

a) até 30/06/2009: correção monetária pelo IPCA-E e juros legais de 0,5% ao mês a partir da citação até 30/06/2009, data da entrada em vigor da alteração introduzida pela Lei n. 11.960/2009, quando então vão incidir os índices oficiais de remuneração básica e juros aplicados à caderneta de poupança uma única vez, até o efetivo pagamento, na forma do art. 1º-F da Lei 9.494/1997.

b) de 1º/7/2009 até 25/3/2015: correção monetária pelos índices oficiais de remuneração básica e juros aplicados à caderneta de poupança, ou seja, TR (taxa referencial), acrescido de 0,5% ao mês.

c) de 26/3/2015 em diante: c.1) nas demandas tributárias contra a Fazenda Pública, correção monetária pelo IPCA-E[299] e juros moratórios de 1% ao mês, ou, quando incidem desde a mesma data, apenas a taxa Selic[300] (que inclui correção monetária e juros moratórios); c.2.) nas

---

reconhecer a repercussão geral no Recurso Extraordinário n. 870.947/SE (TEMA N. 810), referente especificamente ao art. 1º-F da Lei n. 9.494/97, com a redação dada pela Lei n. 11.960/09. Nessa oportunidade, o Ministro relator esclareceu que a declaração parcial de inconstitucionalidade, sem redução de texto, e por arrastamento, do art. 1º-F da Lei n. 9.494/97, com a redação dada pela Lei n. 11.960/09, "teve alcance limitado e abarcou apenas a parte em que o texto legal estava logicamente vinculado no art. 100, §12, da CRFB, incluído pela EC n. 62/09, o qual se refere tão somente à atualização de valores requisitórios". A partir dessa nova orientação sobre a aplicabilidade da ADIN n. 4.357, advinda em 16.4.15 com a decisão proferida na repercussão geral n. 870.947, tem-se que: a) a redação do art. 1º-F da Lei n. 9.494/97, dada pela Lei n. 11.960/09, não se aplica os processos de natureza tributária; b) quanto às relações de natureza não-tributária: b1) relativamente aos juros de mora, a redação do art. 1º-F da Lei n. 9.494/97, dada pela Lei n. 11.960/09, continua aplicável; b2) quanto à correção monetária, a redação do art. 1º-F da Lei n. 9.494/97, dada pela Lei n. 11.960/09, somente não se aplica no momento do pagamento de precatórios (período entre a inscrição do crédito em precatório e o efetivo pagamento). (TJSC, Apelação Cível n. 0003518-71.2014.8.24.0031, de Indaial, rel. Des. Francisco Oliveira Neto, Segunda Câmara de Direito Público, j. 08/11/2016)." (TJSC, Apelação Cível n. 0300181-61.2016.8.24.0053, de Quilombo, rel. Des. Sérgio Roberto Baasch Luz, j. 01-08-2017).

299 "[...] No caso concreto, como a condenação imposta à Fazenda não é de natureza tributária – o crédito reclamado tem origem na incorporação de quintos pelo exercício de função de confiança entre abril de 1998 e setembro de 2001 -, os juros moratórios devem ser calculados com base no índice oficial de remuneração básica e juros aplicados à caderneta de poupança, nos termos da regra do art. 1º-F da Lei 9.494/97, com redação da Lei 11.960/09. Já a correção monetária, por força da declaração de inconstitucionalidade parcial do art. 5º da Lei 11.960/09, deverá ser calculada com base no IPCA, índice que melhor reflete a inflação acumulada do período. 21. Recurso especial provido em parte. Acórdão sujeito à sistemática do art. 543-C do CPC e da Resolução STJ n.º 08/2008." (STJ, REsp 1270439/PR, Rel. Ministro Castro Meira, Primeira Seção, julgado em 26/06/2013, DJe 02/08/2013)

300 "Igualmente reconheceu a inconstitucionalidade da expressão "independentemente de sua natureza" quando os débitos fazendários ostentarem natureza tributária. Isso porque, quando

demandas não tributárias, correção monetária pelo IPCA-E, acrescida de juros moratórios de 0,5% ao mês[301].

17.11.1.4 Questões sedimentadas na jurisprudência

A fim de sistematizar a matéria e facilitar o seu estudo, elencam-se, abaixo, as súmulas do STJ sobre correção monetária e juros de mora:

a) Súmula 580 do STJ: "A correção monetária nas indenizações do **seguro DPVAT por morte ou invalidez**, prevista no § 7º do art. 5º da Lei n. 6.194/1974, redação dada pela Lei n. 11.482/2007, incide desde a **data do evento danoso**".

b) Súmula 472 do STJ: "A cobrança de comissão de permanência – cujo valor não pode ultrapassar a soma dos encargos remuneratórios e moratórios previstos no contrato – exclui a exigibilidade dos juros remuneratórios, moratórios e da multa contratual".

c) Súmula 459 do STJ: "A Taxa Referencial (TR) é o índice aplicável, a título de correção monetária, aos débitos com o FGTS recolhidos pelo empregador mas não repassados ao fundo".

d) Súmula 456 do STJ: "É incabível a correção monetária dos salários de contribuição considerados no cálculo do salário de benefício de auxílio-doença, aposentadoria por invalidez, pensão ou auxílio-reclusão concedidos antes da vigência da CF/1988".

e) Súmula 454 do STJ: "Pactuada a correção monetária nos contratos do SFH pelo mesmo índice aplicável à caderneta de poupança, incide a taxa referencial (TR) a partir da vigência da Lei n. 8.177/1991".

f) Súmula 445 do STJ: "As diferenças de correção monetária resultantes de expurgos inflacionários sobre os saldos de FGTS têm como termo inicial a data em que deveriam ter sido creditadas".

g) Súmula 426 do STJ: "Os **juros de mora** na **indenização do seguro DPVAT** fluem a partir da **citação**".

h) Súmula 411 do STJ: "É devida a correção monetária ao creditamento do IPI quando há oposição ao seu aproveitamento decorrente de resistência ilegítima do Fisco".

---

credora a Fazenda de dívida de natureza tributária, incidem os juros pela taxa SELIC como compensação pela mora, devendo esse mesmo índice, por força do princípio da equidade, ser aplicado quando for ela devedora nas repetições de indébito tributário." (STJ, REsp 1270439/PR, Rel. Ministro CASTRO MEIRA, PRIMEIRA SEÇÃO, julgado em 26/06/2013, DJe 02/08/2013)

301 O capítulo IV também sistematiza as súmulas do STJ e STF sobre o assunto, em ordem decrescente, para facilitar a apreensão do conteúdo.

i) Súmula 362 do STJ: "A **correção monetária** do valor da indenização do **dano moral** incide desde a **data do arbitramento**".

j) Súmula 289 do STJ: "A restituição das parcelas pagas a plano de previdência privada deve ser objeto de correção plena, por índice que recomponha a efetiva desvalorização da moeda".

k) Súmula 271 do STJ: "A correção monetária dos depósitos judiciais independe de ação específica contra o banco depositário".

l) Súmula 204 do STJ: "Os **juros de mora** nas ações relativas a **benefícios previdenciários** incidem a partir da **citação válida.**

m) Súmula 188 do STJ: "Os **juros moratórios**, na **repetição do indébito tributário**, são devidos a partir do **transito em julgado da sentença**".

n) Súmula 162 do STJ: "Na **repetição de indébito tributário**, a **correção monetária** incide a partir do **pagamento indevido**".

o) Súmula 54 do STJ: "Os **juros moratórios** fluem a partir do **evento danoso**, em caso de **responsabilidade extracontratual**".

p) Súmula 43 do STJ: "Incide **correção monetária** sobre dívida por **ato ilícito** a partir da **data do efetivo prejuízo**".

q) Súmula 35 do STJ: "Incide **correção monetária** sobre as prestações pagas, quando de sua restituição, em virtude da retirada ou exclusão do participante de plano de consorcio".

r) Súmula 30 do STJ: "A comissão de permanência e a correção monetária são inacumuláveis".

s) Súmula 29 do STJ: "No pagamento em juízo para elidir falência, são devidos correção monetária, juros e honorários de advogado".

Elencam-se, a seguir, de forma sistematizada, algumas questões já consolidadas na jurisprudência:

a) "Nas **obrigações positivas e líquidas**, com **vencimento certo**, **os juros de mora e a correção monetária** fluem a partir da **data do vencimento**".[302]

b) "Os **juros de mora** decorrentes do **inadimplemento contratual** fluem a partir do **vencimento de cada parcela** quando se tratar de **obrigação positiva e líquida**".[303]

c) "Esta Corte Superior fixou entendimento no sentido de que os **juros de mora e a correção monetária integram** os chamados **pedidos implícitos**,

302 STJ, REsp 1651957/MG, Rel. Ministra Nancy Andrighi, Terceira Turma, julgado em 16/03/2017, DJe 30/03/2017.

303 STJ, AgInt no AREsp 759.982/DF, Rel. Ministro Moura Ribeiro, Terceira Turma, julgado em 21/02/2017, DJe 09/03/2017.

de modo que a alteração ou modificação de seu termo inicial não configura julgamento *extra petita* ou *ultra petita*".[304]

d) "A Primeira Seção deste Superior Tribunal de Justiça, no julgamento do Recurso Especial Repetitivo n. 1.111.175/SP (Rel. Min. Denise Arruda, DJe de 1/7/2009), firmou o entendimento de que 'aplica-se a **taxa SELIC, a partir de 1º/01/1996, na atualização monetária do indébito tributário**, não podendo ser cumulada, porém, com qualquer outro índice, seja de juros ou atualização monetária' ".[305]

e) "'A **Taxa SELIC** é **legítima** como índice de **correção monetária e de juros de mora**, na atualização dos **débitos tributários pagos em atraso**, *ex vi* do disposto no artigo 13 da Lei 9.065/95' (REsp 1.073.846/SP, Rel. Ministro Luiz Fux, Primeira Seção, DJe 18/12/2009, julgado sob o rito do art. 543-C do CPC/73)".[306]

f) "No caso de **responsabilidade extracontratual**, a **correção monetária** dos valores devidos a título de **dano material** incide da **data do efetivo prejuízo**. Já quanto aos danos morais, a correção monetária sobre o *quantum* devido a título de danos morais incide a partir da **data do arbitramento** (Súmula 362/STJ) e os **juros de mora**, desde o **evento danoso** (Súmula 54/STJ)".[307]

g) "Consoante a jurisprudência sedimentada nesta Corte Superior, os consectários legais na cobrança de **despesas condominiais** incidem a **partir do vencimento de cada parcela**".[308]

h) "A cobrança da comissão de permanência é admitida apenas no período de inadimplência, desde que pactuada e não cumulada com os encargos da normalidade (juros remuneratórios e correção monetária) e/ou com os encargos moratórios (juros moratórios e multa contratual), não podendo o seu valor ultrapassar a soma dos encargos remuneratórios e moratórios previstos no contrato, nos termos da Súmula nº 472/STJ".[309]

---

304 STJ, AgInt no REsp 1601631/RS, Rel. Ministro Mauro Campbell Marques, Segunda Turma, julgado em 13/09/2016, DJe 20/09/2016.

305 STJ, AgRg no AREsp 487.153/SC, Rel. Ministro Gurgel De Faria, Primeira Turma, julgado em 09/08/2016, DJe 30/08/2016.

306 STJ, AgInt no AREsp 908.237/SP, Rel. Ministro OG Fernandes, Segunda Turma, julgado em 18/10/2016, DJe 24/10/2016.

307 STJ, AgInt no AREsp 846.923/RJ, Rel. Ministro Luis Felipe Salomão, Quarta Turma, julgado em 09/08/2016, DJe 16/08/2016.

308 STJ, AgRg no AREsp 636.255/RJ, Rel. Ministro Ricardo Villas Bôas Cueva, Terceira Turma, julgado em 06/10/2015, DJe 16/10/2015.

309 STJ, REsp 1321052/MG, Rel. Ministro Ricardo Villas Bôas Cueva, Terceira Turma, julgado em 16/08/2016, DJe 26/08/2016.

i) "Na fase de execução, o depósito judicial do montante (integral ou parcial) da condenação extingue a obrigação do devedor, nos limites da quantia depositada".[310]

j) "Segundo a jurisprudência desta Corte, realizado o **depósito judicial para a garantia do juízo**, **cessa** a responsabilidade do devedor pela **correção monetária** e pelos **juros de mora**".[311]

l) "Em qualquer ação utilizada pelo portador para cobrança de **cheque**, a **correção monetária** incide a partir da **data de emissão** estampada na cártula, e os **juros de mora** a contar da primeira **apresentação à instituição financeira sacada** ou câmara de compensação".[312]

m) "**Nota promissória** – fluência dos juros a partir da data do **vencimento da dívida**".[313]

n) "[...] SEGURO DE VIDA EM GRUPO. INCAPACIDADE. [...] A jurisprudência deste Tribunal Superior é no sentido de que, nas ações que buscam o pagamento de indenização securitária, os juros de mora devem incidir a partir da data da citação da seguradora, visto se tratar de eventual ilícito contratual. [...]".[314]

17.11.1.5 Quadro sinóptico

	CORREÇÃO MONETÁRIA	**JUROS MORATÓRIOS**
OBRIGAÇÕES POSITIVAS E LÍQUIDAS, COM VENCIMENTO CERTO.	Data do vencimento	Data do vencimento (art. 397, Código Civil)
INDENIZAÇÃO POR DANOS MATERIAIS	Efetivo prejuízo (data do desembolso ou do orçamento) – Súmula 43, STJ.	Evento danoso (Súmula 54, STJ; art. 398, Código Civil)
INDENIZAÇÃO POR DANOS MORAIS	Data do arbitramento (Súmula 362, STJ)	Evento danoso (Súmula 54, STJ; art. 398, *caput*, Código Civil)[315]

310 STJ, tese firmada em recurso repetitivo, REsp 1348640/RS, Rel. Ministro Paulo de Tarso Sanseverino, Corte Especial, julgado em 07/05/2014, DJe 21/05/2014.

311 STJ, AgInt nos EDcl no REsp 1590840/TO, Rel. Ministro Ricardo Villas Bôas Cueva, Terceira Turma, julgado em 16/02/2017, DJe 01/03/2017.

312 STJ, tese firmada em recurso repetitivo, REsp 1556834/SP, Rel. Ministro Luis Felipe Salomão, Segunda Seção, julgado em 22/06/2016, DJe 10/08/2016.

313 STJ, AgInt no AgRg no AREsp 791.310/MS, Rel. Ministro Ricardo Villas Bôas Cueva, Terceira Turma, julgado em 04/10/2016, DJe 18/10/2016.

314 STJ, AgRg no REsp 1328730/SP, Rel. Ministro Ricardo Villas Bôas Cueva, Terceira Turma, julgado em 21/06/2016, DJe 28/06/2016.

TÍTULOS DE CRÉDITO EM GERAL	Data do vencimento	Data do vencimento
CHEQUE	Data de emissão	Primeira apresentação à instituição financeira
DESPESAS CONDOMINIAIS	Vencimento de cada parcela	Vencimento de cada parcela
REPETIÇÃO DE INDÉBITO TRIBUTÁRIO	Data do pagamento indevido (Súmula 162, STJ)	Trânsito em julgado da sentença (Súmula 188, STJ)
BENEFÍCIOS PREVIDENCIÁRIOS	Desde quando devida cada parcela	Citação válida (Súmula 204, STJ; art. 405, CC; art. 240, *caput*, NCPC)
REGRA RESIDUAL	Ajuizamento da ação (quando não houver data de vencimento estipulada) ou vencimento (quando for estipulado)	Citação (quando não houver data do vencimento estipulada ou a quantia for ilíquida) – art. 405, CC; art. 240, *caput*, NCPC.

17.12 Cominação de multas e outras medidas coercitivas

Nas **sentenças** que imponham **obrigações de fazer e não fazer**, é possível que o julgador estabeleça medidas de coerção direta e indireta, a fim de que as determinações contidas no ato sentencial sejam cumpridas.

O Novo CPC privilegia a tutela específica. Com efeito, estabelece uma série de medidas de coerção direta e indireta que podem ser tomadas pelo juiz para a efetivação do direito da parte (art. 536, § 1º).

A esse respeito, o Novo CPC (art. 536, § 1º) estabelece que "o juiz poderá determinar, entre outras medidas, a imposição de multa, a busca e apreensão, a remoção de pessoas e coisas, o desfazimento de obras e o impedimento de atividade nociva, podendo, caso necessário, requisitar o auxílio de força policial". Vale dizer, o rol das medidas expressas no § 1º do art. 536 do Novo CPC é meramente exemplificativo, admitindo-se outras medidas coercitivas atípicas (não expressamente previstas) para o cumprimento da decisão judicial.

A fim de que o executado cumpra a tutela específica, o juiz poderá, como meio de **coerção indireta**, impor **multa** diária ao réu, independentemente de

315 "[...] AÇÃO DECLARATÓRIA DE INEXISTÊNCIA DE DÉBITO C/C INDENIZAÇÃO POR DANOS MORAIS [...] Em se tratando de responsabilidade extracontratual, os juros de mora incidem desde a data do evento danoso (Súmula 54 do STJ). Precedentes. [...]" (STJ, AgInt no AREsp 988.161/SP, Rel. Ministro Marco Buzzi, Quarta Turma, julgado em 04/05/2017, DJe 10/05/2017)

pedido do autor, fixando-lhe prazo razoável para o cumprimento do preceito, na forma do art. 537 do Novo CPC. Essa multa diária é chamada de *astreintes*. O valor da multa acima referida será devido ao exequente (art. 537, § 2º, NCPC).

O § 3º do art. 538 do Novo CPC estabelece que **se aplicam, à sentença de obrigação de entrega de coisa, as disposições referentes ao cumprimento de obrigação de fazer e não fazer.**

Assim, ficou claro que, na **sentença que impõe obrigação de entrega de coisa certa**, o julgador pode se utilizar de **todas as medidas necessárias**, incluindo os meios coercitivos previstos no art. 536, § 1º, do Novo CPC, tais como a imposição de multa por tempo de atraso, busca e apreensão, remoção de pessoas e coisas, desfazimento de obras e impedimento de atividade nociva, se necessário com requisição de força policial.

O princípio da congruência sofre temperamentos no que diz respeito à **forma de cumprimento da decisão judicial.** Com efeito, o juiz pode se utilizar dos meios coercitivos disponíveis no ordenamento jurídico para que o demandado cumpra a determinação judicial, mesmo que tais meios coercitivos não tenham sido postulados pela parte (art. 537, *caput* e §§, NCPC).

Modelos:

Modelo 1

*ANTE O EXPOSTO, julgo **PROCEDENTES** os pedidos formulados pelo autor na petição inicial, para o fim de **DETERMINAR** que a instituição ré retire o nome da parte autora do SPC e do SERASA, no prazo de 15 (quinze) dias, relativamente às inscrições feitas em decorrência das dívidas declaradas inexistentes, caso ainda não tenha tomado essa providência, bem como se abstenha de fazer novas inscrições com base nela, sob pena de multa diária de R$ 200,00 (duzentos reais).*

Modelo 2

*ANTE O EXPOSTO, com fundamento no artigo 9º, inciso III, da Lei do Inquilinato, julgo **PROCEDENTES** os pedidos, para o fim de **DECRETAR** a rescisão do contrato de locação celebrado entre as partes, fixando o prazo de 15 dias para a desocupação voluntária do imóvel por parte da locatária, nos termos do art. 63, § 1º, alínea "b", da Lei 8.245/1991, sob pena de despejo forçado, ficando desde já autorizado o auxílio de força policial, se necessário.*

17.13 Tutelas provisórias concedidas na sentença

Conforme já fora explanado oportunamente, durante a estruturação da fundamentação, é cabível a concessão de tutelas provisórias de urgência (cautelar ou antecipada) e da evidência na sentença. A fim de evitar repetições, remete--se o leitor para o item próprio, desenvolvido na análise da fundamentação.

Neste momento, cabe aqui apenas analisar como redigir o deferimento/indeferimento da tutela provisória no dispositivo. Ainda que já tenha deferido a tutela provisória durante o processo, é necessário que seja confirmada na sentença.[316]

No caso de deferimento, o juiz pode, de ofício ou a requerimento da parte, determinar as medidas que entender adequadas para a efetivar, tais como imposição de multa, busca e apreensão, remoção de pessoas e/ou coisas, desfazimento de obras, impedimento de atividade nociva etc., podendo, se for necessário, requisitar o auxílio de força policial (art. 297, NCPC)[317].

Observem-se os seguintes modelos:

Modelo 1

ANTE O EXPOSTO, julgo PROCEDENTES os pedidos, para [...]

Pelos motivos já expostos na fundamentação, defiro o pedido de tutela antecipada/tutela cautelar/tutela da evidência, a fim de [...].

Modelo 2

ANTE O EXPOSTO, rejeito as preliminares, confirmo a tutela antecipada e, no mérito, julgo PROCEDENTES os pedidos, para o fim de [...]

Modelo 3

ANTE O EXPOSTO:

1) DEFIRO o requerimento de ANTECIPAÇÃO DE TUTELA, para DETERMINAR que a parte ré cancele os descontos mensais realizados no contracheque da

---

316 Também nesse sentido: DONIZETTI, Elpídio. *Redigindo a sentença cível*. 8. ed. São Paulo: Atlas, 2017. p. 73

317 NCPC: "Art. 297. O juiz poderá determinar as medidas que considerar adequadas para efetivação da tutela provisória. Parágrafo único. A efetivação da tutela provisória observará as normas referentes ao cumprimento provisório da sentença, no que couber". Desse modo, aplicáveis os arts. 536, §1º, e art. 538, § 3º, do Novo CPC: "Art. 536. No cumprimento de sentença que reconheça a exigibilidade de obrigação de fazer ou de não fazer, o juiz poderá, de ofício ou a requerimento, para a efetivação da tutela específica ou a obtenção de tutela pelo resultado prático equivalente, determinar as medidas necessárias à satisfação do exequente. § 1º Para atender ao disposto no *caput*, o juiz poderá determinar, entre outras medidas, a imposição de multa, a busca e apreensão, a remoção de pessoas e coisas, o desfazimento de obras e o impedimento de atividade nociva, podendo, caso necessário, requisitar o auxílio de força policial. [...] Art. 538 [...] § 3º Aplicam-se ao procedimento previsto neste artigo, no que couber, as disposições sobre o cumprimento de obrigação de fazer ou de não fazer".

parte autora, no tocante às dívidas ora declaradas inexistentes, bem como se abstenha efetuar cobranças relativas a essas dívidas, sob pena de multa diária de R$200,00 (duzentos reais) até o limite de R$2.000,00 (dois mil reais);

2) JULGO PROCEDENTES os pedidos, para o fim de:

2.1) DECLARAR a inexistência das dívidas atribuídas à parte autora;

2.2) DETERMINAR que a parte ré cancele os descontos mensais realizados no contracheque da parte autora e se abstenha de efetuar novas cobranças relativas a elas, na forma especificada na tutela antecipada.

Modelo 4

ANTE O EXPOSTO, julgo IMPROCEDENTES os pedidos. [...]

Por conseguinte, revogo a _____ [tutela antecipada/tutela cautelar/tutela da evidência], haja vista que, em juízo de certeza, foi reconhecida a inexistência do direito alegado pela parte autora.

17.14 Responsabilidade por custas, honorários advocatícios e periciais e demais despesas/verbas de sucumbência

Na sentença, além de decidir os pedidos, o juiz também deve fixar os ônus de sucumbência, isto é, dizer quem deve arcar com as despesas processuais e com os honorários advocatícios sucumbenciais.

Como regra, o julgador deverá condenar o vencido a pagar as despesas processuais, bem como os honorários advocatícios, nos termos do art. 82, § 2º, e art. 85 do Novo CPC. Assim, regra geral, aplica-se o **princípio da sucumbência** para a fixação dos ônus sucumbenciais.

É possível, entretanto, que tenha sido a parte vencedora quem deu causa à ação. Neste caso, quem deve ser responsabilizado pelo pagamento dos ônus sucumbenciais, a parte vencida ou aquele que deu causa à ação?

A esse respeito, a doutrina e a jurisprudência são pacíficas no sentido de que deve ser aplicado o **princípio da causalidade**, que complementa o princípio da sucumbência[318]. Isto é, deverá ser condenado a pagar custas processuais e honorários advocatícios **aquele que deu causa à demanda.**

É o que ocorre, por exemplo, quando a parte ré, após a propositura de ação de cobrança, efetua o pagamento da integralidade da dívida ao autor.

318 **"Segundo o princípio da causalidade, aquele que der causa à instauração da demanda ou do incidente processual deve arcar com as despesas deles decorrentes"** (STJ, AgRg no AREsp 759.959/SP, Rel. Min. Maria Isabel Gallotti, Quarta Turma, julgado em 17-9-2015, *DJe* 28-9-2015).

Ou quando, após ajuizada a busca e apreensão de veículo alienado fiduciariamente, o réu paga a integralidade da dívida[319]. Nesses casos, o juiz proferirá sentença sem resolução do mérito, por perda do objeto (falta de interesse processual superveniente ou ulterior), na forma do art. 485, inc. VI, do Novo CPC, mas, como foi o réu quem deu causa à ação, pelo inadimplemento, é ele quem deverá arcar com os ônus sucumbenciais, pelo princípio da causalidade.

Para as hipóteses de perda do objeto, o art. 85, § 10, do Novo CPC passou a prever expressamente que se aplica o princípio da causalidade[320].

Contudo, a aplicação do princípio da causalidade não se restringe apenas aos casos de perda do objeto. Por exemplo, no caso de embargos de terceiro, a jurisprudência é pacífica no sentido de que, se o exequente/embargado não apresentar contestação, não poderá ser condenado aos ônus sucumbenciais, quando não tiver dado causa aos embargos[321]. Nesse sentido, aliás, a Súmula 303/STJ estabelece que, "em embargos de terceiro, quem deu causa à constrição indevida deve arcar com os honorários advocatícios".

17.14.1 Despesas processuais

Se a parte não for beneficiária da gratuidade judiciária, deverá antecipar o pagamento das despesas dos atos que realizar ou requerer durante o processo, desde o início até a sentença final ou, na execução, até o seu término (art. 82, NCPC).

Na sentença, **o juiz deverá condenar o vencido ou aquele que deu causa à ação a pagar à outra parte as despesas que antecipou.**

Essas despesas abrangem não somente as custas dos atos do processo, mas também eventualmente a indenização de viagem da outra parte ou testemunhas, a remuneração do assistente técnico, a diária de testemunha, dentre outras[322].

319 **"Se, em que pese a desistência da parte autora, ficar evidenciada que a instauração do processo decorreu do comportamento do réu (inadimplemento da obrigação), é inviável a condenação da autora ao pagamento das custas e dos honorários de sucumbência"** (STJ, REsp 1347368/MG, Rel. Min. Paulo de Tarso Sanseverino, Terceira Turma, julgado em 27-11-2012, *DJe* 5-12-2012).

320 NCPC: "Art. 85 [...] § 10. Nos casos de perda do objeto, os honorários serão devidos por quem deu causa ao processo".

321 **"Consoante a jurisprudência desta Corte, nos embargos de terceiro, 'o embargado, ao opor resistência à desconstituição da penhora, atrai para si a aplicação do princípio da sucumbência ao ficar vencido na demanda'.** (AgRg no Ag 668.005/RS, [...] *DJe* 28-10-2008)" (STJ, AgRg no AREsp 228.826/SP, Rel. Min. Antonio Carlos Ferreira, Quarta Turma, julgado em 18-9-2014, *DJe* 25-9-2014).

322 NCPC: "Art. 84. As despesas abrangem as custas dos atos do processo, a indenização de viagem, a remuneração do assistente técnico e a diária de testemunha".

17.14.2 Honorários advocatícios

Inicialmente, é preciso salientar que, de acordo com o entendimento do STJ, a "sucumbência é regida pela lei vigente na data da sentença", de modo que, "nos casos de sentença proferida a partir do dia 18.3.2016, aplicar-se-ão as normas do CPC/2015".[323]

A uma primeira vista, **o Novo CPC estabeleceu limites mínimo e máximo mais rígidos para o julgador.** Com efeito, o art. 85, § 2º, do Novo CPC prevê que os honorários advocatícios deverão ser **fixados entre 10% e 20% sobre o valor da condenação**, do **proveito econômico obtido** ou, não sendo ele mensurável, sobre o **valor atualizado da causa**. No entanto, está surgindo jurisprudência no sentido de que esses limites não são tão rígidos, seja em razão do princípio da proporcionalidade[324], seja pela possibilidade de fixar os

323 "[...] Outrossim, a jurisprudência do STJ é pacífica no sentido de que a sucumbência é regida pela lei vigente na data da sentença. 6. Esclarece-se que os honorários nascem contemporaneamente à sentença e não preexistem à propositura da demanda. Assim sendo, nos casos de sentença proferida a partir do dia 18.3.2016, aplicar-se-ão as normas do CPC/2015 [...]." (STJ, REsp 1636124/AL, Rel. Ministro Herman Benjamin, Segunda Turma, julgado em 06/12/2016, DJe 27/04/2017)

324 "4.1. Tendo em vista que foi atribuída à causa o valor exorbitante de R$ 12.032.883,33 (doze milhões, trinta e dois mil, oitocentos e oitenta e três reais e trinta e três centavos)e tendo sido julgada improcedente, não havendo grande complexidade no deslinde da causa, à medida que trata de matéria de prova exclusivamente documental e de relativa simplicidade, a fixação dos honorários advocatícios em percentual sobre o valor atualizado da causa, além de frustrar as legítimas expectativas da parte quando do ajuizamento, porquanto implicaria em verdadeira e nefasta penalização à parte autora por mover a máquina judiciária, tem o condão de malferir reflexamente o direito de ação constitucionalmente assegurado, eis que a condenação da verba honorária no patamar mínimo de 10% (dez por cento) sobre o valor atualizado da causa ultrapassaria o montante de R$ 1.200.000,00 (um milhão e duzentos mil reais). 4.2. Em situações similares, o insigne Magistrado integrante deste egrégio Tribunal de Justiça Fabrício Castagna Lunardi, com o apuro e a sapiciência que lhe são particulares, entende que "quando observar que os honorários advocatícios atingem valor excessivamente elevado, o juiz pode fixar honorários advocatícios sucumbenciais equitativamente, em nome do princípio da proporcionalidade." (LUNARDI, Fabrício Castagna. Curso de direito processual civil. São Paulo/SP: Saraiva, 2016, p. 537) 5. Abeberando-se nas caudalosas e vivas fontes da doutrina e jurisprudência contemporâneas, invocando, de modo especial, os postulados normativos emanados dos princípios da proporcionalidade, da razoabilidade e da não surpresa (CPC/2015, arts. 8º e 10), forçosa é minoração da condenação pertinente aos honorários advocatícios para o patamar de R$ 10.000,00 (dez mil reais). 6. Levando-se em conta o trabalho adicional realizado em grau recursal, cabível majoração dos honorários advocatícios anteriormente fixados, à exegese do art. 85, § 11, do CPC/2015, em favor das apeladas, uma vez que no mérito recursal a apelante não obteve o êxito almejado. 7. APELO CONHECIDO E PARCIALMENTE PROVIDO." (TJDFT, Acórdão n.1007250, 20150110885684APC, Relator: ALFEU MACHADO 1ª TURMA CÍVEL, Data de Julgamento: 29/03/2017, Publicado no DJE: 20/04/2017. Pág.: 124-138)

honorários equitativamente quando o proveito econômico for ínfimo (muito baixo) ou inestimável (excessivamente elevado)[325], nos termos do art. 85, § 8º, do Novo CPC.[326]

No caso de sucumbência recíproca (parcial procedência dos pedidos), o percentual de honorários deve considerar o proveito econômico obtido, ou seja, para o autor, aquilo que ganhou com a ação, e, para o réu, aquilo que deixou de perder, considerando a totalidade da pretensão do autor.[327]

De outro lado, quando a **Fazenda Pública** for parte, a fixação dos honorários advocatícios deverá obedecer aos seguintes parâmetros (art. 85, § 3º, NCPC):

> I – mínimo de dez e máximo de vinte por cento sobre o valor da condenação ou do proveito econômico obtido até 200 (duzentos) salários mínimos;
>
> II – mínimo de oito e máximo de dez por cento sobre o valor da condenação ou do proveito econômico obtido acima de 200 (duzentos) salários mínimos até 2.000 (dois mil) salários mínimos;
>
> III – mínimo de cinco e máximo de oito por cento sobre o valor da condenação ou do proveito econômico obtido acima de 2.000 (dois mil) salários mínimos até 20.000 (vinte mil) salários mínimos;
>
> IV – mínimo de três e máximo de cinco por cento sobre o valor da condenação ou do proveito econômico obtido acima de 20.000 (vinte mil) salários mínimos até 100.000 (cem mil) salários mínimos;
>
> V – mínimo de um e máximo de três por cento sobre o valor da condenação ou do proveito econômico obtido acima de 100.000 (cem mil) salários mínimos.

---

325 "[...] De acordo com o art. 85 e parágrafos do Código de Processo Civil, os honorários advocatícios devem ter como parâmetro o grau de zelo profissional, o lugar da prestação do serviço, a natureza e a importância da causa e o trabalho realizado pelo advogado, bem como o tempo exigido para o seu serviço. 5. Como se observa da redação conferida ao § 8º do art. 85 do CPC, o termo inestimável está inserido em contraposição a irrisório, evidenciando que o legislador pretendeu abarcar as hipóteses de proveito econômico extremamente alto ou baixo. 6. Recurso conhecido e parcialmente provido." (TJDFT, Acórdão n.1007176, 20150111080739APC, Relator: Sandoval Oliveira, 2ª Turma Cível, Data de Julgamento: 29/03/2017, Publicado no DJE: 03/04/2017. Pág.: 219/224)

326 "NCPC: Art. 85 [...] § 8º Nas causas em que for inestimável ou irrisório o proveito econômico ou, ainda, quando o valor da causa for muito baixo, o juiz fixará o valor dos honorários por apreciação equitativa, observando o disposto nos incisos do § 2º."

327 Enunciado 14 da ENFAM: "Em caso de sucumbência recíproca, deverá ser considerada proveito econômico do réu, para fins do art. 85, § 2º, do CPC/2015, a diferença entre o que foi pleiteado pelo autor e o que foi concedido, inclusive no que se refere às condenações por danos morais".

Para aplicação destes parâmetros, "a fixação do percentual de honorários deve observar a faixa inicial e, naquilo que a exceder, a faixa subsequente, e assim sucessivamente" (art. 85, § 5º, NCPC).

Na hipótese de cumprimento de sentença contra a Fazenda Pública que enseje expedição de precatório, não haverá fixação de honorários advocatícios quando não for oposta impugnação (art. 85, § 7º, NCPC).

Os limites e os critérios acima estabelecidos devem ser mantidos independentemente de qual seja o conteúdo da decisão, inclusive nos casos de processos mais simples, como nos casos de improcedência ou de extinção do processo sem resolução de mérito (art. 85, § 6º, NCPC).

Lembre-se, ainda, que "os honorários advocatícios não podem ser fixados em salários-mínimos" (Súmula 201 do STJ).

De acordo com o Novo CPC (art. 85, § 1º), o juiz também deverá fixar **honorários advocatícios sucumbenciais nas seguintes ações e incidentes:** a) na **reconvenção**; b) no **cumprimento de sentença, provisório**[328] **ou no definitivo**; c) na **execução, resistida ou não**; d) **nos recursos interpostos, cumulativamente**[329].

Além disso, há algumas peculiaridades, que são elencadas de forma sistematizada abaixo:

---

328 Nesse sentido, também prevê o art. 520, § 2º, do NCPC: "Art. 520. [...] § 2º A multa e os honorários a que se refere o § 1º do art. 523 são devidos no cumprimento provisório de sentença condenatória ao pagamento de quantia certa".

329 Assim, a cada novo recurso deve haver fixação de novos honorários advocatícios sucumbenciais, que se agregarão de forma cumulativa com os já anteriormente fixados, **não podendo ultrapassar o percentual total de 20%** (art. 85, § 11, NCPC). Contudo, não deverá haver a majoração de honorários sucumbenciais nas hipóteses de recursos interpostos para a mesma instância que proferiu a decisão recorrida (Enunciado 16 da ENFAM). Além disso, caso o recurso seja interposto contra decisão em que não há fixação de honorários advocatícios, também não há que se falar em fixação de honorários advocatícios em grau recursal. Isso porque o art. 85, § 11, do Novo CPC estabelece que "o tribunal, ao julgar recurso, majorará os honorários fixados anteriormente", ou seja, somente há o estabelecimento de honorários em grau recursal se estes já foram fixados anteriormente. Assim, por exemplo, se é interposto agravo de instrumento contra decisão interlocutória que defere a tutela antecipada, não devem ser fixados honorários advocatícios em grau recursal (no julgamento do agravo de instrumento), já que não há honorários advocatícios na decisão de primeira instância. Da mesma forma, não cabe fixação de honorários advocatícios em grau recursal (apelação, REsp, RE etc.) quando o recurso se refere a sentença de mandado de segurança e decisões posteriores de tribunal, já que nesta ação constitucional é incabível a fixação de honorários advocatícios. Esse foi o entendimento sedimentado no âmbito do STF (ARE 971033 AgR, Relator(a): Min. Roberto Barroso, Primeira Turma, julgado em 07/10/2016, processo eletrônico dje-227 divulg 24-10-2016 PUBLIC 25-10-2016).

a) Hipótese de correção do polo passivo por vício de ilegitimidade: o juiz deverá condenar o autor a pagar, além das despesas processuais, honorários advocatícios ao procurador do réu excluído, que, neste caso, deverão ser fixados entre **3% e 5% do valor da causa** ou, sendo este irrisório, de forma equitativa (art. 338, parágrafo único, NCPC[330]).

b) Pedido implícito: caso o demandante não requeira a condenação da parte contrária ao pagamento de honorários advocatícios, estes devem ser considerados como pedido implícito, razão pela qual, ainda assim, devem ser fixados em sentença. Nesse sentido, o art. 322, § 1º, do Novo CPC[331].

c) Sucumbência recíproca: na hipótese de sucumbência recíproca, as despesas processuais serão distribuídas proporcionalmente entre as partes. Entretanto, se uma das partes sucumbir em parte mínima, a outra deverá ser condenado a pagar a integralidade das despesas processuais e dos honorários advocatícios (art. 86, NCPC[332]).

d) Vedação de compensação de honorários: pelo Novo CPC (art. 85, § 14), é expressamente vedada a compensação de honorários no caso de sucumbência recíproca[333]. Nesse caso, por uma interpretação literal, cada parte deverá pagar honorários advocatícios ao advogado da outra.

e) Litisconsórcio: se forem sucumbentes partes que litigam em litisconsórcio ativo ou passivo, os vencidos respondem proporcionalmente pelas despesas processuais e pelos honorários advocatícios. Todavia, se o juiz não distribuir a responsabilidade proporcional de cada um, os vencidos responderão solidariamente pelas despesas processuais e pelos honorários (art. 87, NCPC[334]).

---

330 NCPC: "Art. 338. Alegando o réu, na contestação, ser parte ilegítima ou não ser o responsável pelo prejuízo invocado, o juiz facultará ao autor, em 15 (quinze) dias, a alteração da petição inicial para substituição do réu. Parágrafo único. Realizada a substituição, o autor reembolsará as despesas e pagará os honorários ao procurador do réu excluído, que serão fixados entre três e cinco por cento do valor da causa ou, sendo este irrisório, nos termos do art. 85, § 8º".

331 NCPC: "Art. 322. O pedido deve ser certo. § 1º Compreendem-se no principal os juros legais, a correção monetária e as verbas de sucumbência, inclusive os honorários advocatícios".

332 NCPC: "Art. 86. Se cada litigante for, em parte, vencedor e vencido, serão proporcionalmente distribuídas entre eles as despesas. Parágrafo único. Se um litigante sucumbir em parte mínima do pedido, o outro responderá, por inteiro, pelas despesas e pelos honorários".

333 NCPC: "Art. 85 [...] § 14. Os honorários constituem direito do advogado e têm natureza alimentar, com os mesmos privilégios dos créditos oriundos da legislação do trabalho, sendo vedada a compensação em caso de sucumbência parcial".

334 NCPC: "Art. 87. Concorrendo diversos autores ou diversos réus, os vencidos respondem proporcionalmente pelas despesas e pelos honorários. § 1º A sentença deverá distribuir entre os litisconsortes, de forma expressa, a responsabilidade proporcional pelo pagamento

f) Advogado em causa própria: os honorários advocatícios sucumbenciais também são devidos ao advogado que atua em causa própria (art. 85, § 17, NCPC).

g) Defensoria Pública *versus* ente público: quando uma parte é representada pela **Defensoria Pública** e a outra parte é o **ente público** ao qual pertence o órgão da Defensoria Pública: existe **confusão**, razão pela qual não serão devidos honorários advocatícios à Defensoria. Nesse sentido, a Súmula 421 do STJ: "Os honorários advocatícios não são devidos à Defensoria Pública quando ela atua contra a pessoa jurídica de direito público à qual pertença". Cabe ressaltar que tal Súmula continua sendo aplicada mesmo após a entrada em vigor do Novo CPC[335].

h) Gratuidade judiciária: no caso de ser sucumbente a parte que é beneficiária da **gratuidade judiciária**, o juiz deve condená-la ao pagamento das custas processuais e dos honorários advocatícios. No entanto, deve, ao mesmo tempo, **suspender a sua exigibilidade**, na forma do art. 98, §§ 2º e 3º, do Novo CPC[336]. De outro lado, se o vencedor for beneficiário da gratuidade judiciária, o seu advogado fará jus a honorários advocatícios normalmente, nos termos da Súmula 450 do STF[337].

i) Ação de desapropriação: "A base de cálculo dos honorários de advogado em desapropriação é a diferença entre a oferta e a indenização, corrigidas ambas monetariamente" (Súmula 617 do STF). No mesmo sentido, a Súmula 141 do STJ: "Os honorários de advogado em desapropriação direta são calculados sobre a diferença entre a indenização e a oferta, corrigidas monetariamente".

---

das verbas previstas no *caput*. § 2º Se a distribuição de que trata o § 1º não for feita, os vencidos responderão solidariamente pelas despesas e pelos honorários".

335 "A 1ª. Seção desta Corte Superior de Justiça, em Recurso Especial submetido à sistemática prevista no art. 543-C do CPC/73, firmou o entendimento de que não são devidos honorários advocatícios à Defensoria Pública quando esta atua contra pessoa jurídica de direito público que integra a mesma Fazenda Pública. 2. No caso dos autos, a Defensoria Pública é órgão do Estado do Mato Grosso e está a litigar contra a Municipalidade de Cuibá/MT, o que não configura confusão." (STJ, AgInt no REsp 1605745/MT, Rel. Ministro Napoleão Nunes Maia Filho, Primeira Turma, julgado em 13/06/2017, DJe 27/06/2017)

336 NCPC: "Art. 98 [...] § 2º A concessão de gratuidade não afasta a responsabilidade do beneficiário pelas despesas processuais e pelos honorários advocatícios decorrentes de sua sucumbência. § 3º Vencido o beneficiário, as obrigações decorrentes de sua sucumbência ficarão sob condição suspensiva de exigibilidade e somente poderão ser executadas se, nos 5 (cinco) anos subsequentes ao trânsito em julgado da decisão que as certificou, o credor demonstrar que deixou de existir a situação de insuficiência de recursos que justificou a concessão de gratuidade, extinguindo-se, passado esse prazo, tais obrigações do beneficiário".

337 Súmula 450 do STF: "São devidos honorários de advogado sempre que vencedor o beneficiário de justiça gratuita".

j) Nas ações previdenciárias: "Os honorários advocatícios, nas ações previdenciárias, não incidem sobre as prestações vencidas após a sentença" (Súmula 111 do STJ).

k) Mandado de segurança: não se admite a fixação de honorários advocatícios. O juiz deve condenar o impetrado apenas nas custas processuais. É o que está previsto no art. 25 da Lei n. 12.016/2009, na Súmula 105 do STJ[338] e na Súmula 512 do STF[339]. Ademais, essa matéria não foi modificada com o Novo CPC, razão pela qual se mantém o entendimento de que é incabível a fixação de honorários advocatícios em mandado de segurança.[340]

l) Ação civil pública: a Lei 7.347/1985 prevê que, nas ações civis públicas, "não haverá adiantamento de custas, emolumentos, honorários periciais e quaisquer outras despesas, nem condenação da associação autora, salvo comprovada má-fé, em honorários de advogado, custas e despesas processuais" (art. 18). O Superior Tribunal de Justiça, contudo, entende que também não deve haver adiantamento de despesas processuais tampouco condenação dos demais legitimados extraordinários na hipótese de ação civil pública julgada improcedente, salvo no caso de litigância de má-fé, estendendo a regra do art. 18 da Lei 7.347/1985 para todos os legitimados.[341] De outro lado, tais benefícios somente se dirigem aos autores da ação civil pública, e não aos réus.[342] Ou seja, sendo procedente a ação, os réus devem ser condenados aos ônus sucumbenciais.

---

338 Súmula 105 do STJ: "Na ação de mandado de segurança não se admite condenação em honorários advocatícios".

339 Súmula 512 do STF: "Não cabe condenação em honorários de advogado na ação de mandado de segurança".

340 "Ademais, **em Mandado de Segurança não se admite a condenação ao pagamento de honorários advocatícios, conforme orientação fixada pela Súmula 105/STJ**". (STJ, EDcl nos EDcl no AgInt no AREsp 153.740/MS, Rel. Ministra Assusete Magalhães, Segunda Turma, julgado em 09/03/2017, DJe 16/03/2017)

341 "**O STJ possui entendimento de que, em ação civil pública, a condenação do Ministério Público ao pagamento de honorários advocatícios somente é cabível na hipótese de comprovada má-fé do Parquet**" (STJ, AgRg no REsp 1261212/PR, Rel. Ministro Cesar Asfor Rocha, Segunda Turma, julgado em 28/02/2012, DJe 07/03/2012). No mesmo sentido: "**É pacífico o entendimento desta Corte Superior no sentido de que, nos casos em que a ação civil pública proposta pelo Ministério Público for julgada improcedente, somente haverá condenação ao pagamento de honorários advocatícios quando comprovada a má-fé do órgão ministerial, nos termos do art. 18 da Lei 7.347/85**" (STJ, AgRg no REsp 887.631/SP, Rel. Ministro Mauro Campbell Marques, Segunda Turma, julgado em 15/06/2010, DJe 28/06/2010).

342 "Conforme entendimento sedimentado no Superior Tribunal de Justiça, **o benefício processual da isenção do pagamento das custas, constante do art. 18 da Lei nº 7.347/85,**

m) Ação popular: o art. 5º, inc. LXXIII, da Constituição Federal estabelece que "qualquer cidadão é parte legítima para propor **ação popular** que vise a anular ato lesivo ao patrimônio público ou de entidade de que o Estado participe, à moralidade administrativa, ao meio ambiente e ao patrimônio histórico e cultural, **ficando o autor, salvo comprovada má-fé, isento de custas judiciais e do ônus da sucumbência**".

n) Ação de indenização por dano moral: o valor pleiteado pelo autor é meramente estimativo. Assim, por exemplo, se o autor postula, a título de indenização por dano moral, R$10.000,00, mas o juiz fixa o valor de R$1.000,00, é caso de procedência, devendo o réu arcar com a totalidade dos ônus sucumbenciais. Nesse sentido, a Súmula 326 do STJ: "Na ação de indenização por dano moral, a condenação em montante inferior ao postulado na inicial não implica sucumbência recíproca". Mesmo após a grande modificação que teve a questão dos ônus sucumbenciais com o Novo CPC, a Súmula 326 continua sendo aplicada pelo STJ.[343] A doutrina também continua admitindo o entendimento firmado na referida Súmula.[344]

o) Cumprimento de sentença: "São devidos honorários advocatícios no cumprimento de sentença, haja ou não impugnação, depois de escoado o prazo para pagamento voluntário, que se inicia após a intimação do advogado da parte executada" (Súmula 517 do STJ). No entanto, "na hipótese de rejeição da impugnação ao cumprimento de sentença, não são cabíveis honorários advocatícios" (Súmula 519 do STJ).

Por fim, cabe ressaltar que as Súmulas 306[345] e 453[346] do STJ foram superadas com o Novo CPC.

é restrito à parte autora da ação civil pública". (STJ, AgInt no AREsp 775.429/MT, Rel. Ministro Sérgio Kukina, Primeira Turma, julgado em 16/02/2017, DJe 22/03/2017)

343 "Segundo o entendimento sumulado desta Corte, 'na ação de indenização por dano moral, a condenação em montante inferior ao postulado na inicial não implica sucumbência recíproca' (Súmula 326 do STJ)". (STJ, AgInt no AREsp 303.132/PE, Rel. Ministra Maria Isabel Gallotti, Quarta Turma, julgado em 17/11/2016, DJe 30/11/2016)

344 Nesse sentido: "O parágrafo único do art. 86, do novo CPC, reza que, se um litigante sucumbir em parte mínima do pedido, o outro responderá, por inteiro, pelas despesas e honorários. Esse caso é muito comum nas ações de indenização por dano moral, em que a condenação não alcança o valor pleiteado pelo autor na inicial, às vezes sendo-lhe bastante inferior. Nesse específico caso, o Superior Tribunal de Justiça sumulou o entendimento 'a condenação em montante inferior ao postulado na inicial não implica sucumbência recíproca'". (JORGE NETO, Nagibe de Melo. *Sentença cível:* teoria e prática. 7. ed. Salvador: Juspodivm, 2016. p. 325)

345 Súmula 306 do STJ (superada): "Os honorários advocatícios devem ser compensados quando houver sucumbência recíproca, assegurado o direito autônomo do advogado à execução do saldo sem excluir a legitimidade da própria parte".

346 Súmula 453 do STJ (superada): "Os honorários sucumbenciais, quando omitidos em decisão transitada em julgado, não podem ser cobrados em execução ou em ação própria".

Do ponto de vista argumentativo e redacional, se a questão sobre os honorários advocatícios não for controvertida nem complexa, basta fundamentação sucinta no próprio dispositivo que os fixa.[347]

Modelos 1 (Gratuidade judiciária)

Condeno a parte autora ao pagamento das custas processuais, bem como de honorários advocatícios, fixados em 10% (dez) por cento sobre o valor da causa, na forma do art. 85, § 2º, do Novo CPC. Contudo, por se a parte autora beneficiária da gratuidade judiciária, suspendo a exigibilidade dos ônus sucumbenciais, na forma do art. 98, §§ 2º e 3º, do Novo CPC.

Modelos 2 (Defensoria Pública e ente público)

Sem custas processuais, em razão da gratuidade judiciária concedida à Parte Autora e pela isenção com relação ao Réu. Sem honorários advocatícios, uma vez que a parte autora é patrocinada pela Defensoria Pública Estadual/Federal e por estar o Estado/a União no polo passivo, consoante Súmula 421 do STJ.

Modelos 3 (Sucumbência recíproca)

Em razão da sucumbência recíproca, considerando a proporção em que cada parte foi sucumbente e tendo em vista o disposto no art. 86, "caput", do Novo CPC, condeno a parte autora a pagar 80% das custas e despesas processuais, e a parte requerida a pagar os restantes 20%. Fixo os honorários advocatícios em 10% do valor da causa, sendo que 8% a ser pago pela parte autora ao patrono da parte ré, e 2% a ser pago pela parte ré ao patrono da parte autora.

Modelos 4 (Sucumbência mínima de uma das partes)

Em razão da sucumbência mínima da parte autora, condeno a parte ré ao pagamento da integralidade das custas processuais e dos honorários advocatícios, estes fixados em 10% do valor da condenação, na forma do art. 85, § 2º, e art. 86, parágrafo único, ambos do Novo CPC.

347 "É necessário fundamentar detalhadamente o valor arbitrado? A prática diz que não; normalmente o juiz apenas se utiliza de uma fórmula genérica que pode ser assim expressa [...] A própria sentença, relatório e fundamentação, que expõe detalhadamente a natureza da demanda, os atos e incidentes processuais ocorridos e seu conteúdo econômico, são suficientes para justificar o valor da condenação honorária. Veja-se, a propósito, o seguinte exemplo em que o valor reclamado pelo autor somado ao seu descuido na produção da prova e a temeridade da lide impuseram uma condenação honorária bastante significativa". (JORGE NETO, Nagibe de Melo. *Sentença cível:* teoria e prática. 7. ed. Salvador: Juspodivm, 2016. p. 320)

Modelos 5 (Mandado de segurança)

Em razão do princípio da sucumbência, condeno a parte impetrante ao pagamento das custas processuais. Sem honorários advocatícios, conforme art. 25 da Lei nº 12.016/2009, Súmula 105 do STJ e Súmula 512 do STF.

Modelos 6 (Ação civil pública)

Deixo de condenar a parte autora ao pagamento das despesas processuais e dos honorários advocatícios, em razão da vedação constante no art. 18 da Lei 7.347/1985 (Lei da Ação Civil Pública).

Modelos 7 (Ação popular)

Sem condenação em despesas processuais e honorários advocatícios, em virtude da isenção constitucional concedida à parte autora, na forma do art. 5º, inc. LXXIII, da Constituição Federal.

17.14.3 Honorários periciais (se houver perícia)

Quando a questão traz perícia, frequentemente o candidato esquece de condenar a parte sucumbente ao pagamento dos honorários periciais.

Lembre-se que honorários periciais, do ponto de vista técnico-jurídico, não estão compreendidos na concepção de "custas" processuais, pois são "despesas" processuais. Ainda que se possa concluir, na prática, que, da condenação custas e honorários, também se inferem os honorários periciais[348], a técnica recomenda que haja expressa menção à condenação da parte sucumbente ao pagamento dos honorários periciais.

Para a condenação aos honorários periciais, utiliza-se, como regra, o princípio da sucumbência e, subsidiariamente, o princípio da causalidade, consoante já se expôs em relação a custas processuais e honorários advocatícios.

348 "[...] É adequada a inclusão dos honorários periciais em conta de liquidação quando o dispositivo da sentença com trânsito em julgado condena o vencido, genericamente, ao pagamento de custas processuais. 3. Quem tem razão não deve sofrer prejuízo pelo processo. 4. Surpreender o vencedor da demanda com a obrigação de arcar com os honorários periciais apenas e tão somente porque a sentença condenava o vencido genericamente ao pagamento de "custas" e não "despesas" representa medida contrária ao princípio da sucumbência e até mesmo à própria noção da máxima eficiência da tutela jurisdicional justa. [...]" (STJ, REsp 1558185/RJ, Rel. Ministra Nancy Andrighi, Terceira Turma, julgado em 02/02/2017, DJe 16/02/2017)

Assim, como regra, o adiantamento das custas deve ser arcado (antes da sua realização) por aquele que requereu a perícia. Na sentença, deve se condenar o vencido a arcar com o pagamento dos honorários periciais.[349]

Lembre-se que os honorários periciais são sugeridos pelo perito e fixados pelo juiz antes da realização da perícia. Assim, na sentença, haverá apenas a condenação da parte sucumbente ao pagamento dos honorários periciais, mas não a fixação do seu valor (diferentemente do que ocorre com os honorários advocatícios).

No caso de a parte sucumbente ser beneficiária da gratuidade judiciária, caberá ao Estado pagar os honorários periciais. Nesse sentido, jurisprudência do STJ.[350]

Observem-se os seguintes modelos:

Modelo 1 (quando a parte sucumbente é quem adiantou os honorários periciais)

> *Diante da sucumbência, condeno a parte autora/ré a pagar os honorários periciais.*

Modelo 2 (quando a parte sucumbente é diversa da que adiantou os honorários periciais)

> *Por ser sucumbente, condeno a parte ré a reembolsar à parte autora o valor dos honorários periciais adiantados por esta, corrigidos monetariamente pelo INPC desde a data do desembolso e acrescidos de juros moratórios de 1% (um por cento) ao mês a contar do trânsito em julgado da presente sentença.*

17.14.4 Ônus sucumbenciais no caso de concessão do benefício da gratuidade judiciária

Inicialmente, é importante salientar que o Novo CPC (art. 1.072, III) revogou expressamente diversos dispositivos da Lei n. 1.060/1950 (arts. 2º,

349 "Em atenção ao princípio da sucumbência, os honorários periciais devem ser adiantados pela parte que houver requerido a realização da perícia, e ressarcidos, ao final da demanda, pelo vencido." (STJ, AgInt no REsp 1590794/MG, Rel. Ministro Luis Felipe Salomão, Quarta Turma, julgado em 01/09/2016, DJe 06/09/2016)

350 "[...] Conforme reiterada jurisprudência de ambas as Turmas que compõem a Primeira Seção do STJ, é dever do Estado arcar com o ônus do pagamento dos honorários periciais nos casos em que o beneficiário da assistência judiciária gratuita restar sucumbente. Precedentes [...]" (STJ, AgRg no REsp 1502949/MS, Rel. Ministro Sérgio Kukina, Primeira Turma, julgado em 18/04/2017, DJe 03/05/2017)

3º, 4º, 6º, 7º, 11, 12 e 17)[351], que tradicionalmente disciplinava a gratuidade judiciária, bem como estabeleceu, nos arts. 98 a 102, a forma de concessão, os requisitos e a extensão de tal benefício, dentre outras questões.

Os benefícios da gratuidade judiciária compreendem tanto a **assistência jurídica** (por defensor público, núcleos de prática jurídica de universidades, nomeação de advogado dativo etc.) quanto a **isenção de custas processuais, honorários periciais e honorários advocatícios, dentre outras isenções.**[352]

O benefício da assistência judiciária gratuita deve ser concedido pelo juiz à "pessoa natural ou jurídica, brasileira ou estrangeira, com insuficiência de recursos para pagar as custas, as despesas processuais e os honorários advocatícios, [...] na forma da lei" (art. 98, NCPC). Presume-se verdadeira a declaração de insuficiência formulada por pessoa natural (art. 99, § 3º, NCPC).

O direito ao benefício da gratuidade da justiça é personalíssimo, não se estendendo ao litisconsorte, nem ao (eventual) sucessor do beneficiário, salvo se estes também fizerem jus ao benefício por direito próprio e tiverem o benefício deferido[353].

Além disso, a gratuidade da justiça não se transmite ao advogado do beneficiário. Assim, quando o recurso do beneficiário da gratuidade judiciária

---

351 Novo CPC: "Art. 1.072. Revogam-se: [...] III - os arts. 2º, 3º, 4º, 6º, 7º, 11, 12 e 17 da Lei n. 1.060, de 5 de fevereiro de 1950".

352 O benefício da gratuidade da justiça compreende (art. 98, § 1º, NCPC): "I – as taxas ou as custas judiciais; II – os selos postais; III – as despesas com publicação na imprensa oficial, dispensando-se a publicação em outros meios; IV – a indenização devida à testemunha que, quando empregada, receberá do empregador salário integral, como se em serviço estivesse; V – as despesas com a realização de exame de código genético – DNA e de outros exames considerados essenciais; VI – os honorários do advogado e do perito e a remuneração do intérprete ou do tradutor nomeado para apresentação de versão em português de documento redigido em língua estrangeira; VII – o custo com a elaboração de memória de cálculo, quando exigida para instauração da execução; VIII – os depósitos previstos em lei para interposição de recurso, para propositura de ação e para a prática de outros atos processuais inerentes ao exercício da ampla defesa e do contraditório; IX – os emolumentos devidos a notários ou registradores em decorrência da prática de registro, averbação ou qualquer outro ato notarial necessário à efetivação de decisão judicial ou à continuidade de processo judicial no qual o benefício tenha sido concedido." De outro lado, a concessão da gratuidade judiciária não abrange eventuais multas processuais, impostas, por exemplo, em razão da prática de ato atentatório à dignidade da justiça ou por litigância de má-fé, em razão da sua natureza sancionatória (art. 98, § 4º, NCPC).

353 Novo CPC: "Art. 99 [...] § 6º O direito à gratuidade da justiça é pessoal, não se estendendo a litisconsorte ou a sucessor do beneficiário, salvo requerimento e deferimento expressos".

disser respeito somente à questão dos honorários advocatícios, deverá haver o preparo (recolhimento de custas recursais), salvo se o advogado demonstrar que também é beneficiário da gratuidade de justiça (art. 99, § 5º). Isso ocorre porque os honorários advocatícios sucumbenciais, de acordo com o Novo CPC, pertencem ao advogado, e não à parte.

No caso de a parte sucumbente ser **beneficiária da gratuidade judiciária**, o juiz deverá **condená-la a pagar as custas processuais e os honorários advocatícios** (bem como as demais verbas sucumbenciais), mas deverá **suspender a sua exigibilidade.**

Com efeito, as obrigações decorrentes da sucumbência, impostas ao beneficiário da gratuidade judiciária, deverão ficar "sob condição suspensiva de exigibilidade" e somente poderão ser executadas "se, nos 5 (cinco) anos subsequentes ao trânsito em julgado da decisão que as certificou, o credor demonstrar que deixou de existir a situação de insuficiência de recursos que justificou a concessão de gratuidade, extinguindo-se, passado esse prazo, tais obrigações do beneficiário" (art. 98, § 3º, NCPC).

Assim, no caso de sucumbência, **não é correto**, na sentença, o juiz dizer: *"Sem condenação em honorários e custas, por ser a parte beneficiária da gratuidade judiciária"*. Em vez disso, no caso de sucumbência de parte que é beneficiária da gratuidade judiciária, o juiz deverá condená-la ao pagamento das custas e honorários, mas suspender a sua exigibilidade.

Modelo:

> *Condeno a parte autora ao pagamento das custas processuais e honorários advocatícios, que fixo em 10% (dez por cento) do valor da causa, na forma do art. 85, § 2º, do Novo CPC. Contudo, por ser beneficiária da gratuidade judiciária, suspendo a exigibilidade dos ônus sucumbenciais, na forma do art. 98, § 3º, do Novo CPC.*

17.14.5 Ônus sucumbenciais nos casos de desistência, renúncia, reconhecimento do pedido e transação

Nas hipóteses de "sentença com fundamento em desistência, em renúncia ou em reconhecimento do pedido, as despesas e os honorários serão pagos pela parte que desistiu, renunciou ou reconheceu" (art. 90, *caput*, NCPC).

De outro lado, o Novo CPC prevê importante inovação para estimular os acordos entre as partes. De acordo com o § 3º do art. 90 do Novo CPC, "se a transação ocorrer antes da sentença, as partes ficam dispensadas do pagamento das custas processuais remanescentes, se houver".

17.14.6 Casos de isenção do pagamento das custas judiciais

De acordo com o art. 24-A, *caput*, da Lei 9.028/1995, "a União, suas autarquias e fundações, são isentas de custas e emolumentos e demais taxas judiciárias, bem como de depósito prévio e multa em ação rescisória, em quaisquer foros e instâncias". Além disso, o parágrafo único do mesmo artigo estabelece que essa isenção também se aplica "a todos os processos administrativos e judiciais em que for parte o Fundo de Garantia do Tempo de Serviço – FGTS, seja no polo ativo ou passivo, extensiva a isenção à pessoa jurídica que o representar em Juízo ou fora dele".

Entretanto, é preciso observar que essa isenção somente existe em relação ao pagamento das custas para o Poder Judiciário, mas não isenta a pessoa jurídica de direito público de, em caso de sucumbência, reembolsar as custas adiantadas pela parte contrária.

Assim, por exemplo, quando a ação é proposta por alguém contra a União, aquele, ao ajuizar a ação, deve recolher as chamadas custas iniciais. Caso a União, como ré, venha a ser sucumbente, ela não será condenada ao pagamento de custas finais (ao Poder Judiciário), mas será condenada a reembolsar a parte autora em relação às custas iniciais, adiantadas por esta no momento da propositura da ação.

Observem-se os seguintes modelos:

Modelo 1 (União é autora e sucumbente)

> *Sem condenação em custas processuais, tendo em vista a isenção da União, conforme art. 24-A, "caput", da Lei 9.028/1995. Condeno a União ao pagamento dos honorários advocatícios sucumbenciais, que fixo em R$ [...], na forma do art. 85, § 8º, do Novo CPC.*

Modelo 2 (União é ré e sucumbente)

> *Condeno a União a reembolsar as custas processuais iniciais pagas pela parte autora. Sem condenação em custas finais, tendo em vista que a União, sucumbente nesta ação, é isenta, na forma do art. 24-A, "caput", da Lei 9.028/1995.*

De outro lado, caso a União figure como autora e a parte ré seja sucumbente, esta será condenada a pagar todas as despesas processuais, inclusive o valor que a União deixou de recolher inicialmente por ser isenta.

Modelo:

> *Condeno a parte ré ao pagamento da integralidade das custas processuais, bem como dos honorários advocatícios, que fixo em R$ [...], na forma do art. 85, § 2º, do Novo CPC.*

17.15 Reexame necessário

O reexame necessário, também conhecido como remessa necessária ou duplo grau de jurisdição obrigatório, consiste numa determinação ao juiz, que deve, nas hipóteses previstas em lei, remeter os autos ao Tribunal, o qual, presentes os requisitos, fará novo julgamento da matéria decidida na sentença, mesmo que não tenha havido recurso voluntário da parte.

Trata-se de uma prerrogativa concedida à **Fazenda Pública** quando a sentença lhe for desfavorável, desde que atendidos determinados pressupostos. Quando for vencedora, não há reexame necessário.

Segundo doutrina majoritária, o reexame necessário **não possui natureza de recurso**, sendo tecnicamente inadequado chamá-lo de recurso de ofício ou *ex officio*. O reexame necessário é uma **condição de eficácia da sentença**, sendo essa a sua natureza jurídica.

Está sujeita ao reexame necessário a sentença (art. 496, CPC):

> I – proferida contra a União, os Estados, o Distrito Federal, os Municípios e suas respectivas autarquias e fundações de direito público;
>
> II – que julgar procedentes, no todo ou em parte, os embargos à execução fiscal.

Em tais situações, a sentença não produz efeitos senão depois de analisada pelo tribunal.

No entanto, o reexame necessário **não se aplica** nas seguintes hipóteses:

> **a) quando a condenação for de valor certo e líquido inferior a:** "I – **1.000 (mil) salários mínimos** para a União e as respectivas autarquias e fundações de direito público; II – **500 (quinhentos) salários mínimos** para os Estados, o Distrito Federal, as respectivas autarquias e fundações de direito público e os Municípios que constituam capitais dos Estados; III – **100 (cem) salários mínimos** para todos os demais Municípios e respectivas autarquias e fundações de direito público" (art. 496, § 3º, NCPC).
>
> **b) a sentença estiver fundamentada em:** "I – súmula de tribunal superior; II – acórdão proferido pelo Supremo Tribunal Federal ou pelo Superior Tribunal de Justiça em julgamento de recursos repetitivos; III – entendimento firmado em incidente de resolução de demandas repetitivas ou de assunção de competência; IV – entendimento coincidente com orientação vinculante firmada no âmbito administrativo do próprio ente público, consolidada em manifestação, parecer ou súmula administrativa" (art. 496, § 4º, NCPC).

Assim, **se a sentença for ilíquida, não se aplica a dispensa de reexame necessário**[354]. Quando não se puder apurar com exatidão o valor econômico da pretensão, também haverá reexame necessário.

Além disso, deve ser aplicado o reexame necessário, independentemente do valor da causa, às sentenças que tenham natureza declaratória, constitutiva (e desconstitutiva), mandamental ou executiva (ou seja, não condenatória), desfavoráveis à Fazenda Pública. Esse é o entendimento pacificado no âmbito do STJ[355].

O **reexame necessário não se aplica quando a ação proposta pela Fazenda Pública for julgada extinta sem resolução do mérito**, haja vista que não lhe causa prejuízo patrimonial[356].

Se a **sentença for favorável à Fazenda Pública**, julgando improcedente a ação em que é ré, **não se aplica o reexame necessário.**

Caso haja a interposição de apelação parcial pela Fazenda Pública, deverá ser determinado o reexame necessário, que devolve ao juízo *ad quem* a totalidade do que foi decidido na sentença. A esse respeito, o Enunciado 432 do FPPC[357].

17.15.1 Reexame necessário no mandado de segurança

Segundo o art. 14, § 1º, da Lei 12.016/2009 (Nova Lei do Mandado de Segurança), "concedida a segurança, a sentença estará sujeita obriga-

354 Portanto, continua sendo aplicada, nesse tocante, a Súmula 490 do STJ: "**A dispensa de reexame necessário**, quando o valor da condenação ou do direito controvertido for inferior a sessenta salários mínimos, **não se aplica a sentenças ilíquidas**". O mesmo entendimento foi fixado pelo STJ em julgamento de recurso repetitivo: "**É obrigatório o reexame da sentença ilíquida proferida contra a União, os Estados, o Distrito Federal, os Municípios e as respectivas autarquias e fundações de direito público**" (STJ, REsp 1101727/PR, Rel. Min. Hamilton Carvalhido, Corte Especial, julgado em 4-11-2009, *DJe* 3-12-2009).

355 "'Não há que se aplicar o § 2º do artigo 475 do CPC quando tratar-se de sentenças ilíquidas ou que decidam pretensão que não contenha natureza econômica certa, tampouco àquelas demandas declaratórias, constitutivas ou desconstitutivas cujo provimento, ou não, deixe de albergar parâmetro objetivo a fim de se definir um valor certo a ser estipulado para a condenação' (REsp 1.172.903/PR, Rel. Min. Benedito Gonçalves, Primeira Turma, *DJe* 3-5-10)" (STJ, AgRg no AREsp 280.537/MG, Rel. Min. Arnaldo Esteves Lima, Primeira Turma, julgado em 8-4-2014, *DJe* 30-4-2014).

356 "O reexame necessário, com base nos incisos I e II do art. 475 do CPC, limita-se ao processo de conhecimento e aos casos de procedência, no todo ou em parte, de embargos opostos em execução de dívida ativa da Fazenda Pública, afastando a obrigatoriedade do duplo grau de jurisdição em caso de sentença que julga extinta execução fiscal sem exame de mérito, como na presente hipótese" (STJ, EDcl no REsp 1018785/SP, Rel. Min. Castro Meira, Segunda Turma, julgado em 7-8-2008, *DJe* 4-9-2008).

357 Enunciado 432 do FPPC: "A interposição de apelação parcial não impede a remessa necessária".

toriamente ao duplo grau de jurisdição". No mandado de segurança, não se aplicam as disposições do CPC, de modo que, concedida a segurança, haverá reexame necessário, independentemente do valor da causa ou do valor do prejuízo suportado pela Fazenda Pública. Assim, não se aplicam, no mandado de segurança, as restrições ao reexame necessário quanto ao valor, previstas no art. 496, § 3º, do Novo CPC.[358]

De outro lado, deve se aplicar ao reexame necessário em mandado de segurança as disposições do § 4º do art. 496 do Novo CPC.[359] Assim, **não haverá reexame necessário em mandado de segurança quando a sentença estiver fundada em:**

> I – súmula de tribunal superior;
>
> II – acórdão proferido pelo Supremo Tribunal Federal ou pelo Superior Tribunal de Justiça em julgamento de recursos repetitivos;
>
> III – entendimento firmado em incidente de resolução de demandas repetitivas ou de assunção de competência;
>
> IV – entendimento coincidente com orientação vinculante firmada no âmbito administrativo do próprio ente público, consolidada em manifestação, parecer ou súmula administrativa.

Com efeito, não haveria razão para determinar que os órgãos judiciais observem a jurisprudência dos tribunais e, ao mesmo tempo, determinar que ocorra o reexame necessário nessas situações para rejulgamento da causa.

De outro lado, no caso de **denegação do mandado de segurança**, seja por improcedência ou por extinção do feito sem resolução do mérito, **não haverá reexame necessário.**

17.15.2 Reexame necessário em ação civil pública e em ação popular

A Lei 4.717/1965 (Lei da Ação Popular) prevê que, no tocante às ações populares, as sentenças de improcedência ou extintivas do processo sem resolução de mérito por carência de ação estão sujeitas a reexame necessário. A Lei da Ação Civil Pública, por sua vez, não possui previsão semelhante.

---

358 Nesse sentido, a jurisprudência pacífica do STJ: "**Não se aplica ao Mandado de Segurança o § 2º do art. 475 do CPC, inserido pela Lei 10.352/01, dispositivo que estabelece valor de alçada para exigir duplo grau de jurisdição. Precedentes do STJ.**" (STJ, AgRg no REsp 1373905/RJ, Rel. Ministro Herman Benjamin, Segunda Turma, julgado em 06/06/2013, DJe 12/06/2013)

359 Enunciado 312 do FPPC: "O inciso IV do § 4º do art. 496 do CPC aplica-se ao procedimento do mandado de segurança".

Pelo fato de as ações coletivas serem disciplinadas por um conjunto orgânico de normas de tutela dos direitos coletivos, denominado de microssistema processual coletivo, e em razão de a natureza dos direitos coletivos veiculados ser semelhante, a disciplina do reexame necessário prevista para a ação popular também deve ser aplicada analogicamente à ação civil pública. Nesse sentido, é pacífica a jurisprudência do STJ.[360] Assim, **caso a ação civil pública seja julgada improcedente ou extinta sem resolução de mérito, haverá reexame necessário.**

17.15.3 Dica para o concurso

Nas provas de sentença, observa-se que, em diversas vezes, o candidato tem conhecimento sobre a questão do reexame necessário, mas, após um exaustivo processo de escrita, ao final comumente se esquece de mencionar o reexame necessário, fazendo com que perca valiosos pontos. Portanto, recomenda-se ao candidato que, ao fazer o seu rascunho de estruturação ou "esqueleto da sentença", escreva um lembrete em destaque para que, ao final, não se esqueça de mencionar o reexame necessário.

17.15.4 Modelos

A seguir, apresentam-se alguns modelos para determinação de reexame necessário:

Modelo 1:

> *Transcorrido o prazo para a interposição de recurso voluntário, remetam-se os autos ao Egrégio Tribunal, para reexame necessário, na forma do art. 496 do Novo CPC.*

Modelo 2:

> *Sentença sujeita a reexame necessário (art. 496, Novo CPC).*

Modelo 3:

> *Sentença sujeita a duplo grau de jurisdição obrigatório, conforme o disposto no art. 496 do Novo CPC.*

---

360 "'Por aplicação analógica da primeira parte do art. 19 da Lei nº 4.717/65, as sentenças de improcedência de ação civil pública sujeitam-se indistintamente ao reexame necessário' (REsp 1.108.542/SC, Rel. Ministro Castro Meira, j. 19.5.2009, Dje 29.5.2009)". (STJ, AgRg no REsp 1219033/RJ, Rel. Ministro Herman Benjamin, Segunda Turma, julgado em 17/03/2011, DJe 25/04/2011)

Modelo 4:

Após o transcurso do prazo recursal, remetam-se os autos ao Egrégio Tribunal, para reexame necessário (art. 496, Novo CPC).

Nas hipóteses de dispensa do reexame necessário, isso também deve constar, com uma breve fundamentação. Observem-se os seguintes modelos:

Modelo 1:

Dispensado o reexame necessário, considerando que a condenação da União é de valor certo e líquido inferior a 1.000 (mil) salários mínimos, na forma do art. 496, § 3º, inc. I, do Novo CPC.

Modelo 2:

Sem reexame necessário, haja vista que a sentença está fundada em súmula de tribunal superior (art. 496, § 4º, inc. I, do Novo CPC).

Modelo 3:

Sentença não sujeita a reexame necessário, tendo em vista que está fundada em acórdão proferido pelo Superior Tribunal de Justiça em julgamento de recursos repetitivos, na forma do disposto no art. 496, § 4º, inc. II, do Novo CPC.

17.16 Determinações finais

Além das questoes que foram acima expostas, também é comum que haja algumas outras determinações que precisam ser feitas no dispositivo da sentença. Essas determinações, ainda que secundárias, são essenciais para que alguma parte, terceiro ou a própria secretaria cumpram determinadas providências que implementam o contido na sentença.

Para exemplificar, apresentam-se, abaixo, alguns modelos de determinações que são essenciais para o cumprimento com exatidão do contido na sentença, sem que haja qualquer pretensão de esgotá-los:

a) Na sentença de embargos:

Traslade-se cópia da presente sentença para o processo de execução.

b) Na sentença da ação investigatória de paternidade:

Expeça-se mandado de averbação ao Cartório de Registro Civil competente para anotação dos dados relativos à paternidade, inclusive quanto aos avós paternos (documento anexo). Deverá constar do mandado que a menor passará a se chamar "FULANA DE TAL".

c) Havendo notícia de crime:

Tendo em vista haver indícios de ocorrência de crime, em tese, remeta-se ao Ministério Público cópia integral do presente processo, para eventual apuração.

d) Quando houver necessidade de correção do nome de parte:

À Secretaria, para que corrija a autuação, a fim de que conste o nome correto do autor/réu, qual seja: [...].

e) No caso de concessão do benefício da gratuidade judiciária na sentença:

Anote-se na capa dos autos/no sistema a concessão do benefício da justiça gratuita.

f) No caso de deferimento do pedido de retirada do nome da parte autora de cadastros de inadimplentes:

Oficie-se ao SPC e ao SERASA para que cancelem a inscrição do nome da parte autora nos seus cadastros restritivos de crédito, no prazo de 15 (quinze) dias a contar do recebimento do ofício.

18. EPÍLOGO

O epílogo da sentença é a conhecida frase:

Publique-se. Registre-se. Intimem-se.

A utilização desse modelo ocorre quando sentença deve ser registrada em livro próprio ou em sistema pela secretaria do Juízo (autos físicos).

Quando a sentença já é registrada pelo próprio magistrado em sistema informatizado ou em processo judicial em meio eletrônico, deve-se utilizar outro modelo:

Registrada no sistema. Publique-se. Intimem-se.

Lembre-se que, conforme já exposto em item próprio, um dos efeitos da revelia é a não intimação dos atos e termos do processo, salvo se o réu já tiver advogado constituído nos autos (art. 346, *caput*, NCPC). Assim, no caso de haver somente um autor e haver revelia, no epílogo deverá constar *"intime-se"* (no singular), e não *"intimem-se"*.

A publicação, nesta concepção do epílogo, consiste no ato em que a sentença se torna pública. Assim, quando o juiz profere a sentença em gabinete, a publicação ocorre com a entrega da sentença ao escrivão ou diretor de secretaria (art. 153, NCPC) ou, ainda, quando a sentença é disponibilizada no processo judicial eletrônico e se torna acessível às partes.[361]

De outro lado, quando profere a sentença em audiência, a sua publicação (ato de tornar pública a sentença) ocorre neste momento. Por isso, **quando a sentença é proferida em audiência**, o epílogo pode ser redigido da seguinte forma:

Publicada em audiência. Intimadas as partes neste ato. Registre-se.

Por vezes, na própria audiência de instrução e julgamento, após as alegações finais das partes, é comum que o juiz verifique que precisa analisar melhor o processo ou que a sua pauta de audiências está cheia. Nesta hipótese, admite-se que, na própria ata, o juiz designe data de publicação da sentença (ex.: *"designo o dia xx/yy/zzzz, às 18h, para publicação da sentença, ficando as partes desde já intimadas"*), a partir de quando se inicia o prazo recursal (assim evita um ato cartorário de intimação dos advogados por meio de diário oficial).[362] Embora esta prática seja comum entre juízes, não foi objeto de concursos recentes.

Por fim, cumpre ressaltar que, como regra, devem ser intimados da sentença as partes e, também, o Ministério Público, seja quando for parte ou quando for fiscal da ordem jurídica. Nesta hipótese (quando for fiscal

361 No mesmo sentido: "O juiz publica a sentença quando exterioriza o ato jurídico-processual, o qual, assim, sai da esfera pessoal do magistrado para se tornar ato público (daí o nome). A publicação é elemento essencial para a sentença, que só passa a existir quando o juiz entrega o documento que contém ao Escrivão ou, então, dita a manifestação da vontade em audiência. São efeitos da publicação: a) tornar-se pública a prestação jurisdicional, encerrando-se o ofício do juiz; e b) fixar o teor da sentença, tornando-a irretratável. [...] Não se confunda a publicação com a intimação. Publica-se a sentença ou a decisão entregando o juiz ao escrivão ou em audiência ou colocando-a no sistema informatizado". (SLAIBI FILHO, Nagib; SÁ, Romar Navarro de. *Sentença cível:* fundamentos e técnica. 9. ed. Rio de Janeiro: Forense, 2017. pp. 513-515)

362 Nesta hipótese, com a entrega pelo juiz da sentença antes ou na data designada ao escrivão ou diretor de secretaria, as partes poderão se dirigir à secretaria da vara e buscar a sentença (no caso de autos físicos) ou, então, olhar a sentença nos próprios autos eletrônicos (quando houver processo eletrônico instalado).

da ordem jurídica), a fim de que a Secretaria do Juízo não se esqueça de intimá-lo, convém que se acrescente ao epílogo esse lembrete:

Publique-se. Registre-se. Intimem-se. Dê-se vista ao Ministério Público.

19. FECHO OU PARTE AUTENTICATIVA

Ao final, deve constar o fecho, também conhecido como parte autenticativa ou encerramento da sentença. Trata-se da identificação do local onde é prolatada e da data da sentença, além do nome completo, do cargo e da assinatura do juiz.

No caso de prova de sentença, quando o local e a data forem indicados na questão, pode se fazer menção expressa a eles. Caso contrário, basta simplesmente escrever: *"Local, Data"*.

Lembre-se que, no corpo da prova de sentença, não é admitida qualquer forma de identificação do candidato, sob pena de eliminação sumária, ou seja, se houver identificação, a sua prova nem será corrigida.

Portanto, se o candidato escrever o seu nome, estará automaticamente eliminado. O mesmo também poderá acontecer se escrever um pseudônimo, pois isso pode supostamente estar identificando a prova. Portanto, o candidato deve simplesmente escrever, com a mesma letra do texto: *"Nome do(a) Juiz(a)"*.

Além disso, o candidato não deve assinar a prova, tampouco fazer qualquer rubrica, ainda que não seja a sua. Para o examinador, qualquer sinal gráfico indicativo de assinatura ou rubrica pode representar identificação de prova. Logo, deverá escrever, com a mesma letra do texto, simplesmente: *"Assinatura do(a) Juiz(a)"*.

Portanto, recomenda-se que, na prova do concurso, o candidato escreva simplesmente:

Local, Data.

Assinatura do(a) Juiz(a)
Nome do(a) Juiz(a)
Juiz(a) de Direito Substituto(a) / Juiz(a) Federal Substituto(a)

Capítulo III

ASPECTOS EM DESTAQUE DOS PRINCIPAIS PROCEDIMENTOS ESPECIAIS

Luiz Otávio Rezende

A preparação para a prova de sentença cível passa pela compreensão dos aspectos em destaque atinentes aos procedimentos especiais, que, historicamente, têm alto índice de cobrança pelas bancas examinadoras nos certames para o ingresso na carreira da magistratura.

À evidência, a reiteração de exames nas quais o enunciado trazia casos simulados envolvendo os principais procedimentos especiais trazidos no CPC e legislação esparsa permite não só o direcionamento do estudo pelo candidato, mas também autoriza que pontos de inflexão envolvendo a praxe forense e a jurisprudência sejam previamente elencados, tudo no intuito de auxiliar na resolução efetiva da prova.

Assim, apresentam-se a seguir algumas questões relativas às ações cujas especificidades devem ser detidamente analisadas e conhecidas quando da feitura da sentença cível, sobretudo por exprimirem a jurisprudência dominante sobre os temas expostos, considerando a natural evolução em alguns pontos com o advento da recente alteração legislativa no CPC[1].

Ao final do capítulo, será colacionado quadro esquemático com as ações cobradas nos últimos certames para o ingresso na magistratura estadual e fe-

1 O viés deste capítulo não é exaurir todos os temas relativos às ações analisadas, mas apontar questões que vem sendo debatidas e cuja cobrança, numa prova real, têm maior probabilidade de acontecer, razão pela qual o formato de escrita segue estratégia de estudo, com a alocação da tese passível de cobrança, acompanhada dos argumentos para a resolução do problema exposto, tudo a partir da jurisprudência dos Tribunais Superiores. Nessa primeira edição, o foco será dado aos procedimentos especiais clássicos tanto nas provas da magistratura estadual quanto nas da magistratura federal, sem prejuízo de, no futuro, novas ações/procedimentos serem incluídos com o intuito de incrementar o auxílio aos leitores.

deral, com a alocação, no que toca a algumas provas, do espelho de correção adotado pela respectiva banca examinadora[2].

1. AÇÃO MONITÓRIA

Prevista nos artigos 700 e seguintes do CPC/15, a ação monitória é uma grande aposta no estudo dirigido para os concursos da magistratura.

A justificativa da afirmação acima delineada deriva da possibilidade de o pedido de conversão do mandado injuntivo em título executivo judicial ser lastreado em uma infinidade de documentos, envolvendo assuntos relativos a direito civil, direito do consumidor e direito empresarial.

Nesse cenário, é importante destacar os principais aspectos relativos ao procedimento monitório[3], bem ainda os pontos passíveis de arguição pelas partes, com a respectiva resposta à luz não só do regramento aplicável, mas também da jurisprudência prevalente das Cortes Superiores.

Em primeiro lugar, admitida a inicial[4-5] (CPC, art. 701), e determinada a expedição do mandado injuntivo, cumpre assentar que a defesa da parte ré

2 Até outubro de 2017, apenas seis certames realizaram a prova de sentença já com fundamento nos ditames do novo CPC. São eles TJSP, TJSC, TJPI, TJRJ, TJPR e TJRS. Nos cinco primeiros não houve previsão de aplicação conjunta do CPC/15 com o CPC/73. Já no concurso do TJRS havia expressa regra editalícia no sentido de permitir a cobrança de regras do código revogado, o que se revela, salvo melhor juízo, e quase um ano após a vigência do CPC/15, algo no mínimo inusitado e com pouca logicidade prática aos futuros magistrados.

3 Como ensina Humberto Theodoro Júnior: "Os qualificativos monitório e injuntivo são expressões indicativas de ordem, mandamento, imposição em seu significado léxico. E o procedimento examinado recebe as denominações monitório ou injuntivo justamente porque, em vez de iniciar-se por uma citação do réu para defender-se, principia por uma ordem expedida pelo magistrado, determinando ao devedor que pague a dívida em prazo determinado" (TEODORO JÚNIOR, Humberto. Curso de direito processual civil: procedimentos especiais. v. 2. 51. ed. Rio de Janeiro: Forense, 2017. P. 403).

4 Para aprofundamento, na hipótese de conversão do mandado monitório inicial em executivo, por força da inércia do devedor, insta delinear a divergência estabelecida no âmbito do STJ no que toca à natureza da manifestação judicial. O julgado mais recente é no sentido de que "o despacho proferido em procedimento monitório que converte o mandado inicial em mandado executivo não detém natureza jurídica de sentença, tampouco é dotado de conteúdo decisório, não sendo passível de oposição de embargos de declaração" (STJ, REsp 1432982/ES, Rel. Ministro MARCO AURÉLIO BELLIZZE, TERCEIRA TURMA, julgado em 17/11/2015, DJe 26/11/2015). Já o prolatado ainda em 2011 considerou que "tem natureza jurídica de sentença a decisão que constitui o mandado monitório em título executivo judicial" (REsp 1120051/PA, Rel. Ministro MASSAMI UYEDA, TERCEIRA TURMA, julgado em 24/08/2010, DJe 14/09/2010).

5 O STJ já se manifestou no sentido de que "nada impede que o juiz, a despeito de ter processado a ação monitória, julgue mais tarde, por ocasião dos embargos, insuficiente a

se dá, via de regra, por meio dos embargos à monitória (CPC, art. 702), e o argumento base de boa parte das peças de resistência diz respeito a imprestabilidade do documento apresentado na inicial para fins de utilização do procedimento previsto no artigo 700 do CPC.

Não raro, é trazida tese defensiva no sentido de que o documento que lastreia a exordial não pode aparelhar a ação monitória, e, portanto, não servirá para fins de conversão do mandado em título executivo judicial, na forma legalmente prevista.

Conforme a jurisprudência do STJ, "a prova hábil a instruir a ação monitória, isto é, apta a ensejar a determinação da expedição do mandado monitório, precisa demonstrar a existência da obrigação, devendo o documento ser escrito[6] e suficiente para, de maneira efetiva, influir na convicção do magistrado acerca do direito alegado, não sendo necessário prova robusta, estreme de dúvida, mas sim documento idôneo que permita juízo de probabilidade acerca do direito afirmado pelo autor[7]".

Em outras palavras, "tal prova consiste em documento que, mesmo não provando diretamente o fato constitutivo do direito, possibilite ao juiz presumir a existência do direito alegado"[8].

Em suma, são exigidos elementos indiciários da materialização de uma dívida, seja essa relativa ao pagamento de quantia em dinheiro, entrega de

---

prova que a instruiu" (REsp 250.640/SE, Rel. Ministro ARI PARGENDLER, TERCEIRA TURMA, julgado em 21/05/2002, DJ 05/08/2002, p. 327).

6 Cumpre recordar no ponto a previsão constante do artigo 700, § 1º, do CPC, no sentido de ser possível o uso de prova oral documentada, produzida antecipadamente nos termos do artigo 381 do CPC.

7 STJ, REsp 1197638/MG, Rel. Ministro LUIS FELIPE SALOMÃO, QUARTA TURMA, julgado em 08/09/2015, DJe 29/09/2015. Destaca-se que "a prova hábil a instruir a ação monitória, a que alude o artigo 700 do Código de Processo Civil, não precisa, necessariamente, ter sido emitida pelo devedor ou nela constar sua assinatura ou de um representante. Basta que tenha forma escrita e seja suficiente para, efetivamente, influir na convicção do magistrado acerca do direito alegado" (STJ, REsp 1381603/MS, Rel. Ministro LUIS FELIPE SALOMÃO, QUARTA TURMA, julgado em 06/10/2016, DJe 11/11/2016).

8 Como já decidiu o STJ: (...) A lei, ao não distinguir e exigir apenas a prova escrita, autoriza a utilização de qualquer documento, passível de impulsionar a ação monitória, cuja validade, no entanto, estaria presa à eficácia do mesmo. A documentação que deve acompanhar a petição inicial não precisa refletir apenas a posição do devedor, que emane verdadeira confissão da dívida ou da relação obrigacional. Tal documento, quando oriundo do credor, é também válido – ao ajuizamento da monitória – como qualquer outro, desde que sustentado por obrigação entre as partes e guarde os requisitos indispensáveis (REsp 680.519/MG, Rel. Ministro JOSÉ DELGADO, PRIMEIRA TURMA, julgado em 12/04/2005, DJ 30/05/2005, p. 245).

coisa fungível ou infungível, de bem móvel ou imóvel, ou ainda relacionada ao adimplemento de obrigação de fazer ou não fazer[9-10-11].

Nesse ponto, ganham realce algumas situações comumente apresentadas no dia a dia forense, todas visando a desconsideração dos documentos juntados para o manejo da ação monitória.

Ante a extensa manifestação jurisprudencial sobre o tema, insta colacionar algumas hipóteses nas quais se admite o uso do procedimento injuntivo:

a) duplicata ou triplicata despida de força executiva, seja por falta de aceite, seja por ausência do devido protesto ou comprovante de entrega da mercadoria[12];
b) documento que exprime débito ilíquido[13];
c) cheque prescrito[14];
d) contrato de consórcio acompanhado de minucioso extrato de conta-corrente[15];
e) contrato de prestação de serviços educacionais[16];

---

9 CPC, art. 700: A ação monitória pode ser proposta por aquele que afirmar, com base em prova escrita sem eficácia de título executivo, ter direito de exigir do devedor capaz:
I – o pagamento de quantia em dinheiro;
II – a entrega de coisa fungível ou infungível ou de bem móvel ou imóvel;
III – o adimplemento de obrigação de fazer ou de não fazer.

10 STJ, REsp 1266975/MG, Rel. Ministro RICARDO VILLAS BÔAS CUEVA, TERCEIRA TURMA, julgado em 10/03/2016, DJe 28/03/2016.

11 Há de se pontuar que o CPC/15 introduziu novas hipóteses de utilização do rito especial, alargando o cabimento do rito monitório, como se percebe da dicção constante dos incisos II e III do artigo 700 do CPC, que preveem a possibilidade de manejo da ação monitória para a entrega de bens imóveis ou infungíveis, bem como para o adimplemento de obrigação de fazer ou de não fazer (CPC, art. 700, II e III). Como consequência lógica, pode-se se esperar tese defensiva no sentido de não cabimento da ação monitória quanto as novas hipóteses delineadas, cuja resolução depende apenas da citação dos incisos acima relacionados, que abarcaram no procedimento monitório a entrega de bens imóveis ou infungíveis e adimplemento de obrigação de fazer ou não fazer.

12 STJ, REsp 1334464/RS, Rel. Ministro RICARDO VILLAS BÔAS CUEVA, TERCEIRA TURMA, julgado em 15/03/2016, DJe 28/03/2016.

13 STJ, REsp 596.043/RJ, Rel. Ministro PAULO MEDINA, SEXTA TURMA, julgado em 02/03/2004, DJ 29/03/2004, p. 287.

14 STJ, Súmula 229: É admissível a ação monitória fundada em cheque prescrito.

15 STJ, REsp 646.829/RS, Rel. Ministro ALDIR PASSARINHO JUNIOR, QUARTA TURMA, julgado em 16/02/2006, DJ 03/04/2006, p. 352.

16 STJ, REsp 286.036/MG, Rel. Ministro RUY ROSADO DE AGUIAR, QUARTA TURMA, julgado em 15/02/2001, DJ 26/03/2001, p. 430.

f) contrato de arrendamento rural, para entrega de coisa fungível[17];

g) contrato de abertura de crédito de conta-corrente, acompanhado do demonstrativo de débito[18];

h) despesas relacionadas a condomínio[19];

i) nota fiscal, acompanhada da prova do recebimento da mercadoria ou da prestação do serviço[20];

j) documentos eletrônicos (e-mails)[21];

l) qualquer documento que sinalize o direito a cobrança e que seja hábil a convencer o juiz da pertinência da dívida, independentemente de modelo predefinido[22].

Noutro giro, há de mencionar a grande possibilidade de exposição de teses defensivas referentes ao prazo prescricional para a propositura da ação monitória, com destaque para os casos de cobrança de cheque prescrito, nota promissória e contrato de abertura de crédito de conta-corrente.

Nas citadas hipóteses, revela-se comum pleito da parte ré no sentido de aplicação do prazo prescricional de 3 anos à espécie, quase sempre também acompanhado de pedido buscando alteração do termo inicial para contagem do prazo previsto.

A resolução do problema passa pela análise da jurisprudência do STJ, que se fixou no sentido de aplicação aos casos acima alinhados do prazo prescricional de 5 (cinco) anos, por força do artigo 206, § 5º, inciso I, do CC, com termo inicial do dia seguinte à data de emissão estampada na cártula (cheque)[23], do

---

17 STJ, REsp 1266975/MG, Rel. Ministro RICARDO VILLAS BÔAS CUEVA, TERCEIRA TURMA, julgado em 10/03/2016, DJe 28/03/2016.

18 STJ, Súmula 247: O contrato de abertura de crédito em conta-corrente, acompanhado do demonstrativo de débito, constitui documento hábil para o ajuizamento da ação monitória.

19 STJ, REsp 208.870/SP, Rel. Ministro SÁLVIO DE FIGUEIREDO TEIXEIRA, QUARTA TURMA, julgado em 08/06/1999, DJ 28/06/1999, p. 124.

20 STJ, AgRg no AREsp 643.786/SP, Rel. Ministro MARCO AURÉLIO BELLIZZE, TERCEIRA TURMA, julgado em 27/10/2015, DJe 16/11/2015; REsp 778.852/RS, Rel. Ministra NANCY ANDRIGHI, TERCEIRA TURMA, julgado em 15/08/2006, DJ 04/09/2006, p. 269.

21 STJ, REsp 1381603/MS, Rel. Ministro LUIS FELIPE SALOMÃO, QUARTA TURMA, julgado em 06/10/2016, DJe 11/11/2016.

22 STJ, REsp 925.584/SE, Rel. Ministro LUIS FELIPE SALOMÃO, QUARTA TURMA, julgado em 09/10/2012, DJe 07/11/2012.

23 STJ, Súmula 503: "O prazo para ajuizamento de ação monitória em face do emitente de cheque sem força executiva é quinquenal, a contar do dia seguinte à data de emissão estampada na cártula".

dia seguinte ao vencimento do título (nota promissória)[24] e da citação (contrato de abertura de crédito de conta-corrente), por se tratar de relação contratual, com mora *ex persona*[25-26].

Por outro lado, cabe observar a grande quantidade de embargos à monitória cujo tema central é circunscrito basicamente à necessidade de apresentação da causa debendi na inicial do processo injuntivo.

Para resolver esse problema processual, cumpre mencionar que a jurisprudência do STJ se firmou no sentido de ser prescindível a menção ao negócio jurídico subjacente, haja vista a inversão do contraditório ínsita ao procedimento especial ora analisado[27].

Como pontua o STJ, "no procedimento monitório, tendo em vista seu propósito de propiciar a celeridade na formação do título executivo judicial, a expedição do mandado de pagamento é feita em cognição sumária, havendo inversão da iniciativa do contraditório, cabendo ao demandado a faculdade de opor embargos suscitando toda a matéria de defesa[28], visto que sobre ele recai o ônus probatório"[29].

---

24 STJ, Súmula 504: "O prazo para ajuizamento de ação monitória em face do emitente de nota promissória sem força executiva é quinquenal, a contar do dia seguinte ao vencimento do título".

25 STJ, AgRg no AREsp 670.553/RS, Rel. Ministro MARCO AURÉLIO BELLIZZE, TERCEIRA TURMA, julgado em 17/09/2015, DJe 08/10/2015; TJDFT, Acórdão n.889402, 20150110552483APC, Relator: GISLENE PINHEIRO, Revisor: J.J. COSTA CARVALHO, 2ª TURMA CÍVEL, Data de Julgamento: 19/08/2015, Publicado no DJE: 27/08/2015. Pág.: 189.

26 Na monitória, o termo inicial dos juros de mora segue a natureza da relação de direito material, razão pela, nas hipóteses de dívida líquida com termo certo, conta-se o prazo do inadimplemento. Nesse sentido: (...) embora juros contratuais em regra corram a partir da data da citação, no caso, contudo, de obrigação contratada como positiva e líquida, com vencimento certo, os juros moratórios correm a partir da data do vencimento da dívida. O fato de a dívida líquida e com vencimento certo haver sido cobrada por meio de ação monitória não interfere na data de início da fluência dos juros de mora, a qual recai no dia do vencimento, conforme estabelecido pela relação de direito material (STJ, AgRg no AREsp 782.176/RJ, Rel. Ministro MARCO AURÉLIO BELLIZZE, TERCEIRA TURMA, julgado em 02/06/2016, DJe 09/06/2016). E ainda: (...) Tratando-se de obrigação positiva, líquida e com termo certo de vencimento, a regra a incidir é a do art. 397, caput, do CC – dies interpellat pro homine -, independentemente da espécie processual utilizada pelo credor, para cobrar o seu crédito (STJ, AgRg no REsp 1389717/SP, Rel. Ministro RAUL ARAÚJO, QUARTA TURMA, julgado em 24/02/2015, DJe 20/03/2015).

27 STJ, AgInt no REsp 1452757/SP, Rel. Ministro LUIS FELIPE SALOMÃO, QUARTA TURMA, julgado em 11/10/2016, DJe 18/10/2016; AgInt no AgRg no AREsp 791.310/MS, Rel. Ministro RICARDO VILLAS BÔAS CUEVA, TERCEIRA TURMA, julgado em 04/10/2016, DJe 18/10/2016.

28 Ressalta-se, no ponto, que o ônus de desconstituir a prova a prova apresentada pelo autor do pleito monitório é do embargante (STJ, AgRg no Ag 1361869/PR, Rel. Ministro SIDNEI BENETI, TERCEIRA TURMA, julgado em 22/02/2011, DJe 28/02/2011).

29 STJ, REsp 1.094.571-SP, Rel. Min. Luis Felipe Salomão, julgado em 4/2/2013; REsp 1088046/MS, Rel. Ministro LUIS FELIPE SALOMÃO, QUARTA TURMA, julgado em 12/03/2013, DJe 22/03/2013.

Expostos os principais temas passíveis de cobrança envolvendo a ação monitória, e consoante o viés prático-expositivo do presente capítulo, colaciona-se abaixo quadro esquemático com algumas alegações passíveis de questionamento quanto ao procedimento injuntivo, com a consequente resposta ao lado, devidamente acompanhada da citação legal ou jurisprudencial aplicável para fins de resolução do problema.

Teses passíveis de cobrança	Argumento para resolução
Embargos à Monitória. Impugnação pelo autor da ação monitória. Preliminar no sentido de ser necessário que o embargante recolha as custas relativas aos embargos.	Rejeição. Os embargos à monitória tem natureza jurídica de defesa, não sendo submetidos, portanto, ao prévio recolhimento de custas[30].
Embargos à Monitória. Impugnação pelo autor da ação monitória. Preliminar de não cabimento da matéria trazida em defesa no âmbito do procedimento monitório. Discussão sobre invalidade de taxas condominiais extraordinárias.	Rejeição. Os embargos à monitória serão processados pelo procedimento ordinário (CPC, art. 702, caput e § 1º), e podem se fundar em qualquer matéria passível de arguição como defesa no procedimento comum. Vontade do legislador de conferir ao procedimento dos embargos contraditório pleno e cognição exauriente, de modo que, diversamente do processo executivo, não apresenta restrições quanto à matéria de defesa"[31].
Embargos à Monitória. Impugnação pelo autor da ação monitória. Preliminar de não cabimento da matéria trazida em defesa no âmbito do procedimento monitório. Alegação de compensação da dívida e pagamento parcial. Necessidade de uso de reconvenção.	Rejeição. "Cuidando-se de defesa indireta de mérito, consubstanciada em fato extintivo do direito do autor, não há óbice à alegação de compensação de créditos em sede de embargos à ação monitória, tampouco é vedado ao embargante alegar e provar pagamento parcial da dívida, sendo desnecessário pleito reconvencional para tanto"[32].
Embargos à monitória. Preliminar de inépcia da inicial monitória. Cobrança de soma em dinheiro. Ausência de apresentação de demonstrativo de débito, impossibilitando a defesa.	"A petição inicial da ação monitória para cobrança de soma em dinheiro deve ser instruída com demonstrativo de débito atualizado até a data do ajuizamento, assegurando-se, na sua ausência ou insuficiência, o direito da parte de supri-la, nos termos do art. 321 do CPC[33]".

30 STJ, REsp 1.265.509-SP, Rel. Min. João Otávio de Noronha, julgado em 19/3/2015, DJe 27/3/2015.

31 STJ, REsp 1.172.448-RJ, Rel. Min. Luis Felipe Salomão, julgado em 18/6/2013.

32 STJ, REsp 781.427/SC, Rel. Ministro LUIS FELIPE SALOMÃO, QUARTA TURMA, julgado em 19/08/2010, DJe 09/09/2010.

33 STJ, REsp 1.154.730-PE, Rel. Min. João Otávio de Noronha, Segunda Seção, julgado em 8/4/2015, DJe 15/4/2015.

Teses passíveis de cobrança	Argumento para resolução
Fazenda Pública. Reconhecimento da dívida cobrada via ação monitória. Ausência de oferta de embargos. Isenção de custas e honorários.	"A Fazenda Pública, quando reconhece a dívida cobrada pelo autor da ação monitória, mas deixa de apresentar embargos, que suspenderiam a eficácia do mandado inicial, não faz jus à isenção de custas e honorários advocatícios estabelecidos no art. 701, § 1º, do CPC, o que seria admissível caso ocorresse o oportuno adimplemento da dívida"[34].
Embargos à monitória. Impugnação pelo autor da ação monitória. Preliminar de inadequação dos embargos. Pedido de reconhecimento, por meio da defesa, de aplicação do artigo 940 do Código Civil.	Rejeição. "O demandado pode utilizar os embargos à monitória para requerer a aplicação da pena disposta no artigo 940 do Código Civil, e não apenas por meio de reconvenção ou ação própria"[35].
Ação monitória contra a Fazenda Pública. Preliminar de não cabimento do procedimento especial. Ofensa ao regime de precatórios (CF, art. 100), bem ainda à impenhorabilidade incidente sobre os bens públicos, além da celeridade do procedimento não se coadunar com o reexame necessário incidente nos feitos nos quais a Fazenda Pública é parte.	Rejeição. Súmula 339 do STJ. Expressa previsão legal. CPC, art. 700, § 6º. A expedição de precatório não representa óbice, pois o título executivo a ser obtido antecederá sua execução. Se apresentados embargos, passa-se ao rito ordinário, com todas as garantias. A necessária remessa *ex officio* não afasta a aplicação do art. 700 e seguintes do CPC, visto que, mesmo assim, ganha-se rapidez com a cognição sumária. É exigida prova pré-constituída, com ônus para o autor, e a Fazenda não fica impedida de cumprir voluntariamente o mandado de pagamento, porque sua indisponibilidade é relativa[36].
Embargos à monitória. Alegação de não cabimento do procedimento monitório. Parcelas do débito principal e acessórios ainda pendentes de acerto.	Rejeição. "A necessidade de se fazer o acerto de parcelas dos débitos principal e acessórios não inibe a ação monitória. A via dos embargos (art. 702 do CPC) é a oportuna para o devedor discutir o valor cobrado e a liquidez do débito, pois instauram o amplo contraditório, devendo o juiz dirimi-los na sentença."[37]

---

34 STJ, REsp 1.170.037-RJ, Rel. Min. Castro Meira, julgado em 4/2/2010.

35 STJ, AgRg no REsp 821.899/DF, Rel. Ministro SIDNEI BENETI, TERCEIRA TURMA, julgado em 20/10/2009, DJe 06/11/2009; REsp 608.887-ES, Rel. Min. Nancy Andrighi, julgado em 18/8/2005.

36 STJ, REsp 196.580-MG, Rel. Min. Sálvio de Figueiredo, julgado em 17/10/2000.

37 STJ, REsp 343.589-DF, Rel. Min. Carlos Alberto Menezes Direito, julgado em 27/6/2002.

Teses passíveis de cobrança	Argumento para resolução
Ação monitória. Embargos opostos. Denunciação à lide de terceiro pela parte ré/embargante. Alegação de inviabilidade do uso da citada intervenção de terceiros.	Rejeição. "Ordinarizado o procedimento monitório com a oposição dos embargos, revela-se plenamente possível a denunciação da lide a terceiro para o exercício do direito de regresso decorrente de obrigação legal ou contratual"[38].
Embargos à monitória. Questionamento no que toca ao termo inicial dos juros de mora. Responsabilidade contratual. Tese no sentido de contagem da citação.	"No caso de obrigação contratada como positiva e líquida, com vencimento certo, os juros moratórios correm a partir da data do vencimento da dívida. O fato de a dívida líquida e com vencimento certo haver sido cobrada por meio de ação monitória não interfere na data de início da fluência dos juros de mora, a qual recai no dia do vencimento, conforme estabelecido pela relação de direito material"[39].
Ação Monitória. Reconvenção apresentada pela parte ré. Preliminar da requerente no sentido de não ser viável o uso da reconvenção pela parte requerida.	Rejeição. Expressa previsão legal. Art. 702, § 6º, do CPC. Súmula 292 do STJ (A reconvenção é cabível na ação monitória, após a conversão do procedimento em ordinário). "Segundo a mens legis os embargos na ação monitória não têm "natureza jurídica de ação", mas se identificam com a contestação. Não se confundem com os embargos do devedor, em execução fundada em título judicial ou extrajudicial, vez que, inexiste ainda título executivo a ser desconstituído. Não pagando o devedor o mandado monitório, abre-se-lhe a faculdade de defender-se, oferecendo qualquer das espécies de respostas admitidas em direito para fazer frente à pretensão do autor. Os embargos ao decreto injuncional ordinarizam o procedimento monitório e propiciam a instauração da cognição exauriente, regrado pelas disposições de procedimento comum. Por isso, não se vislumbra qualquer incompatibilidade com a possibilidade do réu oferecer reconvenção, desde que seja

38 STJ, REsp 1418151/SP, Rel. Ministro PAULO DE TARSO SANSEVERINO, TERCEIRA TURMA, julgado em 18/12/2014, DJe 05/02/2015

39 STJ, EREsp 1342873/RS, Rel. Ministro BENEDITO GONÇALVES, CORTE ESPECIAL, julgado em 16/12/2015, DJe 18/12/2015; EDv nos EAREsp 138.460/RS, Rel. Ministro MAURO CAMPBELL MARQUES, CORTE ESPECIAL, julgado em 02/12/2015, DJe 14/12/2015.

Teses passíveis de cobrança	Argumento para resolução
	esta conexa com a ação principal ou com o fundamento da defesa. A tutela diferenciada introduzida pela ação monitória, que busca atingir, no menor espaço de tempo possível a satisfação do direito lesado, não é incompatível com a ampla defesa do réu, que deve ser assegurada, inclusive pela via reconvencional"[40].
Embargos à monitória. Tese no sentido de falta de interesse de agir. Documento que figura na relação daqueles capazes de aparelhar processo executivo.	Rejeição. "É possível a propositura de ação monitória pelo detentor de título executivo para perseguir seus créditos, uma vez que o referido procedimento não traz maiores prejuízos ao réu"[41].
Embargos à monitória. Fazenda Pública. Alegação de intempestividade da defesa apresentada, ao argumento de contagem em dobro, e não em quádruplo, para a manifestação fazendária.	Acolhimento. Mudança legislativa. Revogação do benefício então trazido no artigo 188 do CPC, que previa o prazo em quádruplo para a defesa da Fazenda Pública. Disposição expressa do artigo 183 do CPC/15 no sentido de contagem em dobro do prazo, sendo necessário inferir, apenas, que os efeitos da revelia não serão produzidos na espécie (CPC, art. 345, II), muito embora a jurisprudência do STJ já tenha se manifestado no sentido de que a falta dos embargos impede o juiz de analisar o mérito da cobrança, cabendo-lhe apenas converter o mandado monitório em executivo[42-43].

40 STJ, REsp 222.937/SP, Rel. Ministra NANCY ANDRIGHI, SEGUNDA SEÇÃO, julgado em 09/05/2001, DJ 02/02/2004, p. 265.

41 STJ, AgRg nos EDcl no AREsp 118.562/RS, Rel. Ministra MARIA ISABEL GALLOTTI, QUARTA TURMA, julgado em 02/06/2015, DJe 09/06/2015.

42 STJ, REsp 806.143/SC, Rel. Ministro HUMBERTO GOMES DE BARROS, TERCEIRA TURMA, julgado em 08/02/2008, DJe 23/06/2009.

43 Nesse ponto, pelo conteúdo didático, há de se transcrever parte de aresto do STJ, que abarcou, inclusive, as novidades trazidas pelo CPC/15, muito embora o julgado seja anterior à sua vigência: (...) "Em ação monitória, após o decurso do prazo para pagamento ou entrega da coisa sem a oposição de embargos pelo réu, o juiz não poderá analisar matérias de mérito, ainda que conhecíveis de ofício. Com efeito, na primeira decisão proferida no procedimento especial monitório, embora em exame perfunctório, revela-se algum conteúdo decisório, ao se garantir ao juiz o conhecimento prévio da força probatória do documento que instrui a petição inicial, assegurando-lhe um juízo de probabilidade para então determinar a expedição do mandado monitório.(...) Na hipótese em que não há oposição de embargos monitórios, a ação monitória concretiza o objetivo a que se propõe: o de converter em título executivo judicial prova escrita da existência de obrigação, inviabilizando qualquer aprofundamento do conhecimento

Teses passíveis de cobrança	Argumento para resolução
Ação monitória. Ação de despejo. Alegação de conexão.	Rejeição. "Tendo as Ações de Despejo e Monitória causa de pedir e objetos diversos não há como ser reconhecida a conexão entre elas"[44].
Embargos à monitória. Cheque prescrito. Título Nominal. Ausência de endosso em branco. Alegação de ilegitimidade ativa do postulante.	Acolhimento. Inexistência de endosso obsta que o portador, conquanto de posse da cártula, exercite os direitos inerentes à titularidade do crédito que exprime, inviabilizando que persiga a percepção do que retrata. Título à ordem. "A tradição de cheque nominal dotado da cláusula 'à ordem' com endosso não configura cessão de crédito se não operada a transferência na forma exigida, tornando inviável, diante da inobservância dos requisitos legais próprios desta espécie de negócio jurídico, a oposição ao emitente devedor dos efeitos de eficácia afetos à cessão civil por não ter se aperfeiçoado com o exigido à sua consumação"[45].

jurisdicional exigido para a prolação de uma sentença de mérito. Isso porque a conversão do mandado monitório em executivo é extraída como única solução possível e imposta por lei, diante da inércia do devedor em procedimento monitório. Por outro lado, manifestando-se o devedor, conforme sua deliberada intenção de opor-se à manifestação do credor autor monitório -, inicia-se um incidente processual com contornos típicos de ação de conhecimento, admitindo-se amplo contraditório e dilação probatória, fases processuais absolutamente ausentes no procedimento monitório não embargado. Esse é, portanto, o âmbito adequado para o conhecimento e apreciação de matérias de mérito, às quais resultarão ao final na constituição, ou não, daquele documento monitório em título executivo. Noutros termos, mesmo as questões conhecíveis de ofício, só podem ser apreciadas se aberto o conhecimento pela oposição dos embargos monitórios. Ressalta-se que o novo CPC parece reconhecer essa transmudação da decisão inicial em definitiva em razão da mera inércia do devedor. Isso porque, além de dispensar expressamente a necessidade de qualquer ato para conversão do mandado monitório em executivo (art. 701, § 2º, do NCPC), ainda determina que se conte da decisão inicial (que determina a expedição do mandado monitório) o prazo para propositura de ação rescisória, na hipótese de ausência de oposição de embargos monitórios pelo devedor (art. 701, § 3º, do NCPC). Muito embora em *vacatio legis*, não se pode desconsiderar o viés interpretativo extraído do novo texto legal, o qual não inova, mas torna ainda mais óbvias e corrobora as disposições existentes no atual CPC" (REsp 1.432.982-ES, Rel. Min. Marco Aurélio Bellizze, julgado em 17/11/2015, DJe 26/11/2015).

44 STJ, AgRg no Ag 1137208/GO, Rel. Ministro NAPOLEÃO NUNES MAIA FILHO, QUINTA TURMA, julgado em 01/10/2009, DJe 03/11/2009

45 TJDFT, Acórdão n.977561, 20160110159470APC, Relator: TEÓFILO CAETANO 1ª TURMA CÍVEL, Data de Julgamento: 26/10/2016, Publicado no DJE: 16/11/2016. Pág.: 638-669.

Teses passíveis de cobrança	Argumento para resolução
Ação de execução. Conversão de ofício ou a requerimento das partes, após a citação, em procedimento monitório. Tese defensiva no sentido da inviabilidade.	Acolhimento. O STJ, em sede de julgamento submetido à sistemática dos recursos repetitivos, assentou tese no sentido de que "é inadmissível a conversão, de ofício ou a requerimento das partes, da execução em ação monitória após ter ocorrido a citação, em razão da estabilização da relação processual a partir do referido ato[46]".
Ação monitória. Embargos à monitória. Avalista. Título cambial prescrito. Alegação de ilegitimidade passiva.	Acolhimento. Aval perde sua eficácia quando prescrita a ação cambiária, não mais respondendo o garante pela obrigação assumida pelo devedor principal, salvo se comprovado o locupletamento do avalista[47].
Ação monitória. Embargos à monitória. Pedido do réu de alongamento da dívida originária de crédito rural. Manifestação do autor pela inadmissibilidade do pleito defensivo em sede de embargos à monitória.	Rejeição. O pedido de alongamento de dívida derivada de crédito rural pode ser formulado em embargos à monitória ou contestação, sendo desnecessário o uso de reconvenção para tanto. Ausência de fundamento legal para obstar o pleito de alongamento. Defesa de mérito indireta[48].

2. EMBARGOS DE TERCEIRO

Dentre os procedimentos especiais, os embargos de terceiro podem ser considerados um dos mais desafiadores aos candidatos à carreira da magistratura, seja pela dificuldade de análise dos casos concretos apresentados, notadamente com mais detalhes do que os comuns, seja pelas nuances atinentes ao próprio cabimento da ação, em especial a legitimidade ativa para o seu manejo.

Nesse cenário, insta observar, logo de início, que, consoante dicção constante do artigo 674 do CPC, os embargos de terceiro podem ser opostos por aquele que, não sendo parte no processo, venha a sofrer constrição ou ameaça de constrição[49] sobre bens que possua ou sobre os quais tenha direito

46 STJ, REsp 1129938/PE, Rel. Ministro MASSAMI UYEDA, SEGUNDA SEÇÃO, julgado em 28/09/2011, DJe 28/03/2012.

47 STJ, AgRg no REsp 1209815/MT, Rel. Ministro MASSAMI UYEDA, TERCEIRA TURMA, julgado em 26/06/2012, DJe 02/08/2012.

48 STJ, REsp 1531676/MG, Rel. Ministra NANCY ANDRIGHI, TERCEIRA TURMA, julgado em 18/05/2017, DJe 26/05/2017.

49 Como ensina Gilberto Gomes Bruschi, "para que possam ser manejados, se faz necessário que a ameaça de constrição seja concreta e iminente, isto é, o bem do terceiro já tenha sito identificado como o objeto do ato de constrição e que tal ato esteja prestes a ser

incompatível com o ato constritivo, podendo o aludido terceiro ser proprietário, inclusive fiduciário, ou possuidor (CPC, art. 674, § 1º).

Na forma expressa no art. 674, § 2º, do CPC, são considerados terceiros[50] para os fins legais: a) o cônjuge ou companheiro, quando defende a posse de bens próprios ou de sua meação, ressalvado o disposto no art. 843; b) o adquirente de bens cuja constrição decorreu de decisão que declara a ineficácia da alienação realizada em fraude à execução; c) quem sofre constrição judicial de seus bens por força de desconsideração da personalidade jurídica, de cujo incidente não fez parte; d) o credor com garantia real para obstar expropriação judicial do objeto de direito real de garantia, caso não tenha sido intimado, nos termos legais dos atos expropriatórios respectivos.

Nos processos de cumprimento de sentença ou execução, o prazo para o uso dos embargos é de 5 dias[51], a partir da adjudicação, da alienação por iniciativa particular ou da arrematação[52], mas sempre antes da respectiva carta. Já se a ordem de constrição for dada em processo de conhecimento, tem o terceiro até o trânsito em julgado desse para a propositura da ação ora analisada.

---

praticado" (BRUSCHI, Gilberto Gomes. Dos embargos de terceiro. In: BUENO, Cassio Scarpinella (Coord.). *Comentários ao Código de Processo Civil.* v. 3. São Paulo: Saraiva, 2017. p. 300). Nesse sentido, confira-se: "(...) A ameaça de lesão encerra o interesse de agir no ajuizamento preventivo dos embargos de terceiro, máxime à luz da cláusula pétrea da inafastabilidade, qual seja, nenhuma lesão ou ameaça de lesão escapará à apreciação do Judiciário (art. 5º, XXXV, da CF/1988)." (STJ, REsp 1.019.314-RS, Rel. Min. Luiz Fux, julgado em 2/3/2010).

50 Como já decidiu o STJ, "o terceiro prejudicado, legitimado a recorrer por força do nexo de interdependência com a relação sub judice, é aquele que sofre um prejuízo na sua relação jurídica em razão da decisão", razão pela qual, "em processo de execução, o terceiro afetado pela constrição judicial de seus bens poderá opor embargos de terceiro à execução ou interpor recurso contra a decisão constritiva, na condição de terceiro prejudicado, exegese conforme a instrumentalidade do processo e o escopo de economia processual" (STJ, REsp 1091710/PR, Rel. Ministro LUIZ FUX, CORTE ESPECIAL, julgado em 17/11/2010, DJe 25/03/2011).

51 O terceiro alheio ao processo pode defender sua posse sem estar submetido ao prazo constante do art. 675 do CPC (AgRg no REsp 1498587/DF, Rel. Ministro MOURA RIBEIRO, TERCEIRA TURMA, julgado em 25/04/2017, DJe 04/05/2017). Todavia, ao tomar ciência da constrição, passa a contar o prazo de 5 dias (AgInt no REsp 1421057/SC, Rel. Ministro MARCO BUZZI, QUARTA TURMA, julgado em 02/05/2017, DJe 11/05/2017; REsp 1627608/SP, Rel. Ministro PAULO DE TARSO SANSEVERINO, TERCEIRA TURMA, julgado em 06/12/2016, DJe 13/12/2016).

52 No STJ, encontra-se aresto no sentido de que, na hipótese de penhora eletrônica de numerário do terceiro, o prazo para a apresentação dos embargos conta-se da disponibilização do montante constritado ao credor, que se dá com a expedição do alvará de levantamento da quantia (REsp 1298780/ES, Rel. Ministro JOÃO OTÁVIO DE NORONHA, TERCEIRA TURMA, julgado em 19/03/2015, DJe 27/03/2015).

Uma vez admitidos os embargos de terceiro, na forma do artigo 678 do CPC, é de rigor a suspensão automática do processo principal[53], que irá perdurar até que seja proferida a sentença nos autos dos embargos[54].

Feita essa breve exposição inicial, e seguindo a linha estabelecida para este capítulo, cumpre apresentar desde já os temas mais controversos relativos aos embargos de terceiro, cuja resolução é determinada a partir da análise de cinco súmulas do Superior Tribunal de Justiça.

Em primeiro lugar, no tópico pertinência subjetiva ativa para o uso do procedimento especial, cabe realçar ser admissível a oposição de embargos de terceiro fundados em alegação de posse advinda de compromisso de compra e venda de imóvel, ainda que desprovido de registro[55].

Como bem pontua Gilberto Gomes Bruschi, "significa dizer que, se houve a aquisição de bem imóvel do executado por parte de um terceiro, anteriormente à existência da dívida, por meio de instrumento particular de compra e venda, na eventualidade de ocorrer constrição sobre tal bem em virtude de ainda constar na matrícula a propriedade do executado, são cabíveis os embargos de terceiro"[56].

Ainda na seara da legitimidade ativa, também a possui o cônjuge[57] do executado, para a defesa da meação, mesmo que intimado da penhora em imóvel do casal[58].

O argumento se sustenta na constatação de que a natureza do direito que será discutido (tutela à meação) não se confunde com o mérito da execução proposta contra o cônjuge executado.

---

53 Nesse sentido: (..) O recebimento da petição inicial dos embargos de terceiro enseja a suspensão automática da execução em relação aos bens ou direitos objeto desses embargos. (AgInt no AREsp 957.421/RS, Rel. Ministra NANCY ANDRIGHI, TERCEIRA TURMA, julgado em 21/02/2017, DJe 24/02/2017).

54 STJ, REsp 57.750/SP, Rel. Min. Carlos Alberto Menezes Direito. TERCEIRA TURMA, Dj. 16/12/1998.

55 Súmula 84 do STJ: É admissível a oposição de embargos de terceiro fundados em alegação de posse advinda do compromisso de compra e venda de imóvel, ainda que desprovido de registro.

56 BRUSCHI, Gilberto Gomes. Dos embargos de terceiro. In: BUENO, Cassio Scarpinella (Coord.). *Comentários ao Código de Processo Civil.* v. 3. São Paulo: Saraiva, 2017. p. 303.

57 Ou o(a) companheiro(a), que teve os direitos sucessórios recentemente equiparados ao regime legal do casamento, na forma decidida pelo STF. Nesse sentido, veja-se o seguinte aresto do STJ: (...) Reconhecida a união estável por sentença transitada em julgado, é a companheira parte legítima para oferecer embargos de terceiro com o objetivo de excluir a sua meação da penhora incidente sobre imóvel adquirido em conjunto com o companheiro (REsp 93.355/PR, Rel. Ministro BARROS MONTEIRO, QUARTA TURMA, julgado em 24/10/2000, DJ 18/12/2000, p. 197).

58 Súmula 134 do STJ: "Embora intimado da penhora do imóvel do casal, o cônjuge do executado pode opor embargos de terceiro para defesa de sua meação".

Já decidiu o STJ que, uma vez intimado sobre a constrição judicial que afeta seu patrimônio, ao cônjuge é facultado seguir sua defesa por duas vias, quais sejam, os embargos à execução, com o intuito de discutir a própria causa debendi e defender o patrimônio como um todo, figurando como litisconsorte passivo do(a) executado(a), ou os embargos de terceiro, cuja finalidade é a defesa da meação. Assim, "o cônjuge somente será parte legítima para opor embargos de terceiro quando não tiver assumido juntamente com seu consorte a dívida executada, caso em que, figurando no polo passivo do processo de execução como responsável pelo débito, não lhe é legítimo pretender eximir seu patrimônio como 'terceiro'"[59].

No que tange ao cabimento da ação em si, ressai importante asseverar que os embargos de terceiro não se prestam à anulação de ato jurídico por fraude contra credores[60], pois necessária sua investigação e decretação na via própria da ação pauliana ou revocatória[61]. À evidência, trata-se de procedimento de cognição parcial, limitada quanto à matéria que integrará a causa de pedir, na forma do artigo 674 do CPC[62].

Noutra via, no mérito do procedimento especial, grande parte das ações propostas perpassa a análise da ocorrência ou não de fraude à execução, que, uma vez constatada, fulmina o pleito deduzido na inicial dos embargos, e impõe, por óbvio, a mantença da constrição combatida.

Desse modo, cumpre inferir que o reconhecimento da fraude à execução depende do registro da penhora do bem alienado ou da prova de má-fé do terceiro adquirente[63]. Sem a configuração desses requisitos, prestigia-se a boa-fé do terceiro atingido pela constrição ou ameaça dessa, permitindo-se, pois, a desconstituição da ordem judicial.

Exposta essa relevante questão meritória, insta observar outro ponto candente, relativo aos honorários de sucumbência, cuja premissa básica se firma na atribuição do ônus àquele que deu causa à constrição combatida nos embargos de terceiro, em atenção à incidência do princípio da causalidade[64].

---

59 STJ, AgInt no REsp 1248255/RS, Rel. Ministro RAUL ARAÚJO, QUARTA TURMA, julgado em 13/12/2016, DJe 01/02/2017.

60 Súmula 195 do STJ: "Em embargos de terceiro, não se anula ato jurídico, por fraude contra credores.

61 STJ, REsp 431.202-MG, Rel. Min. Aldir Passarinho Junior, julgado em 18/12/2007".

62 MEDINA, José Miguel Garcia. *Novo Código de Processo Civil Comentado*. 4ª ed. São Paulo: Revista dos Tribunais, 2016. p. 999.

63 Súmula 375 do STJ: "O reconhecimento da fraude de execução depende do registro da penhora do bem alienado ou da prova de má-fé do terceiro adquirente".

64 Súmula 303 do STJ: Em embargos de terceiro, quem deu causa à constrição indevida deve arcar com os honorários advocatícios.

Na esteira do entendimento plasmado pelo STJ em julgamento submetido à sistemática dos recursos repetitivos, em regra, "nos embargos de terceiro cujo pedido foi acolhido para desconstituir a constrição judicial, os honorários advocatícios serão arbitrados com base no princípio da causalidade, responsabilizando-se o atual proprietário (embargante), se este não atualizou os dados cadastrais"[65].

Por outro lado, nas hipóteses em que o credor enfrenta as impugnações trazidas pelo terceiro embargante, combatendo o mérito em si da ação proposta para desconstituir a constrição arcará com os consectários da sucumbência. Como decidiu o STJ, "os encargos de sucumbência serão suportados pela parte embargada, porém, na hipótese em que esta, depois de tomar ciência da transmissão do bem, apresentar ou insistir na impugnação ou recurso para manter a penhora sobre o bem cujo domínio foi transferido para terceiro"[66].

Por fim, seguindo igual sistemática adotada para a ação monitória, apresenta-se abaixo quadro com alguns argumentos passíveis de arguição pelas partes, com os fundamentos utilizados para o acolhimento ou rejeição ao lado.

Teses passíveis de cobrança	Argumento para resolução
Embargos de terceiro. Demanda originária da constrição travada entre particulares. Manejo do procedimento especial pelo INSS. Preliminar de incompetência da Justiça comum.	Acolhimento. Competência absoluta. Natureza de ação autônoma. Expressa imposição constitucional (CF, art. 109, I)[67].
Embargos de terceiro. Bens constritos alienados fiduciariamente. Ação movida pelo credor fiduciário. Preliminar de não cabimento dos embargos na espécie.	Rejeição. Credor fiduciário pode fazer uso dos embargos para afastar penhora incidente sobre bens de sua propriedade alienados fiduciariamente[68].
Embargos de terceiro. Processo de desapropriação. Alegação de não enquadramento da ação nas hipóteses que configuram interesse social. Preliminar de inadequação da via eleita.	Acolhimento. Absoluta incompatibilidade da medida com o procedimento expropriatório, cuja essência pressupõe naturalmente a perda da posse do imóvel expropriado, além da argumentação referente ao não-enquadramento da ação nas hipóteses que configuram o interesse social[69].

65 STJ, REsp 1452840/SP, Rel. Ministro HERMAN BENJAMIN, PRIMEIRA SEÇÃO, julgado em 14/09/2016, DJe 05/10/2016.

66 STJ, REsp 1452840/SP, Rel. Ministro HERMAN BENJAMIN, PRIMEIRA SEÇÃO, julgado em 14/09/2016, DJe 05/10/2016.

67 STJ, CC 95.138/SP, Rel. Ministro CASTRO MEIRA, PRIMEIRA SEÇÃO, julgado em 22/04/2009, DJe 04/05/2009.

68 STJ, REsp 622.898-SC, Rel. Min. Aldir Passarinho Junior, julgado em 4/5/2010.

69 STJ, REsp 353.382/PB, Rel. Ministro JOÃO OTÁVIO DE NORONHA, SEGUNDA TURMA, julgado em 14/03/2006, DJ 26/05/2006, p. 236.

Teses passíveis de cobrança	Argumento para resolução
Embargos de terceiro. Preliminar de intempestividade trazida pela parte embargada. Processo de execução. Escoamento do prazo legal de 5 dias, a partir da constrição. Terceiro ainda não cientificado da ordem judicial.	Rejeição. O terceiro somente se submete ao prazo de 05 dias a partir de sua ciência inequívoca da constrição incidente sobre o bem.[70]
Embargos de terceiro. Constrição determinada no bojo de ação de improbidade administrativa. Pleito de reconhecimento da aplicação da Súmula 375 do STJ ao caso.	Inviabilidade. "A Súmula n. 375/STJ não se aplica à hipótese, uma vez que não se trata de fraude à execução e não há penhora do imóvel e, sim, medida de indisponibilidade dos bens em ação civil pública por improbidade administrativa"[71]. "A indisponibilidade acautelatória prevista na Lei de Improbidade Administrativa tem como finalidade a reparação integral dos danos que porventura tenham sido causados ao erário; trata-se de medida preparatória da responsabilidade patrimonial, representando, em essência, a afetação de todos os bens necessários ao ressarcimento, podendo, por tal razão, atingir quaisquer bens ainda que adquiridos anteriormente ao suposto ato de improbidade"[72].
Ação de execução fiscal. Embargos de terceiro opostos. Pedido de aplicação ao caso do entendimento descrito na Súmula 375 do STJ, para afastar a fraude à execução.	Rejeição. Aplicável ao caso a legislação especial. Entendimento sumulado não incidente nas execuções fiscais. "A diferença de tratamento entre a fraude civil e a fraude fiscal justifica-se pelo fato de que, na primeira hipótese, afronta-se interesse privado, ao passo que, na segunda, interesse público, porquanto o recolhimento dos tributos serve à satisfação das necessidades coletivas. É que, consoante a doutrina do tema[73], a fraude de execução, diversamente da fraude contra credores, opera-se in re ipsa, vale dizer, tem caráter absoluto, objetivo, dispensando o consilium fraudis"[74].

70 STJ, AgRg no REsp 1504959/SP, Rel. Ministro MARCO AURÉLIO BELLIZZE, TERCEIRA TURMA, julgado em 15/12/2015, DJe 02/02/2016.

71 STJ, AgRg no AREsp 111.219/PA, Rel. Ministro MAURO CAMPBELL MARQUES, SEGUNDA TURMA, julgado em 12/04/2012, DJe 18/04/2012.

72 STJ, REsp 1176440/RO, Rel. Ministro NAPOLEÃO NUNES MAIA FILHO, PRIMEIRA TURMA, julgado em 17/09/2013, DJe 04/10/2013.

73 FUX, Luiz. *O novo processo de execução*: o cumprimento da sentença e a execução extrajudicial. 1. ed. Rio de Janeiro: Forense, 2008, p. 95-96.

74 STJ, REsp 1141990/PR, Rel. Ministro LUIZ FUX, PRIMEIRA SEÇÃO, julgado em 10/11/2010, DJe 19/11/2010.

Teses passíveis de cobrança	Argumento para resolução
Embargos de terceiro. Preliminar do embargado no sentido de não cabimento da ação. Manejo em ação cautelar (Atual procedimento cautelar requerido em caráter incidente).	Rejeição. "O pressuposto para o cabimento dos embargos de terceiro é a existência de uma constrição judicial que ofenda a posse ou a propriedade de um bem de pessoa que não seja parte no processo. Sendo um meio defensivo que o terceiro possui contra atos judiciais que gerem medida constritiva de seus bens, revestem-se de tal importância que não comportam interpretação literal e restritiva"[75].
Embargos de terceiro. Impugnação do valor da causa pelo embargado. Solicitação no sentido de que seja alocado o montante relativo ao bem submetido à constrição.	Acolhimento com ressalva. "Em ação de embargos de terceiro, o valor da causa deve ser o do bem levado à constrição, não podendo exceder o valor da dívida"[76].
Embargos de terceiro. Preliminar arguida pelo embargado no sentido de existência de litisconsórcio necessário unitário. Bem ofertado pelo devedor do processo principal, que deve compor o polo passivo.	Acolhimento. Expressa previsão legal. CPC, art. 677, § 4º. Indicação do bem para constrição que atrai a legitimidade passiva[77].
Viúva meeira. Embargos de terceiro. Constrição que recai sobre a totalidade da herança, inclusive do imóvel de residência da embargante, a partir de penhora no rosto dos autos do inventário, onde há resguardo da meação. Alegação de falta de interesse de agir pela parte embargada.	Rejeição. Cabimento dos embargos de terceiro de forma preventiva. Novidade legal. CPC, art. 674, caput. "Há interesse de agir da recorrente na oposição de embargos de terceiro, mesmo que sua meação esteja resguardada, visto que o bem é indivisível e, caso a penhora recaia sobre ele, atingi-lo-á em sua integralidade, evidenciando a turbação de sua posse plena sobre o imóvel"[78]. Apesar de a penhora no rosto dos autos não implicar penhora física do bem, acarreta igual ônus de uma efetiva penhora direta, autorizando a defesa do bem com o uso das vias processuais disponíveis.

75 STJ, REsp 837.546-MT, Rel. Min. Raul Araújo, julgado em 1º/10/2015, DJe 21/10/2015.

76 STJ, REsp 957.760-MS, Rel. Min. Luiz Felipe Salomão, julgado em 12/4/2012. Em sentido diverso: STJ, AgRg na PET 1.059/CE, Rel. Min. Waldemar Zveiter, julgado em 08/02/2000.

77 STJ, REsp 601.920-CE, Rel. Min. Maria Isabel Gallotti, julgado em 13/12/2011.

78 STJ, REsp 1.092.798-DF, Rel. Min. Nancy Andrighi, julgado em 28/9/2010.

Teses passíveis de cobrança	Argumento para resolução
Embargos de terceiro. Gratuidade de justiça. Pedido do embargado de extensão do benefício a ele concedido no feito principal. Impugnação do embargante.	Rejeição. Possibilidade de se estender a gratuidade ao credor da execução no âmbito dos embargos de terceiro, pois esses visam afastar constrição decorrente do processo principal de execução, no qual o embargado já obteve o benefício da gratuidade de Justiça[79].
Embargos de terceiro. Preliminar de inadequação da via eleita levantada pelo embargado. Alegação de que se mostra inviável o uso dos embargos no caso de posse indireta, decorrente de compromisso de compra e venda de imóvel sem registro.	Rejeição. Súmula n. 84 do STJ: É admissível a oposição de embargos de terceiro fundados em alegação de posse advinda de compromisso de compra e venda de imóvel, ainda que desprovido de registro. Segundo o STJ, "mostra-se inadequado acolher uma interpretação mais restritiva do texto da citada súmula com o fim de resguardar-se de eventual má-fé, visto que ela pode ser adequadamente combatida pelo Poder Judiciário"[80].
Embargos de terceiro. Pedido de resguardo de meação, com prévio reconhecimento de união estável. Preliminar de inadequação da via eleita pelo embargado.	Acolhimento. Via inadequada. Necessidade de prévio manejo da ação própria (declaratória de união estável)[81].
Embargos de terceiro. Adquirente de bem de sócio da empresa, que, por meio de incidente de desconsideração da personalidade jurídica, passou a figurar no polo passivo da execução. Boa-fé. Tese de afastamento da fraude à execução. Bem adquirido antes da citação válida do sócio devedor.	Acolhimento. Reconhecimento da fraude à execução tendo como marco a citação válida do sócio devedor, quando do redirecionamento da execução originariamente proposta em desfavor da pessoa jurídica[82].
Embargos de terceiro apresentado por condômino, para resguardar sua fração ideal, ante a praça da totalidade do imóvel. Interesse de agir. Possibilidade de questionamento por simples petição.	Interesse de agir verificado. "O condômino, com o intuito de resguardar sua fração ideal, pode opor embargos de terceiro diante do edital de praça que expõe à venda a totalidade do imóvel, quando apenas penhorada a parte referente a outro condômino, ora executado. Essa prerrogativa não fica afastada pela alegação de que, por simples petição, poderia afastar a ameaça de expropriação[83]".

79 STJ, REsp 180.467-SP, Rel. Min. Luís Felipe Salomão, julgado em 6/11/2008.

80 STJ, REsp 908.137-RS, Rel. Min. Nancy Andrighi, julgado em 20/10/2009.

81 STJ, REsp 952.141-RS, Rel. Min. Humberto Gomes de Barros, julgado em 28/6/2007.

82 STJ, REsp 1391830/SP, Rel. Ministra NANCY ANDRIGHI, TERCEIRA TURMA, julgado em 22/11/2016, DJe 01/12/2016.

83 STJ, REsp 706.380-PR, Rel. Min. Humberto Gomes de Barros, julgado em 18/10/2005.

Teses passíveis de cobrança	Argumento para resolução
Embargos de terceiro. Doação de bem imóvel. Falta de registro na matrícula do imóvel. Preliminar do embargado no sentido de não cabimento do manejo dos embargos pelos donatários.	Rejeição. Interpretação extensiva da Súmula 84 do STJ, que não se limita apenas ao compromisso de compra e venda, mas abrange outros títulos de aquisição, dentre eles a doação[84].
Embargos de terceiro. Legitimidade de estrangeiros. Imóvel rural adquirido objeto de constrição.	"Os estrangeiros que, mediante instrumento particular de venda e compra, adquiriram o pleno domínio e a posse definitiva do imóvel têm legitimidade para defendê-los por meio de embargos de terceiro. Apesar de o referido instrumento não comportar registro no Ofício Imobiliário e sem este os estrangeiros não adquiriram e nem adquirirão as propriedades de imóvel rural, a posse não lhes é proibida pela Lei n.º 5.709/71, porém não induzirá ao usucapião"[85].
Embargos de terceiro. Carta precatória. Competência.	"Em princípio, o juízo que determinou a prática de um ato executivo é o competente para conhecer dos inconformismos daí decorrentes, tal como ocorre nos embargos de terceiro (art. 674 do CPC). De fato, em tese, seria descabido atribuir tal competência para outro juízo, que não ergueu os fundamentos jurídicos do ato executivo impugnado. Ao juízo deprecante compete apreciar os embargos de terceiro opostos contra penhora de imóvel por ele indicado (Súmula n. 33 do extinto Tribunal Federal de Recursos – TFR)"[86-87].

84 STJ, REsp 255.470-MG, Rel. Min. Eliana Calmon, julgado em 3/5/2001.

85 STJ, REsp 171.347-SP, Rel. originário Min. Carlos Alberto Menezes Direito, Rel. para acórdão Min. Ari Pargendler, julgado em 14/3/2000.

86 STJ, REsp 1033333/RS, Rel. Ministro MASSAMI UYEDA, TERCEIRA TURMA, julgado em 19/08/2008, DJe 05/09/2008.

87 Apresentada carta precatória de conteúdo genérico, sem descrição de bens para penhora, a escolha desses é ato ordenado pelo juiz deprecado, a quem compete dirimir controvérsia referente ao ato que dele partiu. Por outro lado, havendo a especificação do bem a ser apreendido, incide a regra descrita na Súmula 33 do extinto Tribunal Federal de Recursos, atraindo a competência do juiz deprecante para resolver a pendência relativa à penhora. Ressalva-se, ainda, que a despeito da diferenciação acima, se a precatória retorna ao juízo de origem cumprida, sem oposição do terceiro, a competência será firmada no juízo deprecante, ante o exaurimento da função do deprecado nos autos.

Teses passíveis de cobrança	Argumento para resolução
Embargos de terceiro propostos pela ex-conjuge, visando resguardar bem atingido por execução movida em desfavor do ex-marido. Substituição de imóvel penhorado por dinheiro. Alegação de perda do interesse de agir.	Rejeição. Interesse de agir que permanece, uma vez que a constrição sobre o patrimônio continua incidente[88].
Embargos de terceiro. Execução de ação sentença de despejo. Alegação de inadequação da via eleita pelo embargado.	Acolhimento. Sentença que decreta o despejo não é ato de apreensão ou constrição judicial. Natureza jurídica do ato questionado que não se subsume à hipótese do artigo 674 do CPC[89-90].
Embargos de terceiro. Penhora sobre a totalidade do bem. Regime de multipropriedade imobiliária (time-sharing). Pleito de desconstituição da penhora.	Acolhimento. "O vigente diploma, seguindo os ditames do estatuto civil anterior, não traz nenhuma vedação nem faz referência à inviabilidade de consagrar novos direitos reais. Além disso, com os atributos dos direitos reais se harmoniza o novel instituto, que, circunscrito a um vínculo jurídico de aproveitamento econômico e de imediata aderência ao imóvel, detém as faculdades de uso, gozo e disposição sobre fração ideal do bem, ainda que objeto de compartilhamento pelos multiproprietários de espaço e turnos fixos de tempo. A multipropriedade imobiliária, mesmo não efetivamente codificada, possui natureza jurídica de direito real, harmonizando-se, portanto, com os institutos constantes do rol previsto no art. 1.225 do Código Civil; e o multiproprietário, no caso de penhora do imóvel objeto de compartilhamento espaço-temporal (time-sharing), tem, nos embargos de terceiro, o instrumento judicial protetivo de sua fração ideal do bem objeto de constrição. É insubsistente a penhora sobre a integralidade do imóvel submetido

88 STJ, REsp 215.312-DF, Rel. Min. Ruy Rosado, julgado em 10/8/1999.

89 STJ, REsp 191.274-SC, Rel. Min. Fernando Gonçalves, julgado em 10/12/1998.

90 Em sentido diverso: "O NCPC, para evitar interpretações como esta, eliminou a regra de cabimento dos embargos de terceiro qualquer exemplificação de atos executivos, limitando-se a autorizar ditos embargos genericamente contra medidas judiciais de constrição ou ameaça de constrição sobre bens a respeito dos quais o terceiro tenha direito incompatível

Teses passíveis de cobrança	Argumento para resolução
	ao regime de multipropriedade na hipótese em que a parte embargante é titular de fração ideal por conta de cessão de direitos em que figurou como cessionária"[91].
Embargos de terceiro. Proposição por herdeiro para defender bens do acervo. Inventário em trâmite. Preliminar de ilegitimidade ativa pela parte embargada.	Acolhimento. Enquanto não realizada a partilha, a herança permanece em um todo unitário e será representada pelo inventariante. Será o espólio o legitimado para impugnar todos os atos processuais praticados na execução a partir do momento que ingressa nos autos. Enquanto estiver em tramitação o inventário e os bens permanecerem na forma indivisa, o herdeiro não detém legitimidade para defender, de forma individual, os bens que compõem o acervo hereditário, sendo essa legitimidade exclusiva do espólio devidamente representado[92].

3. AÇÕES LOCATÍCIAS – DESPEJO

Como se percebe do quadro delineado ao final deste capítulo, não se tem notícia de grande cobrança de ações locatícias nas últimas provas dos concursos da magistratura, apesar da importância prática dessas ações no dia a dia forense.

A despeito desta circunstância, pode-se afirmar que os vários arestos do Superior Tribunal de Justiça envolvendo pontos relativos às ações locatícias e as consequências derivadas da propositura dessas tornam feitos como o despejo um dos alvos preferenciais para os certames vindouros da magistratura estadual.

Desse modo, cumpre apresentar alguns temas de especial relevância no que toca à ação de despejo, iniciando pela descrição de quem pode ocupar os polos da ação ajuizada.

Nesse passo, cumpre mencionar que a natureza pessoal da relação locatícia demanda que o sujeito ativo seja o locador ou quem o suceder[93], assim

---

com o ato constritivo (art. 674). Diante de tal conceituação legal, não há, data vênia, razão para excluir a ordem de despejo do alcance dos embargos de terceiro" (TEODORO JÚNIOR, Humberto. *Curso de direito processual civil:* procedimentos especiais. v. 2. 51. ed. Rio de Janeiro: Forense, 2017. p. 355-356).

91 STJ, REsp 1546165/SP, Rel. Ministro RICARDO VILLAS BÔAS CUEVA, Rel. p/ Acórdão Ministro JOÃO OTÁVIO DE NORONHA, TERCEIRA TURMA, julgado em 26/04/2016, DJe 06/09/2016.

92 STJ, REsp 1622544/PE, Rel. Ministra NANCY ANDRIGHI, TERCEIRA TURMA, julgado em 22/09/2016, DJe 04/10/2016.

93 Confira-se importante aresto do STJ quanto ao sucessor: (...) O adquirente de imóvel poderá denunciar o contrato de locação para reaver o imóvel adquirido que se encontra locado,

definido no contrato de locação, podendo ou não coincidir com a figura do proprietário do bem locado[94].

Já o sujeito passivo é o locatário ou quem mais em seu nome ocupe o imóvel, e, no caso de cobrança cumulada, como litisconsorte, o fiador[95], cuja pertinência subjetiva passiva está condicionada à cumulação do pleito de cobrança[96].

No que toca ao fiador, há de se realçar alguns aspectos, como por exemplo a sua irresponsabilidade na execução de sentença de ação de despejo cumulada com cobrança quando não figurou como réu no processo, em respeito aos limites do alcance subjetivo do julgado[97], além da não interrupção da prescrição em seu desfavor nessa hipótese[98].

Destaca-se, ainda, a possibilidade da penhora de bem de família de fiador em decorrência de dívida oriunda de contrato de locação, na esteira do entendimento sumulado pelo STJ em seu verbete de número 549, prestigiando, no caso, a dicção constante do artigo 3º, inciso VII, da Lei n. 8.009/90, reputado constitucional pelo STF[99], e que excepciona o benefício previsto em favor do imóvel familiar.

---

nos termos do art. 8º da Lei n. 8.245/91, se ausente a averbação junto à matrícula do imóvel. Porém, tendo ciência da locação que recaía sobre o imóvel a ser adquirido, incabível a oponibilidade da chamada denúncia vazia, por ausência da averbação do contrato de locação no registro de imóveis, sob pena de violação ao princípio da boa-fé. (AgRg no AREsp 592.939/SP, Rel. Ministro MARCO AURÉLIO BELLIZZE, TERCEIRA TURMA, julgado em 03/02/2015, DJe 11/02/2015).

94 STJ, AgRg nos EDcl no AREsp 692.769/RS, Rel. Ministro RICARDO VILLAS BÔAS CUEVA, TERCEIRA TURMA, julgado em 13/10/2015, DJe 19/10/2015.

95 Nesse sentido: (...) Em ação de despejo cumulada com cobrança de aluguéis, proposta com fulcro no art. 62, inciso I, da Lei nº 8.245/91, o desalijo é requerido em relação aos ocupantes do imóvel, ao passo que o pleito referente à cobrança de aluguéis e encargos se dirige contra os inquilinos e fiadores. Nessas condições, possível é a cumulação dos pedidos figurando o garante, também, no pólo passivo do feito. Impossibilitar, no caso, sem qualquer exceção, que a demanda seja dirigida também contra o fiador, retira toda a praticidade que se poderia almejar em relação à cumulação trazida à lume pela nova legislação locatícia. (REsp 231.826/PR, Rel. Ministro FELIX FISCHER, QUINTA TURMA, julgado em 04/11/1999, DJ 29/11/1999, p. 200).

96 STJ, AgRg no REsp 1144972/RS, Rel. Ministro NEFI CORDEIRO, SEXTA TURMA, julgado em 07/08/2014, DJe 22/08/2014.

97 STJ, AgRg nos EDcl nos EDcl no AREsp 615.101/SP, Rel. Ministro LUIS FELIPE SALOMÃO, QUARTA TURMA, julgado em 06/10/2015, DJe 14/10/2015.

98 STJ, AgRg no REsp 1431068/RJ, Rel. Ministro RICARDO VILLAS BÔAS CUEVA, TERCEIRA TURMA, julgado em 04/09/2014, DJe 11/09/2014.

99 CONSTITUCIONALIDADE DA PENHORA DO BEM DE FAMÍLIA DO FIADOR. RATIFICAÇÃO DA JURISPRUDÊNCIA FIRMADA POR ESTA SUPREMA CORTE. EXISTÊNCIA DE REPERCUSSÃO GERAL. (RE 612360 RG, Relatora Min. ELLEN GRACIE, TRIBUNAL PLENO, julgado em 13/08/2010, DJe 03-09-2010).

Ademais, também merece relevo a questão atinente à fiança e sua prorrogação, sendo mister inferir que o STJ considera admissível a prorrogação da fiança nos contratos de locação por prazo indeterminado, desde que expressamente prevista em contrato[100], como por exemplo no caso de assunção da responsabilidade até a entrega das chaves, ressalvada a hipótese de exoneração do encargo[101].

Noutra via, expostas as especificidades relativas à fiança, ressoa prudente observar que a jurisprudência do STJ se firmou no sentido de ser aplicável o prazo prescricional de três anos para a cobrança de débitos de aluguéis e acessórios, por força do artigo 206, § 3º, inciso I, do CC[102], incidente nas hipóteses de reparação de danos derivada de ilícito contratual.

Ainda na seara dos contratos locatícios, e pela grande relevância prática, cabe mencionar ser válida a cláusula de renúncia à indenização de benfeitorias e ao direito de retenção pelo locatário, consoante dicção trazida na Súmula 335 do STJ[103].

Como é cediço, a indenização e o direito de retenção por benfeitorias úteis ou necessárias não se revelam de ordem pública, razão pela qual são suscetíveis de ter sua incidência obstada por manifestação expressa de vontade das partes contratantes, na forma de cláusula contratual de renúncia aos citados direitos.

Para arremate, visando robustecer o estudo da jurisprudência sobre o assunto, e na forma já adotada nos itens precedentes do presente capítulo, segue abaixo quadro esquemático contendo teses passíveis de arguição e os argumentos para resolvê-las, tomando o tema "ações locatícias" como norte.

Teses passíveis de cobrança	Argumento para resolução
Ação de despejo cumulada com cobrança de aluguéis. Pleito defensivo de aplicabilidade do Código de Defesa do Consumidor ao contrato locatício.	Rejeição. O CDC e a Lei n. 8.245/91 fazem parte de microssistemas distintos do âmbito normativo do direito privado, e as relações jurídicas locatícias não possuem os traços característicos da relação de consumo, previstos nos arts. 2º e 3º da lei 8.078/90[104].

100 STJ, AgInt nos EDcl no REsp 1484187/DF, Rel. Ministro PAULO DE TARSO SANSEVERINO, TERCEIRA TURMA, julgado em 08/11/2016, DJe 16/11/2016.

101 STJ, REsp 1428271/MG, Rel. Ministra NANCY ANDRIGHI, TERCEIRA TURMA, julgado em 28/03/2017, DJe 30/03/2017.

102 STJ, EDcl no AREsp 784.521/MG, Rel. Ministra MARIA ISABEL GALLOTTI, QUARTA TURMA, julgado em 01/12/2015, DJe 07/12/2015.

103 STJ, Súmula 355: Nos contratos de locação, é válida a cláusula de renúncia à indenização das benfeitorias e ao direito de retenção.

104 STJ, AgRg no AREsp 101.712/RS, Rel. Ministro MARCO BUZZI, QUARTA TURMA, julgado em 03/11/2015, DJe 06/11/2015.

Teses passíveis de cobrança	Argumento para resolução
Ação de despejo cumulada com cobrança de aluguéis. Suspensão dos prazos incidentes. Recesso forense. Alegação de intempestividade da peça defensiva, considerando a contagem de prazo incluindo o período do recesso.	Rejeição. Interpretação restritiva do artigo 58, I, da Lei de Locações[105]. Hipóteses excepcionais, que não abarcam a situação de cobrança de aluguéis[106].
Ação revisional de aluguel e ação renovatória de contrato locatício. Alegação defensiva de continência entre as ações.	Rejeição. "A renovatória não discute apenas o quantum (revisional), mas também o iuris locato. Desta forma, inaplicável, à espécie, a ocorrência de continência entre elas. Certo é que as partes são as mesmas e a causa de pedir remota também (contrato de locação), hipótese de determina, sim, a situação de conexão, e não continência, pois os objetos são diversos e não há elementos da causa menor que se fazem, da mesma forma, presentes na maior. Constatado, desse modo, dissonância entre o fim almejado no pedido de cada ação. Por outro lado, reconhecida uma hipótese de conexão - identidade na causa de pedir remota (contrato de locação), deve-se decretar, em tese, a prevenção do juízo para o conhecimento da causa, e, ainda, se é o caso de reunião dos processos para julgamento conjunto, que, todavia, é uma faculdade do magistrado e não uma obrigação, competindo a esse verificar a oportunidade e conveniência do processamento e julgamento em conjunto das ações, com a ressalva da situação de inviabilidade de reunião, por força do prévio julgamento de uma delas (Súmula 235 do STJ)"[107].

105 Lei n. 8.245/91. Art. 58. Ressalvados os casos previstos no parágrafo único do art. 1º, nas ações de despejo, consignação em pagamento de aluguel e acessório da locação, revisionais de aluguel e renovatórias de locação, observar - se - á o seguinte: I – os processos tramitam durante as férias forenses e não se suspendem pela superveniência delas; (...).

106 STJ, REsp 1414092/PR, Rel. Ministro PAULO DE TARSO SANSEVERINO, TERCEIRA TURMA, julgado em 01/03/2016, DJe 09/03/2016.

107 STJ, REsp 305.835/RJ, Rel. Ministro JORGE SCARTEZZINI, QUINTA TURMA, julgado em 03/10/2002, DJ 11/11/2002, p. 245.

Teses passíveis de cobrança	Argumento para resolução
Ação Renovatória com controvérsia adstrita ao arbitramento de aluguel. Pleito autoral de atribuição do ônus de sucumbência à parte ré, que deu causa à ação.	Rejeição. Necessidade de distribuição equivalente entre as partes. Ação de acertamento. Custas e honorários que devem ser divididos entre as partes[108].
Ação de despejo cumulada com cobrança de aluguéis. Tese defensiva no sentido de uso da lei de usura para a resolução da controvérsia. Questionamento sobre o valor da multa moratória prevista no contrato.	Rejeição. "A Lei de Usura (Decreto n. 22.626/33) é aplicável somente aos contratos de mútuo, não podendo incidir sobre o contrato de locação para redução da multa moratória livremente convencionada entre o locador e o locatário"[109].
Ação de despejo. Propositura pelo proprietário locador. Empresa locatária em recuperação judicial. Tese defensiva no sentido da incompetência do juízo comum, visando a remessa do feito ao juízo universal.	Rejeição. "Em ação de despejo movida pelo proprietário locador, a retomada da posse direta do imóvel locado à sociedade empresária em recuperação judicial, com base nas previsões da lei específica (a Lei do Inquilinato n. 8.245/91), não se submete à competência do Juízo universal da recuperação. O credor proprietário de imóvel, quanto à retomada do bem, não está sujeito aos efeitos da recuperação judicial (Lei 11.101/2005, art. 49, § 3º)[110]".
Ação de despejo. Norma específica aplicável a estabelecimentos de saúde (Lei de Locações, art. 53 e 63, § 3º[111]). Prazo de desocupação. Dispositivo da sentença. Pedido defensivo de extensão do benefício encartado na norma a local que desempenha atividade administrativa do nosocômio.	Rejeição. "A norma constante do art. 53 da Lei de Locações não alcança o local em que desempenhadas atividades administrativas de estabelecimentos de saúde. Prestação de serviço de saúde regularmente realizada em local diverso"[112].

108 STJ, REsp 407.432/MG, Rel. Ministro FERNANDO GONÇALVES, SEXTA TURMA, julgado em 18/04/2002, DJ 06/05/2002, p. 347.

109 STJ, AgRg no AREsp 361.005/MG, Rel. Ministro LUIS FELIPE SALOMÃO, QUARTA TURMA, julgado em 10/09/2013, DJe 17/09/2013.

110 STJ, CC 122.440/SP, Rel. Ministro RAUL ARAÚJO, SEGUNDA SEÇÃO, julgado em 14/08/2014, DJe 15/10/2014.

111 Art. 53 – Nas locações de imóveis utilizados por hospitais, unidades sanitárias oficiais, asilos, estabelecimentos de saúde e de ensino autorizados e fiscalizados pelo Poder Público, bem como por entidades religiosas devidamente registradas, o contrato somente poderá ser rescindido: I – nas hipóteses do art. 9º; II – se o proprietário, promissário comprador ou promissário cessionário, em caráter irrevogável e imitido na posse, com título registrado, que haja quitado o preço da promessa ou que, não o tendo feito, seja autorizado pelo proprietário, pedir o imóvel para demolição, edificação, licenciada ou reforma que venha a resultar em aumento mínimo de cinquenta por cento da área útil.

Teses passíveis de cobrança	Argumento para resolução
Ação de despejo. Preliminar de suspensão do feito. Pendência de ação de usucapião do imóvel locado proposta anteriormente por sucessor do locatário.	Acolhimento. Suspensão com fundamento no artigo 313, IV, "a", do CPC. Sentença de mérito que depende do julgamento de outra causa ou da declaração de existência ou de inexistência de relação jurídica que constitua o objeto principal de outro processo pendente[113].
Ação de despejo por falta de pagamento. Apresentação pelo réu de contestação, negando o débito, acompanhada de pedido de purga da mora, com depósito de valores incontroversos.	Rejeição. Incompatibilidade das teses defensivas. Rito especial que não admite que sejam cumulados pleitos de purgação da mora com negativa de existência do débito, razão pela qual descabe falar em depósito de valores incontroversos na espécie[114].
Ação de despejo cumulada com cobrança. Alegação de invalidade da garantia. Existência de mais de um locatário. Fiança prestada por um deles em relação aos demais.	Rejeição. "A fiança é um contrato acessório que pressupõe, para sua existência, três pessoas: o credor, o devedor-afiançado e o fiador. Havendo mais de um locatário, é válida a fiança prestada por um deles em relação aos demais, pois, nesse caso, tem-se uma fiança recíproca, o que afasta a invalidade do contrato"[115].

Art. 63. Julgada procedente a ação de despejo, o juiz determinará a expedição de mandado de despejo, que conterá o prazo de 30 (trinta) dias para a desocupação voluntária, ressalvado o disposto nos parágrafos seguintes. (...) § 3º Tratando-se de hospitais, repartições públicas, unidades sanitárias oficiais, asilos, estabelecimentos de saúde e de ensino autorizados e fiscalizados pelo Poder Público, bem como por entidades religiosas devidamente registradas, e o despejo for decretado com fundamento no inciso IV do art. 9º ou no inciso II do art. 53, o prazo será de um ano, exceto no caso em que entre a citação e a sentença de primeira instância houver decorrido mais de um ano, hipótese em que o prazo será de seis meses.

112 STJ, REsp 1310960/SP, Rel. Ministro PAULO DE TARSO SANSEVERINO, TERCEIRA TURMA, julgado em 04/09/2014, DJe 16/09/2014.

113 STJ, REsp 1582837/SP, Rel. Ministro RAUL ARAÚJO, QUARTA TURMA, julgado em 16/08/2016, DJe 26/08/2016.

114 STJ, REsp 725.914/MS, Rel. Ministro FELIX FISCHER, QUINTA TURMA, julgado em 04/05/2006, DJ 05/06/2006, p. 311.

115 STJ, REsp 911.993/DF, Rel. Ministra LAURITA VAZ, QUINTA TURMA, julgado em 02/09/2010, DJe 13/12/2010.

Teses passíveis de cobrança	Argumento para resolução
Ação de despejo. Direito de retenção por benfeitorias. Pedido formulado em sede de reconvenção. Manifestação autoral pela inadequação da via eleita.	Rejeição. "A legislação de regência prevê a utilização da reconvenção sempre que houver conexão com a ação principal ou com o fundamento da defesa. Inteligência do artigo 343 do CPC. A alegação de direito à retenção por benfeitorias, de regra, constitui-se matéria de defesa a ser apresentada na contestação. Todavia, não há empeço a que seja objeto de reconvenção. Presente o vínculo a conectar o fundamento da defesa com a pretensão reconvinte, consistente no contrato locativo, possível a propositura da reconvenção em ação de despejo"[116].
Ação renovatória. Locação comercial. Pleito defensivo de empresa pública no sentido de afastamento da Lei de Locações.	Rejeição. Afastamento legal da Lei de Locações que só abarca imóveis de propriedade da União, Estados e Municípios, bem como suas autarquias e fundações públicas (Art. 1º, parágrafo único, alínea 'a", 1)[117].
Ação de cobrança de aluguéis. Alienação do imóvel locado. Demanda proposta pelo locador-alienante. Aluguéis vencidos anteriormente à alienação. Tese defensiva de ilegitimidade ativa.	Rejeição. Legitimidade do locador-alienante, salvo previsão expressa sobre tais parcelas no contrato de alienação, já que "a alienação não altera a relação obrigacional entre o locatário e o locador no período anterior à venda do imóvel, e o locatário se tornará obrigado perante o novo proprietário, por força de sub-rogação legal, somente após o negócio jurídico, nos termos do art. 8º, §2º, da Lei 8.245/91"[118].

4. AÇÃO DE IMPROBIDADE ADMINISTRATIVA

São raros os concursos da magistratura estadual que se arriscam a trazer enunciado da etapa de sentença com problema versando sobre ação de improbidade administrativa[119], haja vista a dificuldade de se elaborar caso hipotético

116 STJ, REsp 1036003/SP, Rel. Ministro JORGE MUSSI, QUINTA TURMA, julgado em 26/05/2009, DJe 03/08/2009.

117 STJ, REsp 1224007/RJ, Rel. Ministro LUIS FELIPE SALOMÃO, QUARTA TURMA, julgado em 24/04/2014, DJe 08/05/2014.

118 STJ, REsp 1228266/RS, Rel. Ministra MARIA ISABEL GALLOTTI, QUARTA TURMA, julgado em 10/03/2015, DJe 23/03/2015.

119 O concurso anterior do TJRS cobrou dos candidatos a elaboração de uma sentença em ação de improbidade administrativa, surpreendendo a todos com a novidade, já que não havia

com todos os contornos necessários à correta compreensão pelo candidato[120], de modo a autorizar a feitura da peça prática[121].

O elevado nível de dificuldade se dá não só pelo formato híbrido da peça, que se assemelha à sentença penal, com fixação de penas após ser verificado o ato improbo, mas também pela extensa jurisprudência recente sobre toda a problemática envolta na aplicação dos ditames previstos na lei que rege e delimita a matéria (Lei n. 8.429/92).

Nesse cenário, é importante apresentar os temas de maior chance de cobrança, com ênfase nas teses defensivas usualmente aviadas, e nos argumentos utilizados para resolver a controvérsia, tudo no intuito de formatar uma compreensão prévia sobre os pontos de inflexão inerentes à ação ora abordada.

Em primeiro lugar, e à luz da natureza civil da ação de improbidade, há de se observar que o Ministério Público tem plena legitimidade para a sua propositura[122], em virtude da natureza difusa do interesse tutelado (probidade e moralidade administrativa), desde que constatados indícios da prática de atos previstos nos artigos 9, 10 e 11 da Lei n. 8.429/92, sendo possível, ademais, a cumulação de pedidos de natureza condenatória, declaratória e constitutiva, por expressa autorização legal da LIA[123].

Para facilitar a compreensão, insta dizer desde logo que os atos ofensivos à moralidade e probidade administrativa, de forma geral, se materializam por

---

indicativo de que esse assunto seria objeto de avaliação. A título de comparação, no TJDFT, em todos os concursos realizados de 2008 até 2017 (sete certames), deu-se preferência a enunciados que versavam sobre casos relacionados a direito civil e do consumidor, e não a matéria específica como a improbidade e sua sentença com nuances próprias. Noutra via, o TRF 4ª Região acaba de cobrar uma ação de improbidade administrativa em seu certame em curso.

120 Opinião a partir da experiência como examinador de mais de dez certames da magistratura. A responsabilidade inerente à elaboração da peça prática de um concurso impele o examinador a buscar formas de cobrança de conteúdo com as quais tem maior afinidade e conhecimento prático, a partir de sua atuação no dia a dia forense, pois vige nessa etapa a necessidade de apresentação de exercício cujos fundamentos sejam seguros e impassíveis de questionamento administrativo ou judicial.

121 Para exemplificação, confiram enunciado a última prova do TRF 4ª Região: http://www2.trf4.jus.br/trf4/upload/editor/rlp_02_prova_sentenca_civel.pdf.

122 A legitimidade se verifica também nos casos em que se pleiteia o ressarcimento de danos ao erário, derivados de atos de improbidade, mesmo que esses tenham sido praticados antes da CF/88, com fundamento nas disposições constantes da Lei n. 7.347/85 (STJ, REsp 1261660/SP, Rel. Ministro NAPOLEÃO NUNES MAIA FILHO, Rel. p/ Acórdão Ministro BENEDITO GONÇALVES, PRIMEIRA TURMA, julgado em 24/03/2015, DJe 16/04/2015; REsp 1089492/RO, Rel. Ministro LUIZ FUX, PRIMEIRA TURMA, julgado em 04/11/2010, DJe 18/11/2010).

123 STJ, REsp 757.595/MG, Rel. Ministro LUIZ FUX, PRIMEIRA TURMA, julgado em 04/03/2008, DJe 30/04/2008.

ações ou omissões que geram enriquecimento ilícito, ações ou omissões dolosas ou culposas causadoras de dano ao Erário, bem como ações ou omissões ofensivas aos princípios da Administração Pública.

Pelo exposto, conclui-se que a configuração do ato improbo independe, assim, da efetiva demonstração do dano ao erário, e pode ocorrer sem a presença desse, nos casos que se subsumem ao previsto no artigo 11 da Lei n. 8.429/92, exigindo-se apenas a presença concomitante da subsunção do fato à norma e da constatação do elemento subjetivo do ato (dolo)[124], que não precisa ser específico, reputando-se suficiente o dolo genérico[125].

Noutra via, figura no polo passivo da ação o agente público improbo, também podendo ser chamado o particular[126], quando esse se beneficia do ato de improbidade ou concorre para a sua prática, já que o conceito de sujeito ativo do artigo 3º da Lei n. 8.429/92 não comporta leitura restritiva para abarcar apenas o primeiro[127].

Aqui ressoa essencial um parêntese, tendo em conta que muito embora seja admissível a inserção do particular no polo passivo, sem que se fale em litisconsórcio passivo necessário, ante a falta de previsão legal expressa nesse sentido[128], descabe falar em ação de improbidade manejada unicamente em desfavor daquele que não ostenta a qualificação de agente público para os

---

124 Como bem pontua o Min. Herman Benjamim, "a razão para tanto é que a LIA não visa punir o inábil, mas sim o desonesto, o corrupto, aquele desprovido de lealdade e boa-fé" (STJ, REsp 1553370/SP, Rel. Ministro HERMAN BENJAMIN, SEGUNDA TURMA, julgado em 13/06/2017, DJe 29/06/2017).

125 STJ, REsp 1656384/SP, Rel. Ministro HERMAN BENJAMIN, SEGUNDA TURMA, julgado em 28/03/2017, DJe 02/05/2017.

126 Nesse sentido: (...) analisando-se o art. 3º da LIA, observa-se que o particular será incurso nas sanções decorrentes do ato ímprobo nas seguintes circunstâncias: a) induzir, ou seja, incutir no agente público o estado mental tendente à prática do ilícito; b) concorrer juntamente com o agente público para a prática do ato; e c) quando se beneficiar, direta ou indiretamente do ato ilícito praticado pelo agente público. (STJ, REsp 1171017/PA, Rel. Ministro SÉRGIO KUKINA, PRIMEIRA TURMA, julgado em 25/02/2014, DJe 06/03/2014).

127 A jurisprudência do STJ é no sentido de que as pessoas jurídicas podem ser beneficiadas e condenadas por atos ímprobos, podendo, de forma correlata, figurar no polo passivo de uma demanda de improbidade, ainda que desacompanhada de seus sócios (STJ, REsp 1186389/PR, Rel. Ministro CESAR ASFOR ROCHA, Rel. p/ Acórdão Ministro HERMAN BENJAMIN, SEGUNDA TURMA, julgado em 07/04/2015, DJe 07/11/2016).

128 Nesse sentido: (...) Não há falar em formação de litisconsórcio passivo necessário entre eventuais réus e as pessoas participantes ou beneficiárias das supostas fraudes e irregularidades nas ações civis públicas movidas para o fim de apurar e punir atos de improbidade administrativa, pois não há, na Lei de Improbidade, previsão legal de formação de litisconsórcio entre o suposto autor do ato de improbidade e eventuais beneficiários, tampouco havendo relação jurídica entre as partes a obrigar o magistrado a decidir de modo uniforme

fins legais, sendo permitida, todavia, a eventual propositura da ação comum de ressarcimento ao erário nessa hipótese[129].

Já o tema prescrição e seu termo inicial tem grande apelo prático, uma vez que boa parte das ações propostas acaba avaliando a existência ou não da perda do direito de punir pelo decurso do tempo quando da prolação da sentença.

À evidência, o prazo de prescrição varia de acordo com o réu, tal como declinado no artigo 23 da Lei de Improbidade[130].

Para os particulares, segue-se o prazo aplicável ao agente público que praticou o ato de improbidade[131], e, se consubstanciada hipótese de o autor do ato improbo ter sido reeleito para um segundo mandato, o início do prazo prescricional se dará apenas ao término do novo vínculo, nos exatos termos do artigo 23, I, da LIA[132].

Noutro giro, já no mérito, importa ressaltar a inadmissibilidade da chamada responsabilidade objetiva no âmbito das ações de improbidade administrativa, haja vista ser necessária a presença de dolo imputável ao réu nos casos dos artigos 9º e 11 da LIA, e ao menos culpa no que concerne ao artigo 10 da referida lei, consagrando, assim, a imposição da presença do elemento subjetivo para fins de incidência das prescrições punitivas encartadas no diploma protetor da moralidade e probidade administrativa.

Expostas as principais especificidades atinentes à ação de improbidade administrativa, e seguindo o intuito de exposição de temas relevantes para a prática forense e provas do certame da magistratura, apresenta-se abaixo quadro com as teses usualmente arguidas, e os argumentos utilizados para a resolução dos problemas postos.

---

a demanda (STJ, AgRg no REsp 1421144/PB, Rel. Ministro BENEDITO GONÇALVES, PRIMEIRA TURMA, julgado em 26/05/2015, DJe 10/06/2015).

129 STJ, AgRg no AREsp 574.500/PA, Rel. Ministro HUMBERTO MARTINS, SEGUNDA TURMA, julgado em 02/06/2015, DJe 10/06/2015.

130 Lei n. 8.429/92: Art. 23. As ações destinadas a levar a efeitos as sanções previstas nesta lei podem ser propostas: I – até cinco anos após o término do exercício de mandato, de cargo em comissão ou de função de confiança; II – dentro do prazo prescricional previsto em lei específica para faltas disciplinares puníveis com demissão a bem do serviço público, nos casos de exercício de cargo efetivo ou emprego; III – até cinco anos da data da apresentação à administração pública da prestação de contas final pelas entidades referidas no parágrafo único do art. 1º desta Lei.

131 STJ, AgInt no REsp 1607040/PE, Rel. Ministra ASSUSETE MAGALHÃES, SEGUNDA TURMA, julgado em 28/03/2017, DJe 10/04/2017.

132 STJ, REsp 1290824/MG, Rel. Ministra ELIANA CALMON, SEGUNDA TURMA, julgado em 19/11/2013, DJe 29/11/2013.

Teses passíveis de cobrança	Argumento para resolução
Ação de improbidade administrativa. Preliminar de nulidade. Ofensa ao artigo 17, § 7º, da Lei de Improbidade. Ausência de notificação do réu para a oferta de defesa prévia.	Acolhimento somente se demonstrado o prejuízo, de acordo com a parêmia "pas de nullité sans grief". Nulidade relativa. Ônus da prova do prejuízo imputado ao réu.[133]
Ação de improbidade administrativa. Preliminar de nulidade. Recebimento da inicial com fundamento em indícios da prática do ato improbo.	Rejeição. "Decisum que se insere na fase preliminar do subsistema, criada de forma a proporcionar juízo de delibação, em cognição não exauriente, sobre a possibilidade de procedência da demanda. A cognição sumária impede juízos de maior profundidade sobre a pretensão deduzida. Na presença de dúvida fundada a respeito da existência de ato ímprobo, deve o magistrado permitir o prosseguimento da demanda, como tripla garantia: a) ao autor, que terá a oportunidade de robustecer em instrução suas ponderações; b) aos réus, que, finalizado o trâmite processual, obterão resposta definitiva que, se lhes for favorável, estará albergada pela coisa julgada material, em situação de efetiva pacificação, e não meramente formal, como decorre do indeferimento da petição inicial; c) à coletividade, cuja proteção é a finalidade última da demanda. A recomendação do processamento do feito é corroborada ainda pelo entendimento de que "na fase inicial prevista no art. 17, §§ 7º, 8º e 9º, da Lei n. 8.429/92, vale o princípio do in dubio pro societate, a fim de possibilitar o maior resguardo do interesse público".[134]
Ação de ressarcimento ao erário. Prévio reconhecimento da prescrição relativa às sanções da Lei de Improbidade. Preliminar no sentido de se obstar o prosseguimento de feito visando ressarcir o ente público.	Rejeição. Imprescritibilidade da pretensão de ressarcimento ao erário em desfavor do agente público com fundamento no artigo 37, § 5º, da CF[135].

133 STJ, AgRg no AREsp 369.518/SP, Rel. Ministro GURGEL DE FARIA, PRIMEIRA TURMA, julgado em 13/12/2016, DJe 28/03/2017

134 STJ, REsp 1666454/RJ, Rel. Ministro HERMAN BENJAMIN, SEGUNDA TURMA, julgado em 27/06/2017, DJe 30/06/2017.

135 STJ, AgRg no AREsp 663.951/MG, Rel. Ministro HUMBERTO MARTINS, SEGUNDA TURMA, julgado em 14/04/2015, DJe 20/04/2015.

Teses passíveis de cobrança	Argumento para resolução
Ação de improbidade administrativa. Ofensa aos princípios da administração pública. Pleito defensivo no sentido de que na hipótese de se reconhecer o ato improbo, sejam as penas fixadas em patamar inferir ao mínimo legal previsto, considerando circunstâncias do caso concreto.	Rejeição. Ausência de previsão legal. Parâmetros mínimos já estabelecidos em lei[136].
Ação de improbidade administrativa. Concessão de medida cautelar de indisponibilidade de bens. Ausência de perigo da demora e necessidade de oitiva prévia da parte atingida pela ordem judicial. Preliminar de nulidade.	Rejeição. "No comando do art. 7º da Lei 8.429/1992, verifica-se que a indisponibilidade dos bens é cabível quando o julgador entender presentes fortes indícios de responsabilidade na prática de ato de improbidade que cause dano ao Erário, estando o periculum in mora implícito no referido dispositivo, atendendo determinação contida no art. 37, § 4º, da Constituição. O periculum in mora, em verdade, milita em favor da sociedade, representada pelo requerente da medida de bloqueio de bens, porquanto em casos de indisponibilidade patrimonial por imputação de conduta ímproba lesiva ao erário, esse requisito é implícito ao comando normativo do art. 7º da Lei n. 8.429/92. Assim, a Lei de Improbidade Administrativa, diante dos velozes tráfegos, ocultamento ou dilapidação patrimoniais, possibilitados por instrumentos tecnológicos de comunicação de dados que tornaria irreversível o ressarcimento ao erário e devolução do produto do enriquecimento ilícito por prática de ato ímprobo, buscou dar efetividade à norma afastando o requisito da demonstração do periculum in mora, este, intrínseco a toda medida cautelar sumária, admitindo que tal requisito seja presumido à preambular garantia de recuperação do patrimônio do público, da coletividade, bem assim do acréscimo patrimonial ilegalmente auferido."[137]

136 STJ, REsp 1582014/CE, Rel. Ministro HUMBERTO MARTINS, SEGUNDA TURMA, julgado em 07/04/2016, DJe 15/04/2016.

137 STJ, REsp 1366721/BA, Rel. Ministro NAPOLEÃO NUNES MAIA FILHO, Rel. p/ Acórdão Ministro OG FERNANDES, PRIMEIRA SEÇÃO, julgado em 26/02/2014, DJe 19/09/2014.

Teses passíveis de cobrança	Argumento para resolução
Ação de improbidade. Medida de indisponibilidade de bens. Questionamento do atingido no sentido de que a ordem recaiu sobre bens adquiridos anteriormente ao alegado ato improbo. Pleito para levantar a indisponibilidade.	Rejeição. Medida de garantia de futura execução em caso de constatação do ato de improbidade, sendo irrelevante se essa recaiu sobre bens adquiridos antes ou depois do ato acoimado de improbo[138].
Ação de improbidade. Agentes políticos sujeitos a crime de responsabilidade. Preliminar de inaplicabilidade da Lei n. 8.429/92.	Rejeição. "É aplicável aos agentes políticos o regime da Lei n.8.429/92. O conceito de agente público estabelecido no art. 2º da Lei n. 8.429/92 abrange os agentes políticos, como prefeitos e vereadores, não havendo bis in idem nem incompatibilidade entre a responsabilização política e criminal estabelecida no Decreto-Lei n. 201/67, com a responsabilização pela prática de ato de improbidade administrativa e respectivas sanções civis (art. 12, da LIA).[139]
Ação de improbidade. Medida de indisponibilidade de bens. Pleito de levantamento. Bem de família.	Rejeição. "O eventual caráter de bem de família dos imóveis nada interfere na determinação de sua indisponibilidade. Não se trata de penhora, mas, ao contrário, de impossibilidade de alienação. A Lei n. 8.009/90 visa a resguardar o lugar onde se estabelece o lar, impedindo a alienação do bem onde se estabelece a residência familiar. No caso, o perigo de alienação, para o réu, não existe. Ao contrário, a indisponibilidade objetiva justamente impedir que o imóvel seja alienado e, caso seja julgado procedente o pedido formulado contra o requerido na ação de improbidade, assegurar o ressarcimento dos danos que porventura tenham sido causados ao erário"[140].

138 STJ, REsp 1301695/RS, Rel. Ministro OLINDO MENEZES (DESEMBARGADOR CONVOCADO DO TRF 1ª REGIÃO), PRIMEIRA TURMA, julgado em 06/10/2015, DJe 13/10/2015.

139 STJ, AgInt no AREsp 330.846/PR, Rel. Ministra REGINA HELENA COSTA, PRIMEIRA TURMA, julgado em 18/04/2017, DJe 27/04/2017.

140 STJ, AgRg no REsp 956.039/PR, Rel. Ministro FRANCISCO FALCÃO, PRIMEIRA TURMA, julgado em 03/06/2008, DJe 07/08/2008.

Teses passíveis de cobrança	Argumento para resolução
Ação de improbidade administrativa. Preliminar defensiva. Inadmissibilidade do uso de prova emprestada colhida na persecução penal.	Rejeição. Admissibilidade, desde que respeitados a ampla defesa e o contraditório.[141]
Ação de improbidade administrativa. Uso de prova derivada de delação premiada. Pedido de aplicação analógica da legislação incidente no âmbito das ações de improbidade.	Tema polêmico. Ausência de precedente dos tribunais superiores sobre o assunto. Redação do artigo 17, § 1º, da Lei de Improbidade, restaurada em sua dicção original após o encerramento da vigência da MP n. 703/15, que suprimiu as regras proibitivas lá constantes. No TJDFT, confira-se o seguinte aresto em sentido contrário, em demanda que versava sobre ação de improbidade no caso do "mensalão do DEM": "Não há como aplicar, analogicamente, os benefícios da delação premiada e do perdão judicial nos casos de ações nas quais se debatem a existência de atos de improbidade administrativa, eis que se tratam de institutos específicos da esfera penal. A indisponibilidade do patrimônio público e do interesse público primário obstam a aplicação, em sede de ação de improbidade administrativa, do "perdão judicial" decorrente de celebração de Acordo de Delação Premiada" (Acórdão n.804101, 20110110453902APC, Relator: CARMELITA BRASIL, Revisor: SÉRGIO ROCHA, 2ª Turma Cível, Data de Julgamento: 09/07/2014, Publicado no DJE: 21/07/2014. Pág.: 100)
Ação de improbidade administrativa. Tese da defesa no sentido de se aplicar à espécie a prescrição intercorrente.	Rejeição. Art. 23 da Lei de Improbidade não admite o reconhecimento da prescrição intercorrente, pois somente trata da prescrição quinquenal para o ajuizamento da ação[142].

5. AÇÕES POSSESSÓRIAS

Uma ação possessória (reintegração de posse) foi cobrada no último concurso do Tribunal de Justiça do Rio Grande do Sul, confirmando a tese de

141 STJ, REsp 1447157/SE, Rel. Ministro HUMBERTO MARTINS, SEGUNDA TURMA, julgado em 10/11/2015, DJe 20/11/2015.

142 STJ, AgInt no AREsp 962.059/PI, Rel. Ministro BENEDITO GONÇALVES, PRIMEIRA TURMA, julgado em 25/04/2017, DJe 29/05/2017.

que tais feitos também se enquadram como aposta certa no estudo dirigido para o certame da magistratura, seja estadual, seja federal[143].

E a afirmação acima descrita deriva do grande apelo prático das ações possessórias, presentes no dia a dia forense de qualquer magistrado que atue em juízos de competência cível por todo o Brasil.

Exposto esse cenário, mostra-se imperioso esmiuçar desde já alguns pontos relativos às ações possessórias, para um melhor enquadramento do tema.

Com efeito, as ações possessórias em geral têm suas regras expostas nos artigos 554 a 559 do CPC/15, código que, nos artigos seguintes, apresenta as disposições específicas atinentes à reintegração e manutenção de posse (CPC, artigos 560 a 566), e interdito proibitório (CPC, artigos 567 e 568).

Como se percebe, as disposições acima delineadas se prestam à defesa da posse[144] de bens móveis, imóveis e semoventes, e não para permear a discussão sobre a propriedade desses[145], adstrita em regra às ações de cunho petitório, a exemplo da ação reivindicatória, ou ainda da imissão de posse.

Noutra via, e a par da divergência sobre a natureza jurídica da posse – pessoal ou real[146], e também sobre a natureza jurídica das ações possessó-

143 O certame do TRF 3ª Região/2013 trouxe uma ação de reintegração de posse em sua prova de sentença cível.

144 O artigo 1.196 do Código Civil autoriza a conclusão no sentido de que foi adotada a teoria objetiva de Jhering em nosso ordenamento, pois há equiparação da posse ao exercício, pleno ou não, de um dos direitos inerentes à propriedade. E ainda, para a proteção desse direito, na forma descrita no artigo 1.210 do Código Civil, "o possuidor tem direito a ser mantido na posse em caso de turbação, restituído no de esbulho, e segurado de violência iminente, se tiver justo receio de ser molestado".

145 Súmula 487 do STF: Será deferida a posse a quem, evidentemente, tiver o domínio, se com base neste for ela disputada. Como já decidiu o STF: "O atual Código Civil e a redação atribuída ao art. 923 do Código de Processo Civil impedem a apreciação de questões envolvendo a *jus petitorium* em juízo possessório. No entanto, a doutrina de Pontes de Miranda esclarece ser possível a *exceptio dominii* nos casos em que duas pessoas disputam a posse a título de proprietários ou quando é duvidosa a posse de ambos os litigantes. Dessa forma, 'a exceção do domínio somente é aplicável quando houver dúvida acerca da posse do autor e do réu ou quando ambas as partes arrimarem suas respectivas posses no domínio, caso em que a posse deverá ser deferida àquela que tiver o melhor título, ou seja, ao verdadeiro titular, sem, contudo, fazer coisa julgada no juízo petitório'. (...) Silvio Venosa adverte que 'somente se traz à baila a súmula se ambos os contendores discutirem a posse com base no domínio, ou se a prova do fato da posse for de tal modo confusa que, levadas as partes a discutir o domínio, se decide a posse em favor de quem evidentemente tem o domínio. Todavia a ação não deixa de ser possessória, não ocorrendo coisa julgada acerca do domínio'." (ACO 685, Relatora Ministra Ellen Gracie, Tribunal Pleno, julgamento em 11.12.2014, *DJe* de 12.2.2015).

146 (...) o legislador processual brasileiro entendeu que a posse é um direito real, pois esse é o tratamento que é dado à posse tanto no artigo 95 do CPC/73 como nos arts. 46 e 47 do CPC/2015 (AURELLI, Arlete Inês. Das Ações Possessórias. In: BUENO, Cassio Scarpinella

rias[147], importa trazer o foco às especificidades não só da inicial possessória, mas também do procedimento em si.

Assim, no que concerne a inicial do feito possessório, e além dos requisitos previstos no artigo 319 do CPC, cabe expor que o artigo 561 do diploma processual civil estabelece a necessidade de o requerente apresentar algumas informações, tais como duração e objeto da posse declinada com sua[148-149] (CPC,

---

(Coord.). *Comentários ao Código de Processo Civil.* v. 3. São Paulo: Saraiva, 2017. p. 43). Em sentido diverso é a lição de Antonio Carlos Marcato, para quem o CPC não reconhece a natureza real do direito de posse ao não exigir a participação do cônjuge nas possessórias, excetuadas as hipóteses de composse ou ato por ambos praticados, que não se relacionam à natureza jurídica da posse, mas à comunhão de direitos ou de obrigações. (MARCATO, Antonio Carlos. *Procedimentos Especiais.* São Paulo: Atlas, 2007, p. 150).

147 Como explana THEODORO JUNIOR: "Do ponto de vista do direito positivo, diversamente do que dispunha o CPC de 1973 (art. 95), o novo Código não mais arrola explicitamente as ações possessórias imobiliárias entre as ações reais (NCPC, art. 47, caput), com o que a natureza dessas ações poderia permanecer em dúvida, muito embora em doutrina a opinião majoritária seja no sentido de tratá-las como ações reais. A tomada de posição acerca do tema é importante, sobretudo para definir a exigência de litisconsórcio necessário entre cônjuges nas ações da espécie. (...) Não obstante, a nova legislação supera a antiga polêmica doutrinária e jurisprudencial sobre o tema, uma vez que o CPC de 2015, no § 2º do artigo 47, inclui, praticamente, as ações possessórias no regime das ações reais imobiliárias: "a ação possessória será proposta no foro da situação da coisa, cujo juízo tem competência absoluta". Destarte, embora as ações possessórias possam ser tratadas como ações reais, o Código, em regra, não exige para elas o litisconsórcio necessário entre os cônjuges. Só o fato da concreta composse entre eles pode conduzir a tal litisconsórcio (art. 73, § 2º)." (THEODORO JÚNIOR, Humberto. *Curso de direito processual civil:* procedimentos especiais. v. 2. 51. ed. Rio de Janeiro: Forense, 2017, p. 144-145)

148 Se os requerentes não conseguem provar a posse alegada, a hipótese é de extinção do feito com resolução de mérito, com manifestação negativa sobre o pleito autoral. Não se fala, assim, em carência de ação, a ensejar a finalização do processo sem resolução de mérito. Nesse sentido: (STJ, REsp 930.336/MG, Rel. Ministro RICARDO VILLAS BÔAS CUEVA, TERCEIRA TURMA, julgado em 06/02/2014, DJe 20/02/2014).

149 Questão interessante e de grande apelo prático está inserida no conceito de "melhor posse" à luz do Código Civil de 2002. Pelo conteúdo didático, calha transcrever trecho de julgado do STJ, em acórdão lavrado pelo Min. Marco Buzzi: (...) A teor do art. 927, inciso I, do CPC, ao autor da ação possessória cumpre provar sua posse. E esta, sem dúvida, pode ser comprovada com base no justo título, conforme ainda determina o parágrafo único, do art. 1.201, do Código Civil. É preciso compreender justo título segundo os princípios da socialidade, da eticidade e da operabilidade, diretrizes estabelecidas pelo Novo Código Civil. Assim, perfilhando-se entendimento da doutrina contemporânea, justo título não pode ser considerado, preponderamente, sinônimo de instrumento, mas de causa hábil para constituição da posse. Na concepção acerca da 'melhor posse', a análise do parâmetro alusivo a função social do uso da terra há de ser conjungado a outros critérios hermenêuticos, tendo como norte o justo título, a teor do parágrafo único, do art. 1.201, do Código Civil, sem olvidar as balizas traçadas pela alusão às circunstâncias referidas no art. 1202 do Código Civil. A função social da posse deve complementar o exame da 'melhor posse' para

art. 561, I), a turbação, esbulho ou ameaça atribuídos à parte ré (CPC, art. 561, II), além da data em que esses ocorreram (CPC, art. 561, III). Exige-se, ainda, que seja demonstrada a continuação da posse, se essa foi turbada ou ameaçada (manutenção de posse ou interdito proibitório).

No que toca aos requisitos acima alinhados, urge observar que a turbação exprime a perda de um dos poderes de fato sobre a coisa, impedindo o possuidor de exercer a posse em sua totalidade. O esbulho retrata a ideia de total perda da posse, que não mais está disponível ao possuidor, em razão de ato de terceiro. Já a ameaça subjaz a situação de receio, por parte do possuidor, de que sua posse possa ser alvo de turbação ou esbulho[150].

Desse modo, a partir das hipóteses descritas, será possível o uso de uma ou outra ação possessória, tendo em conta que a perda da posse demandará a propositura da reintegração, enquanto a manutenção é a prevista para o caso de turbação, e o interdito proibitório, se configurada a ameaça.

Nesse ponto, como nem sempre a situação fática revela com clareza qual é a verdadeira ofensa a atingir a posse do requerente, ou mesmo quando há mudança fática no decorrer do processo, admite-se a chamada fungibilidade entre as ações possessórias, que autoriza o magistrado a conferir a tutela consonante à situação trazida à juízo, exigindo-se apenas a presença dos requisitos legais para o caso.

Em outras palavras, o juiz pode conceder tutela possessória diversa da postulada na inicial, desde que o caso concreto revele ser diversa a ofensa à posse narrada. Descreveu-se turbação, mas provou-se o esbulho, motivo esse

---

fins de utilização dos interditos possessórios. Quer dizer, alia-se a outros elementos, tais como a antiguidade e a qualidade do título, não podendo ser analisada dissociada de tais critérios, estabelecidos pelo legislador de 2002, a teor do art. 1.201, parágrafo único, do Código Civil, conferindo-se, inclusive, ao portador do justo título a presunção de boa-fé. É importante deixar assente que a própria função social da posse, como valor e critério jurídico-normativo, não tem caráter absoluto, sob pena deste Tribunal, caso coteje de modo preponderante apenas um dos fatores ou requisitos integrados no instituto jurídico, gerar insegurança jurídica no trato de tema por demais relevante, em que o legislador ordinário e o próprio constituinte não pretenderam regrar com cláusulas amplamente abertas. É preciso considerar o critério da função social da posse, complementado a outros parâmetros, como a antiguidade e a qualidade do título, a existência real da relação material com a coisa, sua intensidade, tendo como norte hermenêutico a definição do art. 1.201, parágrafo único, do Código Civil. (REsp 1148631/DF, Rel. Ministro LUIS FELIPE SALOMÃO, Rel. p/ Acórdão Ministro MARCO BUZZI, QUARTA TURMA, julgado em 15/08/2013, DJe 04/04/2014).

150 Consoante ensinam MARINONI, ARENHART e MITIDIERO, "o seu temor não pode ser meramente subjetivo, mas deve ser caracterizado a partir de dados objetivos. O demandante tem o ônus de apontar o contexto fático e os elementos que autorizam o seu temor" (MARINONI, Luiz Guilherme. *Novo Código de Processo Civil comentado*. Luiz Guilherme Marinoni, Sérgio Cruz Arenhart, Daniel Mitidiero, São Paulo: Revista dos Tribunais, 2015. p. 614).

que permite ao magistrado conceder a reintegração de posse, em respeito à finalidade primeira das ações ora em estudo, qual seja, a proteção possessória, que enseja tutela integral e é dotada de cunho dinâmico[151].

Noutro giro, a questão relativa a data do esbulho ou turbação não tem reflexos sobre o direito em si, mas apenas define se o caso versa sobre "posse nova" ou "posse velha", alterando, pois, o procedimento a ser seguido.

No primeiro caso (ação possessória intentada dentro de ano e dia do esbulho ou turbação[152]), segue-se o rito especial descrito nos artigos 560 a 566 do CPC. Já o segundo se submete às regras aplicáveis ao procedimento ordinário, sendo forçoso declinar, como bem aponta Humberto Theodoro Júnior, "que a diferença de procedimento, no entanto, é mínima e fica restrita à forma de obter-se a medida liminar de manutenção ou reintegração de posse em favor do autor, porque, a partir da contestação, também a ação de força nova segue o procedimento comum"[153].

À evidência, na ação de força nova, a liminar não exige a comprovação do perigo de dano, bastando a demonstração do esbulho ou turbação, ao passo que o pleito de urgência na ação de força velha está sujeito à demonstração dos requisitos plasmados no artigo 300 do CPC[154].

Já no quesito legitimidade ativa, esta é conferida ao possuidor esbulhado, turbado ou ameaçado, e, se materializada a composse, qualquer dos compossuidores poderia manejar a tutela possessória em face de terceiro ou

---

151 Na lição de Medina, "a complexidade das situações jurídicas relacionadas à posse exigem tutela integral e dinâmica para, de um lado, abranger as faces preventiva e repressiva, e, de outro, permitir a variação das medidas executivas, de modo adaptável às peculiaridades do caso concreto". (MEDINA, José Miguel Garcia. *Novo Código de Processo Civil Comentado*. 4ª ed. São Paulo: Revista dos Tribunais, 2016. p. 992).

152 A contagem do prazo, incluído o dia inicial, somente é iniciada a partir do conhecimento da turbação ou do esbulho. Se o caso apresenta esbulho que se materializou com uma série de atos, o prazo conta-se do dia do último, responsável pela efetiva consumação do esbulho. Por outro lado, se variados atos de turbação, cada um configurador, por si só, da ofensa à posse, o prazo é contado do primeiro ato (MARINONI, Luiz Guilherme; ARENHART, Sérgio Cruz; MITIDIERO, Daniel. *Novo Código de Processo Civil comentado*. São Paulo: Revista dos Tribunais, 2015. p. 610).

153 THEODORO JÚNIOR, Humberto. *Curso de direito processual civil:* procedimentos especiais. v. 2. 51. ed. Rio de Janeiro: Forense, 2017. p. 121.

154 Enunciado 238 da III Jornada de Direito Civil do Conselho da Justiça Federal: "Ainda que a ação possessória seja intentada além de "ano e dia" da turbação ou esbulho, e, em razão disso, tenha seu trâmite regido pelo procedimento ordinário (CPC, art. 924 – atual art. 558 do CPC/15), nada impede que o juiz conceda a tutela possessória liminarmente, mediante antecipação de tutela, desde que presentes os requisitos autorizadores do art. 273, I ou II, bem como aqueles previstos no art. 461-A e parágrafos, todos do Código de Processo Civil – correspondentes aos artigos 298, 309 e 536 do CPC/15."

mesmo contra o compossuidor. Caso todos componham o polo ativo, estaremos diante de litisconsórcio facultativo unitário[155].

Da lição acima extrai-se que a legitimidade ativa para a proteção possessória é negada ao fâmulo da posse, que detém a coisa, mas está sob o comando de outrem, assim como ao detentor, ocupante da coisa por mera permissão ou tolerância do possuidor.

O polo passivo é atribuído ao autor do esbulho, turbação ou ameaça, e não a seu preposto, sendo mister realçar que, "em ação possessória na qual que se aprecia a legitimidade de composse, que é exercida conjuntamente e sem fracionamento do bem por todos os ocupantes, a sentença deverá ser cumprida por todos os compossuidores considerados ilegítimos, configurando-se a hipótese de litisconsórcio necessário prevista no artigo 47 do CPC/73, correspondente aos artigos 114, 115 e 116 do CPC/15"[156].

Cabe denunciação da lide pelo réu na ação possessória, como na hipótese de o possuidor direto denunciar o indireto, a fim de exercer direito de regresso relativo a perdas e danos derivadas da eventual perda da posse em ação possessória[157].

Continuando, e fixadas as premissas estabelecidas para a inicial possessória, bem como quem deve ocupar os polos da ação, insta observar que a competência para julgamento desta, no caso de imóvel, é o foro da situação da coisa (CPC, art. 47). Sendo bens móveis, segue-se a regra geral do artigo 46 do CPC, com a competência atribuída ao foro do domicílio do réu.

Noutro giro, agora com enfoque na defesa a ser manejada pela parte ré, calha aduzir que, uma vez marcada a audiência de justificação prévia, o prazo para a apresentação da peça defensiva conta-se da intimação do réu da decisão que deferiu ou não o pleito possessório liminar (CPC, art. 564, parágrafo único).

155 AURELLI, Arlete Inês. Das Ações Possessórias. In: BUENO, Cassio Scarpinella (Coord.). *Comentários ao Código de Processo Civil.* v. 3. São Paulo: Saraiva, 2017. p. 54. Corroborando esse entendimento, e ainda questionando a própria legitimidade do réu para arguir a eventual existência de tal vício, veja-se: TJDFT, Acórdão n.922952, 20101110023392APC, Relator: TEÓFILO CAETANO, Revisor: SIMONE LUCINDO, 1ª TURMA CÍVEL, Data de Julgamento: 24/02/2016, Publicado no DJE: 09/03/2016. Pág.: Sem Página Cadastrada. Em sentido diverso, interpretando o artigo 73, § 2º, do CPC – antigo 10, § 2º, do CPC/73, de maneira a considerar ser caso de litisconsórcio ativo necessário, confira-se: TJSC, Apelação Cível n. 2013.035757-6, de Biguaçu, rel. Des. Odson Cardoso Filho, j. 14-08-2014.

156 STJ, REsp 1263164/DF, Rel. Ministro MARCO BUZZI, QUARTA TURMA, julgado em 22/11/2016, DJe 29/11/2016.

157 O STJ já se manifestou no sentido de ser cabível a denunciação da lide em todas as ações do processo de conhecimento, ressalvadas as exceções legais expressas, como por exemplo o artigo 88 do CDC (STJ, REsp 1047109/RS, Rel. Ministro RAUL ARAÚJO, QUARTA TURMA, julgado em 02/02/2017, DJe 14/02/2017).

Em sua contestação, é lícito ao réu aventar a existência de usucapião[158], pedido de proteção possessória e indenização pelos prejuízos resultantes da turbação ou esbulho cometido pelo autor (CPC, art. 556). Nesse caso, esses pleitos decorreriam da natureza dúplice da ação possessória, e tem como consequência prática a desnecessidade de recolhimento de custas, tal como no pedido contraposto.

Nesse ponto, há de se inferir que a possibilidade de se trazer pedido possessório e de indenização na peça de defesa não afasta o cabimento do uso de reconvenção por parte do réu[159], para tratar de matéria diversa da prevista no artigo 556 do CPC, com a diferença de que, nesse caso, o requerimento pode vir inserido na contestação, sendo exigido ainda que haja conexão entre os pedidos formulados na reconvenção e a causa principal, a teor das disposições constantes do novo CPC[160].

Expostas as principais nuances das ações possessórias, apresenta-se a seguir quadro com igual formato dos itens anteriores, visando aproximar o leitor dos problemas usualmente vivenciados na praxe forense envolvendo demandas atinentes à posse.

Teses passíveis de cobrança	Argumento para resolução
Reintegração de posse. Bens públicos. Alegação no sentido de que o Município não tinha a posse efetiva do bem, e não exercia um dos poderes inerentes ao domínio alegado. Posse para os fins do procedimento especial não demonstrada. Ofensa ao artiqo 561, I, do CPC. Pedido de indenização por benfeitorias.	Rejeição da tese defensiva. Particular que ocupa bem público não possui posse, mas mera detenção, haja vista que tal bem não se submete à usucapião, ante sua imprescritibilidade (CF, art. 183, § 3º, e CC, art. 102). Ausente a posse, inviável a indenização por benfeitorias[161]. "A posse do

158 TJDFT, Acórdão n.606937, 20090110125456APC, Relator: GETÚLIO DE MORAES OLIVEIRA, Revisor: CRUZ MACEDO, 4ª Turma Cível, Data de Julgamento: 18/07/2012, Publicado no DJE: 07/08/2012. Pág.: 270; Acórdão n.995264, 20060510026183APC, Relator: ARNOLDO CAMANHO 4ª TURMA CÍVEL, Data de Julgamento: 08/02/2017, Publicado no DJE: 21/02/2017. Pág.: 743/749.

159 Nesse sentido é a lição de Arlete Inês Aureli (AURELLI, Arlete Inês. Das Ações Possessórias. In: BUENO, Cassio Scarpinella (Coord.). *Comentários ao Código de Processo Civil.* v. 3. São Paulo: Saraiva, 2017. p. 48). Em sentido contrário, THEODORO JÚNIOR, para quem "não há, reconvenção em ação possessória, pelo menos em princípio, porque a contestação, nesse caso, já é dotada de natureza reconvencional" (THEODORO JÚNIOR, Humberto. *Curso de direito processual civil:* procedimentos especiais. v. 2. 51. ed. Rio de Janeiro: Forense, 2017. p. 140).

160 MONTENEGRO FILHO, *Misael. Ações Possessórias no Novo CPC.* 4ª Edição, revista, atualizada e ampliada. São Paulo, Ed. Atlas, 2017. p. 136-139. Nesse caso, é necessário o recolhimento das custas respectivas, e o réu-reconvinte submete-se às regras de sucumbência no que toca ao pleito reconvencional.

161 TJDFT, Acórdão n.1012169, 20140111947008APC, Relator: SIMONE LUCINDO 1ª TURMA CÍVEL, Data de Julgamento: 19/04/2017, Publicado no DJE: 15/05/2017. Pág.: 171-192; (Acórdão

Teses passíveis de cobrança	Argumento para resolução
	Município decorre do domínio (posse jurídica), o que dispensa maiores considerações acerca da anterioridade da prática de atos possessórios, pois a proteção possessória dos bens públicos, regida que é pelas normas de direito administrativo, não pode ser deferida nos moldes privatistas do direito civil, para o qual é indispensável o poder material sobre a coisa, por intermédio do exercício de fato de um dos poderes inerentes ao domínio"[162]. Da municipalidade exige-se apenas a prova da propriedade da área, bem como do esbulho.
Reintegração de posse. Bem público. Disputa entre particulares pela posse do bem.	Possibilidade. Apesar de o particular não ser considerado possuidor para defender a posse em detrimento do Estado, pode manejar ação possessória para discutir a posse contra outro particular[163]. Como assentou o STJ: (...) a posse deve ser protegida como um fim em si mesma, exercendo o particular o poder fático sobre a *res* e garantindo sua função social, é que se reconhece, de forma excepcional, a posse pelo particular sobre bem público dominical. O critério para aferir se há posse ou detenção não é o estrutural e sim o funcional. É a afetação do bem a uma finalidade pública que dirá se pode ou não ser objeto de atos possessórios por

n.958950, 19980110568655APC, Relator: MARIO-ZAM BELMIRO, Relator Designado: FÁTIMA RAFAEL, Revisor: GILBERTO PEREIRA DE OLIVEIRA, 3ª TURMA CÍVEL, Data de Julgamento: 06/07/2016, Publicado no DJE: 22/08/2016. Pág.: 140/149. Em sentido contrário, admitindo direito à indenização para a hipótese de benfeitorias úteis e necessárias: TJDFT, Acórdão n.858898, 20140111738985APC, Relator: JOSÉ DIVINO, Revisor: VERA ANDRIGHI, 6ª TURMA CÍVEL, Data de Julgamento: 25/03/2015, Publicado no DJE: 07/04/2015. Pág.: 266.

162 TJSP, Apelação 0032454-20.2013.8.26.0053; Relator (a): Moacir Peres; Órgão Julgador: 7ª Câmara de Direito Público; Foro Central - Fazenda Pública/Acidentes - 7ª Vara de Fazenda Pública; Data do Julgamento: 05/06/2017; Data de Registro: 08/06/2017; TJSC - Apelação Cível nº 2007.039152-4, de Fraiburgo, Primeira Câmara de Direito Público, rel. Des. VANDERLEI ROMER, julgada em 04.10.2007; TJSC, Apelação Cível n. 2014.092796-7, de Joinville, rel. Des. Sérgio Roberto Baasch Luz, j. 10-03-2015.

163 TJDFT, Acórdão n.805924, 20110310095373APC, Relator: JAIR SOARES, Revisor: JOSÉ DIVINO, 6ª TURMA CÍVEL, Data de Julgamento: 23/07/2014, Publicado no DJE: 29/07/2014. Pág.: 286.

Teses passíveis de cobrança	Argumento para resolução
	um particular. Dessarte, com relação aos bens públicos dominicais, justamente por possuírem estatuto semelhante ao dos bens privados, não sendo considerados *res extra commercium*, tem-se que o particular poderá manejar interditos possessórios contra terceiros que venham a ameaçar ou violar a sua posse. A exegese que reconhece a posse nos bens dominicais deve ser conciliada com a regra que veda o reconhecimento da usucapião nos bens públicos (STF, Súmula 340, CF, arts. 183, § 3º; e 192; CC, art. 102), permitindo-se concluir que, apenas um dos efeitos jurídicos da posse – a usucapião – é que será limitado, devendo ser mantido, no entanto, a possibilidade de invocação dos interditos possessórios pelo particular[164].
Reintegração de posse. Impugnação ao valor da causa. Alegação de que deve corresponder ao valor do imóvel.	Rejeição. Ante a ausência de disposição expressa do CPC, o valor da causa deve corresponder ao benefício patrimonial pretendido pelo autor, que não necessariamente corresponde ao valor do imóvel[165].
Reintegração de posse. Audiência de justificação. Ausência de citação do réu para comparecimento. Alegação de nulidade absoluta pela defesa.	Rejeição. Réu não é citado propriamente para comparecer à audiência. Terminologia inadequada do artigo 562 do CPC. A oferta de defesa não é feita na assentada, nem é obrigatório o comparecimento do requerido[166].
Reintegração de posse. Número indeterminado de invasores. Tese defensiva no sentido de necessidade de citação por edital dos réus incertos.	Acolhimento. STJ já se manifestou no sentido da obrigatoriedade da citação por edital dos réus incertos no caso de número indeterminado de invasores. "O CPC/2015,

164 STJ, REsp 1296964/DF, Rel. Ministro LUIS FELIPE SALOMÃO, QUARTA TURMA, julgado em 18/10/2016, DJe 07/12/2016.

165 STJ, REsp 1230839/MG, Rel. Ministra NANCY ANDRIGHI, TERCEIRA TURMA, julgado em 19/03/2013, DJe 26/03/2013. Veja-se ainda enunciado n. 178 do Fórum Permanente de Processualistas Civis – Rio de Janeiro: "O valor da causa nas ações fundadas em posse, tais como as possessórias, os embargos de terceiro e a oposição, deve considerar a expressão econômica da posse, que não obrigatoriamente coincide com o valor da propriedade".

166 STJ, REsp 1232904/SP, Rel. Ministra NANCY ANDRIGHI, TERCEIRA TURMA, julgado em 14/05/2013, DJe 23/05/2013.

Teses passíveis de cobrança	Argumento para resolução
	visando adequar a proteção possessória a tal realidade, tendo em conta os interesses público e social inerentes a esse tipo de conflito coletivo, sistematizou a forma de integralização da relação jurídica, com o fito de dar a mais ampla publicidade ao feito, permitindo que o magistrado se valha de qualquer meio para esse fim. O novo regramento autoriza a propositura de ação em face de diversas pessoas indistintamente, sem que se identifique especificamente cada um dos invasores (os demandados devem ser determináveis e não obrigatoriamente determinados), bastando a indicação do local da ocupação para permitir que o oficial de justiça efetue a citação daqueles que forem lá encontrados (citação pessoal), devendo os demais serem citados presumidamente (citação por edital) ".[167]
Reintegração de posse. Arrendamento mercantil. Ausência de notificação prévia do arrendatário. Tese defensiva no sentido de que não houve constituição em mora, à míngua da regular notificação.	Acolhimento. Súmula 369 do STJ: No contrato de arrendamento mercantil (leasing), ainda que haja cláusula resolutiva expressa, é necessária a notificação prévia do arrendatário para constituí-lo em mora[168].
Ação possessória. Greve. Servidores públicos. Alegação de incompetência da justiça comum.	Rejeição. A competência da justiça do trabalho se restringe a demandas possessórias que envolvam direito de greve de trabalhadores da iniciativa privada, e não dos servidores públicos, a teor da Súmula Vinculante n. 23 do STF.[169]
Ação possessória. Manejo para proteção de direito autoral. Interdito proibitório.	Inviabilidade. Súmula n. 228 do STJ – É inadmissível o interdito proibitório para a proteção do direito autoral. Criações do espírito, que dão origem ao direito autoral, em si mesmas não se prestam a ser objeto

167 STJ, REsp 1314615/SP, Rel. Ministro LUIS FELIPE SALOMÃO, QUARTA TURMA, julgado em 09/05/2017, DJe 12/06/2017.

168 STJ, AgRg no AREsp 777.003/PR, Rel. Ministro MARCO AURÉLIO BELLIZZE, TERCEIRA TURMA, julgado em 02/02/2016, DJe 05/02/2016.

169 STJ, AgRg no AREsp 259.565/SP, Rel. Ministra ELIANA CALMON, SEGUNDA TURMA, julgado em 17/12/2013, DJe 07/02/2014.

Teses passíveis de cobrança	Argumento para resolução
	de posse. A posse pressupõe coisa sobre a qual se exerçam poderes, o que não ocorre com o direito autoral[170-171].
Ação possessória. Uso para proteção de servidão. Alegação de inadequação da via eleita.	Rejeição. Súmula 415 do STF: Servidão de trânsito não titulada, mas tornada permanente, sobretudo pela natureza das obras realizadas, considera-se aparente, conferindo direito à proteção possessória. Admissão das provas pericial e testemunhal para fins de caracterizar-se a existência da servidão, não se exigindo para tanto a efetivação de qualquer outro ato formal[172].
Ação possessória e ação reivindicatória. Cumulação. Alegação de inviabilidade.	Acolhimento. Pendendo ação possessória, é vedado tanto ao autor quanto o réu o uso de ação visando o reconhecimento do domínio, ressalvada a dedução contra terceira pessoa (CPC, art. 557)[173].
Reintegração de posse. Arrendamento mercantil. Preliminar de conexão com demanda revisional.	Rejeição. O fato da causa de pedir remota (contrato de arrendamento mercantil) ser a mesma não permite a reunião dos feitos para julgamento conjunto, tendo em conta que a causa de pedir próxima e o objeto das lides não se identificam. A reintegração decorre de inadimplemento contratual imputada à parte arrendante (inadimplência), e tem por objeto a rescisão do arrendamento e a reintegração de posse do bem. A revisional deriva da alegação de abusividade de cláusulas contratuais, e visa afastar a incidência dos dispositivos do contrato reputados ilegais[174]. Há no caso mera prejudicialidade externa.

170 Seriam passíveis de utilização no caso ação sob rito ordinario, com pedidos cominatório, já que as pretensões relativas à proteção de direito autoral estão ligadas a prestações de fazer ou não fazer.

171 Os interditos proibitórios se prestam a defesa de bens corpóreos e semicorpóreos (de alguma forma acondicionados, a exemplo do gás encanado).

172 STJ, REsp 98.695/MG, Rel. Ministro BARROS MONTEIRO, QUARTA TURMA, julgado em 04/11/1999, DJ 17/12/1999, p. 371.

173 Admitindo a cumulação quando os fundamentos forem distintos, confira-se o enunciado 65 do Fórum Permanente de Processualistas Civis – Salvador: "O art. 577 não obsta a cumulação pelo autor de ação reivindicatória e de ação possessória se os fundamentos forem distintos".

174 TJDFT, Acórdão n.829479, 20140020116537CCP, Relator: ANGELO PASSARELI, Relator Designado: TEÓFILO CAETANO 1ª CÂMARA CÍVEL, Data de Julgamento: 13/10/2014, Publicado no DJE: 04/11/2014. Pág.: Sem Página Cadastrada.

Teses passíveis de cobrança	Argumento para resolução
Ações possessórias. Preliminar de inépcia da inicial. Ausência de notificação prévia da parte ré. Documento essencial para a propositura da ação possessória.	Rejeição. Inteligência dos artigos 558, 561 e 562 do CPC, que não exigem a aludida notificação para a propositura de ação possessória. A função da notificação é estabelecer a data da turbação ou esbulho, de modo a autorizar o juiz a conceder liminarmente a reintegração. Não é documento essencial à propositura da ação possessória, mas é determinante para fins de concessão do pedido de reintegração em caráter liminar[175].
Ação de reintegração de posse. Invasão de propriedade rural. Ato clandestino e violento. Grupo popular organizado para assentamento de seus membros. Alegação de nulidade por falta de intervenção do MP e da Defensoria Pública.	Acolhimento. Regra expressa do artigo 554, § 1º, do CPC. Determinação de que o MP e a Defensoria Pública devem ser intimados no caso de ações possessórias envolvendo grande número de pessoas. A intimação da Defensoria fica condicionada a presença de pessoas em situação de hipossuficiência econômica. Inteligência, ainda, dos artigos 178, II, e 279, ambos do CPC. Direitos Individuais homogêneos[176].

6. MANDADO DE SEGURANÇA

Ação constitucional, o mandado de segurança não esteve entre as ações recentemente delineadas nos certames para o ingresso na carreira da magistratura.

A par desse cenário fático, não se pode perder de vista que o grande lastro jurisprudencial relativo ao mandado de segurança, plasmado em dezenas de súmulas editadas pelos Tribunais Superiores, ainda coloca essa ação em evidência, e demanda, por esse motivo, a exposição detalhada dos principais pontos a ela referentes, iniciando pelas disposições gerais da lei que rege o mandando de segurança.

Nesse passo, consoante expressa dicção legal, cabe mandado de segurança para "proteger direito líquido e certo, não amparado por habeas corpus ou habeas

175 STJ, REsp 1263164/DF, Rel. Ministro MARCO BUZZI, QUARTA TURMA, julgado em 22/11/2016, DJe 29/11/2016.

176 Em sentido diverso, pugnando que há litígio patrimonial e de interesses privados, que não se insere na seara de atuação obrigatória do Ministério Público, confira-se: TJSP, Apelação 1026268-68.2014.8.26.0007; Relator (a): César Peixoto; Órgão Julgador: 38ª Câmara de Direito Privado; Foro Regional VII – Itaquera - 4ª Vara Cível; Data do Julgamento: 21/06/2017; Data de Registro: 23/06/2017.

data, sempre que, ilegalmente ou com abuso de poder, qualquer pessoa física ou jurídica sofrer violação ou houver justo receio de sofrê-la por parte de autoridade, seja de que categoria for e sejam quais forem as funções que exerça[177]".

São equiparados a autoridade os representantes ou órgãos de partidos políticos, os administradores de entidades autárquicas, os dirigentes de pessoas jurídicas ou as pessoas naturais no exercício de atribuições do poder público, mas apenas no que concerne a essas atribuições[178].

Como se vê, há expressa menção legal à necessidade de o impetrante buscar a proteção de direito líquido e certo[179], que é entendido pela doutrina como pressuposto processual[180], condição da ação[181], ou mesmo integrante do mérito do mandado de segurança[182].

Por seu turno, a legitimidade ativa é conferida aquele que pretende a proteção a direito líquido e certo amparado pelo mandado de segurança, devendo

---

177 Art. 1º da Lei n. 12.016/2009.

178 Art. 1º, § 1º, da Lei n. 12.016/2009.

179 Consoante lição de Eduardo Sodré: "Direito líquido e certo, segundo posicionamento já consolidado, é aquele titularizado pelo impetrante, embasado em situação fática perfeitamente delineada e comprovada de plano por meio de prova pré-constituída. É, em síntese, a pré-constituição da prova dos fatos alçados à categoria de causa de pedir do writ, independentemente de sua complexidade fática ou jurídica, que permite a utilização da via mandamental". (SODRÉ, Eduardo. Mandado de Segurança. In: DIDIER JR., Fredie. *Ações Constitucionais*. Salvador: Juspodivm, 2006. p. 107).

180 Na lição de Greco: "O direito líquido e certo no mandado de segurança diz respeito à desnecessidade de dilação probatória para elucidação dos fatos em que se fundamenta o pedido. Trata-se de pressuposto processual objetivo (adequação ao procedimento) que não subtrai do autor o direito à jurisdição sobre o litígio, mas apenas invalida a busca através da via do mandado de segurança". (GRECO, Leonardo. *A teoria da ação do processo civil*. São Paulo: Dialética, 2003. p. 44)

181 Como ensina Bueno: "Direito líquido e certo não deve ser entendido como mérito do mandado de segurança, isto é, como sinônimo do conflito de interesses retratado pelo impetrante em sua petição inicial e levado para solução definitiva do Estado-juiz. Direito líquido e certo é apenas uma condição da ação do mandado de segurança, assimilável ao interesse de agir e que, uma vez presente, autoriza o questionamento do ato coator por essa via especial e de rito sumaríssimo, desconhecido pelas demais ações processuais civis". (BUENO, Cassio Scarpinella. *Mandado de Segurança*. São Paulo: Saraiva, 2002, p. 13-14).

182 Observa José Henrique Mouta Araújo que: (...) "em alguns casos, a decisão é no sentido de que inexiste violação a qualquer direito do impetrante, considerando a legalidade da conduta impugnada judicialmente. Assim, nos casos de inexistência do ato violador à direito líquido e certo, já não mais se estará diante de condição da ação, mas do próprio mérito do mandado de segurança". (ARAÚJO, José Henrique Mouta. *Mandado de Segurança*. 6º ed. rev., atual. e ampliada. Salvador: Juspodivm, 2017. p. 49). Desse modo, como há incursão no mérito, tem-se como consequência a inviabilidade de renovação do pleito trazido, nos termos do artigo 6º, § 6º, da Lei n. 12.016/09.

essa ser conferida a pessoas físicas[183], jurídicas e a entes despersonalizados (p. ex., massa falida, espólio e sociedades irregulares)[184]. No mandado de segurança coletivo, a legitimidade é atribuída aos entes coletivos, tais como associações e sindicatos[185].

Admite-se, também, que terceiro em condição jurídica idêntica possa impetrar o mandado de segurança em favor do direito originário se o titular desse não o fizer, submetendo-se o terceiro, nessa hipótese, ao prazo de 30 dias, contados da notificação judicial[186]. Considera-se, na espécie, a existência de interesse processual do terceiro em ver atendido o direito líquido e certo daquele que não fez uso do mandado de segurança.

Ainda de acordo com expressa disposição legal, viável a formação de litisconsórcio ativo até o despacho inicial (art. 10, § 2º, da Lei n. 12.016/09), vedando-se, todavia, a intervenção de terceiro[187].

No que toca ao polo passivo, defende-se ser o sujeito passivo a pessoa jurídica que suportar o ônus da impetração, ao passo que a autoridade coatora[188] seria mero informante, e não ré no procedimento de mandado de segurança[189].

---

183 O falecimento do impetrante não autoriza a sucessão dos herdeiros nos autos, ante o caráter mandamental da ação e a natureza personalíssima do writ. Nesse sentido: STJ, AgRg na RCDESP no RE nos EDcl no AgRg no RMS 24.732/DF, Rel. Ministro HERMAN BENJAMIN, SEGUNDA TURMA, julgado em 15/09/2016, DJe 10/10/2016; MS 11.448/DF, Rel. Ministra LAURITA VAZ, TERCEIRA SEÇÃO, julgado em 10/05/2006, DJ 14/06/2006, p. 192.

184 ARAÚJO, José Henrique Mouta. *Mandado de Segurança*. 6º ed. rev., atual. e ampliada. Salvador: Juspodivm, 2017. p. 185.

185 Art. 21 da Lei n. 12.016/09.

186 Art. 3º da Lei n. 12.016/09.

187 Nesse sentido: (...) "O rito procedimental do mandado de segurança é incompatível com a intervenção de terceiros, ex vi do art. 24 da Lei n. 12.016/09, ainda que na modalidade de assistência litisconsorcial". (STJ, AgRg na PET no RMS 45.505/PE, Rel. Ministro HUMBERTO MARTINS, SEGUNDA TURMA, julgado em 10/03/2015, DJe 13/03/2015). No STF: (...) Não se revela juridicamente possível a invocação da Lei nº 9.868/99 (art. 7º, § 2º) para justificar o ingresso de terceiro interessado, em mandado de segurança, na condição de "amicus curiae". É que a Lei nº 9.868/99 – por referir-se a processos de índole eminentemente objetiva, como o são os processos de controle normativo abstrato (RTJ 113/22 – RTJ 131/1001 – RTJ 136/467 – RTJ 164/506-507, v.g.) – não se aplica aos processos de caráter meramente subjetivo, como o processo mandamental. – Não se revela admissível a intervenção voluntária de terceiro, "ad coadjuvandum", na condição de assistente, no processo de mandado de segurança. (MS 26552 AgR-AgR, Relator(a): Min. CELSO DE MELLO, Tribunal Pleno, julgado em 22/11/2007, DJe-195 DIVULG 15-10-2009 PUBLIC 16-10-2009 EMENT VOL-02378-02 PP-00267).

188 Segundo o artigo 6º, § 3º, da Lei n. 12.016/09, considera-se autoridade coatora aquela que tenha praticado o ato ou da qual emane a ordem para a sua prática. No STJ: AgInt no MS 22.648/DF, Rel. Ministro OG FERNANDES, PRIMEIRA SEÇÃO, julgado em 22/02/2017, DJe 02/03/2017.

189 Nesse caso, a peça informativa da autoridade coatora não é considerada defesa, mas mero meio de prova, e a falta de oferta dessa não implica revelia (ARAÚJO, José Henrique Mouta.

Além disso, se verificada a necessidade de formação de litisconsórcio passivo necessário, a inclusão dos litisconsortes é obrigatória, sob pena de extinção[190].

Noutra via, há prazo expresso e de natureza decadencial para a impetração do mandado de segurança, pois o direito de requerê-lo extingue-se em 120 (cento e vinte) dias, contados da ciência, pelo interessado, do ato impugnado[191-192].

No ponto, cabe destacar o entendimento no sentido de que a oposição de sucessivos pedidos administrativos desprovidos de efeito suspensivo não interrompe ou suspende o prazo para a propositura do mandado de segurança[193], já que simples pedido de reconsideração não se presta para tanto[194]. Defende-se, no caso, que a interposição de recurso administrativo não prejudica a fluência do prazo decadencial incidente[195].

Mandado de Segurança. 6º ed. rev., atual. e ampliada. Salvador: Juspodivm, 2017. p. 201). Em sentido contrário, admitindo a autoridade como ré no mandado de segurança, avaliando a questão posta como caso de ilegitimidade passiva: STJ, REsp 1659680/MA, Rel. Ministro HERMAN BENJAMIN, SEGUNDA TURMA, julgado em 25/04/2017, DJe 11/05/2017.

190 STF, Súmula 631: Extingue-se o processo de mandado de segurança se o impetrante não promove, no prazo assinado, a citação do litisconsorte passivo necessário.

191 Art. 23 da Lei n. 12.016/09. Consigna-se, no ponto, que o STF sumulou entendimento no sentido da constitucionalidade da determinação de prazo decadencial para o uso do mandado de segurança (Súmula 632: É constitucional lei que fixa o prazo de decadência para a impetração de mandado de segurança). Segundo o STF, o fato de a CF/88 ser omissa quanto à fixação de prazo para o ajuizamento do mandado de segurança não protrai, de forma indefinida no tempo, a possibilidade do interessado valer-se do mandamus, sendo certo que o prazo decadencial não possui caráter de penalidade, pois não atinge o direito material eventualmente titularizado pelo impetrante, que pode persegui-lo mediante a utilização de outros meios processuais. (STF, RMS 21504-6/DF. Rel. Min. Celso de Mello. 1ª Turma. Julgado em 29/03/1994).

192 Eis algumas situações julgadas pelo STJ, com os respectivos termos iniciais considerados: a) preterição de candidato aprovado em concurso anterior – publicação do edital do novo certame (AgInt no RMS 49.766/MS, Rel. Ministro BENEDITO GONÇALVES, PRIMEIRA TURMA, julgado em 14/03/2017, DJe 23/03/2017); b) rejeição de certificado de pós-graduação em concurso público – ciência do ato concreto capaz de lesar direito do impetrante, e não da previsão genérica do edital (MC 25.687/SE, Rel. Ministro HERMAN BENJAMIN, SEGUNDA TURMA, julgado em 15/12/2016, DJe 06/03/2017; RMS 51.883/SE, Rel. Ministro HERMAN BENJAMIN, SEGUNDA TURMA, julgado em 21/02/2017, DJe 18/04/2017); c) falta de nomeação de aprovado em concurso público – término do prazo de validade do certame (AgRg no RMS 46.941/SP, Rel. Ministro SÉRGIO KUKINA, PRIMEIRA TURMA, julgado em 16/06/2016, DJe 27/06/2016).

193 STF, MS 27381 AgR, Relator(a): Min. DIAS TOFFOLI, Segunda Turma, julgado em 15/03/2016, ACÓRDÃO ELETRÔNICO DJe-103 DIVULG 19-05-2016 PUBLIC 20-05-2016.

194 STF, Súmula 430: Pedido de reconsideração na via administrativa não interrompe o prazo para o mandado de segurança.

195 STF, MS 30109 AgR, Relator(a): Min. ROBERTO BARROSO, Primeira Turma, julgado em 03/03/2015, PROCESSO ELETRÔNICO DJe-053 DIVULG 18-03-2015 PUBLIC 19-03-2015.

Por outro lado, no caso de relações jurídicas de trato sucessivo, como por exemplo se questionada a redução de remuneração de servidor[196], há especificidade a ser observada, tendo em vista a renovação do prazo decadencial a cada nova lesão ao direito líquido e certo do impetrante, numa interpretação analógica do entendimento trazido na súmula n. 85 do STJ[197], ressalvando-se, apenas, a hipótese de negativa do próprio fundo de direito titularizado pelo impetrante. Se o mandado de segurança visar questionar ato omissivo continuado (prestação de trato sucessivo), considera-se a descaracterização do prazo decadencial, pois há renovação mês a mês[198-199].

Exposto o ponto relativo ao prazo legal para impetração, calha aduzir que o mandado de segurança não se presta a questionar lei em tese, pois essa não lesa qualquer direito individual, e o mandamus "não pode ser utilizado como mecanismo de controle abstrato da validade constitucional das leis e dos atos normativos em geral, posto não ser sucedâneo da ação direta de inconstitucionalidade"[200].

Além disso, cumpre asseverar que a ação constitucional ora analisada não meio adequado a atacar ato *interna corporis* do Poder Legislativo, em respeito ao princípio constitucional da separação dos poderes[201], ou atos de gestão comercial[202], mas pode ser usado, porém, para combater ato disciplinar, ato sujeito a recurso administrativo e ato judicial.

No tocante às hipóteses acima alinhadas, cabe mencionar, quanto a primeira, que a jurisprudência se firmou no sentido de ser inviável a incursão no mérito do ato administrativo guerreado, ante a inviabilidade de se avaliar o mérito administrativo em sede judicial, cingindo-se o objeto do *mandamus*

---

196 STJ, AgInt no REsp 1454009/SP, Rel. Ministro SÉRGIO KUKINA, PRIMEIRA TURMA, julgado em 13/06/2017, DJe 22/06/2017.

197 STJ, Súmula n. 85: Nas relações jurídicas de trato sucessivo em que a Fazenda Pública figure como devedora, quando não tiver sido negado o próprio direito reclamado, a prescrição atinge apenas as prestações vencidas antes do qüinqüênio anterior a propositura da ação.

198 STJ, AgRg no AREsp 422.957/ES, Rel. Ministro NAPOLEÃO NUNES MAIA FILHO, PRIMEIRA TURMA, julgado em 16/05/2017, DJe 23/05/2017.

199 No caso de omissão simples (relação não continuada), há de se dizer que se a autoridade coatora, devidamente provocada, não atende à solicitação do requerente, renova-se a omissão até que seja dada resposta à pretensão deduzida, razão pela qual não flui o prazo de decadência na espécie (STJ, AgRg no REsp 1377517/AL, Rel. Ministro BENEDITO GONÇALVES, PRIMEIRA TURMA, julgado em 13/06/2014, DJe 01/07/2014).

200 STF, MS 34432 AgR, Relator(a): Min. LUIZ FUX, Tribunal Pleno, julgado em 07/03/2017, PROCESSO ELETRÔNICO DJe-056 DIVULG 22-03-2017 PUBLIC 23-03-2017.

201 STJ, RMS 23.107/SP, Rel. Ministra ELIANA CALMON, SEGUNDA TURMA, julgado em 24/03/2009, DJe 23/04/2009.

202 Art. 1, § 2º, da Lei n. 12.016/09.

a questões de ilegalidade no processo disciplinar e proporcionalidade e razoabilidade da pena imposta[203].

Já a segunda situação depende da inexistência de efeito suspensivo no recurso passível de manejo[204], mas é necessário realçar, entretanto, que mesmo se presente o aludido efeito, mostra-se possível a impetração do mandado de segurança havendo omissão da autoridade competente para o julgamento da irresignação administrativa[205].

Por sua vez, o questionamento de ato judicial via mandado de segurança tem como requisitos cumulativos a inexistência de instrumento recursal idôneo[206], a não formação da coisa julgada e a ocorrência de teratologia da decisão atacada[207].

Passando ao ponto competência, insta asseverar que essa é fixada levando em conta a autoridade coatora[208] ou mesmo a delegação titularizada pelo particular, sendo essa competência de natureza funcional, e, portanto, absoluta[209].

Se autoridade federal, a competência é da justiça federal (CF, art. 109, VIII), cabendo realçar que "a regra que confere competência à Justiça Federal para julgamento de mandado de segurança de autoridade federal não se submete à permissão constitucional de delegação à Justiça Estadual comum do art. 109, § 3º, da Constituição Federal de 1988, quando inexistir Vara Federal no local de domicílio do Autor, porque se trata de competência *rationae personae* de natureza absoluta e indelegável"[210].

---

203 STJ, AgInt no MS 20.515/DF, Rel. Ministro BENEDITO GONÇALVES, PRIMEIRA SEÇÃO, julgado em 28/06/2017, DJe 01/08/2017.

204 Art. 5º, I, da Lei n. 12.016/09. No STF: MS 33840 ED, Relator(a): Min. ROBERTO BARROSO, Primeira Turma, julgado em 24/11/2015, PROCESSO ELETRÔNICO DJe-249 DIVULG 10-12-2015 PUBLIC 11-12-2015.

205 STF, Súmula n. 429: A existência de recurso administrativo com efeito suspensivo não impede o uso do mandado de segurança contra omissão da autoridade. Em julgado recente, reafirmando a jurisprudência, e destacando o termo inicial para a contagem do prazo de 120 dias na espécie (julgamento do recurso): RMS 26610 AgR, Relator(a): Min. GILMAR MENDES, Segunda Turma, julgado em 10/11/2015, ACÓRDÃO ELETRÔNICO DJe-241 DIVULG 27-11-2015 PUBLIC 30-11-2015.

206 STF, Súmula 267: Não cabe mandado de segurança contra ato judicial passível de recurso ou correição.

207 SODRÉ, Eduardo. Mandado de Segurança. In: Didier Jr, Fredie. *Ações Constitucionais*. Salvador: Juspodivm, 2006. p. 111. No STJ: AgRg no MS 22.985/DF, Rel. Ministra MARIA THEREZA DE ASSIS MOURA, CORTE ESPECIAL, julgado em 30/06/2017, DJe 03/08/2017.

208 Se ato de juizado especial, a competência para apreciação é da Turma Recursal (Súmula 376 do STJ).

209 Competência estabelecida de acordo com a sede funcional da autoridade apontada como coatora e sua categoria funcional. Nesse sentido: STJ, AgRg no AREsp 721.540/DF, Rel. Ministro HERMAN BENJAMIN, SEGUNDA TURMA, julgado em 25/08/2015, DJe 16/11/2015.

210 STJ, CC 135.905/CE, Rel. Ministro SÉRGIO KUKINA, PRIMEIRA SEÇÃO, julgado em 08/04/2015, DJe 10/04/2015.

Quanto ao procedimento em si, é obrigatória a intimação do MP para atuar na qualidade de fiscal da ordem jurídica (art. 12, *caput*, da LMS), todavia, há expressa determinação de que os autos serão conclusos para decisão independentemente da oferta de opinativo pelo parquet (art. 12, § único, da LMS), razão pela qual entende-se ser obrigatória a intimação, mas não a efetiva manifestação do MP[211].

Já no mérito do mandado de segurança, é importante mencionar que a concessão da segurança pleiteada não produz efeitos patrimoniais no tocante a período anterior à propositura da ação, que deve ser objeto de solicitação administrativa ou mesmo judicial[212].

Comporta destaque também a previsão descrita no artigo 19 da Lei n. 12.016/09, no sentido de que a denegação da segurança pleiteada, sem decisão sobre o mérito da demanda, autoriza ao requerente renovar o pedido, em ação própria, a fim de buscar o seu direito e respectivos efeitos patrimoniais[213].

Desse modo, se o mandado de segurança foi indeferido por inexistência de prova do direito líquido e certo, viável a propositura de ação ordinária, ou mesmo outro *mandamus*, caso respeitado o prazo descrito no artigo 6º, § 6º, da Lei n. 12.016/09.

Se, porém, a denegação é fundamentada na inexistência de ato ilegal imputado à autoridade coatora, atingindo o próprio direito líquido e certo narrado na inicial, há incursão no mérito do mandado de segurança, incidindo no caso a coisa julgada material, e o consequente impedimento à propositura de nova demanda versando sobre a pretensão ajuizada.

Noutro giro, calha inferir ser possível a desistência do processo pelo impetrante sem a necessidade de colheita de manifestação positiva do réu, mesmo após a prolação de sentença de mérito[214].

---

211 Como ensina Daniel Amorim Assumpção Neves, "a redação do dispositivo atualmente em vigor afirma peremptoriamente que, com ou sem o parecer do Ministério Público, os autos seguirão para a conclusão, o que deixa claro ser indispensável a intimação, mas não a manifestação do parquet". (NEVES, Daniel Amorim Assumpção. *Ações Constitucionais*. 3. Salvador: Juspodivm, 2017. p. 185)

212 STF, Súmula 271: Concessão de mandado de segurança não produz efeitos patrimoniais em relação a período pretérito, os quais devem ser reclamados administrativamente ou pela via judicial própria.

213 A afirmação se coaduna com o entendimento delineado na Súmula 304 do STF: Decisão denegatória de mandado de segurança, não fazendo coisa julgada contra o impetrante, não impede o uso da ação própria.

214 Nesse sentido: (...) É lícito ao impetrante desistir da ação de mandado de segurança, independentemente de aquiescência da autoridade apontada como coatora ou da entidade estatal interessada ou, ainda, quando for o caso, dos litisconsortes passivos necessários,

Por fim, na esteira de expressa previsão legal (art. 25 da Lei n. 12.016/09), bem ainda com base na jurisprudência consolidada dos Tribunais Superiores[215], não se admite condenação em honorários na seara do mandado de segurança.

Expostas as principais especificidades referentes ao mandado de segurança, apresenta-se a seguir algumas teses usualmente levantadas nessa ação de rito especial, com o respectivo argumento para resolução ao lado.

Teses passíveis de cobrança	Argumento para resolução
Mandado de segurança. Preliminar de ilegitimidade ativa. Entidade de classe. Pretensão que abarca apenas parte da categoria.	Rejeição. STF. Súmula n. 630: A entidade de classe tem legitimação para o mandado de segurança ainda quando a pretensão veiculada interesse apenas a uma parte da respectiva categoria.
Mandado de segurança. Preliminar de ilegitimidade. Associação. Ausência de autorização dos associados.	Rejeição. STF. Súmula n. 629: A impetração de mandado de segurança coletivo por entidade de classe em favor dos associados independe da autorização destes. Regra do artigo 5º, XXI, da CF/88, que não impõe a autorização prévia para a hipótese de legitimação coletiva.
Mandado de segurança. Questionamento de ato judicial. Preliminar de inadequação da via eleita. Ilegalidade ou teratologia não demonstrada.	Acolhimento. Em regra, o writ não pode ser utilizado para o questionamento de ato jurisdicional, ressalvada a hipótese de flagrante ilegalidade ou teratologia[216].

mesmo que já prestadas as informações ou produzido o parecer do Ministério Público. (STF, RE 521359 ED-AgR, Relator(a): Min. CELSO DE MELLO, Segunda Turma, julgado em 22/10/2013, ACÓRDÃO ELETRÔNICO DJe-236 DIVULG 29-11-2013 PUBLIC 02-12-2013). No STJ: REsp 1405532/SP, Rel. Ministra ELIANA CALMON, SEGUNDA TURMA, julgado em 10/12/2013, DJe 18/12/2013. Há de se destacar, aqui, a existência de precedente específico do STF negando o direito à desistência na hipótese de impetrante que interpõe sucessivos recursos visando vergastar a decisão de mérito (STF, MS 29565 AgR-ED, Relator(a): Min. TEORI ZAVASCKI, Segunda Turma, julgado em 01/03/2016, PROCESSO ELETRÔNICO DJe-059 DIVULG 31-03-2016 PUBLIC 01-04-2016).

215 STF, Súmula n. 512: Não cabe condenação em honorários de advogado na ação de mandado de segurança. STJ, Súmula n. 105: Na ação de mandado de segurança, não se admite condenação em honorários advocatícios.

216 STF, RMS 34253 AgR, Relator(a): Min. LUIZ FUX, Primeira Turma, julgado em 24/02/2017, PROCESSO ELETRÔNICO DJe-047 DIVULG 10-03-2017 PUBLIC 13-03-2017.

Teses passíveis de cobrança	Argumento para resolução
Mandado de segurança. Concurso Público. Pretensão com possibilidade de efeitos atingirem os candidatos já aprovados, com mudança de notas e classificação. Tese defensiva no sentido de ocorrência de litisconsórcio passivo necessário.	Acolhimento. Quanto os efeitos da sentença mandamental puderem atingir os candidatos já aprovados, alterando-lhes notas e ordem de classificação, devem todos eles integrar a lide na condição de litisconsortes necessários, em aplicação ao comando do art. 47 do CPC, sob pena de nulidade do processo a partir de sua origem[217]. Admite-se, inclusive, com fundamento no artigo 24 da LMS, a inclusão de litisconsortes necessários em casos excepcionais, a despeito do cunho processual diverso do mandado de segurança.
Mandado de segurança. Concurso público. Termino do prazo de validade. Alegação de perda do objeto.	Rejeição. "O exame da legalidade do ato apontado como coator em concurso público não pode ser subtraído do Poder Judiciário em decorrência pura do encerramento do certame, o que tornaria definitiva a ilegalidade ou abuso de poder alegados, coartável pela via do Mandado de Segurança".[218]
Mandado de segurança. Tese defensiva advogando a inexistência de direito líquido e certo. Controvérsia jurisprudencial sobre o direito pleiteado.	Rejeição. STF. Súmula n. 625: Controvérsia sobre matéria de direito não impede concessão de mandado de segurança. Demanda-se a prova da questão fática atinente ao writ, razão pela qual a complexidade da questão jurídica não impossibilita o uso do mandado de segurança.
Mandado de segurança. Preliminar de inépcia de inicial (para quem admite a autoridade coatora como sujeito passivo, a preliminar é de ilegitimidade passiva). Erro no apontamento da autoridade coatora.	Rejeição. STF. Súmula n. 510: Praticado o ato por autoridade, no exercício de competência delegada, contra ela cabe o mandado de segurança ou a medida judicial.
Mandado de segurança. Tese defensiva no sentido da inexistência de direito líquido e certo. Pretensão fundada em lei anulada por outra declarada constitucional pelo STF.	Acolhimento. STF. Súmula n. 474: Não há direito líquido e certo, amparado pelo mandado de segurança, quando se escuda em lei cujos efeitos foram anulados por outra, declarada constitucional pelo Supremo Tribunal Federal.

217 STJ, RMS 50.635/DF, Rel. Ministro HERMAN BENJAMIN, SEGUNDA TURMA, julgado em 13/12/2016, DJe 27/04/2017.

218 STJ, REsp 1647099/PR, Rel. Ministro HERMAN BENJAMIN, SEGUNDA TURMA, julgado em 25/04/2017, DJe 05/05/2017.

Teses passíveis de cobrança	Argumento para resolução
Mandado de segurança. Tese autoral que demanda a declaração incidente de inconstitucionalidade de lei. Defesa no sentido da inadmissibilidade.	Rejeição. Possibilidade de uso do mandamus para a declaração incidental de inconstitucionalidade de lei ou ato normativo, sendo vedado apenas a situação de uso desse remédio constitucional em face de lei em tese ou na hipótese em que a causa de pedir seja abstrata, divorciada de qualquer elemento fático e concreto que justifique a impetração[219].
Mandado de segurança. Preliminar de inadequação da via eleita. Tese defensiva no sentido de o writ não se prestar a permitir cobrança de valores.	Acolhimento. STF. Súmula n. 269: O mandado de segurança não é substitutivo de ação de cobrança.
Mandado de segurança. Preliminar de inadequação da via eleita. Óbice decorrente do trânsito em julgado de decisão versando sobre o objeto da demanda.	Acolhimento. STF. Súmula n. 268: Não cabe mandado de segurança contra decisão judicial com trânsito em julgado.
Mandado de segurança. Uso para questionar ato judicial passível de recurso. Preliminar de inadequação da via eleita.	Acolhimento. STF. Súmula n. 267: Não cabe mandado de segurança contra ato judicial passível de recurso ou correição.

7. EMBARGOS À EXECUÇÃO

Os embargos à execução foram objeto de cobrança na prova de sentença em dois certames recentes (TJDFT/2013 e TJPI 2012), e também se encaixam no rol das ações em evidência para fins de estudo direcionado.

Seu regramento está descrito nos artigos 914 a 920 do novo CPC, sendo certo que o candidato deve dominar alguns pontos em específico para bem perfazer a sentença atinente aos embargos, resolvendo com correção técnica e de acordo com a jurisprudência as principais questões derivadas da aplicação dos referidos artigos aos casos concretos avaliados.

Em primeiro lugar, e ante a natureza constitutiva negativa dos embargos, incidental ao processo executivo, mas com caráter defensivo, cabe inferir que o embargante tem o dever não só de atender os requisitos previstos no CPC para a petição inicial – artigos 319 e 320, mas também de demonstrar que a tese por ele levantada encontra previsão nas hipóteses legalmente admitidas (CPC, art. 917), sem descurar da necessidade de atendimento ao princípio

219 STJ, RMS 31.707/MT, Rel. Ministra DIVA MALERBI (DESEMBARGADORA CONVOCADA TRF 3ª REGIÃO), SEGUNDA TURMA, julgado em 13/11/2012, DJe 23/11/2012.

da eventualidade (CPC, art. 336), que impele abordagem de todas as teses defensivas na peça[220], sob pena de não ser possível levantá-las novamente em momento posterior nos mesmo autos, ressalvadas exceções dispostas em lei[221].

Nesse ponto, insta observar que eventual alegação de inépcia da inicial dos embargos em virtude de ter sido veiculado pleito de aplicação da penalidade descrita no artigo 940 do CC[222-223] há de ser rejeitada, uma vez que a cobrança de dívida inexistente ou em excesso implica abuso do direito de ação, a ser sancionado de forma análoga à do art. 81 do CPC[224].

Noutra via, os embargos têm prazo de 15 dias úteis para oposição (CPC, art. 915), sendo inviável que o devedor faça uso desse em concomitância com o requerimento de parcelamento do débito (CPC, art. 916), ante a incompatibilidade entre as duas posturas processuais, numa clara situação de preclusão lógica[225].

Especificamente quanto às hipóteses de cabimento, calha aduzir ser necessário, para o caso de inviabilidade de execução (CPC, art. 917, I), que o

---

220 A formulação de pleito de reparação de danos morais e patrimoniais não se amolda ao conceito de defesa, mas sim de pedido em sentido estrito, reclamando, assim, ação autônoma. (STJ, REsp 1638535/RJ, Rel. Ministro MOURA RIBEIRO, TERCEIRA TURMA, julgado em 07/02/2017, DJe 04/04/2017).

221 NETO, Olavo de Oliveira. *Dos embargos à execução.* In: BUENO, Cassio Scarpinella (Coord.). *Comentários ao Código de Processo Civil.* v. 3. São Paulo: Saraiva, 2017. p. 789.

222 Código Civil, Art. 940. Aquele que demandar por dívida já paga, no todo ou em parte, sem ressalvar as quantias recebidas ou pedir mais do que for devido, ficará obrigado a pagar ao devedor, no primeiro caso, o dobro do que houver cobrado e, no segundo, o equivalente do que dele exigir, salvo se houver prescrição.

223 "O art. 1.531 do CC/16, mantido pelo CC/02 em seu art. 940, institui uma autêntica pena privada, aplicável independentemente da existência de prova do dano" (STJ, REsp 1.286.704/SP, Rel. Ministra NANCY ANDRIGHI, TERCEIRA TURMA, DJe de 28/10/2013).

224 STJ, REsp 1638535/RJ, Rel. Ministro MOURA RIBEIRO, TERCEIRA TURMA, julgado em 07/02/2017, DJe 04/04/2017. Em sentido diverso, confira-se: (...) "Os embargos do devedor constituem um meio de impedir a execução, não de pedir; não se prestam para a tutela de pedido estranho ao título executivo, tal como a aplicação da penalidade do artigo 940 do Código Civil"(AgRg nos EDcl no REsp 915.621, PR, Rel. Min. Ari Pargendler, DJ, 20.09.2007).

225 Como ensina MEDINA: "O executado não poderá requerer a realização de pagamento parcelado e discutir a mesma dívida nos embargos, já que tais atitudes são incompatíveis entre si. Pode o executado requerer o pagamento parcelado de parte incontroversa da execução e apresentar embargos quanto ao valor restante. Deve-se privilegiar a solução que propicia o pagamento parcelado da dívida pelo executado, pois, com isso, evita-se a prática de atos executivos, o que atende, a um só tempo, ao que o artigo 805 do CPC/15 e, também, ao princípio da economia dos juízos – máximo da atuação da lei com o menor emprego possível da atividade jurisdicional" (MEDINA, José Miguel Garcia. *Novo Código de Processo Civil Comentado.* 4ª ed. São Paulo: Revista dos Tribunais, 2016. p. 1276).

embargante demonstre a inexequibilidade do documento que lastreia a execução, por estarem ausentes características essenciais de título executivo, ou ainda a inexigibilidade da obrigação, que não ostenta liquidez, certeza ou exigibilidade.

Já a situação de penhora incorreta ou avaliação errônea (CPC, art. 917, II) tem como mote a impenhorabilidade do bem constrito, o excesso da penhora realizada, ou ainda a dissonância entre o valor real do bem e o atribuído nos autos por intermédio da avaliação efetuada.

No que concerne à alegação de excesso de execução (CPC, art. 917, III), ressoa pertinente alertar que não só há o dever processual de se apresentar o valor reputado correto, mediante o competente demonstrativo discriminado e atualizado do débito (CPC, art. 917, § 3º)[226], mas também o ônus de provar o excesso alegado[227], em atendimento à regra prevista no artigo 373, II, do CPC, situação essa aplicável inclusive à Fazenda Pública[228].

Por sua vez, a previsão constante do artigo 917, IV, do CPC está relacionada ao direito de retenção por benfeitorias, que exige, por parte do embargante, a descrição específica e precisa dessas, não se prestando a tal finalidade a mera alegação genérica.

O inciso V do art. 917 do CPC prevê o uso dos embargos para fins de se combater a incompetência absoluta ou relativa do juízo da execução, cabendo mencionar que, na segunda hipótese, a inércia do executado, ao não questionar a matéria no âmbito dos embargos, gera prorrogação automática da competência.

A ampla abertura para fins de defesa foi reservada para a última hipótese legal, disposta no artigo 917, VI, do CPC, cujo teor remete à possibilidade de inserção de qualquer matéria passível de dedução em processo de conhecimento, abrindo caminho para ser reconhecida, em regra, cognição plena, ressalvada a hipótese de o direito material impedir a avaliação de determinadas questões,

226 A falta de apontamento do valor devido ou demonstrativo do débito ocasiona tanto a rejeição liminar dos embargos – única tese manejada na ação, quanto o processamento do feito sem a análise dessa matéria (CPC, art. 917, § 4º), muito embora seja prudente inferir que o magistrado, ao verificar tal vício, deve conceder ao embargante a oportunidade de emendar a peça inicial, em respeito ao artigo 321 do CPC (STJ, REsp 1224215/PR, Rel. Ministro RAUL ARAÚJO, QUARTA TURMA, julgado em 01/09/2011, DJe 22/09/2011).

227 STJ, AgRg no AREsp 150.035/DF, Rel. Ministro HUMBERTO MARTINS, SEGUNDA TURMA, julgado em 28/05/2013, DJe 05/06/2013.

228 (...) "A ratio do novel disposto no art. 739, §5º, do CPC (atual 917, § 3º) é aplicável aos embargos à execução opostos pela Fazenda Pública quando fundar-se em excesso de execução, haja vista ser dever legal, que atinge todos os executados, a apresentação de memória discriminada de cálculos, sob pena de rejeição liminar dos mesmos" (STJ, REsp 1115217/RS, Rel. Ministro LUIZ FUX, PRIMEIRA TURMA, julgado em 02/02/2010, DJe 19/02/2010).

como por exemplo nos títulos de crédito, quando há circulação do título, pela incidência dos princípios cambiários da autonomia e abstração[229].

Por fim, apesar do artigo 85, § 1º, do CPC, não mencionar especificamente os embargos à execução, vale a regra do artigo 85, caput, do CPC, de modo que devem ser fixados honorários advocatícios quando da prolação da sentença, sendo aplicável, ainda, a regra do artigo 85, § 8º, do CPC, ante a preponderante eficácia desconstitutiva ou declaratória da sentença, a depender do julgamento de procedência ou não dos pedidos formulados[230].

Feita a exposição dos assuntos essenciais sobre os embargos à execução, e seguindo a sistemática do capítulo, segue abaixo quadro com teses passíveis de arguição e os fundamentos assumidos para resolver o problema levantado, mas versando sobre temas também afetos ao processo executivo, como embargos à execução fiscal e uso da exceção de pré-executividade.

Teses passíveis de cobrança	Argumento para resolução
Embargos à execução fiscal. Necessidade de garantia do Juízo.	Incidência da legislação especial. Necessidade de garantia do juízo para a oposição dos embargos. Lei de Execução Fiscal, art. 16, §1º. Entendimento inalterado com a entrada em vigor do novo CPC (art. 919).[231]
Exceção de pré-executividade. Alegação de via inadequada, por ausência dos requisitos para o manejo a petição visando questionar o título executivo. Necessidade de dilação probatória e matéria não cognoscível de ofício pelo magistrado.	Acolhimento. "A exceção de pré-executividade é cabível quando atendidos simultaneamente dois requisitos, um de ordem material e outro de ordem formal, ou seja: (a) é indispensável que a matéria invocada seja suscetível de conhecimento de ofício pelo juiz; e (b) é indispensável que a decisão possa ser tomada sem necessidade de dilação probatória".[232] Nesse sentido é o teor da Súmula 393 do STJ.

229 MARINONI, Luiz Guilherme. *Novo Código de Processo Civil comentado*. Luiz Guilherme Marinoni, Sérgio Cruz Arenhart, Daniel Mitidiero, São Paulo: Revista dos Tribunais, 2015. p. 856-857.

230 MARINONI, Luiz Guilherme. *Novo Código de Processo Civil comentado*. Luiz Guilherme Marinoni, Sérgio Cruz Arenhart, Daniel Mitidiero, São Paulo: Revista dos Tribunais, 2015. p. 861. No STJ: REsp 130.430/SP, Rel. Ministro ARI PARGENDLER, SEGUNDA TURMA, julgado em 01/12/1997. Dj 15/12/1997.

231 STJ, REsp 1663742/RS, Rel. Ministro HERMAN BENJAMIN, SEGUNDA TURMA, julgado em 16/05/2017, DJe 16/06/2017.

232 STJ, REsp 1110925/SP, Rel. Ministro TEORI ALBINO ZAVASCKI, PRIMEIRA SEÇÃO, julgado em 22/04/2009, DJe 04/05/2009.

Teses passíveis de cobrança	Argumento para resolução
Embargos à execução. Rejeição liminar. Pleito do exequente no sentido de que sejam fixados honorários advocatícios em favor de seu causídico.	Rejeição. A rejeição liminar dos embargos impede a condenação do embargante ao pagamento de honorários, uma vez que o exequente não foi citado, e não houve oferta de impugnação na espécie[233].
Exceção de pré-executividade. Reiteração de matéria já avaliada em sede de embargos à execução. Tese do exequente no sentido de inadmissibilidade.	Acolhimento. Inexistência de independência absoluta entre a exceção de pré-executividade e os embargos à execução. Inviabilidade de rediscussão de matéria suscitada e decidida nos embargos de devedor com trânsito em julgado[234].
Embargos à execução opostos pela Fazenda Pública. Art. 1º - B da Lei n. 9.494/97. Alegação de inconstitucionalidade do prazo superior conferido à Fazenda. Ofensa à isonomia.	Rejeição. Constitucionalidade já reconhecida pelo STF em sede de controle concentrado. Inexistência de ofensa ao princípio da isonomia[235].
Exceção de pré-executividade. Acolhimento da tese defensiva. Extinção da execução fiscal. Reexame necessário.	Desnecessidade. Ausência de disposição expressa do CPC sobre o reexame na espécie. Meio de impugnação criado pela jurisprudência. Irresignação fazendária que deve ser feita por meio de recurso voluntário[236].

8. AÇÃO CIVIL PÚBLICA

A última ação tratada não poderia ser outra, tendo em vista não só a importância histórica dessa, mas também seu grande uso tanto nos certames da magistratura quanto no dia a dia forense.

Com efeito, e englobando as áreas federal e estadual, nada menos de que 3 provas recentes do concurso da magistratura[237] tiveram uma ação civil pública como hipótese problema cobrada na etapa de sentença.

Desse modo, assim como nos itens anteriores, necessário tecer algumas considerações sobre a ação e si e suas características, bem ainda os problemas processuais verificados e as respectivas formas de resolução.

---

233 STJ, AgRg no AREsp 737.173/RJ, Rel. Ministra ASSUSETE MAGALHÃES, SEGUNDA TURMA, julgado em 01/10/2015, DJe 13/10/2015.

234 STJ, REsp 798.154/PR, Rel. Ministro MASSAMI UYEDA, TERCEIRA TURMA, julgado em 12/04/2012, DJe 11/05/2012.

235 STF, ADI 2418, Relator(a): Min. TEORI ZAVASCKI, Tribunal Pleno, julgado em 04/05/2016, ACÓRDÃO ELETRÔNICO DJe-243 DIVULG 16-11-2016 PUBLIC 17-11-2016.

236 STJ, REsp 1415603/CE, Rel. Ministro HERMAN BENJAMIN, SEGUNDA TURMA, julgado em 22/05/2014, DJe 20/06/2014.

237 TJDFT 2015, TRF1ª Região/2014, TRF 2ª Região/2016.

Em primeiro lugar, e realçando a natureza eminentemente processual da Lei n. 7.347/85, além do caráter preventivo e repressivo da ação civil pública, insta apresentar suas hipóteses de cabimento, relacionadas à responsabilidade por danos morais e materiais causados ao meio-ambiente, ao consumidor, a bens e direitos de valor artístico, estético, histórico, turístico e paisagístico, a qualquer outro interesse difuso ou coletivo, além dos casos de infração da ordem econômica, ordem urbanística, à honra e à dignidade de grupos raciais, étnicos ou religiosos, e ao patrimônio público e social[238].

Nesse ponto, cabe aduzir que a própria Lei n. 7.347/85 ressalvou algumas situações, afastando a possibilidade de manejo da ação coletiva ora analisada para se questionar tributos, contribuições previdenciárias, FGTS ou outros fundos de natureza institucional cujos beneficiários podem ser individualmente determinados[239].

Seu objeto está circunscrito a condenação da parte ré ao pagamento de valor em dinheiro, ou ainda o cumprimento de obrigação de fazer ou não fazer[240], pois visa tutelar os chamados direitos ou interesses difusos, coletivos ou individuais homogêneos referentes às hipóteses de cabimento (interpretação conjunta dos artigos 1º da Lei n. 7.437/85 e 81 do CDC[241]).

Como já decidiu o STF, "os direitos difusos e coletivos são transindividuais, indivisíveis e sem titular determinado, sendo, por isso mesmo, tutelados em juízo invariavelmente em regime de substituição processual, por iniciativa dos órgãos e entidades indicados pelo sistema normativo", e os "direitos individuais homogêneos pertencem à categoria dos direitos subjetivos, são divisíveis, tem titular determinado ou determinável e em geral são de natureza disponível"[242].

Nesse passo, há de se asseverar que são legitimados à sua propositura o Ministério Público, a Defensoria Pública, a União, os Estados, o Distrito Fede-

---

238 Art. 1º, *caput*, e incisos I a VII, da Lei n. 7.347/85.

239 Art. 1º, parágrafo único, da Lei n. 7.347/85.

240 Art. 3º da Lei n. 7.347/85.

241 Art. 81. A defesa dos interesses e direitos dos consumidores e das vítimas poderá ser exercida em juízo individualmente, ou a título coletivo. Parágrafo único. A defesa coletiva será exercida quando se tratar de: I – interesses ou direitos difusos, assim entendidos, para efeitos deste código, os transindividuais, de natureza indivisível, de que sejam titulares pessoas indeterminadas e ligadas por circunstâncias de fato; II – interesses ou direitos coletivos, assim entendidos, para efeitos deste código, os transindividuais, de natureza indivisível de que seja titular grupo, categoria ou classe de pessoas ligadas entre si ou com a parte contrária por uma relação jurídica base; III – interesses ou direitos individuais homogêneos, assim entendidos os decorrentes de origem comum.

242 STF, RE 631111, Relator(a): Min. TEORI ZAVASCKI, Tribunal Pleno, julgado em 07/08/2014, ACÓRDÃO ELETRÔNICO REPERCUSSÃO GERAL – MÉRITO DJe-213 DIVULG 29-10-2014 PUBLIC 30-10-2014.

ral e os Municípios, a autarquia, empresa pública, fundação ou sociedade de economia mista, além de associação que esteja constituída há pelo menos um ano[243], cujas finalidades institucionais se subsumam à proteção dos ditames estabelecidos em lei para tanto[244-245].

No que toca à legitimidade do Ministério Público, cabe realce à jurisprudência do STJ, que admite ao parquet o uso da ação civil pública como meio próprio para se buscar a implementação de políticas públicas com relevante repercussão social, inserindo-se nesse contexto temas afetos à ordem urbanística[246], segurança no trânsito[247], saneamento básico[248], prestação de serviços públicos[249], entre outros[250].

---

243 Esse requisito pode ser afastado em caráter excepcional, à vista do interesse delineado na ação proposta. Nesse sentido: (...) É dispensável o requisito temporal da associação (pré-constituição há mais de um ano) quando presente o interesse social evidenciado pela dimensão do dano e pela relevância do bem jurídico tutelado. (STJ, REsp 1.479.616/GO, Rel. Ministro Ricardo Villas Bôas Cueva, Terceira Turma, julgado em 3/3/2015, DJe 16/4/2015).

244 Art. 5º, I a V, da Lei n. 7.347/85.

245 A ilegitimidade ativa da associação pode ser reconhecida de ofício pelo magistrado, quando esse verificar a utilização abusiva ou indevida da legitimação coletiva. Além disso, também é viável que se verifique a ilegitimidade na hipótese de estatuto genérico ao extremo. Nesse sentido: (...) A doutrina e a jurisprudência pátrias acolheram a teoria da representação adequada proveniente das *class action* norte-americanas, segundo a qual é preciso verificar se o legitimado coletivo congrega condições que o tornem representante adequado para buscar a tutela jurisdicional do interesse pretendido em demanda coletiva. Resta não observado o requisito da "representatividade adequada" quando da análise do estatuto social da associação, pois vislumbra-se ser o seu instrumento constitutivo demasiadamente genérico, o que leva a crer que a associação pode atuar indistintamente sobre qualquer interesse, sem assumir, com isso, a defesa de interesse específico, desnaturando a exigência da adequada representação dos direitos do grupo que os titulariza, restando configurada sua ilegitimidade ativa. Apelação Cível desprovida. Maioria qualificada. (Acórdão n.1024946, 20160110028885APC, Relator: ANGELO PASSARELI 5ª TURMA CÍVEL, Data de Julgamento: 14/06/2017, Publicado no DJE: 03/07/2017. Pág.: 481/487). Cabe lembrar, porém, que se reconhecida a ilegitimidade, deve-se conceder ao MP a oportunidade de assumir o polo ativo da demanda antes da eventual extinção (STJ, REsp 1372593/SP, Rel. Ministro HUMBERTO MARTINS, SEGUNDA TURMA, julgado em 07/05/2013, DJe 17/05/2013).

246 STJ, REsp 1294451/GO, Rel. Ministro HERMAN BENJAMIN, SEGUNDA TURMA, julgado em 01/09/2016, DJe 06/10/2016.

247 STJ, REsp 725.257-MG, Primeira Turma, DJ 14/5/2007.

248 STJ, REsp 743.678/SP, Rel. Ministro Mauro Campbell Marques, Segunda Turma, DJe 28/09/2009; REsp 855.181/SC, Rel. Ministro Castro Meira, Segunda Turma, DJe 18/09/2009; REsp 137.889/SP, Rel. Ministro Francisco Peçanha Martins, Segunda Turma, DJ 29/05/2000.

249 STJ, AgRg no AREsp 50.151/RJ, Rel. Ministro BENEDITO GONÇALVES, PRIMEIRA TURMA, julgado em 03/10/2013, DJe 16/10/2013.

250 THEODORO JÚNIOR apresenta interessante quadro, apontando várias hipóteses nas quais se reconheceu a legitimidade do MP para ajuizar a ACP. São elas: a) temas relacionados a

Especificamente no que concerne ao direito à saúde, tem-se reconhecido a legitimidade do Ministério Público ajuizar ação civil pública em favor de particular, ainda que instalada no local a Defensoria Pública, em razão de o direito individual ser indisponível[251].

Noutro giro, entre os legitimados, há aqueles que devem comprovar a pertinência temática entre suas finalidades institucionais e o mérito da ação ajuizada, como por exemplo as associações e sindicatos, sob pena de ser reconhecida a ilegitimidade ativa do proponente[252].

Por sua vez, a competência para a apreciação da ação civil pública é fixada pelo foro do local do dano (LACP, art. 2º), e a extensão dos efeitos da sentença que vier a ser prolatada vem delineada no controverso artigo 16 da Lei n. 7.347/85, cujo teor remonta à coisa julgada erga omnes da sentença, mas nos limites da competência territorial do órgão prolator[253], excetuada a situação de improcedência por insuficiência de provas[254].

Por fim, já no dispositivo, cumpre dizer que a ação civil pública se submete ao reexame necessário em todos os casos nos quais há manifestação pela improcedência do pleito autoral, nos termos do artigo 19 da Lei da Ação Popular[255], ou

---

mensalidades escolares; b) nulidade de cláusula de contrato de compra e venda de imóveis; c) defesa de trabalhadores de minas, submetidos à condições de trabalho insalubres; d) combate a danos físicos a empregados por lesão por esforço repetitivo; e) declaração de nulidade de cláusulas de contrato de abertura de crédito; f) repressão à cobrança ilegal de taxas de administração aos inquilinos pelas imobiliárias; g) proteção ao direito ao salário mínimo por servidores municipais; h) combate à majoração ilegal dos prêmios de seguro saúde; i) proteção dos segurados de benefícios previdenciários; j) proteção dos usuários de energia elétrica. THEODORO JÚNIOR, Humberto. *Curso de direito processual civil:* procedimentos especiais. v. 2. 51. ed. Rio de Janeiro: Forense, 2017. p. 810).

251 STJ, REsp 1654321/MG, Rel. Ministro HERMAN BENJAMIN, SEGUNDA TURMA, julgado em 04/04/2017, DJe 25/04/2017.

252 STJ, AgRg no REsp 997.577/DF, Rel. Ministro ANTONIO CARLOS FERREIRA, QUARTA TURMA, julgado em 18/09/2014, DJe 26/09/2014.

253 Já decidiu o STJ que: (...) Por força do que dispõem o Código de Defesa do Consumidor e a Lei da Ação Civil Pública sobre a tutela coletiva, sufragados pela Lei do Mandado de Segurança (art. 22), impõe-se a interpretação sistemática do art. 2º-A da Lei 9.494/97, de forma a prevalecer o entendimento de que a abrangência da coisa julgada é determinada pelo pedido, pelas pessoas afetadas e de que a imutabilidade dos efeitos que uma sentença coletiva produz deriva de seu trânsito em julgado, e não da competência do órgão jurisdicional que a proferiu. (REsp 1614263/RJ, Rel. Ministro HERMAN BENJAMIN, SEGUNDA TURMA, julgado em 18/08/2016, DJe 12/09/2016).

254 Importância prática de alocar, no dispositivo, a razão da improcedência, tendo em vista que a justificativa de rejeição por insuficiência de provas altera o ponto atinente a coisa julgada na espécie.

255 STJ, AgInt no REsp 1379659/DF, Rel. Ministro HERMAN BENJAMIN, SEGUNDA TURMA, julgado em 28/03/2017, DJe 18/04/2017.

mesmo na hipótese de carência de ação nos feitos envolvendo assunto atinente a portadores de deficiência (Art. 4º, § 1º, da Lei n. 7.853/99).

Ressalta-se, ainda, que, nas ações propostas pelo Ministério Público, descabe falar em condenação da parte ré em honorários, em razão da incidência da simetria na espécie, pois o MP não os paga se vencido na demanda[256].

Feita a breve exposição supra, apresenta-se abaixo quadro com várias questões usuais na praxe forense, com as teses delineadas e os respectivos argumentos admitidos pela jurisprudência para a resolução dos problemas trazidos no curso do processo.

Teses passíveis de cobrança	Argumento para resolução
Ação Civil Pública. Litisconsórcio entre o Ministério Público Federal e o Ministério Público Estadual. Tese defensiva no sentido da inadmissibilidade.	Avaliação do caso concreto. A possibilidade, em tese, de atuação do Ministério Público Estadual e do Federal em litisconsórcio facultativo não dispensa a conjugação de interesses afetos a cada um, a serem tutelados por meio da ação civil pública (Art. 5º, § 5º, da Lei n. 7.347/85). Tal conclusão deriva do princípio da unicidade do MP, sendo certo que "o instituto do litisconsórcio é informado pelos princípios da economia (obtenção do máximo de resultado com o mínimo de esforço) e da eficiência da atividade jurisdicional. Cada litisconsorte é considerado, em face do réu, como litigante distinto e deve promover o andamento do feito e ser intimado dos respectivos atos. Nesse contexto, a formação desnecessária do litisconsórcio poderá, ao fim e ao cabo, comprometer os princípios informadores do instituto, implicando,

256 (...) A jurisprudência pacífica desta Corte é firme no sentido de que, pela aplicação do princípio da simetria, em ação civil pública, não são devidos honorários advocatícios pelo vencido a favor do Ministério Público. (STJ, AgInt no REsp 1600165/SP, Rel. Ministro MOURA RIBEIRO, TERCEIRA TURMA, julgado em 20/06/2017, DJe 30/06/2017). E também no STJ: (...) Na ação civil pública movida pelo Ministério Público, a questão da verba honorária foge inteiramente das regras do CPC, sendo disciplinada pelas normas próprias da Lei 7.347/85. Posiciona-se o STJ no sentido de que, em sede de ação civil pública, a condenação do Ministério Público ao pagamento de honorários advocatícios somente é cabível na hipótese de comprovada e inequívoca má-fé do Parquet. Dentro de absoluta simetria de tratamento e à luz da interpretação sistemática do ordenamento, não pode o parquet beneficiar-se de honorários, quando for vencedor na ação civil pública. (EREsp 895.530/PR, Rel. Ministra ELIANA CALMON, PRIMEIRA SEÇÃO, julgado em 26/08/2009, DJe 18/12/2009).

Teses passíveis de cobrança	Argumento para resolução
	por exemplo, maior demora do processo pela necessidade de intimação pessoal de cada membro do *Parquet*, com prazo específico para manifestação[257].
Ação Civil Pública. Ministério Público. Discussão de interesses individuais homogêneos, coletivos e difusos em uma mesma ação. Direito do consumidor. Alegação defensiva de inviabilidade de cumulação.	Rejeição. "O CDC expõe as diversas categorias de direitos tuteláveis pela via coletiva. Com efeito, as tutelas pleiteadas em ações civis públicas não são necessariamente puras e estanques – ou seja, não é preciso que se peça, de cada vez, uma tutela referente a direito individual homogêneo, em outra ação, uma tutela de direitos coletivos em sentido estrito e, em outra, uma tutela de direitos difusos, notadamente em ação manejada pelo Ministério Público, que detém legitimidade ampla no processo coletivo. Sendo verdadeiro que um determinado direito não pertence, a um só tempo, a mais de uma categoria, isso não implica afirmar que, no mesmo cenário fático ou jurídico conflituoso, violações simultâneas de direitos de mais de uma espécie não possam ocorrer. Nesse sentido, tanto em relação aos direitos individuais homogêneos quanto aos coletivos, há – ou, no mínimo, pode haver – uma relação jurídica comum subjacente. Nos direitos coletivos, todavia, a violação do direito do grupo decorre diretamente dessa relação jurídica base, ao passo que nos individuais homogêneos a relação jurídica comum é somente o cenário remoto da violação a direitos, a qual resulta de uma situação fática apenas conexa com a relação jurídica base antes estabelecida.[258]"

257 STJ, REsp 1254428/MG, Rel. Ministro JOÃO OTÁVIO DE NORONHA, TERCEIRA TURMA, julgado em 02/06/2016, DJe 10/06/2016.

258 STJ, REsp 1293606/MG, Rel. Ministro LUIS FELIPE SALOMÃO, QUARTA TURMA, julgado em 02/09/2014, DJe 26/09/2014.

Teses passíveis de cobrança	Argumento para resolução
Ação Civil Pública. Ministério Público. Direitos individuais homogêneos disponíveis. Alegação de ilegitimidade ativa.	Consoante orientação do STJ, "quando se trata de interesses individuais homogêneos, a legitimidade do Ministério Público para propor Ação Coletiva é reconhecida se evidenciado relevante interesse social do bem jurídico tutelado, atrelado à finalidade da instituição, mesmo em se tratando de interesses individuais homogêneos disponíveis".[259]
Ação Civil Pública. Continência. Ações intentadas perante a Justiça Federal e Estadual. Pleito de reunião dos processos para julgamento conjunto na Justiça Federal.	Acolhimento. Súmula 489 do STJ: Reconhecida a continência, devem ser reunidas na Justiça Federal as ações civis públicas propostas nesta e na Justiça estadual.
Ação Civil Pública. Dano ambiental de bem não pertencente à União (bem particular). Alegação de ilegitimidade do Ministério Público Federal.	Rejeição. Inexiste competência exclusiva de ente da federação para promover a proteção ao meio ambiente. "A dominialidade da área em que o dano ou o risco de dano se manifesta é apenas um dos critérios definidores da legitimidade para agir do parquet federal. A atividade fiscalizatória das atividades nocivas ao meio ambiente concede ao IBAMA interesse jurídico suficiente para exercer seu poder de polícia administrativa, ainda que o bem esteja situado dentro de área cuja competência para o licenciamento seja do município ou do estado. Atrai-se, assim, a legitimidade do MPF."[260]
Ação Civil Pública. Defensoria Pública. Alegação de ilegitimidade ativa. Direitos individuais homogêneos.	Legitimidade admitida, mas em caráter restrito. "A Defensoria Pública tem pertinência subjetiva para ajuizar ações coletivas em defesa de interesses difusos, coletivos ou individuais homogêneos, sendo que, no tocante aos difusos, sua legitimidade será ampla (basta que possa beneficiar grupo de pessoas necessitadas), haja vista que o direito tutelado é pertencente a pessoas indeterminadas. No entanto, em se tratando de interesses coletivos em sentido estrito ou individuais homogêneos, diante de grupos

259 STJ, AgRg no REsp 1356449/TO, Rel. Ministro HERMAN BENJAMIN, SEGUNDA TURMA, julgado em 03/05/2016, DJe 25/05/2016.

260 STJ, REsp 1326138/SC, Rel. Ministro HUMBERTO MARTINS, SEGUNDA TURMA, julgado em 06/06/2013, DJe 14/06/2013.

Teses passíveis de cobrança	Argumento para resolução
	determinados de lesados, a legitimação deverá ser restrita às pessoas notadamente necessitadas."[261]
Ação Civil Pública. Reconhecimento de ilegitimidade ativa ou defeito de representação processual. Extinção do feito sem resolução de mérito.	Inviabilidade de extinção do feito sem a prévia oportunidade aos demais legitimados coletivos para ocupar o polo ativo. Interesse coletivo envolvido.[262]
Ação Civil Pública. Ato guerreado que se baseia em Emenda Constitucional da Constituição do Estado (extinção de pensão vitalícia a ex-governadores, mantido o pagamento aos que já tinham adquirido o direito). Pedido de afastamento do direito adquirido. Questão que interfere na própria regra. Alegação de inviabilidade do uso da ACP, pela incompetência do juízo de 1º grau. Pretensão que visa dissimular controle abstrato de inconstitucionalidade, tendo a CF como parâmetro de controle.	Acolhimento. Pretensão dissociada da natureza típica das ações de responsabilização cível. Fim visado que intenta dissimular o controle abstrato de constitucionalidade, cuja competência é do STF, ante o parâmetro de controle estabelecido. Reconhecimento da incompetência do Juízo de 1º Grau e arquivamento da ação[263].
Ação Civil Pública. Pleito defensivo de reconhecimento da prescrição, aplicando-se ao caso o prazo de 3 anos.	Rejeição. Aplicação à hipótese do prazo prescricional de 5 anos. Microssistema coletivo. Artigo 21 da Lei n. 4.717/65 – Lei da Ação Popular. "A Ação Civil Pública e a Ação Popular compõe um microssistema de tutela dos direitos difusos onde se encartam a moralidade administrativa sob seus vários ângulos e facetas. Assim, à míngua de previsão do prazo prescricional para a propositura da Ação Civil Pública, inafastável a incidência da analogia legis, recomendando o prazo quinquenal para a prescrição das Ações Civis Públicas, tal como ocorre com a prescritibilidade da Ação Popular, porquanto ubi eadem ratio ibi eadem legis dispositivo"[264].

261 STJ, REsp 1192577/RS, Rel. Ministro LUIS FELIPE SALOMÃO, QUARTA TURMA, julgado em 15/05/2014, DJe 15/08/2014.

262 STJ, REsp 1388792/SE, Rel. Ministro HERMAN BENJAMIN, SEGUNDA TURMA, julgado em 06/05/2014, DJe 18/06/2014; AgRg no REsp 1243163/RS, Rel. Ministro OG FERNANDES, SEXTA TURMA, julgado em 19/02/2013, DJe 27/02/2013.

263 STF, Rcl 19662, Relator(a): Min. DIAS TOFFOLI, Segunda Turma, julgado em 06/09/2016, PROCESSO ELETRÔNICO DJe-168 DIVULG 31-07-2017 PUBLIC 01-08-2017.

264 STJ, REsp 1089206/RS, Rel. Ministro LUIZ FUX, PRIMEIRA TURMA, julgado em 23/06/2009, DJe 06/08/2009.

Teses passíveis de cobrança	Argumento para resolução
Execução individual de sentença proferida em Ação Civil Pública. Tese defensiva no sentido de ser aplicável ao caso o prazo de 3 anos.	Rejeição. Prazo prescricional aplicável é o de 5 anos. Inteligência da Súmula 150 do STF, conjugada com o artigo 21 da Lei n. 4.717/65 – Lei da Ação Popular. Tese firmada em sede de julgamento de recurso repetitivo pelo STJ[265].
Ação Civil Pública. Declaração incidental de inconstitucionalidade. Alocação como causa de pedir, e não como pedido.	Admissibilidade. "É possível a declaração incidental de inconstitucionalidade, na ação civil pública, de quaisquer leis ou atos normativos do Poder Público, desde que a controvérsia constitucional não figure como pedido, mas sim como causa de pedir, fundamento ou simples questão prejudicial, indispensável à resolução do litígio principal, em torno da tutela do interesse público. A declaração incidental de inconstitucionalidade na ação civil pública não faz coisa julgada material, pois se trata de controle difuso de constitucionalidade, sujeito ao crivo do Supremo Tribunal Federal, via recurso extraordinário, sendo insubsistente, portando, a tese de que tal sistemática teria os mesmos efeitos da ação declaratória de inconstitucionalidade."[266]
Ação Civil Pública. Pleito defensivo para que lhe seja conferido o benefício da dispensa do adiantamento de custas, emolumentos e honorários periciais. Simetria. Art. 18 da Lei n. 7.347/85.	Rejeição. A dispensa o adiantamento de custas, emolumentos, honorários periciais e quaisquer outras despesas dirige-se apenas ao autor da Ação Civil Pública, nos termos do art. 18 da Lei n. 7.347/1985.[267]
Ação Civil Pública. Adiantamento de custas e honorários periciais. Dispensa para o MP. Pleito do expert no sentido de se arbitrada remuneração, a ser arcada pelo Poder Público ao qual o MP é vinculado.	Acolhimento. Segundo o STJ: "Não é possível se exigir do Ministério Público o adiantamento de honorários periciais em ações civis públicas. Ocorre que a referida isenção conferida ao Ministério Público em relação ao adiantamento dos honorários periciais não pode obrigar que o perito exerça seu

265 STJ, REsp 1.273.643/PR, Rel. Ministro SIDNEI BENETI, 2ª Seção, julgado em 27/02/2013.

266 STJ, REsp 299.271/PR, Rel. Ministra ELIANA CALMON, SEGUNDA TURMA, julgado em 17/12/2002, DJ 08/09/2003, p. 269.

267 STJ, AgRg no AREsp 450.222/MG, Rel. Ministro HERMAN BENJAMIN, SEGUNDA TURMA, julgado em 08/04/2014, DJe 18/06/2014.

Teses passíveis de cobrança	Argumento para resolução
	ofício gratuitamente, tampouco transferir ao réu o encargo de financiar ações contra ele movidas. Dessa forma, considera-se aplicável, por analogia, a Súmula n. 232 desta Corte Superior ("A Fazenda Pública, quando parte no processo, fica sujeita à exigência do depósito prévio dos honorários do perito"), a determinar que a Fazenda Pública ao qual se acha vinculado o Parquet arque com tais despesas"[268].

9. TABELA COM AS AÇÕES E ASSUNTOS COBRADOS NOS ÚLTIMOS CERTAMES DA MAGISTRATURA ESTADUAL E FEDERAL

A relação de ações específicas e assuntos nela plasmados se presta a trazer um verdadeiro panorama das provas de sentença cível dos recentes concursos para o ingresso na carreira da magistratura.

Muito embora tabela de igual formato tenha sido alocada no Curso de Sentença Penal (Juspodivm, 2017), não houve comentário específico sobre seu teor, situação pleiteada pelos leitores e agora atendida, em primeiro lugar, no nosso *Curso de Sentença Cível*.

Como se percebe do quadro ao fim colacionado, no que toca aos certames da magistratura estadual, encabeça a listagem no quesito "mais cobrados" a ação ordinária de reparação de danos, seja envolvendo relações jurídicas permeadas pelo Código Civil (arts. 186 e 927) e Código de Defesa do Consumidor (art. 14), ou ainda versando sobre pleitos direcionados contra o Estado, com fundamento na Constituição Federal (art. 37, § 6º) e Código Civil (art. 43).

Na magistratura federal, apesar de menos cobrada, também há histórico recente de inserção de demanda reparatória, intentada, por óbvio, em desfavor do Estado ou outra pessoa jurídica descrita no artigo 109, I, da CF/88 (TRF 1ª Região/2015 e TRF 3ª Região 2016).

Pode-se afirmar, desse modo, com boa dose de certeza, que a preparação para a etapa de sentença deve ser iniciada pela busca do domínio de conteúdo e técnica atinentes a pleitos reparatórios, de maneira a permitir não só a identificação precisa de qual responsabilidade deve ser aplicada ao caso (subjetiva ou objetiva), mas também o encadeamento de ideias necessário para bem perfazer o ato (descrição dos elementos da responsabilidade civil e subsunção dos fatos narrados e provados à dicção legal).

---

268 STJ, REsp 1253844/SC, Rel. Ministro MAURO CAMPBELL MARQUES, PRIMEIRA SEÇÃO, julgado em 13/03/2013, DJe 17/10/2013.

O estudo passa ainda pelo domínio das regras referentes à fixação do dano em si (material[269] e moral[270]), do entendimento relativo às hipóteses nas quais se configura dano emergente[271] ou lucro cessante[272], bem como das regras aplicáveis aos juros e correção monetária nesses casos[273], considerando os variados termos iniciais e diferentes índices aplicáveis para a correção e juros, a depender da parte ré e da relação jurídica incidente.

Feito esse direcionamento inicial, é seguro afirmar que a leitura específica e treinamento prático deve permear logo em seguida as ações de família, também de cobrança muito usual[274].

O divórcio, o reconhecimento de união estável, os pleitos de guarda e pedidos de deferimento de alimentos são os alvos preferenciais, e suas nuances necessariamente precisam ser estudadas e aplicadas nos exercícios de treinamento[275].

Analisados os assuntos acima descritos, e suas ações respectivas, cabe inferir que sentenças envolvendo a avaliação de defeitos ou mesmo inadimplemento do negócio jurídico ocupam o terceiro posto na ordem de preferência

---

269 Limitado pela extensão do dano (CC, art. 944), sob pena de configurar enriquecimento sem causa (CC, art. 884).

270 "O quantum fixado a título de reparação de danos morais deve observar os parâmetros da proporcionalidade, razoabilidade e do bom senso, a fim de assegurar o caráter punitivo da medida, além de representar um desestímulo à prática de novas condutas pelo agente causador do dano" (, 20160111194065APC, Relator: GETÚLIO DE MORAES OLIVEIRA 7ª TURMA CÍVEL, Data de Julgamento: 19/07/2017, Publicado no DJE: 02/08/2017. Pág.: 644-653).

271 O parâmetro para fins de ressarcimento do dano material deriva do artigo 402 do CC. O dano emergente compreende o efetivo prejuízo ou diminuição patrimonial experimentada pela vítima (dano positivo), ao passo em que o lucro cessante está ligado à frustração da expectativa de lucro (dano negativo). (STJ, REsp 1369039/RS, Rel. Ministro RICARDO VILLAS BÔAS CUEVA, TERCEIRA TURMA, julgado em 04/04/2017, DJe 10/04/2017). Nesse ponto, convém dizer que a jurisprudência do STJ firmou posicionamento no sentido de que as indenizações por danos emergentes, em nenhuma hipótese, serão concedidas sem suporte na realidade fática (STJ, REsp 1.496.018-MA, Rel. Min. Ricardo Villas Bôas Cueva, DJe 6/6/2016).

272 "O lucro cessante consiste na frustração do crescimento patrimonial alheio, ou seja, o ganho patrimonial que a vítima poderia auferir, mas não o fez graças à lesão sofrida" (STJ, REsp 979.118/MT, Rel. Ministra NANCY ANDRIGHI, TERCEIRA TURMA, julgado em 23/09/2008, DJe 03/10/2008).

273 Vide quadro descrevendo todas as hipóteses possíveis no capítulo II desde Curso de Sentença Cível.

274 Foi inserido no capítulo de treinamento exercício específico versando sobre o tema reconhecimento de união estável, partilha e alimentos, tendo sido colacionadas, ademais, inúmeras sentenças reais sobre direito de família, gentilmente cedidas pela colega de TJDFT Magáli Dellape Gomes, no intuito de permitir que o direcionamento ora descrito possa se encontrar com a praxe forense e a realidade a ser esperada nos certames da magistratura.

275 Inserção aplicável à magistratura estadual, considerando os assuntos descritos.

do estudo, razão pela qual o regramento específico referente aos contratos em geral, bem ainda aos contratos em espécie, ganha destaque.

Temas como defeitos do negócio jurídico, princípios contratuais regentes (com especial enfoque na boa-fé objetiva e seus desdobramentos), exceção de contrato não cumprido, teoria da imprevisão e resolução por onerosidade excessiva são absolutamente essenciais para uma escorreita análise dos problemas geralmente inseridos nos casos submetidos à apreciação.

À evidência, não se espera, no exercício do certame da magistratura, a alocação de caso hipotético relativo a contratos sem que se discuta a culpa pelo inadimplemento ou adimplemento ruim ou insatisfatório da avença por um dos contratantes, ou mesmo sem que se permeie a análise a pontos atinentes à formação do negócio jurídico com algum vício.

Parte-se, por certo, de um problema na relação contratual, seja em sua formação, seja no decorrer do acordo firmado, e o conhecimento das hipóteses legais que tratam das situações de anormalidade usualmente levadas à apreciação na praxe forense é de suma importância para a boa resolução de qualquer exercício que venha a explorar essa temática.

Igual raciocínio se desenvolve para as ações que abarcam obrigações de fazer, seja para o cumprimento de contrato firmado (feitos em desfavor de planos de saúde), seja para impelir a parte ré a realizar ato ligado à sua própria finalidade, como por exemplo nos casos de demandas direcionadas ao Estado para a obtenção de medicamentos ou tratamento médico, fundamentadas no dever constitucional constante do artigo 196 da CF.

Continuando, há de se dizer que as ações submetidas a rito especial estão posicionadas logo em seguida, com especial ênfase às locatícias[276], aos feitos regidos por procedimentos especiais codificados (monitória, embargos à execução, possessórias e embargos de terceiro), e às ações constitucionais, sendo essas últimas mais do que esperadas nas provas da magistratura federal, como se percebe dos recentes certames promovidos pelos Tribunais Regionais Federais.

No que toca às ações constitucionais, é importante ter bom domínio das regras e doutrina relativa ao ato administrativo e sua presunção de legitimidade[277], assim como do tema intervenção do judiciário na seara da atividade

276 Enfoque ainda nos problemas que podem derivar da relação contratual.

277 Presunção relativa de legitimidade do ato, e de veracidade dos motivos alegados pela administração para justificar a sua prática. Como ensina FURTADO, "se alguém questiona a validade de certo ato sob o argumento da inexistência ou da ilegitimidade dos motivos de que se serviu a Administração para praticá-lo, esse indivíduo terá o ônus de demonstrar, na via administrativa ou judicial, que o motivo não existe ou que não é válido. (FURTADO,

do poder executivo, seja para tratar de políticas públicas (direito à saúde p. ex.), seja para avaliar o mérito das escolhas formuladas pelo administrador[278], em situações que na verdade se consubstanciam em avaliação da legalidade dos atos eventualmente questionados[279].

Após essa breve exposição, e como se percebe do panorama ora descrito, a quantidade de matéria a ser estudada e compreendida tanto no direito material quanto na seara processual não é pequena.

A infinidade de assuntos e mesmo áreas do direito que podem ser objeto de questionamento impelem o uso de estratégia pelo postulante à carreira da magistratura.

Como se defende em todos os capítulos deste Curso, a referida estratégia passa pela junção da correta técnica de redação do ato sentencial cível[280] com o domínio do conteúdo inerente às principais áreas do direito ínsitas à redação da peça, especialmente o direito civil e processual civil.

Nessa toada, reputa-se de suma importância atribuir-se a devida atenção ao histórico dos concursos da magistratura, já que esse revela as preferências pretéritas relativas aos assuntos e ações específicas trazidas, cuja repetição futura é mais do que esperada, motivo esse que impõe o estudo e análise pormenorizada da tabela disposta a seguir.

TRIBUNAL – ANO CERTAME	AÇÃO COBRADA NA PROVA DE SENTENÇA CÍVEL – ASSUNTO/ÁREA DO DIREITO	Espelho adotado pela Banca Examinadora, e fornecido aos candidatos.
TJPR – 2017	Ação de adjudicação compulsória, com pedido alternativo de rescisão contratual, além de pleito de reparação de danos morais.	Correções de prova e espelhos ainda não disponibilizadas.
TJPR – 2014	Ação de obrigação de fazer. Fornecimento de medicamentos.	Procedência dos pedidos formulados.

Lucas Rocha. *Curso de Direito Administrativo*. 3ª Ed., rev., ampl. e atual. Belo Horizonte: Fórum, 2012. p. 222).

278 Reserva do possível, mínimo existencial e dignidade da pessoa humana.

279 (...) Em face da constitucionalização do direito administrativo e da evolução do estado de direito, tem-se entendido que o Poder Judiciário pode se imiscuir na análise do mérito do ato administrativo, desde que seja analisado sob o seu aspecto jurídico, e para que sejam observados, além da legalidade em sentido amplo do ato, também os princípios e mandamentos constitucionais. (STJ, AgRg no REsp 1436903/DF, Rel. Ministro HERMAN BENJAMIN, SEGUNDA TURMA, julgado em 01/12/2015, DJe 04/02/2016).

280 Treinamento com exercícios, visualização dos temas em evidência na jurisprudência dos tribunais superiores e contato com a praxe forense por intermédio de sentenças reais.

TJRS – 2016	Ação de reintegração de posse.	A banca não forneceu espelho de correção[281].
TJRS – 2011	Ação de Improbidade administrativa.	A banca não forneceu espelho de correção.
TJRJ – 2016	Ação de reparação de danos, com pedido de reparação de danos materiais, lucros cessantes, por perda de uma chance e danos morais.	A banca não forneceu espelho de correção[282].
TJRJ – 2014	Ação de nulidade de testamento cumulada com ação cautelar de arrolamento de bens.	A banca não forneceu espelho de correção.
TJAL – 2015	Ação de investigação de paternidade cumulada com pedido de reparação de danos por abandono afetivo.	Improcedência dos pedidos formulados.
TJPI – 2016	Ação de anulação de negócio jurídico. Alegação de dolo, coação e lesão.	Procedência dos pedidos autorais, reconhecendo a existência do vício lesão, para anular o negócio jurídico de compra e venda de imóvel.
TJPI – 2012	Embargos à execução.	Improcedência dos pedidos formulados.
TJDFT – 2015 (2)	Ação de obrigação de fazer cumulada com pedido de reparação de danos morais (direito à saúde).	Procedência dos pedidos formulados.
TJDFT – 2015	Ação civil pública. Direito do consumidor.	Extinção sem mérito do feito em razão da ilegitimidade ativa do Ministério Público[283].

281 Concurso que teve seu andamento suspenso em julho de 2017 justamente em virtude do não fornecimento de espelho de correção das provas de sentença.

282 A partir das informações prestadas pelos alunos do Curso Mege que foram aprovados no certame, obteve-se sinalização no sentido de acolhimento apenas do pleito de reparação de danos materiais, com rejeição dos outros pedidos formulados.

283 A prova se baseou em sentença prolatada por um dos examinadores, que, todavia, ainda não havia transitado em julgado. Posteriormente, no julgamento da apelação interposta pelo Ministério Público, que ocorreu após o fim do certame, a sentença real do examinador foi cassada, reconhecendo o TJDFT a legitimidade do MPDFT para ajuizar ação civil pública no caso versado (Acórdão n.924441, 20140110086830APC, Relator: GILBERTO PEREIRA DE OLIVEIRA, Relator Designado: MARIA DE LOURDES ABREU, Revisor: MARIA DE LOURDES ABREU, 3ª TURMA CÍVEL, Data de Julgamento: 04/02/2016, Publicado no DJE: 07/03/2016. Pág.: Sem Página Cadastrada.). Como o espelho de correção adotado atribuía grande percentual da nota para a preliminar de ilegitimidade ativa, poucos candidatos lograram êxito no exame, e o índice de aprovação deste certame foi muito baixo. Apenas a título de curiosidade, já em

TJDFT - 2014	Ação de indenização de danos morais e materiais. Atraso de entrega de imóvel.	Parcial procedência dos pedidos formulados. Restituição de valores, multa e lucros cessantes.
TJDFT - 2013	Embargos à execução.	Improcedência dos pedidos formulados.
TJSP - 2017	Ação de reparação de danos (moral, material e perda de uma chance). Erro médico.	A banca não forneceu espelho.
TJSP - 2014	Ação de declaração de abusividade de cláusula, cominada com pleito de ressarcimento e reparação de danos (imóvel em construção).	A banca não forneceu espelho.

30/05/2017, foi proferida nova sentença no processo, julgando parcialmente procedentes os pedidos formulados pelo Ministério Público do Distrito Federal e Territórios, em ato lavrado por juiz de direito substituto com atuação no juízo. De toda sorte, é importante assinalar que o entendimento adotado pela Banca do concurso do TJDFT encontra respaldo na jurisprudência do STF, cujos arestos já se posicionaram no sentido restritivo da legitimidade do MP nos casos relacionados a direitos individuais homogêneos. Nesse sentido, confira-se: (..) O art. 127 da Constituição Federal atribui ao Ministério Público, entre outras, a incumbência de defender "interesses sociais". Não se pode estabelecer sinonímia entre interesses sociais e interesses de entidades públicas, já que em relação a estes há vedação expressa de patrocínio pelos agentes ministeriais (CF, art. 129, IX). Também não se pode estabelecer sinonímia entre interesse social e interesse coletivo de particulares, ainda que decorrentes de lesão coletiva de direitos homogêneos. Direitos individuais disponíveis, ainda que homogêneos, estão, em princípio, excluídos do âmbito da tutela pelo Ministério Público (CF, art. 127). No entanto, há certos interesses individuais que, quando visualizados em seu conjunto, em forma coletiva e impessoal, têm a força de transcender a esfera de interesses puramente particulares, passando a representar, mais que a soma de interesses dos respectivos titulares, verdadeiros interesses da comunidade. Nessa perspectiva, a lesão desses interesses individuais acaba não apenas atingindo a esfera jurídica dos titulares do direito individualmente considerados, mas também comprometendo bens, institutos ou valores jurídicos superiores, cuja preservação é cara a uma comunidade maior de pessoas. Em casos tais, a tutela jurisdicional desses direitos se reveste de interesse social qualificado, o que legitima a propositura da ação pelo Ministério Público com base no art. 127 da Constituição Federal. Mesmo nessa hipótese, todavia, a legitimação ativa do Ministério Público se limita à ação civil coletiva destinada a obter sentença genérica sobre o núcleo de homogeneidade dos direitos individuais homogêneos. Cumpre ao Ministério Público, no exercício de suas funções institucionais, identificar situações em que a ofensa a direitos individuais homogêneos compromete também interesses sociais qualificados, sem prejuízo do posterior controle jurisdicional a respeito. Cabe ao Judiciário, com efeito, a palavra final sobre a adequada legitimação para a causa, sendo que, por se tratar de matéria de ordem pública, dela pode o juiz conhecer até mesmo de ofício (CPC, art. 267, VI e § 3.º, e art. 301, VIII e § 4.º). (RE 631111, Relator(a): Min. TEORI ZAVASCKI, Tribunal Pleno, julgado em 07/08/2014, ACÓRDÃO ELETRÔNICO REPERCUSSÃO GERAL - MÉRITO DJe-213 DIVULG 29-10-2014 PUBLIC 30-10-2014).

TJPB – 2015	Ação de cobrança – Seguro DPVAT.	Rejeição da prejudicial e acolhimento parcial dos pedidos para condenar a seguradora a pagar ao requerente quantia líquida (R$ 8.100,00)[284].
TJGO – 2015	Ação revisional de contrato cumulada com consignação em pagamento.	A banca não forneceu espelho de correção aos candidatos.
TJGO – 2012	Ação de reparação de danos morais e materiais – CDC (defeito de produto)	A banca não forneceu espelho de correção aos candidatos.
TJGO – 2010	Ação de reparação de danos materiais cumulada com pedido de condenação por lucros cessantes.	A banca não forneceu espelho de correção aos candidatos.
TJAM – 2015	Ação de divórcio, cumulada com partilha de bens, guarda, regulamentação de visitas e alimentos.	Parcial procedência, para dissolver a sociedade conjugal, desconsiderar a personalidade jurídica da empresa de forma inversa para se promover a partilha de bens, condenar ao pagamento de alimentos e deferir a guarda compartilhada[285].
TJSE – 2015	Ação renovatória de contrato de locação, com pedido de despejo pela parte ré em defesa.	Improcedência dos pedidos formulados da ação renovatória, e decretação do despejo da requerente, acolhendo a retomada pleiteada pela parte ré.
TJSE – 2008	Ação de obrigação de fazer cumulada com reparação de danos materiais e morais.	Parcial procedência do pedido, para condenar a ré a outorgar a escritura, na forma postulada na inicial, sob pena de multa.
TJPE – 2014	Ação de reparação de danos materiais, lucros cessantes e danos morais. Reconvenção apresentada visando revisar o contrato firmado entre as partes.	Aceitação tanto da improcedência quanto da procedência dos pedidos da ação principal, a depender da fundamentação exarada. Improcedência dos pleitos trazidos na reconvenção.

284 Espelho disponível no site do Cespe/Unb: http://www.cespe.unb.br/concursos/TJ_PB_15_JUIZ/arquivos/PadraoResposta_163TJPB001-SentecaCivel.PDF.

285 Espelho disponível no site do Cespe/Unb: http://www.cespe.unb.br/concursos/TJ_AM_15_JUIZ/arquivos/TJ_AM_15_JUIZ_PADRAO_DE_RESPOSTA_DEFINITIVO_%20SENTENCA%20CIVEL.PDF.

TJMT – 2014	Ação de busca e apreensão de veículo.	Procedência dos pedidos formulados.
TJSC – 2015	Ação de reparação de danos em desfavor do Estado.	Parcial procedência dos pedidos formulados. Condenação do município e da médica ao pagamento de danos morais, materiais e futuros, além de fixação de pensão para o autor Carlos.
TJSC – 2013	Ação de Usucapião com norma de transição.	Reconhecimento de tratar-se, na verdade, de ação reivindicatória, com acolhimento da tese defensiva de usucapião. Improcedência dos pedidos autorais.
TJSC – 2010	Ação de responsabilidade civil (Código de Defesa do Consumidor)	Condenação da empresa Bem Viver Ltda em danos materiais e futuros. Improcedência dos pedidos em desfavor do Supermercado.
TJSC – 2009	Ação possessória (servidão de uso).	Acolhimento da tese defensiva de usucapião em servidão de uso. Improcedência do pleito autoral.
TJSC – 2008	Ação pauliana. Nulidade de doação.	Procedência dos pedidos para anular a doação.
TJRN – 2014	Ação de rescisão contratual de contrato de compra e venda de veículo.	Procedência parcial dos pedidos formulados, para rescindir o contrato, aplicando cláusula de dedução de 10% do valor pago.
TJES – 2012	Ação de cobrança de valor referente a seguro de veículo.	Procedência dos pedidos formulados.
TJPA – 2011	Ação reivindicatória.	Procedência do pedido, para imitir o espólio autor na posse do imóvel.
TJCE – 2012	Ações de reconhecimento de união estável post mortem. Julgamento conjunto.	Procedência com relação a autora Claudia, para declarar a união estável no período pleiteado. Improcedência quanto ao a autora Glaucia.
TJAP – 2014	Ação de reintegração de posse. Reconvenção apresentada.	Improcedência dos pedidos formulados na ação possessória e extinção sem resolução de mérito da reconvenção.

TRIBUNAL FEDERAL – ANO CERTAME	AÇÕES COBRADOS NA PROVA DE SENTENÇA – ÁREA DO DIREITO (Espelhos não disponibilizados)
TRF 1ª REGIÃO – 2015	Ação ordinária de reparação de danos morais, materiais, lucros cessantes e pensionamento – erro médico.
TRF 1ª REGIÃO – 2014	Ação civil pública visando compelir a União a implantar Defensoria Pública em município determinado.
TRF 1ª REGIÃO – 2012	Ação popular contra a União, o município de Goiânia e particular, com o objetivo de retomar a desapropriação de área determinada, obrigar o município a promover a cobrança de contribuição de melhoria e condenar o particular a pagar contribuição de melhoria.
TRF 2ª REGIÃO – 2016	Ação civil pública para reparação de danos ambientais.
TRF 2ª REGIÃO – 2014	Ação declaratória de nulidade de ato administrativo[286].
TRF 3ª REGIÃO – 2016	Ação de reparação por danos morais (tortura durante o período militar).
TRF 3ª REGIÃO – 2013	Ação de reintegração de posse proposta pelo DNIT em desfavor de particular.
TRF 4ª REGIÃO – 2017	Ação de improbidade administrativa, com fundamento em processo administrativo disciplinar.
TRF 4ª REGIÃO – 2014/2015	Ação em desfavor da União e INSS, com pedidos de reconhecimento de natureza acidentária do auxílio doença, de aposentadoria por invalidez e pensão, com revisão de valores das verbas.
TRF 5ª REGIÃO – 2015	Ação de obrigação de fazer – fornecimento de medicamento.

286 Espelho disponível em: http://www10.trf2.jus.br/ai/wp-content/uploads/sites/3/2015/09/espelho-da-primeira-prova-escrita-.pdf.

Capítulo IV

SÚMULAS E PRECEDENTES DO STF E STJ – DIREITO CIVIL E PROCESSUAL CIVIL

Luiz Otávio Rezende

O presente capítulo visa fornecer aos leitores uma visão geral da jurisprudência sedimentada do Supremo Tribunal Federal e do Superior Tribunal de Justiça quanto as matérias Direito Civil e Processual Civil[1].

Sem dúvida, a correta compreensão do pensamento externado na jurisprudência consolidada dos citados tribunais é o grande diferencial daquele que domina o conteúdo das áreas do direito inerentes à elaboração da peça cível, haja vista que boa parte dos problemas processuais e de mérito vivenciados tanto na praxe forense quanto nos concursos para o ingresso na carreira são resolvidos com a aplicação das súmulas e precedentes que serão aqui expostos.

Por fim, cabe ressaltar que a organização dos itens dá prevalência às súmulas e precedentes mais recentes, que espelham discussões atuais sobre os temas tratados, razão pela qual são alvos preferenciais das bancas examinadoras dos concursos da magistratura[2].

---

1 Nesta primeira edição o foco será em direito civil e processual civil, áreas com maior incidência prática na etapa de sentença. Nas próximas serão inseridos também os entendimentos referentes a direito administrativo, empresarial, consumidor, constitucional e tributário, com o intuito de abarcar todas as matérias passíveis de cobrança nos certames da magistratura estadual e federal.

2 Algumas súmulas não são objeto de exposição, já que não dizem respeito diretamente a prolação da sentença cível, mas sim a outras situações processuais. A exposição delimita-se, portanto, àquelas que servem ao propósito de redação do ato sentencial.

1. ENTENDIMENTOS SUMULADOS DO TRIBUNAIS SUPERIORES[3]

1.1 Superior Tribunal de Justiça

1.1.1 Direito Civil

FAMÍLIA E SUCESSÕES

Súmula 549 – É válida a penhora de bem de família pertencente a fiador de contrato de locação.

Súmula 449 – A vaga de garagem que possui matrícula própria no registro de imóveis não constitui bem de família para efeito de penhora.

Súmula 364 – O conceito de impenhorabilidade de bem de família abrange também o imóvel pertencente a pessoas solteiras, separadas e viúvas.

Súmula 358 – O cancelamento de pensão alimentícia de filho que atingiu a maioridade está sujeito à decisão judicial, mediante contraditório, ainda que nos próprios autos.

Súmula 309 – O débito alimentar que autoriza a prisão civil do alimentante é o que compreende as três prestações anteriores ao ajuizamento da execução e as que se vencerem no curso do processo.

Súmula 301 – Em ação investigatória, a recusa do suposto pai a submeter-se ao exame de DNA induz presunção juris tantum de paternidade.

Súmula 277 – Julgada procedente a investigação de paternidade, os alimentos são devidos a partir da citação.

Súmula 251 – A meação só responde pelo ato ilícito quando o credor, na execução fiscal, provar que o enriquecimento dele resultante aproveitou ao casal.

Súmula 205 – A lei 8.009/90 aplica-se a penhora realizada antes de sua vigência.

Súmula 197 – O divórcio direto pode ser concedido sem que haja prévia partilha dos bens.

CONTRATOS

Súmula 586 – A exigência de acordo entre o credor e o devedor na escolha do agente fiduciário aplica-se, exclusivamente, aos contratos não vinculados ao Sistema Financeiro da Habitação SFH.

---

3 O presente capítulo foi inspirado em material de apoio idealizado no Curso Mege, que separou por assunto as Súmula dos Tribunais Superiores, visando a otimização do estudo para o concurso de ingresso na carreira da magistratura.

Súmula 566 – Nos contratos bancários posteriores ao início da vigência da Resolução-CMN n. 3.518/2007, em 30/4/2008, pode ser cobrada a tarifa de cadastro no início do relacionamento entre o consumidor e a instituição financeira.

Súmula 565 – A pactuação das tarifas de abertura de crédito (TAC) e de emissão de carnê (TEC), ou outra denominação para o mesmo fato gerador, é válida apenas nos contratos bancários anteriores ao início da vigência da Resolução-CMN n. 3.518/2007, em 30/4/2008.

Súmula 564 – No caso de reintegração de posse em arrendamento mercantil financeiro, quando a soma da importância antecipada a título de valor residual garantido (VRG) com o valor da venda do bem ultrapassar o total do VRG previsto contratualmente, o arrendatário terá direito de receber a respectiva diferença, cabendo, porém, se estipulado no contrato, o prévio desconto de outras despesas ou encargos pactuados.

Súmula 563 – O Código de Defesa do Consumidor é aplicável às entidades abertas de previdência complementar, não incidindo nos contratos previdenciários celebrados com entidades fechadas.

Súmula 550 – A utilização de escore de crédito, método estatístico de avaliação de risco que não constitui banco de dados, dispensa o consentimento do consumidor, que terá o direito de solicitar esclarecimentos sobre as informações pessoais valoradas e as fontes dos dados considerados no respectivo cálculo.

Súmula 548 – Incumbe ao credor a exclusão do registro da dívida em nome do devedor no cadastro de inadimplentes no prazo de cinco dias úteis, a partir do integral e efetivo pagamento do débito.

Súmula 544 – É válida a utilização de tabela do Conselho Nacional de Seguros Privados para estabelecer a proporcionalidade da indenização do seguro DPVAT ao grau de invalidez também na hipótese de sinistro anterior a 16/12/2008, data da entrada em vigor da Medida Provisória n. 451/2008.

Súmula 543 – Na hipótese de resolução de contrato de promessa de compra e venda de imóvel submetido ao Código de Defesa do Consumidor, deve ocorrer a imediata restituição das parcelas pagas pelo promitente comprador – integralmente, em caso de culpa exclusiva do promitente vendedor/construtor, ou parcialmente, caso tenha sido o comprador quem deu causa ao desfazimento.

Súmula 541 – A previsão no contrato bancário de taxa de juros anual superior ao duodécuplo da mensal é suficiente para permitir a cobrança da taxa efetiva anual contratada.

Súmula 539 – É permitida a capitalização de juros com periodicidade inferior à anual em contratos celebrados com instituições integrantes do Sistema Financeiro Nacional a partir de 31/3/2000 (MP n. 1.963-17/2000, reeditada como MP n. 2.170-36/2001), desde que expressamente pactuada.

Súmula 538 – As administradoras de consórcio têm liberdade para estabelecer a respectiva taxa de administração, ainda que fixada em percentual superior a dez por cento.

Súmula 530 – Nos contratos bancários, na impossibilidade de comprovar a taxa de juros efetivamente contratada – por ausência de pactuação ou pela falta de juntada do instrumento aos autos -, aplica-se a taxa média de mercado, divulgada pelo Bacen, praticada nas operações da mesma espécie, salvo se a taxa cobrada for mais vantajosa para o devedor.

Súmula 514 – A CEF é responsável pelo fornecimento dos extratos das contas individualizadas vinculadas ao FGTS dos Trabalhadores participantes do Fundo de Garantia do Tempo de Serviço, inclusive para fins de exibição em juízo, independentemente do período em discussão.

Súmula 496 – Os registros de propriedade particular de imóveis situados em terrenos de marinha não são oponíveis à União.

Súmula 485 – A Lei de Arbitragem aplica-se aos contratos que contenham cláusula arbitral, ainda que celebrados antes da sua edição.

Súmula 477 – A decadência do art. 26 do CDC não é aplicável à prestação de contas para obter esclarecimentos sobre cobrança de taxas, tarifas e encargos bancários.

Súmula 473 – O mutuário do SFH não pode ser compelido a contratar o seguro habitacional obrigatório com a instituição financeira mutuante ou com a seguradora por ela indicada.

Súmula 472 – A cobrança de comissão de permanência – cujo valor não pode ultrapassar a soma dos encargos remuneratórios e moratórios previstos no contrato – exclui a exigibilidade dos juros remuneratórios, moratórios e da multa contratual.

Súmula 469 – Aplica-se o Código de Defesa do Consumidor aos contratos de plano de saúde.

Súmula 454 – Pactuada a correção monetária nos contratos do SFH pelo mesmo índice aplicável à caderneta de poupança, incide a taxa referencial (TR) a partir da vigência da Lei n. 8.177/1991.

Súmula 450 – Nos contratos vinculados ao SFH, a atualização do saldo devedor antecede sua amortização pelo pagamento da prestação.

Súmula 422 – O art. 6º, e, da Lei n. 4.380/1964 não estabelece limitação aos juros remuneratórios nos contratos vinculados ao SFH.

Súmula 419 – Descabe a prisão civil do depositário judicial infiel.

Súmula 407 – É legítima a cobrança da tarifa de água fixada de acordo com as categorias de usuários e as faixas de consumo.

Súmula 404 – É dispensável o aviso de recebimento (AR) na carta de comunicação ao consumidor sobre a negativação de seu nome em bancos de dados e cadastros.

Súmula 382 – A estipulação de juros remuneratórios superiores a 12% ao ano, por si só, não indica abusividade.

Súmula 381 – Nos contratos bancários, é vedado ao julgador conhecer, de ofício, da abusividade das cláusulas.

Súmula 380 – A simples propositura da ação de revisão de contrato não inibe a caracterização da mora do autor.

Súmula 379 – Nos contratos bancários não regidos por legislação específica, os juros moratórios poderão ser convencionados até o limite de 1% ao mês.

Súmula 371 – Nos contratos de participação financeira para a aquisição de linha telefônica, o Valor Patrimonial da Ação (VPA) é apurado com base no balancete do mês da integralização.

Súmula 369 – No contrato de arrendamento mercantil (leasing), ainda que haja cláusula resolutiva expressa, é necessária a notificação prévia do arrendatário para constituí-lo em mora.

Súmula 356 – É legítima a cobrança da tarifa básica pelo uso dos serviços de telefonia fixa.

Súmula 332 – A fiança prestada sem autorização de um dos cônjuges implica a ineficácia total da garantia.

Súmula 322 – Para a repetição de indébito, nos contratos de abertura de crédito em conta corrente, não se exige a prova do erro.

Súmula 308 – A hipoteca firmada entre a construtora e o agente financeiro, anterior ou posterior à celebração da promessa de compra e venda, não tem eficácia perante os adquirentes do imóvel.

Súmula 302 – É abusiva a cláusula contratual de plano de saúde que limita no tempo a internação hospitalar do segurado.

Súmula 300 – O instrumento de confissão de dívida, ainda que originário de contrato de abertura de crédito, constitui título executivo extrajudicial.

Súmula 298 – O alongamento de dívida originada de crédito rural não constitui faculdade da instituição financeira, mas, direito do devedor nos termos da lei.

Súmula 297 – O Código de Defesa do Consumidor é aplicável às instituições financeiras.

Súmula 294 – Não é potestativa a cláusula contratual que prevê a comissão de permanência, calculada pela taxa média de mercado apurada pelo Banco Central do Brasil, limitada à taxa do contrato.

Súmula 293 – A cobrança antecipada do valor residual garantido (VRG) não descaracteriza o contrato de arrendamento mercantil.

Súmula 290 – Nos planos de previdência privada, não cabe ao beneficiário a devolução da contribuição efetuada pelo patrocinador.

Súmula 289 – A restituição das parcelas pagas a plano de previdência privada deve ser objeto de correção plena, por índice que recomponha a efetiva desvalorização da moeda.

Súmula 288 – A Taxa de Juros de Longo Prazo (TJLP) pode ser utilizada como indexador de correção monetária nos contratos bancários.

Súmula 286 – A renegociação de contrato bancário ou a confissão da dívida não impede a possibilidade de discussão sobre eventuais ilegalidades dos contratos anteriores.

Súmula 285 – Nos contratos bancários posteriores ao Código de Defesa do Consumidor incide a multa moratória nele prevista.

Súmula 283 – As empresas administradoras de cartão de crédito são instituições financeiras e, por isso, os juros remuneratórios por elas cobrados não sofrem as limitações da Lei de Usura.

Súmula 258 – A nota promissória vinculada a contrato de abertura de crédito não goza de autonomia em razão da iliquidez do título que a originou.

Súmula 257 – A falta de pagamento do prêmio do seguro obrigatório de Danos Pessoais Causados por Veículos Automotores de Vias Terrestres (DPVAT) não é motivo para a recusa do pagamento da indenização.

Súmula 246 – O valor do seguro obrigatório deve ser deduzido da indenização judicialmente fixada.

Súmula 245 – A notificação destinada a comprovar a mora nas dívidas garantidas por alienação fiduciária dispensa a indicação do valor do débito.

Súmula 239 – O direito à adjudicação compulsória não se condiciona ao registro do compromisso de compra e venda no cartório de imóveis.

Súmula 109 – O reconhecimento do direito a indenização, por falta de mercadoria transportada via marítima, independe de vistoria.

Súmula 93 – A legislação sobre cédulas de credito rural, comercial e industrial admite o pacto de capitalização de juros.

Súmula 92 – A terceiro de boa-fé não é oponível a alienação fiduciária não anotada no certificado de registro do veículo automotor.

Súmula 76 – A falta de registro do compromisso de compra e venda de imóvel não dispensa a prévia interpelação para constituir em mora o devedor.

Súmula 72 – À comprovação da mora é imprescindível a busca e apreensão do bem alienado fiduciariamente.

Súmula 61 – O seguro de vida cobre o suicídio não premeditado.

Súmula 60 – É nula a obrigação cambial assumida por procurador do mutuário vinculado ao mutuante, no exclusivo interesse deste.

Súmula 35 – Incide correção monetária sobre as prestações pagas, quando de sua restituição, em virtude da retirada ou exclusão do participante de plano de consórcio.

Súmula 31 – A aquisição, pelo segurado, de mais de um imóvel financiado pelo sistema financeiro da habitação, situados na mesma localidade, não exime a seguradora da obrigação de pagamento dos seguros.

Súmula 30 – A comissão de permanência e a correção monetária são incalculáveis.

Súmula 28 – O contrato de alienação fiduciária em garantia pode ter por objeto bem que já integrava o patrimônio do devedor.

Súmula 26 – O avalista do título de crédito vinculado a contrato de mutuo também responde pelas obrigações pactuadas, quando no contrato figurar como devedor solidário.

Súmula 16 – A legislação ordinária sobre credito rural não veda a incidência da correção monetária.

CONDOMÍNIO

Súmula 260 – A convenção de condomínio aprovada, ainda que sem registro, é eficaz para regular as relações entre os condôminos.

JUROS E CORREÇÃO MONETÁRIA

Súmula 580 – A correção monetária nas indenizações do seguro DPVAT por morte ou invalidez, prevista no § 7º do art. 5º da Lei n. 6.194/1974, redação dada pela Lei n. 11.482/2007, incide desde a data do evento danoso.

Súmula 426 – Os juros de mora na indenização do seguro DPVAT fluem a partir da citação.

Súmula 408 – Nas ações de desapropriação, os juros compensatórios incidentes após a Medida Provisória n. 1.577, de 11/06/1997, devem ser fixados em 6% ao ano até 13/09/2001 e, a partir de então, em 12% ao ano, na forma da Súmula n. 618 do Supremo Tribunal Federal.

Súmula 362 – A correção monetária do valor da indenização do dano moral incide desde a data do arbitramento.

Súmula 271 – A correção monetária dos depósitos judiciais independe de ação especifica contra o banco depositário.

Súmula 114 – Os juros compensatórios, na desapropriação indireta, incidem a partir da ocupação, calculados sobre o valor da indenização, corrigido monetariamente.

Súmula 113 – Os juros compensatórios, na desapropriação direta, incidem a partir da imissão na posse, calculados sobre o valor da indenização, corrigido monetariamente.

Súmula 102 – A incidência dos juros moratórios sobre os compensatórios, nas ações expropriatórias, não constitui anatocismo vedado em lei.

Súmula 70 – Os juros moratórios, na desapropriação direta ou indireta, contam-se desde o transito em julgado da sentença.

Súmula 69 – Na desapropriação direta, os juros compensatórios são devidos desde a antecipada imissão na posse e, na desapropriação indireta, a partir da efetiva ocupação do imóvel.

Súmula 67 – Na desapropriação, cabe a atualização monetária, ainda que por mais de uma vez, independente do decurso de prazo superior a um ano entre o cálculo e o efetivo pagamento da indenização.

Súmula 56 – Na desapropriação para instituir servidão administrativa são devidos os juros compensatórios pela limitação de uso da propriedade.

Súmula 54 – Os juros moratórios fluem a partir do evento danoso, em caso de responsabilidade extracontratual.

Súmula 43 – Incide correção monetária sobre dívida por ato ilícito a partir da data do efetivo prejuízo.

Súmula 35 – Incide correção monetária sobre as prestações pagas, quando de sua restituição, em virtude da retirada ou exclusão do participante de plano de consórcio.

Súmula 16 – A legislação ordinária sobre credito rural não veda a incidência da correção monetária.

Súmula 14 – Arbitrados os honorários advocatícios em percentual sobre o valor da causa, a correção monetária incide a partir do respectivo ajuizamento.

Súmula 12 – Em desapropriação, são cumuláveis juros compensatórios e moratórios.

RESPONSABILIDADE CIVIL

Súmula 573 – Nas ações de indenização decorrente de seguro DPVAT, a ciência inequívoca do caráter permanente da invalidez, para fins de contagem do prazo prescricional, depende de laudo médico, exceto nos casos de invalidez permanente notória ou naqueles em que o conhecimento anterior resulte comprovado na fase de instrução.

Súmula 537 – Em ação de reparação de danos, a seguradora denunciada, se aceitar a denunciação ou contestar o pedido do autor, pode ser condenada, direta e solidariamente junto com o segurado, ao pagamento da indenização devida à vítima, nos limites contratados na apólice.

Súmula 532 – Constitui prática comercial abusiva o envio de cartão de crédito sem prévia e expressa solicitação do consumidor, configurando-se ato ilícito indenizável e sujeito à aplicação de multa administrativa.

Súmula 529 – No seguro de responsabilidade civil facultativo, não cabe o ajuizamento de ação pelo terceiro prejudicado direta e exclusivamente em face da seguradora do apontado causador do dano.

Súmula 479 – As instituições financeiras respondem objetivamente pelos danos gerados por fortuito interno relativo a fraudes e delitos praticados por terceiros no âmbito de operações bancárias.

Súmula 476 – O endossatário de título de crédito por endosso-mandato só responde por danos decorrentes de protesto indevido se extrapolar os poderes de mandatário.

Súmula 475 – Responde pelos danos decorrentes de protesto indevido o endossatário que recebe por endosso translativo título de crédito contendo vício formal extrínseco ou intrínseco, ficando ressalvado seu direito de regresso contra os endossantes e avalistas.

Súmula 474 – A indenização do seguro DPVAT, em caso de invalidez parcial do beneficiário, será paga de forma proporcional ao grau da invalidez.

Súmula 465 – Ressalvada a hipótese de efetivo agravamento do risco, a seguradora não se exime do dever de indenizar em razão da transferência do veículo sem a sua prévia comunicação.

Súmula 403 – Independe de prova do prejuízo a indenização pela publicação não autorizada de imagem de pessoa com fins econômicos ou comerciais.

Súmula 402 – O contrato de seguro por danos pessoais compreende os danos morais, salvo cláusula expressa de exclusão.

Súmula 388 – A simples devolução indevida de cheque caracteriza dano moral.

Súmula 387 – É lícita a cumulação das indenizações de dano estético e dano moral.

Súmula 385 – Da anotação irregular em cadastro de proteção ao crédito, não cabe indenização por dano moral, quando preexistente legítima inscrição, ressalvado o direito ao cancelamento.

Súmula 370 – Caracteriza dano moral a apresentação antecipada de cheque pré-datado.

Súmula 313 – Em ação de indenização, procedente o pedido, é necessária a constituição de capital ou caução fidejussória para a garantia de pagamento da pensão, independentemente da situação financeira do demandado.

Súmula 281 – A indenização por dano moral não está sujeita à tarifação prevista na Lei de Imprensa.

Súmula 238 – A avaliação da indenização devida ao proprietário do solo, em razão de alvará de pesquisa mineral, é processada no Juizo Estadual da situação do imóvel.

Súmula 227 – A pessoa jurídica pode sofrer dano moral.

Súmula 221 – São civilmente responsáveis pelo ressarcimento de dano, decorrente de publicação pela imprensa, tanto o autor do escrito quanto o proprietário do veículo de divulgação.

Súmula 145 – No transporte desinteressado, de simples cortesia, o transportador só será civilmente responsável por danos causados ao transportado quando incorrer em dolo ou culpa grave.

Súmula 132 – A ausência de registro da transferência não implica a responsabilidade do antigo proprietário por dano resultante de acidente que envolva o veículo alienado.

Súmula 130 – A empresa responde, perante o cliente, pela reparação de dano ou furto de veículo ocorridos em seu estacionamento.

Súmula 37 – São cumuláveis as indenizações por dano material e dano moral oriundos do mesmo fato.

DIREITO AUTORAL

Súmula 261 – A cobrança de direitos autorais pela retransmissão radiofônica de músicas, em estabelecimentos hoteleiros, deve ser feita conforme a taxa média de utilização do equipamento, apurada em liquidação.

Súmula 63 – São devidos direitos autorais pela retransmissão radiofônica de músicas em estabelecimentos comerciais.

LOCAÇÃO

Súmula 335 – Nos contratos de locação, é válida a cláusula de renúncia à indenização das benfeitorias e ao direito de retenção.

Súmula 214 – O fiador na locação não responde por obrigações resultantes de aditamento ao qual não anuiu.

PRESCRIÇÃO

Súmula 547 – Nas ações em que se pleiteia o ressarcimento dos valores pagos a título de participação financeira do consumidor no custeio de construção de rede elétrica, o prazo prescricional é de vinte anos na vigência do Código Civil de 1916. Na vigência do Código Civil de 2002, o prazo é de cinco anos se houver previsão contratual de ressarcimento e de três anos na ausência de cláusula nesse sentido, observada a regra de transição disciplinada em seu art. 2.028.

Súmula 427 – A ação de cobrança de diferenças de valores de complementação de aposentadoria prescreve em cinco anos contados da data do pagamento.

Súmula 412 – A ação de repetição de indébito de tarifas de água e esgoto sujeita-se ao prazo prescricional estabelecido no Código Civil.

Súmula 405 – A ação de cobrança do seguro obrigatório (DPVAT) prescreve em três anos.

Súmula 398 – A prescrição da ação para pleitear os juros progressivos sobre os saldos de conta vinculada do FGTS não atinge o fundo de direito, limitando-se às parcelas vencidas.

Súmula 323 – A inscrição do nome do devedor pode ser mantida nos serviços de proteção ao crédito até o prazo máximo de cinco anos, independentemente da prescrição da execução.

Súmula 278 – O termo inicial do prazo prescricional, na ação de indenização, é a data em que o segurado teve ciência inequívoca da incapacidade laboral.

Súmula 229 – O pedido do pagamento de indenização à seguradora suspende o prazo de prescrição até que o segurado tenha ciência da decisão.

Súmula 193 – O direito de uso de linha telefônica pode ser adquirido por usucapião.

Súmula 101 – A ação de indenização do segurado em grupo contra a seguradora prescreve em um ano.

Súmula 85 – Nas relações jurídicas de trato sucessivo em que a fazenda pública figure como devedora, quando não tiver sido negado o próprio direito reclamado, a prescrição atinge apenas as prestações vencidas antes do quinquênio anterior a propositura da ação.

1.1.2 Direito Processual Civil

PROCEDIMENTO COMUM

Súmula 525 – A Câmara de Vereadores não possui personalidade jurídica, apenas personalidade judiciária, somente podendo demandar em juízo para defender os seus direitos institucionais.

Súmula 506 – A Anatel não é parte legítima nas demandas entre a concessionária e o usuário de telefonia decorrentes de relação contratual.

Súmula 490 – A dispensa de reexame necessário, quando o valor da condenação ou do direito controvertido for inferior a sessenta salários mínimos, não se aplica a sentenças ilíquidas.

Súmula 489 – Reconhecida a continência, devem ser reunidas na Justiça Federal as ações civis públicas propostas nesta e na Justiça estadual.

Súmula 481 – Faz jus ao benefício da justiça gratuita a pessoa jurídica com ou sem fins lucrativos que demonstrar sua impossibilidade de arcar com os encargos processuais.

Súmula 474 – A indenização do seguro DPVAT, em caso de invalidez parcial do beneficiário, será paga de forma proporcional ao grau da invalidez.

Súmula 470 – O Ministério Público não tem legitimidade para pleitear, em ação civil pública, a indenização decorrente do DPVAT em benefício do segurado.

Súmula 462 – Nas ações em que representa o FGTS, a CEF, quando sucumbente, não está isenta de reembolsar as custas antecipadas pela parte vencedora.

Súmula 429 – A citação postal, quando autorizada por lei, exige o aviso de recebimento.

Súmula 354 – A invasão do imóvel é causa de suspensão do processo expropriatório para fins de reforma agrária.

Súmula 344 – A liquidação por forma diversa da estabelecida na sentença não ofende a coisa julgada.

Súmula 326 – Na ação de indenização por dano moral, a condenação em montante inferior ao postulado na inicial não implica sucumbência recíproca.

Súmula 313 – Em ação de indenização, procedente o pedido, é necessária a constituição de capital ou caução fidejussória para a garantia de pagamento da pensão, independentemente da situação financeira do demandado.

Súmula 240 – A extinção do processo, por abandono da causa pelo autor, depende de requerimento do réu.

Súmula 232 – A Fazenda Pública, quando parte no processo, fica sujeita à exigência do depósito prévio dos honorários do perito.

Súmula 181 – É admissível ação declaratória, visando a obter certeza quanto à exata interpretação de cláusula contratual.

Súmula 106 – Proposta a ação no prazo fixado para o seu exercício, a demora na citação, por motivos inerentes ao mecanismo da justiça, não justifica o acolhimento da arguição de prescrição ou decadência.

CAUTELARES

Súmula 482 – A falta de ajuizamento da ação principal no prazo do art. 806 do CPC acarreta a perda da eficácia da liminar deferida e a extinção do processo cautelar.

Súmula 389 – A comprovação do pagamento do "custo do serviço" referente ao fornecimento de certidão de assentamentos constantes dos livros da companhia é requisito de procedibilidade da ação de exibição de documentos ajuizada em face da sociedade anônima.

COMPETÊNCIA

Súmula 570 – Compete à Justiça Federal o processamento e julgamento de demanda em que se discute a ausência de ou o obstáculo ao credenciamento de instituição particular de ensino superior no Ministério da Educação como condição de expedição de diploma de ensino a distância aos estudantes.

Súmula 540 – Na ação de cobrança do seguro DPVAT, constitui faculdade do autor escolher entre os foros do seu domicílio, do local do acidente ou ainda do domicílio do réu.

Súmula 553 – Nos casos de empréstimo compulsório sobre o consumo de energia elétrica, é competente a Justiça estadual para o julgamento de demanda proposta exclusivamente contra a Eletrobrás. Requerida a intervenção da União no feito após a prolação de sentença pelo juízo estadual, os autos devem ser remetidos ao Tribunal Regional Federal competente para o julgamento da apelação se deferida a intervenção.

Súmula 505 – A competência para processar e julgar as demandas que têm por objeto obrigações decorrentes dos contratos de planos de previdência privada firmados com a Fundação Rede Ferroviária de Seguridade Social – REFER é da Justiça estadual.

Súmula 480 – O juízo da recuperação judicial não é competente para decidir sobre a constrição de bens não abrangidos pelo plano de recuperação da empresa.

Súmula 383 – A competência para processar e julgar as ações conexas de interesse de menor é, em princípio, do foro do domicílio do detentor de sua guarda.

Súmula 374 – Compete à Justiça Eleitoral processar e julgar a ação para anular débito decorrente de multa eleitoral.

Súmula 368 – Compete à Justiça comum estadual processar e julgar os pedidos de retificação de dados cadastrais da Justiça Eleitoral.

Súmula 367 – A competência estabelecida pela EC n. 45/2004 não alcança os processos já sentenciados.

Súmula 365 – A intervenção da União como sucessora da Rede Ferroviária Federal S/A (RFFSA) desloca a competência para a Justiça Federal ainda que a sentença tenha sido proferida por Juízo estadual.

Súmula 363 – Compete à Justiça estadual processar e julgar a ação de cobrança ajuizada por profissional liberal contra cliente.

Súmula 349 – Compete à Justiça Federal ou aos juízes com competência delegada o julgamento das execuções fiscais de contribuições devidas pelo empregador ao FGTS.

Súmula 324 – Compete à Justiça Federal processar e julgar ações de que participa a Fundação Habitacional do Exército, equiparada à entidade autárquica federal, supervisionada pelo Ministério do Exército.

Súmula 270 – O protesto pela preferência de crédito, apresentado por ente federal em execução que tramita na Justiça Estadual, não desloca a competência para a Justiça Federal.

Súmula 254 – A decisão do Juízo Federal que exclui da relação processual ente federal não pode ser reexaminada no Juízo Estadual.

Súmula 238 – A avaliação da indenização devida ao proprietário do solo, em razão de alvará de pesquisa mineral, é processada no Juízo Estadual da situação do imóvel.

Súmula 235 – A conexão não determina a reunião dos processos, se um deles já foi julgado.

Súmula 224 – Excluído do feito o ente federal, cuja presença levara o Juiz Estadual a declinar da competência, deve o Juiz Federal restituir os autos e não suscitar conflito.

Súmula 218 – Compete à Justiça dos Estados processar e julgar ação de servidor estadual decorrente de direitos e vantagens estatutárias no exercício de cargo em comissão.

Súmula 206 – A existência de vara privativa, instituída por lei estadual, não altera a competência territorial resultante das leis de processo.

Súmula 173 – Compete a Justiça Federal processar e julgar o pedido de reintegração em cargo público federal, ainda que o servidor tenha sido dispensado antes da instituição do Regime Jurídico Único.

Súmula 170 – Compete ao juízo onde primeiro for intentada a ação envolvendo acumulação de pedidos, trabalhista e estatutário, decidi-la nos limites da sua jurisdição, sem prejuízo do ajuizamento de nova causa, com o pedido remanescente, no juízo próprio.

Súmula 161 – É da competência da Justiça Estadual autorizar o levantamento dos valores relativos ao PIS / PASEP e FGTS, em decorrência do falecimento do titular da conta.

Súmula 150 – Compete a Justiça Federal decidir sobre a existência de interesse jurídico que justifique a presença, no processo, da União, suas Autarquias ou Empresas públicas.

Súmula 137 – Compete a Justiça Comum Estadual processar e julgar ação de servidor público municipal, pleiteando direitos relativos ao vinculo estatutário.

Súmula 97 – Compete a Justiça do Trabalho processar e julgar reclamação de servidor público relativamente a vantagens trabalhistas anteriores a instituição do Regime Jurídico Único.

Súmula 82 – Compete a Justiça Federal, excluídas as reclamações trabalhistas, processar e julgar os feitos relativos à movimentação do FGTS.

Súmula 66 – Compete a Justiça Federal processar e julgar execução fiscal promovida por conselho de fiscalização profissional.

Súmula 58 – Proposta a execução fiscal, a posterior mudança de domicílio do executado não desloca a competência já fixada.

Súmula 42 – Compete a Justiça Comum Estadual processar e julgar as causas cíveis em que é parte sociedade de economia mista e os crimes praticados em seu detrimento.

Súmula 38 – Compete a Justiça Estadual Comum, na vigência da Constituição de 1988, o processo por contravenção penal, ainda que praticada em detrimento de bens, serviços ou interesse da União ou de suas entidades.

Súmula 34 – Compete a Justiça Estadual processar e julgar causa relativa a mensalidade escolar, cobrada por estabelecimento particular de ensino.

Súmula 33 – A incompetência relativa não pode ser declarada de ofício[4].

Súmula 32 – Compete a Justiça Federal processar justificações judiciais destinadas a instruir pedidos perante entidades que nela tem exclusividade de foro, ressalvada a aplicação do art. 15, II da Lei 5010/66.

Súmula 15 – Compete a Justiça Estadual processar e julgar os litígios decorrentes de acidente do trabalho.

4 Ver art. 63, § 3º, do CPC. Entendimento no sentido da superação em parte.

Súmula 11 – A presença da União ou de qualquer de seus entes, na ação de usucapião especial, não afasta a competência do foro da situação do imóvel.

Súmula 1 – O foro do domicílio ou da residência do alimentando é o competente para a ação de investigação de paternidade, quando cumulada com a de alimentos.

HONORÁRIOS ADVOCATÍCIOS

Súmula 519 – Na hipótese de rejeição da impugnação ao cumprimento de sentença, não são cabíveis honorários advocatícios.

Súmula 517 – São devidos honorários advocatícios no cumprimento de sentença, haja ou não impugnação, depois de escoado o prazo para pagamento voluntário, que se inicia após a intimação do advogado da parte executada.

Súmula 488 – O § 2º do art. 6º da Lei n. 9.469/1997, que obriga à repartição dos honorários advocatícios, é inaplicável a acordos ou transações celebrados em data anterior à sua vigência.

Súmula 421 – Os honorários advocatícios não são devidos à Defensoria Pública quando ela atua contra a pessoa jurídica de direito público à qual pertença.

Súmula 345 – São devidos honorários advocatícios pela Fazenda Pública nas execuções individuais de sentença proferida em ações coletivas, ainda que não embargadas.

Súmula 303 – Em embargos de terceiro, quem deu causa à constrição indevida deve arcar com os honorários advocatícios.

Súmula 201 – Os honorários advocatícios não podem ser fixados em salários-mínimos.

Súmula 14 – Arbitrados os honorários advocatícios em percentual sobre o valor da causa, a correção monetária incide a partir do respectivo ajuizamento.

MANDADO DE SEGURANÇA

Súmula 460 – É incabível o mandado de segurança para convalidar a compensação tributária realizada pelo contribuinte.

Súmula 376 – Compete a turma recursal processar e julgar o mandado de segurança contra ato de juizado especial.

Súmula 333 – Cabe mandado de segurança contra ato praticado em licitação promovida por sociedade de economia mista ou empresa pública.

Súmula 213 – O mandado de segurança constitui ação adequada para a declaração do direito à compensação tributária.

Súmula 105 – Na ação de mandado de segurança não se admite condenação em honorários advocatícios.

AÇÃO MONITÓRIA

Súmula 531 – Em ação monitória fundada em cheque prescrito ajuizada contra o emitente, é dispensável a menção ao negócio jurídico subjacente à emissão da cártula.

Súmula 504 – O prazo para ajuizamento de ação monitória em face do emitente de nota promissória sem força executiva é quinquenal, a contar do dia seguinte ao vencimento do título.

Súmula 503 – O prazo para ajuizamento de ação monitória em face do emitente de cheque sem força executiva é quinquenal, a contar do dia seguinte à data de emissão estampada na cártula.

Súmula 384 – Cabe ação monitória para haver saldo remanescente oriundo de venda extrajudicial de bem alienado fiduciariamente em garantia.

Súmula 339 – É cabível ação monitória contra a Fazenda Pública.

Súmula 299 – É admissível a ação monitória fundada em cheque prescrito.

Súmula 292 – A reconvenção é cabível na ação monitória, após a conversão do procedimento em ordinário.

Súmula 282 – Cabe a citação por edital em ação monitória.

Súmula 247 – O contrato de abertura de crédito em conta-corrente, acompanhado do demonstrativo de débito, constitui documento hábil para o ajuizamento da ação monitória.

AÇÃO DE PRESTAÇÃO DE CONTAS

Súmula 477 – A decadência do art. 26 do CDC não é aplicável à prestação de contas para obter esclarecimentos sobre cobrança de taxas, tarifas e encargos bancários.

Súmula 259 – A ação de prestação de contas pode ser proposta pelo titular de conta-corrente bancária.

EMBARGOS DE TERCEIRO

Súmula 195 – Em embargos de terceiro não se anula ato jurídico, por fraude contra credores.

Súmula 134 – Embora intimado da penhora em imóvel do casal, o cônjuge do executado pode opor embargos de terceiro para defesa de sua meação.

Súmula 84 – É admissível a oposição de embargos de terceiro fundados em alegação de posse advinda do compromisso de compra e venda de imóvel, ainda que desprovido do registro.

INTERDITO PROIBITÓRIO

Súmula 228 – É inadmissível o interdito proibitório para a proteção do direito autoral.

DIREITO PREVIDENCIÁRIO

Súmula 226 – O Ministério Público tem legitimidade para recorrer na ação de acidente do trabalho, ainda que o segurado esteja assistido por advogado.

Súmula 111 – Os honorários advocatícios, nas ações previdenciárias, não incidem sobre as prestações vencidas após a sentença.

Súmula 110 – A isenção do pagamento de honorários advocatícios, nas ações acidentárias, é restrita ao segurado.

Súmula 89 – A ação acidentária prescinde do exaurimento da via administrativa.

ARBITRAGEM

Súmula 485 – A Lei de Arbitragem aplica-se aos contratos que contenham cláusula arbitral, ainda que celebrados antes da sua edição.

PROCESSO DE EXECUÇÃO

Súmula 581 – A recuperação judicial do devedor principal não impede o prosseguimento das ações e execuções ajuizadas contra terceiros devedores solidários ou coobrigados em geral, por garantia cambial, real ou fidejussória.

Súmula 487 – O parágrafo único do art. 741 do CPC não se aplica às sentenças transitadas em julgado em data anterior à da sua vigência.

Súmula 486 – É impenhorável o único imóvel residencial do devedor que esteja locado a terceiros, desde que a renda obtida com a locação seja revertida para a subsistência ou a moradia da sua família.

Súmula 478 – Na execução de crédito relativo a cotas condominiais, este tem preferência sobre o hipotecário.

Súmula 452 – A extinção das ações de pequeno valor é faculdade da Administração Federal, vedada a atuação judicial de ofício.

Súmula 417 – Na execução civil, a penhora de dinheiro na ordem de nomeação de bens não tem caráter absoluto.

Súmula 410 – A prévia intimação pessoal do devedor constitui condição necessária para a cobrança de multa pelo descumprimento de obrigação de fazer ou não fazer[5].

Súmula 394 – É admissível, em embargos à execução, compensar os valores de imposto de renda retidos indevidamente na fonte com os valores restituídos apurados na declaração anual.

5 Há divergência quanto a superação do entendimento sumulado.

Súmula 375 – O reconhecimento da fraude à execução depende do registro da penhora do bem alienado ou da prova de má-fé do terceiro adquirente.

Súmula 364 – O conceito de impenhorabilidade de bem de família abrange também o imóvel pertencente a pessoas solteiras, separadas e viúvas.

Súmula 328 – Na execução contra instituição financeira, é penhorável o numerário disponível, excluídas as reservas bancárias mantidas no Banco Central.

Súmula 319 – O encargo de depositário de bens penhorados pode ser expressamente recusado.

Súmula 317 – É definitiva a execução de título extrajudicial, ainda que pendente apelação contra sentença que julgue improcedentes os embargos.

Súmula 309 – O débito alimentar que autoriza a prisão civil do alimentante é o que compreende as três prestações anteriores ao ajuizamento da execução e as que se vencerem no curso do processo.

Súmula 300 – O instrumento de confissão de dívida, ainda que originário de contrato de abertura de crédito, constitui título executivo extrajudicial.

Súmula 279 – É cabível execução por título extrajudicial contra a Fazenda Pública.

Súmula 268 – O fiador que não integrou a relação processual na ação de despejo não responde pela execução do julgado.

Súmula 239 – O direito à adjudicação compulsória não se condiciona ao registro do compromisso de compra e venda no cartório de imóveis.

Súmula 233 – O contrato de abertura de crédito, ainda que acompanhado de extrato da contacorrente, não é título executivo.

Súmula 205 – A Lei 8.009/90 aplica-se a penhora realizada antes de sua vigência.

Súmula 199 – Na execução hipotecária de crédito vinculado ao Sistema Financeiro da Habitação, nos termos da Lei n. 5.741/71, a petição inicial deve ser instruída com, pelo menos, dois avisos de cobrança.

Súmula 196 – Ao executado que, citado por edital ou por hora certa, permanecer revel, será nomeado curador especial, com legitimidade para apresentação de embargos.

Súmula 46 – Na execução por carta, os embargos do devedor serão decididos no juízo deprecante, salvo se versarem unicamente vícios ou defeitos da penhora, avaliação ou alienação dos bens.

Súmula 27 – Pode a execução fundar-se em mais de um título extrajudicial relativos ao mesmo negócio.

EXECUÇÃO FISCAL

Súmula 583 – O arquivamento provisório previsto no art. 20 da Lei – 10.522/2002, dirigido aos débitos inscritos como dívida ativa da União pela

Procuradoria-Geral da Fazenda Nacional ou por ela cobrados, não se aplica às execuções fiscais movidas pelos conselhos de fiscalização profissional ou pelas autarquias federais.

Súmula 560 – A decretação da indisponibilidade de bens e direitos, na forma do art. 185-A do CTN, pressupõe o exaurimento das diligências na busca por bens penhoráveis, o qual fica caracterizado quando infrutíferos o pedido de constrição sobre ativos financeiros e a expedição de ofícios aos registros públicos do domicílio do executado, ao Denatran ou Detran.

Súmula 559 – Em ações de execução fiscal, é desnecessária a instrução da petição inicial com o demonstrativo de cálculo do débito, por tratar-se de requisito não previsto no art. 6º da Lei n. 6.830/1980.

Súmula 558 – Em ações de execução fiscal, a petição inicial não pode ser indeferida sob o argumento da falta de indicação do CPF e/ou RG ou CNPJ da parte executada.

Súmula 521 – A legitimidade para a execução fiscal de multa pendente de pagamento imposta em sentença condenatória é exclusiva da Procuradoria da Fazenda Pública.

Súmula 515 – A reunião de execuções fiscais contra o mesmo devedor constitui faculdade do Juiz.

Súmula 497 – Os créditos das autarquias federais preferem aos créditos da Fazenda estadual desde que coexistam penhoras sobre o mesmo bem.

Súmula 451 – É legítima a penhora da sede do estabelecimento comercial.

Súmula 435 – Presume-se dissolvida irregularmente a empresa que deixar de funcionar no seu domicílio fiscal, sem comunicação aos órgãos competentes, legitimando o redirecionamento da execução fiscal para o sócio-gerente.

Súmula 430 – O inadimplemento da obrigação tributária pela sociedade não gera, por si só, a responsabilidade solidária do sócio-gerente.

Súmula 414 – A citação por edital na execução fiscal é cabível quando frustradas as demais modalidades.

Súmula 409 – Em execução fiscal, a prescrição ocorrida antes da propositura da ação pode ser decretada de ofício (art. 219, § 5º, do CPC).

Súmula 406 – A Fazenda Pública pode recusar a substituição do bem penhorado por precatório.

Súmula 400 – O encargo de 20% previsto no DL n. 1.025/1969 é exigível na execução fiscal proposta contra a massa falida.

Súmula 394 – É admissível, em embargos à execução, compensar os valores de imposto de renda retidos indevidamente na fonte com os valores restituídos apurados na declaração anual.

Súmula 393 – A exceção de pré-executividade é admissível na execução fiscal relativamente às matérias conhecíveis de ofício que não demandem dilação probatória.

Súmula 392 – A Fazenda Pública pode substituir a certidão de dívida ativa (CDA) até a prolação da sentença de embargos, quando se tratar de correção de erro material ou formal, vedada a modificação do sujeito passivo da execução.

Súmula 314 – Em execução fiscal, não localizados bens penhoráveis, suspende-se o processo por um ano, findo o qual se inicia o prazo da prescrição quinquenal intercorrente.

Súmula 251 – A meação só responde pelo ato ilícito quando o credor, na execução fiscal, provar que o enriquecimento dele resultante aproveitou ao casal.

Súmula 190 – Na execução fiscal, processada perante a Justiça Estadual, cumpre a Fazenda Pública antecipar o numerário destinado ao custeio das despesas com o transporte dos oficiais de justiça.

Súmula 189 – É desnecessária a intervenção do Ministério Público nas execuções fiscais.

Súmula 139 – Cabe a Procuradoria da Fazenda Nacional propor execução fiscal para cobrança de crédito relativo ao ITR.

Súmula 128 – Na execução fiscal haverá segundo leilão, se no primeiro não houver lanço superior à avaliação.

Súmula 121 – Na execução fiscal o devedor deverá ser intimado, pessoalmente, do dia e hora da realização do leilão.

1.2 Supremo Tribunal Federal

1.2.1 Direito Civil

PRESCRIÇÃO

Súmula 150 – Prescreve a execução no mesmo prazo de prescrição da ação.

Súmula 154 – Simples vistoria não interrompe a prescrição.

Súmula 237 – O usucapião pode ser arguido em defesa.

Súmula 340 – Desde a vigência do código civil, os bens dominicais, como os demais bens públicos, não podem ser adquiridos por usucapião.

Súmula 391 – O confinante certo deve ser citado, pessoalmente, para a ação de usucapião.

OBRIGAÇÕES

Súmula 159 – Cobrança excessiva, mas de boa-fé, não dá lugar às sanções do art. 1531 do Código Civil. (OBS.: Refere-se ao CC/16. Art. 940 do CC 2002).

JUROS E CORREÇÃO MONETÁRIA

Súmula Vinculante 7 – A norma do §3º do artigo 192 da constituição, revogada pela emenda constitucional – 40/2003, que limitava a taxa de juros reais a 12% ao ano, tinha sua aplicação condicionada à edição de lei complementar.

Súmula 648 – A norma do § 3º do art. 192 da Constituição, revogada pela Emenda Constitucional 40/2003, que limitava a taxa de juros reais a 12% ao ano, tinha sua aplicabilidade condicionada à edição de Lei Complementar.

Súmula 596 – As disposições do Decreto 22626/1933 não se aplicam às taxas de juros e aos outros encargos cobrados nas operações realizadas por instituições públicas ou privadas, que integram o Sistema Financeiro Nacional.

Súmula 562 – Na indenização de danos materiais decorrentes de ato ilícito cabe a atualização de seu valor, utilizando-se, para esse fim, dentre outros critérios, dos índices de correção monetária.

Súmula 254 – Incluem-se os juros moratórios na liquidação, embora omisso o pedido inicial ou a condenação.

Súmula 163 – Salvo contra a fazenda pública, sendo a obrigação ilíquida, contam-se os juros moratórios desde a citação inicial para a ação.

Súmula 121 – É vedada a capitalização de juros, ainda que expressamente convencionada.

RESPONSABILIDADE CIVIL

Súmula 492 – A empresa locadora de veículos responde, civil e solidariamente com o locatário, pelos danos por este causados a terceiro, no uso do carro locado.

Súmula 491 – É indenizável o acidente que cause a morte de filho menor, ainda que não exerça trabalho remunerado.

Súmula 490 – A pensão correspondente à indenização oriunda de responsabilidade civil deve ser calculada com base no salário mínimo vigente ao tempo da sentença e ajustar-se-á às variações ulteriores.

Súmula 261 – Para a ação de indenização, em caso de avaria, é dispensável que a vistoria se faça judicialmente.

Súmula 28 – O estabelecimento bancário é responsável pelo pagamento de cheque falso, ressalvadas as hipóteses de culpa exclusiva ou concorrente do correntista.

CONTRATOS

Súmula 489 – A compra e venda de automóvel não prevalece contra terceiros, de boa-fé, se o contrato não foi transcrito no registro de títulos e documentos.

Súmula 486 – Admite-se a retomada para sociedade da qual o locador, ou seu cônjuge, seja sócio, com participação predominante no capital social.

Súmula 483 – Dispensável a prova da necessidade, na retomada de prédio situado em localidade para onde o proprietário pretende transferir residência, salvo se mantiver, também, a anterior, quando dita prova será exigida.

Súmula 449 – O valor da causa, na consignatória de aluguel, corresponde a uma anuidade.

Súmula 442 – A inscrição do contrato de locação no registro de imóveis, para a validade da cláusula de vigência contra o adquirente do imóvel, ou perante terceiros, dispensa a transcrição no registro de títulos e documentos.

Súmula 413 – O compromisso de compra e venda de imóveis, ainda que não loteados, dá direito à execução compulsória, quando reunidos os requisitos legais.

Súmula 412 – No compromisso de compra e venda com cláusula de arrependimento, a devolução do sinal, por quem o deu, ou a sua restituição em dobro, por quem o recebeu, exclui indenização maior, a título de perdas e danos, salvo os juros moratórios e os encargos do processo.

Súmula 411 – O locatário autorizado a ceder a locação pode sublocar o imóvel.

Súmula 410 – Se o locador, utilizando prédio próprio para residência ou atividade comercial, pede o imóvel locado para uso próprio, diverso do que tem o por ele ocupado, não está obrigado a provar a necessidade, que se presume.

Súmula 409 – Ao retomante, que tenha mais de um prédio alugado, cabe optar entre eles, salvo abuso de direito.

Súmula 374 – Na retomada para construção mais útil, não é necessário que a obra tenha sido ordenada pela autoridade pública.

Súmula 335 – É válida a cláusula de eleição do foro para os processos oriundos do contrato.

Súmula 188 – O segurador tem ação regressiva contra o causador do dano, pelo que efetivamente pagou, até ao limite previsto no contrato de seguro.

Súmula 187 – A responsabilidade contratual do transportador, pelo acidente com o passageiro, não é elidida por culpa de terceiro, contra o qual tem ação regressiva.

Súmula 168 – Para os efeitos do Decreto-Lei 58, de 10/12/1937, admite-se a inscrição imobiliária do compromisso de compra e venda no curso da ação.

Súmula 167 – Não se aplica o regime do Decreto-Lei 58, de 10/12/1937, ao compromisso de compra e venda não inscrito no registro imobiliário, salvo se o promitente vendedor se obrigou a efetuar o registro.

Súmula 166 – É inadmissível o arrependimento no compromisso de compra e venda sujeito ao regime do Decreto-Lei 58, de 10/12/1937.

Súmula 161 – Em contrato de transporte, é inoperante a cláusula de não indenizar.

Súmula 158 – Salvo estipulação contratual averbada no registro imobiliário, não responde o adquirente pelas benfeitorias do locatário.

Súmula 151 – Prescreve em um ano a ação do segurador sub-rogado para haver indenização por extravio ou perda de carga transportada por navio.

Súmula 35 – Em caso de acidente do trabalho ou de transporte, a concubina tem direito de ser indenizada pela morte do amásio, se entre eles não havia impedimento para o matrimônio.

DIREITO DE VIZINHANÇA

Súmula 120 – Parede de tijolos de vidro translúcido pode ser levantada a menos de metro e meio do prédio vizinho, não importando servidão sobre ele.

DIREITOS REAIS

Súmula 415 – Servidão de trânsito não titulada, mas tornada permanente, sobretudo pela natureza das obras realizadas, considera-se aparente, conferindo direito à proteção possessória.

Súmula 170 – É resgatável a enfiteuse instituída anteriormente à vigência do Código Civil.

Súmula 169 – Depende de sentença a aplicação da pena de comisso.

Súmula 122 – O enfiteuta pode purgar a mora enquanto não decretado o comisso por sentença.

FAMILIA E SUCESSÕES

Súmula 379 – No acordo de desquite não se admite renúncia aos alimentos, que poderão ser pleiteados ulteriormente, verificados os pressupostos legais.

Súmula 377 – No regime de separação legal de bens, comunicam-se os adquiridos na constância do casamento.

Súmula 382 – A vida em comum sob o mesmo teto, "more uxorio", não é indispensável à caracterização do concubinato (UNIÃO ESTÁVEL)

Súmula 226 – Na ação de desquite, os alimentos são devidos desde a inicial e não da data da decisão que os concede.

Súmula 149 – É imprescritível a ação de investigação de paternidade, mas não o é a de petição de herança.

Súmula 49 – A cláusula de inalienabilidade inclui a incomunicabilidade dos bens.

DIREITO DO CONSUMIDOR

Súmula 28 – O estabelecimento bancário é responsável pelo pagamento de cheque falso, ressalvadas as hipóteses de culpa exclusiva ou concorrente do correntista.

1.2.2 Direito Processual Civil

PROCEDIMENTO COMUM

Súmula 729 – A decisão na ação direta de constitucionalidade 4 não se aplica à antecipação de tutela em causa de natureza previdenciária.

Súmula 644 – Ao titular do cargo de procurador de autarquia não se exige a apresentação de instrumento de mandato para representá-la em juízo.

Súmula 449 – O valor da causa, na consignatória de aluguel, corresponde a uma anuidade.

Súmula 424 – Transita em julgado o despacho saneador de que não houve recurso, excluídas as questões deixadas, explícita ou implicitamente, para a sentença.

Súmula 310 – Quando a intimação tiver lugar na sexta-feira, ou a publicação com efeito de intimação for feita nesse dia, o prazo judicial terá início na segunda-feira imediata, salvo se não houver expediente, caso em que começará no primeiro dia útil que se seguir.

Súmula 259 – Para produzir efeito em juízo não é necessária a inscrição, no registro público, de documentos de procedência estrangeira, autenticados por via consular.

Súmula 258 – É admissível reconvenção em ação declaratória.

Súmula 231 – O revel, em processo cível, pode produzir provas, desde que compareça em tempo oportuno

Súmula 216 – Para decretação da absolvição de instância pela paralisação do processo por mais de trinta dias, é necessário que o autor, previamente intimado, não promova o andamento da causa.

COMPETÊNCIA

Súmula Vinculante 27 – Compete à justiça estadual julgar causas entre consumidor e concessionária de serviço público de telefonia, quando a ANATEL não seja litisconsorte passiva necessária, assistente, nem opoente.

Súmula 689 – O segurado pode ajuizar ação contra a instituição previdenciária perante o juízo federal do seu domicílio ou nas varas federais da capital do estado-membro.

Súmula 501 – Compete à Justiça ordinária estadual o processo e o julgamento, em ambas as instâncias, das causas de acidente do trabalho, ainda que promovidas contra a União, suas autarquias, empresas públicas ou sociedades de economia mista.

Súmula 508 – Compete à Justiça Estadual, em ambas as instâncias, processar e julgar as causas em que for parte o Banco do Brasil S.A.

Súmula 517 – As sociedades de economia mista só têm foro na Justiça Federal, quando a União intervém como assistente ou opoente.

Súmula 556 – É competente a justiça comum para julgar as causas em que é parte sociedade de economia mista.

Súmula 516 – O serviço social da indústria (SESI) está sujeito à jurisdição da Justiça Estadual.

Súmula 363 – A pessoa jurídica de direito privado pode ser demandada no domicílio da agência, ou estabelecimento, em que se praticou o ato.

HONORÁRIOS ADVOCATÍCIOS

Súmula 616 – É permitida a cumulação da multa contratual com os honorários de advogado, após o advento do Código de Processo Civil vigente.

Súmula 450 – São devidos honorários de advogado sempre que vencedor o beneficiário de justiça gratuita.

Súmula 257 – São cabíveis honorários de advogado na ação regressiva do segurador contra o causador do dano.

AÇOES CONSTITUCIONAIS – MANDADO DE SEGURANÇA

Súmula 643 – O Ministério Público tem legitimidade para promover ação civil pública cujo fundamento seja a ilegalidade de reajuste de mensalidades escolares.

Súmula 632 – É constitucional lei que fixa o prazo de decadência para a impetração de mandado de segurança.

Súmula 631 – Extingue-se o processo de mandado de segurança se o impetrante não promove, no prazo assinado, a citação do litisconsorte passivo necessário.

Súmula 630 – A entidade de classe tem legitimação para o mandado de segurança ainda quando a pretensão veiculada interesse apenas a uma parte da respectiva categoria.

Súmula 629 – A impetração de mandado de segurança coletivo por entidade de classe em favor dos associados independe da autorização destes.

Súmula 626 – A suspensão da liminar em mandado de segurança, salvo determinação em contrário da decisão que a deferir, vigorará até o trânsito em julgado da decisão definitiva de concessão da segurança ou, havendo recurso, até a sua manutenção pelo Supremo Tribunal Federal, desde que o objeto da liminar deferida coincida, total ou parcialmente, com o da impetração.

Súmula 625 – Controvérsia sobre matéria de direito não impede concessão de mandado de segurança.

Súmula 512 – Não cabe condenação em honorários de advogado na ação de mandado de segurança.

Súmula 510 – Praticado o ato por autoridade, no exercício de competência delegada, contra ela cabe o mandado de segurança ou a medida judicial.

Súmula 474 – Não há direito líquido e certo, amparado pelo mandado de segurança, quando se escuda em lei cujos efeitos foram anulados por outra, declarada constitucional pelo Supremo Tribunal Federal.

Súmula 430 – Pedido de reconsideração na via administrativa não interrompe o prazo para o mandado de segurança.

Súmula 405 – Denegado o mandado de segurança pela sentença, ou no julgamento do agravo, dela interposto, fica sem efeito a liminar concedida, retroagindo os efeitos da decisão contrária.

Súmula 365 – Pessoa jurídica não tem legitimidade para propor ação popular.

Súmula 330 – O Supremo Tribunal Federal não é competente para conhecer de mandado de segurança contra atos dos tribunais de justiça dos estados.

Súmula 304 – Decisão denegatória de mandado de segurança, não fazendo coisa julgada contra o impetrante, não impede o uso da ação própria.

Súmula 271 – Concessão de mandado de segurança não produz efeitos patrimoniais em relação a período pretérito, os quais devem ser reclamados administrativamente ou pela via judicial própria.

Súmula 270 – Não cabe mandado de segurança para impugnar enquadramento da Lei 3780, de 12/7/1960, que envolva exame de prova ou de situação funcional complexa.

Súmula 269 – O mandado de segurança não é substitutivo de ação de cobrança.

Súmula 268 – Não cabe mandado de segurança contra decisão judicial com trânsito em julgado.

Súmula 267 – Não cabe mandado de segurança contra ato judicial passível de recurso ou correição.

Súmula 101 – O mandado de segurança não substitui a ação popular.

2. TESES FIXADAS SOB A SISTEMÁTICA DA REPERCUSSÃO GERAL (STF)

2.1 Direito Civil

"Nos termos do art. 178 da Constituição da República, as normas e os tratados internacionais limitadores da responsabilidade das transportadoras aéreas de passageiros, especialmente as Convenções de Varsóvia e Montreal, têm prevalência em relação ao Código de Defesa do Consumidor." (RE 636331/RJ, rel. Min. Gilmar Mendes, julgamento em 25.5.2017 – Acórdão ainda não publicado)[6]

"No sistema constitucional vigente, é inconstitucional a diferenciação de regimes sucessórios entre cônjuges e companheiros, devendo ser aplicado, em ambos os casos, o regime estabelecido no artigo 1.829 do Código Civil." (RE 646721/RS, rel. Min. Marco Aurélio, red. p/ o ac. Min. Roberto Barroso, julgamento em 10.5.2017 – Acórdão ainda não publicado)

"É lícito ao Judiciário impor à Administração Pública obrigação de fazer, consistente na promoção de medidas ou na execução de obras emergenciais em estabelecimentos prisionais para dar efetividade ao postulado da dignidade da pessoa humana e assegurar aos detentos o respeito à sua integridade física e moral, nos termos do que preceitua o art. 5º, XLIX, da Constituição Federal, não sendo oponível à decisão o argumento da reserva do possível nem o princípio da separação dos poderes." (RE 592581, Relator(a): Min. RICARDO LEWANDOWSKI, Tribunal Pleno, julgado em 13/08/2015, ACÓRDÃO ELETRÔNICO REPERCUSSÃO GERAL – MÉRITO DJe-018 DIVULG 29-01-2016 PUBLIC 01-02-2016)

"A paternidade socioafetiva, declarada ou não em registro público, não impede o reconhecimento do vínculo de filiação concomitante baseado na origem biológica, com os efeitos jurídicos próprios." (RE 898060/SC, rel. min. Luiz Fux, julgamento em 21 e 22-9-2016 – Acórdão ainda não publicado).

"É prescritível a ação de reparação de danos à Fazenda Pública decorrente de ilícito civil." (RE 669069, Relator(a): Min. TEORI ZAVASCKI, Tribunal Pleno, julgado em 03/02/2016, ACÓRDÃO ELETRÔNICO REPERCUSSÃO GERAL – MÉRITO DJe-082 DIVULG 27-04-2016 PUBLIC 28-04-2016)

"Considerando que é dever do Estado, imposto pelo sistema normativo, manter em seus presídios os padrões mínimos de humanidade previstos no ordenamento jurídico, é de sua responsabilidade, nos termos do art. 37, § 6º, da Constituição, a obrigação de ressarcir os danos, inclusive morais, comprovadamente causados aos detentos em decorrência da falta ou insuficiência das condições legais de encarceramento." (RE 580252, Relator(a): Min. TEORI ZAVASCKI, Relator(a) p/ Acórdão: Min. GILMAR MENDES, Tribunal Pleno, julgado em 16/02/2017, ACÓRDÃO ELETRÔNICO DJe-204 DIVULG 08-09-2017 PUBLIC 11-09-2017)

"Surge constitucional o § 1º do artigo 1.361 do Código Civil no que revela a possibilidade de ter-se como constituída a propriedade fiduciária com

6 O presente julgamento diz respeito a direito do consumidor, mas sua importância prática para o dia a dia forense impele a sua inserção neste tópico, a despeito da capitulação cingir-se a direito civil de modo geral.

o registro do contrato na repartição competente para o licenciamento do veículo." (RE 611639, Relator(a): Min. MARCO AURÉLIO, Tribunal Pleno, julgado em 21/10/2015, PROCESSO ELETRÔNICO REPERCUSSÃO GERAL – MÉRITO DJe-070 DIVULG 14-04-2016 PUBLIC 15-04-2016)

"Em caso de inobservância do seu dever específico de proteção previsto no art. 5º, XLIX, da CF, o Estado é responsável pela morte de detento." (RE 841526, Relator(a): Min. LUIZ FUX, Tribunal Pleno, julgado em 30/03/2016, ACÓRDÃO ELETRÔNICO REPERCUSSÃO GERAL – MÉRITO DJe-159 DIVULG 29-07-2016 PUBLIC 01-08-2016)

"É constitucional a penhora de bem de família pertencente a fiador de contrato de locação, em virtude da compatibilidade da exceção prevista no art. 3°, VII, da Lei 8.009/1990 com o direito à moradia consagrado no art. 6° da Constituição Federal, com redação da EC 26/2000." (RE 612360 RG, Relator(a): Min. ELLEN GRACIE, julgado em 13/08/2010, REPERCUSSÃO GERAL – MÉRITO DJe-164 DIVULG 02-09-2010 PUBLIC 03-09-2010 EMENT VOL-02413-05 PP-00981 LEXSTF v. 32, n. 381, 2010, p. 294-300)

"A responsabilidade civil das pessoas jurídicas de direito privado prestadoras de serviço público é objetiva relativamente a terceiros usuários e não-usuários do serviço, segundo decorre do art. 37, § 6º, da Constituição Federal. A inequívoca presença do nexo de causalidade entre o ato administrativo e o dano causado ao terceiro não-usuário do serviço público, é condição suficiente para estabelecer a responsabilidade objetiva da pessoa jurídica de direito privado." (RE 591874, Relator(a): Min. RICARDO LEWANDOWSKI, Tribunal Pleno, julgado em 26/08/2009, REPERCUSSÃO GERAL – MÉRITO DJe-237 DIVULG 17-12-2009 PUBLIC 18-12-2009 EMENT VOL-02387-10 PP-01820 RTJ VOL-00222-01 PP-00500)

"É ilícita a prisão civil de depositário infiel, qualquer que seja a modalidade do depósito." (RE 466343, Relator(a): Min. CEZAR PELUSO, Tribunal Pleno, julgado em 03/12/2008, REPERCUSSÃO GERAL – MÉRITO DJe-104 DIVULG 04-06-2009 PUBLIC 05-06-2009 EMENT VOL-02363-06 PP-01106 RTJ VOL-00210-02 PP-00745 RDECTRAB v. 17, n. 186, 2010, p. 29-165)

2.2 Direito Processual Civil

"A eficácia subjetiva da coisa julgada formada a partir de ação coletiva, de rito ordinário, ajuizada por associação civil na defesa de interesses dos associados, somente alcança os filiados, residentes no âmbito da jurisdição do órgão julgador, que o fossem em momento anterior ou até a data da propositura da demanda, constantes da relação jurídica juntada à inicial do processo de conhecimento." (RE 612043/PR, rel. Min. Marco Aurélio, julgamento em 10.5.2017 – Acórdão pendente de publicação).

"A garantia constitucional da gratuidade de ensino não obsta a cobrança por universidades públicas de mensalidade em cursos de especialização." (RE 597854/GO, rel. Min. Edson Fachin, julgamento em 26.4.2017 – Acórdão ainda não pulicado)

"O exercício do direito de greve, sob qualquer forma ou modalidade, é vedado aos policiais civis e a todos os servidores públicos que atuem diretamente na área de segurança pública." (ARE 654432/GO, rel. orig. Min. Edson Fachin, red. p/ o ac. Min. Alexandre de Moraes, julgamento em 5.4.2017 – Acórdão ainda não publicado)

"A Defensoria Pública tem legitimidade para a propositura de ação civil pública que vise a promover a tutela judicial de direitos difusos e coletivos de que sejam titulares, em tese, pessoas necessitadas." (RE 733433, Relator(a): Min. DIAS TOFFOLI, Tribunal Pleno, julgado em 04/11/2015, ACÓRDÃO ELETRÔNICO REPERCUSSÃO GERAL – MÉRITO DJe-063 DIVULG 06-04-2016 PUBLIC 07-04-2016)

"O Ministério Público não possui legitimidade ativa ad causam para, em ação civil pública, deduzir em juízo pretensão de natureza tributária em defesa dos contribuintes, que vise questionar a constitucionalidade/legalidade de tributo." (ARE 694294 ED, Relator(a): Min. LUIZ FUX, Tribunal Pleno, julgado em 18/09/2014, ACÓRDÃO ELETRÔNICO DJe-203 DIVULG 16-10-2014 PUBLIC 17-10-2014)

3. TESES FIXADAS SOB A SISTEMÁTICA DE RECURSO REPETITIVO (STJ)

A redação e estruturação desse item contou com a valiosa ajuda fornecida pelo setor de jurisprudência do Superior Tribunal de Justiça, que, em link específico[7], colaciona todos os julgados submetidos à sistemática dos recursos repetitivos por área do direito.

Como já aventado nos capítulos anteriores, é imperioso que os temas em voga e já sedimentados na jurisprudência dos Tribunais Superiores sejam detidamente analisados e compreendidos para fins de uso escorreito do direito material e processual quando da elaboração da peça prática.

Desse modo, a compilação a seguir segue o propósito deste manual, que visa apresentar aos leitores não só as especificidades técnicas e práticas

7 Disponível no sitio eletrônico do Superior Tribunal de Justiça, que também oferece igual pesquisa selecionada para várias áreas do direito, de modo a ofertar aos eventuais pesquisadores uma completa visão da jurisprudência da Corte, numa atitude que deve ser aplaudida pela facilidade e otimização que proporciona aos operadores do direito.

da feitura da sentença cível, mas também toda a jurisprudência atinente às principais áreas do direito aplicáveis (Direito Civil e Processual Civil[8]).

Por fim, cumpre mencionar apenas que a transcrição dos julgados segue a ordem decrescente, com os mais recentes alocados em primeiro lugar, igual sistemática adotada para a exposição dos verbetes sumulares do STJ e STF.

Os julgados relativos às ações em espécie serão inseridos no capítulo posterior, que tem a intenção de esmiuçar as principais nuances dos procedimentos mais comuns não só na praxe forense, mas também nos certames para o ingresso na carreira da magistratura.

Seguem abaixo os temas assentados pelo STJ sob a sistemática dos recursos repetitivos.

3.1 Direito Civil

> "Na vigência do Código Civil de 2002, é quinquenal o prazo prescricional para que o Condomínio geral ou edilício (vertical ou horizontal) exercite a pretensão de cobrança de taxa condominial ordinária ou extraordinária, constante em instrumento público ou particular, a contar do dia seguinte ao vencimento da prestação." (REsp 1483930/DF, Rel. Ministro LUIS FELIPE SALOMÃO, SEGUNDA SEÇÃO, julgado em 23/11/2016, DJe 01/02/2017)

> "Nos planos de benefícios de previdência complementar administrados por entidade fechada, a previsão regulamentar de reajuste, com base nos mesmos índices adotados pelo Regime Geral de Previdência Social, não inclui a parte correspondente a aumentos reais." (REsp 1564070/MG, Rel. Ministro LUIS FELIPE SALOMÃO, SEGUNDA SEÇÃO, julgado em 22/03/2017, DJe 18/04/2017)

> "O tabelião, antes de intimar o devedor por edital, deve esgotar os meios de localização, notadamente por meio do envio de intimação por via postal, no endereço fornecido por aquele que procedeu ao apontamento do protesto. É possível, à escolha do credor, o protesto de cédula de crédito bancário garantida por alienação fiduciária, no tabelionato em que se situa a praça de pagamento indicada no título ou no domicílio do devedor." (REsp 1398356/MG, Rel. Ministro PAULO DE TARSO SANSEVERINO, Rel. p/ Acórdão Ministro LUIS FELIPE SALOMÃO, SEGUNDA SEÇÃO, julgado em 24/02/2016, DJe 30/03/2016)

8 Deve-se ter redobrada atenção no que toca aos julgados do Superior Tribunal de Justiça anteriores ao CPC/15, e fundamentados nas disposições do CPC/73, haja vista que algumas das orientações delineadas podem não mais ter aplicação face aos ditames do novo Código. Nas hipóteses consideradas superadas, uma menção específica será inserida como nota de rodapé.

"Em qualquer ação utilizada pelo portador para cobrança de cheque, a correção monetária incide a partir da data de emissão estampada na cártula, e os juros de mora a contar da primeira apresentação à instituição financeira sacada ou câmara de compensação." (REsp 1556834/SP, Rel. Ministro LUIS FELIPE SALOMÃO, SEGUNDA SEÇÃO, julgado em 22/06/2016, DJe 10/08/2016)

"Na vigência dos contratos de plano ou de seguro de assistência à saúde, a pretensão condenatória decorrente da declaração de nulidade de cláusula de reajuste nele prevista prescreve em 20 anos (art. 177 do CC/1916) ou em 3 anos (art. 206, § 3º, IV, do CC/2002), observada a regra de transição do art. 2.028 do CC/2002." (REsp 1360969/RS, Rel. Ministro MARCO BUZZI, Rel. p/ Acórdão Ministro MARCO AURÉLIO BELLIZZE, SEGUNDA SEÇÃO, julgado em 10/08/2016, DJe 19/09/2016)

"O que define a responsabilidade pelo pagamento das obrigações condominiais não é o registro do compromisso de compra e venda, mas a relação jurídica material com o imóvel, representada pela imissão na posse pelo promissário comprador e pela ciência inequívoca do condomínio acerca da transação. Havendo compromisso de compra e venda não levado a registro, a responsabilidade pelas despesas de condomínio pode recair tanto sobre o promitente vendedor quanto sobre o promissário comprador, dependendo das circunstâncias de cada caso concreto. Se ficar comprovado: (i) que o promissário comprador se imitira na posse; e (ii) o condomínio teve ciência inequívoca da transação, afasta-se a legitimidade passiva do promitente vendedor para responder por despesas condominiais relativas a período em que a posse foi exercida pelo promissário comprador." (REsp 1345331/RS, Rel. Ministro LUIS FELIPE SALOMÃO, SEGUNDA SEÇÃO, julgado em 08/04/2015, DJe 20/04/2015)

"A pretensão de cobrança e a pretensão a diferenças de valores do seguro obrigatório (DPVAT) prescrevem em três anos, sendo o termo inicial, no último caso, o pagamento administrativo considerado a menor." (REsp 1418347/MG, Rel. Ministro RICARDO VILLAS BÔAS CUEVA, SEGUNDA SEÇÃO, julgado em 08/04/2015, DJe 15/04/2015)

"A incidência de atualização monetária nas indenizações por morte ou invalidez do seguro DPVAT, prevista no § 7º do art. 5º da Lei n. 6194/74, redação dada pela Lei n. 11.482/2007, opera-se desde a data do evento danoso." (REsp 1483620/SC, Rel. Ministro PAULO DE TARSO SANSEVERINO, SEGUNDA SEÇÃO, julgado em 27/05/2015, DJe 02/06/2015)

"É legítima a penhora de apontado bem de família pertencente a fiador de contrato de locação, ante o que dispõe o art. 3º, inciso VII, da Lei n. 8.009/1990." (REsp 1363368/MS, Rel. Ministro LUIS FELIPE SALOMÃO, SEGUNDA SEÇÃO, julgado em 12/11/2014, DJe 21/11/2014)

"Validade da utilização de tabela do CNSP para se estabelecer a proporcionalidade da indenização ao grau de invalidez, na hipótese de sinistro anterior a 16/12/2008, data da entrada em vigor da Medida Provisória 451/08." (REsp 1303038/RS, Rel. Ministro PAULO DE TARSO SANSEVERINO, SEGUNDA SEÇÃO, julgado em 12/03/2014, DJe 19/03/2014)

"Nos contratos firmados na vigência da Lei n. 10.931/2004, compete ao devedor, no prazo de 5 (cinco) dias após a execução da liminar na ação de busca e apreensão, pagar a integralidade da dívida – entendida esta como os valores apresentados e comprovados pelo credor na inicial -, sob pena de consolidação da propriedade do bem móvel objeto de alienação fiduciária." (REsp 1418593/MS, Rel. Ministro LUIS FELIPE SALOMÃO, SEGUNDA SEÇÃO, julgado em 14/05/2014, DJe 27/05/2014)

"O Ministério Público tem legitimidade ativa para ajuizar ação de alimentos em proveito de criança ou adolescente. A legitimidade do Ministério Público independe do exercício do poder familiar dos pais, ou de o menor se encontrar nas situações de risco descritas no art. 98 do Estatuto da Criança e do Adolescente, ou de quaisquer outros questionamentos acerca da existência ou eficiência da Defensoria Pública na comarca." (REsp 1265821/BA, Rel. Ministro LUIS FELIPE SALOMÃO, SEGUNDA SEÇÃO, julgado em 14/05/2014, DJe 04/09/2014)

"É legítima a penhora de apontado bem de família pertencente a fiador de contrato de locação, ante o que dispõe o art. 3º, inciso VII, da Lei n. 8.009/1990." (REsp 1363368/MS, Rel. Ministro LUIS FELIPE SALOMÃO, SEGUNDA SEÇÃO, julgado em 12/11/2014, DJe 21/11/2014)

"Os juros de mora incidem a partir da citação do devedor na fase de conhecimento da Ação Civil Pública, quando esta se fundar em responsabilidade contratual, se que haja configuração da mora em momento anterior." (REsp 1361800/SP, Rel. Ministro RAUL ARAÚJO, Rel. p/ Acórdão Ministro SIDNEI BENETI, CORTE ESPECIAL, julgado em 21/05/2014, DJe 14/10/2014)

"Diante da presunção legal de veracidade e publicidade inerente aos registros do cartório de distribuição judicial, a reprodução objetiva, fiel, atualizada e clara desses dados na base de órgão e proteção ao crédito – ainda que sem a ciência do consumidor – não tem o condão de ensejar obrigação de reparação de danos." (REsp 1344352/SP, Rel. Ministro LUIS FELIPE SALOMÃO, SEGUNDA SEÇÃO, julgado em 12/11/2014, DJe 16/12/2014)

"O termo inicial do prazo prescricional, na ação de indenização, é a data em que o segurado teve ciência inequívoca do caráter permanente da invalidez. Exceto nos casos de invalidez permanente notória, a ciência inequívoca do caráter permanente da invalidez depende de laudo médico, sendo relativa a presunção de ciência." (REsp 1388030/MG, Rel. Ministro PAULO DE TARSO SANSEVERINO, SEGUNDA SEÇÃO, julgado em 11/06/2014, DJe 01/08/2014)

"É válida, no sistema de planta comunitária de telefonia – PCT, a previsão contratual ou regulamentar que desobrigue a companhia de subscrever ações em nome do consumidor ou de lhe restituir o valor investido." (REsp 1391089/RS, Rel. Ministro PAULO DE TARSO SANSEVERINO, SEGUNDA SEÇÃO, julgado em 26/02/2014, DJe 10/03/2014)

"Nos planos de benefícios de previdência privada fechada, patrocinados pelos entes federados – inclusive suas autarquias, fundações, sociedades de economia mista e empresas controladas direta ou indiretamente -, é vedado o repasse de abono e vantagens de qualquer natureza para os benefícios em manutenção, sobretudo a partir da vigência da Lei Complementar n. 108/2001, independentemente das disposições estatutárias e regulamentares; Não é possível a concessão de verba não prevista no regulamento do plano de benefícios de previdência privada, pois a previdência complementar tem por pilar o sistema de capitalização, que pressupõe a acumulação de reservas para assegurar o custeio dos benefícios contratados, em um período de longo prazo." (REsp 1425326/RS, Rel. Ministro LUIS FELIPE SALOMÃO, SEGUNDA SEÇÃO, julgado em 28/05/2014, DJe 01/08/2014)

"Nas ações de reintegração de posse motivadas por inadimplemento de arrendamento mercantil financeiro, quando o produto da soma do VRG quitado com o valor da venda do bem for maior que o total pactuado como VRG na contratação, será direito do arrendatário receber a diferença, cabendo, porém, se estipulado no contrato, o prévio desconto de outras despesas ou encargos contratuais." (REsp 1099212/RJ, Rel. Ministro MASSAMI UYEDA, Rel. p/ Acórdão Ministro RICARDO VILLAS BÔAS CUEVA, SEGUNDA SEÇÃO, julgado em 27/02/2013, DJe 04/04/2013)

"Nos contratos bancários celebrados até 30.4.2008 (fim da vigência da Resolução CMN 2.303/96) era válida a pactuação das tarifas de abertura de crédito (TAC) e de emissão de carnê (TEC), ou outra denominação para o mesmo fato gerador, ressalvado o exame de abusividade em cada caso concreto. Com a vigência da Resolução CMN 3.518/2007, em 30.4.2008, a cobrança por serviços bancários prioritários para pessoas físicas ficou limitada às hipóteses taxativamente previstas em norma padronizadora expedida pela autoridade monetária. Desde então, não mais tem respaldo legal a contratação da Tarifa de Emissão de Carnê (TEC) e da Tarifa de Abertura de Crédito (TAC), ou outra denominação para o mesmo fato gerador. Permanece válida a Tarifa de Cadastro expressamente tipificada em ato normativo padronizador da autoridade monetária, a qual somente pode ser cobrada no início do relacionamento entre o consumidor e a instituição financeira. Podem as partes convencionar o pagamento do Imposto sobre Operações Financeiras e de Crédito (IOF) por meio de financiamento acessório ao mútuo principal, sujeitando-o aos mesmos encargos contratuais." (REsp 1251331/RS, Rel. Ministra MARIA ISABEL GALLOTTI, SEGUNDA SEÇÃO, julgado em 28/08/2013, DJe 24/10/2013)

"Em ação de cobrança objetivando indenização decorrente de Seguro Obrigatório de Danos Pessoais Causados por Veículos Automotores de Vias Terrestres - DPVAT, constitui faculdade do autor escolher entre os seguintes foros para ajuizamento da ação: o do local do acidente ou o do seu domicílio (parágrafo único do art. 100 do Código de Processo Civil); bem como, ainda, o do domicílio do réu (art. 94 do mesmo Diploma)." (REsp 1357813/RJ, Rel. Ministro LUIS FELIPE SALOMÃO, SEGUNDA SEÇÃO, julgado em 11/09/2013, DJe 24/09/2013)

"A indenização do seguro DPVAT, em caso de invalidez parcial permanente do beneficiário, será paga de forma proporcional ao grau da invalidez (Súmula n.º 474/STJ)." (REsp 1246432/RS, Rel. Ministro PAULO DE TARSO SANSEVERINO, SEGUNDA SEÇÃO, julgado em 22/05/2013, DJe 27/05/2013)

"Prescreve o art. 38 da Lei - 10.150/2000 que as instituições financeiras captadoras de depósitos à vista e que operem crédito imobiliário estão autorizadas, e não obrigadas, a promover contrato de Arrendamento Imobiliário Especial com Opção de Compra, dos imóveis que tenham arrematado, adjudicado ou recebido em dação em pagamento por força de financiamentos habitacionais por elas concedidos." (REsp 1161522/AL, Rel. Ministra MARIA ISABEL GALLOTTI, SEGUNDA SEÇÃO, julgado em 12/12/2012, DJe 21/11/2013)

"Tratando-se de contrato de mútuo para aquisição de imóvel garantido pelo FCVS, avençado até 25/10/96 e transferido sem a interveniência da instituição financeira, o cessionário possui legitimidade para discutir e demandar em juízo questões pertinentes às obrigações assumidas e aos direitos adquiridos. Na hipótese de contrato originário de mútuo sem cobertura do FCVS, celebrado até 25/10/96, transferido sem a anuência do agente financiador e fora das condições estabelecidas pela Lei - 10.150/2000, o cessionário não tem legitimidade ativa para ajuizar ação postulando a revisão do respectivo contrato. No caso de cessão de direitos sobre imóvel financiado no âmbito do Sistema Financeiro da Habitação realizada após 25/10/1996, a anuência da instituição financeira mutuante é indispensável para que o cessionário adquira legitimidade ativa para requerer revisão das condições ajustadas, tanto para os contratos garantidos pelo FCVS como para aqueles sem referida cobertura." (REsp 1150429/CE, Rel. Ministro RICARDO VILLAS BÔAS CUEVA, CORTE ESPECIAL, julgado em 25/04/2013, DJe 10/05/2013)

"Descabe ação do terceiro prejudicado ajuizada direta e exclusivamente em face da Seguradora do apontado causador do dano. No seguro de responsabilidade civil facultativo a obrigação da Seguradora de ressarcir danos sofridos por terceiros pressupõe a responsabilidade civil do segurado, a qual, de regra, não poderá ser reconhecida em demanda na qual este não interveio, sob pena de vulneração do devido processo legal e da ampla defesa." (REsp 962.230/RS, Rel. Ministro LUIS FELIPE SALOMÃO, SEGUNDA SEÇÃO, julgado em 08/02/2012, DJe 20/04/2012)

"Em ação de reparação de danos movida em face do segurado, a Seguradora denunciada pode ser condenada direta e solidariamente junto com este a pagar a indenização devida à vítima, nos limites contratados na apólice." (REsp 925130 SP, Rel. Ministro LUIS FELIPE SALOMÃO, SEGUNDA SEÇÃO, julgado em 08/02/2012, DJe 20/04/2012)

"É devida a restituição da denominada reserva de poupança a ex-participantes de plano de benefícios de previdência privada, devendo ser corrigida monetariamente conforme os índices que reflitam a real inflação ocorrida no período, mesmo que o estatuto da entidade preveja critério de correção diverso, devendo ser incluídos os expurgos inflacionários (Súmula 289/STJ); A quitação relativa à restituição, por instrumento de transação, somente alcança as parcelas efetivamente quitadas, não tendo eficácia em relação às verbas por ele não abrangidas. Portanto, se os expurgos inflacionários não foram pagos aos participantes que faziam jus à devolução das parcelas de contribuição, não se pode considerá-los saldados por recibo de quitação passado de forma geral; A atualização monetária das contribuições devolvidas pela entidade de previdência privada ao associado deve ser calculada pelo IPC, por ser o índice que melhor traduz a perda do poder aquisitivo da moeda." (REsp 1183474/DF, Rel. Ministro RAUL ARAÚJO, SEGUNDA SEÇÃO, julgado em 14/11/2012, DJe 28/11/2012)

"No caso de atropelamento de pedestre em via férrea, configura-se a concorrência de causas, impondo a redução da indenização por dano moral pela metade, quando: (i) a concessionária do transporte ferroviário descumpre o dever de cercar e fiscalizar os limites da linha férrea, mormente em locais urbanos e populosos, adotando conduta negligente no tocante às necessárias práticas de cuidado e vigilância tendentes a evitar a ocorrência de sinistros; e (ii) a vítima adota conduta imprudente, atravessando a via férrea em local inapropriado." (REsp 1172421/SP, Rel. Ministro LUIS FELIPE SALOMÃO, SEGUNDA SEÇÃO, julgado em 08/08/2012, DJe 19/09/2012)

"A despeito de situações fáticas variadas no tocante ao descumprimento do dever de segurança e vigilância contínua das vias férreas, a responsabilização da concessionária é uma constante, passível de ser elidida tão somente quando cabalmente comprovada a culpa exclusiva da vítima. Para os fins da sistemática prevista no art. 543-C do CPC, citam-se algumas situações: (i) existência de cercas ao longo da via, mas caracterizadas pela sua vulnerabilidade, insuscetíveis de impedir a abertura de passagens clandestinas, ainda quando existente passarela nas imediações do local do sinistro; (ii) a própria inexistência de cercadura ao longo de toda a ferrovia; (iii) a falta de vigilância constante e de manutenção da incolumidade dos muros destinados à vedação do acesso à linha férrea pelos pedestres; (iv) a ausência parcial ou total de sinalização adequada a indicar o perigo representado pelo tráfego das composições." (REsp 1210064/SP, Rel. Ministro LUIS FELIPE SALOMÃO, SEGUNDA SEÇÃO, julgado em 08/08/2012, DJe 31/08/2012)

"Enquanto não se promover, por meio de ação própria, a decretação de invalidade do registro e o respectivo cancelamento, a pessoa indicada no registro público continua a ser havida como proprietária do imóvel. Não basta, para ilidir a fé pública que o registro imobiliário reveste, o ajuizamento de ação tendente a invalidá-lo; exige-se sua procedência definitiva." (REsp 990.507/DF, Rel. Ministra NANCY ANDRIGHI, SEGUNDA SEÇÃO, julgado em 10/11/2010, DJe 01/02/2011)

"Salvo disposição contratual em sentido diferente, aplica-se aos contratos celebrados no âmbito do Sistema Financeiro da Habitação a regra de imputação prevista no art. 354 do Código Civil de 2002, que reproduz o art. 993 do Código Civil de 1916 e foi adotada pela RD BNH 81/1969." (REsp 1194402/RS, Rel. Ministro TEORI ALBINO ZAVASCKI, CORTE ESPECIAL, julgado em 21/09/2011, DJe 14/10/2011)

"O endossatário que recebe, por endosso translativo, título de crédito contendo vício formal, sendo inexistente a causa para conferir lastro a emissão de duplicata, responde pelos danos causados diante de protesto indevido, ressalvado seu direito de regresso contra os endossantes e avalistas." (REsp 1213256/RS, Rel. Ministro LUIS FELIPE SALOMÃO, SEGUNDA SEÇÃO, julgado em 28/09/2011, DJe 14/11/2011)

"A exigência de comum acordo entre o credor e o devedor na escolha do agente fiduciário tão somente se aplica aos contratos não vinculados ao Sistema Financeiro da Habitação-SFH, conforme a exegese do art. 30, I e II, e § § 1º e 2º do Decreto-Lei 70/66. O prazo a que alude o § 1º do art. 31 do Decreto-Lei n. 70/66 não se encontra inserido no art. 177 do CPC, porquanto o seu descumprimento não impõe nenhuma sanção ao agente fiduciário, razão pela qual esse prazo é impróprio." (REsp 1160435/PE, Rel. Ministro BENEDITO GONÇALVES, CORTE ESPECIAL, julgado em 06/04/2011, DJe 28/04/2011)

"Só responde por danos materiais e morais o endossatário que recebe título de crédito por endosso-mandato e o leva a protesto se extrapola os poderes de mandatário ou em razão de ato culposo próprio, como no caso de apontamento depois da ciência acerca do pagamento anterior ou da falta de higidez da cártula." (REsp 1063474/RS, Rel. Ministro LUIS FELIPE SALOMÃO, SEGUNDA SEÇÃO, julgado em 28/09/2011, DJe 17/11/2011)

"Nos contratos vinculados ao SFH, a atualização do saldo devedor antecede sua amortização pelo pagamento da prestação (Súmula n.450/STJ)." (REsp 1110903/PR, Rel. Ministro ALDIR PASSARINHO JUNIOR, CORTE ESPECIAL, julgado em 01/12/2010, DJe 15/02/2011)

"Não mais subsiste, no sistema normativo brasileiro, a prisão civil por infidelidade depositária, independentemente da modalidade de depósito, trate-se de depósito voluntário (convencional) ou cuide-se de depósito necessário, como o é o depósito judicial." (REsp 914.253/SP, Rel. Ministro LUIZ FUX, CORTE ESPECIAL, julgado em 02/12/2009, DJe 04/02/2010)

"Consolidação da jurisprudência desta Corte no sentido da incidência da pensão alimentícia sobre o décimo terceiro salário e o terço constitucional de férias, também conhecidos, respectivamente, por gratificação natalina e gratificação de férias." (REsp 1106654/RJ, Rel. Ministro PAULO FURTADO (DESEMBARGADOR CONVOCADO DO TJ/BA), SEGUNDA SEÇÃO, julgado em 25/11/2009, DJe 16/12/2009)

"Nos contratos celebrados no âmbito do Sistema Financeiro da Habitação, é vedada a capitalização de juros em qualquer periodicidade. Não cabe ao STJ, todavia, aferir se há capitalização de juros com a utilização da Tabela Price, por força das Súmula 5 e 7. O art. 6º, alínea "e", da Lei - 4.380/64, não estabelece limitação dos juros remuneratórios." (REsp 1070297/PR, Rel. Ministro LUIS FELIPE SALOMÃO, SEGUNDA SEÇÃO, julgado em 09/09/2009, DJe 18/09/2009)

"Em se tratando de contratos celebrados no âmbito do Sistema Financeiro da Habitação, a execução extrajudicial de que trata o Decreto-lei - 70/66, enquanto perdurar a demanda, poderá ser suspensa, uma vez preenchidos os requisitos para a concessão da tutela cautelar, independentemente de caução ou do depósito de valores incontroversos, desde que: a) exista discussão judicial contestando a existência integral ou parcial do débito; b) essa discussão esteja fundamentada em jurisprudência do Superior Tribunal de Justiça ou do Supremo Tribunal Federal (fumus boni iuris). Ainda que a controvérsia seja relativa a contratos celebrados no âmbito do Sistema Financeiro da Habitação, "a proibição da inscrição/manutenção em cadastro de inadimplentes, requerida em antecipação de tutela e/ou medida cautelar, somente será deferida se, cumulativamente: i) houver ação fundada na existência integral ou parcial do débito; ii) ficar demonstrado que a alegação da cobrança indevida se funda na aparência do bom direito e em jurisprudência consolidada do STF ou STJ; iii) for depositada a parcela incontroversa ou prestada a caução fixada conforme o prudente arbítrio do juiz"." (REsp 1067237/SP, Rel. Ministro LUIS FELIPE SALOMÃO, SEGUNDA SEÇÃO, julgado em 24/06/2009, DJe 23/09/2009)

"Conforme decidiu a Corte Especial, 'atualmente, a taxa dos juros moratórios a que se refere o referido dispositivo [art. 406 do CC/2002] é a taxa referencial do Sistema Especial de Liquidação e Custódia – SELIC, por ser ela a que incide como juros moratórios dos tributos federais (arts. 13 da Lei 9.065/95, 84 da Lei 8.981/95, 39, § 4º, da Lei 9.250/95, 61, § 3º, da Lei 9.430/96 e 30 da Lei 10.522/02; EREsp 727.842, DJ de 20/11/08; REsp 1.102.552/CE, Rel. Min. Teori Albino Zavascki, sujeito ao regime do art. 543-C do CPC)." (REsp 1112743/BA, Rel. Ministro CASTRO MEIRA, PRIMEIRA SEÇÃO, julgado em 12/08/2009, DJe 31/08/2009)

"No âmbito do Sistema Financeiro da Habitação, a partir da Lei 8.177/91, é permitida a utilização da Taxa Referencial (TR) como índice de correção monetária do saldo devedor. Ainda que o contrato tenha sido firmado antes da Lei n.º 8.177/91, também é cabível a aplicação da TR, desde que haja previsão contratual de correção monetária pela taxa básica de remuneração dos depósitos em poupança, sem nenhum outro índice específico. É necessária a contratação do seguro habitacional, no âmbito do SFH. Contudo, não há obrigatoriedade de que o mutuário contrate o referido seguro diretamente com o agente financeiro, ou por seguradora indicada por este, exigência esta que configura "venda casada", vedada pelo art. 39, inciso I, do CDC." (REsp 969.129/MG, Rel. Ministro LUIS FELIPE SALOMÃO, SEGUNDA SEÇÃO, julgado em 09/12/2009, DJe 15/12/2009)

"Em ação de cobrança objetivando indenização decorrente de seguro obrigatório de danos pessoais causados por veículos automotores de via terrestre – DPVAT, os juros de mora são devidos a partir da citação, por se tratar de responsabilidade contratual e obrigação ilíquida." (REsp 1120615/PR, Rel. Ministro LUIS FELIPE SALOMÃO, SEGUNDA SEÇÃO, julgado em 28/10/2009, DJe 26/11/2009)

"Falta ao autor interesse de agir para a ação em que postula a obtenção de documentos com dados societários, se não logra demonstrar: a) haver apresentado requerimento formal à ré nesse sentido; b) o pagamento pelo custo do serviço respectivo, quando a empresa lhe exigir, legitimamente respaldada no art. 100, parágrafo, 1º da Lei 6.404/1976." (REsp 982.133/RS, Rel. Ministro ALDIR PASSARINHO JUNIOR, SEGUNDA SEÇÃO, julgado em 10/09/2008, DJe 22/09/2008)

3.2 Direito Processual Civil

"A correção monetária dos depósitos judiciais deve incluir os expurgos inflacionários." (REsp 1.131.360 – RJ, Rel. Min. MINISTRA MARIA THEREZA DE ASSIS MOURA. Julgado em 03/05/2017)

"À luz do § 5º do art. 461 do CPC/1973, a recalcitrância do devedor permite ao juiz que, diante do caso concreto, adote qualquer medida que se revele necessária à satisfação do bem da vida almejado pelo jurisdicionado. Trata-se do "poder geral de efetivação", concedido ao juiz para dotar de efetividade as suas decisões. A eventual exorbitância na fixação do valor das astreintes aciona mecanismo de proteção ao devedor: como a cominação de multa para o cumprimento de obrigação de fazer ou de não fazer tão somente constitui método de coerção, obviamente não faz coisa julgada material, e pode, a requerimento da parte ou ex officio pelo magistrado, ser reduzida ou até mesmo suprimida, nesta última hipótese, caso a sua imposição não se mostrar mais necessária." (REsp 1474665/RS, Rel. Ministro BENEDITO GONÇALVES, PRIMEIRA SEÇÃO, julgado em 26/04/2017, DJe 22/06/2017)

"Nos Embargos de Terceiro cujo pedido foi acolhido para desconstituir a constrição judicial, os honorários advocatícios serão arbitrados com base no princípio da causalidade, responsabilizando-se o atual proprietário (embargante), se este não atualizou os dados cadastrais. Os encargos de sucumbência serão suportados pela parte embargada, porém, na hipótese em que esta, depois de tomar ciência da transmissão do bem, apresentar ou insistir na impugnação ou recurso para manter a penhora sobre o bem cujo domínio foi transferido para terceiro." (REsp 1452840/SP, Rel. Ministro HERMAN BENJAMIN, PRIMEIRA SEÇÃO, julgado em 14/09/2016, DJe 05/10/2016)

"A aplicação da sanção civil do pagamento em dobro por cobrança judicial de dívida já adimplida (cominação encartada no artigo 1.531 do Código Civil de 1916, reproduzida no artigo 940 do Código Civil de 2002) pode ser postulada pelo réu na própria defesa, independendo da propositura de ação autônoma ou do manejo de reconvenção, sendo imprescindível a demonstração de má-fé do credor." (REsp 1111270/PR, Rel. Ministro MARCO BUZZI, SEGUNDA SEÇÃO, julgado em 25/11/2015, DJe 16/02/2016)

"Não se sendo a ação de prestação de contas instrumento processual adequado à revisão de contrato de mútuo (REsp. 1.293.558/PR, julgado sob o rito do art. 543-C do CPC/1973, relator Ministro Luís Felipe Salomão), da mesma forma não se presta esse rito especial para a revisão de taxas de juros e demais encargos de empréstimos obtidos por meio de abertura de limite de crédito em conta-corrente." (REsp 1497831/PR, Rel. Ministro PAULO DE TARSO SANSEVERINO, Rel. p/ Acórdão Ministra MARIA ISABEL GALLOTTI, SEGUNDA SEÇÃO, julgado em 14/09/2016, DJe 07/11/2016)

"A sentença, qualquer que seja sua natureza, de procedência ou improcedência do pedido, constitui título executivo judicial, desde que estabeleça obrigação de pagar quantia, de fazer, não fazer ou entregar coisa, admitida sua prévia liquidação e execução nos próprios autos." (REsp 1324152/SP, Rel. Ministro LUIS FELIPE SALOMÃO, CORTE ESPECIAL, julgado em 04/05/2016, DJe 15/06/2016)

"A propositura de ação cautelar de exibição de documentos bancários (cópias e segunda via de documentos) é cabível como medida preparatória a fim de instruir a ação principal, bastando a demonstração da existência de relação jurídica entre as partes, a comprovação de prévio pedido à instituição financeira não atendido em prazo razoável, e o pagamento do custo do serviço conforme previsão contratual e normatização da autoridade monetária." (REsp 1349453/MS, Rel. Ministro LUIS FELIPE SALOMÃO, SEGUNDA SEÇÃO, julgado em 10/12/2014, DJe 02/02/2015)

"A reforma da decisão que antecipa a tutela obriga o autor da ação a devolver os benefícios previdenciários indevidamente recebidos." (REsp 1401560/MT, Rel. Ministro SÉRGIO KUKINA, Rel. p/ Acórdão Ministro ARI PARGENDLER, PRIMEIRA SEÇÃO, julgado em 12/02/2014, DJe 13/10/2015)

"A legislação de regência estabelece que o documento hábil a protesto extrajudicial é aquele que caracteriza prova escrita de obrigação pecuniária líquida, certa e exigível. Portanto, a sustação de protesto de título, por representar restrição a direito do credor, exige prévio oferecimento de contracautela, a ser fixada conforme o prudente arbítrio do magistrado." (REsp 1340236/SP, Rel. Ministro LUIS FELIPE SALOMÃO, SEGUNDA SEÇÃO, julgado em 14/10/2015, DJe 26/10/2015)

"A petição inicial da ação monitória para cobrança de soma em dinheiro deve ser instruída com demonstrativo de débito atualizado até a data do ajuizamento, assegurando-se, na sua ausência ou insuficiência, o direito da parte de supri-la, nos termos do art. 284 do CPC." (REsp 1154730/PE, Rel. Ministro JOÃO OTÁVIO DE NORONHA, SEGUNDA SEÇÃO, julgado em 08/04/2015, DJe 15/04/2015)

"A análise acerca da legalidade da utilização da Tabela Price – mesmo que em abstrato – passa, necessariamente, pela constatação da eventual capitalização de juros (ou incidência de juros compostos, juros sobre juros ou anatocismo), que é questão de fato e não de direito, motivo pelo qual não cabe ao Superior Tribunal de Justiça tal apreciação, em razão dos óbices contidos nas Súmulas 5 e 7 do STJ." (REsp 1124552/RS, Rel. Ministro LUIS FELIPE SALOMÃO, CORTE ESPECIAL, julgado em 03/12/2014, DJe 02/02/2015)

"No âmbito do cumprimento de sentença arbitral condenatória de prestação pecuniária, a multa de 10% (dez por cento) do artigo 475-J do CPC deverá incidir se o executado não proceder ao pagamento espontâneo no prazo de 15 (quinze) dias contados da juntada do mandado de citação devidamente cumprido aos autos (em caso de título executivo contendo quantia líquida) ou da intimação do devedor, na pessoa de seu advogado, mediante publicação na imprensa oficial (em havendo prévia liquidação da obrigação certificada pelo juízo arbitral)." (REsp 1102460/RJ, Rel. Ministro MARCO BUZZI, CORTE ESPECIAL, julgado em 17/06/2015, DJe 23/09/2015)

"Cancela-se a distribuição da impugnação ao cumprimento de sentença ou dos embargos à execução na hipótese de não recolhimento das custas no prazo de 30 dias, independentemente de prévia intimação da parte. Não se determina o cancelamento da distribuição se o recolhimento das custas, embora intempestivo, estiver comprovado nos autos." (REsp 1361811/RS, Rel. Ministro PAULO DE TARSO SANSEVERINO, CORTE ESPECIAL, julgado em 04/03/2015, DJe 06/05/2015)

"Nas demandas por complementação de ações de empresas de telefonia, admite-se a condenação ao pagamento de dividendos e juros sobre capital próprio independentemente de pedido expresso. Descabimento da inclusão dos dividendos ou dos juros sobre capital próprio no cumprimento da sentença condenatória à complementação de ações sem expressa previsão no título executivo." (REsp 1373438/RS, Rel. Ministro PAULO DE TARSO SANSEVERINO, SEGUNDA SEÇÃO, julgado em 11/06/2014, DJe 17/06/2014)

"O prazo para ajuizamento de ação monitória em face do emitente de cheque sem força executiva é quinquenal, a contar do dia seguinte à data de emissão estampada na cártula." (REsp 1101412/SP, Rel. Ministro LUIS FELIPE SALOMÃO, SEGUNDA SEÇÃO, julgado em 11/12/2013, DJe 03/02/2014)

"O prazo para ajuizamento de ação monitória em face do emitente de nota promissória sem força executiva é quinquenal, a contar do dia seguinte ao vencimento do título." (REsp 1262056/SP, Rel. Ministro LUIS FELIPE SALOMÃO, SEGUNDA SEÇÃO, julgado em 11/12/2013, DJe 03/02/2014)

"O chamamento ao processo da União com base no art. 77, III, do CPC, nas demandas proposta contra os demais entes federativos responsáveis para o fornecimento de medicamentos ou prestação de serviços de saúde, não é impositivo, mostrando-se inadequado opor obstáculo inútil à garantia fundamental do cidadão à saúde." (REsp 1203244/SC, Rel. Ministro HERMAN BENJAMIN, PRIMEIRA SEÇÃO, julgado em 09/04/2014, DJe 17/06/2014)

"A multa diária prevista no § 4º do art.461 do CPC, devida desde o dia em que configurado o descumprimento, quando fixada em antecipação de tutela, somente poderá ser objeto de execução provisória após a sua confirmação pela sentença de mérito e desde que o recurso eventualmente interposto não seja recebido com efeito suspensivo." (REsp 1200856/RS, Rel. Ministro SIDNEI BENETI, CORTE ESPECIAL, julgado em 01/07/2014, DJe 17/09/2014)

"A sentença proferida pelo Juízo da 12ª Vara Cível da Circunscrição Especial Judiciária de Brasília/DF, na ação civil coletiva n. 1998.01.1.016798-9, que condenou o Banco do Brasil ao pagamento de diferenças decorrentes de expurgos inflacionários sobre cadernetas de poupança ocorridos em janeiro de 1989 (Plano Verão), é aplicável, por força da coisa julgada, indistintamente a todos os detentores de caderneta de poupança do Banco do Brasil, independentemente de sua residência ou domicílio no Distrito Federal, reconhecendo-se ao beneficiário o direito de ajuizar o cumprimento individual da sentença coletiva no Juízo de seu domicílio ou no Distrito Federal; b) os poupadores ou seus sucessores detêm legitimidade ativa – também por força da coisa julgada -, independentemente de fazerem parte ou não dos quadros associativos do Idec, de ajuizarem o cumprimento individual da sentença coletiva proferida na Ação Civil Pública n. 1998.01.1.016798-9, pelo Juízo da 12ª Vara Cível da Circunscrição Especial Judiciária de Brasília/DF." (REsp 1391198/RS, Rel. Ministro LUIS FELIPE SALOMÃO, SEGUNDA SEÇÃO, julgado em 13/08/2014, DJe 02/09/2014)

"É indispensável citação válida para configuração da fraude de execução, ressalvada a hipótese prevista no § 3º do art. 615-A do CPC." (REsp 956.943/PR,

Rel. Ministra NANCY ANDRIGHI, Rel. p/ Acórdão Ministro JOÃO OTÁVIO DE NORONHA, CORTE ESPECIAL, julgado em 20/08/2014, DJe 01/12/2014)

"A decisão que comina astreintes não preclui, não fazendo tampouco coisa julgada." (REsp 1333988/SP, Rel. Ministro PAULO DE TARSO SANSEVERINO, SEGUNDA SEÇÃO, julgado em 09/04/2014, DJe 11/04/2014)

"Descabimento de multa cominatória na exibição, incidental ou autônoma, de documento relativo a direito disponível." (REsp 1333988/SP, Rel. Ministro PAULO DE TARSO SANSEVERINO, SEGUNDA SEÇÃO, julgado em 09/04/2014, DJe 11/04/2014)

"Inexiste preclusão do arbitramento de verba honorária, no curso da execução, ainda que sobre ela tenha sido silente a inicial do processo executivo e já tenha ocorrido o pagamento do ofício requisitório." (REsp 1252412/RN, Rel. Ministro ARNALDO ESTEVES LIMA, CORTE ESPECIAL, julgado em 06/11/2013, DJe 03/02/2014)

"Os créditos resultantes de honorários advocatícios têm natureza alimentar e equiparam-se aos trabalhistas para efeito de habilitação em falência, seja pela regência do Decreto-Lei n. 7.661/1945, seja pela forma prevista na Lei n. 11.101/2005, observado, neste último caso, o limite de valor previsto no artigo 83, inciso I, do referido Diploma legal. São créditos extra concursais os honorários de advogado resultantes de trabalhos prestados à massa falida, depois do decreto de falência, nos termos dos arts. 84 e 149 da Lei n. 11.101/2005." (REsp 1152218/RS, Rel. Ministro LUIS FELIPE SALOMÃO, CORTE ESPECIAL, julgado em 07/05/2014, DJe 09/10/2014)

"O Plenário do Supremo Tribunal Federal, no julgamento do RE 631.240/MG, sob rito do artigo 543-B do CPC, decidiu que a concessão de benefícios previdenciários depende de requerimento administrativo, evidenciando situações de ressalva e fórmula de transição a ser aplicada nas ações já ajuizadas até a conclusão do aludido julgamento (03/9/2014)." (REsp 1369834/SP, Rel. Ministro BENEDITO GONÇALVES, PRIMEIRA SEÇÃO, julgado em 24/09/2014, DJe 02/12/2014)

"O Ministério Público tem legitimidade ativa para ajuizar ação de alimentos em proveito de criança ou adolescente. A legitimidade do Ministério Público independe do exercício do poder familiar dos pais, ou de o menor se encontrar nas situações de risco descritas no art. 98 do Estatuto da Criança e do Adolescente, ou de quaisquer outros questionamentos acerca da existência ou eficiência da Defensoria Pública na comarca." (REsp 1265821/BA, Rel. Ministro LUIS FELIPE SALOMÃO, SEGUNDA SEÇÃO, julgado em 14/05/2014, DJe 04/09/2014)

"É legítima a penhora de apontado bem de família pertencente a fiador de contrato de locação, ante o que dispõe o art. 3º, inciso VII, da Lei n.

8.009/1990." (REsp 1363368/MS, Rel. Ministro LUIS FELIPE SALOMÃO, SEGUNDA SEÇÃO, julgado em 12/11/2014, DJe 21/11/2014)

"Em ação de cobrança objetivando indenização decorrente de Seguro Obrigatório de Danos Pessoais Causados por Veículos Automotores de Vias Terrestres – DPVAT, constitui faculdade do autor escolher entre os seguintes foros para ajuizamento da ação: o do local do acidente ou o do seu domicílio (parágrafo único do art. 100 do Código de Processo Civil); bem como, ainda, o do domicílio do réu (art. 94 do mesmo Diploma)." (REsp 1357813/RJ, Rel. Ministro LUIS FELIPE SALOMÃO, SEGUNDA SEÇÃO, julgado em 11/09/2013, DJe 24/09/2013)

"Tratando-se de fornecimento de medicamentos, cabe ao Juiz adotar medidas eficazes à efetivação de suas decisões, podendo, se necessário, determinar até mesmo, o sequestro de valores do devedor (bloqueio), segundo o seu prudente arbítrio, e sempre com adequada fundamentação." (REsp 1069810/RS, Rel. Ministro NAPOLEÃO NUNES MAIA FILHO, PRIMEIRA SEÇÃO, julgado em 23/10/2013, DJe 06/11/2013)

"As informações sigilosas das partes devem ser juntadas aos autos do processo que correrá em segredo de justiça, não sendo admitido o arquivamento em apartado." (REsp 1349363/SP, Rel. Ministro MAURO CAMPBELL MARQUES, PRIMEIRA SEÇÃO, julgado em 22/05/2013, DJe 31/05/2013)

"Não é possível se exigir do Ministério Público o adiantamento de honorários periciais em ações civis públicas. Ocorre que a referida isenção conferida ao Ministério Público em relação ao adiantamento dos honorários periciais não pode obrigar que o perito exerça seu ofício gratuitamente, tampouco transferir ao réu o encargo de financiar ações contra ele movidas. Dessa forma, considera-se aplicável, por analogia, a Súmula n. 232 desta Corte Superior ("A Fazenda Pública, quando parte no processo, fica sujeita à exigência do depósito prévio dos honorários do perito"), a determinar que a Fazenda Pública ao qual se acha vinculado o Parquet arque com tais despesas." (REsp 1253844/SC, Rel. Ministro MAURO CAMPBELL MARQUES, PRIMEIRA SEÇÃO, julgado em 13/03/2013, DJe 17/10/2013)

"Em ação monitória fundada em cheque prescrito, ajuizada em face do emitente, é dispensável menção ao negócio jurídico subjacente à emissão da cártula." (REsp 1094571/SP, Rel. Ministro LUIS FELIPE SALOMÃO, SEGUNDA SEÇÃO, julgado em 04/02/2013, DJe 14/02/2013)

"À mingua de lei expressa, a inscrição em dívida ativa não é a forma de cobrança adequada para os valores indevidamente recebidos a título de benefício previdenciário previstos no art. 115, II, da Lei n. 8.213/91 que devem submeter-se a ação de cobrança por enriquecimento ilícito para apuração da responsabilidade civil." (REsp 1350804/PR, Rel. Ministro MAURO CAMPBELL MARQUES, PRIMEIRA SEÇÃO, julgado em 12/06/2013, DJe 28/06/2013)

"Em se tratando de demanda em que se discute a ausência/obstáculo de credenciamento da instituição de ensino superior pelo Ministério da Educação como condição de expedição de diploma aos estudantes, é inegável a presença de interesse jurídico da União, razão pela qual deve a competência ser atribuída à Justiça Federal, nos termos do art. 109, I, da Constituição Federal de 1988." (REsp 1344771/PR, Rel. Ministro MAURO CAMPBELL MARQUES, PRIMEIRA SEÇÃO, julgado em 24/04/2013, REPDJe 29/08/2013, DJe 02/08/2013)

"A discussão quanto à aplicação de juros e correção monetária nos depósitos judiciais independe de ação específica contra o banco depositário." (REsp 1359988/SP, Rel. Ministro HERMAN BENJAMIN, PRIMEIRA SEÇÃO, julgado em 12/06/2013, DJe 28/06/2013)

"No âmbito do Direito Privado, é de cinco anos o prazo prescricional para ajuizamento da execução individual em pedido de cumprimento de sentença proferida em Ação Civil Pública." (REsp 1273643/PR, Rel. Ministro SIDNEI BENETI, SEGUNDA SEÇÃO, julgado em 27/02/2013, DJe 04/04/2013)

"A Cédula de Crédito Bancário é título executivo extrajudicial, representativo de operações de crédito de qualquer natureza, circunstância que autoriza sua emissão para documentar a abertura de crédito em conta-corrente, nas modalidades de crédito rotativo ou cheque especial. O título de crédito deve vir acompanhado de claro demonstrativo acerca dos valores utilizados pelo cliente, trazendo o diploma legal, de maneira taxativa, a relação de exigências que o credor deverá cumprir, de modo a conferir liquidez e exequibilidade à Cédula (art. 28, § 2º, incisos I e II, da Lei n. 10.931/2004)." (REsp 1291575/PR, Rel. Ministro LUIS FELIPE SALOMÃO, SEGUNDA SEÇÃO, julgado em 14/08/2013, DJe 02/09/2013)

"O prazo prescricional da ação individual de cobrança relativa a expurgos inflacionários incidentes sobre saldo de caderneta de poupança proposta contra o Estado de Minas Gerais, sucessor da MINAS CAIXA, é vintenário, não se aplicando à espécie o Decreto nº 20.910/32 que disciplina a prescrição contra a Fazenda Pública." (REsp 1103224/MG, Rel. Ministro RICARDO VILLAS BÔAS CUEVA, SEGUNDA SEÇÃO, julgado em 12/12/2012, DJe 18/12/2012)

"A notificação extrajudicial realizada e entregue no endereço do devedor, por via postal e com aviso de recebimento, é válida quando realizada por Cartório de Títulos e Documentos de outra Comarca, mesmo que não seja aquele do domicílio do devedor." (REsp 1184570/MG, Rel. Ministra MARIA ISABEL GALLOTTI, SEGUNDA SEÇÃO, julgado em 09/05/2012, DJe 15/05/2012)

"Em havendo regra específica aplicável ao processo de execução (art. 567, II, do CPC), que prevê expressamente a possibilidade de prosseguimento da execução pelo cessionário, não há falar em incidência, na execução, de regra que se aplica somente ao processo de conhecimento no sentido da necessidade de anuência do adversário para o ingresso do cessionário no processo (arts. 41 e 42 do CPC)." (REsp 1091443/SP, Rel. Ministra MARIA THEREZA DE ASSIS MOURA, CORTE ESPECIAL, julgado em 02/05/2012, DJe 29/05/2012)

"Compete à Justiça Estadual processar e julgar litígios instaurados entre entidade de previdência privada e participante de seu plano de benefícios." (REsp 1207071/RJ, Rel. Ministra MARIA ISABEL GALLOTTI, SEGUNDA SEÇÃO, julgado em 27/06/2012, DJe 08/08/2012)

"É inadmissível a conversão, de ofício ou a requerimento das partes, da execução em ação monitória após ter ocorrido a citação, em razão da estabilização da relação processual a partir do referido ato." (REsp 1129938/PE, Rel. Ministro MASSAMI UYEDA, SEGUNDA SEÇÃO, julgado em 28/09/2011, DJe 28/03/2012)

"O representante da Fazenda Pública Municipal (caso dos autos), em sede de execução fiscal e respectivos embargos, possui a prerrogativa de ser intimado pessoalmente, em virtude do disposto no art. 25 da Lei 6.830/80, sendo que tal prerrogativa também é assegurada no segundo grau de jurisdição, razão pela qual não é válida, nessa situação, a intimação efetuada, exclusivamente, por meio da imprensa oficial ou carta registrada." (REsp 1268324/PA, Rel. Ministro MAURO CAMPBELL MARQUES, CORTE ESPECIAL, julgado em 17/10/2012, DJe 21/11/2012)

"O prazo do art. 284 do Código de Processo Civil não é peremptório, mas dilatório, ou seja, pode ser reduzido ou ampliado por convenção das partes ou por determinação do juiz, nos termos do art. 181 do Código de Processo Civil." (REsp 1133689/PE, Rel. Ministro MASSAMI UYEDA, SEGUNDA SEÇÃO, julgado em 28/03/2012, DJe 18/05/2012)

"A sentença genérica prolatada no âmbito da ação civil coletiva, por si, não confere ao vencido o atributo de devedor de "quantia certa ou já fixada em liquidação" (art. 475-J do CPC), porquanto, "em caso de procedência do pedido, a condenação será genérica", apenas "fixando a responsabilidade do réu pelos danos causados" (art. 95 do CDC). A condenação, pois, não se reveste de liquidez necessária ao cumprimento espontâneo do comando sentencial, não sendo aplicável a reprimenda prevista no art. 475-J do CPC." (REsp 1247150/PR, Rel. Ministro LUIS FELIPE SALOMÃO, CORTE ESPECIAL, julgado em 19/10/2011, DJe 12/12/2011)

"Não são devidos honorários advocatícios à Defensoria Pública quando ela atua contra pessoa jurídica de direito público que integra a mesma Fazenda Pública." (REsp 1199715/RJ, Rel. Ministro ARNALDO ESTEVES LIMA, CORTE ESPECIAL, julgado em 16/02/2011, DJe 12/04/2011)

"É cabível a fixação de multa pelo descumprimento de obrigação de fazer (astreintes), nos termos do art. 461, § 4º, do CPC, no caso de atraso no fornecimento em juízo dos extratos de contas vinculadas ao FGTS." (REsp 1112862/GO, Rel. Ministro HUMBERTO MARTINS, PRIMEIRA SEÇÃO, julgado em 13/04/2011, DJe 04/05/2011)

"Por força do parágrafo único do art. 24-A da Lei nº 9.028/95, a Caixa Econômica Federal - CEF, nas ações em que represente o FGTS, está isenta do pagamento de custas, emolumentos e demais taxas judiciárias, isenção que, todavia, não a desobriga de, quando sucumbente, reembolsar as custas adiantadas pela parte vencedora." (REsp 1151364/PE, Rel. Ministro TEORI ALBINO ZAVASCKI, PRIMEIRA SEÇÃO, julgado em 24/02/2010, DJe 10/03/2010)

"A medida cautelar na ação direta de inconstitucionalidade é também dotada de eficácia contra todos e é concedida, em regra, com efeito ex nunc, podendo o Tribunal atribuir-lhe eficácia retroativa e, diferentemente do que ocorre com a medida cautelar na ação declaratória de constitucionalidade, não há previsão legal de suspensão dos processos que envolvam a aplicação da lei ou do ato normativo questionado." (REsp 1111099/PR, Rel. Ministro HAMILTON CARVALHIDO, PRIMEIRA SEÇÃO, julgado em 25/08/2010, DJe 05/10/2010)

"A fixação de percentual relativo aos juros moratórios, após a edição da Lei 9.250/95, em decisão que transitou em julgado, impede a inclusão da Taxa SELIC em fase de liquidação de sentença, sob pena de violação ao instituto da coisa julgada, porquanto a referida taxa engloba juros e correção monetária, não podendo ser cumulada com qualquer outro índice de atualização." (REsp 1136733/PR, Rel. Ministro LUIZ FUX, PRIMEIRA SEÇÃO, julgado em 13/10/2010, DJe 26/10/2010)

"É possível a condenação da Fazenda Pública ao pagamento de honorários advocatícios em decorrência da extinção da Execução Fiscal pelo acolhimento de Exceção de Pré-Executividade." (REsp 1185036/PE, Rel. Ministro HERMAN BENJAMIN, PRIMEIRA SEÇÃO, julgado em 08/09/2010, DJe 01/10/2010)

"É dispensado o curador especial de oferecer garantia ao Juízo para opor embargos à execução. Com efeito, seria um contra-senso admitir a legitimidade do curador especial para a oposição de embargos, mas exigir que, por iniciativa própria, garantisse o juízo em nome do réu revel, mormente em se tratando de defensoria pública, na medida em que consubstanciaria desproporcional embaraço ao exercício do que se constitui um munus público, com nítido propósito de se garantir o direito ao contraditório e à ampla defesa." (REsp 1110548/PB, Rel. Ministra LAURITA VAZ, CORTE ESPECIAL, julgado em 25/02/2010, DJe 26/04/2010)

"Não se pode confundir a típica ação de improbidade administrativa, de que trata o artigo 17 da Lei 8.429/92, com a ação de responsabilidade civil para anular atos administrativos e obter o ressarcimento do dano correspondénte. Aquela tem caráter repressivo, já que se destina, fundamentalmente, a aplicar sanções político-civis de natureza pessoal aos responsáveis por atos de improbidade administrativa (art. 12). Esta, por sua vez, tem por objeto consequências de natureza civil comum, suscetíveis de obtenção por outros meios processuais. O especialíssimo procedimento estabelecido na Lei 8.429/92, que prevê um juízo de delibação para recebimento da petição inicial (art. 17, §§ 8º e 9º), precedido de notificação do demandado (art. 17, § 7º), somente é aplicável para ações de improbidade administrativa típicas." (REsp 1163643/SP, Rel. Ministro TEORI ALBINO ZAVASCKI, PRIMEIRA SEÇÃO, julgado em 24/03/2010, DJe 30/03/2010)

"A regra é a de que a ausência ou o equívoco quanto ao número da inscrição do advogado na Ordem dos Advogados do Brasil – OAB não gera nulidade da intimação da sentença, máxime quando corretamente publicados os nomes das partes e respectivos patronos, informações suficientes para a identificação da demanda." (REsp 1131805/SC, Rel. Ministro LUIZ FUX, CORTE ESPECIAL, julgado em 03/03/2010, DJe 08/04/2010)

"O juízo do inventário, na modalidade de arrolamento sumário, não detém competência para apreciar pedido de reconhecimento da isenção do ITCMD (Imposto sobre Transmissão Causa Mortis e Doação de quaisquer Bens ou Direitos), à luz do disposto no caput do artigo 179, do CTN." (REsp 1150356/SP, Rel. Ministro LUIZ FUX, PRIMEIRA SEÇÃO, julgado em 09/08/2010, DJe 25/08/2010)

"A responsabilidade pela apresentação dos extratos analíticos é da Caixa Econômica Federal – enquanto gestora do FGTS -, pois tem ela total acesso a todos os documentos relacionados ao Fundo e deve fornecer as provas necessárias ao correto exame do pleiteado pelos fundistas". (REsp 1.108.034/RN, Rel. Min. Humberto Martins, Primeira Seção, julgado em 28.10.2009, DJe 25.11.2009).

"Segundo a jurisprudência das duas Turmas de Direito Público desta Corte, devem ser examinadas quatro situações, levando-se em conta a data da prolação da sentença exequenda: (a) se esta foi proferida antes do CC/02 e determinou juros legais, deve ser observado que, até a entrada em vigor do Novo CC, os juros eram de 6% ao ano (art. 1.062 do CC/1916), elevando-se, a partir de então, para 12% ao ano; (b) se a sentença exequenda foi proferida antes da vigência do CC/02 e fixava juros de 6% ao ano, também se deve adequar os juros após a entrada em vigor dessa legislação, tendo em vista que a determinação de 6% ao ano apenas obedecia aos parâmetros legais da época da prolação; (c) se a sentença é posterior à entrada em vigor do novo CC e determinar juros legais, também se considera de 6% ao ano até 11 de janeiro de 2003 e, após, de 12% ao ano; e (d) se a sentença é posterior ao Novo CC e determina juros de 6% ao ano e não houver recurso, deve ser aplicado esse percentual, eis que a modificação depende de iniciativa da parte.

(REsp 1.102.552/CE, Rel. Min. Teori Albino Zavascki, sujeito ao regime do art. 543-C do CPC, pendente de publicação)." (REsp 1112743/BA, Rel. Ministro CASTRO MEIRA, PRIMEIRA SEÇÃO, julgado em 12/08/2009, DJe 31/08/2009)

"Ajuizada ação coletiva atinente a macro-lide geradora de processos multitudinários, suspendem-se as ações individuais, no aguardo do julgamento da ação coletiva." (REsp 1110549/RS, Rel. Ministro SIDNEI BENETI, SEGUNDA SEÇÃO, julgado em 28/10/2009, DJe 14/12/2009)

"A prescrição quinquenal prevista na Súmula do STJ/291 incide não apenas na cobrança de parcelas de complementação de aposentadoria, mas, também, por aplicação analógica, na pretensão a diferenças de correção monetária incidentes sobre restituição da reserva de poupança, cujo termo inicial é a data em que houver a devolução a menor das contribuições pessoais recolhidas pelo associado ao plano previdenciário." (REsp 1110561/SP, Rel. Ministro SIDNEI BENETI, SEGUNDA SEÇÃO, julgado em 09/09/2009, DJe 06/11/2009)

"A presunção de veracidade contida no art. 359 do Código de Processo Civil não se aplica às ações cautelares de exibição de documentos." (REsp 1094846/MS, Rel. Ministro CARLOS FERNANDO MATHIAS (JUIZ FEDERAL CONVOCADO DO TRF 1ª REGIÃO), SEGUNDA SEÇÃO, julgado em 11/03/2009, DJe 03/06/2009)

"Em demandas sobre a legitimidade da cobrança de tarifas por serviço de telefonia, movidas por usuário contra a concessionária, não se configura hipótese de litisconsórcio passivo necessário da ANATEL, que, na condição de concedente do serviço público, não ostenta interesse jurídico qualificado a justificar sua presença na relação processual." (REsp 1068944/PB, Rel. Ministro TEORI ALBINO ZAVASCKI, PRIMEIRA SEÇÃO, julgado em 12/11/2008, DJe 09/02/2009)

"Não são devidos honorários advocatícios à Defensoria Pública quando atua contra a pessoa jurídica de direito público da qual é parte integrante. A contrario sensu, reconhece-se o direito ao recebimento dos honorários advocatícios se a atuação se dá em face de ente federativo diverso, como, por exemplo, quando a Defensoria Pública Estadual atua contra Município." (REsp 1108013/RJ, Rel. Ministra ELIANA CALMON, CORTE ESPECIAL, julgado em 03/06/2009, DJe 22/06/2009)

"Falta ao autor interesse de agir para a ação em que postula a obtenção de documentos com dados societários, se não logra demonstrar: a) haver apresentado requerimento formal à ré nesse sentido; b) o pagamento pelo custo do serviço respectivo, quando a empresa lhe exigir, legitimamente respaldada no art. 100, parágrafo, 1º da Lei 6.404/1976." (REsp 982.133/RS, Rel. Ministro ALDIR PASSARINHO JUNIOR, SEGUNDA SEÇÃO, julgado em 10/09/2008, DJe 22/09/2008)

Capítulo V

PROVAS SIMULADAS

Luiz Otávio Rezende

Como já adiantado nos capítulos anteriores, somente a realização de exercícios simulados irá permitir a aquisição da correta técnica de redação da sentença cível, sobretudo porque tal atividade visa emprestar efeito prático aos ensinamentos teóricos de direito civil, administrativo, constitucional, empresarial e processual civil inerentes à feitura do ato.

Nos itens a seguir, serão colacionados exercícios simulados para o aperfeiçoamento acima relatado, com foco nas últimas provas dos certames da magistratura, realizados nos anos de 2015, 2016 e 2017[1].

À evidência, a sentença cível é essencialmente prática, e, a partir do momento em que se apreende o conhecimento da ordenação da peça, torna-se muito mais fácil a resolução de qualquer prova, pois aqueles que conseguem a aprovação para esta etapa do concurso certamente têm o conhecimento técnico-jurídico necessário sobre os temas mais comuns, cuja cobrança nos testes é naturalmente esperada.

Os espelhos dos exercícios estão alocados ao final, mas, ante a dissonância de entendimentos entre os vários Tribunais brasileiros, não devem ser vistos como verdade absoluta, mas apenas como um norte a ser seguido, pois refletem a opinião do elaborador do texto sobre a conclusão jurídica passível de uso nos casos concretos expostos.

Espera-se que esse capítulo, inédito entre os manuais de elaboração da sentença cível, em sua maioria focados na reprodução singela de provas anteriores de concursos para a magistratura, sem o respectivo padrão de resposta, possa representar um incremento no estudo das técnicas de redação da

1 Inserimos também exercícios criados para os recentíssimos concursos promovidos pelos Tribunais de Justiça de São Paulo e Santa Catarina, espelhados na avaliação feita das bancas examinadoras, bem como no estilo de cobrança esperado.

sentença, permitindo aos postulantes ao cargo um treinamento sério e real antes dos testes a que irão se submeter.

Os exercícios têm variação quanto a necessidade de elaboração de relatório e limitação de linhas, entre outras especificidades[2], e intentam trazer a abordagem das ações mais comumente apreciadas tanto na praxe forense quanto nos certames para o ingresso na magistratura.

Não há nenhum exercício simulado de alta dificuldade, pois o objetivo dessas formulações é tão somente permitir treinamento qualificado aos leitores desse manual, visando lhes auxiliar a obter a técnica básica de feitura da peça prática cível.

1. ENUNCIADOS

1.1 Exercício 1 – Ação de cobrança cumulada com pedido de dano moral[3]

Carlos Luz ingressou com ação de cobrança c/c dano moral em face de Banco do Povo Seguros S.A., ambos qualificados nos autos.

Segundo narrou o autor, este firmou com a ré, em 18.05.2014, contrato de seguro, tendo como objeto veículo de sua propriedade, com validade de um ano.

Asseverou que, no dia 14 de abril de 2015, o veículo segurado, conduzido na ocasião por seu filho, sem o seu consentimento, envolveu-se em acidente de trânsito que ocasionou a perda total do automóvel, inclusive com morte de todos os cinco passageiros, razão pela qual requereu a cobertura securitária.

Juntou aos autos o boletim de ocorrência assinado pelos agentes de trânsito, que assim se manifestaram:

> "De acordo com o levantamento no local do acidente, no município de Manaus/AM, no Km 007 da rodovia federal, constatamos através de vestígios nos veículos e no pavimento, que V1, TOYOTA/HILUX, placa XXXXXXX/AM, seguia no sentido Manaus/AM a Boa Vista/RR e no local saiu da pista para a sua direita e ao voltar invadiu a contramão de direção e colidiu frontal-

2 Uma especificidade que foi alocada diz respeito aos processos que foram iniciados antes do advento do CPC/15, mas cuja conclusão para sentença se deu após a vigência do novo código, numa tentativa de fomentar a avaliação intertemporal das regras, considerando a mudança legislativa ocorrida.

3 Tribunal de Justiça do Amazonas. Exercício realizado para treinamento. Certame realizado no ano de 2016, organizado pelo Cespe/UNB. Prova com limitação de linhas (180), e relatório dispensado.

> mente com V2, VOLVO/FH 460 6X2T, placa OGV 6742/GO, que seguia o fluxo no sentido contrário em sua mão de direção. Em seguida, V1 saiu da pista em sentido crescente e V2 saiu da pista em sentido decrescente ficando capotado seu primeiro semirreboque e tombado o último semirreboque."

Aduziu que a empresa ré afirmou a impossibilidade do pagamento da indenização, sob o argumento de que o condutor era pessoa não portadora de documento de habilitação legal.

Afirmou que o veículo era financiado e que foi obrigado a continuar adimplindo as parcelas do financiamento até a quitação, conforme comprovante trazido aos autos. Pugnou pela necessidade de reparação do valor do veículo do terceiro atingido no acidente, que sofreu perda total e tinha valor aproximado de R$ 100.000,00.

Relatou que o contrato tinha expressa previsão de prêmio para a hipótese de falecimento dos ocupantes do veículo, em montante certo de R$ 75.000,00 por passageiro.

Requereu a condenação da empresa ré ao pagamento de R$ 100.000,00 (cem mil reais), referentes à perda total do automóvel do autor, R$ 100.000,00 (cem mil reais) pela perda total do veículo de terceiro, R$ 75.000,00 (setenta e cinco mil reais) por cada um dos cinco passageiros que faleceram na ocasião do acidente, totalizando R$ 375.000,00, bem como ao pagamento de R$ 150.000,00 a título de danos morais.

A demanda foi proposta no dia 7 de julho de 2015.

O MM. Juiz recebeu a inicial apresentada e determinou a citação da parte ré.

No prazo legal, a ré apresentou contestação, alegando, preliminarmente, nulidade da citação, uma vez que o recebimento se deu por funcionário não habilitado a responder pela empresa. Arguiu, ainda, inépcia da inicial, tendo em vista que não existem nos autos documentos aptos a amparar os pedidos relativos aos alegados danos materiais de terceiro.

No mérito, apregoou a legalidade da negativa de cobertura securitária, consoante expressa cláusula contratual excluindo o pagamento do prêmio na hipótese de sinistro no qual o condutor do veículo segurado não fosse habilitado (Item 2.3 do contrato).

Relatou que o filho do autor, apesar de contar com mais de 18 anos à época dos fatos, não possuía habilitação para dirigir veículos, o que constituiu fato ilegal e agravamento do risco da seguradora, ensejando, pois, o afastamento do dever de indenizar.

Quanto aos danos materiais, realçou a total ausência de provas aptas a atestar o valor do prejuízo material alegado, em especial no tocante ao terceiro atingido pelo veículo então conduzido pelo filho do autor, dado que não há prova do dispêndio do montante que teria sido pago pelo requerente ao terceiro, ou ainda da alegada perda total do caminhão pelo acidente.

Destacou, ainda, que o contrato tinha expressa previsão de que o montante a ser pago pelo veículo seria o constante na tabela Fipe (R$ 80.000,00), e não o pleiteado, que seria relativo a um automóvel novo. Destacou que a indenização por dano material a terceiro não pode ultrapassar o valor do contrato de seguro, cujo montante máximo é de R$ 50.000,00, e, também, deve contar com o consentimento da seguradora e ser limitada aos prejuízos suportados e provados.

Aduziu que a indenização por acidente pessoal de passageiro está condicionada ao motorista habilitado, sendo que o valor da indenização é devido ao familiar de cada vítima e não ao segurado, destacando, também, que, no caso do autor, este teria direito em tese a apenas metade do valor, pois a outra metade seria devida à genitora do acidentado.

Afirmou ser incabível dano moral, uma vez que não houve ofensa à personalidade do autor, e, ademais, não havia previsão contratual para reparação de danos morais.

Requereu a improcedência dos pedidos.

Réplica rebatendo as preliminares e reafirmando a inicial.

Determinada a especificação de provas, a parte autora requereu a oitiva de testemunhas e juntou documentos. A empresa ré por sua vez juntou uma mídia contendo conversa mantida entre a parte autora e o preposto da companhia e a sua respectiva degravação, na qual o autor afirmava que ligou para seu filho quando percebeu a falta do veículo, pedindo que esse retornasse, e que, cerca de meia hora depois, foi informado do acidente.

As partes foram intimadas a se manifestar sobre as provas.

A empresa ré destacou que os documentos juntados somente comprovam que o filho da parte autora tentava retirar a carteira de habilitação desde 2008, enquanto a parte autora impugnou a mídia, afirmando que a gravação foi realizada sem o seu consentimento, o que constitui prova ilícita.

Após, foram os autos conclusos para sentença em 20/04/2016, já na vigência do novo CPC.

1.2 Exercício 2 – Ação declaratória de nulidade de doação[4]

Trata-se de ação de declaração de nulidade proposta por Maria das Dores Silva em face de Igreja dos Servos Incontestes.

4 Tribunal de Justiça do Amazonas. Exercício realizado para treinamento. Certame realizado no ano de 2016, organizado pelo Cespe/UNB. Prova com limitação de linhas (180), e relatório dispensado.

Afirmou a autora que era frequentadora da igreja e sempre pagou dízimos em dia, pois era induzida pelo Pastor Januário, que dizia que era necessário aquele sacrifício em favor de Deus.

Alega que estava em processo de separação judicial, e, portanto, encontrava-se frágil e atordoada, e que o pastor a induziu e pressionou a pagar dízimos cada vez mais altos à Igreja.

Aduziu que em 2011 recebeu uma quantia muito alta pela rescisão de contrato de trabalho, e, ao contar ao pastor da igreja, este não a deixou mais em paz, telefonando, chegando a ir em sua residência e a pressionando cada vez mais a doar a totalidade do dinheiro que havia recebido.

Afirmou que em razão da pressão e da situação de fragilidade, acabou doando à Igreja a quantia de R$ 30.000,00, sendo entregues ao Pastor Januário as quantias de R$ 6.000,00 em janeiro de 2011, e de R$ 24.000,00, em 1º de fevereiro de 2011, mediante a emissão de cheques nominais.

Relatou que não fez contrato ou escritura pública do ato, e que, após fazer as doações, ressaltando que era tudo que possuía, o Pastor sumiu da igreja, sem dar satisfações.

Disse que a Igreja afirmou não saber do ocorrido e que em nada poderia ajudá-la.

Mencionou que entrou em depressão, perdeu o emprego, ficando descrente e na miséria, sendo responsável pela criação de uma filha que precisa de cuidados especiais.

Requereu a gratuidade de justiça e a declaração de nulidade da doação e a restituição do valor doado ao seu patrimônio.

A demanda foi ajuizada em 10/02/2015.

A gratuidade de justiça foi deferida, sendo determinada a citação da ré.

Regularmente citada, a ré arguiu, preliminarmente, a impossibilidade de deferimento da gratuidade de justiça à autora, à míngua da comprovação de sua hipossuficiência. Levantou, ainda, prejudicial de decadência, uma vez que as doações foram realizadas em janeiro de 2011, e o pedido autoral se funda na existência de vícios de consentimento.

No mérito, mencionou que a autora sempre foi empresária, e, desde 2001, é titular de empresa de contabilidade, sendo evidente que não ficou sem rendimentos ou bens após a doação.

Afirmou que a autora fez vestibular na Universidade do Amazonas para o curso de nutrição, o que também revela capacidade financeira.

Sustentou que a autora não foi pressionada pelo pastor, pois as doações são feitas exclusivamente durante os cultos e são entregues no altar, em envelopes, e não aos pastores.

Inferiu que a autora, sendo contadora e empresária, tinha capacidade de reflexão e discernimento para avaliar as vantagens de frequentar a igreja e fazer doações.

Afirmou que não houve erro escusável e, com base na teoria da confiança, afirma que deve prevalecer a proteção à boa-fé de quem recebeu a declaração de vontade.

Ponderou, ainda, que a liturgia da Igreja se baseia na tradição bíblica, ou seja, que é a Bíblia que prevê a oferenda a Deus em inúmeras passagens, inclusive destacando, na passagem da viúva pobre, que doar tirando do próprio sustento é um gesto de fé muito mais significativo.

Relatou que a doação feita pela autora não pode ser desvinculada do contexto religioso, que o Estado não pode violar a liberdade de crença e de consciência, não pode embaraçar cultos religiosos, nem exercer qualquer ingerência nas Igrejas (arts. 5º, incisos VI, XIII, XVII, XX e 19, I, todos da Constituição Federal de 1988, e arts. 44, 45 e 188, I, do Código Civil).

Concluiu que não ocorreu erro por falso motivo, nos termos do art. 140 do CCB, pois a doutrina e a liturgia da Igreja não podem ser qualificadas como falso motivo do negócio.

Requereu a improcedência dos pedidos.

Réplica rebatendo a preliminar e a prejudicial, dizendo, em poucas palavras, que tem apenas o curso técnico de contabilidade, e a empresa descrita pela ré está inativa desde o ano de 2002, ano em que foi fechada, conforme documentos apresentados, e, também, que cursa a faculdade como bolsista, a teor dos documentos carreados aos autos.

Regularmente intimadas, as partes pleitearam a produção de prova oral, que foi deferida por este Juízo.

Em seu depoimento pessoal, a parte autora disse que mora de favor com uma tia há mais de quatro anos, juntamente com sua filha Laura, que tem 20 anos e necessidades especiais, pois é autista. Mencionou que havia perdido o emprego e recebido um alto valor a título de indenização. Disse que à época da doação morava de aluguel e tinha um carro (Fiat Uno – ano modelo 2010/2010), cujo valor aproximado era de R$ 15.000,00, mas financiado. Informou que após a doação dos valores, feita pessoalmente e de forma verbal, o pastor Januário não mais foi visto na Igreja, e essa não lhe deu qualquer informação sobre o ocorrido, dizendo apenas que não sabia de nada relacionado à doação efetivada. Aduziu que entrou em depressão profunda, e passou e passa por inúmeras dificuldades até a presente data, sendo auxiliada por amigos nas despesas mais básicas do dia a dia. Trouxe relato de despejo do imóvel alugado por falta de pagamento, e necessidade de pedir favor a um familiar para morar com ela, informando, ainda, que o Banco apreendeu o veículo que possuía uns cinco meses após a doação.

Foram ouvidas ainda duas testemunhas da parte autora e uma da ré, que assim se manifestaram, após prestarem compromisso:

> Maria de Lourdes: que quando conheceu a autora ela já era contadora; que a autora sabia administrar seus rendimentos e vivia bem; que não sabe o que fez a Autora entrar na Igreja; que soube que a autora recebeu uma quantia alta; que ouviu a autora conversando pelo telefone com o pastor, no dia do aniversário da autora; que, nesse dia, toda hora ela recebia um telefonema, e que a autora dizia que não queria participar da fogueira, pois já tinha participado de outras, e tinha outros planos para esse dinheiro; que a situação da autora só foi caindo; que na época a autora tinha carro, e que a autora falou que queria dar o carro, mas o pastor não aceitou, falando que queria o dinheiro; que nesse período a autora já estava ficando endividada; que teve um período, depois da doação da elevada quantia, que a autora não tinha dinheiro nem para comprar comida; que a depoente foi várias vezes levar comida para a autora; que até hoje a autora vive em uma situação ruim;
>
> Francinaldo: que quando conheceu a autora, esta não frequentava a Igreja do Servos, e que a situação da autora na época era boa, pois morava num local bom, e tinha carro seminovo; que a situação patrimonial da autora começou a se alterar, em razão de participação dela nas campanhas; que a autora falou que iria receber um dinheiro e fez até um planejamento; que disse que iria comprar uma casa e um carro mais novo; que no dia que a autora doou o dinheiro, estava recebendo várias ligações; que a autora falou que era o pastor que estava ligando; que após a doação, a autora teve que se mudar, pois foi despejada, e, pelo que sabe, ficou sem o carro, apreendido pelo banco;
>
> Jesuíto: que é pastor da Igreja Servos e assumiu a congregação após a saída do pastor Januário; que não soube da doação da autora, mas sabe dizer que a igreja coleta o dízimo e faz campanhas de oração com doações em espécie pelos fiéis; que não sabe dizer a razão da saída do pastor Januário, mas tem conhecimento de que esse fundou uma nova congregação em outra cidade, no estado de Roraima; que a autora parou de frequentar a igreja após a doação, e, segundo acredita, foi por essa razão que entrou em depressão, e passou a enfrentar dificuldades financeiras; que, se houve a doação, esta foi utilizada para as ações de caridade da igreja; que não sabe dizer se o pastor Januário recebeu o dinheiro pessoalmente.

Encerrada a instrução, as partes ofertaram alegações finais no prazo legal.

Após, foram os autos conclusos para sentença em 20/04/2016, já na vigência do novo CPC.

1.3 Exercício 3 – Ação declaratória de reconhecimento e dissolução de união estável, cumulada com pedido de partilha e fixação de alimentos[5]

Trata-se de ação ordinária proposta por Vilma Abreu e Vanessa Abreu Lima, devidamente representada por sua genitora Vilma Abreu, em desfavor de Lucas Cardoso, partes qualificadas nos autos.

Narrou a autora Vilma Abreu que teve um relacionamento com Lucas Cardoso por 10 anos, de 2007 a 2017, sendo que, logo no primeiro ano da relação, nasceu a filha do casal, Vanessa Abreu Lima.

Mencionou que, durante o relacionamento, mais precisamente no ano de 2007, adquiriram um imóvel localizado da Rua Aurora, n. 15, na cidade de Curitiba, pelo valor de R$ 40.000,00, que era alugado para prover o sustento do casal, pelo valor de R$ 400,00 ao mês.

Aduziu que, em janeiro de 2017, Lucas Cardoso, que é motorista profissional, saiu para realizar um frete de Curitiba à cidade de Brasília-DF, mas, no entanto, deixou de retornar no dia inicialmente aprazado, razão pela qual, preocupada com o sumiço repentino, procurou notícias com todos os amigos de Lucas Cardoso, mas sem sucesso, e, ao fim de um mês, registrou uma ocorrência policial sobre o desaparecimento de seu companheiro.

Trouxe informação no sentido de que era Lucas Cardoso o provedor da casa, mas que, em razão de seu sumiço, teve de arrumar um emprego como vendedora de terninhos para executivas, inspirados na moda reinante em Brasília, auferindo cerca de R$ 1.500,00 de salário.

Inferiu que, passados quatro meses do sumiço, Lucas Cardoso reapareceu na cidade de Curitiba, mas, ao ser interpelado por Vilma Abreu no centro da cidade, disse que não queria mais nada com ela, e que estava com outra mulher, inclusive com um filho recém-nascido.

Relatou que Lucas Cardoso não demonstrou qualquer vontade de contribuir para o sustento de sua filha Vanessa Abreu Lima, e, quando indagado do porquê, teria dito que nunca tinha tido nenhum relacionamento sério com Vilma Abreu, mas apenas um namoro, e que sequer tinha certeza da paternidade da pequena Vanessa Abreu Lima, apesar de tê-la registrado como sendo sua filha.

Apresentou aos autos documentos demonstrativos das despesas mensais de sua residência e de Vanessa Abreu Lima, com a comprovação do valor da escola da menor, no montante de R$ 600,00 mensais, do plano de saúde, ao

5 Tribunal de Justiça do Distrito Federal e Territórios. Exercício elaborado para treinamento. Certame realizado no ano de 2016, com provas elaboradas por Banca própria. Prova sem limitação de linhas, mas com relatório dispensado.

custo mensal de R$ 300,00, e despesas com alimentação, que chegariam a R$ 300,00 mensais. Comprovou que o aluguel da nova residência perfaz o montante de R$ 1.100,00, e o condomínio do prédio o valor de R$ 200,00.

Inferiu que a questão atinente à guarda e regulamentação de visitas será tratada em ação própria.

Requereu a gratuidade de justiça, e, em sede de tutela antecipada, a fixação liminar de alimentos em seu favor e de sua filha Vanessa Abreu Lima, além do bloqueio na matrícula do imóvel adquirido na constância da união estável.

No mérito, postulou a confirmação da liminar, e o reconhecimento e dissolução da união estável entre a primeira autora e a réu, compreendendo o período de janeiro de 2007 a abril de 2017, a partilha do bem adquirido na constância da união, e a condenação do réu a arcar com os alimentos para as autoras, no patamar mensal mínimo de R$ 3.000,00, sendo R$ 1.500,00 para cada uma.

Ao receber a inicial, o juiz concedeu a gratuidade, aplicou ao caso o rito ordinário, e determinou a realização de audiência de conciliação.

Ao analisar o pleito de urgência, o magistrado titular da 1ª Vara de Família de Capital deferiu em parte o pedido de tutela antecipada, fixando alimentos provisórios em favor da menor Vanessa Abreu Lima no montante de R$ 1.250,00. O pedido de alimentos em favor de Vilma Abreu foi indeferido em sede de cognição sumária, sem prejuízo de nova análise após a regular instrução processual. O pedido de bloqueio da matrícula do bem imóvel também foi indeferido, ante a ausência dos requisitos legais.

A tentativa de conciliação foi infrutífera, e o réu, citado e intimado, ofertou sua defesa, alegando, preliminarmente, inadequação da via eleita, tendo em vista a necessidade de o pedido de alimentos ser feito em ação própria, sob rito especial, e a inviabilidade de concessão da justiça gratuita, já que a autora possui renda fixa e a menor vive com ela.

No mérito, Lucas negou a existência de união estável na espécie, tendo em vista que o relacionamento com Vilma se cingiu a um namoro. Afirmou que registrou Vanessa como sendo sua, mas que tinha dúvidas no tocante à paternidade.

Relatou que o imóvel descrito na inicial foi adquirido com a venda de outro imóvel, este adquirido ainda em 1999, razão pela qual não seria possível a divisão do bem na hipótese de reconhecimento da união estável. Juntou documentos visando atestar os dois negócios jurídicos (escrituras de compra e venda).

Aduziu que ajudava esporadicamente a autora, e que viajava toda a semana em razão do seu emprego, e que nunca morou com a requerente.

No tocante ao pedido de alimentos, requereu a diminuição do valor fixado em sede liminar, tendo em conta que possui outro filho recém-nascido, e é o provedor da sua família. Mencionou que seus rendimentos perfazem apenas R$ 1.500,00 mensais. Requereu que, se o valor fosse diminuído, fosse permitida a devolução do montante pago a maior.

Postulou a improcedência do pedido de alimentos em favor de Vilma Abreu, ante a ausência da necessidade por parte dessa, além de ser descabida a fixação de alimentos para uma ex-namorada.

Réplica rebatendo as preliminares e reafirmando a inicial.

Em sede de especificação de provas, a parte autora e a parte ré pleitearam a produção de prova testemunhal.

O MP deixou para se manifestar em audiência.

Designada audiência de instrução e julgamento, foram tomados os depoimentos pessoais de Vilma Abreu e Lucas Cardoso, e ouvidas cinco testemunhas.

Em seu depoimento, Vilma Abreu relatou que: "reiterava os termos da inicial; que ela e Lucas viveram juntos por 10 anos; que Lucas é o pai de Vanessa Abreu Lima; que ganha R$ 1.500,00 por mês; que a pensão provisória em favor de Vanessa Abreu Lima está sendo paga; que Lucas tinha outro imóvel, mas não sabe dizer se esse foi vendido; que o imóvel descrito na inicial foi adquirido em 2007, salvo engano; que necessita dos alimentos; que Lucas ganha muito mais do que R$ 1.500,00 ao mês, e que possui dois caminhões, e usa um sitio de amigos para seu lazer; que reitera os valores descritos na inicial referentes a despesas mensais".

Em seu depoimento, Lucas Cardoso afirmou que: "não teve relacionamento sério com a autora, mas apenas um namoro; que ganha R$ 1.500,00 por mês; que tem comprovante da venda de seu outro imóvel, em montante igual ao utilizado para comprar o novo imóvel; que declarou essa situação no imposto de renda; que só pode pagar R$ 150,00 por mês para Vanessa Abreu Lima; que Vilma Abreu ganha aproximadamente R$ 5.000,00 por mês".

Devidamente compromissadas, assim se manifestaram as testemunhas Dico Genoveva, Temis Gervásio, Abdon Serra, Fred Aruana e Cabral Peres:

a) Dico Genoveva: "que conhece Lucas Cardoso há uns vinte anos; que não se lembra de tê-lo visto com Vilma Abreu; que sabia que Lucas tinha uma filha; que acredita que Lucas namorava Vilma Abreu; que Lucas comprou um imóvel em Curitiba, e que posteriormente o alugou; que não sabe dizer onde Lucas mora atualmente; que Lucas tem uma pequena empresa de frete e tem dois caminhões; que Lucas tem um filho recém-nascido, fruto de um relacionamento com sua ex-secretária; que Lucas apenas frequenta o sítio de seus amigos."

b) Temis Gervásio: "que é porteiro do prédio onde morava Vilma Abreu até pouco tempo atrás; que é porteiro no local há 15 anos; que Lucas morava no prédio desde antes do depoente começar a trabalhar no local; que Vilma Abreu se mudou para o local, e, logo em seguida, se recorda do nascimento de Vanessa Abreu Lima; que sabe dizer que Lucas morava no prédio; que Lucas recebia correspondência no local; que Lucas se apresentava a todos como marido de Vilma Abreu, e sempre ficava no pátio brincando com Vanessa Abreu Lima; que sabe dizer que o apartamento era alugado; que Lucas sempre pegava o boleto para pagamento do condomínio na portaria; que alguns meses atrás Lucas deixou de aparecer no local; que sabe dizer que Vilma Abreu se mudou há poucos meses do local, pois dizia que não ter condições de pagar o aluguel; que não sabe dizer onde Vilma Abreu mora atualmente, nem quanto essa aufere por mês a título de rendimentos."

c) Abdon Serra: "que era vizinha de Vilma Abreu e Lucas Cardoso no prédio localizado em Curitiba; que sabe dizer que eles moravam no apartamento com sua filha Vanessa Abreu Lima; que Lucas estava sempre viajando; que Lucas se apresentou à depoente como marido de Vilma Abreu; que se lembra de uma briga de Lucas Cardoso com outro vizinho, motivada por ciúmes de Lucas; que se recorda que Lucas teria dito que não aceitava ninguém "mexendo com sua mulher"; que Lucas e Vilma sempre compareciam juntos às festas do condomínio; que não sabe dizer o atual endereço de Vilma, nem quanto essa aufere mensalmente."

d) Fred Aruana: "que não tem qualquer relação de amizade com as partes; que adquiriu o imóvel de Lucas Cardoso em 2007, pelo valor de R$ 40.000,00; que Lucas pediu que fizesse o pagamento diretamente a terceira pessoa, nominada Cabral Pezão; que fez a transferência para essa pessoa; que Lucas disse à época que Carlos era dono do novo imóvel que estava adquirindo;"

e) Cabral Peres: "que não tem qualquer relação de amizade com as partes; que vendeu o imóvel em Curitiba para Lucas Cardoso em 2007; que recebeu o montante relativo à venda por transferência bancária, realizada por terceiro; que passou a escritura em razão do devido pagamento."

Na audiência de instrução, o MP solicitou a quebra de sigilo fiscal de Vilma Abreu e Lucas Cardoso, bem como a expedição de ofício ao Banco Originalzão, para que esse apresentasse as faturas de cartão de crédito de Lucas e Vilma nos últimos 12 meses, pedido esse deferido pelo magistrado. Vilma não se opôs ao requerimento do MP. Lucas apresentou pedido de revogação da ordem, argumentando que se tratava de pedido desnecessário e sem fundamento legal. A decisão foi mantida pelo MM. Juiz condutor do ato.

Informações fiscais juntadas aos autos, demonstrando que Vilma Abreu não apresentou declaração de imposto de renda nos últimos dois anos, e que Lucas é microempresário, sendo sócio majoritário de uma empresa de transportes, com cotas no valor de R$ 100.000,00. Segundo sua declaração, apresentou rendimentos no ano de 2016 no montante de R$ 92.000,00, e, no ano anterior, de R$ 83.000,00. Consta na declaração um imóvel em nome de Lucas, localizado na Rua Aurora, n. 15, em Curitiba.

Faturas de cartão de crédito de Lucas apresentada aos autos, demonstrando gastos mensais no montante de R$ 7 mil reais. Faturas de Vilma Abreu indicando gastos de R$ 600,00 por mês.

Dada vista às partes sobre os documentos, a parte autora reiterou suas manifestações anteriores, e o réu negou rendimentos no patamar declinado.

Alegações finais ofertadas, tendo o réu alegado ilegalidade das provas requeridas pelo MP, pois desnecessárias para o julgamento do feito.

Parecer final do MP apresentado, postulando a procedência parcial da demanda, com a condenação do réu a prover os alimentos para a menor, e a declaração e dissolução da união estável nos moldes pleiteados, com a divisão do bem na forma pretendida.

É o breve relato. Decido.

1.4 Exercício 4 – Ação civil pública – direito à saúde (reajuste de mensalidades de plano de saúde por faixa etária)[6]

Trata-se de ação civil pública ajuizada pelo Ministério Público do Distrito Federal e Territórios em desfavor de Mega Assistência de Saúde Ltda, partes qualificadas nos autos.

Alegou o parquet que a ré tem reajustado os planos de saúde de idosos em desconformidade com a legislação vigente, pois apresenta reajustes fundamentados unicamente no fator idade, situação que tem ocasionado a saída de milhares de consumidores brasilienses do plano, e que causou dano moral coletivo.

Defendeu que os reajustes efetivados para aqueles que tinham 59 anos ou mais na data da entrada em vigor do Estatuto do idoso sejam considerados abusivos, ressalvados aqueles previamente determinados pela Agência Nacional de Saúde (ANS).

Aduziu a ofensa à personalidade coletiva em razão dos aumentos ilegais.

Requereu, em sede de tutela antecipada, a determinação de que a ré voltasse a praticar os preços anteriores à mudança de faixa etária, e se abs-

6 Tribunal de Justiça do Distrito Federal e Territórios. Exercício elaborado para treinamento. Certame realizado no ano de 2016, com provas elaboradas por Banca própria. Prova sem limitação de linhas, mas com relatório dispensado.

tivesse de promover os aumentos da prestação do plano de saúde em razão do aludido motivo.

Mencionou a necessidade de reconhecimento da abusividade da conduta da ré, nos termos do CDC.

Ao final, requereu, em síntese: a) a confirmação da liminar pleiteada; b) a declaração de ilegalidade de qualquer reajuste etário formulado em desfavor dos que tinham 59 anos ou mais na data da entrada em vigor do Estatuto do idoso, que deveriam ficar com o valor suspenso a partir de então; c) a condenação da ré a emitir novos boletos com os valores em conformidade com a legislação de regência; d) a condenação da ré a permitir o retorno dos consumidores que deixaram o plano em razão do reajuste ilegal; e) a condenação da ré a efetuar os reajustes dos planos de saúde apenas com base nos reajustes determinados pela ANS; f) a condenação da ré a dar continuidade na prestação de serviços e devolver o pago a maior pelos consumidores; g) a condenação da ré a pagar o valor de R$ 10.000.000,00 (dez milhões de reais a título de dano moral coletivo).

Com a inicial vieram os documentos de fls. 25/250, relativos a vários boletos e contratos de consumidores que teriam experimentado aumentos abusivos do plano de saúde em razão da mudança da faixa etária.

À fl. 258, este Juízo indeferiu o pleito liminar, sob o argumento de necessidade de formação do contraditório para uma melhor análise do pleito de urgência.

Interposto agravo de instrumento pelo MPDFT, distribuído à 2ª Turma Cível do TJDFT. Em sede recursal, a tutela antecipada foi parcialmente deferida para determinar à ré que se abstivesse de efetuar reajustes com base na faixa etária dos segurados.

Regularmente citado, a ré ofertou defesa às fls. 280/295, alegando, preliminarmente: a) a necessidade de formação de litisconsórcio necessário com a ANS, responsável pela fixação das regras gerais aplicáveis e aumentos anuais dos planos de saúde; b) ilegitimidade ativa do MPDFT, que não poderia propor demanda coletiva em favor de consumidores especificados; c) falta de interesse de agir, tendo em conta que a ré segue as regras do setor, não havendo utilidade no provimento jurisdicional que tenciona condená-la a fazer justamente o que já o faz.

No mérito, defendeu a legalidade dos reajustes, sob o argumento de exercício regular de direito, razão pela qual seriam inviáveis os pedidos condenatórios de retorno dos consumidores, reparação de danos e mudança do valor dos reajustes efetuados.

Aduziu que inexiste discriminação dos idosos, haja vista que os aumentos por faixa etária estão previstos para todas as idades. Inferiu que se mostra inviável a presunção de tratamento discriminatório em desfavor dos idosos apenas em função dos reajustes etários.

A parte autora se manifestou em réplica rebatendo as preliminares, e reafirmando a inicial.

Em sede de especificação de provas, as partes postularam a realização de prova pericial, tomando por base os contratos e boletos do plano juntados aos autos.

À fl. 350, este Juízo deferiu a prova pericial, tendo as partes apresentado seus quesitos no prazo legal.

Os quesitos das partes cingiram-se, em resumo, aos seguintes pontos: a) fatores utilizados nos reajustes; b) influência do fator etário nos reajustes; c) previsão contratual dos aumentos; d) percentual de aumento após completada a idade de 60 anos.

Laudo pericial apresentado às fls. 355/380, apresentando as seguintes conclusões: a) os reajustes efetuados seguiram não apenas o fator etário, mas também o aspecto atinente ao risco, visto que diferiram de consumidor para consumidor; b) os aumentos anuais, em média, foram de cinco a vinte por cento nos contratos periciados, seguindo o regramento previsto pela ANS e a média do mercado; c) os contratos entre as partes previam a possibilidade de aumentos em razão da faixa etária e risco atuarial.

Laudo homologado às fls. 403/404, em decisão não impugnada pelas partes.

Manifestação da ANS às fls. 415/418, alegando desinteresse no feito.

Alegações finais do MP apresentadas, tendo a autora postulado a procedência dos pedidos formulados na ação, e informado que o agravo de instrumento interposto ainda não tinha sido definitivamente julgado pela 2ª Turma Cível do TJDFT.

Alegações finais da ré reafirmando a peça de defesa, e requerendo a improcedência da demanda.

Após, foram os autos conclusos para sentença.

1.5 Exercício 5 – Ação de reparação de danos[7]

Joana Silveira Rosa Flores Bela ajuizou ação ordinária de reparação de danos em desfavor de TV Globo Ltda.

---

7 Tribunal de Justiça do Distrito Federal e Territórios. Exercício elaborado para treinamento. Certame realizado no ano de 2016, com provas elaboradas por Banca própria. Prova sem limitação de linhas, mas com relatório dispensado.

Segundo narrou a autora, em 03 de julho de 2014 recebeu telefonema de um ex-aluno perguntando sobre sua participação na décima primeira edição do "reality show Big Brother Brasil".

Conforme explanou seu ex-aluno, havia notícia no sítio eletrônico do jornal Correio Braziliense, cuja manchete fazia alusão ao fato de uma professora de Brasília fazer parte do programa televisivo, em texto que trazia o nome completo da autora.

Aduziu que seu nome foi envolvido em centenas de notícias vinculadas na internet na qualidade de participante do Big Brother Brasil, e que, em muitas, havia uma série de ofensas à sua carreira acadêmica e vida pessoal. Trouxe aos autos algumas cópias das páginas de internet.

Mencionou que a real participante se chamava Mariana Rosa da Silva, e que o erro da veiculação deve ter decorrido das semelhanças do currículo da autora com a Sra. Mariana, tendo o equívoco permanecido por alguns dias no sítio eletrônico da ré.

Teceu considerações sobre a ocorrência de danos à sua personalidade, à vista de diversas interpelações jocosas de familiares, amigos, ex-alunos e alunos quanto à notícia da participação no "reality show", e que geraram intenso transtorno na vida pessoal e profissional da autora, professora com mais de vinte anos de docência na cidade de Brasília.

Inferiu que teve gastos de R$ 5.000,00 com a contratação de advogado para a propositura da demanda, consoante contrato trazido aos autos.

Postulou a gratuidade de justiça e, ao final, a condenação da ré a lhe reparar os danos materiais e morais, nos valores de R$ 5.000,00, e R$ 500.000,00, respectivamente.

A inicial foi distribuída em 4 de junho de 2016.

A gratuidade de justiça foi deferida pelo Juízo da 10ª Vara Cível de Brasília, e determinada a designação de audiência prévia de conciliação, com a citação da ré.

A conciliação foi infrutífera.

Ato contínuo, a ré ofertou defesa, alegando, preliminarmente, nulidade da citação, uma vez que recebida por pessoa sem poderes para a representação da empresa, e falta de interesse de agir pela perda do objeto, haja vista que promoveu a alteração do erro em seu sítio eletrônico três dias após a constatação do equívoco. Questionou, ainda, o deferimento da gratuidade de justiça, pois a autora não se mostra hipossuficiente para os fins legais.

No mérito, alegou a ré que a verdadeira participante do programa de televisão chamava-se Mariana Rosa da Silva, também graduada em letras, com mestrado em linguística pela Universidade de Brasília e doutorado em linguística pelo IEL na Unicamp, e que seria professora em Brasília. Afirmou que as fotos ilustrativas da matéria, bem como todas as características expostas se referiram a real participante do programa. Reconheceu que, em razão do equívoco em relação ao nome da Autora, retificou a informação no prazo de três dias após a primeira divulgação. Sustentou que o início do programa ocorreu uma semana após a retificação, o que dissipou as dúvidas acerca da identidade da participante. Alegou, também, que não divulgou qualquer afirmação desabonadora à honra subjetiva da demandante, e que os reais participantes do reality, na verdade, têm um incremento em seu nome, pois conseguem, ao sair do show, contratos de publicidade e inúmeros trabalhos, sendo que alguns até se tornaram políticos. Sustentou que a requerente não comprovou o recebimento de ligações e comentários jocosos decorrentes da divulgação de seu nome como participante do "reality show". Negou qualquer ato ilícito e discorreu sobre ausência de configuração de danos morais e sobre o excessivo valor pretendido a título de indenização, bem como sobre a impropriedade da cobrança de danos materiais na espécie. Requereu a improcedência dos pedidos veiculados na inicial.

Réplica rebatendo as preliminares e reafirmando a inicial.

As partes foram intimadas a especificar provas, tendo a autora apresentado alguns documentos de páginas da internet, com a repercussão envolvendo a divulgação de seu nome, e comentários postados, além da licença médica que tirou pela situação de stress que vivenciou após o ocorrido. Pleiteou a produção de prova oral, mas sem apresentar rol de testemunhas. A parte ré não requereu outras provas, e disse não ter nada a requerer sobre os documentos juntados, que não se mostram aptos a comprovar qualquer atitude sua a demandar reparação de danos.

O pedido de prova oral foi indeferido, com a remessa dos autos conclusos para sentença, em decisão não impugnada pelas partes.

1.6 Exercício 6 – Embargos à monitória cumulados com pedido reconvencional[8]

No dia 15 de janeiro de 2016, ABECE, grávida com 38 semanas de gestação, esperando gêmeos, se sentiu mal, chegando a desmaiar em sua residência.

Devidamente amparada por seu marido CEDEFE, ABECE foi socorrida e encaminhada ao Hospital Bom Destino LTDA, nosocômio particular, e que tinha

8 Tribunal de Justiça do Distrito Federal e Territórios. Exercício elaborado para treinamento. Certame realizado no ano de 2016, com provas elaboradas por Banca própria. Prova sem limitação de linhas, mas com relatório dispensado.

convênio com o plano de saúde de ABECE para atendimento dos segurados, nominado Plano Segura Tudo.

Após os procedimentos iniciais junto ao posto de atendimento do pronto socorro do Hospital, com a apresentação da carteira do plano de saúde, ABECE foi atendida pelo médico Dr. Sorriso, que, ao avaliar a paciente, indicou que fosse realizada uma cesárea imediatamente, tendo em vista a alteração súbita de pressão de ABECE, que poderia gerar danos aos bebês.

Logo em seguida, ABECE e CEDEFE foram encaminhados a um quarto de espera do hospital, já aguardando a cirurgia, momento em que receberam um formulário com a forma de pagamento das despesas médico-hospitalares em branco, só com a descrição das possíveis despesas, tais como honorários do médico, anestesista, auxiliares, materiais e uso do centro cirúrgico, bem como um termo de responsabilidade.

ABECE e CEDEFE assinaram os termos, pois eram segurados pelo plano Segura Tudo, conveniado do hospital.

Cerca de uma hora depois, a cirurgia de cesárea foi realizada pelo médico Dr. Sorriso, auxiliado por um anestesista e três auxiliares.

Os bebês nasceram sem qualquer problema, sendo encaminhados para o quarto juntamente com ABECE.

Todavia, cerca de três horas após a cirurgia, ABECE começou a sentir fortes dores abdominais, que se tornaram insuportáveis, razão pela qual CEDEFE chamou o médico de plantão para avaliar sua esposa.

O médico, Dr. Olhão, verificou um vazamento irregular na cicatriz da cirurgia, com um aspecto marrom, razão pela qual determinou o retorno imediato de ABECE ao centro cirúrgico, para nova cirurgia de emergência.

A nova cirurgia, realizada pelo Dr. Olhão, um anestesista e três auxiliares, constatou que havia hemorragia interna. A situação foi sanada, e as suturas foram refeitas, ficando ABECE no Centro de Terapia Intensiva por 24 horas.

Após, sem mais intercorrências, ABECE foi encaminhada ao quarto, onde estavam seu marido CEDEFE e seus filhos, os pequenos GH e IJ.

Dois dias depois (17/01/2016), ABECE e seus filhos GH e IJ receberam alta médica, em prontuário assinado pelo Dr. Olhão.

Ao serem encaminhados para a área administrativa para os procedimentos de saída do hospital, foram informados que as despesas relativas aos anestesistas, além dos materiais usados para a anestesia, deveriam ser pagas, pois o plano de saúde Segura Tudo não seria credenciado da associação de anestesia conveniada com o Hospital Bom Destino, e tais despesas deveriam ser pagas diretamente à Associação Derruba o Sono, que ofertou os materiais e os anestesistas para a realização da cirurgia.

ABECE e CEDEFE se negaram a efetuar o pagamento, tendo sido informados pela área administrativa do Hospital Bom Destino que a fatura seria encaminhada para a Associação Derruba o Sono, e que esta certamente efetuaria a cobrança.

CEDEFE ligou nesse momento para o plano de saúde Segura Tudo, que não soube confirmar a falta de convênio específico no tocante ao anestesista e materiais para anestesia.

Logo em seguida, ABECE, CEDEFE e seus filhos recém-nascidos deixaram o hospital, com destino a sua residência.

Cerca de duas semanas depois, CEDEFE recebeu ligação de um representante da Associação Derruba o Sono, dizendo que ABECE e CEDEFE seriam responsáveis pelo pagamento do valor de R$ 45.000,00, referentes aos materiais e honorários dos anestesistas que atuaram nos dois procedimentos cirúrgicos.

O representante avisou CEDEFE que a falta de pagamento iria ocasionar a negativação do nome desse junto aos órgãos de proteção ao crédito.

CEDEFE se negou novamente a pagar, tendo em vista que reputava indevida a cobrança, pois, quando foram atendidos no Hospital Bom Destino, e apresentaram a carteira do plano de saúde, tiveram o atendimento sem qualquer ressalva.

Durante todo o mês, receberam quase uma centena de ligações em sua casa e trabalho visando a cobrança do valor referente à dívida com a Associação Derruba o Sono, algumas realizadas em período noturno, e nos finais de semana.

Passados três meses, já em 1º de abril de 2016, a Associação Derruba o sono ajuizou ação monitória em desfavor de ABECE e CEDEFE, pleiteando a condenação desses ao pagamento do valor de R$ 45.000,00, referentes aos honorários de anestesia e despesas de materiais, nos termos da legislação de regência, valor a ser devidamente corrigido, e sobre o qual deveriam incidir juros de mora.

Juntou aos autos o formulário com a forma de pagamento das despesas médico-hospitalares, já preenchido, com a descrição do serviço de anestesia e materiais usados, bem como o termo de responsabilidade assinado por ABECE e CEDEFE, além das notas fiscais de serviço emitidas para pagamento dos médicos anestesistas, bem ainda as notas fiscais relativas aos materiais usados nas cirurgias.

O feito foi autuado e distribuído ao Juízo da 10ª Vara Cível de Brasília, que, no dia 1º de abril, despachou a inicial, determinando apenas a citação dos réus nos termos legais, sem designar audiência prévia de conciliação.

O mandado foi expedido no dia seguinte.

Citadas, ABECE e CEDEFE apresentaram embargos à monitória, alegando, preliminarmente, ilegitimidade ativa da autora e inépcia da inicial.

Segundo os embargantes, estes não possuem nenhuma relação contratual com a postulante, visto que o serviço relativo às cirurgias foi prestado no âmbito do Hospital Bom Destino.

Ademais, argumentaram que os documentos juntados não se prestariam a permitir o manejo da ação monitória, razão pela qual a inicial deveria ser indeferida.

No mérito, aduziram que, à época dos fatos narrados na inicial, eram segurados do Plano de Saúde Segura Tudo, e que a falta de cobertura do plano no tocante ao anestesista e materiais não foi informada antes das cirurgias.

Afirmaram que o termo de responsabilidade que assinaram era de adesão, e que não tinham outra alternativa senão assiná-lo para que o atendimento de urgência (cirurgias) fosse realizado.

Mencionaram a venda casada de serviços, vez que não teriam a opção de escolher outra empresa para os serviços de anestesia.

Pleitearam a aplicabilidade do CDC à espécie, com o reconhecimento da abusividade da cobrança efetivada.

Requereram a improcedência dos pedidos formulados na inicial.

Em sede de reconvenção, requereram a condenação da autora a promover a reparação de danos na espécie, em respeito às normas do CDC.

Alegaram que a autora-reconvinda negativou indevidamente os nomes dos autores nos serviços de proteção ao crédito em razão do débito narrado na inicial.

Inferiram a existência de ato ilícito, consistente na negativação e cobrança indevida do valor descrito na inicial da ação monitória, que ocasionou danos à personalidade dos autores.

Relataram dano material derivado da contratação dos advogados para patrocinarem a causa, no valor de R$ 5.000,00.

Juntaram o comprovante da negativação indevida, datado de março de 2016, e o contrato de honorários dos advogados que patrocinaram a sua defesa e reconvenção, bem como a nota fiscal de pagamento por estes emitida.

No mérito, pleitearam a condenação da parte autora-reconvinda a reparar os danos morais, no valor de R$ 10.000,00 para cada réu-reconvinte, e materiais, no montante de R$ 5.000,00, referente aos honorários contratuais pagos para a defesa na lide.

O autor se manifestou em réplica rebatendo as preliminares, e reafirmando os termos da inicial.

No tocante a primeira preliminar, alertou que sua legitimidade para a cobrança decorre de expressa previsão no termo de responsabilidade assinado pelos réus, especificamente no artigo 20 do termo, onde se lê: "os signatários ficam cientes e anuem aos valores correspondentes aos honorários de anestesiologia e materiais, que, quando não pagos pelo convênio, serão pagos em separado da fatura do serviço do hospital diretamente à Associação Derruba o Sono, que emitirá nota fiscal correspondente, ficando cientes, ainda, que o pagamento da fatura junto ao Hospital não quita os valores devidos à Associação Derruba o Sono".

Quanto à alegada inépcia, aventou que os documentos juntados se prestam a aparelhar a ação monitória, na forma da legislação de regência.

No mérito, reafirmou a legalidade da cobrança pela via monitória, alertando que entendimento diverso implicaria enriquecimento sem causa da parte ré, vez que os serviços foram devidamente prestados.

Requereu a procedência da ação monitória.

Em sede de contestação à reconvenção, mencionou, preliminarmente, a impossibilidade de manejo de reconvenção em sede de ação monitória.

No mérito, rebateu as alegações da parte ré-reconvinte, negando a prática de ato ilícito. Aduziu que agiu no exercício regular de direito, e que retirou a negativação do nome da parte ré quando a questão foi judicializada. Juntou documentos. Rebateu a possibilidade de condenação à reparação dos honorários contratuais, à míngua de ato ilícito e nexo causal.

Requereu a improcedência do pleito reconvencional.

Réplica à contestação à reconvenção apresentada pela autora-reconvinda, rebatendo a alegação de intempestividade, e reiterando os termos da reconvenção.

Regularmente intimadas a produzir outras provas, a parte autora deixou transcorrer "in albis" o prazo conferido.

A ré postulou a produção de prova testemunhal.

O magistrado condutor do processo indeferiu o pedido de provas, e determinou a remessa dos autos conclusos para sentença.

Não houve recurso contra a decisão proferida.

Após, foram os autos conclusos para sentença.

1.7 Exercício 7 – Embargos à execução (cheque)[9]

João da Silva passou a ser portador de título de crédito decorrente de relação contratual com a Empresa Galo Ltda, emitido em 1º de janeiro de 2016, representando o valor de R$ 5.000,00.

9 Tribunal de Justiça do Estado do Piauí. Exercício elaborado para treinamento. Certame realizado no ano de 2016, com provas elaboradas pela FCC. Prova com limitação de linhas (120), e relatório dispensado.

Em razão do não pagamento do título quando de sua apresentação, feita no dia 30 de janeiro de 2016, e na praça da emissão do título, João procurou a empresa visando sanar o problema, notificando-a extrajudicialmente para que efetuasse o pagamento.

Ante a inércia da empresa, manejou, em 1º de julho de 2016, a ação competente prevista no Código de Processo Civil, pleiteando o pagamento da quantia descrita no título no prazo legal previsto no caderno processual.

Regularmente citada, a empresa Galo Ltda apresentou defesa por meio de ação, arguindo, preliminarmente, que o título que aparelhava a inicial estaria prescrito, nos termos da legislação de regência, pois o prazo para a sua cobrança judicial já teria se esvaído.

No mérito, alegou que celebrou com João um contrato de prestação de serviços técnicos de assessoria administrativa, financeira e contábil e que, por esse motivo, o requerido tinha pleno acesso às dependências da empresa.

Inferiu que o contrato com João foi rescindido em outubro de 2015, e todas as parcelas devidas em razão da avença foram devidamente quitadas.

Mencionou que João teve acesso indevido ao título de crédito que aparelha a inicial questionada, retirando-o do cofre assinado e em branco, tendo sido o valor posteriormente preenchido de maneira maliciosa pelo requerido com o montante descrito na exordial.

Alegou que o negócio jurídico é inválido porque o objeto é ilícito, tendo em vista que decorre de título furtado e preenchido sem autorização do devedor.

Ante da invalidade do negócio, postulou o acolhimento da defesa apresentada, com a desconstituição do título que aparelhava a inicial.

Trouxe aos autos documentos para amparar sua pretensão, em especial a ocorrência policial derivada da suposta prática do crime de estelionato em sua forma tentada. Pleiteou a produção de prova testemunhal, arrolando testemunhas.

Regularmente intimado a se manifestar nos termos do CPC, João rebateu a prejudicial manejada, e, no mérito, negou qualquer ilicitude no título apresentado. Disse ser inviável a discussão sobre a causa do débito encartado no título, nos termos da legislação de regência. Reafirmou a prestação de serviços, bem como o não pagamento do montante devido em razão do contrato após o seu termo. Disse que não sofreu ação penal em razão da ocorrência, e que foi ouvido perante a autoridade policial. Postulou a improcedência dos pedidos formulados.

Em sua oportunidade processual, a empresa Galo Ltda reafirmou os termos da inicial, alertando para a possibilidade de discussão de vícios no título, por expressa exceção ao regramento geral aplicável.

Em manifestação fundamentada, o Juízo da 1ª Vara Cível de Teresina deferiu a prova oral pleiteada.

Designada audiência de instrução, foram tomados os depoimentos pessoais do representante da autora e o réu, e ouvidas duas testemunhas.

Assim restaram consignados os depoimentos:

> a) depoimento Marcio Braga (representante galo): que João efetivamente prestou serviços à empresa, mas que foram todos pagos; que acredita que João se apropriou do título de maneira indevida; que os títulos da empresa vinham com o carimbo no verso, assinados pela tesoureira; que mostrado o título apresentado por João para cobrança ao Banco, reconhece a assinatura da tesoureira da empresa, e o carimbo; que o pagamento efetuado a João consta da contabilidade; que não sabe dizer se o pagamento foi feito com o título que aparelha a inicial; que João notificou a empresa visando o recebimento dos valores;
>
> b) depoimento João da Silva: que prestou serviços à empresa Galo no ano de 2015; que quando da rescisão do contrato firmado, recebeu da tesoureira da empresa um título no valor de R$ 5.000,00; que ela entregou o título assinado e em branco, e pediu que João o preenchesse, pois estaria com pressa na hora; que o valor não foi pago; que notificou a empresa, mas sem sucesso; que não está sendo processado criminalmente; que prestou depoimento à autoridade policial; que não sabe dizer como está o andamento do inquérito; que se sente injustiçado, pois prestou o serviço e não recebeu o montante estipulado;
>
> c) testemunha Mariza (tesoureira – compromissada): que era responsável pelos pagamentos realizados pela empresa; que João prestou serviços à empresa; que a empresa tem dezenas de prestadores de serviços; que se recorda de ter pago João quando da rescisão do contrato firmado; que não se recorda o valor, mas esse consta da contabilidade da empresa; que os títulos ficavam acondicionados assinados pelo sr. Marcio no cofre da empresa; que todos os títulos eram carimbados em seu verso; que apenas ela e o senhor Marcio tinham a chave do cofre; que não se recorda de ter pedido a João para preencher qualquer título, nem que tenha feito pessoalmente o acerto com ele; que João esteve, salvo engano, algumas vezes em seu escritório; que prestou depoimento perante a autoridade policial;
>
> d) testemunha Carlos (funcionário galo – compromissado): que viu João algumas vezes na empresa; que sabe dizer que esse prestou serviços à empresa; que não sabe dizer se ele recebeu por isso; que recebe por título de crédito; que esse vem com carimbo no verso e sempre é entregue pela Sr. Mariza, e já estão assinados.

Alegações finais ofertadas em audiência, na qual as partes reiteraram os termos anteriormente expostos nos autos.

Após, foram os autos conclusos para sentença.

1.8 Exercício 8 - Embargos de Terceiro (nulidade de fiança)[10]

Diogo Santos passou a ser portador de título executivo extrajudicial decorrente de contrato de locação firmado com BC LTDA, em que constavam como fiadores Drausio Oliveira e Laurindo Inácio.

Propôs demanda sob o rito previsto no CPC visando o pagamento no prazo legal, sob pena de penhora.

Regularmente citados, os réus não apresentaram defesa no prazo legal.

O oficial de justiça não encontrou bens para arresto.

Concedida vista dos autos a Diogo, este apresentou requerimento visando a penhora via sistema Bacenjud do valor da dívida, em montante certo e atualizado de R$ 150.000,00.

Feita a penhora bacenjud pelo MM. Juiz, foram encontrados cerca de R$ 10.000,00 na conta corrente de Laurindo Inácio, restando infrutíferas as demais ordens.

O executado foi pessoalmente intimado das penhoras.

Ato contínuo, foi distribuída por dependência ação de embargos de terceiro, proposta por Djanira Wagner em desfavor de Diogo, pleiteando a desconstituição da penhora realizada, sob o argumento de nulidade da fiança prestada por Laurindo Inácio, ante a falta de outorga uxória. Mencionou que os valores bloqueados são referentes ao seu salário, e que recebe a sua remuneração na conta de seu companheiro.

Apresentou documentos para atestar os depósitos dos montantes relativos ao seu salário nos dois meses anteriores, e requereu a produção de prova oral.

A inicial foi apresentada quatro dias após a ciência pela embargante do ato de turbação.

O MM. Juiz da 1ª Vara Cível recebeu a inicial e determinou a suspensão do processo principal no tocante ao bem fungível penhorado.

Diogo Santos apresentou a resposta à ação no prazo legal, arquindo, preliminarmente, intempestividade dos embargos, que não respeitaram o prazo legal, pois esse seria contado da ordem de penhora, e não da ciência do ato, e ilegitimidade ativa de Djanira Wagner, que não poderia manejar a ação proposta. No mérito, requereu a improcedência dos pedidos formulados, ponderando que a autora não é casada com o fiador, e que Laurindo Inácio assumiu a obrigação de fiança de sua própria e única empresa (BC Ltda),

10 Tribunal de Justiça do Estado do Piauí. Exercício elaborado para treinamento. Certame realizado no ano de 2016, com provas elaboradas pela FCC. Prova com limitação de linhas (120), e relatório dispensado.

que era a locatária do imóvel, figurando a família desse, por evidência, como diretamente beneficiada, haja vista que Laurindo Inácio é o sócio majoritário e administrador da empresa. Inferiu que nada foi encontrado nas contas da empresa e do outro fiador, não podendo ser prejudicado por ardil do devedor.

Juntou documentos da Junta Comercial, demonstrando que Laurindo Inácio tem apenas a BC Ltda, bem como o contrato social da empresa, no qual se percebe que Laurindo Inácio tem 80% das cotas, e é o administrador da empresa.

Requereu a improcedência dos pedidos formulados na demanda.

Réplica rebatendo as preliminares e reafirmando a inicial, aduzindo que vive em união estável com Laurindo Inácio, e que o fato desse possuir apenas a empresa BC Ltda e ser o sócio administrador não implica dizer que a família foi diretamente beneficiada.

Designada audiência de instrução, foi tomado o depoimento pessoal da autora e ouvido o Sr. Laurindo Inácio na qualidade de informante.

Assim restaram consignados os depoimentos:

> a) depoimento pessoal Djanira Wagner: que vive em união estável com Laurindo Inácio desde o ano de 2002; que trabalha na empresa Vida Empréstimos SA, especializada em empréstimos pessoais e cobrança extrajudicial; que recebe cerca de R$ 4.900,00 por mês; que os valores relativos aos dois meses anteriores foram depositados diretamente na conta de Laurindo Inácio, pois a autora não tem conta em banco; que a penhora foi realizada um dia após o recebimento de seu salário; que tem dois filhos; que cuida das despesas da casa, e Laurindo Inácio cuida da empresa e das despesas referentes a escola e creche, além dos demais pagamentos, como financiamento da casa e do carro; que Laurindo Inácio trabalha na empresa; que não sabe dizer quanto Laurindo aufere por mês, mas sabe dizer que a empresa está passando por dificuldades, como o todo o comércio; que está passando dificuldades sem o dinheiro de seu salário; que não sabia da fiança prestada por Laurindo Inácio;
>
> b) informante Laurindo Inácio: que firmou o contrato com a parte ré na qualidade de sócio administrador da BC Ltda; que a empresa tem sede no imóvel locado; que o contrato é de 36 meses; que a empresa está passando por dificuldades; que vive em união estável com Djanira; que tem dois filhos; que cuida de parte das despesas da casa; que a empresa não está auferindo lucro algum nos últimos tempos; que a empresa já teve lucro; que é o sócio majoritário e administrador; que não possui outra empresa, se dedicando unicamente à BC Ltda; que não sabia que Djanira deveria assinar o contrato de locação, pois não são casados; que Djanira recebe seu salário em sua conta; que Djanira cuida de parte das despesas da casa; que arca com os financiamentos do imóvel residencial e do veículo, assim como as escolas das crianças; que foi proposta ação de despejo contra a BC, ainda em trâmite; que está tentando um empréstimo para saldar o débito.

As partes ofereceram alegações finais orais remissivas.

Após, foram os autos conclusos para sentença.

1.9 Exercício 9 - Ação de reparação civil em desfavor do Estado[11]

Ana Silva, Carlos Silva, Silvinho Silva e Carlinhos Silva ajuizaram ação de reparação de danos materiais e morais em desfavor do Município do Rio de Janeiro, ao argumento de ato ilícito praticado por servidores do referido ente estatal, conforme os fatos a seguir narrados.

Em 02/06/2013, Ana, que havia tido o parto de seu filho Silvinho 5 dias antes, buscou a rede pública municipal de saúde para realizar exames relativos ao pós-parto. Foram solicitados vários exames, entre eles o de sorologia para o vírus HIV.

No dia 17/06/2013, Ana se dirigiu ao posto de saúde da prefeitura para buscar os resultados dos exames, que já haviam ficado prontos. Logo quando chegou, acompanhada de seu filho recém-nascido e de seu outro filho, Carlinhos, com 5 anos, Ana foi encaminhada para uma sala em apartado, fora da fila regular de atendimento.

Alguns minutos depois, ela foi chamada pela médica do posto, Dra. Ilma, e se dirigiu à sala de atendimento com seus dois filhos. A médica foi direta, e disse logo de cara que as notícias não eram boas, e que o teste de Ana tinha sido positivo para a infecção pelo vírus HIV (doc. 01), razão pela qual, a partir daquele momento, essa deveria interromper a amamentação do filho e iniciar a ingestão de medicamentos para combate à doença. Segundo repassou a médica, novo exame de HIV deveria ser realizado nos próximos dias, conforme protocolo do Ministério da Saúde, sendo que não só Ana deveria se submeter aos exames, mas também Carlos, Silvinho e Carlinhos.

Desorientada, e ante a desastrosa notícia, Ana saiu do posto de saúde já se sentindo mal, e, ao tentar atravessar a rua, tropeçou em um mendigo que estava na calçada e caiu, sofrendo ferimentos em seu braço e rosto, pois conseguiu evitar que o filho recém-nascido se machucasse com o evento.

Buscou atendimento novamente no posto, tendo que informar aos enfermeiros que havia sido diagnosticada, horas antes, como portadora do vírus HIV.

Ao chegar em casa, Ana, muito religiosa, contou o acontecido a seu esposo, Carlos, e esses decidiram procurar auxílio na igreja, relatando o caso ao pastor. Os dois choraram muito, e tanto Ana quanto Carlos relataram que nunca haviam traído um ao outro, e não sabiam como aquilo poderia ter ocorrido.

11 Tribunal de Justiça do Estado do Rio de Janeiro. Exercício elaborado para treinamento. Certame realizado no ano de 2016, com provas elaboradas por Banca própria. Prova sem limitação de linhas, mas com relatório dispensado.

O pastor orou com os dois e recomendou que fizessem outro teste não só na rede pública, mas também em um laboratório particular, e que seguissem as recomendações médicas.

No dia 21/06/2013, toda a família compareceu ao posto de saúde para colher o material para o novo exame. Na mesma data, todos foram ao Laboratório Acerto para realizar outra colheita de material para exame.

No dia 04/07/2013, Ana e a família foram ao posto de saúde buscar o resultado, e foram informados que o exame tinha sido negativo, sem qualquer traço indicativo da contaminação de nenhum deles pelo vírus HIV.

Ana e Carlos questionaram a Dra. Ilma sobre o ocorrido, ocasião em que essa explicou que gestantes e lactantes podem ter essa variação nos exames, razão pela qual devem sempre se submeter a novos testes.

No dia seguinte, a família buscou os resultados dos exames feitos no laboratório particular, que também foram negativos para a contaminação pelo vírus da AIDS.

A vida demorou a voltar ao normal, e Ana e Carlos tiveram que fazer terapia de grupo por mais de dois anos, ao custo mensal de R$ 200,00.

Em 05/07/2016, a autora, seu marido e seus dois filhos ajuizaram ação de reparação de danos em desfavor do município do Rio de Janeiro, pleiteando a reparação de danos morais a todos, no montante estimado de R$ 50.000,00 para cada um deles, em razão de toda a dor e sofrimento psicológico decorrente do exame erroneamente positivo que lhe foi entregue, e de danos materiais, referentes ao prejuízo decorrente do valor dos exames realizados no laboratório particular (R$ 500,00 – recibo fls. XX), e do montante gasto com a terapia nos dois anos seguintes (R$ 4.800,00 – recibos fls. XX).

Pleitearam a gratuidade de justiça, e a condenação da ré nos termos dos pedidos formulados. Deu à causa o valor de R$ 205.300,00.

A gratuidade de justiça foi deferida, e, designada audiência de conciliação, a essa compareceu a procuradoria do Município, que não apresentou proposta de acordo, e trouxe sua petição de defesa. O MP nada requereu.

Alegou, em sede de preliminar, falta de interesse de agir, uma vez que o exame feito pelo estado atestou a negativa da infecção pelo vírus HIV. Arguiu, ainda, a impossibilidade de concessão da gratuidade judiciária, à míngua da demonstração da hipossuficiência autoral, bem como a incorreção do valor da causa, haja vista que o montante trazido a título de dano moral tem valor meramente estimativo, e não pode compor o todo para fins de fixação do valor da causa. Trouxe prejudicial de prescrição, haja vista que houve o decurso do prazo de três anos entre a informação do exame e a propositura da ação pelas partes.

No mérito, negou qualquer ato ilícito por parte do Estado, ao argumento de que se seguiu, no caso, o protocolo do Ministério da Saúde, cujas normas determinam a informação à pessoa sobre a situação do exame, e a realização de novo nos próximos dias. Disse que o município do Rio de Janeiro leva esse assunto muito a sério, e que a tomada de medidas preventivas e realização de exames na família se impõem em casos como o narrado.

Mencionou que os exames para a sorologia do HIV apresentam índice de falibilidade, razão pela qual são necessárias contraprovas posteriormente, que, no caso, foram realizadas dentro de prazo razoável pelo ente público.

Inferiu que os transtornos vivenciados pela parte autora não decorreram de ação ou omissão estatal, razão pela descabe falar em condenação do município nos moldes pleiteados na inicial.

Questionou o valor pleiteado a título de dano moral, que se revelou notadamente abusivo, e, quanto ao montante requerido por danos materiais, impugnou o documento de recibo do laboratório, que não tinha o nome de todos os autores, mas apenas de Ana. Rebateu ainda eventual dever pelo tratamento de terapia, que não estava diretamente relacionado ao evento danoso.

Requereu a improcedência dos pedidos formulados e o julgamento do feito.

Trouxe aos autos os protocolos do Ministério da Saúde, e os prontuários de atendimento da autora e de sua família, assinados pela Dra. Ilma.

A parte autora rebateu as preliminares e reafirmou a inicial, não postulando outras provas.

O Ministério Público ofertou parecer final, opinando pelo acolhimento da prejudicial, e, se superado o argumento, pela procedência parcial da ação, com a condenação da parte ré a reparar os danos morais decorrentes do ato ilícito, em valor a ser arbitrado pelo Juízo, com juros e correção da data do arbitramento, mas apenas em favor de Ana e seu marido, à míngua de dor ou ofensa à personalidade das crianças. No tocante aos danos materiais, opinou pela parcial procedência, excluindo-se os valores requeridos à título de ressarcimento pelos exames no laboratório particular, pela falta de comprovação da despesa pelos requerentes, com juros e correção da citação e ajuizamento da ação, respectivamente.

Em seguida, o MM. Juiz determinou a remessa dos autos para sentença.

1.10 Exercício 10 - Ação de cobrança com reconvenção apresentada pela ré[12]

Regular Ltda ajuizou ação de cobrança em desfavor de LMS Ltda e Berenice Dimas, pleiteando a condenação das requeridas ao pagamento de R$ 21.000,00

12 Tribunal de Justiça do Estado do Rio de Janeiro. Exercício elaborado para treinamento. Certame realizado no ano de 2016, com provas elaboradas por Banca própria. Prova sem limitação de linhas, mas com relatório dispensado.

referentes a serviços de contabilidade, bem como ao valor previsto em contrato para multa contratual por descumprimento da avença, no montante de R$ 10.000,00, e, ainda, a reparação pelos danos morais derivados do ato ilícito perpetrado pela ré LMS.

Segundo narrou a inicial, as partes firmaram contrato de prestação de serviços de contabilidade em 30 abril de 2013 (doc. 01), no qual foi previsto o pagamento mensal de R$ 3.000,00 como contraprestação pelos serviços prestados, por prazo indeterminado, tendo a Sra. Carlúcia Lima assinado como representante da empresa.

Alegou a autora que os serviços foram prestados ininterruptamente sem qualquer problema até que, em janeiro de 2016, foi comunicada verbalmente pela Sra. Berenice Dimas, nova sócia da empresa, de que o contrato seria interrompido e rescindido, situação em desacordo com cláusula contratual expressa que determinava a necessidade de notificação prévia por escrito na hipótese de rescisão do acordo por qualquer das partes.

Conforme aduziu a requerente, a ratificação por escrito da rescisão só teria sido enviada em março de 2016, conforme documento apresentado aos autos (doc. 02), e a nova sócia da empresa ré não honrou com os pagamentos referentes aos meses de julho de 2015 a janeiro de 2016, totalizando R$ 21.000,00, objeto da cobrança trazida na demanda.

Por incidir em expressa violação do contrato (cláusula 03 - doc. 01), a as rés deveriam pagar a autora o valor de R$ 10.000,00, multa estabelecida para a hipótese de a autora não prestar o serviço a contento, mas que seria aplicada analogicamente em seu favor, visando garantir a paridade contratual.

A postulante narrou ainda que a LMS teria denegrido sua imagem ao alegar irregularidades na prestação de serviços, já que a notícia da rescisão da avença por erros e inconsistências contratuais teria se espalhado pelo comércio da região, prejudicando a clientela da Regular Ltda, razão pela qual postulou a condenação das rés ao pagamento de R$ 50.000,00 a título de danos morais.

A autora juntou vários documentos visando demonstrar a prestação de serviços no período cobrado (doc. 03).

A inicial foi distribuída em 1º de março de 2016, recebida no dia posterior, sendo que a audiência prévia foi realizada em 10 de abril de 2016, ocasião em que as rés apresentaram suas defesas.

A ré Dimas arguiu, inicialmente, sua ilegitimidade passiva, dizendo que não assinou qualquer contrato com a autora, sendo apenas sócia da empresa LMS desde janeiro de 2016, conforme alteração societária efetuada (doc.04), razão pela qual não pode ser responsabilizada pelos atos alegados na inicial. No mérito, negou qualquer ato ilícito atinente a sua pessoa, bem como questionou a possibilidade de reparação de danos morais e materiais na espécie. Requereu o acolhimento da preliminar e a improcedência dos pedidos.

A ré LMS levantou, em sede de preliminar, inépcia da inicial, uma vez que os documentos apresentados (doc. 03) para comprovar a suposta prestação de serviço eram apenas recibos de recebimento, sem descrição da pessoa que recebeu, ou mesmo data, e nem tinham de maneira pormenorizada o que teria sido feito no período.

No mérito, rebateu totalmente a pretensão autoral.

No tocante a alegação de prestação de serviços, mencionou que nova diretoria assumiu a empresa em janeiro de 2016, ocasião em que recebeu o contato da Regular Ltda pleiteando o pagamento pelo serviço de contabilidade referente aos meses de julho de 2015 a janeiro de 2016.

Por cautela, solicitou expressamente a empresa Regular que trouxesse o contrato firmado entre as partes, haja vista que a LMS não possuía, em seus arquivos, nenhum documento tratando sobre avença com a autora. De toda forma, já adiantou à autora que não possuía interesse na continuidade da avença, que seria interrompida e desfeita.

A solicitação somente foi atendida pela Regular trinta dias depois. Ao analisar o contrato (doc. 04), percebeu que a assinatura da então sócia-administradora não condizia com as firmas trazidas em vários documentos arquivados na empresa, especialmente os do contrato social e suas alterações posteriores e cópias dos documentos pessoais da sócia Carlúcia (doc. 05). Nesse período, ao buscar pelas informações contábeis da empresa, não encontrou nenhum pagamento à Regular Ltda no período de 2012 a 2016.

Desse modo, e ante a total falta de consonância entre as firmas, bem como pela ausência de comprovação da prestação dos serviços, notificou em março de 2016 a empresa Regular quanto a interrupção/rescisão do contrato que fora apresentado em fevereiro de 2016, e, ademais, informou que os valores solicitados não seriam pagos (doc. 06).

Alegou má-fé da autora e nulidade da avença, pois requisito essencial não teria sido atendido (manifestação de vontade da empresa LMS por seu representante), razão pela qual nada seria devido com base em seus termos.

Negou qualquer ato ilícito, e questionou a ausência de qualquer documento atestando a ofensa à imagem da empresa autora, assim como da queda de seu faturamento no período.

Requereu a produção de prova pericial, apresentando como quesito a falsidade da assinatura da Sra. Carlúcia pela empresa LMS no contrato apresentado, bem como requerendo a total improcedência dos pedidos autorais.

Apresentou ainda, na peça defensiva, pleito reconvencional, requerendo a condenação da autora a reparar os danos morais derivados da cobrança fundada em contrato nulo, no montante de R$ 50.000,00.

A autora apresentou sua réplica, rebatendo as preliminares e reafirmando a inicial, dizendo que o contrato foi válido e regularmente firmado pela sócia-administradora à época, e que beira a má-fé desqualificar os documentos apresentados para se enriquecer ilicitamente.

Quanto à reconvenção, alegou, preliminarmente, inépcia da inicial, uma vez que nenhum documento embasa o pedido de reparação de danos morais, bem como inadequação da via eleita, já que a peça não se mostra conexa com a principal ou tese defensiva. No mérito, disse que exerceu seu direito de cobrança à luz de contrato, e que a ré-reconvinte intenta com sua defesa e reconvenção enganar o Juízo, de modo a fazer prevalecer o enriquecimento sem causa.

A ré-reconvinte rebateu a preliminar e reafirmou sua peça reconvencional.

Em seguida, o MM. Juiz deferiu a prova pericial solicitada. Nomeou perito de sua confiança, e atribuiu a ré o ônus da prova da falsidade.

Em seguida, o MM. Juiz designou a produção de prova pericial, nomeando perito de sua confiança, e atribuindo à parte ré o ônus da prova.

Apresentada a proposta de honorários, o MM. Juiz intimou as partes nos termos do artigo 95 do CPC.

Efetuado o depósito, o magistrado autorizou a expedição de alvará relativo a 50% do montante, bem como a retirada dos autos para o início dos trabalhos, que tinha prazo de 10 dias para finalização, com o uso dos documentos apresentados aos autos para a realização da comparação entre as assinaturas da Sra. Carlúcia.

Laudo devidamente apresentado no prazo, com a conclusão de que a assinatura prevista no contrato não foi feita pela Sra. Carlúcia, sendo falsa, uma vez que seus caracteres gráficos morfogenéticos não são provenientes do punho autorizado de Carlúcia.

Dada vista às partes sobre o laudo, a parte autora impugnou a conclusão do expert, pois não demonstrou a contento as técnicas utilizadas e fez indevido juízo de valor. Requereu nova perícia e a produção de prova oral.

O perito se manifestou sobre a impugnação, demonstrando as páginas do laudo em que fez menção a técnica utilizada, e mantendo seu laudo.

Em seguida, o magistrado rejeitou a impugnação apresentada, ao argumento de inexistência de vícios no trabalho empreendido pelo expert, e determinou a expedição de alvará do restante do valor previsto para a perícia e a abertura de prazo para alegações finais, assim como o pedido de produção de prova oral, pois despicienda para o deslinde do feito.

As partes ofertaram suas alegações no prazo conferido, cada qual reafirmando as teses esposadas na inicial e peça de defesa.

Após, os autos vieram conclusos para sentença.

1.11 Exercício 11 – Ação de obrigação de fazer contra o Estado (fornecimento de medicamentos)[13]

João da Silva propôs ação em desfavor do Estado do Rio de Janeiro e do Município de São João de Meriti-RJ, postulando a condenação da parte ré a lhe fornecer fraldas geriátricas e os medicamentos descritos na prescrição médica para o seu tratamento.

Narra o autor que sofre de doenças cerebrovasculares (CID I 69), que o fizeram ficar acamado, impossibilitado de se levantar, necessitando de cuidados durante todo o dia.

Conforme laudo elaborado por médico do Hospital Público de São João de Meriti, a doença que acomete o autor impõe o uso de fraldas geriátricas vinte e quatro horas por dia, e impele ainda o uso de medicamentos para dor (CARD 01) e pomadas para evitar assaduras (hipogloss). Diz ainda que a rede municipal não dispõe de tais produtos para oferta.

Segundo a descrição do laudo, seriam necessárias no mínimo 8 fraldas por dia, o que, num período mínimo de doze meses (prazo esperado para o tratamento), implicaria a quantidade total de 2880 fraldas, além de quatro tubos de pomada por semana (192 pelo prazo do tratamento) e dez caixas de Card 01, no valor unitário de R$ 1.500,00, totalizando R$ 15.000,00.

A inicial elaborada pela Defensoria Pública veio acompanhada do relatório médico indicando o uso do medicamento para o tratamento da enfermidade.

Foi formulado pedido de gratuidade de justiça, bem como de tutela antecipada para obrigar os réus a fornecer os medicamentos e fraldas descritas na inicial pelo prazo mínimo de 12 meses, ou outro medicamento que venha a necessitar durante o tratamento, sob pena de multa. No mérito, a confirmação da liminar, e a condenação dos réus a reparar os danos morais suportados pela situação desumana de ser obrigada a vir ao judiciário pleitear medicação e insumos mínimos para a dignidade e saúde do autor, no valor de R$ 50.000,00.

Requereu ainda a condenação dos réus ao pagamento de honorários advocatícios na hipótese de procedência da demanda, e a não realização da audiência prévia.

---

13 Tribunal de Justiça do Estado do Rio de Janeiro. Exercício elaborado para treinamento. Certame realizado no ano de 2016, com provas elaboradas por Banca própria. Prova sem limitação de linhas, mas com relatório dispensado.

A gratuidade de justiça foi deferida, deixando o magistrado de determinar a audiência prévia de conciliação, ao argumento de que o Poder Público não realiza composição em lides versando sobre direito à saúde, e, ademais, em virtude do pedido expresso formulado pelo autor. Além disso, o magistrado se reservou ao direito de analisar o pleito de urgência após a oitiva da parte ré.

Regularmente citado, o Município de São João Estado de Meriti trouxe peça de defesa no prazo legal, arguindo, preliminarmente, a necessidade de a União compor o polo passivo da demanda, pois se trata de lide versando sobre direito à saúde, que deve ser suprido também pelo ente federal. Levantou, ainda, a impossibilidade de concessão da gratuidade sem a devida comprovação da hipossuficiência. No mérito, negou o dever de fornecer a medicação apresentada na inicial. Postulou a aplicação da reserva do possível à espécie, e mencionou as dificuldades financeiras do Município, ressaltando que o custo total da medicação e insumos pleiteados ultrapassaria R$ 30.000,00, montante suficiente para abastecer um posto de saúde com o medicamento básico aspirina por seis meses. Alegou quebra à isonomia constitucional, à conveniência e oportunidade da Administração e à separação dos poderes. Negou qualquer ato ilícito, de modo a afastar o pedido de reparação por danos morais.

O Estado do Rio de Janeiro apresentou sua peça defesa no prazo legal, e arguiu, preliminarmente, falta de interesse de agir da parte autora, uma vez que não foi feito requerimento administrativo das fraldas e medicamentos. Questionou, ainda, necessidade de chamamento da União ao feito e o pleito de urgência, que não poderia ser deferido em desfavor do ente público. No mérito, reafirmou a insuficiência de recursos do Estado para custear o tratamento, postulando a aplicação da reserva do possível à espécie. Combateu a recomendação médica, uma vez que seria possível a realização de cirurgia para o tratamento, com possibilidade de cura da enfermidade, ou ainda a ingestão de outros medicamentos para evitar a necessidade do uso das fraldas, conforme estudos médicos juntados aos autos, enviados à Procuradoria do Estado pela Secretaria de Saúde do Estado do Rio de Janeiro. Disse que o pedido de reparação de danos morais é totalmente descabido, seja pela ausência de ato ilícito, seja pela inexistência de dano presumido no caso. Combateu ainda a possibilidade de a Defensoria Pública ser beneficiada com a condenação de honorários advocatícios.

A réplica foi ofertada pelo autor no prazo legal, rebatendo as preliminares e reafirmando a inicial, solicitando o julgamento da lide e o deferimento do pleito de urgência.

Em seguida, foram os autos conclusos para sentença.

1.12 Exercício 12 – Ação de reparação de danos cumulada com pedido de pensionamento[14]

Maria da Silva ajuizou ação de reparação de danos morais e materiais em desfavor de Jaqueline Caldas e Bruno Caldas, considerando os fatos descritos a seguir.

Segundo descreveu Maria em sua inicial, seu filho Luiz Gonzaga faleceu em 05/08/2015, após ser vítima de acidente automobilístico na rodovia federal 060.

No momento do acidente, ocorrido às 21h:00 do dia 05/08/2015, seu filho empurrava uma mobilete quando o veículo da primeira ré, dirigido pelo segundo réu, o atropelou, justamente quando passava sob o viaduto localizado no quilômetro 05 da citada rodovia.

Luiz Gonzaga faleceu imediatamente com o impacto, que foi tão forte que acabou por decepar suas duas pernas, conforme laudo da Policia Rodoviária Federal, juntado aos autos.

Maria relatou que Luiz Gonzaga, seu único filho, era seu sustento moral e material, haja vista que moravam juntos em uma pequena casa localizada na cidade satélite do Recanto das Emas, e Luiz, que trabalhava como vigilante, tinha renda mensal de um salário mínimo, usado no sustento da casa.

Na data do acidente, Luiz Gonzaga tinha vinte e seis anos, completados no dia 04/08/2015.

A inicial traz a informação de que o MP propôs ação penal em desfavor de Bruno Caldas, imputando-lhe a prática dos crimes previstos nos artigos 302 e 306 do Código de Trânsito Brasileiro, em ação que corre em uma das Varas Criminais da cidade satélite de Samambaia-DF, com um relato de que ação culposa do réu ocasionou a morte de Luiz Gonzaga.

Juntou-se à inicial a nota fiscal de aquisição da mobilete na data de 15 de março de 2015, pelo valor de R$ 3.000,00, montante despendido por Luiz Gonzaga, conforme descrição do documento (CPF do adquirente), bem como a carteira de trabalho do falecido filho de Maria, que continha a informação que esse foi desligado da empresa no mês de junho de 2015.

Maria teceu vários comentários sobre o direito que entende aplicável, e apresentou pedidos de reparação de danos morais, estimados em R$ 100.000,00, e danos materiais, sendo R$ 3.000,00 relativos à mobilete, que foi destruída com o impacto, bem como requerimento de condenação dos réus a lhe pagar pensão mensal de R$ 853,66, correspondente à multiplicação por 13 (treze) do salário percebido por Luiz – ganho anual esperado, dividido, posteriormente, por

14 Curso MEGE Regular. Exercício realizado para treinamento. Linhas limitadas a 240. Relatório dispensado.

12 (doze), visando alcançar o montante devido a título de pensionamento. Tal valor deverá ser pago desde a data do óbito até a data em que a autora vier a falecer, ou até a data em que seu falecido filho completaria 65 anos de idade.

Requereu ainda a gratuidade de justiça.

A ação foi proposta no dia 03 de dezembro de 2015, sob o rito sumário.

A gratuidade de justiça foi deferida, e o MM. Juiz da 1ª Vara Cível determinou a designação da audiência prevista no artigo 277 do CPC/73.

Regularmente citados, os réus compareceram à audiência e apresentaram defesa conjunta, alegando, preliminarmente, ilegitimidade passiva da primeira ré, pois, como proprietária do veículo, não tem responsabilidade por atos provocados por terceiro na direção do automóvel. Arguiu, ainda, a impossibilidade de deferimento da gratuidade de justiça, já que não foi juntado aos autos nenhum comprovante de rendimentos da autora.

O mérito da defesa apresentada trouxe inicialmente a informação de que o acidente ocorreu por culpa exclusiva do Sr. Luiz Gonzaga, pois esse atravessou a rodovia a noite, em local inapropriado e sem iluminação artificial, empurrando uma mobilete sem nenhuma luz ligada, e em estado de embriaguez, conforme atestou o laudo do IML, que constatou 3,06 g/l de alcoolemia, em estado chamado de "estupor" (alcoolemia de 2,7 a 4,0 g/l), cujos sintomas gerais descritos na doutrina médica, a teor da informação do perito oficial, são apatia, inércia geral, diminuição acentuada das respostas aos estímulos, incoordenação muscular importante, com instabilidade para suportar o andar, vômitos, incontinência de urina e fezes e debilidade de consciência.

Os réus defenderam que o comportamento da vítima impossibilitou que o segundo réu evitasse o acidente, pois não imaginava que uma pessoa cruzasse a rodovia naquele local em condições tão desfavoráveis e embriagado.

Relatam que o segundo réu não estava sob o efeito de álcool no dia dos fatos, e que o aparelho que mediu a concentração de álcool no sangue estava em desconformidade com as normas administrativas de regência, já que não tinha sido calibrado no prazo de 12 meses.

Descrevem a existência de culpa concorrente da vítima, cuja conduta contribuiu em grau infinitamente maior para a causação do resultado morte. Relataram que o veículo era conduzido dentro da velocidade permitida, situação essa inclusive informada pelo irmão do segundo réu à autoridade policial no dia do evento, já que Mario Caldas estava no veículo e teve seu depoimento colhido, atestando tal fato, capaz, por si só, de vergastar a conclusão do laudo pericial, que destoou da melhor técnica, e atestou velocidade incompatível com a realidade.

A peça de defesa ainda questiona a existência da dependência econômica, não comprovada nos autos, e o exorbitante valor pleiteado a título de danos morais, considerando, sobretudo, a ausência de ato ilícito na espécie. Há, ainda, impugnação do valor pleiteado a título de reparação pela mobilete, que já era usada à época do acidente, e, portanto, teria valor notadamente inferior.

O pedido de pensionamento foi rebatido em sua totalidade, seja pelo dever de pagamento, que reputaram inexistente, seja pelo quantum pleiteado, que não representava a realidade financeira do falecido, que, inclusive, estava desempregado à época do acidente, conforme documento juntado pela própria autora. Foi questionado, ainda, o prazo requerido, que seria um reconhecimento judicial de enriquecimento sem causa em favor da autora.

Reverberaram má-fé da autora, que distorceu os fatos para ludibriar o juízo e angariar simpatia à sua tese a partir do terrível acidente que acometeu a todos.

Ao final da contestação, formulou-se pedido de improcedência total dos requerimentos autorais.

A réplica foi fornecida em audiência, ocasião em que a autora, por intermédio da Defensoria Pública, rebateu as preliminares e o mérito da peça de defesa.

Alegou que residia com seu filho em sua residência, e não aufere ou auferia nenhuma renda, razão pela qual não há tal comprovante nos autos. Mencionou que tem sido ajudada por vizinhos, e que foi obrigada a alugar um cômodo da casa para ter o mínimo para seu sustento diário, pelo valor de R$ 250,00. Disse que não há má-fé em seu pedido, pois juntou aos autos a carteira de trabalho, e, ademais, não tinha conhecimento, à época, da demissão sem justa causa de Luiz Gonzaga.

Fez menção ainda às conclusões do laudo pericial da Polícia Rodoviária Federal, que trouxe a dinâmica do acidente, que ocorreu na rodovia, em uma pista de três faixas de rolamento, com o segundo réu conduzindo o veículo na faixa central a uma velocidade aproximada de 120 Km por hora, com o atropelamento ocorrido nessa mesma faixa, em local quase embaixo do viaduto do quilômetro 05, quando a vítima empurrava sua bicicleta-mobilete, no horário aproximado de 21h:00. Em suma, dirigia em alta velocidade, sob o efeito de álcool (0,364 mg de álcool, conforme etilômetro), quase quarenta quilômetros acima do permitido no loca (80Km por hora), e causou o acidente.

As partes não requereram outras provas, e os autos vieram conclusos para sentença no dia 20/03/2016, já na vigência do novo Código de Processo Civil.

1.13 Exercício 13 – Ação de despejo por denúncia vazia com reconvenção apresentada pela parte ré[15]

Auto Posto Bom preço ajuizou ação de despejo por denúncia vazia em desfavor de Carlos Bala ME.

15 Curso MEGE Regular. Exercício realizado para treinamento. Linhas limitadas a 240. Relatório dispensado.

Segundo a inicial, o autor firmou contrato de locação comercial com o réu relativo ao imóvel situado na Rua 02, lote 05, centro, nesta Capital, com vigência de 10/12/2010 a 10/12/2011.

Após o término do prazo contratual, este prorrogou-se por prazo indeterminado, mas, em janeiro de 2016, o requerente não tinha mais interesse na continuidade da avença, razão pela qual notificou o réu para que desocupasse o imóvel no prazo de 30 dias, contados a partir de 1/2/2016, data em que a notificação foi recebida.

Consta nos autos que o réu não atendeu à notificação, razão pela qual o autor pleiteou, já na vigência do novo CPC, pleito de rescisão da avença e despejo, nos termos da legislação de regência.

O autor não arrolou testemunhas, e disse que a causa era eminentemente de direito.

Ao receber a inicial, o magistrado deixou de designar a audiência de conciliação prevista no artigo 334 do CPC, por entender improvável o acordo e em respeito ao princípio constitucional da duração razoável do processo.

O réu foi citado, e ofertou defesa no prazo legal. Trouxe em sua peça preliminar de carência de ação, ao argumento de inadequação da via eleita e ausência dos requisitos para a propositura do despejo.

No mérito, alegou que houve descumprimento contratual da autora, pois essa teria interrompido indevidamente o fornecimento de energia elétrica para o imóvel locado, em dissonância do previsto no artigo 22, I, da Lei de Locações, no mês de outubro de 2015.

Mencionou ainda que, de forma desproporcional, foi obrigado a arcar com o equivalente a 25% do consumo total de energia elétrica do posto de combustíveis no período da locação, sendo certo que a autora também descumpriu o artigo 22, VI, da lei do inquilinato, tendo em vista que os recibos de pagamentos das contas de energia não lhe foram apresentados.

Apregoou a aplicação do CDC ao caso, com o uso da teoria finalista mitigada, ao argumento de que apesar da borracharia ter uso empresarial, é hipossuficiente em relação ao posto de combustíveis.

Formulou pedido reconvencional no bojo da contestação, sob o fundamento de que a interrupção indevida da energia elétrica por duas semanas no mês de outubro lhe ocasionou danos morais e materiais, haja vista que deixou de atender sua clientela formada ao longo dos cinco anos de funcionamento da borracharia.

Os danos materiais compreenderiam os lucros cessantes decorrentes da indevida interrupção no mês de outubro e a reparação pelo fundo de comércio, pois a rescisão antecipada iria lhe tolher dos clientes angariados no longo período da locação, que, inclusive, seria capaz de gerar a renovação da avença nos termos da legislação de regência, já que o prazo de 5 anos estaria cumprido.

O fundo de comércio, à luz da renda mensal, estaria avaliado em R$ 50.000,00.

Juntou o extrato bancário de movimentação de sua conta bancária, com os depósitos realizados nos doze meses anteriores, comprovando a média mensal de renda de R$ 2.500,00.

Segundo os pedidos formulados, o dano material também seria afeto à devolução em dobro, nos termos do CDC, do montante pago a título de energia elétrica no prazo do contrato, no montante certo de R$ 200,00 por mês.

O autor foi intimado a se manifestar em réplica e para contestar a reconvenção.

Sobre a defesa, rebateu a preliminar, que não teria qualquer amparo legal, e, no mérito, rechaçou os argumentos esposados pelo requerido. A questão atinente ao uso do CDC não teria respaldo contratual, e, quanto a alegação de descumprimento da avença, juntou aos autos as contas de energia anteriores à locação e posteriores, com o aumento de aproximadamente 40% do valor da conta após a instalação da borracharia. Disse que o medidor de energia era único, e que o réu sabia desse fato quando firmou o contrato, razão pela qual age de má-fé ao questionar, mais de cinco anos depois, o pagamento da energia que efetivamente utilizou no período. Relatou ainda que a interrupção no mês de outubro se deu em virtude de um problema elétrico dentro da borracharia, que ensejava reparo interno pelos seguidos curtos circuitos, o que somente foi feito pelo requerido após duas semanas da informação da necessidade de conserto. Contou que a interrupção da energia era obrigatória por se tratar de um posto de gasolina, de modo que a probabilidade de incêndio demandava a interrupção. Reafirmou a má-fé do requerido, haja vista que não trouxe aos autos o comprovante de contratação de eletricista para sanar seu problema apenas duas semanas depois, tentando inferir que a culpa da interrupção seria do posto.

No tocante aos recibos da conta de energia, trouxe aos autos cópias das contas de luz, com vistos dados pelo Sr. Carlos Bala, de modo a demonstrar que esse tinha conhecimento prévio do valor da conta de luz.

A petição do autor trouxe ainda a defesa ao pedido reconvencional. Preliminarmente, o autor-reconvindo alegou inadequação da via eleita e impossibilidade de oferta de reconvenção em ação de despejo por denúncia vazia, seja pela falta de oferta do pedido em peça própria, seja pela completa impropriedade de pedido condenatório em demanda visando a desocupação do imóvel pelo motivo declinado na inicial. Apresentou ainda prejudicial de prescrição quanto ao pleito de ressarcimento, sob o fundamento de que seria trienal, sendo que as contas pagas antes de três anos da propositura do pleito reconvencional estariam fulminadas pela prescrição. No mérito, rebateu a ocorrência de ato ilícito, o que afastaria o direito à reparação de danos materiais, morais e lucros cessantes, além da impossibilidade de indenização pelo fundo de comércio no caso versado. Questionou ainda o valor da renda mensal do estabelecimento, pois o extrato apresentado não tinha descrição clara dos depositantes, e continha vários depósitos feitos pelo Sr. Carlos Bala.

Em seguida, o requerido-reconvinte se manifestou sobre a peça de defesa, rebatendo a preliminar e a prejudicial, e reafirmando o mérito de sua defesa e reconvenção.

Após, o magistrado considerou a causa madura para julgamento, e, ante a falta de pedido de provas, reputou possível a remessa dos autos para a prolação de sentença.

1.14 Exercício 14 - Embargos à execução (contrato de prestação de serviços)[16]

Temis da Silva ajuizou ação de execução em desfavor de Deise Marques e Lico Lins, pleiteando a citação da parte ré para pagamento da quantia de 15.000,00, apresentando contrato de honorários advocatícios (doc. 01).

Instruiu a inicial com o demonstrativo de débito, bem como apresentou comprovante de notificação extrajudicial da ré para pagamento do valor previsto em contrato, que, todavia, não foi atendida (doc. 02).

A inicial foi recebida, com a fixação dos honorários relativos à execução e a determinação de citação dos réus.

Deise foi citada 31/05/2016, e o AR (aviso de recebimento) cumprido foi juntado aos autos no dia 10/06/2016.

Por seu turno, a correspondência enviada para a citação de Lico voltou com a notícia de que esse havia se mudado.

Dada a vista à parte autora, essa apresentou novo endereço, dizendo que Lico, apesar de legalmente casado com Deise, estaria morando com uma amiga chamada Joelma Cardoso, numa residência localizada no condomínio Ouro Vermelho, situado nos arredores de um grande hotel da cidade. Solicitou que a citação fosse realizada por oficial de justiça, pleito esse deferido pelo Juízo, sendo expedido o mandado de citação.

Ao comparecer ao endereço ofertado por volta das 15h:00, o oficial foi informado pelo porteiro do Condomínio, que entrou em contato com a residência

16 Curso MEGE Regular. Exercício realizado para treinamento. Linhas limitadas a 240. Relatório dispensado.

de Joelma, que Lico não estaria em casa, e não tinha hora para voltar. No dia seguinte, o oficial retornou ao local às 20h:00, sendo novamente informado pelo porteiro que Lico estaria ausente. Ao questionar o funcionário sobre o senhor Lico, este informou que esse costumava sair todos os dias pela manhã, mas sempre retornava após o almoço. De posse desse relato, o oficial intimou o porteiro de que voltaria no dia seguinte, às 18h:00, para efetuar a citação.

No dia posterior, o oficial foi ao local novamente no horário combinado, e, mais uma vez, foi informado de que o Sr. Lico estaria ausente, e não o seu paradeiro ou horário de retorno seria desconhecido.

O oficial então promoveu a citação por hora certa, certificando a tentativa de ocultação do réu, e entregando a contrafé ao porteiro do condomínio.

A certidão foi juntada aos autos no dia 29/06/2016, com a descrição do ocorrido.

Deise e Lico ofertaram embargos à execução no dia 14/07/2016, arguindo, preliminarmente, nulidade da citação por hora certa do segundo embargante, ao argumento de não observância dos ditames legais aplicáveis. Questionaram ainda, em sede de preliminar, a inépcia da inicial executiva, já que o título não seria exigível, pois ausentes as assinaturas de duas testemunhas.

No mérito, pleitearam o reconhecimento da iliquidez e inexigibilidade do título, com a consequente extinção da execução, haja vista que o embargado foi devidamente notificado acerca da revogação do mandato antes do término do feito para o qual foi contratado.

Inferiram que o contrato dizia respeito ao acompanhamento judicial de um pedido de cumprimento de sentença, no qual os embargantes figuravam como credores do montante de R$ 75.000,00. Realçaram que o embargado pleiteou o cumprimento de sentença, e acompanhou o processo por 8 meses, até ser devidamente notificado da revogação da procuração para atuar nos autos. No período, nenhum valor foi encontrado para saldar o débito, e os autores foram intimados pessoalmente por duas vezes para dar andamento ao feito, sob pena de extinção, ante a falta de atendimento às publicações oficiais das decisões proferidas pelo magistrado condutor do processo.

Relataram a existência de cláusula abusiva na avença, consistente na impossibilidade de desistência por parte dos contratantes, tendo em vista que o acordo previa o pagamento integral dos valores acordados pela prestação do serviço a partir da assinatura do contrato, independentemente do cumprimento do pactuado ou êxito na postulação judicial (Cláusula X). Segundo o contrato, o percentual seria fixo em 20% do valor cobrado em qualquer circunstância.

O MM. Juiz recebeu os embargos opostos sem efeito suspensivo, e determinou a oitiva do embargado no prazo legal.

Em sua resposta, o embargado apresentou preliminar de intempestividade dos embargos, pois desrespeitado o prazo legal para a apresentação da peça, que deveria ser contado da juntada de cada mandado, tendo em conta a pluralidade de réus. Em seguida, rebateu as preliminares apresentadas na ação apresentada, seja pela sua impropriedade técnica em sede de embargos (inépcia da inicial), seja pela total validade da citação efetuada no processo executivo. No mérito, afirmou que há de prevalecer na espécie a força obrigatória dos contratos, e, ante a expressa previsão de pagamento do valor pelo serviço, esse se mostra devido a par da revogação do mandato conferido, não havendo qualquer abusividade nas cláusulas contratuais. Realçou que a doutrina é uníssona no sentido de que os honorários advocatícios constituem direito do advogado e têm natureza alimentar, além de ser o contrato de honorários considerado título executivo extrajudicial, sendo a obrigação plasmada no documento líquida, certa e exigível. Alegou que o contrato não possui cláusula versando sobre cumprimento parcial da demanda, razão pela qual o acolhimento do pleito dos embargantes representaria enriquecimento sem causa e ofensa à boa-fé objetiva (prestigio à própria torpeza), pois a avença foi firmada por partes maiores, capazes, e por livre e espontânea vontade. Requereu a improcedência dos pleitos formulados, com a rejeição dos embargos.

Em seguida, e à míngua de pedido de prova pelas partes, o magistrado determinou a remessa dos autos para sentença, nos termos do artigo 920, II, do CPC.

1.15 Exercício 15 – Ação de rescisão de promessa de compra e venda de imóvel cumulada com reparação civil[17]

João da Silva propôs ação em desfavor Malha Fina Construtora Ltda e Nemo Corretora de Imóveis, requerendo a rescisão do contrato firmado entre as partes, com o retorno ao status anterior, e a condenação da ré a reparar os danos materiais e morais decorrentes da mora contratual da requerida.

Narrou o autor que, em 1/09/2012, firmou com a ré promessa de compra e venda de um imóvel no valor total de R$ 500.000,00, com prazo previsto de entrega do bem para 1/06/2015, considerando a existência de cláusula contratual permitindo ainda tolerância de 180 dias para o cumprimento do acordado (doc. 01).

Disse que, no ato da compra, teve que pagar comissão de corretagem à segunda ré no valor de R$ 15.000,00, ofensiva ao CDC, motivo pelo qual esse montante deveria ser ressarcido em dobro.

---

17 Curso MEGE Regular. Exercício realizado para treinamento. Linhas limitadas a 240. Relatório dispensado.

Esclareceu que, pela avença, deveria pagar o valor do contrato até 1/11/2015 (R$ 500.000,00), o que foi feito mediante prestações mensais.

Alegou que o imóvel somente foi entregue em 1/06/2016, mais de um ano após o prazo previsto em contrato, situação que gerou abalo à sua personalidade passível de reparação, e, ainda, lhe privou do uso econômico do bem no período de mora, considerando a possibilidade de aluguel do imóvel, em montante mensal que ficaria em R$ 3.000,00, conforme documentos apresentados aos autos (doc. 02 e 03).

Questionou a existência de cláusula com previsão de multa por inadimplemento somente em favor da primeira ré, razão pela qual essa deveria ser utilizada, por analogia, para penalizar a primeira requerida por sua mora.

Disse que o atraso na obra lhe ocasionou extremo desconforto, pois passou várias noites sem dormir pensando no péssimo negócio que tinha feito, situação que gerou uma crise conjugal com sua namorada, e redundou no término do relacionamento de mais de 6 anos, frustrando os planos de casamento do requerente, pois não mais conseguiu reatar o namoro.

Relatou que tentou rescindir a avença extrajudicialmente, mas, de forma abusiva, a ré impôs a aplicação da cláusula contratual que previa a retenção de trinta por cento do valor do contrato, sem reconhecer a mora na entrega do bem.

Requereu, em síntese:

a) a rescisão da avença por culpa da ré, com a condenação da ré Malha Fina a lhe ressarcir o montante pago de uma só vez, devidamente corrigido, sem retenção de qualquer valor;
b) a declaração de nulidade da cláusula contratual que previu prazo de prorrogação de 180 dias para a entrega do bem;
c) a condenação da ré Malha Fina a pagar os lucros cessantes derivados da não entrega na data aprazada, estimados em R$ 3.000,00 mensais, desde 1/06/2015, até a data da propositura da ação – 1/06/2016;
d) a condenação da ré Malha Fina a lhe pagar a multa contratual estabelecida para a hipótese de inadimplemento da autora, por analogia, no montante de R$ 1% do valor do contrato por mês de atraso, o que totalizaria R$ 60.000,00.
e) a condenação da parte ré a lhe ressarcir em dobro o valor relativo à comissão de corretagem, uma vez que a cobrança efetuada foi notadamente abusiva;
f) a condenação da ré Malha Fina a reparar os danos morais vivenciados, no valor estimado de R$ 100.000,00;

Atribuiu à causa o valor de R$ 726.000,00.

O magistrado titular da 1ª Vara Cível recebeu a inicial e determinou a designação da audiência prévia de conciliação.

A conciliação foi infrutífera.

No prazo legal, a primeira ré ofertou sua defesa arguindo, preliminarmente, a nulidade da citação, pois recebida por pessoa sem poderes para representar a empresa. Requereu, ainda, o reconhecimento de sua ilegitimidade passiva para responder pelo pleito de devolução da comissão de corretagem, à vista do pagamento efetuado diretamente à segunda ré. No mérito, rebateu, em primeiro lugar, a aplicabilidade do CDC ao caso, haja vista que o imóvel adquirido seria alugado pelo autor, e não usado para finalidade de moradia. Alegou ainda que não houve mora na espécie, tendo em conta que motivos alheios à sua vontade teriam ocasionado o atraso nas obras, tais como escassez de mão de obra, chuvas em quantidade muito superior à média histórica, e, por fim, a crise econômica que se abateu sobre todo o setor. Reafirmou a validade da cláusula de tolerância, pleiteando a confirmação dos termos da avença, já que firmada por livre e espontânea vontade, de modo que, se acolhida a rescisão, deveria haver a retenção de trinta por cento do valor do contrato, consoante previsão da clausula 05 do acordo (doc. 01), pois essa se daria por vontade exclusiva do autor. No que toca aos lucros cessantes, além de negar a mora, inferiu que o autor não comprovou que viria a alugar o imóvel, ou mesmo auferir a renda referida na inicial com o bem, sendo certo que o acolhimento do pleito representaria enriquecimento sem causa e deferimento de lucro cessante hipotético. Realçou que os anúncios de aluguel juntados (doc. 02) e as declarações de corretores da região (doc. 03) não se prestam a comprovar o valor mensal pretendido, uma vez que foram produzidos unilateralmente, e trazem valor dissociado da realidade, pois o aluguel no local não passaria de R$ 500,00 para uma unidade com as características da adquirida pelo requerente. Questionou a possibilidade de inversão da cláusula moratória em favor do autor, já que não houve mora e não há previsão contratual nesse sentido, e, além disso, haveria bis in idem caso se reconhecesse a possibilidade de lucros cessantes na espécie. Rebateu o dever de ressarcir o valor atinente a comissão de corretagem, pois essa tratativa foi feita diretamente entre o autor e a segunda ré, em transação legal e amparada pelo Código Civil. Quanto ao dano moral referido, alegou que o autor não demonstrou os requisitos legais para o deferimento do pleito, ressaltando que não houve a mora apta a ensejar o ato ilícito. Pleiteou a total improcedência da demanda.

A segunda ré apresentou sua defesa no prazo legal, arguindo, preliminarmente, a prescrição da pretensão autoral de ressarcimento, pois ultrapassado o prazo legal previsto para a espécie. No mérito, reafirmou a legalidade da prestação de serviço, tecendo comentários sobre a atividade, expressamente prevista no Código Civil. Trouxe aos autos os documentos atinentes ao pagamento da corretagem, que não só não estava incluída no preço do imóvel, mas foi previamente informada ao consumidor, consoante o documento juntado (doc. 04). Dessa forma, o ressarcimento pretendido ofenderia a boa-fé, e implicaria enriquecimento sem causa, haja vista a efetiva prestação dos serviços, conforme se percebe dos recibos de pagamento juntados, com descrição de pagamento diretamente aos corretores. Requereu a improcedência do pleito autoral.

O autor se manifestou em réplica, rebatendo as preliminares e reafirmando a inicial, requerendo o julgamento da demanda.

O MM. Juiz deu vista às partes nos termos do artigo 10 do CPC.

As partes quedaram-se inertes.

Em seguida, os autos foram enviados para prolação de sentença.

1.16 Exercício 16 - Ação de reparação de danos morais e materiais[18]

Carlos José propôs ação de reparação de danos morais e materiais em desfavor de Marcelo Meira.

Segundo consta da inicial, o requerente atua como árbitro de futebol, e, no dia 15/06/2016, apitou o jogo entre os times do botafogo e do flamengo, em partida válida pelo campeonato brasileiro de futebol.

Após a partida, que transcorreu sem qualquer incidente, o autor foi surpreendido com a descoberta de postagens na rede social "twitter", em que o réu lhe apregoava a prática de ato ilícito e má-fé, em frases notadamente ofensivas, difundidas para todos os sequidores do requerido por todo o mundo, cujo montante ultrapassa duzentas mil pessoas.

A postagem (doc. 01) tinha o seguinte dizer:

"Juiz Carlos José sente fisgada no bolso e é dúvida para o próximo jogo do flamenqo. Ladrão!"

Consoante tomou conhecimento o requerente em momento posterior, a postagem acima declinada também foi reproduzida, no dia dos fatos, na página pessoal do facebook do requerido e no twitter oficial do clube botafogo, aumentando ainda mais a repercussão da fala (doc. 02).

Descreve a necessidade de contratação de advogado para a propositura da presente demanda, pelo valor de R$ 10.000,00 (doc. 03), bem como o cance-

---

18 Curso MEGE Regular. Exercício realizado para treinamento. Linhas limitadas a 240. Relatório dispensado.

lamento de contrato, duas semanas depois, com empresa do ramo alimentício para figurar como garoto propaganda de nova linha de biscoitos, notadamente em razão dos fatos narrados. Em razão do cancelamento da avença, teve prejuízo de mais de R$ 30.000,00, que receberia pela campanha publicitária, conforme previsão contratual (doc. 04).

Em razão do ato ilícito exposto, em especial a extrapolação do direito de manifestação, que lhe causou danos à sua personalidade, pleiteou o requerente a condenação de Marcelo Meira ao pagamento de R$ 50.000,00 a título de reparação por danos morais, R$ 10.000,00 pelos danos materiais sofridos e R$ 30.000,00 pelos lucros cessantes derivados da perda do contrato da campanha publicitária.

A inicial foi distribuída no dia 20/07/2016.

O MM. Juiz da 1ª Vara Cível recebeu a inicial e determinou a designação da audiência prévia de conciliação.

As partes compareceram à audiência, mas não houve acordo. O requerido apresentou, no mesmo ato, sua peça de defesa, que trazia, em sede de preliminar, questionamento acerca do interesse de agir do autor, uma vez que narra em seu petitório a atribuição de crime pelo requerido, mas sequer levou o caso à autoridade competente para apuração. Trouxe ainda preliminar de inépcia da inicial, uma vez que a peça do autor não só se mostrou confusa e sem argumentos válidos, mas também não apresentou qualquer documento apto a demonstrar o ato ilícito e o dano.

A contestação também atacou o mérito da demanda, questionando a existência de ato ilícito no caso versado. Apregoou má-fé do requerente, que omitiu, nos documentos juntados, as manifestações de centenas de torcedores do botafogo e amigos e seguidores do requerido em teor semelhante ao de Marcelo Meira no dia do jogo. Juntou aos autos a cadeia completa de manifestações dos torcedores do botafogo (doc. 01). Inferiu que somente o requerido foi acionado, situação que demonstra o intuito de enriquecimento sem causa do demandante, que atribui ao réu danos inexistentes e sem qualquer nexo com a atitude narrada na inicial.

Afirmou que sua profissão é humorista, e, por esse motivo, tem suas manifestações pautadas por frases provocantes e permeadas de humor, e que, além disso, postou, logo em seguida, frase nas redes sociais relatando que o dito antes se tratava de uma brincadeira (doc. 02). Trouxe aos autos a exata frase:

"Cansado de brincar de torcedor... Nem pro juiz ajudar de vez em quando a massa botafoguense!! Fogo, sempre fogo!!!!!"

Questionou a existência de ato ilícito, bem como a ligação entre os danos materiais e lucros cessantes solicitados e os fatos narrados para embasar o pedido inicial, além do valor exorbitante requerido em sede de danos morais.

Embasou sua defesa no direito constitucional de livre manifestação e na liberdade de exposição de pensamento.

Requereu a improcedência total dos pedidos e o julgamento da demanda.

A réplica foi apresentada em petição com 50 laudas, reafirmando a inicial com considerações sobre o direito de manifestação, liberdade de pensamento e danos à personalidade ocasionados por postagens inverídicas e ofensivas nas redes sociais, relatando, ademais, o quadro depressivo que se instalou na vida do autor após as acusações feitas pelo réu. Realçou que a adoção da tese defensiva significaria outorga de imunidade irrestrita a categoria profissional (humoristas), que poderiam ofender pessoas sem se preocupar com as consequências de seus atos. Solicitou o julgamento do feito.

Em seguida, os autos foram enviados para prolação de sentença.

1.17 Exercício 17 – Embargos de terceiro[19]

Carlina Silva opôs embargos de terceiro em desfavor de Mama Mila Ltda, partes qualificadas nos autos.

Afirmou ser a legítima possuidora do imóvel situado na SQS 105, bloco H, Apto 103, desta capital, adquirido no dia 30 de junho de 2011 de Luís Inácio Genoíno, pelo valor de R$ 800.000,00, conforme contrato de compra e venda firmado entre as partes, devidamente juntado aos autos (doc. 01).

Aduziu que foi cientificada no dia 06 de abril de 2016 da constrição judicial sobre o bem, emitida por ordem pela 10ª Vara Cível de Brasília (doc. 02), nos autos do processo de execução movido por Mama Mila Ltda em desfavor de Luís Inácio Genoíno, visando o recebimento do montante de R$ 1.500.000,00, com citação válida ocorrida em 15 de fevereiro de 2011.

Alegou boa-fé, juntando documentos que comprovam que reside no imóvel desde a data da aquisição, tais como contas de água, luz e telefone (doc. 03). Disse que à época da compra, não havia registro de nenhuma constrição na matrícula do imóvel (doc. 04). Requereu a suspensão do processo principal no que toca ao bem descrito, com a manutenção da posse do imóvel. No mérito, requereu a desconstituição da penhora realizada, com a baixa da restrição judicial na matrícula do bem, assim como a confirmação da liminar.

Deu à causa o valor de R$ 800.000,00. A demanda foi autuada e distribuída no dia 10 de abril de 2016.

Os embargos foram recebidos e apensados aos autos principais, com a suspensão do feito no que toca ao bem constrito.

19 Curso MEGE Regular. Exercício realizado para treinamento. Linhas limitadas a 240. Relatório dispensado.

Citado, o embargado ofereceu impugnação, arguindo, preliminarmente, inépcia da inicial, uma vez que essa não atendia aos ditames previsto no CPC para o procedimento especial, pois só veio acompanhada de documentos. Levantou, ainda, preliminar de intempestividade dos embargos, tendo em conta que a penhora foi determinada nos autos da execução em 10 de abril de 2011, em decisão proferida pelo juízo da 10ª Vara Cível e já acobertada pela preclusão. Trouxe, também, preliminar de nulidade da citação, haja vista que foi citada por procurador constituído nos autos principais, e não de forma pessoal. Questionou, ademais, a suspensão do feito principal quanto ao bem penhorado, dado que ausentes os requisitos encartados no artigo 300 do CPC na espécie. No mérito, requereu a improcedência da demanda, ao argumento de fraude à execução, pois a alienação do bem ocorreu em data posterior a propositura da demanda executiva, ocorrida em 1º de novembro de 2010, bem como da citação válida, que foi realizada em 15/02/2011. Alegou má-fé do embargante, e nítido intento de fraudar os credores, já que não foram encontrados outros bens de propriedade do executado para saldar o débito perseguido no feito executivo, hipótese que indica sua insolvência, bem como não houve registro formal em cartório do contrato de compra e venda firmado. Requereu, no caso de procedência da demanda, que a parte autora arque com o ônus de sucumbência, pois deu causa ao processo. Postulou o julgamento do feito à luz das provas apresentadas, haja vista que suficientes para demonstrar a fraude perpetrada.

Em réplica, a parte autora rebateu as preliminares e postulou a procedência dos pedidos formulados e o julgamento do feito.

Após, foram os autos conclusos para sentença.

1.18 Exercício 18 – Ação de reparação de danos morais e materiais[20]

Maria João ajuizou ação de reparação de danos morais e materiais em desfavor de DutyWay S/A e EasyLife S/A, empresas responsáveis pela produção e disponibilização de cigarros no mercado.

Relatou que seu falecido marido Carlos (certidão de óbito juntada, datada de 20/01/2015 – doc. 01) teria começado a fumar aos 16 anos de idade, sendo consumidor assíduo de cigarro até a sua morte, aos 60 anos, pois completamente intoxicado pelos componentes químicos do produto.

Referiu que ele fumava, em média, duas carteiras de cigarros ao dia (40 cigarros). Com o passar do tempo, começou a sentir-se cansado, sem fôlego.

---

20 Tribunal de Justiça do Estado do Rio Grande do Sul. Exercício elaborado para treinamento. Provas a cargo de Banca própria. Prova sem limitação de linhas, e com exigência de relatório.

Em dezembro de 2010, adveio sua primeira grande crise em decorrência do fumo, tendo sido diagnosticado ser portador de doença denominada "enfisema pulmonar", mazela que tomou conhecimento ser originada do uso dependente e contínuo do cigarro.

Face às reiteradas crises em decorrência da doença, que o impossibilitavam de realizar as atividades mais simples do cotidiano, Carlos viu-se obrigado a abandonar o trabalho que exercia – guarda.

Começou ele, então, a plantar ervas, as quais vendia como chá na Feira Ecológica de Porto Alegre.

Auferia renda aproximada de R$ 150,00, valor este insuficiente para honrar os compromissos de pai de família – pagar o aluguel, as contas de água e luz, o alimento de seus dependentes e, quem dirá, os remédios que necessita e utilizava diariamente, entre os quais cita Teolong 200mg, Sabutamol, Berotec e, nos momentos de crise acentuada, Eritromicina, todos a um custo não inferior a R$ 92,00.

Carlos fez tratamento médico pelo SUS, no Hospital Beneficência Portuguesa de Porto Alegre. Referiu que ele foi vítima da falta de informação e da propaganda enganosa praticadas pelas rés, pois, se soubesse dos malefícios que o cigarro causa, jamais teria iniciado o consumo do produto.

Alegou que Carlos, quando jovem, foi induzido ao erro pelas propagandas veiculadas pela mídia, à época, tendo sido instigado a fumar, hábito que ligava à trilha do bem e à plena satisfação pessoal. Indicou que ele fez uso várias marcas de cigarro.

Trouxe indicação de que a medicina define como uso qualquer consumo de substâncias (experimental, esporádico ou episódico), abuso ou uso nocivo como sendo um consumo de substâncias que está associado a algum prejuízo e, por fim, como dependência o consumo sem controle, geralmente associado a problemas sérios ao usuário.

Indicou ser o tabaco nocivo à saúde porque contém milhares de substâncias tóxicas. Além da nicotina – substância responsável pela dependência ao cigarro – já foram identificadas mais de 4.700 destas substâncias nocivas. Após tragada, a nicotina distribui-se pelo organismo humano, chegando ao cérebro em aproximadamente nove segundos.

O tabagismo, aduziu, acarreta uma evolução progressiva entre estes níveis de consumo: os indivíduos passariam inicialmente por uma fase de uso, alguns deles evoluiriam, posteriormente, para o estágio de abuso e, finalmente, alguns destes tornar-se-iam dependentes, como é o caso do autor. Uma vez estabelecida a dependência, o usuário passa a fumar de forma automática, argumentando que o ato de fumar o deixa mais relaxado, menos triste. Todas estas sensações estão ligadas a uma dependência emocional e psíquica estabelecida com a nicotina. A ausência desta substância, em contrapartida, faz com que o organismo reaja através de sintomas desagradáveis como, por exemplo, irritação, inquietação, ansiedade, sonolência ou insônia, dentre outros. O tabaco é considerado droga, em razão de seu princípio ativo, a nicotina, desde 1970, pelo National Institute in Drug Abuse (NIDA).

Ficou constatado que a nicotina age no sistema nervoso central, estabelecendo uma ligação química profunda com as células nervosas, que passam a exigir doses cada vez maiores de nicotina, ou seja, uma concentração maior da droga será necessária para produzir as mesmas sensações de satisfação que foram produzidas quando da primeira exposição da célula à droga.

Relatou que a dependência significa necessidade compulsiva do uso da droga, ocorrendo uma inversão de condições: o indivíduo perde o controle sobre o uso da droga e esta passa a comandar-lhe o comportamento.

Alertou que a molécula de nicotina, instantes depois de ser tragada, é injetada pelo pulmão na corrente sanguínea e atinge o cérebro, onde se liga às células nervosas, por aberturas chamadas de receptores celulares.

Esta ligação das moléculas com os receptores forma uma combinação química e elétrica de natureza idêntica à provocada pelas moléculas da cocaína e da heroína. O prazer do fumante é causado pela dopamina e pela adrenalina de ação estimulante, que no fumante é prolongada pelo uso da nicotina, e pela beta-endorfina, que é relaxante. A produção destas substâncias é estimulada pelo cérebro, ao receber a nicotina.

Cada vez que a nicotina chega ao cérebro, provoca liberação de grandes quantidades de hormônios, muitos dos quais psicoativos. Os receptores cerebrais específicos, exigem, com o decorrer do tempo, quantidades cada vez maiores da droga para dar o mesmo nível de resposta, caracterizando a nicotina-dependência. A Organização Mundial de Saúde estabeleceu, na Revisão 305.1, os seguintes critérios para o diagnóstico da dependência do tabaco: uso do tabaco durante pelo menos um mês; sérias tentativas de parar ou de reduzir drasticamente o uso, tentativas estas sem sucesso; continuação do uso a despeito de desordem física, respiratória ou cardiovascular, que o fumante sabe ser exacerbada pelo tabaco.

Quando o seu falecido marido, por inúmeras vezes, tentou parar de fumar, seu organismo agiu intensamente à falta de nicotina, causando grave síndrome de abstinência. Esta síndrome manifesta-se através de sintomas físicos e emocionais, os quais são prontamente evitados, após nova ingestão da nicotina.

A síndrome de abstinência, segundo a Classificação Internacional de Doenças, CID-10, é descrita por um conjunto de fenômenos fisiológicos, comportamentais e cognitivos, no qual o uso de uma substância ou de uma classe de substância alcança uma prioridade muito maior para um determinado indivíduo do que outros comportamentos que antes tinham valor, o que vem a impedir deixar de ser consumido o produto danoso à saúde.

Segundo a autora, o tabagismo é incutido nas pessoas pela influência da publicidade antiética, irresponsável e condicionante, que sugere dar o cigarro acesso a tudo, incentivando o jovem a fumar e reforçando o hábito daqueles que já fumam.

A publicidade do cigarro, de um modo geral, procura associá-lo a valores pessoais e sociais positivos, como boa saúde, vigor juvenil, êxito pessoal e profissional, estando, inclusive, sempre ligada ao patrocínio de eventos esportivos e sociais.

Assim a publicidade cria a impressão de que fumar é uma conduta socialmente aceita. Faz referência ao livro "Marketing, edição compactada", de autoria do professor de marketing da Northwestern University e ex-diretor da American Marketing Association, Philip Kotler, cujo objeto é o papel da propaganda no mercado de consumo.

Afirmou a demandante que a maciça propaganda de cigarros, pelo meio de comunicação, bem como pelo patrocínio de eventos culturais e esportivos, é adotada de forma consciente pelos fabricantes de cigarros, com a finalidade de manter o vício do fumante, configurando duas culpas distintas dos demandados: a primeira, em produzir e colocar à venda, ao alcance de todos, a nicotina, através do cigarro; a segunda, em induzir o consumo através das frequentes propagandas. Citou exemplos de propagandas tendenciosas.

Referiu que, com isso, está demonstrado o nexo causal entre os fabricantes de cigarros, que através da propaganda induzem as pessoas a fumar, e os males que advêm do fumo. Recordou que seu marido sofria de enfisema pulmonar, sendo o tabagismo responsável por 90% de todas as causas da doença que o acometeram e levaram à sua morte.

A inalação continuada da fumaça do tabaco contribui para a deterioração da função respiratória, estando o grau desta deterioração relacionado ao tempo e à intensidade do tabagismo. Como descreveu, o enfisema, de um modo geral, só se manifesta após décadas do uso do cigarro. A doença acaba por transformar o pulmão funcionalmente incapaz, como se o doente estivesse em um veloz e desequilibrado processo de envelhecimento. O volume expiratório forçado de um abstêmio é três vezes menor do que no fumante. Considerou, portanto, inegável que os demandados provocaram os danos à saúde de seu falecido marido, pois produziram a substância que os ocasionou e induziram àquele ao consumo, obtendo fantástico lucro com a venda dos cigarros.

Buscou a responsabilização dos fabricantes de cigarros, em virtude da culpa concorrente pelos danos provocados à saúde de seu falecido marido.

Entendeu, assim, que os fabricantes de cigarros são responsáveis pelos prejuízos causados à saúde das pessoas, pois colocam no mercado o produto que os causam, assumindo os riscos dos danos eventualmente ocorridos. Considerou inaceitável que alguém, ao disponibilizar um produto no mercado, sabendo causar estes prejuízos, não assumir a responsabilidade pelos danos que dele advém.

Afirmou, pois, que o dever de indenizar decorre do risco de expor a saúde de milhões de pessoas a doenças que o produto colocado no mercado enseja.

Destacou que os fabricantes de cigarros têm conhecimento e reconhecem os prejuízos que o tabaco pode causar, o que configura o dolo na conduta de agir. Tanto é que, atualmente, passaram a adotar, mesmo que por determinação governamental, certas cautelas nos anúncios publicitários. Todavia, em que pese façam, hoje, estas ressalvas sobre os malefícios do cigarro, sempre foram conhecedores dos riscos e dos prejuízos inerentes ao cigarro, e não faziam aquelas anteriormente. Juntou acordos firmados, nos Estados Unidos, entre as indústrias de tabaco e vários estados americanos, reconhecendo os prejuízos causados pelo cigarro e, em alguns casos, criando, inclusive, fundos de auxílio à saúde pública, na ordem de US$ 1,3 bilhões.

Baseou o pedido de dano nos artigos 927 e 931 do novo Código Civil. Considerou substancialmente comprovados, nos autos, os danos causados à saúde de seu falecido marido, decorrente do uso de cigarros, o que demonstra a responsabilidade dos fabricantes de tabaco pelos prejuízos, pela culpa concorrente, pois produziram o produto e estimularam o uso do mesmo, através de maciça e enganosa publicidade.

Pretendeu a responsabilização dos demandados pela doença que acometeu seu marido e o vitimou, ou, pelo menos, por terem os mesmos concorrido para o agravamento da mazela.

Postulou a condenação dos requeridos ao montante de R$ 300.000,00 a título de danos morais, provocados por abalos emocionais em virtude da dependência desenvolvida e da doença adquirida por seu falecido marido, além do ressarcimento pelos gastos materiais relacionados ao tratamento desta, no valor estimado de R$ 10.000,00, considerando o montante gasto nos últimos anos apenas com remédios.

Trouxe aos autos as prescrições médicas de vários remédios, bem como laudo atestando a doença que acometeu seu falecido marido, elaborado no ano de 2010.

Fez referência aos artigos 949 e 950 do novo Código Civil e à Súmula 37 do STJ.

Ao final, postulou o benefício da gratuidade judiciária e a condenação dos réus ao pagamento de danos morais e materiais, e a fixação dos honorários em 20% sobre o valor das indenizações obtidas.

A inicial foi distribuída no dia 16 de dezembro de 2015.

Recebida a inicial, foi deferida a gratuidade de justiça e determinada a citação da parte ré.

Após citada, a ré DutyWay S/A, em contestação, alegou, preliminarmente, nulidade de citação, uma vez que recebida por pessoa sem poderes para representar a empresa (portaria do prédio). Questionou ainda o deferimento da gratuidade judiciária, uma vez que a autora não comprovou a hipossuficiência, e é patrocinada por escritório de advocacia particular.

No mérito, alegou ser dúbio o fundamento da responsabilidade dos réus posto na inicial, porque ora imputa aos requeridos conduta dolosa, ora refere haver culpa concorrente.

Afirmou que as publicidades dos produtos das demandadas são genéricas, sem ter referido a autora qual delas teria influenciado seu falecido marido.

Quanto ao mérito propriamente dito, afirmou assegurar a Constituição Federal, na norma contida no parágrafo único do artigo 170, "o livre exercício de qualquer atividade econômica, independentemente de autorização de órgãos públicos, salvo nos casos previsto em lei".

Concluiu, com isso, que a produção e a comercialização de produtos derivados do tabaco são lícitas, pois não vedados pelo ordenamento jurídico nacional.

A empresa ré foi autorizada por meio de um Decreto Presidencial a funcionar no País, respeitando o que dispõe o artigo 220 da Carta Magna sobre a publicidade de produtos de tabaco, que é demasiadamente regulada e mesmo assim obedecida.

Recordou que a atividade da ré como empresa é, inclusive, fomentada pelos governos federal e estaduais. A requerida está entre as maiores contribuintes de impostos no Brasil, destinando aos cofres públicos, anualmente, bilhões de reais. Frisou que o País é, atualmente, o maior exportador de folha de tabaco do mundo, gerando sua indústria mais de 500 mil empregos diretos e indiretos, e que tudo indica a licitude de sua conduta, amparada no exercício regular de seu direito.

Quanto à aplicação da teoria do risco, no caso dos autos, sustentou não haver os pressupostos exigidos pela legislação, doutrina e jurisprudência para configurar a responsabilidade por risco.

Referiu que a autora está confundindo a responsabilidade objetiva, a qual pode ser fundada no risco, com a responsabilidade baseada na culpa, institutos rigorosamente distintos.

Como já demonstrou, a fabricação de cigarros não é ato ilícito de acordo com o direito civil brasileiro e, portanto, a responsabilidade aquiliana alegada pelo requerente não se configura no caso em tela.

Como a autora não alega exposição direta de seu falecido marido à atividade produtiva das rés (confecção de cigarros, procedimento de embalar os maços, etc), mas sim uma exposição ao produto desta atividade, as regras aplicáveis ao caso dos autos são as que regulam responsabilidade por fato do produto e não a responsabilidade pelo risco da atividade.

Daí porque seria condição necessária para a configuração de responsabilidade objetiva a existência de defeito no produto, o que não há no caso dos autos.

Concluiu asseverando que, *in casu*, aplicam-se as regras que regulam a responsabilidade objetiva por defeito do produto contidas no CDC e não as regras que versam sobre a responsabilidade pelo risco da atividade produtiva.

Assim, para que haja a caracterização da responsabilidade objetiva é necessário que o cigarro seja considerado produto defeituoso. Nesta linha de pensamento, referiu ser equivocada a alegação da autora, no sentido de que, no Brasil, é vedada a venda de produto que apresente risco à saúde, pois o comércio de cigarro é absolutamente lícito, em razão de, mesmo oferecendo risco ao consumidor, preenche as expectativas de segurança, constituindo o chamado risco notório ou inerente, ou também normal e previsível.

No tocante à publicidade, afirmou que os produtos fumígeros já receberam, neste aspecto, atenção especial do legislador, o qual impôs severas restrições à propaganda de cigarros no artigo 220, §4°, da CF/88.

Citou exemplos das restrições e imposições determinadas na lei. Aduziu, também, que inexiste prática de publicidade enganosa ou abusiva, por parte da ré, pois ela assim só o é considerada se for capaz de induzir em erro o consumidor médio.

Alertou que a expressão "capaz de induzir em erro" deve ser apreciada objetivamente.

A propaganda normalmente provoca um estímulo à fantasia, à mobilização de emoções, utilizando expressões tecnicamente chamadas de *puffing* (exageros), o que não implica um aspecto enganoso à mensagem. Não há, portanto, vedação no CDC, no sentido das publicidades utilizadas pelas companhias de cigarro.

Ademais, as propriedades e características do tabaco já são de conhecimento social, informação esta difundida há algumas décadas. Apontou como excludente de sua responsabilidade a assunção consciente dos riscos pelo falecido marido da autora. Isto porque os prejuízos à saúde decorrentes do tabaco são conhecidos há séculos, trazendo relatos do século XVI, inclusive opinião do Ministério da Agricultura, em 1916, sobre os problemas causados pelo cigarro, e a declaração do Dia Mundial de Combate ao Fumo, instituído pela OMS, em 1948. Juntou inúmeras reportagens alertando sobre os malefícios do fumo.

Frisou, igualmente, que o ato de fumar é uma decisão pessoal do consumidor, prática do livre arbítrio do ser humano. Não bastasse, a possibilidade de uma pessoa via a parar de fumar é grande, bastando que tenha vontade para tanto.

De outra banda, apontou a ausência de nexo de causalidade entre a conduta da ré e o dano sofrido pela autora ou seu falecido marido.

Referiu que a disposição constante do CC, em especial a teoria adotada no que toca ao nexo causal, afasta o dever indenizatório postulado.

Em relação à doença do falecido marido da autora, manifestou inexistir prova de que foi o cigarro o causador do enfisema pulmonar que o afligiu, além de ser sabido que o fumo não é a única causa da doença em comento. Postulou a improcedência dos pedidos.

Respondendo à inicial, a segunda demandada caracteriza a ação como uma "aventura jurídica".

Alertou para o fato de os causídicos da autora estarem patrocinando outras vinte ações bastante similares à presente, em um caso clássico de captação de clientela e litigância de má-fé.

Suscitou, preliminarmente, a inépcia do pedido do requerente de danos materiais, já que não embasados em nenhum documento para demonstrar o dano sofrido. Em sede de prejudicial, alegou prescrição, ao argumento de que a questão cinge-se a defeito do produto.

No mérito, esclareceu que a comercialização do tabaco é atividade lícita no mundo inteiro, havendo, no Brasil, inclusive, previsão constitucional sobre a matéria.

A colocação do cigarro no mercado, segundo a requerida, não gera, por si só, a responsabilidade indenizatória.

Ressaltou que as regras regulamentadoras da publicidade e propaganda só passaram a ter vigência a partir de 25 de agosto de 1988, quando a União editou a Portaria nº 490. Assim, inviável responsabilizar a requerida por não ter prestado informações, o que não tinha obrigação de fazer.

Sintetizou a legislação a respeito do caso. No que concerne ao vício alegado pela autora, referiu haver uma flexibilização dos conceitos de vício e droga, distinguindo-os, afirmando não haver como enquadrar o consumidor de cigarro no conceito clássico de viciado.

Trouxe manifestações de médicos atestando que o desejo de fumar é plenamente controlável, fazendo cair por terra os argumentos do libelo.

Em relação ao cigarro como produto, explicou que a ele não se aplicam os defeitos referidos no *Codex* Consumerista, pois o tabaco apresenta periculosidade inerente.

Discorreu longamente sobre a matéria, apresentando conclusão no sentido de a autora pretender uma responsabilização civil sem fundamento legal, porquanto o caso dos autos não retrata os tipos de responsabilidade objetiva, subjetiva ou com base na teoria do risco.

Aduziu a inexistência de propaganda enganosa, constatando não ter a demandante indicado qual a publicidade teria estimulado seu falecido marido a consumir cigarros, tornando impossível diagnóstico a respeito da abusividade daquela.

Destacou que, para a caracterização da publicidade enganosa ou abusiva, é necessário que a hipótese se encaixe nos conceitos definidos nos §§ 1º, 2º e 3º do artigo 37 do CDC, inocorrente no feito. Refutou a existência do nexo de causalidade entre a propaganda por ela veiculada e a decisão do falecido marido da autora de começar a fumar. Combateu a tese de a doença do falecido marido da requerente ser consequência do uso do tabaco. Imputou ao falecido marido a culpa exclusiva dos fatos. Por fim, fez relato sobre a história da empresa no Estado.

Pugnou, preliminarmente, pelo reconhecimento da inépcia da exordial no que se refere ao pedido de danos materiais, ou ainda da prescrição, e, no mérito, pela improcedência dos pedidos veiculados.

O autor apresentou réplica, rebatendo as preliminares e prejudiciais, e requerendo o julgamento do feito.

Em seguida, no dia 20/05/2016, foram os autos conclusos para sentença.

1.19 Exercício 19 – Embargos de terceiro manejado contra constrição determinada em Ação Civil Pública[21]

O Ministério Público ação civil pública por improbidade administrativa contra Dilma Silveira e outros em virtude de ato de improbidade consistente na reativação da FUNDAPES, no Município de Canoas, com o objetivo de que esta contratasse, em qualquer tipo de função com o poder público, sendo-lhe doados bens do Município no valor de R$398.694,00, sem atendimento à lei municipal.

Também foram realizados convênios, sem prestação de contas e sem a prestação do serviço.

21 Tribunal de Justiça do Estado do Rio Grande do Sul. Exercício elaborado para treinamento. Provas a cargo de Banca própria. Prova sem limitação de linhas, e com exigência de relatório.

O prejuízo financeiro estimado foi de aproximadamente R$ 675.691,95.

Acompanharam os autos o inquérito civil público instaurado no ano de 2009 para investigar o ilícito.

O MP requereu, em sede liminar, a decretação da indisponibilidade dos bens dos réus, até o limite do prejuízo relatado. Trouxe aos autos listagem de bens imóveis, com a certidão dos cartórios de registro de imóveis da cidade de Canoas-RS.

Ao receber a inicial, o MM. Juiz determinou a notificação dos réus para a apresentação a defesa prévia.

Os réus – 6 pessoas físicas e 2 pessoas jurídicas – ofereceram, individualmente, suas respectivas defesas.

Em seguida, o MM. Juiz recebeu a inicial de improbidade e deferiu a liminar pleiteada, à luz da legislação de regência, decretando a indisponibilidade de bens dos réus, até o limite do prejuízo estimado. Expediu-se mandado de averbação da constrição dos bens expostos pelo MP, de propriedade dos réus.

Foram listados cerca de 20 imóveis, todos localizados no município de Canoas-RS, cujo valor se aproxima do montante estimado do prejuízo.

Contra a decisão liminar foi interposto agravo de instrumento por Mauricio Luz, distribuído à 3ª Câmara Cível do TJRS, sendo o recurso conhecido e desprovido, mantendo-se a constrição efetuada sobre os bens do então diretor da Fundapes.

Ato contínuo, Paulo Silva ajuizou ação sob rito especial contra o Ministério Público e Dilma Silveira.

Em seu petitório, alegou, em resumo, que teve sua posse turbada em virtude da decretação da indisponibilidade do imóvel matriculado sob o nº XXXX junto ao álbum imobiliário desta Comarca.

Mencionou que a indisponibilidade foi decretada nos autos do processo de nº XXXXXX, tendo em vista que lá figura como ré sua ex-esposa, a qual está sendo processada pelo Ministério Público, por supostas irregularidades cometidas enquanto integrava a diretoria da FUNDAPES.

Destacou que aludida demanda foi intentada em abril de 2014, tendo a indisponibilidade sido decretada em 05/05/2014 e averbada na matrícula do imóvel em 11/05/2014.

Disse que foi casado com a ré Dilma Silveira de 07/12/1979 a 30/01/2012, data em que foi decretada a separação judicial do casal, tendo a sentença que homologou a partilha transitado em julgado em 14/02/2012.

Asseverou que posteriormente à separação do casal, procederam-se diversos atos judiciais para fins de obter o formal de partilha, sendo que, em razão destas providências, somente em 12/02/2015, é que foi concluído o formal de partilha, oportunidade em que se dirigiu até o Registro de Imóveis para averbar a partilha no dia 13/02/2015, o que não foi possível, sendo que, naquela ocasião teve conhecimento da indisponibilidade decretada sobre o bem.

Sustentou que o imóvel em comento, desde 30/01/2012, já não pertencia mais à ré Dilma Silveira, razão pela qual a decretação de indisponibilidade não poderia ter recaído sobre aludido bem, sendo ilegal a ordem emanada pelo juízo.

Aduziu que o imóvel está devidamente caracterizado como bem de família, hipótese a reforçar a impropriedade da constrição realizada.

Requereu a procedência dos pedidos formulados na ação, para fins de liberar o imóvel registrado sob a matrícula de nº XXX do Registro de Imóveis de Canoas do gravame sobre ele incidente, em razão da ordem emanada do processo tombado sob o nº XXXX. Pediu a assistência judiciária gratuita. Juntou documentos para comprovar a separação judicial e o formal de partilha. Atribuiu à causa o valor do bem constritado.

A inicial foi distribuída em 16/02/2015.

O MM. Juiz recebeu a inicial, mas sem determinar a suspensão do ato de constrição. Houve ordem de citação dos réus, além do deferimento da gratuidade judiciária.

Em sua defesa, o Ministério Público alegou, preliminarmente, a intempestividade da ação manejada, pois decorrido o prazo legal de 5 dias para o manejo do feito. Questionou, ainda, a legitimidade autoral, que não se enquadraria na situação especial para propor a ação que visa desconstituir a ordem de constrição. No mérito, relatou que a averbação de indisponibilidade do bem foi realizada em 11/05/2014, sob o número AV-4-XXX, e a informação sobre a separação consensual, em 04/05/2014, sob o número AV-3-XXX, sem esclarecimento sobre a situação do bem.

Disse que, se houve a partilha do bem após a separação, isso não constou averbado em sua matrícula, permanecendo o imóvel em nome da ré Dilma Silveira.

Destacou que, diante disso, tal acordo não pode ser oposto a terceiros, ou seja, contra a restrição realizada, pois apenas após a averbação na matrícula, há publicidade do ato, valendo perante terceiros.

Salientou que o autor foi casado com a ré Dilma desde dezembro de 1979 até janeiro de 2012, portanto, durante todo o período em que ocorreram as irregularidades apuradas no Inquérito Civil nº XXXX, tendo, inclusive, adquirido o imóvel, objeto desta ação, após a ocorrência de tais ilícitos (em 24/02/2010 – fl. XX).

Referiu que, desta forma, o ato ilícito foi revertido em benefício do autor Paulo Silva, cabendo a esse demonstrar o contrário.

Referiu que, no termo de declaração da fl. XX, volume II, do inquérito supramencionado, firmado por Valto Ferrari, há relato de que o autor era monitor ou instrutor da FUNDAPES, empresa investigada.

Aduziu que uma das rés da Ação Civil Pública que decorre dessa ação é a empresa Silveira e Silva Ltda, atualmente, denominada de Sinergia Humana, parte legítima para figurar no polo passivo da ação citada, em razão de pertencer à Dilma Silveira e por ter recebido, durante o período investigado, a importância de R$ 5.910,00 (cinco mil novecentos e dez reais), correspondentes a supostos serviços prestados de consultoria de recursos humanos, de acordo com a nota fiscal da fl. XX do apenso II deste Inquérito Civil e documentos das fls. XX.

Relatou que, na época, Dilma também fazia parte do corpo diretivo da FUNDAPES, conforme fls. XXX, do volume I do Procedimento Inquisitivo supracitado, em apenso à Ação Civil Pública. Afirmou que o autor, inclusive, era um dos sócios desta empresa.

Ressaltou que, diante disso, não há dúvidas de que o imóvel, mesmo pertencendo, atualmente, exclusivamente a Paulo Silva, em razão de ser sócio e representante legal da empresa ré, pode ser objeto de constrição judicial. Informou, ainda, que a sede social da Empresa Silveira e Silva era, em 2010, na Rua Bartolomeu, nº XX, imóvel que pertence ao autor e a ré Dilma, de acordo com a fl. XX da Ação Civil Pública, e onde era localizada a Fundapes. Em suma, tanto a fundação quanto a empresa Silveira e Silva eram localizadas no mesmo endereço.

Disse que a eventual caracterização do bem imóvel como de família não impede a constrição efetuada, na esteira da doutrina e jurisprudência dominantes.

Discorreu sobre a validade da ordem de contrição à luz da lei de improbidade administrativa, pontuando que o próprio TJRS manteve a ordem determinada em 1ª instância quando da análise de recurso interposto por outro réu na ação de improbidade.

Requereu a improcedência dos pedidos formulados, e, no caso de procedência, a atribuição dos ônus de sucumbência ao autor.

Juntou aos autos cópia da ação civil pública e inquérito civil previamente instaurado.

A seguir, considerando que restaram inexitosas as tentativas para localização do paradeiro de Dilma Silveira, determinou-se a citação editalícia (fl. XX).

Devidamente citada por edital, a ré Dilma Silveira deixou transcorrer "in albis" o prazo contestacional, razão pela qual lhe foi nomeada Curadora Especial, a qual contestou o feito por negativa geral (fls. XX).

Sobreveio réplica às contestações (fl. XX).

Instadas acerca do interesse na produção de outras provas, as partes postularam a produção de prova testemunhal.

Após, foi designada audiência de conciliação, instrução e julgamento (fl. XX).

Naquele ato, foi colhida a prova oral (depoimento pessoal do autor e uma testemunha).

Sob pena de confesso, o autor reiterou todo o descrito na inicial, e inferiu que tinha participação minoritária na empresa Silveira e Silva LTDA (5%), e que não praticava atos de gestão. Alegou ser o bem de família e que está de boa-fé, não podendo ser prejudicado por atos que não lhe são imputáveis, tanto que sequer é réu na ação civil pública, uma vez que a pessoa física não se confunde com a pessoa jurídica.

Funcionária pública municipal, a testemunha Gilia Mendes apregoou que o autor não tinha nenhuma participação na FUNDAPES – Fundação Riograndense de Desenvolvimento e Pesquisas, pois ministrava cursos naquela entidade, assim como em outros locais, através de convênio firmado com a prefeitura. Informou que soube que a corré Dilma, desaparecida há alguns meses, estaria vivendo em uma chácara, trazendo o endereço ao Juízo.

Levando em conta que a testemunha Gilia informou o local onde acreditava estar residindo atualmente a corré Dilma, citada por edital, determinou a expedição de mandado para tentativa de citação pessoal (fls. XX).

Em petição, o Ministério Público postulou a juntada dos documentos das fls. XX, sobre os quais se manifestou o autor às fls. XX.

A seguir, frustradas as tentativas de citação da ré Dilma, consoante certificação juntada aos autos, a Curadora Especial foi devidamente intimada, sendo que nada requereu (fl. XX).

Em seguida, abriu-se prazo para memoriais finais, devidamente apresentados pelas partes. O autor solicitou a procedência dos pedidos formulados, e o MP a rejeição do pleito do requerente, na forma da peça de defesa apresentada, realçando que o autor não se desincumbiu de seu ônus probatório. A curadoria especial reiterou suas manifestações anteriores.

Na sequência, em 27/04/2016, os autos foram remetidos para sentença.

1.20 Exercício 20 – Ação de reparação de danos morais e materiais (assédio moral)[22]

Krione Joyce ajuizou ação indenizatória contra o **MUNICÍPIO DE CANOAS/RS.**

22 Tribunal de Justiça do Estado do Rio Grande do Sul. Exercício elaborado para treinamento. Provas a cargo de Banca própria. Prova sem limitação de linhas, e com exigência de relatório.

Consoante relato trazido na inicial, a autora ocupava o cargo de assistente social no município réu, e, nessa condição, sofreu assédio moral por parte de seus superiores hierárquicos.

Relatou que os abusos sofridos começaram após uma situação, na qual havia encaminhado uma paciente esquizofrênica que havia lhe procurado, e estava em surto psicótico, para atendimento com o médico que se encontrava de plantão.

Mencionou que, após o atendimento, retornou para sua sala, quando lá estavam o médico que atendeu a paciente e a Secretária de Saúde, ambos comentando a respeito do fato e dando risadas da paciente que acabava de deixar o posto de saúde, situação que deixou a requerente perplexa.

Referiu que, após esta situação, a relação com a Secretária de Saúde Meire Deller ficou estremecida, passando a ser "perseguida", com brincadeiras de mau gosto, como questionando-lhe o que fazia para engordar, se estava grávida, etc.

Informou que houve episódio em que a Secretária da Saúde lhe xingou, proferiu impropérios, chamando a requerente de "mal-agradecida", deixando todos perplexos com a situação.

Discorreu que as funções desempenhadas são intimamente ligadas à Secretaria de Saúde, sendo que, após isso, passou a ter seu trabalho contestado pelas pessoas que faziam e que fazem uso do serviço assistencial do Município, tanto que se afastou das atividades exercidas, pelo prazo de dois anos, conforme lhe faculta a lei.

Teceu considerações acerca do assédio moral/dano moral, e a responsabilidade do Município pelos atos de seus servidores, de modo a embasar sua pretensão.

Disse que passou a frequentar consultórios médicos, em busca de tratamento para depressão, em razão dos fatos narrados, em gastos que chegaram a R$ 10.000,00 somente com as consultas. Juntou comprovantes da aquisição de medicamentos.

Ao final, requereu a total procedência da ação, para que a demandada fosse compelida a indenizá-la por danos morais na monta não inferior a R$ 500.000,00, diante dos assédios morais experimentados, bem como condenada a ressarcir o valor de R$ 10.000,00, relativos ao dano material percebido.

Deu a causa o valor de R$ 510.000,00.

Requereu ainda o benefício da gratuidade judiciária e juntou documentos. A ação foi proposta em 20/01/2016.

Citada, a ré ofertou sua defesa, arguindo, preliminarmente, impossibilidade de deferimento da gratuidade de justiça, uma vez que a autora hoje é funcionária pública, e tem renda suficiente para arcar com as custas do processo.

Trouxe ainda preliminar no sentido de que seria necessário que a servidora citada compusesse o polo passivo, como litisconsorte necessária.

Por fim, apresentou preliminar de inépcia da inicial, uma vez que a peça não traz nenhum documento que comprove as alegações autorais, embasadas unicamente na palavra da autora.

No mérito, afirmou que a demandante ocupava o cargo de Assistente Social desde 2010 e desde então nunca teve nenhum registro, em sua pasta funcional, de que tenha sido vítima de perseguições ou quaisquer outros desconfortos.

Aduziu que as alegações da autora são unilaterais e infundadas. Referiu que a responsabilidade civil a ser aplicada ao caso é subjetiva, devendo a autora demonstrar que houve culpa por parte da administração pública.

Teceu considerações acerca do assédio moral e do ônus da prova, e negou a ocorrência de tal situação.

No que toca o dano material, disse não haver nexo causal e muito menos prova certa do dano, pois não há nenhum documento que comprove as consultas.

Questionou o abusivo e desproporcional valor pleiteado a título de dano moral, cujo intento é de nítido enriquecimento sem causa.

Por derradeiro, postulou que a ação fosse julgada totalmente improcedente.

Réplica rebatendo as preliminares e reafirmando a inicial.

Em audiência de instrução, foi tomado o depoimento pessoal da autora, bem como ouvidas três testemunhas.

Memoriais apresentados pelas partes.

Os autos vieram conclusos para sentença, em 28/08/2016.

Assim foram consignados os termos de depoimento:

a) depoimento pessoal: que antes de terminar a licença interesse, pediu exoneração do cargo; que trabalhava na Secretaria da Saúde e Assistência Social, também no setor da habitação; que, na área da saúde, fazia avaliação social para fins de liberação de exames, cirurgias, medicamentos; que, após os fatos discorridos na inicial, referente ao atendimento de uma paciente, as coisas mudaram; que, no dia dos fatos narrados, estavam o médico e a secretária Meire conversando sobre o paciente em surto que ele havia atendido; que o médico passou a falar da situação do paciente, dando risada e falando do paciente; que ouviu todos os comentários, pois a sala em que estavam dava para os fundos da que depoente se encontrava; que resolveu questionar o médico sobre a sua conduta ética em expor o paciente; que os fatos se deram no final de 2014 ou início de 2015; que Meire era então casada com o Prefeito de Canoas, e que as "brincadeiras" relatadas na inicial ocorriam todos os dias; que frequentemente Meire lhe questionava em tom de ironia "se estava grávida para estar gorda daquele jeito"; que, em uma situação, quando saiu de férias, sua sala foi cedida para a Psicóloga e suas coisas foram levadas para o porão da Prefeitura, passando então a trabalhar no porão, onde haviam restos de roupas que seriam doadas para a campanha do agasalho; que o assédio geralmente partia da Secretária Meire, mas depois o assédio partiu também do Prefeito Gilberto, quando este assumiu; que sua chefe imediata era Meire; que pediu exoneração, pois no meio do tempo da licença foi chamada em outro concurso; que também houve uma situação em que colocaram besouros, em torno de cem, dentro da gaveta da sua mesa, e, quando abriu para pegar uma caneta, entrou em pânico; que, em uma oportunidade, apresentou a equipe do CRAS para a região, que era composta apenas pela depoente e uma colega, sendo que faltavam técnicos e, em razão de tal situação, a Secretária Meire "pirou" e começou a berrar com a depoente; que Meire lhe disse: "quando tu tava passando fome eu te ajudei sua sem vergonha, e agora tu faz isso comigo"; que essas falas se deram em corredor que estava cheio de pacientes e colegas; que hoje é servidora de município vizinho, e aufere cerca de R$ 2.500,00 mensais; que não tem filhos, mas sustenta sua mãe, que já tem 70 anos e precisa de cuidados médicos; que teve que fazer tratamento psicológico após os episódios, pois desenvolveu síndrome do pânico;

b) testemunha Camila – ouvida como informante, em razão de vínculo com o Município réu: que presenciou uma situação chocante, de Krione jogada na frente de Meire, ajoelhada, e chorando muito, sendo que a Secretária havia tirado Krione daquela repartição e colocado ela em outro lugar; que não soube precisar data certa em que ocorreu isso, sendo que os atendimentos da assistência social passaram a ser realizados no porão da Prefeitura, onde havia um depósito de roupas da campanha do agasalho; que ficou sabendo que ocorriam brincadeiras de mau gosto com a autora no local de trabalho, para humilhar a autora, como comentários de que Krione estava grávida de tão gorda que estava;

c) testemunha Jane – ouvida como informante, por ser amiga íntima da autora e de Meire: que conheceu a autora por intermédio de Meire, sendo que utilizava dos serviços da Assistência Social; que não presenciou os fatos narrados na inicial, mas soube deles pela autora, pois essa lhe informou que não aguentava mais, e que haviam colocado "bichinho na gaveta" e açúcar na sua sopa, fora as brigas com Meire; que a autora lhe contava essas coisas não só porque a depoente fazia parte do Conselho da Direção da Assistência Social do Município, mas também porque dizia que tinha muito medo do que estava acontecendo;

d) testemunha Jaci – ouvido como informante, em razão de vínculo com o Município réu: que não presenciou nenhuma situação vexatória que a autora tenha vivenciado enquanto foi Assistente Social do Município; que apenas havia ouvido um "diz que diz", mas não presenciou; que trabalha na secretaria de obras e a autora chegou a trabalhar ao lado, no porão da Prefeitura, pois passava pelo local todos os dias; que a sala em que a autora trabalhava não tinha luz natural nem ventilação, e não se lembra de nada funcionar ali antes; que no local haviam roupas da campanha do agasalho, expostas e em caixas, com cheiro de umidade; que sabe dizer que a autora trabalhava antes no Posto de Saúde; que, por trabalhar próximo, algumas vezes viu a autora chorando e até foi questioná-la o porquê, tendo ela dito que era perseguição, pela primeira dama do Município, senhora Meire; que ficou sabendo que Krione havia solicitado licença interesse; que não soube precisar as datas em que Krione foi transferida do posto de saúde para a sala no porão do Município, também não sabendo quem passou a ocupar a sala de Krione no posto de saúde; que no porão da prefeitura existe também a Secretaria de Obras, mas não na mesma sala, e só como depósito; que a sala da Secretária Meire era no posto de saúde, mas não sabe se ela ficava lá;

e) testemunha Meire – ouvida como informante, por ter interesse na causa: que todos os fatos narrados na inicial são falso; que a autora tenta atribuir a depoente seus problemas, especialmente a morbidez de sua obesidade; que a autora era uma funcionária ruim, e tinha dificuldade de relacionamento; que cobrava a autora como toda chefe o faz; que a transferência de local se deu por motivos administrativos; que não sabe dizer se outros funcionários ficavam no porão; que sabe dizer que a autora não mais está no quadro de funcionários do município; que nega os fatos narrados; que a autora tem inveja dela.

1.21 Exercício 21 – Ação ordinária com pedido de demolição[23]

Maria das Couves ajuizou ação própria, a ser corretamente identificada na sentença, em desfavor de José Inácio Santos e Carlina Santos.

23 Tribunal de Justiça do Estado de Santa Catarina. Exercício elaborado para treinamento. Provas a cargo de Banca própria. Prova sem limitação de linhas, e com exigência de relatório. Omissão deliberada do nome jurídico da ação.

Segundo narrou em sua inicial, a autora reside na Rua 05, n. 45, no Edifício São Sebastião, apartamento 201 (2º andar), e, no início do ano de 2016, foi surpreendida com a realização de obras na laje do piso térreo do prédio e na fachada do edifício (fotos – doc. 01).

Consoante as fotos apresentadas (doc. 01), a construção visava o aumento da área do apartamento do 1º andar, de propriedade dos réus, invadindo o terraço do piso térreo, e atingindo a área comum (terraço), uma vez que o local era acessível a todos os condôminos, por intermédio de entrada própria, separada da propriedade inerente ao primeiro piso.

Inferiu que, quando fosse finalizada, a construção iria restringir um terço do terraço, de maneira a incrementar a área útil e privativa do apartamento localizado no primeiro andar.

Ainda conforme as fotos juntadas (doc. 01), a nova construção afetaria a fachada do prédio, já que o aumento projetado do apartamento do primeiro pavimento ocasionou a necessidade de adequação da frente relativa a todo o edifício, afetando a fachada original, que começou a ser refeita no ponto com a obra, inclusive quanto a sua cor primitiva, ante a mudança de marrom claro para um tom de cinza muito escuro, muito assemelhado ao slogan da farmácia em funcionamento no andar térreo.

Questionou também a própria segurança do local, em virtude de a alteração da fachada modificar a frente do prédio e facilitar a escalada por possíveis meliantes, à luz das fotos juntadas.

Segundo afirmou a autora, não houve colheita de sua anuência para a realização das obras, e, ademais, há expressa ofensa ao direito aplicável na espécie (Código Civil), considerando a natureza das obras realizadas.

Discorreu sobre a necessidade de respeito às regras de convivência em condomínio, bem ainda sobre a ofensa perpetrada pelos réus ao invadirem bem comum, em ofensa direta aos direitos inerentes ao caso.

Aduziu que as relações de vizinhança devem ser pautadas pelo respeito mútuo, pela lealdade e pela boa-fé, e que o exercício das prerrogativas dominiais e possessórias não pode extravasar os limites da razoabilidade e da normalidade, de modo a prejudicar a segurança, o sossego e a saúde das pessoas que habitam o condomínio.

Alegando insuficiência de recursos, pleiteou o direito à gratuidade de justiça.

Solicitou, em sede de tutela de urgência, a interrupção das obras, iniciadas um mês antes, no estágio em que se encontram, conforme fotos juntadas (doc. 01), por expressa ofensa ao direito aplicável, bem como, ao final, a confirmação da tutela de urgência, além de provimento judicial que determinasse à parte ré que restabelecesse o imóvel nas condições originais, demolindo a construção feita até então (paredes para aumento da área privativa e paredes para alteração da fachada) e pintando novamente a fachada alterada com as cores primitivas do edifício, com fixação de prazo e multa por descumprimento.

A inicial veio acompanhada das fotos da obra (doc. 01), declaração de hipossuficiência (doc. 02), comprovante de propriedade (doc. 03) e cópia da convenção do condomínio (doc. 04).

O magistrado condutor do feito recebeu a inicial e deferiu a gratuidade de justiça.

A audiência prévia foi designada, mas a conciliação foi infrutífera. O magistrado reservou-se ao direito de avaliar o pleito de urgência após a oferta da defesa.

Os réus ofertaram sua peça de resistência, alegando, preliminarmente, nulidade pelo não respeito do prazo mínimo previsto na lei processual civil entre a citação efetiva e a realização da audiência prévia de conciliação, já que, no caso em tela, a citação ocorreu 18 (dezoito dias) antes da assentada, prejudicando a defesa.

Também como preliminar, aduziram ser a hipótese de extinção do processo sem resolução de mérito, por absoluta inadequação da via eleita, ao argumento de que o caso exige procedimento especial, não sendo admissível o uso da via ordinária.

Impugnaram, em reforço, a gratuidade deferida, fundamentando a preliminar no fato de que a autora tem um veículo novo (Toyota Etios – foto acostada – doc. 01), ficando demonstrada sua capacidade financeira para arcar com os custos da demanda.

No mérito, requereram a total improcedência dos pleitos autorais.

Inicialmente, apresentaram comentários às fotos juntadas, que, conforme descreveram em sua defesa, demonstrariam a total impropriedade dos argumentos declinados pela parte autora, seja porque não há qualquer prejuízo ao edifício, seja porque não houve alteração na fachada.

Alegaram que a construção seria benéfica ao condomínio, pois haveria revitalização da frente do edifício, que ficaria bem mais moderna, e em nada afetaria a fachada, pois a mínima alteração do tom de cor seria imperceptível a longa distância, conforme fotos do projeto final juntadas (projeções em 3D – doc. 02).

Afirmaram a necessidade de respeito à função social da propriedade, pois são proprietários da loja térrea e do apartamento do 1º piso, e, caso fosse obstada a construção, seriam tolhidos da possibilidade de uso, gozo e total aproveitamento de sua propriedade no 1º andar, em desrespeito ao artigo 5º, XXIII e LV, da CF/88, e artigo 1228 do CC.

Questionaram o alegado risco da obra, que não atingiria a área privativa da autora, ou muito menos significaria incremento da possibilidade de crimes serem praticados no local.

Aduziram que o condomínio é composto de 3 (três) unidades, e eles são proprietários de 2/3 das unidades imobiliárias (farmácia no pavimento térreo e residência no 1º pavimento), razão pela qual devem ter computada a propriedade do térreo para fins de contagem e alcance da maioria absoluta dos condôminos, visando atingir o quórum qualificado para liberação das obras e alterações intentadas.

Disseram que é aplicável ao caso a boa-fé objetiva, que lhes garante a possibilidade de promover a obra no terraço ao lado do primeiro piso, pois, durante mais de dez anos, a autora anuiu que o espaço permanecesse vazio, e sem uso definido no condomínio, razão pela qual criou-se a direito do proprietário da unidade do 1º andar de utilizar parte do espaço, aplicando-se ao caso os institutos da supressio e surrectio.

Pugnaram ainda pela aplicação da boa-fé em virtude de a autora ter anuído verbalmente ao início das obras, deixando, inclusive, que a construção fosse iniciada sem qualquer oposição.

Alertaram para o comportamento contraditório, pois somente 30 dias após o início da obra, e 60 dias após ver toda a movimentação para elaboração do projeto prévio, e exclusivamente com intento de obstar as melhorias gerais por não ter gostado do projeto, postulou judicialmente o impedimento da construção.

Reiteraram ao final o pedido de improcedência dos pleitos autorais, e informaram ao juízo que, por conta própria, a fim de evitar prejuízos, interromperam a obra até a definição judicial da demanda.

Em réplica, a autora rebateu as preliminares e reafirmou a inicial.

Realçou o desconhecimento das regras processuais pela parte demandada, a teor das alegações trazidas nas preliminares, em total descompasso com o Código de Processo Civil.

No mérito, negou qualquer ofensa à boa-fé objetiva, mas sim puro exercício regular do direito, pugnando pela aplicabilidade da convenção do condomínio, que tem em sua cláusula 2ª o regramento aplicável ao caso, no sentido de ser exigido acordo unânime dos condôminos, tomado por assembleia geral, para que sejam feitas inovações nas coisas comuns ou alterados os respectivos destinos (doc.04).

Relatou que, por ser área comum, mostra-se inviável que se considere a falta de utilização do local por outro condômino ou pelo condomínio como anuência tácita à sua modificação, ainda que em benefício geral.

Disse que a fachada do edifício seria totalmente descaracterizada com a pintura em nova cor e as modificações feitas em razão do aumento de área do apartamento do primeiro pavimento para tolher parte do terraço, conforme se percebe claramente das fotos trazidas aos autos. Haveria, assim, claro comprometimento da estética e conjunto arquitetônico primitivo do prédio, alterado com a inserção de um "puxadinho" no terraço, beneficiando unicamente os réus, pois seria uma forma de modificar e adequar a fachada ao letreiro e slogan da farmácia, num mesmo tom de cor.

Afirmou que questionou os pedreiros sobre a obra, e, com a resposta, tomou conhecimento sobre o real objeto da construção, pois, a princípio, pensava ser uma reforma na área interna do apartamento do primeiro piso.

Reiterou o pedido de tutela antecipada, ainda pendente.

Em sede de especificação de provas, apenas a parte ré se manifestou, solicitando a produção de prova pericial.

O pedido foi negado pelo magistrado condutor do feito, sob a alegação de desnecessidade da prova pleiteada para o julgamento dos pedidos formulados.

A decisão foi mantida e os autos remetidos para prolação de sentença.

1.22 Exercício 22 – Ação de despejo por falta de pagamento[24]

Januária Leite moveu ação de despejo por falta de pagamento cumulada com cobrança em desfavor de Bar La Torre ME.

Segundo alegou em sua inicial, é herdeira de Licurgo Leite, que figurava como locador no contrato de locação de imóvel comercial firmado com a empresa ré.

Inferiu que, desde o falecimento de seu pai, em abril de 2013, a empresa ré deixou de honrar com os pagamentos relativos aos aluguéis mensais, e, como é titular de 12,5 % dos direitos sobre o imóvel locado, consoante ficou consignado em regular inventário judicial finalizado por sentença (doc. 01), devidamente registrado em cartório, tem direito a pleitear o valor em aberto e a rescisão da avença em caso de não pagamento do montante devido, com as consequências legais decorrentes.

Pleiteou a citação da parte ré para efetuar o pagamento, purgando a mora, e, no caso de não ser feito o pagamento, a rescisão do contrato locatício, com o consequente despejo da requerida no prazo legal, bem ainda sua condenação ao valor mensal da locação em aberto, no montante de 1.250,00 por mês (12,5%

24 Tribunal de Justiça do Estado do Estado de São Paulo. Exercício elaborado para treinamento. Provas a cargo de Banca própria. Prova sem limitação de linhas, e com exigência de relatório.

do valor do aluguel), alcançando a quantia de R$ 52.500,00, considerando que o atraso alcança 42 prestações mensais (abril 2013 a outubro 2016), além das prestações que eventualmente vencerem no decorrer do processo.

Juntou aos autos o contrato de locação (doc. 02), no qual há cláusula expressa no sentido de que a avença, firmada em 14/10/2012, teria prazo de vigência de 10 anos (cláusula 15), com compromisso do réu de pagar a quantia de 7.200,00 mensais em todo dia 15 de cada mês (cláusula 7). O contrato ainda continha disposição no sentido de que eventuais sucessores das partes estariam obrigados ao acordado (cláusula 16).

Juntou aos autos notificação extrajudicial sobre a necessidade de pagamento dos valores em aberto (doc. 03).

Requereu, também, a gratuidade judiciária, apresentando declaração de hipossuficiência.

A inicial foi protocolada no dia 15/10/2016.

O magistrado condutor do feito recebeu a inicial, deferiu a gratuidade à autora e determinou a citação da parte ré, deixando de designar audiência prévia de conciliação, ao argumento de respeito à duração razoável do processo.

A empresa ofertou sua defesa no prazo legal, arguindo, preliminarmente, nulidade da citação recebida, já que entregue a funcionário da recepção, e não aos sócios.

Impugnou a gratuidade de justiça concedida, ao argumento de que a autora tem condições financeiras, pois é proprietária de parte do bem objeto do contrato de locação, e vive em bairro nobre da cidade de Tatuí.

Também como preliminar, arguiu a necessidade de formação de litisconsórcio ativo necessário, uma vez que a autora é coproprietária do bem, e seus irmãos deveriam obrigatoriamente constar no polo ativo da demanda de despejo, não havendo solidariedade entre os herdeiros.

Requereu ainda o reconhecimento da prescrição na espécie, considerando os ditames legais aplicáveis, hipótese apta a fulminar, portanto, parte do débito cobrado.

No mérito, requereu a improcedência do pleito autoral, já que cumpriu rigorosamente o contrato por todos esses anos. Disse que quando soube do falecimento do Sr. Licurgo, conversou com a Sra. Carmem, filha do Sr. Licurgo, que se apresentou como inventariante, e passou a depositar o valor referente aos aluguéis diretamente na conta bancária dessa. Apresentou comprovantes de depósito relativos aos meses de outubro de 2013, novembro de 2013, dezembro de 2013, janeiro de 2014 e fevereiro de 2014 (doc. 01). Quanto aos demais meses, disse que pagou a neta da Sr. Lycurgo, Sra. Janaína, em espécie, pois houve um problema no banco.

Relatou que a cobrança de débito já pago configura litigância de má-fé, e que a autora apresenta pedido dissociado da realidade dos fatos, motivo pelo qual deve ser devidamente advertida e condenada nos termos do artigo 80 do Código de Processo Civil.

A autora ofertou réplica, rebatendo as preliminares e a prejudicial.

Aduziu que sua irmã faleceu em dezembro de 2013, conforme certidão de óbito juntada, e não pode vir a juízo rebater a alegação de pagamento do réu. Mencionou que a pessoa que deixa de arcar com suas obrigações deve pagar pelo inadimplemento, e não atacar o credor com frases desconectadas da prova trazida aos autos.

Intimadas a manifestar interesse em produzir outras provas, a parte autora nada requereu. A parte ré juntou petição afirmando que desconhecia o falecimento da Sra. Cármem, razão pela qual os pagamentos por ele efetuados são válidos, pois feitos de boa-fé. Alegou que não tinha qualquer relação de amizade com a Sra. Cármem ou sua filha, motivo pelo qual nunca perguntou nada sobre o assunto. Disse ainda que nunca foi notificado extrajudicialmente seja para efetuar pagamento, seja para ser informado da morte da inventariante, e que o documento apresentado aos autos não contém qualquer assinatura dos sócios da empresa, ou mesmo de qualquer funcionário, como se percebe se seu teor, no qual há apenas o nome da credora, o que descaracteriza a notificação efetuada.

Em seguida, os autos foram encaminhados para prolação de sentença.

1.23 Exercício 23 – Ação de cobrança de débitos condominiais[25]

Condomínio Viva La Vida ajuizou ação de cobrança em desfavor de JKM Incorporadora LTDA, pleiteando a condenação da ré a pagar o montante de R$ 62.600,00, referentes a cotas condominiais vencidas e não pagas das unidades 2-A, 3-A, 5-A, 9-A e 15-A, de fevereiro de 2013 a fevereiro de 2017, além multa de 2% sobre o débito (R$ 1.250,00), aplicável sobre a dívida de cada unidade – (R$ 250,00 para cada), e 10% de honorários contratuais (R$ 6.260,00), consoante previsão constante da convenção de condomínio – cláusula 13.7.

Juntou à inicial planilha do débito (doc.01), a convenção de condomínio (doc. 02), com realce à previsão nessa descrita de multa de 2% por atraso no pagamento da cota condominial e pagamento de 10% a título de honorários

---

25 Tribunal de Justiça do Estado do Paraná. Exercício elaborado para treinamento. Provas a cargo de Banca própria. Prova sem limitação de linhas, e com exigência de relatório. Ressalta-se que em edital próximo à data da prova, o TJPR informou aos candidatos que adotaria a limitação de linhas na prova real, de forma que os candidatos passaram a ter apenas 180 linhas para perfazer a sentença descrita no enunciado.

pela necessidade de propositura de ação judicial, além das atas das assembleias nas quais foram nominadas as unidades que estavam em débito com os deveres condominiais (doc. 03). Apresentou ainda ata da assembleia de eleição da síndica, que conferiu poderes aos advogados, bem como da assembleia que aprovou a convenção do condomínio, devidamente registrada em cartório (doc. 04 e 05).

Requereu a incidência de juros e correção sobre os valores descritos, na forma legal, bem ainda a condenação ao pagamento dos valores que ficarem em aberto no decorrer da demanda.

A ação foi distribuída em 1º de março de 2017.

O magistrado condutor do feito recebeu a inicial e determinou a realização de audiência de conciliação.

A conciliação foi infrutífera, e, em seguida, foi ofertada defesa pela parte ré.

Em sua defesa, a ré alegou, preliminarmente, nulidade de citação, pois não houve recebimento do mandado e inicial por parte dos sócios da empresa, mas apenas pelo porteiro, e falta de interesse de agir, já que a via utilizada seria inadequada à luz do novo CPC. Alegou, ainda, nulidade pelo fato de o prazo legal previsto para a audiência de conciliação ter sido desrespeitado, tendo em vista que a citação foi recebida 15 dias antes do ato. Também em sede preliminar, pleiteou o reconhecimento de sua ilegitimidade passiva, haja vista que todas as unidades descritas na inicial já foram alienadas, de forma que são os novos proprietários os verdadeiros responsáveis pelo pagamento dos débitos de condomínio e demais verbas.

Como prejudicial, trouxe alegação de prescrição, já que incidente na espécie o prazo relativo ao ressarcimento em geral. Desse modo, o montante de R$ 12.000,00, derivado de parcelas em atraso anteriores a fevereiro de 2014, não seria passível de cobrança, já que a prescrição seria óbice intransponível.

No mérito, reafirmou sua irresponsabilidade no que toca ao pagamento das verbas, pois trata-se de obrigação que decorre da propriedade, motivo pelo qual somente o real proprietário deve arcar com o valor em aberto.

Apresentou aos autos cópias das promessas de compra e venda de cada unidade, com as respectivas datas de alienação – 2-A (fevereiro de 2015), 3-A (janeiro de 2016), 5-A (março de 2015), 9-A (julho de 2015) e 15-A (outubro de 2015) – (Doc. 01).

Disse que foge à boa-fé adquirir unidade condominial e não procurar saldar os débitos até então existentes.

Questionou a exigibilidade da multa, prevista apenas em sede de convenção do condomínio, bem como o dever de arcar com os honorários, já que não tem qualquer relação negocial com o escritório que patrocina a causa do condomínio.

Disse que, na hipótese de procedência dos pedidos, os juros devem contar da citação, e a correção da propositura da ação, uma vez que só com o feito judicial foi constituída em mora.

Apresentou pleito reconvencional, solicitando a condenação do condomínio autor ao pagamento de R$ 20.000,00 a título de reparação pelos danos morais sofridos, derivados da inscrição indevida de seu nome nos cadastros restritivos (doc. 02), por dívida prescrita e que não é de sua responsabilidade.

O autor se manifestou em réplica rebatendo as preliminares e a prejudicial. Reafirmou o mérito, fazendo especial menção ao fato de que, tratando-se de prédio novo, a incorporadora é responsável pelos débitos condominiais até que o bem seja legalmente entregue ao comprador, o que, no caso das unidades descritas na inicial, ainda não ocorreu, pois essas ainda estão desocupadas, e sem descrição no cadastro do condomínio dos respectivos moradores. Disse que não há registro no cartório de imóveis das alienações, bem como notificação formal do condomínio sobre esses atos negociais.

Chamou atenção para o comportamento contraditório e ofensivo à boa-fé da incorporadora, pois ela foi responsável pela minuta base da convenção de condomínio, e participou da assembleia que deliberou pela aprovação dessa, votando favoravelmente as regras descritas, conforme ata registrada no cartório respectivo.

Contestou a reconvenção, alegando inexistir qualquer ilícito ou ofensa em virtude da remessa do nome dos devedores de cotas condominiais aos cadastros de inadimplentes.

Réplica à reconvenção apresentada, reafirmando o pleito reconvencional, e dizendo ainda que a prova da alienação (promessa de compra e venda) já demonstra sua boa-fé e irresponsabilidade pelos débitos, sendo dever dos adquirentes levar ao condomínio a informação sobre o negócio, com a alteração da propriedade dos bens.

Intimadas a manifestar interesse em produzir outras provas, as partes quedaram-se inertes.

Após, vieram os autos conclusos para sentença.

1.24 Exercício 24 – Ação de cobrança envolvendo contrato de seguro[26]

João da Silva propôs ação de cobrança em desfavor de Seguro Bom Ltda, ao argumento de que a ré descumpriu avença firmada entre as partes, deixando de arcar com o valor aprazado para a hipótese de ocorrência de sinistro.

26 Tribunal de Justiça do Estado do Paraná. Exercício elaborado para treinamento. Provas a cargo de Banca própria. Prova sem limitação de linhas, e com exigência de relatório.

Segundo narrou em sua inicial, João adquiriu um veículo Porsche, modelo 911, ano/modelo 2016/2016, na concessionária Stuttgart, na cidade de Curitiba/PR, pelo valor de R$ 497.000,00.

A aquisição foi realizada no dia 2 de fevereiro de 2016.

Nesse dia, com o regular pagamento do montante, João foi informado pela vendedora que o veículo estaria à disposição para retirada já no dia 3 de fevereiro.

Preocupado com a sua segurança, João decidiu entrar em contato com a Seguradora Seguro Bom Ltda, de modo a fazer a cotação de um seguro para o veículo que acabara de adquirir.

Foi atendido pelo corretor Jurandir, que lhe apresentou proposta padrão, que deveria ser preenchida e encaminhada à Seguradora. João a preencheu, constando da proposta que ele seria o principal condutor (doc. 01). A proposta foi aceita pela Seguradora, e a apólice foi emitida.

O valor referente ao seguro foi dividido em seis parcelas de R$ 5.000,00, com a primeira vencendo no dia 20/02/2016, que foi regularmente paga pelo requerente (doc. 02). A vigência contratual foi estabelecida (período de 03/02/2016 a 03/02/2017) – doc. 01.

No dia 23/02/2016, o filho de João, Maurício, pleiteou ao pai que lhe emprestasse o veículo para dar uma volta com sua namorada. Ao sair com o carro, Maurício envolveu-se em acidente automobilístico, que ocasionou a destruição total do bem.

Conforme descrito no croqui elaborado pelos policiais que atenderam a ocorrência (doc. 03), o veículo conduzido por Maurício chocou-se com um poste de energia, partindo-se ao meio, após ser abalroado por outro veículo.

Por motivos ainda não conhecidos, nem Maurício nem sua namorada sofreram ferimentos graves, passando apenas por desorientação momentânea em virtude do violento choque.

Após o susto inicial com o acidente em si, João acionou a seguradora para arcar com o valor contratado, qual seja, R$ 497.000,00, no dia 25/02/2016.

Passados dois meses, já em 25/04/2016, a Seguradora se negou expressamente a honrar o compromisso descrito na avença, ao argumento de que o valor total do contrato não havia sido pago pelo segurado, bem como em virtude do incremento intencional do risco inerente ao acordo.

Ressalta-se que em edital próximo à data da prova, o TJPR informou aos candidatos que adotaria a limitação de linhas na prova real, de forma que os candidatos passaram a ter apenas 180 linhas para perfazer a sentença descrita no enunciado.

Durante vários meses, João foi inúmeras vezes à sede da seguradora, com o fito de tentar resolver administrativamente o problema, mas sem sucesso.

Relatou que tinha realizado um sonho ao comprar o veículo descrito na inicial, o que se tornou verdadeiro pesadelo com a negativa da ré em custear o montante contratado, impossibilitando, assim, que João pudesse adquirir novamente outro carro.

João relatou que perdeu vários encontros do clube de veículos esportivos do Paraná, sua grande paixão, e não pôde usufruir do prazer de dirigir um carro de alta performance, adquirido com muito esforço e após décadas de trabalho, em virtude da negativa da ré, o que ocasionou abalo à sua personalidade.

Desse modo, no dia 25/02/2017, com fundamento no CDC, propôs ação de cobrança em desfavor da Seguradora requerida, pleiteando a condenação desta ao pagamento de R$ 497.000,00, referentes ao valor previsto em contrato para a hipótese de sinistro, bem como R$ 30.000,00 a título de danos morais, pelo abalo psicológico decorrente da atitude da ré em não honrar com o aprazado.

Deu a causa o valor de R$ 527.000,00

A inicial veio acompanhada dos documentos relativos ao contrato (doc. 01), boletos de pagamento das prestações referentes a avença (doc. 02), croqui do acidente, elaborado pelos policiais que atenderam a ocorrência (doc. 03), bem ainda relatório de perda total do bem (doc. 04), negativa expressa da seguradora, com data de ciência pelo requerente em 25/04/2016 (doc. 05), e protocolos de comparecimento à empresa ré (doc. 06).

O magistrado condutor do feito recebeu a inicial e determinou a citação da parte ré, sem designar audiência prévia de conciliação.

Citada, a ré apresentou defesa no prazo legal, alegando, preliminarmente, inépcia da inicial quanto ao pedido de reparação de danos morais, totalmente dissociado dos fatos descritos na peça inaugural. Alegou também, como prejudicial, prescrição, uma vez que a demanda foi proposta mais de um ano após a data do acidente.

No mérito, negou o dever de indenizar, ao argumento de que, no momento do sinistro, João ainda não havia ultimado o pagamento do valor descrito em contrato, pois apenas uma parcela tinha sido quitada.

Aduziu ainda que a responsabilidade contratual seria afastada pelo fato de João entregar a condução do veículo a terceira pessoa, em desacordo com a avença, hipótese apta a permitir a conclusão de aumento do risco inerente ao sinistro, ocasionada única e exclusivamente pela parte autora.

Sem prejuízo, também fundamentou o pedido na alegação de que o filho de João estaria alcoolizado no dia do acidente, razão pela qual não se mostrou capaz de evitar o sinistro, cuja ocorrência derivou expressamente do fato de os reflexos e capacidade motora de Maurício estarem afetados pela ingestão indevida de álcool.

Questionou também o montante solicitado a título de prêmio, pois com a retirada do veículo da concessionária, o valor desse seria automaticamente inferior a tabela referente a carros novos, motivo pelo qual, na hipótese de reconhecimento do dever de pagamento, deveria incidir no caso a tabela Fipe, que estabelece o valor de R$ 420.000,00 para o bem, sob pena de enriquecimento sem causa do demandante.

No que toca ao pleito de reparação de danos morais, reputou-o verdadeira aventura jurídica, sem qualquer embasamento fático, e lastreado em sentimentos de uso e gozo de objeto de luxo. Requereu a condenação do autor por litigância de má-fé, em virtude da formulação judicial de pedido temerário.

Postulou pela produção de todos os meios de prova admitidos.

Ao se manifestar em réplica, o autor rebateu a preliminar e a prejudicial. Quanto ao mérito, disse que o parcelamento do contrato não alterou a vigência do acordo, e, ademais, não houve qualquer atraso no pagamento das parcelas.

Negou qualquer incremento do risco, seja porque o contrato não estabelecia vedação para que terceiros pudessem conduzir o veículo, mas apenas solicitava a informação sobre o condutor principal (doc. 01, cláusula 4.7), seja porque não há qualquer prova de que seu filho estivesse sob o efeito de álcool no dia do acidente.

Quanto a tese de minoração do montante devido, realçou que o réu não pode se valer da própria torpeza, pois há expressa cláusula contratual estabelecendo valor fixo para a hipótese de sinistro (cláusula 3.1), de modo a se afastar a tese de utilização da tabela Fipe. Entendimento contrário seria privilegiar a seguradora, que iria se enriquecer sem justa causa, pois efetuou a cobrança para realizar a cobertura securitária a partir das regras estabelecidas.

No tocante ao dano moral, reafirmou o dano e o ilícito contratual.

Intimadas a manifestar interesse em produzir outras provas, as partes postularam a produção de prova testemunhal, o que foi deferido, com a designação de audiência de instrução e julgamento.

Na assentada, foi tomado o depoimento pessoal do autor, bem como ouvidas duas testemunhas.

Assim restaram consignados os depoimentos:

a) João da Silva: que a proposta apresentada tinha duas opções para a hipótese de sinistro (recebimento do valor referente à tabela Fipe ou montante pré-fixado); que, em virtude do alto valor do bem, decidiu anuir a proposta de valor fixo, mesmo sabendo que isso implicaria aumento de 15% do montante a ser pago; que nada lhe foi perguntado sobre a possibilidade de outras pessoas utilizarem o veículo; que o contrato apenas solicitava a indicação do principal condutor; que atendeu à solicitação de seu filho no dia do sinistro, pois esse estava comemorando a aprovação no concurso para o provimento do cargo de juiz de direito substituto do Tribunal de Justiça do Estado do Paraná; que seu filho tem 29 anos; que seu filho não tinha bebido no dia dos fatos, muito embora estivessem todos em uma comemoração familiar pelo êxito no concurso; que efetuou o pagamento de todas as parcelas avençadas no contrato de seguro; que sofreu muito com a negativa da ré, pois totalmente descabida, o que lhe privou da possibilidade de vivenciar o sonho pelo qual esperou décadas para ver materializado; que até hoje se pega olhando para as fotos do carro, com muito rancor pelos sonhos obstados em virtude do inadimplemento da ré;

b) Maurício da Silva (ouvido como informante): que dirigia o veículo porsche no dia dos fatos; que foi atingido abruptamente por um outro veículo, rodando na pista e chocando-se com um poste; que o veículo que ocasionou o acidente fugiu do local sem prestar socorro; que não bebeu no dia dos fatos; que o estado de tontura em que foi encontrado pelos policiais derivava do violento choque com o poste; que havia duas garrafas de bebida alcoólica no carro (uma de vinho e uma de vodka), presenteadas por sua sogra no dia dos fatos, ainda fechadas, e que foram destruídas com o impacto, impregnando os destroços com cheiro de bebida; que as embalagens foram encontradas pelos policiais; que apesar do violento choque, os mecanismos de segurança agiram a contento, e nem ele nem sua namorada sofreram lesões graves, mas apenas arranhões e desorientação momentânea; que seu pai sofreu muito com o ocorrido, pois viu seu maior sonho de consumo destruído, e sem possibilidade de reaver o prejuízo pela atitude da ré; que seu pai deixou de frequentar o clube do carro esportivo após o acidente, coisa que fazia há muitos anos, mas com seu antigo Escort xr3;

c) Denilson Souza: que é policial militar; que compareceu ao local do acidente após ser acionado via Ciade; que, ao chegar ao local do sinistro, visualizou um rapaz e uma moça sendo atendidos pelos bombeiros; que os dois aparentavam desorientação; que o cheiro de bebida alcóolica era muito forte; que solicitou ao sr. Mauricio que realizasse o teste do bafômetro, mas não foi possível realizá-lo antes do encaminhamento do acidentado ao hospital; que não sabe dizer se foi feito exame posteriormente; que ficou no local para colher informações sobre o acidente com pedestres e outros motoristas; que um motorista lhe relatou com detalhes a dinâmica do sinistro; que, segundo esse motorista, dois veículos estavam transitando em altíssima velocidade pela via; que, nesse momento, percebeu que um desses veículos se chocou com a traseira do porsche, que trafegava à frente em velocidade reduzida, pois se aproximava de um radar fixo de velocidade; que o porsche teria rodado e se chocado com um poste; que o veículo que acertou o porsche não teria parado, apesar do acidente; que não lavrou termo indicando embriaguez, mas apenas mencionou no boletim de ocorrência a circunstância do forte cheiro de bebida alcoólica e desorientação do sr. Mauricio; que viu os destroços sendo levados para o posto policial mais próximo; que não se recorda de encontrar o recipiente de bebida alcoólica, mas sabe dizer que havia sinal de que algum recipiente contendo álcool havia se despedaçado com o impacto, pois haviam duas caixas no local; que a investigação posterior sobre a possível prática do crime de embriaguez ao volante não era sua responsabilidade, mas sim da polícia civil.

As partes ofertaram alegações finais remissivas, cada qual reiterando seus argumentos. A seguir, vieram os autos conclusos para sentença.

1.25 Exercício 25 – Ação monitória – embargos à monitória cumulados com reconvenção[27]

Maria do Rosário Perfumes LTDA EPP ajuizou ação monitória em desfavor de Carla Bruni, em que alega ser credora da requerida da quantia de R$ 45.650,50.

Afirmou em sua inicial que mantinha relação comercial com a requerida, representada por duplicata de venda mercantil com vencimento para 05.06.2015, já protestada por falta de aceite (por indicação), emitida em decorrência de recebimento de mercadorias.

Para embasar o pleito, trouxe aos autos o comprovante de protesto de duplicata mercantil por indicação (doc. 01).

Relatou o não pagamento no prazo descrito, o que ocasionou o protesto do título.

Pediu a expedição de mandado para o pagamento da dívida, com juros contados do vencimento e correção legal, e a conversão do mandado inicial em executivo.

O MM. Juiz recebeu a inicial e determinou a citação da ré, afastando a necessidade de designação de audiência prévia de conciliação para o caso.

A requerida apresentou embargos à ação monitória, alegando, preliminarmente, nulidade da citação, uma vez que o mandado inicial foi recebido em seu condomínio pelo porteiro.

No mérito, aduziu que o protesto, sem a respectiva duplicata ou documento comprobatório da entrega das mercadorias, não se prestaria para comprovar a relação obrigacional entre as partes.

27 Tribunal de Justiça do Estado do Paraná. Exercício elaborado para treinamento. Provas a cargo de Banca própria. Prova sem limitação de linhas, e com exigência de relatório. Ressalta-se que em edital próximo à data da prova, o TJPR informou aos candidatos que adotaria a limitação de linhas na prova real, de forma que os candidatos passaram a ter apenas 180 linhas para perfazer a sentença descrita no enunciado.

Inferiu que o documento apresentado não constitui título de crédito sem eficácia executiva.

Afirmou também que trabalhou para a embargada tempos atrás como revendedora de mercadorias, e sua atribuição consistia em anotar pedidos de clientes e repassar para a empresa requerente, que, por sua vez, fornecia as mercadorias mediante pagamento.

Relatou que, quando terminou de trabalhar para a requerente, em agosto de 2014, não havia débito algum em seu nome.

Afirmou nunca ter assinado qualquer duplicata, e que a requerente/embargada não juntou a duplicata em questão e sequer qualquer documento hábil à comprovação da entrega das supostas mercadorias. Pugnou pela improcedência do pedido inicial.

Apresentou pedido reconvencional, pugnando pela condenação da embargada ao pagamento de R$ 45.650,50, a título de danos morais, já que aquela realizou cobrança indevida e protesto ilegal de dívida inexistente.

Requereu a gratuidade de justiça e apresentou declaração de hipossuficiência.

Deu à causa o valor de R$ 100,00 para efeitos meramente fiscais.

Impugnação aos embargos apresentada, onde a requerente/embargada rebateu a preliminar, ao argumento de que a citação atendeu aos ditames legais. Alegou que a embargante nunca foi empregada da empresa, e, inclusive, foi condenada por litigância de má-fé nos autos de Reclamação Trabalhista em que pretendia o reconhecimento do vínculo laboral (doc. 01).

Relatou também que o título só foi protestado ante a presença dos requisitos legais, dentre os quais as ora anexadas notas fiscais de venda ao consumidor, acompanhadas dos pedidos assinados pela requerida/embargante (doc. 02), o que comprovaria suas alegações.

Pugnou pela rejeição dos embargos.

Contestou a reconvenção, alegando, preliminarmente, inviabilidade de uso da reconvenção em pleito monitório, especialmente para pleitear danos morais em decorrência de exercício regular de direito. Impugnou também o pedido de gratuidade de justiça, tendo em conta que a ré possui capacidade de arcar com as custas relativas ao processo, pois vive em condomínio de alto padrão na cidade.

No mérito, negou a existência de ato ilícito, reiterando a observância dos ditames legais na espécie, requerendo a improcedência do pedido reconvencional.

Em réplica, a embargante alegou discrepâncias entre as notas fiscais apresentadas pela requerente, consistentes na irregularidade de emissão de várias notas fiscais no mesmo dia, em nome da requerida, ausência de indicação da mercadoria entregue, notas com numeração posterior emitidas com datas anteriores, diferenças de meses entre notas com datas próximas e notas constando apenas o primeiro nome da requerida, sem especificar seu CPF.

Reiterou que as notas fiscais constantes dos autos não servem para comprovar a existência de relação obrigacional entre as partes, pois foram claramente preenchidas em sequência.

Aduziu que o preenchimento posterior das notas perfaz irregularidade insuperável, porquanto é evidente que o estabelecimento não comercializa produtos para uma única revendedora.

Disse que a duplicata levada a protesto por indicação teve origem em mais de uma fatura e as notas fiscais foram emitidas dentro de um lapso temporal de cerca de nove meses, em detrimento das regras legais aplicáveis.

Realçou que o protesto do título foi efetivado um ano após a última compra realizada, o que não é compatível com as práticas do mercado de vendas no varejo, bem como que a efetiva entrega das mercadorias não foi comprovada, pois não consta dos autos os canhotos das notas fiscais com a sua assinatura, mas apenas assinatura dos pedidos.

Destacou também a diferença de 10 meses entre a última compra - 21.08.2014 – e o vencimento do título – 05.06.2015. Pugnou, a final, pela procedência dos embargos e dos pedidos trazidos na reconvenção.

Regularmente intimadas para tanto, a requerente pleiteou o julgamento antecipado, ao passo que a ré/embargante solicitou a expedição de ofícios à receita estadual para questionar sobre a regularidade das notas fiscais trazidas aos autos.

O pedido da ré foi indeferido, e, após, foram os autos remetidos para prolação de sentença.

1.26 Exercício 26 – Ação de reparação de danos morais e materiais em desfavor do Estado[28]

Joana da Silva ajuizou ação, a ser devidamente identificada na sentença, em desfavor do Município de Caçador/SC.

Conforme descrição trazida na peça inicial, no dia 20.02.2016, por volta das 12h10m, a autora, juntamente com sua filha, trafegava pela rua Henrique Cruz, esquina com a rua Júlio Berger, na cidade de Caçador, conduzindo sua motocicleta, quando foi surpreendida por um buraco na pista, que a fez perder o controle da moto, e cair na pista de rolamento, sofrendo inúmeras lesões.

28 Tribunal de Justiça do Estado de Santa Catarina. Exercício elaborado para treinamento. Provas a cargo de Banca própria. Prova sem limitação de linhas, e com exigência de relatório. Omissão deliberada do nome jurídico da ação.

No dia dos fatos, a autora foi atendida pelos bombeiros, e encaminhada ao hospital local para receber o tratamento de urgência.

Aos autos foram juntadas fotografias do local (doc. 01), de forma a demonstrar não só os buracos existentes na pista de rolamento, mas também as várias imperfeições do asfalto, bem como a inexistência de placas de sinalização indicando os problemas descritos.

De igual sorte, foram apresentados o boletim de acidente de transito da Delegacia de Polícia de Caçador e o registro de ocorrência da Associação de Serviços Sociais Voluntários de Caçador – Corpo de Bombeiros, indicando atendimento da autora no dia 20/02/2016, às 12h17m, em decorrência do acidente envolvendo a motocicleta Honda Lead 110, de placa XXX 2323 (doc. 02 e 03).

O Boletim de Atendimento de Urgência da Associação Franco Brasileira – Hospital Maicé descreveu que a paciente sofreu fratura na falange distal do 5º (quinto) quirodáctilo esquerdo (doc. 04).

Do exame de Raio-X digital do joelho esquerdo, realizado em 26/02/2016, extraiu-se a existência de "fratura em margem lateral e inferior da patela, com discreto deslocamento de fragmentos ósseos", lesões que resultaram em incapacidade laborativa, afastando-a de suas atividades na empresa Veraneiro e Cia. Ltda.-ME. até 10/07/2016, consoante Benefício n. 60090123456, concedido pelo INSS-Instituto Nacional do Seguro Social (doc. 05 e 06).

À luz dos fatos narrados, Joana descreveu danos materiais no importe de R$ 10.300,00, relativos ao valor do conserto da moto (R$ 4.300,00 – orçamento de menor valor entre os dois juntados aos autos, colhidos em duas oficinas de Caçador, datados de 28/03/2016 - doc. 07), e despesas com exames para juntada no pleito de auxílio doença junto ao INSS (R$ 500,00), bem ainda consulta médica particular (R$ 150,00), medicamentos utilizados para minorar os efeitos das lesões sofridas (R$ 1.350,00) e 45 sessões de fisioterapia (R$ 4.500,00) – conforme notas fiscais juntadas (doc. 08/09/10).

A inicial também narrou a ocorrência de lucros cessantes, uma vez que a autora permaneceu por mais de quatro meses sem trabalhar, e recebendo apenas o auxílio doença, no valor de um salário mínimo.

Apresentou ainda postulação relativa à ofensa à personalidade de Joana, que sofreu muito no período descrito na exordial, e, após retornar do período no qual esteve sob a guarda do auxílio doença, acabou se desligando da empresa, pois não mais conseguia exercer a atividade, que demandava várias horas em pé no salão de atendimento ao consumidor.

Os pedidos foram trazidos visando a reparação dos danos materiais, no valor de R$ 10.300,00, lucros cessantes, no montante de R$ 12.000,00, derivados da perda salarial do período, bem ainda danos morais, estimados em R$ 100.000,00.

À causa foi dado o valor de R$ 22.300,00, sendo juntada declaração de hipossuficiência e pedido de concessão da gratuidade de justiça.

O magistrado condutor do feito recebeu a inicial, deferiu a gratuidade e deixou de designar audiência prévia de conciliação, ante a improbabilidade de acordo.

Citado, o município de Caçador apresentou sua defesa.

Alegou, preliminarmente, inépcia da inicial, uma vez que a autora não trouxe aos autos comprovantes de que houve qualquer ação ou omissão do Município para ocasionar o acidente, hipótese que dificultou a formulação da tese defensiva.

Questionou a gratuidade de justiça concedida, à míngua da juntada de comprovantes no sentido da necessidade do benefício legal, ainda mais considerando que a autora é proprietária de motocicleta, e fez consultas na rede particular de saúde.

Disse ainda ser parte ilegítima para responder por eventuais problemas na via descrita na inicial, haja vista que a responsabilidade por essas seria da empresa Ourofino Engenharia Ltda, que promoveu o recapeamento do local quatro anos atrás, e deve arcar com danos decorrentes de problemas na obra.

Impugnou, ainda, o valor da causa, já que o montante pleiteado a título de danos morais, apesar de estimativo, deve compor a somatória referente à soma pretendida.

No mérito, negou qualquer culpa pelo acidente descrito na inicial, dizendo que, na espécie, esse decorreu única e exclusivamente da imperícia da autora, que não conduziu sua motocicleta com a devida atenção, tendo em conta que as fotos juntadas pela própria requerente não demonstram a existência de nenhum buraco capaz de promover a derrubada de um motociclista, e, mesmo se existente, seria o caso de o acidente ser evitado com direção defensiva.

Aduziu que os requisitos da responsabilidade civil do agente público não estão presentes, e que não se aplica ao caso a teoria do risco integral.

Disse que a autora foi devidamente atendida pelo Sistema Único de Saúde no dia dos fatos narrados, e que todos os procedimentos médicos de urgência foram dispensados gratuitamente, de forma que se a postulante, em momento posterior, necessitou de tratamento adicional, poderia ter sido ressarcida com o pagamento do seguro DPVAT.

Rebateu os relatados danos materiais referentes à motocicleta, à míngua da possibilidade de aferição se foram efetivamente causados pelo acidente descrito na inicial.

Igual raciocínio foi desenvolvido para o pleito de condenação a reparar os lucros cessantes, uma vez que a autora teria recebido auxílio doença por período determinado, e não trouxe aos autos um documento sequer no sentido de que auferia renda maior, ou ainda de que deixou de trabalhar única e exclusivamente pelo acidente.

No que toca ao dano moral, além de negar qualquer ilícito imputável aos agentes públicos, realçou a desproporcionalidade do montante pleiteado, e mesmo ofensa à personalidade no caso.

Em réplica, a autora ofertou sua peça rebatendo as preliminares e reafirmando o mérito.

Regularmente intimadas, a parte autora postulou a produção de prova oral, e a ré quedou-se inerte.

A prova oral foi deferida, e foram colhidos em audiência os depoimentos de duas testemunhas, todas compromissadas.

Carlos Perez relatou em seu depoimento que presenciou o tombo da demandante, visto que dirigia o seu automóvel logo atrás daquela. Frisou que Joana fazia o percurso em velocidade regular, e que tanto ela quanto a passageira – que não se feriu –, portavam capacete, estando o desnível na pista relacionado ao rebaixamento na camada asfáltica utilizada para vedar uma fissura preexistente na disposição dos paralelepípedos, localizando-se centralizado na mão de direção da apelada, o que inviabilizou, a seu sentir, eventual desvio.

Salma Maria acrescentou não haver nenhuma sinalização de existência da depressão na via (fl. 198), não obstante fosse do conhecimento público o mencionado desnivelamento, já que existente há muitos anos.

Finalizada a audiência, as partes ofertaram alegações finais remissivas, e os autos vieram conclusos para sentença.

2. ESPELHOS PADRÃO

2.1 Exercício 1

Relatório – Dispensa expressa pelo enunciado.
Preliminares – Nulidade da citação. Rejeição. Teoria da Aparência. Tratando-se de pessoa jurídica, considera-se válido e eficaz o ato citatório efetuado em seu endereço, não se exigindo que o recebedor ostente poderes específicos de representação. Na hipótese, aplica-se a teoria da aparência, porquanto presume-se o atendimento da finalidade, independente de quem o tenha recebido; – Inépcia da inicial. Rejeição. Hipóteses constantes do artigo 330, § 1º, do CPC não verificadas. Oferta de defesa a contento. Compreensão da lide pela parte ré.

Mérito
- Aplicabilidade CDC. Arts. 2º e 3º. Autor como consumidor e réu como fornecedor de serviços.
- Segundo entendimento jurisprudencial consolidado, a falta de habilitação do segurado ou do motorista do veículo segurado para a condução de veículos automotores – que não denota, per si, ausência de técnica na condução veicular – constitui mera infração administrativa, tipificada no artigo 162 do Código de Trânsito Brasileiro, não se configurando, por si só, agravamento intencional do risco do contrato de seguro apto a elidir a obrigação indenizatória prevista no contrato de seguro de veículo automotor (AgRg no REsp 1065710/GO, Rel. Ministro ANTONIO CARLOS FERREIRA, QUARTA TURMA, julgado em 20/11/2014, DJe 28/11/2014);
- Agravamento do risco não verificado (CC, art. 768). Ausência de provas no sentido de configuração do nexo de causalidade entre o comportamento do agente e o resultado danoso. Plena demonstração acerca da intencionalidade da conduta do segurado em agravar o risco objeto do contrato não verificada (CPC, art. 373, II).
- Dano material. Parcial acolhimento. Valor previsto em contrato. Tabela Fipe. Montante devido de acordo com a previsão tabelada (R$ 80.000,00).
- Danos a terceiros (Caminhão envolvido no acidente). Improcedência. Dano não comprovado (CPC, art. 373, I). Ausência de provas no sentido de que houve pagamento ao terceiro pelo autor, bem ainda do montante que teria sido despendido. Para viabilizar a procedência da ação de ressarcimento de prejuízos, a prova da existência do dano efetivamente configurado é pressuposto essencial e indispensável. Ainda mesmo que se comprove a violação de um dever jurídico, e que tenha existido culpa ou dolo por parte do infrator, nenhuma indenização será devida, desde que, dela, não tenha decorrido prejuízo. A satisfação, pela via judicial, de prejuízo inexistente, implicaria, em relação à parte adversa, em enriquecimento sem causa (CC, art. 884). O pressuposto da reparação civil está, não só na configuração de conduta "contra jus", mas também, na prova efetiva dos ônus, que não se repõe hipotético. (STJ - RESP 20386/RJ, Rel. Demócrito Reinaldo)
- Danos a terceiros. Previsão Contratual. Estipulação em favor de terceiro. Ilegitimidade do autor quanto aos valores eventualmente devidos aos outros passageiros, que podem ser pleiteados pelos eventuais herdeiros desses (O terceiro beneficiário, ainda que não tenha feito parte do contrato, tem legitimidade para ajuizar ação direta contra a seguradora, para cobrar a indenização contratual prevista em seu favor. Tendo falecido no acidente o terceiro beneficiário, legitimados ativos ad causam, no caso, os seus pais, em face da ordem da vocação hereditária - REsp 257.880/RJ, Rel. Ministro SÁLVIO DE FIGUEIREDO TEIXEIRA, QUARTA TURMA, julgado em 03/04/2001, DJ 07/10/2002, p. 261). Autor que faz jus à metade do valor previsto em contrato, já que deve dividir o montante com a genitora do falecido no acidente (beneficiário do seguro).
- Dano moral. Inexistência. Descumprimento contratual configura mero dissabor, não havendo, portanto, ofensa à personalidade do autor na espécie (CC, art. 186 e 927). Súmula 402 do STJ - O contrato de seguro por danos pessoais compreende os danos morais, salvo cláusula expressa de exclusão.

Dispositivo
Parcial Procedência. Condenação da parte ré a pagar ao autor o valor de R$ 117.500,00 (R$ 80.000,00 + R$ 37.500,00), conforme previsão contratual.
Resolução de mérito. (CPC, art. 487, I).

Custas e honorários em proporção, sendo 40% para a ré e 60% para o autor, fixada a verba honorária em 10% sobre o valor da condenação (CPC, art. 85, 2º), vedada a compensação.
Dano material. Juros de 1% ao mês, da citação. Correção pelo INPC, da data do acidente e falecimento (CC, art. 398)
P.R.I. Data. Assinatura Juiz.

2.2 Exercício 2

Relatório
Dispensa da elaboração pelo enunciado.

Preliminares

- Gratuidade de justiça. Impugnação. Simples declaração de hipossuficiência se presta a garantir o deferimento. Ônus da prova não atendido pelo impugnante. CPC, art. 99, §§ 2º e 3º. Precedentes dos tribunais superiores.
- Decadência. Rejeição. Pedido de declaração de nulidade, e não de anulabilidade. Adstrição ao pleito autoral. Regra obrigatória. Não há que se falar em decadência, se o pedido deduzido na inicial é de declaração de nulidade de negócio jurídico, por violação ao art. 548 do Código Civil, que consubstancia hipótese distinta da atinente à anulabilidade por ocorrência de vícios de consentimento e sociais, prevista nos incisos I e II do art. 178 do Código Civil. Tratando-se de negócio jurídico nulo, faz-se insuscetível de confirmação e convalescimento pelo decurso do tempo, nos termos do art. 169 do mesmo diploma legal. Prejudicial de decadência rejeitada.

Mérito

- Impõe-se a declaração de nulidade de ato de liberalidade praticado em confronto com o previsto no art. 548 do Código Civil, pois evidenciado não haver remanescido renda suficiente para a subsistência da doadora após a disposição do numerário doado. Artigo de lei que encerra conteúdo ético-protecionista, assegurando, sobretudo, proteção à dignidade do doador, em harmonia com o postulado constitucional da dignidade da pessoa humana, ao resguardar a preservação de patrimônio essencial, que lhe permita a sobrevivência, portanto um mínimo existencial, sob pena de nulidade do ato de doação. Assegura também o convívio social harmônico, resguardando a própria sociedade de ato desatinado do doador, seja pela repercussão de sua insuficiência econômica posterior perante as pessoas aptas a lhe destinarem alimentos (art. 1694 do CC) ou mesmo pela repercussão perante os demais concidadãos, haja vista que a ausência de recursos próprios para manutenção acaba por desaguar no suporte de necessidades pelo próprio Estado, onerando, portanto, a todos. (Acórdão n.403461, 20070910221993ACJ, Relator: SANDRA REVES VASQUES TONUSSI, 1ª Turma Recursal dos Juizados Especiais do Distrito Federal, Data de Julgamento: 19/01/2010, Publicado no DJE: 01/02/2010. Pág.: 109)
- A forma escrita, mediante confecção de instrumento particular, para a realização de doação de dinheiro em valor elevado, faz-se essencial à validade do ato de liberalidade, conforme prevê o art. 541 do Código Civil, sendo outro argumento a determinar a nulidade do ato de doação realizado. (Acórdão n.649822, 20100111085544APC, Relator: ANGELO CANDUCCI PASSARELI, Revisor: JOÃO EGMONT, 5ª Turma Cível, Data de Julgamento: 30/01/2013, Publicado no DJE: 01/02/2013. Pág.: 405)

Dispositivo – Procedência dos pedidos formulados. Declaração de nulidade do ato. Devolução dos valores doados. Condenação da parte ré a pagar a autor o valor de R$ 30.000,00. – Resolução de mérito. (CPC, art. 487, I). – Custas e honorários pela ré, fixados em 10% sobre o valor da condenação (CPC, art. 85, § 2º). – Juros de 1% ao mês, da citação. Correção pelo INPC, da data da compensação dos cheques (CC, art. 398) – P.R.I. Data. Assinatura Juiz.

2.3 Exercício 3

Relatório Enunciado com dispensa expressa da necessidade de elaboração.
Preliminares – Interesse de agir (CPC, art. 17). Inadequação da via eleita. Impropriedade da preliminar aviada, que com o interesse de agir não se confunde, se subsumindo à questão da possibilidade de cumulação de pedidos e adoção de mesmo rito. Adoção do rito ordinário. Compatibilidade entre os pedidos. Juizo competente para apreciação dos dois. CPC, art. 327, §§ 1º e 2º. – Impugnação à gratuidade de justiça. Rejeição. Presunção de veracidade que milita em favor do declarante. Ônus da prova atribuído ao impugnante, do qual não se desincumbiu. CPC, art. 99, §§ 3º e 4º. – Nulidade das provas solicitadas pelo MP. Rejeição. Ao juiz cabe avaliar as provas necessárias para o deslinde do feito (CPC, art. 370, caput). Atuação do MP como fiscal da ordem jurídica (CPC, arts. 178, II; 179, II; e 698).
Mérito – Fixação dos pontos controvertidos. Existência e dissolução de união estável, possibilidade de divisão do bem imóvel em sede de partilha, bem como necessidade de alimentos para a autora e criança. – Demanda analisada à luz dos ditames do artigo 1723 e 1724 do CC/02. – Reconhecimento da união estável. Consoante exegese do artigo 1º, da Lei 9.278/96 e artigo 1.723 do Código Civil, o reconhecimento de união estável, como entidade familiar, pressupõe a existência de prova firme, cabal e segura, positivando a convivência duradoura, ostensiva e contínua, dando aparência pública de entidade familiar. De 2007 a 2017. Prova coesa e firme nesse sentido (CPC, art. 373, I). – Partilha do bem. Improcedência. Reconhecida a subsistência e dissolução da união estável, aplica-se às relações patrimoniais, no que couber, o regime da comunhão parcial de bens, resultando na presunção de que os bens adquiridos na constância do vínculo a título oneroso comunicam-se, passando a integrar o acervo comum, devendo ser rateados na hipótese de dissolução do relacionamento, observadas as exceções estabelecidas pelo próprio legislador à presunção legal emoldurada como forma de ser preservado o alcance do regime patrimonial eleito (CC, arts. 1.658, 1.659, II, e 1.660, I,). Conquanto presumível que os bens adquiridos onerosamente na constância do vínculo derivaram do esforço comum dos conviventes, determinando que, dissolvida a união e comunhão de vida devem ser partilhados igualitariamente, essa resolução somente alcança os bens comprovadamente adquiridos pelos primitivos conviventes, não podendo alcançar bens anteriores à união. Prova testemunhal e

documental que permite conclusão no sentido de afastamento da possibilidade de partilha, já que se trata de bem adquirido anteriormente à união reconhecida, não submetido, pois, a divisão entre os ex-companheiros. Incidência dos artigos 1725, 1658, 1659, I, do CC, e art. 5º, § 1º, da Lei 9.278/96.

- Alimentos. A mensuração dos alimentos deve guardar conformação com as necessidades do alimentando e com as possibilidades do alimentante (CC, art. 1.694, § 1º), e, como corolário dessa equação, sua fixação deve derivar do cotejo dos elementos de prova produzidos de forma a ser aferida a capacidade do obrigado de conformidade com o padrão de vida que ostenta e com as outras obrigações que suporta rotineiramente. No caso de menor impúbere, as suas necessidades são presumidas, respondendo por elas ambos os genitores, proporcionalmente às possibilidades de cada um, sem que isso prejudique a sua própria subsistência. Despesas da menor não contestadas (CPC, art. 341). Comprovação por documentos (CPC, art. 373, I). Admite-se a fixação entre o patamar de R$ 1.000,00 a R$ 1.500,00. Uso do binômio possibilidade/necessidade. Majoração proporcional tem como fundamento o fato de o réu possuir rendimentos cinco vezes superiores à autora Dilma, com fixação nos R$ 1.500,00 pleiteados inicialmente. Noutra via, há de se ressaltar apenas que, mesmo que fosse atendido pedido do réu de minoração do valor, descaberia falar em repetição dos alimentos (CC, arts. 1603, 1703 e 1707). Nesse sentido: As prestações alimentícias, caso percebidas a maior ou indevidamente, não são passíveis de repetição, desde que recebidas de boa-fé. Precedentes. Súmula nº 83/STJ (AgInt no REsp 1310686/DF, Rel. Ministra MARIA ISABEL GALLOTTI, QUARTA TURMA, julgado em 14/03/2017, DJe 20/03/2017). CASO O ALUNO MINORE, A ABORDADEM A ESSE ÚLTIMO PONTO SE TORNA OBRIGATÓRIA, AO PASSO QUE SE MANTIVER OU AUMENTAR, ELA É FACULTATIVA, GERANDO, NO ENTANTO, AUMENTO DA PONTUAÇÃO NO CASO DE MENÇÃO EXPRESSA.
- Rejeição do pedido formulado em favor de Vilma. CC, arts. 1694 e 1695. De acordo com o artigo 1.694 do Código Civil, a obrigação de prestar alimentos entre cônjuges é excepcional e somente se justificaria ante a prova da impossibilidade de prover o próprio sustento. Tratando-se de ex-companheira saudável e que passou a exercer atividade laboral remunerada após o término da união estável, mostra-se incabível o reconhecimento do direito à percepção de pensão alimentícia. Ré que está empregada, com salário regular e em boas condições de saúde.

Dispositivo

- Parcial procedência dos pedidos formulados para declarar a existência e dissolução da união estável entre Vilma Abreu e Lucas Cardoso, entre 2007 e 2017, bem como condenar Lucas Cardoso a pagar a menor Vanessa Abreu o montante de R$ 1.250,00 a título de alimentos, a ser depositado na conta da genitora da menor todo dia 1º de cada mês.
- Resolução de mérito da ação (CPC, art. 487, I).
- Custas e honorários em proporção, sendo 50% para a parte ré e 50% para a autora Vilma Abreu (CPC, arts. 86 e 87, caput e 1º), estes fixados em 10% sobre o valor da causa (CPC, art. 85, § 2º), respeitada, quanto à requerente, a suspensão determinada pela gratuidade deferida (CPC, art.98, § 2º e 3º).
- Transitada em julgado, sem mais requerimentos, dê-se baixa e arquivem-se.
- P.R.I. Assinatura do Juiz.

2.4 Exercício 4

Relatório Enunciado que previu a desnecessidade de elaboração do relatório.
Preliminares – Ilegitimidade ativa (artigos 127 e 129, III, da CF; art. 1º da LACP e Estatuto do Idoso). – Litisconsórcio passivo necessário ANS (artigo 47 do CPC) – ausência de interesse jurídico da ANS. – Falta de interesse de agir (demanda útil, adequada e necessária à pretensão deduzida – art. 17º do CPC). Matéria que se confunde com o mérito.
Mérito – Aplicabilidade do CDC. – A variação das contraprestações pecuniárias dos planos privados de assistência à saúde em razão da idade do usuário deverá estar prevista no contrato, de forma clara, bem como todos os grupos etários e os percentuais de reajuste correspondentes, sob pena de não ser aplicada (arts. 15, caput, e 16, IV, da Lei nº 9.656/1998). – A cláusula de aumento de mensalidade de plano de saúde conforme a mudança de faixa etária do beneficiário encontra fundamento no mutualismo (regime de repartição simples) e na solidariedade intergeracional, além de ser regra atuarial e asseguradora de riscos. – Os gastos de tratamento médico-hospitalar de pessoas idosas são geralmente mais altos do que os de pessoas mais jovens, isto é, o risco assistencial varia consideravelmente em função da idade. Com vistas a obter maior equilíbrio financeiro ao plano de saúde, foram estabelecidos preços fracionados em grupos etários a fim de que tanto os jovens quanto os de idade mais avançada paguem um valor compatível com os seus perfis de utilização dos serviços de atenção à saúde. – Para que as contraprestações financeiras dos idosos não ficassem extremamente dispendiosas, o ordenamento jurídico pátrio acolheu o princípio da solidariedade intergeracional, a forçar que os de mais tenra idade suportassem parte dos custos gerados pelos mais velhos, originando, assim, subsídios cruzados (mecanismo do *community rating* modificado). – As mensalidades dos mais jovens, apesar de proporcionalmente mais caras, não podem ser majoradas demasiadamente, sob pena de o negócio perder a atratividade para eles, o que colocaria em colapso todo o sistema de saúde suplementar em virtude do fenômeno da seleção adversa (ou antisseleção). – A norma do art. 15, § 3º, da Lei nº 10.741/2003, que veda "a discriminação do idoso nos planos de saúde pela cobrança de valores diferenciados em razão da idade", apenas inibe o reajuste que consubstanciar discriminação desproporcional ao idoso, ou seja, aquele sem pertinência alguma com o incremento do risco assistencial acobertado pelo contrato. – Para evitar abusividades (Súmula nº 469/STJ) nos reajustes das contraprestações pecuniárias dos planos de saúde, alguns parâmetros devem ser observados, tais como (i) a expressa previsão contratual; (ii) não serem aplicados índices de reajuste desarrazoados ou aleatórios, que onerem em demasia o consumidor, em manifesto confronto com a equidade e as cláusulas gerais da boa-fé objetiva e da especial proteção ao idoso, dado que aumentos excessivamente elevados, sobretudo para esta última categoria, poderão, de forma discriminatória, impossibilitar a sua permanência no plano; e (iii) respeito às normas expedidas pelos órgãos governamentais.

– Inexistência de ofensa ao artigo 15 do Estatuto do Idoso e 51 do CDC. Prova pericial que não demonstrou abusividade dos aumentos, que estão em patamar adequado ao mercado. Laudo homologado. Decisão sem impugnação das partes. CPC, art. 373, II.
Dispositivo – Revogação da tutela antecipada. Improcedência (CPC, art. 487, I) – Sem custas e sem honorários (art. 18 da Lei da ACP) – Ofício ao Des. Relator do Agravo. – P.R.I. – Data e assinatura

2.5 Exercício 5

Relatório Enunciado que dispensou a elaboração.
Julgamento antecipado. CPC, art. 355, I, e 370, caput e § único.
Preliminares – Nulidade da citação. Rejeição. CPC, art. 248, § 2º. Teoria da Aparência. Tratando-se de pessoa jurídica, considera-se válido e eficaz o ato citatório efetuado em seu endereço, não se exigindo que o recebedor ostente poderes específicos de representação. Presume-se o atendimento da finalidade, independente de quem o tenha recebido. – Falta de interesse de agir. Afastamento. Inexistência de perda do objeto. Demanda sem cunho obrigacional, mas sim circunscrita a reparação de danos. Atitude da ré irrelevante para fins de análise do interesse de agir (utilidade/necessidade/adequação). Art. 17 do CPC. – Gratuidade de justiça. Impugnação. Mera declaração. Ônus da prova da ré, que não foi atendido. CPC, art. 98, §§ 2º e 3º.
Mérito – Para que haja o dever de reparação (CC, arts.12, 16, 17, 186 e 927), faz-se necessária a presença cumulativa dos pressupostos da responsabilidade civil subjetiva/aquiliana, a saber: a) ato ilícito; b) culpa em seu sentido lato sensu (que engloba o dolo e a culpa em sentido estrito); c) do nexo causal que une a conduta do agente ao prejuízo experimentado pelo ofendido; d) dano, este como elemento preponderante da responsabilidade civil, sem o qual não há o que reparar. Presentes esses requisitos, impõe-se o dever de indenizar. – A Constituição Federal garante a livre manifestação do pensamento e a liberdade de imprensa (arts. 5º, IV, e 220). Além disso, também se preocupou em resguardar a vida privada, a honra e a imagem das pessoas, garantindo, em caso de violação, a correspondente indenização por danos morais e materiais, bem como o direito de resposta (art. 5º, incisos V e X). Evidenciada colisão entre esses direitos constitucionais, cabe ao julgador ponderar os interesses em conflito e dar prevalência àquele que segundo as circunstâncias jurídicas e fáticas for mais justo, mediante a utilização da proporcionalidade. – Caso que evidencia ato ilícito da ré, consubstanciado na difusão equivocada, em seu sitio eletrônico, por 3 dias, do nome da autora como participante do programa de reality show BBB. Claro descumprimento ao dever de prestação de informações adequadas. Indicação errônea que se mostrou suficiente para a atribuição

à autora da condição de participante, ainda que não ostentasse qualquer relação com o aludido programa televisivo. Irrelevância da correção no prazo de 3 dias, pois a notícia foi disponibilizada na rede mundial de computadores – cujo poder de difusão e propagação aos inúmeros usuários não se pode imaginar – e acabou sendo replicada em diversos outros sites. – O dano moral relaciona-se diretamente com os prejuízos ocasionados a direitos da personalidade (honra, imagem, nome etc.). A violação de quaisquer dessas prerrogativas, afetas diretamente à dignidade do indivíduo, constitui motivação suficiente para fundamentar uma ação por danos morais. São patentes os efeitos danosos e constrangedores experimentados pela autora que, ao ter seu nome veiculado em matéria jornalística como sendo participante do reality show "Big Brother Brasil 10", teve associada a sua imagem diversos fatos da vida de terceira pessoa, circunstância esta que ultrapassa esfera do mero dissabor cotidiano, sendo capaz de macular seus direitos da personalidade, pois em momento algum objetivou esse tipo de hiper exposição. O dano aqui configurado é presumido e decorre do próprio fato (menção indevida do nome da autora em matéria inverídica disponibilizada na internet), dispensando comprovação. – O quantum compensatório, à míngua de parâmetro legislativo e dado o repúdio à tarifação dos prejuízos morais, deve ser fixado segundo o prudente arbítrio do juiz, balizado pelos postulados da proporcionalidade e da razoabilidade, levando-se em conta a necessidade de reparação dos danos ocasionados, as circunstâncias do caso, a gravidade do prejuízo, a situação da parte responsável pela lesão, a condição do pólo ofendido e a prevenção de comportamentos futuros análogos. O valor a ser fixado não pode ser fonte de obtenção de vantagem indevida (CC, art. 884), mas também não pode ser irrisório, para não fomentar comportamentos irresponsáveis. Normativa da efetiva extensão do dano (CC, art. 944). – Dano material. Rejeição do pedido. Inadmissão. Ato de mera liberalidade da parte que contrata, não sendo possível impor à parte sucumbente os consectários de relação negocial da qual não participou. Ausência de nexo causal (CC, art. 927).
Dispositivo – Parcial Procedência. Condenação da ré a reparar os danos morais, estimados em R$ 50.000,00. – Resolução de mérito. (CPC, art. 487, I). – Dano moral. Correção pelo INPC do arbitramento. Sumula 362 do STJ. Juros do evento danoso – data da publicação (Súmula 54 do STJ e art. 398 do CC). – Custas e honorários em proporção, sendo 70% para a ré e 30% para a autora. fixados em 10% sobre o valor da condenação (CPC, art. 85, § 2º), suspensa a exigibilidade quanto ao autora, pelo deferimento da gratuidade de justiça. – P.R.I. Data. Assinatura Juiz.

2.6 Exercício 6

Relatório Dispensado pelo enunciado da questão.
Julgamento antecipado. CPC, art. 355, I e 370, caput, e § único.

Preliminares

- Ilegitimidade passiva ação monitória. Rejeição. Pertinência subjetiva verificada. Art. 17 do CPC. Rés firmaram contrato com a parte autora (CC, art. 389);
- Denunciação. Inviabilidade. Rejeição. Regra consumerista que demanda interpretação pró-consumidor, cuja posição processual é beneficiada e não prejudicada com a denunciação da lide. Nesse sentido: "É certo que existe divergência doutrinária acerca da denunciação da lide ou chamamento ao processo nas causas que envolvem relação de consumo. No entanto, ainda que, em virtude do artigo 88 do Código de Defesa do Consumidor, se entenda incabível a denunciação da lide, não deve tal modalidade interventiva ser recusada quando não se vislumbra comprometimento da celeridade processual, principalmente se o consumidor demandado busca resguardar seu eventual direito de regresso em face do fornecedor de serviços - operadora do plano de saúde - que, descumprindo o contrato não ressarce o hospital das despesas efetuadas. (...)" (Acórdão n.581132, 20100110281719APC, Relator: ANA MARIA DUARTE AMARANTE BRITO, Revisor: JOSÉ DIVINO DE OLIVEIRA, 6ª Turma Cível, Data de Julgamento: 18/04/2012, Publicado no DJE: 26/04/2012. Pág.: 179);
- Ilegitimidade ativa denunciação à lide. Rejeição. Pertinência subjetiva verificada. Art. 17 do CPC. Legitimidade da segurada para chamar aos autos o plano de saúde para fins de custeio de despesas em tese albergadas pelo contrato firmado. Teoria da asserção. Tem prevalecido na jurisprudência do STJ o entendimento de que as condições da ação, aí incluída a legitimidade para a causa, devem ser aferidas com base na teoria da asserção, isto é, à luz das afirmações deduzidas na petição inicial. 3. Agravo regimental a que se nega provimento. (AgRg no AREsp 512.835/SP, Rel. Ministro ANTONIO CARLOS FERREIRA, QUARTA TURMA, julgado em 21/05/2015, DJe 01/06/2015). No que tange aos contratos de planos de saúde coletivos, a estipulação em favor de terceiro gera o direito do beneficiário de usufruir dos serviços de assistência médica de responsabilidade da operadora, assim como faz nascer para aquele a obrigação de pagar parte dos custos da avença, na forma de mensalidade, como contraprestação pelos serviços oferecidos pela operadora. Diante disso, a inclusão da seguradora no polo passivo como litisdenunciada decorre do evidente interesse e da pertinência subjetiva dos Réus Denunciantes na resolução do litígio, objetivando afastar a responsabilidade que lhes foi imputada pela cobrança de despesas oriundas de internação e tratamento médico-hospitalar prestados pela Autora, cuja cobertura fora negada pelo plano de saúde sob a justificativa de não ter se operado o período de carência previsto contratualmente. Ressalte-se que a jurisprudência majoritária é no sentido de que o terceiro beneficiário, pessoa física, é inequivocamente destinatário do serviço prestado pelo plano de saúde, ainda que tenha ocorrido a contratação na modalidade coletiva, razão pela qual possui legitimidade para figurar em relação processual;
- Inépcia inicial. Denunciação. Rejeição. Ausência de qualquer das hipóteses constantes do artigo 330, § 1º, do CPC. Pedido certo, determinado, e direcionado à denunciada, com a narrativa clara da causa de pedir, que guarda pertinência com o requerimento.

Mérito Monitória – Procedência

- Aplicabilidade do CDC. Autor como fornecedor de serviços e rés como consumidoras. Arts. 2º e 3º do CDC. Dialogo das fontes. CC e CPC. Súmula 469 do STJ.
- A teor do que dispõe o art. 700 do CPC, o cabimento da ação monitória depende de prova escrita que sustente o crédito que se busca na inicial, ou que indique

ao menos certo grau de probabilidade acerca do direito alegado em juízo. A prova exigida pelo Estatuto Processual Civil deve ser compreendida como aquela que possibilite ao magistrado dar eficácia executiva ao documento, ou seja, que lhe permita inferir a existência do direito alegado, independentemente de ter sido o documento produzido pelo devedor ou por ele subscrito. (REsp. 287.528/SP, 2ª T., rel. Min. Franciulli Netto, DJU 06.09.2004, p. 192). Nas palavras de Ernane Fidelis dos Santos: "não é qualquer forma escrita que faz o título hábil para o pedido monitório. Mister que ele revele obrigação certa, líquida e exigível. (Manual de Direito Processual Civil, Volume 3, 10ª ed., Saraiva p. 181). Caso que apresenta os requisitos legais. Ausência de contestação quanto à prestação dos serviços e valores cobrados (CPC, art. 341). Discussão quanto à responsabilidade pelo pagamento. Análise realizada na lide secundária.

Lide Secundária. Procedência. Acolhimento da denunciação pleiteada.

- STJ. Possibilidade de condenação direta e solidária do Plano de Saúde ao custeio do tratamento. Tese fixada sob a sistemática dos recursos repetitivos. Nesse sentido: "Para fins do art. 543-C do CPC (Atual art. 1036): Em ação de reparação de danos movida em face do segurado, a Seguradora denunciada pode ser condenada direta e solidariamente junto com este a pagar a indenização devida à vítima, nos limites contratados na apólice. 2. Recurso especial não provido." (REsp 925.130/SP, Rel. Ministro LUIS FELIPE SALOMÃO, SEGUNDA SEÇÃO, julgado em 08/02/2012, DJe 20/04/2012)
- O fato de o contrato de prestação de serviços de saúde ter sido celebrado por pessoa jurídica não implica afastamento da incidência do CDC, haja vista que o destinatário do serviço prestado é pessoa física filiada ao plano de saúde coletivo.
- Em se tratando de situação emergencial configurada com patente risco de vida, deve prevalecer o direito à vida e o princípio da dignidade da pessoa humana sobre disposições contratuais, devendo as cláusulas contratuais que conduzam o beneficiário à situação desvantajosa em relação à seguradora ser consideradas nulas (art. 51 do CDC).
- A definição quanto ao tempo de internação do paciente e dos meios e recursos necessários ao seu tratamento cabe ao médico que o assiste, e não ao plano de saúde. Assim, é abusiva a recusa perpetrada pelo plano de saúde (REsp 1458886/SP, Rel. Ministro JOÃO OTÁVIO DE NORONHA, TERCEIRA TURMA, julgado em 03/03/2015, DJe 09/03/2015).

Dispositivo

- Procedência da demanda monitória. Rejeição dos embargos. Conversão do título injuntivo (CPC, art. 702, § 8º). Procedência dos pedidos formulados na lide secundária (denunciação da lide). Condenação direta e solidária da rés e plano de saúde ao pagamento dos valores cobrados, conforme descrito na inicial (R$ 35.000,00).
- Resolução de mérito. (CPC, art. 487, I).
- Correção pelo INPC a partir da data em que era devida a obrigação, conforme contrato assinado, e juros moratórios de 1% ao mês desde a citação até o efetivo pagamento (artigos 405 e 406, ambos do Código Civil, e artigo 161, § 1º, do Código Tributário Nacional).
- Custas e honorários somente pelo plano de saúde, pelo princípio da causalidade, fixados em 10% sobre o valor da condenação (CPC, art. 85, § 2º).
- P.R.I. Data. Assinatura Juiz.

2.7 Exercício 7

Relatório Dispensado pelo enunciado.
Prejudicial – Prescrição. Afastamento. Prazo de 6 meses, a contar do fim do prazo de apresentação. Lei do Cheque (artigo 59 da Lei n. 7.357/91).
Mérito – Embargos à execução (CPC, art. 914) – O artigo 13 da Lei n. 7.357/91 prevê que "as obrigações contraídas no cheque são autônomas e independentes." O cheque é título de crédito dotado de abstração e de autonomia. Por isso, uma vez emitido, se desvincula da causa de origem. Entretanto, em algumas situações, admite-se a mitigação desses atributos para possibilitar a discussão acerca da origem da obrigação (causa debendi), como na hipótese dos autos, haja vista que o título não circulou. No presente caso, o cheque não pode ser dissociado do negócio que o fundamenta, uma vez que não houve circulação desse título, o qual permaneceu na esfera de obrigações das partes, o que afasta os atributos de autonomia e de abstração inerentes aos títulos de crédito em geral, Possibilidade de oposição de exceções pessoais pelo emitente. À evidência, emitido o cheque e não colocado em circulação, continua enlaçado à sua origem genética, legitimando que o emitente oponha ao portador exceções pessoais, tornando viável que seja debatida, além da legitimidade da emissão do título, o negócio do qual teria germinado de forma a ser apreendido que efetivamente deriva de causa debendi legítima, pois, não circulando, não se desvinculara nem adquirira abstração em face do fato jurídico que ensejara sua emissão. – Ausência de prova a deliberar o afastamento da dívida constante no título de crédito. Cheque. Prova literal e autônoma do valor descrito na cártula. (CPC, art. 373, I). Vício não comprovado. Afastamento da hipótese do artigo 917, I, do CPC. – Prova em sentido contrário (CPC, art. 373, II). Boa-fé objetiva (CC, art. 422). Conforme preconiza o art. 422 do Código Civil, os contratantes são obrigados a guardar em todas as fases da avença os princípios da probidade e boa-fé. Assim, é dever dos contratantes portarem-se de forma honesta e legal em todas as fases da relação contratual, incluindo-se aí as relativas ao pagamento pelos serviços eventualmente prestados. Prova efetiva da prestação de serviço. Depoimentos seguros e coesos nesse sentido.
Dispositivo Improcedência dos pedidos formulados. Rejeição dos embargos opostos. Resolução de mérito (CPC, art. 487, I) Custas e honorários pela parte embargante, estes fixados em R$ 600,00, nos termos do artigo 85, §§ 2º e 8º, do CPC. Proceda-se na forma do artigo 85, § 13, do CPC, e traslade-se cópia para os autos da execução. P.R.I. Data. Assinatura.

2.8 Exercício 8

Relatório

Dispensa expressa pelo enunciado do exercício.

Preliminares

- Intempestividade. Rejeição. Artigos 675 e 224, § 3º, do CPC. Fluência do prazo de 05 dias a partir da efetiva turbação sobre o bem. Inicial apresentada ainda no quinquídio legal;
- Ilegitimidade ativa. Art. 17 do CPC. Pertinência subjetiva. Art. 674, § 2º, I, do CPC. Companheira equiparada a cônjuge para os fins da proteção legal. Cabimento dos embargos de terceiro (CF, art. 226, § 3º).

Mérito – Procedência parcial.

- Impenhorabilidade verbas salariais. Artigos 832 e 833, IV. Última remuneração percebida (R$ 4.900,000). Sobras perdem tal proteção (STJ, EREsp 1330567/RS). Interpretação restritiva do comando legal. A Segunda Seção pacificou o entendimento de que a remuneração protegida pela regra da impenhorabilidade é a última percebida – a do último mês vencido – e, mesmo assim, sem poder ultrapassar o teto constitucional referente à remuneração de Ministro do Supremo Tribunal Federal. Após esse período, eventuais sobras perdem tal proteção.
- O regime legal no casamento, que vigora caso os cônjuges não façam um pacto pré-nupcial, é o da comunhão parcial (art. 1640 do Código Civil), que é o mesmo regime aplicado à união estável (art. 1.725 do Código Civil).
- Regra geral é no sentido de que a fiança prestada sem autorização de um dos cônjuges implica a ineficácia total da garantia (Súmula 332 do STJ). Inteligência do artigo 1647, III, do CC.
- União estável. Inaplicabilidade da súmula 322 do STJ. Toda e qualquer diferença entre casamento e união estável deve ser analisada a partir da dupla concepção do que seja casamento – por um lado, ato jurídico solene do qual decorre uma relação jurídica com efeitos tipificados pelo ordenamento jurídico, e, por outro, uma entidade familiar, dentre várias outras protegidas pela Constituição. Assim, o casamento, tido por entidade familiar, não se difere em nenhum aspecto da união estável – também uma entidade familiar -, porquanto não há famílias timbradas como de "segunda classe" pela Constituição Federal de 1988, diferentemente do que ocorria nos diplomas constitucionais e legais superados. Apenas quando se analisa o casamento como ato jurídico formal e solene é que as diferenças entre este e a união estável se fazem visíveis, e somente em razão dessas diferenças entre casamento – ato jurídico – e união estável é que o tratamento legal ou jurisprudencial diferenciado se justifica. A exigência de outorga uxória a determinados negócios jurídicos transita exatamente por este aspecto em que o tratamento diferenciado entre casamento e união estável é justificável. É por intermédio do ato jurídico cartorário e solene do casamento que se presume a publicidade do estado civil dos contratantes, de modo que, em sendo eles conviventes em união estável, hão de ser dispensadas as vênias conjugais para a concessão de fiança. Desse modo, não é nula nem anulável a fiança prestada por fiador convivente em união estável sem a outorga uxória do outro companheiro. (STJ, Resp 1299866/DF).

- Proveito ao casal comprovado (CPC, art. 373, II). Contrato de locação tinha como locatária empresa do companheiro varão, que era o próprio fiador. Dever de lealdade e princípio da boa-fé objetiva nos contratos, que permeia todas as fases da avença (CC, art. 422). Norma de ordem pública. Devedor não pode ser beneficiado com a própria torpeza. Manutenção da fiança. Liberação de parte dos valores a ela pertencentes, relativo à última remuneração. Montante depositado na conta do companheiro.
Dispositivo - Procedência parcial (CPC, art. 681). Liberação de parte do montante pertencente à embargante, relativo ao último salário (R$ 4.900,00). - Resolução de mérito (CPC, art. 487, I, I) - Custas e honorários em proporção (CPC, art. 86), sendo 70% para a parte embargante e 30% para a parte embargada, estes últimos fixados em 15% sobre o proveito econômico obtido (R$ 4.900,00), nos termos do artigo 85, § 2º, do CPC. - Cópia para aos autos da execução. - P.R.I. Data. Assinatura.

2.9 Exercício 9

Relatório Dispensa expressa pelo enunciado.
Julgamento antecipado. CPC, art. 355, I e 370, caput.
Preliminares - Falta de interesse de agir. CPC, art. 17. Utilidade, necessidade e adequação demonstradas. Ademais, a existência de ato ilícito ou não é matéria de mérito, e somente lá será avaliada. - Impugnação à gratuidade de justiça. Admissibilidade de seu questionamento em sede de contestação. Rejeição. Mera declaração se presta a trazer aos autos presunção relativa de hipossuficiência. Réu não trouxe aos autos elementos para vergastar a gratuidade deferida. Art. 337 c/c art. 100, ambos do NCPC. - Impugnação do valor da causa. Rejeição. Valor estipulado em conformidade com o artigo 292, V, do CPC. Conforme entendimento reiterado do STJ, nas hipóteses em que o autor indica na petição inicial o valor buscado a título de danos morais, tal quantia deve ser considerada para a fixação do valor da causa, tendo em vista que integra o benefício econômico pretendido (AgRg no AREsp 102.651/MS, Rel. Ministro ANTONIO CARLOS FERREIRA, QUARTA TURMA, julgado em 17/05/2016, DJe 23/05/2016).
Prejudicial Prescrição. Rejeição. Prazo quinquenal. STJ. Tese fixada sob a sistemática dos recursos repetitivos. Art. 1º do Decreto 20.910/32. Aplicação em detrimento do CC (art. 206, § 3º, V). Norma especial, que prevalece sobre a geral. (REsp 1251993/PR, Rel. Ministro MAURO CAMPBELL MARQUES, PRIMEIRA SEÇÃO, julgado em 12/12/2012, DJe 19/12/2012).

Mérito

- Responsabilidade objetiva do Estado. CF, art. 37, § 6º. Teoria do risco administrativo. Responsabilidade estatal dependente da demonstração do fato ou ação, do dano, bem como do nexo causal entre esses, independentemente de culpa ou dolo do agente.
- Ato ilícito. Não reconhecimento. Teste laboratorial não definitivo. Determinação oriunda dos órgãos superiores de saúde. Cumprimento pelo Município dos trâmites estabelecidos. Inexistência de falha no serviço. Responsabilidade civil que poderia incidir, apenas, no caso de demora para a realização dos exames confirmatórios, que, na espécie, não ocorreu (CPC, art. 373, I). Infortúnios que acometeram a autora e sua família decorrentes não de ação ou omissão estatal, mas da própria falibilidade inerente ao exame. (TJRJ. Apelação Cível n. 0440241-26.2012.8.19.0001. 21ª Câmara Cível. Relator Dês. Pedro Raguenet. Julgado em 22/03/2016).
- Inexistência de ato ilícito, o que impede a reparação civil. Improcedência dos pleitos de reparação de danos materiais e morais. Requisitos para a configuração do dever de reparar são cumulativos, de forma que a ausência de um inviabiliza o acolhimento do pleito reparatório.

Dispositivo

- Improcedência dos pedidos autorais.
- Resolução de mérito (CPC, art. 487, I).
- Custas e honorários pela parte autora, estes fixados em 10% sobre o valor da causa, nos termos dos artigos 85, § 2º, do CPC, suspensa a exigibilidade pelo deferimento da gratuidade de justiça. Muito embora ainda sem construção jurisprudencial nesse sentido, e adotando tese usada por vários magistrados na prática, também será atribuída pontuação na hipótese de uso do artigo 85, § 8º, do CPC, com fixação equitativa dos honorários com base no art. 85, § 2º, do CPC, com a suspensão da exigibilidade pelo deferimento da gratuidade de justiça.
- P.R.I.

2.10 Exercício 10

Relatório

Dispensada a elaboração pelo enunciado do exercício.

Ordem de julgamento conjunto da ação e reconvenção.

Preliminares

- Inépcia inicial de cobrança. Rejeição. CPC, art. 330, § 1º. Não configuração de nenhuma das hipóteses previstas especificamente no CPC para o caso. Há pedido determinado, causa de pedir, e da narração dos fatos decorre conclusão lógica. Ademais, a parte ré ofertou defesa a contento, o que permite concluir que bem compreendeu a petição inicial. Avaliação da força probante dos documentos como matéria de mérito.
- Ilegitimidade passiva. Berenice Dimas. Acolhimento. Pessoa física que não se confunde com a pessoa jurídica. Inviabilidade da sócia responder por atos imputados à pessoa jurídica, e decorrentes de contratos que teriam sido por essa firmados. Art. 17 do CPC. Extinção sem mérito no tocante a ré Berenice Dimas.

- Inépcia inicial da reconvenção. Rejeição. CPC, art. 330, § 1º. Não configuração de nenhuma das hipóteses previstas especificamente no CPC para o caso. Há pedido determinado, causa de pedir, e da narração dos fatos decorre conclusão lógica. Ademais, a parte ré ofertou defesa a contento, o que permite concluir que bem compreendeu a petição inicial. Pretensão claramente derivada da propositura de demanda principal, já que suposto ato ilícito seria decorrente da cobrança indevida de valores.

Mérito

Ação Principal – Improcedência (Apelação n.º 0186696-98.2007.8.19.0001. Rel. Des. Reinaldo Pinto Alberto Filho. 9ª Câmara Cível. Julgado em 01/06/2016).

- Cobrança de valores derivados de contrato, cuja existência é objeto de questionamento pela parte ré. Impugnação da manifestação de vontade da empresa ré, visando nulificar a avença. Pretensão autoral. Necessidade de avaliação prévia da existência ou não do vício alegado.
- Prova pericial. Impugnação desprovida de lastro probatório. Perito de confiança do Juízo. Laudo que responde de forma clara, objetiva e motivada o questionamento formulado. Uso de técnica adequada. Desnecessidade de nova perícia. Inexistência de indagação técnica complexa ou diversidade de entendimentos teóricos. Falta de indicação de assistente técnico pelo autor.
- Falsidade da assinatura reconhecida. Nulidade do contrato atestada. Retorno das partes ao status anterior (CC, art. 182). Inviabilidade de cobrança relativa à multa estabelecida na avença.
- Cobrança pelos serviços. Produção de efeitos de ordem material. Nulidade do acordo não afasta a possibilidade de pagamento, desde que haja a efetiva comprovação de que foram prestados. Ausência de comprovação (CPC, art. 373, I). Documentos apresentados aos autos que não demonstram a extensão, valor e data dos serviços que teriam sido prestados, já que são apenas recibos de entrega, sem identificação da pessoa que os recebeu. Produção unilateral pela requerente. Ônus da prova da prestação dos serviços que incumbia à parte autora, que dele não se desincumbiu.
- Dano moral. Pessoa Jurídica. Verbete Sumular nº 227 do Colendo Superior Tribunal de Justiça. Possibilidade (Apelação n.º 0028926-66.2012.8.19.0001. Rel. Des. Reinaldo Pinto Alberto Filho. 9ª Câmara Cível. Julgado em 16/05/2016). Necessidade de comprovação do prejuízo causado pela ofensa à honra objetiva, ou seja, a depreciação da imagem e do bom nome da Empresa no mercado em que atua, o que não ocorreu no caso versado (CPC, art. 373). Ausência dos elementos configuradores a autorizar o deferimento da aludida verba (CC, art. 927 e 186). Não comprovação do ato ilícito, tampouco do dano.

Reconvenção – Improcedência.

- Pessoa jurídica. Possibilidade de condenação por dano moral assentada (Súmula 227 do STJ). Propositura de ação de cobrança, por si só, que não implica reconhecimento da ocorrência de ato ilícito ou demanda avaliação positiva no sentido de presunção de dano (dano in re ipsa). Necessidade de comprovação do prejuízo causado pela ofensa à honra objetiva, ou seja, a depreciação da imagem e do bom nome da Empresa no mercado em que atua, o que não ocorreu no caso versado (CPC, art. 373). Ausência dos elementos configuradores a autorizar o deferimento da responsabilidade civil (CC, art. 927 e 186).

Dispositivo
- Improcedência dos pedidos formulados na ação principal e na reconvenção. Extinção por ilegitimidade passiva da ré Berenice Dimas.
- Resolução de mérito da ação e reconvenção (CPC, art. 487, I). Resolução sem mérito no tocante a Berenice Dimas (CPC, art. 485, VI).
- Na principal, custas e honorários pela parte autora, estes fixados em 10% sobre o valor da causa, nos termos dos artigos 85, § 2º, do CPC.
- Na reconvenção, custas e honorários pela parte reconvinte (Empresa), estes fixados em 10% sobre o valor da causa, nos termos dos artigos 85, § 2º, do CPC, vedada a compensação (Superação da Súmula 306 pelo novo CPC).
- P.R.I.

2.11 Exercício 11

Relatório
Dispensa expressa pelo enunciado do exercício.

Julgamento antecipado. CPC, art. 355, I, e 370, caput.

Preliminares
- Falta de interesse de agir. Rejeição. CPC, art. 17. A ausência de requerimento administrativo não obsta o direito de ação da parte, em atenção ao princípio constitucional da inafastabilidade da jurisdição, consagrado no art. 5º, XXXV, da Constituição Federal.
- Gratuidade de Justiça. Rejeição. Mera declaração de hipossuficiência já se presta a permitir o deferimento do pleito. Precedentes dos Tribunais Superiores. CPC, art. 98 e 99, § 3º. Prova não apresentada pela parte ré. Autor patrocinado pela Defensoria, o que reforça o argumento no sentido de sua hipossuficiência.
- Chamamento União ao feito. Rejeição. Súmula 65 do TJRJ (Deriva-se dos mandamentos dos artigos 6º e 196 da Constituição Federal de 1988 e da Lei nº 8080/90, a responsabilidade solidária da União, Estados e Municípios, garantindo o fundamental direito à saúde e consequente antecipação da respectiva tutela). Escolha do polo passivo que cabe ao autor, haja vista que a solidariedade não induz litisconsórcio necessário no caso Apelação Cível n. 0208678-32.2011.8.19.0001. Rel. Des. MYRIAM MEDEIROS Julgamento: 25/01/2016 - QUARTA CAMARA CIVEL). CPC, art. 114. Ademais, o chamamento ao processo da União nas demandas propostas contra os demais entes federativos responsáveis para o fornecimento de medicamentos ou prestação de serviços de saúde não é impositivo, mostrando-se inadequado opor obstáculo inútil à garantia fundamental do cidadão à saúde - CPC, art. 130, III. Tese fixada em sede de recurso repetitivo. (REsp 1203244/SC, Rel. Ministro HERMAN BENJAMIN, PRIMEIRA SEÇÃO, julgado em 09/04/2014, DJe 17/06/2014).
- Tutela antecipada. Avaliação na sentença. Possibilidade de concessão de pleito de urgência em desfavor da Fazenda Pública. Precedentes. (AgRg no AREsp 420.158/PI, Rel. Ministro HUMBERTO MARTINS, SEGUNDA TURMA, julgado em 26/11/2013, DJe 09/12/2013).

Mérito

- Parcial procedência (APELAÇÃO CÍVEL Nº 0023736-89.2014.8.19.0054. Rel. Des. Andre Andrade. 7ª Câmara Cível. Julgado em 27/07/2016).
- A obrigação da União, Estados e Municípios é zelar pela saúde de seus cidadãos, fornecendo-lhes os meios indispensáveis a mantê-los hígidos física e psicologicamente. No conflito de normas constitucionais, entre aquelas que determinam a preservação da saúde do indivíduo e aquelas que traçam regras à execução orçamentária, devem prevalecer as primeiras, sob pena de se negar a dignidade da pessoa humana. Protege-se, assim, um bem maior, que é o direito à vida saudável e digna, obrigando os entes públicos competentes a cumprir o dever jurídico que lhe é determinado pela própria regra constitucional (CF/88, art. 196).
- Para efeito de condenação dos entes públicos ao cumprimento da obrigação de fornecimento de medicamentos, insumos, tratamentos, etc., quando está em risco o direito à saúde, o direito fundamental à vida não pode restar inviabilizado pela alegação de impossibilidade financeira e falta de dotação orçamentária. A destinação de recursos públicos, sempre tão dramaticamente escassos, faz instaurar situações de conflito, quer com a execução de políticas públicas definidas no texto constitucional, quer, também, com a própria implementação de direitos sociais assegurados pela Constituição da República, daí resultando contextos de antagonismo que impõem, ao Estado, o encargo de superá-los mediante opções por determinados valores, em detrimento de outros igualmente relevantes, compelindo, o Poder Público, em face dessa relação dilemática, causada pela insuficiência de disponibilidade financeira e orçamentária, a proceder a verdadeiras "escolhas trágicas", em decisão governamental cujo parâmetro, fundado na dignidade da pessoa humana, deverá ter em perspectiva a intangibilidade do mínimo existencial, em ordem a conferir real efetividade às normas programáticas positivadas na própria Lei Fundamental. Com efeito, a noção de "mínimo existencial", que resulta, por implicitude, de determinados preceitos constitucionais (CF, art. 1º, III, e art. 3º, III), compreende um complexo de prerrogativas cuja concretização revela-se capaz de garantir condições adequadas de existência digna, em ordem a assegurar, à pessoa, acesso efetivo ao direito geral de liberdade e, também, a prestações positivas originárias do Estado, viabilizadoras da plena fruição de direitos sociais básicos, tais como o direito à educação, o direito à proteção integral da criança e do adolescente, o direito à saúde, o direito à assistência social, o direito à moradia, o direito à alimentação e o direito à segurança, numa observância clara da Declaração Universal dos Direitos da Pessoa Humana, de 1948 (Artigo XXV). Ademais, não há demonstração objetiva nos autos de ausência de recursos orçamentários para cumprir a obrigação lhe imposta, de acordo com a orientação sumular do verbete nº 241 do TJRJ (Cabe ao ente público o ônus de demonstrar o atendimento à reserva do possível nas demandas que versem sobre efetivação de políticas públicas estabelecidas pela Constituição).
- Não há que falar, também, em violação ao Princípio da Separação dos Poderes, uma vez que eventuais questões orçamentárias dos entes estatais não podem obstaculizar o exercício do direito fundamental da parte autora, até mesmo porque as despesas com saúde já integrarem os orçamentos públicos.
- Compete ao Judiciário verificar a legalidade da atuação do ente público, não podendo a tutela jurisdicional do direito fundamental protegido ser negada àquele que demanda, em busca da máxima efetividade das normas constitucionais.

- Assim, sendo o fornecimento dos insumos imprescindível para o autor e havendo obrigatoriedade legal do Ente Público em supri-los, em decorrência da competência concorrente reconhecida pela CRFB/88, outra solução não existe senão a procedência do pleito obrigacional. No ponto, ressalta-se que o direito à saúde não deve ser encarado de forma restrita, ao contrário, deve-se dar máxima efetividade as suas normas, com o objetivo de garantir uma vida digna aos que padecem enfermidades.
- Escolha do tratamento e medicamentos que não cabe ao Estado. Laudo e prescrição apresentado por médico da rede pública de saúde. Além disso, nos termos de entendimento sumulado do TJRJ, "na condenação do ente público a entrega de medicamento necessário ao tratamento de doença, a sua substituição não infringe o princípio da correlação, desde que relativa a mesma moléstia" - Súmula nº 116 do TJRJ, razão pela qual a possibilidade de substituição do medicamento indicado trazida na defesa não se presta a autorizar a rejeição do pleito autoral.
- Ausência dos elementos configuradores a autorizar o deferimento do pleito de reparação de danos (CF, art. 37, § 6º). Falta de negativa formal do poder público. Ato ilícito não verificado. A simples necessidade de propositura de ação visando o fornecimento de medicamento não implica dano presumido (Apelação n. 0462792-97.2012.8.19.0001. Rel. DES. MAURICIO CALDAS LOPES - Julgamento: 03/08/2016 - DÉCIMA OITAVA CAMARA CIVEL; Apelação n. 0073013-73.2013.8.19.0001. Rel. DES. JAIME DIAS PINHEIRO FILHO - Julgamento: 03/08/2016 - DECIMA SEGUNDA CAMARA CIVEL)
- Tutela de urgência. Cognição exauriente. Presença dos requisitos legais. CPC, art. 300, caput e parágrafo primeiro. Determinação de obrigação de fornecimento dos insumos pleiteados, na forma solicitada, sob pena de multa diária de 1.000,00, desde já limitada a R$ 30.000,00.

Dispositivo

- Parcial procedência dos pedidos formulados para condenar os réus a fornecer os medicamentos e fraldas descritos na inicial pelo prazo mínimo de 12 meses, ou outro medicamento que venha a necessitar durante o tratamento, sob pena de multa diária de R$ 1.000,00, desde já limitada a R$ 30.000,00.
- Resolução de mérito da ação (CPC, art. 487, I).
- Concessão e confirmação da tutela de urgência, em sede de cognição exauriente, para determinar que os réus forneçam os medicamentos e fraldas descritos na inicial pelo prazo minimo de 12 meses, ou outro medicamento que venha a necessitar durante o tratamento, sob pena de multa diária de R$ 1.000,00, desde já limitada a R$ 30.000,00.
- Sem custas por isenção legal. Honorários em proporção, sendo 70% para a parte ré e 30% para a parte autora, estes fixados em 10% sobre o valor da causa, nos termos dos artigos 85, § 4º, III, do CPC. Suspensa a exigibilidade quanto ao autor por expressa dicção legal. Quanto ao Estado, o entendimento do STJ foi consolidado no sentido de que os honorários advocatícios não são devidos à Defensoria Pública quando ela atua contra a pessoa jurídica de direito público à qual pertença (Súmula 241 do STJ). Também nesse sentido a súmula 80 do TJRJ: "A Defensoria Pública é órgão do Estado do Rio de Janeiro. Logo, a este não pode impor condenação nos honorários em favor daquele Centro de Estudos, conforme jurisprudência iterativa do STJ." (APELAÇÃO CÍVEL Nº 0111060-19.2013.8.19.0001. Rel. Des. Andre Andrade. 7ª Câmara Cível. Julgado em 01/08/2016). Não extensão ao Município, que deverá

arcar com metade do valor correspondente aos honorários objeto da condenação. Súmula 221 do TJRJ (Os municípios e as fundações autárquicas municipais respondem pela verba honorária devida ao Centro de Estudos Jurídicos da Defensoria Pública, em caso de sucumbência).
- Superação da Súmula 182 do TJRJ pelo novo CPC, que traz disposição expressa quanto a forma de fixação da sucumbência para as condenações em desfavor da Fazenda Pública. Condenação do Município ao recolhimento de metade de 70% do valor correspondente à taxa judiciária, uma vez que sucumbente no pleito, e o Estado do Rio é isento, por aplicação extensiva da Súmula 241 do STJ (APELACAO 0462792-97.2012.8.19.0001. Rel. DES. MAURICIO CALDAS LOPES – Julgamento: 03/08/2016 – DECIMA OITAVA CAMARA CIVEL). Matéria controversa no âmbito do TJRJ. Aceitação também da condenação do Estado do Rio ao recolhimento da taxa judiciária.
- P.R.I. Assinatura do Juiz.

2.12 Exercício 12

Relatório

Exposição dos fatos principais do processo, com menção expressa aos pedidos, decisões judiciais, e teses defensivas.

Preliminares
- Ilegitimidade passiva. Rejeição. Pertinência subjetiva verificada. Proprietária do veículo. CPC, art. 17. A jurisprudência do STJ firmou-se no sentido de que o proprietário do veículo responde solidariamente pelos danos decorrentes de acidente de trânsito causado por culpa do condutor (AgRg no AREsp 752.321/SP, Rel. Ministro JOÃO OTÁVIO DE NORONHA, TERCEIRA TURMA, julgado em 15/12/2015, DJe 02/02/2016)
- Impugnação à gratuidade de justiça. Aplicação do novo CPC. Art. 1046. Admissibilidade de seu questionamento em sede de contestação. Rejeição. Mera declaração se presta a trazer aos autos presunção relativa de hipossuficiência. Réu não trouxe aos autos elementos para vergastar a gratuidade deferida. Art. 337 c/c 100 ambos do NCPC.

Mérito
- Responsabilidade subjetiva. Código Civil. Artigos 186 e 927. Dever de indenizar se submete à comprovação dos seguintes requisitos: i) o ato ilícito; ii) o dano; iii) o nexo de causalidade entre o ato e o dano; iv) o dolo ou a culpa do agente causador do dano.
- Requisitos legais verificados. Negligência e falta de cuidado, consistentes no uso de veículo após ingestão de bebida alcoólica e em velocidade acima da permitida.
- Laudo pericial que explana a dinâmica do acidente. Questionamento de seu teor afastado de lastro jurídico (CPC, art. 373, II). Laudo que goza de presunção de veracidade e legalidade.
- Laudo relativo à embriaguez. Impugnação. Aferição de etilômetro é procedimento distinto da calibração. Enquanto a aferição é obrigatória e realizada anualmente, a calibração, registrada no resultado do teste, apenas ocorre quando o aparelho apresenta desajuste, motivo pelo qual descabe afastar conclusão do laudo no sentido da condução sob efeito de álcool.

- Culpa concorrente verificada (CC, art. 945). Isoladamente, as condutas do segundo réu e do Sr. Luiz Gonzaga não dariam causa ao acidente que vitimou esse último, sendo certo que as provas constantes dos autos (CPC, art. 373, II) indicam que o evento morte decorreu da conjugação da negligência do condutor do carro, que, se estivesse em menor velocidade e em condições completas de atenção e reflexos, poderia frear o veículo a tempo, e da vítima, que estava a pé, numa rodovia, empurrando uma bicicleta-mobilete, sem ter condições nem mesmo de andar de forma regular. Acervo fático-probatório que configura a culpa concorrente das partes. Redução proporcional de 50%.
- Dano material. Prova documental suficiente. Ressarcimento do montante de R$ 1.500,00, correspondente à metade do valor do bem, ante a constatação da culpa concorrente.
- Dano moral. Abalo psicológico comprovado. Morte de filho, cuja dor é presumida, na esteira do entendimento do STJ, sendo desnecessária fundamentação extensiva a respeito. Ônus da prova que caberia à parte ré, que não se desincumbiu de seu múnus (CPC, art. 373, II). Valor da indenização fixado a partir das circunstâncias do caso concreto (consequências do ato ilícito e culpa concorrente), além da necessidade de respeito ao caráter educativo e preventivo, e o não enriquecimento sem causa da demandante. Valor de R$ 20.000,00 como referência.
- Segundo a jurisprudência do STJ, é devido o pensionamento aos pais, pela morte de filho, nos casos de família de baixa renda, equivalente a 2/3 do salário mínimo ou do valor de sua remuneração, desde os 14 até os 25 anos de idade e, a partir daí, reduzido para 1/3 até a data correspondente à expectativa média de vida da vítima, segundo tabela do IBGE na data do óbito ou até o falecimento dos beneficiários, o que ocorrer primeiro (REsp 1421460/PR, Rel. Ministro MARCO AURÉLIO BELLIZZE, TERCEIRA TURMA, julgado em 18/06/2015, DJe 26/06/2015). Vítima com 25 anos na data do acidente. 1/3 do salário mínimo como paradigma. Redução à metade em virtude da culpa concorrente. Fixação do montante de 1/6 do valor do salário mínimo. Demissão não influi na fixação do pensionamento, que deve seguir os parâmetros jurisprudenciais estabelecidos, e não o valor pleiteado pela parte, considerando treze prestações anuais.

Dispositivo

- Pedidos parcialmente procedentes para condenar a parte ré a pagar a autora:
  a) R$ 1500,00, a título de danos materiais;
  b) R$ 20.000,00, a título de danos morais;
  c) 1/6 do valor do salário mínimo vigente até a vítima completar 65 anos, ou até a sua morte.
- Resolução de mérito (CPC, art. 487, I)
- Sobre o valor da condenação por danos materiais incidirá correção monetária pelo INPC, bem como juros de mora de 1% ao mês, ambos do evento danoso (Súmulas 54 e 43 do STJ).
- Dano moral. Correção pelo INPC do arbitramento. Sumula 362 do STJ. Juros de 1% ao mês do evento danoso.
- O valor da pensão será corrigido pelo INPC a contar do mês devido, com juros de 1% ao mês da citação.
- Custas e honorários pela parte ré, ante a sucumbência mínima da parte autora, estes fixados em 10% sobre o valor da condenação, nos termos dos artigos 85, § 2º e 9º, do CPC.
- P.R.I. Data. Assinatura.

2.13 Exercício 13

Relatório Exposição dos fatos principais do processo, com menção expressa aos pedidos, decisões judiciais, e teses defensivas.
Julgamento antecipado (CPC, art. 355, I). Ordem de julgamento conjunto da ação e reconvenção.
Preliminares - Inadequação da via eleita. Rejeição. Pleito útil e adequado à pretensão autoral. CPC, art. 17. Lei do Inquilinato, arts. 5º e 57. - Reconvenção. Inadequação da via eleita. Rejeição. Aplicação do novo CPC. Art. 1046. Possibilidade de manejo no bojo da peça de defesa (CPC, art. 343). Pleito conexo com a principal. Possibilidade, a despeito da pretensão fundada em denúncia vazia.
Prejudicial Acolhimento, para afastar a possibilidade de ressarcimento dos valores referentes à energia anteriores ao triênio contado da propositura da ação reconvencional. CC, art. 206, § 3º, IV.
Mérito - CDC. Aplicabilidade. Afastamento. Teoria finalista mitigada inaplicável à relação comercial locatícia. Partes que não se enquadram nos conceitos plasmados nos artigos 2º e 3º do CDC. - Despejo. Denúncia Vazia. Preenchimento dos requisitos legais. Se, após o término do contrato, o locatário permaneceu no imóvel sem oposição do proprietário do bem, a locação passou a ter vigência por prazo indeterminado (parágrafo único do art. 56 da Lei nº 8245/91), autorizando o locador, a qualquer tempo, dar por findo o contrato, por denúncia vazia, concedido o prazo de 30 (trinta) dias para a desocupação (art. 57 da Lei do Inquilinato). Notificação apresentada e recebida. Direito à retomada verificado. Ordem de desocupação como consequência. - Descumprimento contratual do locador não comprovado. Boa-fé objetiva (CC, art. 422). Questão atinente à forma de pagamento da energia elétrica do bem locado era conhecida pelo locatário desde o início da avença. Comportamento que indicou anuência por longo período. Prestigio à confiança e dever de lealdade contratual. Direito próprio que não pode ser exercido contrariando comportamento anterior. - Ofensa ao artigo 22, VI, da Lei n. 8245/91. Inexistência. Prova documental apresentada pela ré (CPC, art. 373, II). Ciência expressa do locatário quanto ao valor da conta de energia. Questionamento que cinge-se não à quitação da conta de luz, mas sim à própria obrigação de promover esse pagamento. - Interrupção da energia por período certo. Inexistência de descumprimento contratual pelo locador. Defeito interno na borracharia. Lei de Locações. Art. 23, V. Reconvenção - Improcedência. - Pela compreensão sistemática dos arts. 51 e 52, § 3º, da Lei do Inquilinato - Lei nº 8.245/91 -, não é devida a indenização a título de perda do fundo de comércio na hipótese de rescisão unilateral de contrato de locação não residencial por prazo indeterminado, sem pleito de renovação. (REsp 282.473/BA, Rel. Ministro VICENTE LEAL, SEXTA TURMA, julgado em 27/08/2002, DJ 16/09/2002,

p. 236). Ainda que assim não fosse, inviável a renovação em contratos que vigem por tempo indeterminado (REsp 331.007/RN, Rel. Ministro VICENTE LEAL, SEXTA TURMA, julgado em 07/02/2002, DJ 04/03/2002).
- Responsabilidade civil. CC, art. 927 e 186. Requisitos cumulativos. Ato ilícito, dano e nexo causal. Não preenchimento. Interrupção do fornecimento de energia por defeito interno no imóvel locado (CPC, art. 373, II). Dever do locador. Art. 23, V, da Lei de Locações. Afastamento do pleito reparatório e de lucros cessantes.

Dispositivo
- Prescrição pleito reparatório anterior ao triênio legal. Declaração por sentença.
- Procedência do pedido principal. Rescisão da avença e ordem de despejo (Art.63 da Lei de Locações). Improcedência do pleito reconvencional.
- Resolução de mérito (CPC, art. 487, I e II).
- Na ação principal, custas e honorários pela ré, estes fixados em 10% sobre o valor da causa, nos termos dos artigos 85, § 2º, do CPC.
- Na reconvenção, custas e honorários pela ré-reconvinte, estes fixados em 10% do valor da causa, nos termos do artigo 85, §§ 1º e 2º, do CPC.

P.R.I. Data. Assinatura.

2.14 Exercício 14

Relatório
Dispensa expressa da elaboração pelo enunciado.

Julgamento antecipado. CPC, artigos 355, I, e 920, II.

Preliminares
- Inépcia da inicial executiva. Não conhecimento em sede de preliminar. Inadequação, uma vez que os embargos têm natureza de ação, e não de defesa processual. Matéria que se confunde com o mérito, referente à própria configuração do título executivo extrajudicial.
- Intempestividade. Rejeição. CPC, art. 915, § 1º, parte final. Cônjuges executados. Contagem do prazo de 15 dias da juntada do último mandado de citação.
- Nulidade de citação processo executivo. Rejeição. Observância da regra plasmada nos artigos 252, caput e parágrafo único, e 253. Validade da certificação, que atestou os horários das duas idas prévias, em dias distintos, bem como a suspeita de ocultação. Prerrogativa do oficial de justiça.

Mérito
Acolhimento dos embargos
- A viabilidade da propositura de ação de execução baseada em título executivo extrajudicial depende da presença dos requisitos da liquidez, certeza e exigibilidade, nos exatos termos do artigo 784 do CPC, que traz enumeração exaustiva dos documentos aptos ao manejo do feito executivo. Contrato de prestação de serviços advocatícios como título executivo extrajudicial. Art. 24 da Lei 8.906/94, c/c o art. 784, III e XII, do CPC. (AgRg no AREsp 372.069/RJ, Rel. Ministra MARIA ISABEL GALLOTTI, QUARTA TURMA, julgado em 05/11/2015, REPDJe 01/02/2016, DJe 13/11/2015)

- A cláusula contratual que estabelece a obrigação de pagamento da integralidade dos honorários advocatícios pactuados, mesmo em caso de rescisão do negócio jurídico, padece de nulidade por se mostrar contrária à boa-fé objetiva e à função social do contrato (CC, arts. 187, 421 e 422), além de representar hipótese de enriquecimento sem causa (CC, art. 884). Princípio da função social do contrato – reconhecimento de sua ordem pública (CC, art. 2035, parágrafo único). Eficácia interna da função social dos contratos. Nulidade de cláusulas antissociais. Abuso de Direito. Excesso contratual que desrespeita a finalidade social da avença.
- A revogação do mandato, antes do cumprimento do objeto do contrato de prestação de serviços advocatícios, impõe a necessidade de verificação da extensão dos serviços prestados, para fins de cálculo da remuneração devida, o que torna ilíquida a obrigação, justificando a extinção do processo de Execução (CPC, art. 917, I). Falta de previsão contratual para a hipótese de cumprimento parcial da avença. Necessidade de propositura de ação na via ordinária para a cobrança, com ampla dilação probatória. Honorários contratuais que não se confundem com os honorários sucumbenciais, fixados por título judicial, na conformidade do artigo 85 do CPC. Natureza alimentar da verba que não afasta o vício do título.

Dispositivo
- Procedência do pedido principal. Acolhimento dos pedidos formulados nos embargos para reconhecer a iliquidez do título, com a extinção do processo executivo (CPC, art. 917, I).
- Resolução de mérito (CPC, art. 487, I).
- Traslado de cópia para o feito executivo.
- Custas e honorários pela parte ré, estes fixados em 10% sobre o valor da causa, nos termos dos artigos 85, § 2º, e 86, do CPC.
- P.R.I.

2.15 Exercício 15

Relatório
Exposição dos fatos principais do processo, com menção expressa aos pedidos, decisões judiciais, e teses defensivas.

Julgamento antecipado. CPC, art. 355, I.

Preliminares
- Nulidade de citação. Validade. O STJ tem entendimento consolidado no sentido da validade da citação de pessoa jurídica, quando recebida por quem se identifica como seu representante legal, sem esclarecer que não possui poderes para tal ato. Prevalece, no caso, a teoria da aparência (AgRg no AREsp 851.098/MG, Rel. Ministro ANTONIO CARLOS FERREIRA, QUARTA TURMA, julgado em 07/04/2016, DJe 12/04/2016). CPC, artigos 242 e 248, § 2º.
- Ilegitimidade passiva. Rejeição. Art. 17 do CPC e art. 7º, parágrafo único, do CDC. Tese fixada sob a sistemática dos recursos repetitivos. Legitimidade passiva 'ad causam' da incorporadora, na condição de promitente-vendedora, para responder a demanda em que é pleiteada pelo promitente-comprador a restituição dos valores pagos a título de comissão de corretagem e de taxa de assessoria técnico-imobiliária,

alegando-se prática abusiva na transferência desses encargos ao consumidor (REsp 1551968/SP, Rel. Ministro PAULO DE TARSO SANSEVERINO, SEGUNDA SEÇÃO, julgado em 24/08/2016, DJe 06/09/2016).
Prejudicial - Prescrição. Acolhimento. Prazo trienal expirado. Incidência da prescrição trienal sobre a pretensão de restituição dos valores pagos a título de comissão de corretagem - art. 206, § 3º, IV, CC. Tese fixada sob a sistemática dos recursos repetitivos – CPC, art. 1040. (REsp 1551956/SP, Rel. Ministro PAULO DE TARSO SANSEVERINO, SEGUNDA SEÇÃO, julgado em 24/08/2016, DJe 06/09/2016).
Mérito Ação Principal – Parcial procedência - Aplicabilidade CDC. Art. 2º e 3º. Autor que se enquadra no conceito de consumidor, e rés no de prestadoras de serviço. - Fixação dos pontos controvertidos. Início pelo pleito de rescisão. Necessidade de avaliação da culpa pela rescisão para que os encargos decorrentes sejam avaliados. - Cláusula que possibilita a prorrogação do prazo de entrega por 180 dias. Validade. Abusividade não verificada (CDC, art. 51, IV). Mora verificada a partir do fim do prazo de prorrogação (1/12/2015). Mora até o dia 1/6/2016. Excludentes não caracterizadas. Escassez de mão de obra, chuvas em quantidade muito superior à média histórica e crise econômica do setor que fazem parte do risco do negócio. Fato inevitável ou imprevisível não verificado (REsp 1328901/RJ, Rel. Ministra NANCY ANDRIGHI, TERCEIRA TURMA, julgado em 06/05/2014, DJe 19/05/2014). Rescisão contratual por culpa da ré Malha Fina. Devolução integral e em parcela única dos valores pagos (REsp 1300418/SC, Rel. Ministro LUIS FELIPE SALOMÃO, SEGUNDA SEÇÃO, julgado em 13/11/2013, DJe 10/12/2013). - Avaliação dos encargos moratórios. Possibilidade de cumulação do pedido de condenação à multa e aos lucros cessantes. Natureza distinta. Em se tratando de cláusula penal estipulada para punir ou compensar não o inadimplemento total, mas apenas o parcial descumprimento do contrato ou mesmo a simples mora, pode o credor exigir o pagamento da pena convencional ainda que pretenda rescindir o contrato, considerado o arbítrio que lhe faculta o art. 411 do Código Civil, sendo certo que a alternativa excludente entre um e outro pedido (cumprimento da obrigação principal ou pagamento da multa contratual) só tem cabimento quando se trata de cláusula penal para o caso de inadimplemento completo da obrigação, nos termos do art. 410 do Código Civil. A cumulação de multa convencional e indenização de lucros cessantes é indiscutivelmente possível quando a cláusula penal que a estipule ostentar natureza moratória, segundo tranquila jurisprudência do STJ (REsp 1536354/DF, Rel. Ministro RICARDO VILLAS BÔAS CUEVA, TERCEIRA TURMA, julgado em 07/06/2016, DJe 20/06/2016). - Multa. Aplicação por analogia. Aceitação de dois entendimentos. a) aplicação ao caso a força obrigatória dos contratos, de modo a afastar a condenação com fundamento em cláusula não pactuada ou previamente discutida entre as partes, sob pena de indevida intervenção do judiciário na relação contratual; b) a inversão de cláusula penal moratória estipulada somente em favor de uma das partes, para retificar o desequilíbrio contratual que gera onerosidade excessiva ao consumidor, sem violar o princípio do *pacta sunt servanda*.

- Lucros Cessantes. Acolhimento no período de mora reconhecido. Prova documental não vergastada, uma vez que a mera alegação de que os valores não se apresentam corretos não se presta a afastar o montante trazido. Ônus que caberia à ré (CPC, art. 373, II). A jurisprudência do STJ firmou-se no sentido de que a presunção da existência dos lucros cessantes decorre da impossibilidade de uso e locação do bem, em razão do atraso na sua entrega, circunstância essa que denotaria presunção relativa do prejuízo do promitente-comprador, cabendo ao vendedor, para se eximir do dever de indenizar, fazer prova de que a mora contratual não lhe é imputável, ônus esse do qual a ré Malha Fina não se desincumbiu - CPC, art. 373, II (AgRg no AREsp 748.501/RJ, Rel. Ministro MARCO AURÉLIO BELLIZZE, TERCEIRA TURMA, julgado em 13/10/2015, DJe 23/10/2015).

- Dano moral. Atraso na obra. Rejeição. CDC, art. 14. CC, art. 186 e 927. Atraso de apenas alguns meses. Inadimplemento contratual, por si só, não implica ofensa à personalidade do autor (REsp 1551968/SP, Rel. Ministro PAULO DE TARSO SANSEVERINO, SEGUNDA SEÇÃO, julgado em 24/08/2016, DJe 06/09/2016; REsp 1536354/DF, Rel. Ministro RICARDO VILLAS BÔAS CUEVA, TERCEIRA TURMA, julgado em 07/06/2016, DJe 20/06/2016).

Dispositivo

- Parcial procedência dos pedidos formulados para reconhecer a prescrição do pleito de ressarcimento da comissão de corretagem, e a declarar por sentença, bem como para rescindir o contrato firmado, condenando a ré Malha Fina a devolver à autora, em parcela única, o montante pago pela avença (R$ 500.000,00), e, ademais, condenar a ré Malha Fina a pagar a autora o montante de R$ 18.000,00, a título de lucros cessantes, e R$ 30.000,00, relativo à multa contratual (para os que concederem esse pleito).
- Resolução de mérito da ação (CPC, art. 487, I e II).
- Sobre o valor da condenação principal irá incidir correção monetária pelo índice oficial adotado pelo TJ (redação mais conservadora, mas que evita a chance de erro), desde o pagamento de cada parcela, e juros da citação (responsabilidade contratual).
- Sobre o valor dos lucros cessantes, correção pelos índices oficiais do TJRJ desde as datas em que o consumidor deixou de receber os alugueis (Súmula 43 do STJ) e juros de 1% ao mês, da citação (responsabilidade contratual - inaplicável a súmula 54 do STJ).
- Sobre o valor da multa contratual, correção pelos índices oficiais desde a data da mora, e juros de 1% ao mês, da citação (responsabilidade contratual - inaplicável a súmula 54 do STJ)
- Custas e honorários em proporção, sendo 70% para a ré Malha Fina e 30% para a parte autora, estes fixados em 10% sobre o valor da condenação, nos termos dos artigos 85, § 2º, do CPC. Quanto ao pleito relativo a restituição da comissão de corretagem, custas e honorários pela autora em benefício da segunda ré, fixados em 10% do valor do proveito econômico buscado (CPC, art. 85, § 2º, do CPC).
- P.R.I. Assinatura do Juiz.

2.16 Exercício 16

Relatório Exposição dos fatos principais do processo, com menção expressa aos pedidos, decisões judiciais, e teses defensivas.
Julgamento antecipado. CPC, art. 355, I, e art. 370.
Preliminares – Inépcia da inicial. Rejeição. Nenhuma das hipóteses do artigo 330 do CPC restaram demonstradas. Há pedido, causa de pedir, e da narração dos fatos decorre conclusão lógica. CPC, art. 319 e 320. Além disso, a parte ré ofertou defesa a contento, o que indica a compreensão da inicial apresentada. A questão atinente aos documentos apresentados e a avaliação probatória desses é de mérito, e lá será avaliada. – Ausência de interesse de agir. CPC. Art. 17. Rejeição. Demanda que se mostra útil, adequada e necessária aos interesses do autor. Independência das instâncias. Desnecessidade de se perfazer noticia crime prévia para a propositura de demanda cível. CC, art. 935.
Mérito Ação Principal – Improcedência – Fixação dos pontos controvertidos. Avaliação se a atitude do réu foi ilícita, bem como se permite a responsabilização civil, considerando os requisitos legais exigidos. – Demanda analisada à luz dos ditames dos artigos 927 e 186 do Código Civil. Necessária a análise da presença dos requisitos legais cumulativos, quais sejam, ato ilícito, dano, e nexo causal entre esses. – Ato ilícito. Confronto entre as disposições constitucionais que garantem a livre manifestação de pensamento (CF, art. 5°, IV) e o direito a reparação de danos na hipótese de violação a direitos fundamentais da personalidade (honra e imagem) – CF, art. 5°, X. Art. 20 do Código Civil. Previsão legal da responsabilidade civil para a hipótese de publicação ofensiva a honra, boa fama e respeitabilidade. – Caso concreto que não indica ilicitude do ato imputado ao réu. Análise do contexto em que proferida a fala e a descrição posterior de que se tratava de brincadeira. Humorista profissional, cujas opiniões não gozam da mesma respeitabilidade de jornalismo informativo. Análise contextual que não implica isenção irrestrita da responsabilidade civil. Tom sarcástico e de provável mau gosto que não se presta a permitir a configuração de ilícito civil, sobretudo quando se analisa os fatos a partir do contexto (partida de futebol e discussões entre torcedores sobre atuação do árbitro). Opinião vertida por centenas de torcedores nas mesmas redes sociais, que partilharam entendimento no sentido de que a má atuação do árbitro. – Dano moral. Inexistência. Nas palavras de Sérgio Cavalieri: "O dano deve ser de tal modo grave que justifique a concessão de uma satisfação de ordem pecuniária ao lesado. Nessa linha de princípio, só deve ser reputado dano moral a dor, vexame, sofrimento ou humilhação que, fugindo à normalidade, interfira intensamente no comportamento psicológico do indivíduo, causando-lhe aflições, angústia e desequilíbrio em seu bem estar. Mero dissabor, aborrecimento, mágoa, irritação ou sensibilidade exacerbada estão fora da órbita do dano moral, porquanto, além de fazerem parte da normalidade do nosso dia-a-dia, no trabalho, no trânsito, entre os amigos e até no ambiente familiar, tais situações não são intensas e duradouras,

a ponto de romper o equilíbrio psicológico do indivíduo. Se assim não se entender, acabaremos por banalizar o dano moral, ensejando ações judiciais em busca de indenizações pelos mais triviais aborrecimentos". (CAVALIERI FILHO, Sérgio. Programa de Responsabilidade Civil, 2ª ed. Malheiros Editores, 2003, p. 99). - Danos materiais. Ato ilícito inexistente. Falta de nexo causal entre a contratação e o ato narrado na inicial. Impossibilidade de condenação mesmo que se considerasse a presença dos requisitos legais ato ilícito e dano. - Lucros cessantes. Ausência de ato ilícito. Rejeição do pleito. Ademais, ausência de demonstração de que o contrato foi cancelado apenas em virtude da manifestação postada pelo réu (CPC, art. 373, I). Simples alegação autoral não se presta a sustentar o pleito de reparação. Necessária a demonstração de que o prejuízo derivou diretamente do ato ilícito descrito na inicial.
Dispositivo - Improcedência dos pedidos formulados. - Resolução de mérito da ação (CPC, art. 487, I). - Custas e honorários pela parte autora, estes fixados em 10% sobre o valor da causa (CPC, art. 85, § 2º, do CPC). - Sentença submetida aos ditames do artigo 523 do CPC. - P.R.I. Assinatura do Juiz.

2.17 Exercício 17

Relatório Dispensa expressa pelo enunciado do exercício.
Julgamento antecipado. CPC, art. 355, I.
Preliminares - Intempestividade. Inexistência. Prazo de 05 dias previsto no artigo 675 do CPC que não se escoou. Expressa determinação legal. - Nulidade da citação. Inexistência. A citação nos autos dos embargos de terceiro pode ser realizada em nome de procurador constituído nos autos principais, não sendo necessário que seja pessoal (art. 677, § 3º, do CPC). - Inépcia da inicial. Inexistência. Requisitos previstos no artigo 330, § 1º, do CPC. Há pedido certo e determinado, e da narração dos fatos decorre conclusão lógica. Além disso, o art. 677 faculta ao embargante oferecer ou não rol de testemunhas. Questão atinente ao direito do autor é de prova, e será avaliada no mérito da demanda. - Questionamento sobre a suspensão do feito principal. Ausência de irresignação da parte ré. Ainda que assim não fosse, o artigo 678 do CPC possibilita a atribuição de efeito suspensivo aos embargos de terceiro, com a suspensão da execução com relação aos bens ou direitos objeto dos embargos.
Mérito Ação Principal – Procedência - Fixação da controvérsia. Possibilidade de a constrição recair sobre o bem. - Sentença analisada sob os ditames dos artigos 674 e seguintes do CPC.

- É cabível a defesa do direito de posse do promitente comprador com lastro na pactuação de instrumento particular de compra e venda, conquanto não registrada, por meio dos embargos de terceiro, desde que devidamente comprovada sua condição de senhor, detentor ou de possuidor, pois condição e requisito imprescindível ao reconhecimento da pretensão veiculada sob a via incidental de natureza constitutivo negativa. O fato do contrato não ter sido registrado não obsta que o adquirente, municiado com os direitos que irradiam da avença, defenda-os e resguarde a posse que ostenta contra qualquer ato turbativo ou esbulhador, incumbindo-lhe, contudo, revestir de higidez o instrumento negocial e evidenciar que ostenta a condição de possuidor de forma a ilidir os atos que incidiram sobre o bem, maculando os direitos que sobre ele ostenta. Súmula 84 do STJ e art. 674 do CPC. - Consoante critério jurisprudencial assentado pelo STJ, o marco para caracterização de fraude à execução é a data da citação. Antes da citação, o credor prejudicado pode vir a invocar, eventualmente, em ação pauliana, fraude contra credores. Citação válida no processo executivo ocorrida em data anterior à alienação do bem, que, todavia, não permite o reconhecimento da fraude à execução, uma vez que se não houve registro de penhora à margem da matrícula do imóvel adquirido antes da data da alienação, só se poderia cogitar de fraude de execução mediante prova da má-fé do adquirente – Súmula 375 do STJ (REsp 956.943/PR, Rel. Ministra NANCY ANDRIGHI, Rel. p/ Acórdão Ministro JOÃO OTÁVIO DE NORONHA, CORTE ESPECIAL, julgado em 20/08/2014, DJe 01/12/2014). Ônus da prova do embargado, do qual não se desincumbiu (CPC, art. 373, II). Para caracterizar fraude à execução é necessário que tenha sido registrada a penhora quando da alienação do bem ou que fique comprovada a má-fé do terceiro adquirente. (AgInt no AREsp 893.633/RJ, Rel. Ministra MARIA ISABEL GALLOTTI, QUARTA TURMA, julgado em 17/11/2016, DJe 28/11/2016). - Se o embargante não registra a compra e venda no cartório de imóveis, dando causa a uma série de atos processuais infrutíferos, inclusive à necessidade de valer-se dos embargos de terceiro para defender seus direitos, deve arcar com os honorários advocatícios, em atenção ao princípio da causalidade. Súmula 303 do STJ.
Dispositivo - Procedência dos pedidos formulados. Desconstituição da constrição sobre o bem. - Resolução de mérito da ação (CPC, art. 487, I). - Custas e honorários pela parte autora, estes fixados em 10% sobre o valor da causa (CPC, art. 85, § 2º, do CPC). - Ofício ao Cartório de Registro de Imóveis. Cópia para os autos principais. Ordem de desapensamento após o trânsito em julgado. - Sentença submetida aos ditames do artigo 523 do CPC. - P.R.I. Assinatura do Juiz.

2.18 Exercício 18

Relatório Exposição dos fatos principais do processo, com menção expressa aos pedidos, decisões judiciais, e teses defensivas.
Julgamento antecipado. CPC, art. 355, I.

Preliminares - Nulidade de citação. CPC, artigos 242 e 248, § 2º. Validade. O STJ tem entendimento consolidado no sentido da validade da citação de pessoa jurídica, quando recebida por quem se identifica como seu representante legal, sem esclarecer que não possui poderes para tal ato. Prevalece, no caso, a teoria da aparência (AgRg no AREsp 851.098/MG, Rel. Ministro ANTONIO CARLOS FERREIRA, QUARTA TURMA, julgado em 07/04/2016, DJe 12/04/2016). - Inépcia da inicial. Rejeição. Nenhuma das hipóteses do artigo 330, § 1º, do CPC restaram demonstradas. Há pedido, causa de pedir, e da narração dos fatos decorre conclusão lógica. Além disso, a parte ré ofertou defesa a contento, o que indica a compreensão da inicial apresentada. A questão atinente aos documentos apresentados e a avaliação probatória desses é de mérito, e lá será avaliada. - Gratuidade judiciária. Impugnação à gratuidade de justiça. Admissibilidade de seu questionamento em sede de contestação. Previsão expressa novo CPC. Rejeição. Mera declaração se presta a trazer aos autos presunção relativa de hipossuficiência. Réu não trouxe aos autos elementos para vergastar a gratuidade deferida. Art. 337 c/c 100, ambos do NCPC.
Prejudicial - Prejudicial de prescrição. Rejeição. Teoria da actio nata. Prazo só passa a correr para a autora da data do falecimento. Tratando-se de hipótese de indenização decorrente do tabagismo, cediço é o entendimento da jurisprudência dominante no TJRS de que deve ser aplicado o art. 27 do Código de Defesa do Consumidor, que fixa o prazo prescricional de cinco anos à reparação dos danos causados pelo fato produto ou serviço. Considerando que entre a data do falecimento do marido da autora e o ajuizamento da ação não decorreram cinco anos, afasta-se a **prescrição** alegada (Apelação Cível Nº 70047613757, Nona Câmara Cível, Tribunal de Justiça do RS, Relator: Leonel Pires Ohlweiler, Julgado em 26/08/2015). No STJ: (REsp 489.895/SP, Rel. Ministro FERNANDO GONÇALVES, SEGUNDA SEÇÃO, julgado em 10/03/2010, DJe 23/04/2010).
Mérito – Improcedência - Fixação dos pontos controvertidos. Dissonância sobre a existência da responsabilidade civil no caso, considerando os três aspectos atinentes ao caso (ato ilícito, dano e nexo de causalidade entre o ilícito e o dano narrado). - Demanda analisada à luz dos ditames do CDC, enquadrando-se as partes no conceito de consumidor e prestador de serviços ou produtos. - Feito analisado à luz dos artigos 12 do CDC e 927 e 186 do Código Civil. Necessária a análise da presença dos requisitos legais cumulativos, quais sejam, ato ilícito, dano, e nexo causal entre esses. - Ato ilícito. Inexistência, consoante os argumentos abaixo delineados: a) A atividade desenvolvida pelas rés – industrialização e comercialização do tabaco – é lícita e encontra regulamentação na legislação vigente, pois segundo ao artigo 188, I, do Código Civil, não constituem atos ilícitos os praticados no exercício regular de um direito reconhecido, sendo imperioso destacar que não é possível simplesmente aplicar princípios e valores hoje consagrados pelo ordenamento jurídico a fatos supostamente ilícitos imputados à indústria tabagista, ocorridos em décadas pretéritas – a partir da década de cinquenta -, alcançando notadamente períodos anteriores ao Código de Defesa do Consumidor e a legislações restritivas do tabagismo;

b) O cigarro é produto de periculosidade inerente e não um produto defeituoso, nos termos do que preceitua o Código de Defesa do Consumidor, pois o defeito a que alude o Diploma consubstancia-se em falha que se desvia da normalidade, capaz de gerar uma frustração no consumidor ao não experimentar a segurança que ordinariamente se espera do produto ou serviço." (REsp 1.113.804/RS, Relator em. Min.Luis Felipe Salomão, DJe de 24/6/2010; REsp 1197660/SP, Rel. Ministro RAUL ARAÚJO, QUARTA TURMA, julgado em 15/12/2011, DJe 01/08/2012);

c) Antes da Constituição Federal de 1988, sobretudo do Código de Defesa do Consumidor, não havia dever jurídico de informação que impusesse às indústrias do fumo conduta diversa daquela por elas praticadas em épocas passadas. Noutra via, não é caso de propaganda enganosa por omissão, pois o artigo 37, §3º, do Código de Defesa do Consumidor a conceitua como aquela que não omite dado essencial do produto, hipótese em que a informação é capaz de alterar a intenção de compra, no entanto, as rés veiculam contundentes anúncios quanto aos riscos do consumo do cigarro;

d) Ademais, é desarrazoado afirmar que o homem em tais hipóteses não age segundo o seu livre-arbítrio. Segundo o STJ, há de se realçar o decisivo papel desempenhado pelo consumidor, dentro de sua liberdade de escolha, no consumo ou não, de produto, que é, em sua essência, nocivo à sua saúde, mas que não pode ser reputado como defeituoso. Nesse contexto, o livre arbítrio do consumidor pode atuar como excludente de responsabilidade do fabricante (REsp 886.347/RS, Rel. Min. Honildo Amaral de Mello Castro, Desembargador Convocado do TJ/AP, DJe de 25/05/2010; (REsp 1261943/SP, Rel. Ministro MASSAMI UYEDA, TERCEIRA TURMA, julgado em 22/11/2011, DJe 27/02/2012).

e) Por fim, não há como aplicar a boa-fé de maneira fluída. A boa-fé não possui um conteúdo per se, a ela inerente, mas contextual, com significativa carga histórico-social. Com efeito, em mira os fatores legais, históricos e culturais vigentes nas décadas de cinquenta a oitenta, não há como se agitar o princípio da boa-fé de maneira fluida, sem conteúdo substancial e de forma contrária aos usos e aos costumes, os quais preexistiam de séculos, para se chegar à conclusão de que era exigível das indústrias do fumo um dever jurídico de informação aos fumantes. Não havia, de fato, nenhuma norma, quer advinda de lei, quer dos princípios gerais de direito, quer dos costumes, que lhes impusesse tal comportamento.

- Nexo causal. Inexistência. Somente rende ensejo à responsabilidade civil o nexo causal demonstrado segundo os parâmetros jurídicos adotados pelo ordenamento. Nesse passo, vigora do direito civil brasileiro (art. 403 do CC/02 e art. 1.060 do CC/16), sob a vertente da necessariedade, a teoria do dano direto e imediato, também conhecida como teoria do nexo causal direto e imediato ou teoria da interrupção do nexo causal. Reconhecendo-se a possibilidade de vários fatores contribuírem para o resultado, elege-se apenas aquele que se filia ao dano mediante uma relação de necessariedade, vale dizer, dentre os vários antecedentes causais, apenas aquele elevado à categoria de causa necessária do dano dará ensejo ao dever de indenizar. A arte médica está limitada a afirmar a existência de fator de risco entre o fumo e o câncer, tal como outros fatores, como a alimentação, álcool, carga genética e o modo de vida. Assim, somente se fosse possível, no caso concreto, determinar quão relevante foi o cigarro para o infortúnio (morte), ou seja, qual a proporção causal existente entre o tabagismo e o falecimento, poder-se-ia cogitar de se estabelecer um nexo causal juridicamente satisfatório. Por fim, as estatísticas - muito embora de reconhecida robustez - não podem dar lastro à responsabilidade civil em casos concretos de mortes associadas ao tabagismo, sem que se investigue, episodicamente, o preenchimento dos requisitos legais.

- Danos materiais. Ato ilícito inexistente. Falta de nexo causal entre a atividade das rés e a morte do autor. Além disso, a parte não trouxe aos autos documentos que comprovassem o dano, não se prestando a tal mister a simples juntada de prescrições médicas (CPC, art. 373, I).

Dispositivo
- Improcedência dos pedidos formulados.
- Resolução de mérito da ação (CPC, art. 487, I).
- Custas e honorários pela parte autora, estes fixados em 10% sobre o valor da causa (CPC, art. 85, § 2º, do CPC), suspensa a exigibilidade em razão do deferimento da gratuidade judiciária à parte autora.
- Sentença submetida aos ditames do artigo 523 do CPC.
- P.R.I. Assinatura do Juiz.

2.19 Exercício 19

Relatório
Exposição dos fatos principais do processo, com menção expressa aos pedidos, decisões judiciais, e teses defensivas.

Preliminares
- Intempestividade. Rejeição. Segundo o artigo 675 do CPC, os embargos de terceiro podem ser opostos a qualquer tempo enquanto não transitada em julgado a sentença no processo de conhecimento. Desse modo, descabe falar em desatendimento de prazo de propositura da demanda pelo embargante, uma vez que a ação civil pública da qual foi emanada a ordem constritiva combatida ainda está em trâmite, e não transitou em julgado.
- Ilegitimidade ativa. Rejeição. Art. 17 e 674, caput, e § 1º. Embargante que não figura como réu no processo de conhecimento, em que consta como ré sua ex-esposa. Título judicial que lhe confere a propriedade do bem ainda não registrado. Posse exercida desde 2012. Enquadramento como terceiro para os fins legais.

Mérito
- Improcedência (TJRS. Agravo Regimental n. 70071448641. Rel. Des. Matilde Chabar Maia. 3ª Câmara Cível. Julgado em 27/10/2016)
- Fixação dos pontos controvertidos. Possibilidade de a medida de indisponibilidade recair sobre o bem descrito na inicial.
- Demanda analisada à luz dos ditames dos artigos 674 e seguintes do CPC, bem como da Lei n. 8429/92.
- Nos termos do art. 7º, *caput*, da Lei nº 8.429/92, cabível a imposição de medida acautelatória de indisponibilidade de bens, com o fito de garantir o resultado prático da execução das penas previstas na Lei de Improbidade. À evidência, no comando do art. 7º da Lei 8.429/1992, verifica-se que a indisponibilidade dos bens é cabível quando o julgador entender presentes fortes indícios de responsabilidade na prática de ato de improbidade que cause dano ao Erário, estando o periculum in mora implícito no referido dispositivo, atendendo determinação contida no art. 37, § 4º, da Constituição. O periculum in mora, em verdade, milita em favor da sociedade, representada pelo requerente da medida de bloqueio de bens. Noutra via, a Lei de

Improbidade Administrativa, diante dos velozes tráfegos, ocultamento ou dilapidação patrimoniais, possibilitados por instrumentos tecnológicos de comunicação de dados que tornaria irreversível o ressarcimento ao erário e devolução do produto do enriquecimento ilícito por prática de ato ímprobo, buscou dar efetividade à norma afastando o requisito da demonstração do periculum in mora, este, intrínseco a toda medida cautelar sumária, admitindo que tal requisito seja presumido à preambular garantia de recuperação do patrimônio do público, da coletividade, bem assim do acréscimo patrimonial ilegalmente auferido (REsp 1366721/BA, Rel. Ministro NAPOLEÃO NUNES MAIA FILHO, Rel. p/ Acórdão Ministro OG FERNANDES, PRIMEIRA SEÇÃO, julgado em 26/02/2014, DJe 19/09/2014).

- O imóvel cuja medida de indisponibilidade se visa retirar foi adquirido na constância da união do autor com a sra. Dilma, em data posterior aos fatos que são objeto da ação civil pública por improbidade administrativa, o que permite a presunção que os atos improbos praticados reverteram em benefício do requerente, sendo certo que o autor não logrou êxito em vergastar a aludida presunção durante a instrução probatória do presente feito (CPC, art. 373, I). Isso porque, quando da averbação do gravame no Registro de Imóveis, ainda constava como proprietária Dilma, e apenas com a averbação da separação consensual do casal, o que faz crer que o imóvel vinha sendo utilizado em condomínio. Soma-se ao acima delineado o fato de o autor ostentar a condição de sócio da empresa Silveira e Silva Ltda, conforme documentos constantes dos autos, empresa essa ré na ação de improbidade administrativa. Ainda que a participação societária do autor fosse minoritária na referida empresa, possuía parcela de responsabilidade pela condução dos negócios da empresa, respondendo, portanto, pelos atos cometidos à época em que apurados os fatos. De outro lado, a despeito da alegação do autor de que não tinha participação alguma na FUNDAPES, em que, segundo afirma, apenas ministrava cursos de capacitação, merece relevo que a empresa constituída pelo requerente e sua ex-esposa tinha sede no mesmo endereço informado da Fundação. Portanto, o contexto probatório indica que o postulante foi beneficiado pelas irregularidades apontadas na ação civil pública, o que não recomenda a retirada da restrição imposta ao imóvel (CPC, art. 373, II).
- Na esteira do entendimento prevalente do STJ, a decretação de indisponibilidade prevista no aludido artigo não depende da individualização dos bens pelo Parquet, podendo recair sobre aqueles adquiridos antes ou depois dos fatos descritos na inicial, bem como sobre bens de família (AgRg no REsp 1483040/SC, Rel. Ministro BENEDITO GONÇALVES, PRIMEIRA TURMA, julgado em 01/09/2015, DJe 21/09/2015; EDcl no AgRg no REsp 1351825/BA, Rel. Ministro OG FERNANDES, SEGUNDA TURMA, julgado em 22/09/2015, DJe 14/10/2015). Com efeito, o gravame não deve ser entendido como se fosse sanção patrimonial antecipada do Agente Público, mas sim cautela processual, e que é da natureza das medidas cautelares a prévia demonstração da sua necessidade, conforme estabelecem o CPC e o artigo 7º da Lei 8.429/92, e na esteira do já decidido pelo TJRS no julgamento do agravo de instrumento manejado por outro réu contra a medida cautelar determinada. (REsp 1264707/BA, Rel. Ministro NAPOLEÃO NUNES MAIA FILHO, PRIMEIRA TURMA, julgado em 17/12/2015, DJe 04/02/2016). Na verdade, a medida de indisponibilidade de bens prevista no citado artigo não se equipara a expropriação do bem, muito menos se trata de penhora, limitando-se, pois, a impedir eventual

alienação (REsp 1260731/RJ, Rel. Ministra ELIANA CALMON, SEGUNDA TURMA, julgado em 19/11/2013, DJe 29/11/2013). Desse modo, cabe inferir que o eventual caráter de bem de família do imóvel nada interfere na determinação de sua indisponibilidade. Não se trata de penhora, mas, ao contrário, de impossibilidade de alienação, mormente porque a Lei n.º 8.009/90 visa a resguardar o lugar onde se estabelece o lar, impedindo a alienação do bem onde se estabelece a residência familiar. No caso, o perigo de alienação, para o autor, não existe. Ao contrário, a indisponibilidade objetiva justamente impedir que o imóvel seja alienado e, caso seja julgado procedente o pedido formulado na ação civil pública por improbidade, assegurar o ressarcimento dos danos que porventura tenham sido causados ao erário (REsp 806.301/PR, Rel. Ministro LUIZ FUX, PRIMEIRA TURMA, julgado em 11.12.2007, DJe 03.03.2008).

Dispositivo
- Improcedência dos pedidos formulados.
- Resolução de mérito da ação (CPC, art. 487, I).
- Custas e honorários pela parte autora, estes fixados em 10% sobre o valor da causa (CPC, art. 85, § 2º, do CPC), sendo metade desse valor revertido para a Curadoria Especial, suspensa a exigibilidade em virtude da gratuidade deferida. MP não faz jus a honorários (É incabível a condenação do Ministério Público ao pagamento de honorários advocatícios em sede de Ação Civil Pública, Execução e Embargos a ela correspondentes, salvante na hipótese de comprovada e inequívoca má-fé do Parquet. (REsp 294.146/SP, Rel. Ministro CARLOS FERNANDO MATHIAS (JUIZ FEDERAL CONVOCADO DO TRF 1ª REGIÃO), QUARTA TURMA, julgado em 25/11/2008, DJe 16/03/2009).
- Transitada em julgado, traslade-se cópia para os autos principais, desapensem-se e arquivem-se.
- P.R.I. Assinatura do Juiz.

2.20 Exercício 20

Relatório
Exposição dos fatos principais do processo, com menção expressa aos pedidos, decisões judiciais, e teses defensivas.

Preliminares (Ordem expressa do artigo 337 do CPC)
- Inépcia da Inicial. Rejeição. Ausência da demonstração dos requisitos constantes do artigo 330, § 1º, do CPC. Há pedido certo e determinado, causa de pedir, e da narração dos fatos decorre conclusão lógica. Ademais, a ré ofertou defesa a contento, demonstrando que logrou êxito em compreender os pedidos autorais encartados na peça de início. Análise da prova documental atinente ao mérito da demanda.
- Litisconsórcio necessário passivo (CPC, art. 114). Servidora. Rejeição. Faculdade da parte autora em litigar contra o Município e o Servidor, ou ainda somente contra o primeiro. Inexistência de litisconsórcio passivo necessário (REsp 687.300/RS, Rel. Ministro LUIS FELIPE SALOMÃO, QUARTA TURMA, julgado em 05/08/2010, DJe 24/08/2010). Aceita-se ainda como arremate a apresentação do entendimento do STF no sentido de que há, no caso, a dupla garantia em benefício do servidor, que somente responde perante o Município em ação regressiva. (RE 593525 AgR-segundo, Relator(a): Min. ROBERTO BARROSO, Primeira Turma, julgado em 09/08/2016, ACÓRDÃO ELETRÔNICO DJe-216 DIVULG 07-10-2016 PUBLIC 10-10-2016)

- Gratuidade de justiça. Impugnação. Presunção legal da hipossuficiência. Ônus da prova com vistas a afastar a presunção conferido à ré, que dele não se desincumbiu. Mera afirmação de que a autora é funcionária pública não elide a possibilidade dessa fazer jus ao benefício legal. CPC, artigo 99, §§ 2º e 3º.

Mérito

Ação Principal – Parcial Procedência (TJRS. Apelação Cível n. 70066608001. Rel. Des. Jorge André Pereira Gailhard. 5ª Câmara Cível. Julgado em 28/09/2016)

- Fixação dos pontos controvertidos. Constatação se a conduta do agente público gerou os danos narrados, com a avaliação da existência e extensão desses últimos.
- Demanda analisada à luz dos ditames dos artigos 37, § 6º, da CF, e 43 do CC/02.
- A responsabilidade dos entes da administração pública em regra é objetiva, ou seja, independe de culpa, bastando a comprovação do prejuízo e do nexo de causalidade entre a conduta do agente e o dano. Hipótese aplicável ao caso. Teoria do Risco Administrativo.
- No caso, a prova oral colhida demonstra a ocorrência de assédio moral, uma vez que a autora passou por diversas situações de desprezo, zombaria e constrangimento decorrentes das condutas perpetradas por sua superiora hierárquica, as quais influíram negativamente no seu bem-estar, atingindo seu direito à dignidade e à integridade psíquica, tanto que solicitou licença de suas atividades por motivos de saúde. Atendimento ao ônus estabelecido no artigo 373, I, do CPC. Reiteração de condutas comprovada.
- Assim, considera-se configurado o dano moral *in re ipsa*, ou dano moral puro, uma vez que o aborrecimento e o abalo psicológico causados à autora são evidentes, conferindo o direito à reparação sem a necessidade de produção de provas sobre a ocorrência do prejuízo.
- Desse modo, reconhecida a conduta ilícita da agente do requerido e caracterizado o dano moral *in re ipsa*, cabível a fixação da indenização, tendo em vista a condição social da autora, o potencial econômico do réu, a gravidade do fato, o caráter punitivo-pedagógico da reparação e os parâmetros adotados pelo TJRS em casos semelhantes.
- No tocante ao dano material, não foram trazidos aos autos provas capazes de demonstrar o dano sofrido, não se prestando para tanto comprovantes de aquisição de remédios, que, por óbvio, não comprovam o alegado gasto com consultas médicas particulares. Falta de atendimento ao artigo 373, I, do CPC.

Dispositivo

- Parcial Procedência dos pedidos formulados, para condenar a ré a pagar à autora (R$ 10.000,00 a R$ 20.000,00). – Acórdão fixou em R$ 10.000,00 para o caso.
- Resolução de mérito da ação (CPC, art. 487, I).
- Correção monetária desta data (Súmula 362 do STJ), e juros do evento danoso, na forma do artigo 1-F da Lei. 9494/97.

Custas e honorários em proporção, sendo 50% para cada parte, estes fixados em 10% sobre o valor da condenação (CPC, art. 85, §§ 2º e 3º, I, do CPC). Admite-se também que, pelo valor pleiteado em cada pedido, seja conferida proporção de 60-40, em favor da autora.

- Transitada em julgado, sem mais requerimentos, dê-se baixa e arquivem-se.
- P.R.I. Assinatura do Juiz.

2.21 Exercício 21

Relatório Elaboração de relatório. Menção expressa ao nome jurídico da ação – Nunciação de obra nova cumulada com pedido de demolição. Relato dos fatos principais do processo e marcha processual. Citação das teses autorais e pedidos, bem como das defensivas (preliminares e mérito).
Julgamento antecipado. CPC, art. 355, I e 370, caput e parágrafo único.
Preliminares – Inadequação da via eleita. Rejeição. Demanda útil e adequada ao fim colimado (CPC, art. 17). Novo código não reproduziu o procedimento especial para a ação de nunciação de obra nova, que deve seguir o rito ordinário. – Impugnação à gratuidade de justiça. Rejeição. Presunção de veracidade que milita em favor do declarante. Ônus da prova atribuído ao impugnante, do qual não se desincumbiu. CPC, art. 99, §§ 3º e 4º. – Nulidade. Prazo do artigo 334 do CPC. Inexistência. Ausência de prejuízo. Audiência realizada e com conciliação infrutífera. Defesa ofertada a contento e no prazo legal. CPC, art. 283, parágrafo único.
Mérito – Fixação dos pontos controvertidos. Controvérsia estabelecida no que toca a possibilidade de construção no terraço (área comum) e fachada do prédio. – Demanda avaliada à luz dos artigos 1.334 e seguintes do CC e do artigo 10, I e IV, e § 2º, da Lei n. 4.591/1946. – As obras realizadas pelos réus (ampliação de sua unidade privativa sobre a laje do térreo - 1º pavimento) e a construção na parte frontal do terraço atingiram parte da área comum e alteraram a fachada do prédio, conforme demonstram as fotografias juntadas (CPC, art. 373, I). As referidas obras só poderiam ter sido realizadas com prévia aprovação expressa e documental por todos os condôminos (unanimidade), requisito este indispensável na hipótese. CC, art. 1.336, III, e art. 10, § 2º, da Lei 4.591/1946. Nesse sentido é a doutrina sobre o tema: Não pode o condômino alterar a fachada de edifício, a menos que conte com a aprovação dos demais, por se tratar de um bem comum a todos os coproprietários, não sendo o uso da coisa, máxime em tema de propriedade condominial, irrestrito, quer por força de lei, quer em razão do contido na convenção. (JUNIOR, Nelson Nery; NERY, Rosa Maria de Andrade de. Código civil comentado. 8. ed. rev., ampl e atual. São Paulo: Editora Revista dos Tribunais, 2011. p. 1.058); Desse modo, nenhum condômino pode alterar a fachada do edifício, pintar suas paredes e esquadrias externas em cor diversa da nele empregada ou realizar qualquer modificação arquitetônica. Qualquer alteração depende da aquiescência da unanimidade dos condôminos, como exige a Lei n. 4.591/64 no seu art. 10, § 2º, que continua em vigor ante a ausência de disposição expressa a esse respeito no novo Código Civil. (GONÇALVES, Carlos Roberto. Direito civil brasileiro: direito das coisas. 7. ed. São Paulo: Saraiva, 2012. p. 414); "A abertura, por um condomínio, de porta ou janela para área de uso comum do edifício depende da anuência de todos os demais condôminos, em razão do princípio de que a parede que separa as partes comuns dos apartamentos pertence à comunidade condominial, e, portanto, não pode ser modificada sem pleno e prévio acordo da totalidade dos coproprietários".

Ou seja, para modificar ou afrontar o direito de cada condômino sobre as coisas comuns e alterar o destino de fração autônoma do prédio, não é suficiente o voto da maioria, mas imprescindível mostra-se o assentimento de todos os consortes. (Direito das coisas. 6. ed. Rio de Janeiro: Forense, 2012. p. 674). (Arnaldo Rizzardo, Direito das coisas. 6. ed. Rio de Janeiro: Forense, 2012. p. 674). No STJ: REsp 1483733/RJ, Rel. Ministro RICARDO VILLAS BÔAS CUEVA, TERCEIRA TURMA, julgado em 25/08/2015, DJe 01/09/2015.

- A convenção de **condomínio** é o ato-regra, de natureza institucional, que disciplina as relações internas entre os coproprietários, estipulando os direitos e deveres de uns para com os outros, e cuja força cogente alcança não apenas os que a subscreveram mas também todos aqueles que futuramente ingressem no **condomínio,** quer na condição de adquirente ou promissário comprador, quer na de locatário, impondo restrições à liberdade de ação de cada um em benefício da coletividade; e estabelece regras proibitivas e imperativas, a que todos se sujeitam (REsp 1177591/RJ, Rel. Ministro LUIS FELIPE SALOMÃO, QUARTA TURMA, julgado em 05/05/2015, DJe 25/05/2015). Regra expressa do condomínio no sentido de ser necessário acordo unânime entre os condôminos para fins de inovações ou alterações nas coisas comuns ou seus destinos (Cláusula Segunda). Inexistência de assembleia geral para tratar do tema.
- Não há violação ao princípio da função social da propriedade porque, na hipótese, os réus não estão sendo privados injustamente da posse das respectivas áreas, mas sim impedidos de alterar área que não lhes pertence – área comum do prédio. Inexistência de ofensa aos artigos 5º, XXIII e LV, da CF/88, e 1228 do CC.
- Supressio e surrectio. Boa-fé objetiva. Inviabilidade de situação ilegal se perpetrar com fundamento na boa-fé objetiva. Inação da autora em utilizar bem comum não induz comportamento no sentido de autorizar e criar para os réus o direito a tomarem para si parte do bem, assim como alterar a fachada do prédio, em desrespeito às regras do Código Civil, legislação especial e convenção do condomínio.
- Comportamento contraditório. Anuência tácita. CPC, art. 373, II. Ausência de prova no sentido de anuência pela autora. Ônus que competia a parte ré. Propositura da ação que realça a posição contrária da autora à construção iniciada.
- Tutela antecipada. Requisitos presentes. Cognição exauriente. Interrupção informada pelos réus que não afasta o interesse em obter ordem de obrigação de não fazer. Deferimento, sob pena de multa.

Dispositivo

- Procedência dos pedidos formulados para condenar a ré a demolir a construção efetuada e a restabelecer o imóvel em suas condições originais, no prazo de 60 dias, sob pena de multa.
- Resolução de mérito da ação (CPC, art. 487, I).
- Custas e honorários pela parte ré, estes fixados em 10% sobre o valor da causa (CPC, art. 85, § 2º).
- Tutela antecipada. Deferimento para determinar aos réus que interrompam a construção, no prazo de 24 horas, sob pena de multa diária de R$ 300,00, desde já limitada a R$ 30.000,00.
- Transitada em julgado, sem mais requerimentos, dê-se baixa e arquivem-se.
- P.R.I. Assinatura do Juiz.

2.22 Exercício 22

Relatório Elaboração de relatório. Relato dos fatos principais do processo e marcha processual. Citação das teses autorais e pedidos, bem como das defensivas (preliminares e mérito).
Julgamento antecipado. CPC, art. 355, I e 370, caput.
Preliminares – Nulidade de citação. Rejeição. Validade da citação operada. CPC, art. 248, § 2º. Teoria da aparência. A jurisprudência do Superior Tribunal de Justiça, com base na teoria da aparência, considera válida a citação realizada na pessoa de quem se identifica como representante da empresa e recebe o ato sem ressalvas quanto à inexistência de poderes de representação, independentemente se o ato foi praticado na sede ou filial da pessoa jurídica (REsp 1654585/SP, Rel. Ministro HERMAN BENJAMIN, SEGUNDA TURMA, julgado em 06/04/2017, DJe 27/04/2017).
– Impugnação à gratuidade de justiça. Rejeição. Presunção de veracidade que milita em favor do declarante. Ônus da prova atribuído ao impugnante, do qual não se desincumbiu. CPC, art. 99, §§ 3º e 4º. Conclui-se, portanto, que o impugnante não trouxe elementos probatórios capazes de sustentar a afirmação de que a situação econômica atual da autora permite o pagamento das custas, e nem, diga-se novamente, informações suficientes a possibilitar a cassação do benefício. Nesses termos, é de rigor seja mantido o benefício da justiça gratuita em favor da autora, sobretudo porque, repita-se, o réu não transmitiu ao juízo informações (e consequentemente elementos de prova), à luz do artigo 100 do Código de Processo Civil, que permitam identificar a efetiva possibilidade de a requerente arcar com o pagamento das custas processuais sem prejuízo do sustento próprio ou da família (Agravo de Instrumento 2077645-77.2017.8.26.0000. Relator(a): Carlos Henrique Miguel Trevisan; Comarca: Barueri; Órgão julgador: 29ª Câmara de Direito Privado; Data do julgamento: 28/06/2017; Data de registro: 29/06/2017). – Litisconsórcio ativo necessário. Desnecessidade. Trata-se da hipótese de solidariedade ativa decorrente de lei, mercê do que dispõe o artigo 2º, "caput", da Lei nº 8.245/91 ("Havendo mais de um locador ou mais de um locatário, entende-se que são solidários se o contrário não se estipulou"), combinado com o artigo 264 do Código Civil ("Há solidariedade, quando na mesma obrigação concorre mais de um credor, ou mais de um devedor, cada um com direito, ou obrigado, à dívida toda"), cabendo observar também que, de acordo com o artigo 1.314 do Código Civil, "Cada condômino pode usar da coisa conforme sua destinação, sobre ela exercer todos os direitos compatíveis com a indivisão, reivindicá-la de terceiro, defender a sua posse e alhear a respectiva parte ideal, ou gravá-la". Mesmo proposta por apenas um dos proprietários dos imóveis locados, a ação interessa e aproveita a todos os demais, não se revelando necessário o litisconsórcio ativo e nem expresso consentimento dos coproprietários. Vale ressaltar também que na parte referente à cobrança a autora pleiteia o recebimento dos alugueis tão somente na proporção da parte ideal que lhe coube na herança, 12,5%, mas que, em face da solidariedade supra aludida a ela era lícito requerer até mesmo a totalidade do débito, conforme dispõe o artigo 267 do Código Civil – "Cada um dos credores solidários tem direito a exigir do devedor o cumprimento da prestação por inteiro" (Apelação 1009849-31.2014.8.26.0602. Relator(a): Carlos Henrique Miguel Trevisan; Comarca: Sorocaba; Órgão julgador: 29ª Câmara de Direito Privado; Data do julgamento: 28/06/2017; Data de registro: 29/06/2017).

Prejudicial – Prescrição. Um direito não pode se perpetuar no tempo, razão pela qual criaram-se os institutos da prescrição e da decadência, com fundamento na pacificação social e na segurança jurídica. Desse modo, o principal fundamento da prescrição é o interesse jurídico-social que tem por finalidade extinguir as ações para que a instabilidade do direito não se perpetue. Acolhimento. Reconhecimento de que as parcelas anteriores a outubro de 2013 estão fulminadas pela prescrição, já que o prazo legal de 3 anos se escoou – artigo 206, § 3º, inciso I, do Código Civil (Apelação 4011682-84.2013.8.26.0564. Relator(a): Carlos Henrique Miguel Trevisan; Comarca: São Bernardo do Campo; Órgão julgador: 29ª Câmara de Direito Privado; Data do julgamento: 15/10/2014; Data de registro: 16/10/2014; Apelação 0060269-06.2012.8.26.0577. Relator(a): Carlos Henrique Miguel Trevisan; Comarca: São José dos Campos; Órgão julgador: 29ª Câmara de Direito Privado; Data do julgamento: 06/04/2016; Data de registro: 08/04/2016).
Mérito – Fixação dos pontos controvertidos. Controvérsia estabelecida no que toca a mora relativa ao contrato de locação, bem como sobre os valores devidos. – Demanda avaliada à luz dos artigos 9º, III, e 59 e seguintes, todos da Lei n. 8.245/91. – Prova da celebração do contrato entre autor e réu, bem como das obrigações entre eles pactuadas. Apresentação de planilha com informação dos valores alegadamente devidos. Mora ex re. Obrigação positiva, líquida e com termo certo. Obrigação do locatário ao pagamento pontual do aluguel e encargos (artigo 23, I, da LL). – Pagamento parcial. Aceitação. Prova do pagamento por meio da quitação regular (artigo 319 do CC) ou, ainda, por qualquer meio idôneo de prova (artigo 212, incisos I a V, do CC). CC, art. 309. Credor Putativo. Validade do pagamento. Conta da então inventariante. Prova documental idônea. Boa-fé. Comprovantes de depósito relativos aos meses de outubro de 2013, novembro de 2013, dezembro de 2013, janeiro de 2014 e fevereiro de 2014 apresentados (CPC, art. 373, II). – Paqamento dos débitos posteriores a fevereiro de 2014. Desatendimento ônus da prova (CPC, art. 373, II). Inexistência de qualquer comprovante de quitação dos valores. Ônus de comprovação do pagamento que compete ao devedor. – Litigância de má-fé. Não caracterizado ato de litigância de má-fé por parte da autora, já que não configurada a prática de nenhuma das condutas previstas no artigo 80 do Código de Processo Civil, rejeita-se imposição de sanção de tal natureza.
Dispositivo – Reconhecimento da prescrição incidente sobre as parcelas anteriores a outubro de 2013, com declaração por sentença, e parcial procedência dos pedidos formulados para rescindir o contrato locatício, e decretar o despejo da parte ré, com prazo de desocupação voluntária de 15 dias, sob pena de execução forçada do despejo (Lei de Locações, art. 63, § 1º, "b"). Condenação da ré a pagar a autora o valor referente as parcelas dos meses de março de 2014 a outubro de 2016, considerando o percentual de 12,5% do aluguel mensal do período, bem como as que venceram no decorrer da presente demanda, até a desocupação do imóvel. As parcelas deverão ser acrescidas de atualização monetária, conforme a tabela Prática TJ/SP, e acrescidas de juros de mora de 1% ao mês, a contar de cada vencimento (CC, art. 397). – Resolução de mérito da ação (CPC, art. 487, I e II).

- Custas e honorários em proporção, sendo 70% para a parte ré, e 30% para a parte autora, estes fixados em 10% sobre o valor da condenação (CPC, art. 85, § 2º), respeitada, quanto a parte autora, a suspensão da exigibilidade pelo deferimento da gratuidade de justiça (CPC, art. 98, § 3º).
- Desnecessária a prestação de caução à hipótese de execução provisória do despejo, a teor do disposto no art. 64 da Lei do Inquilinato.
- Transitada em julgado, sem mais requerimentos, dê-se baixa e arquivem-se.
- P.R.I. Assinatura do Juiz.

2.23 Exercício 23

Relatório Elaboração dispensada pelo enunciado da questão.
Julgamento antecipado de mérito da ação e reconvenção. CPC, art. 355, I. Partes não solicitaram outras provas, e as constantes dos autos são suficientes para o deslinde dos feitos.
Preliminares - Nulidade de citação. Rejeição. Validade da citação operada. CPC, art. 248, § 2º. Teoria da aparência. A jurisprudência do Superior Tribunal de Justiça, com base na teoria da aparência, considera válida a citação realizada na pessoa de quem se identifica como representante da empresa e recebe o ato sem ressalvas quanto à inexistência de poderes de representação, independentemente se o ato foi praticado na sede ou filial da pessoa jurídica (REsp 1654585/SP, Rel. Ministro HERMAN BENJAMIN, SEGUNDA TURMA, julgado em 06/04/2017, DJe 27/04/2017). - Ilegitimidade passiva. Rejeição. Pertinência subjetiva verificada. CPC, arts. 17 e 18. Incorporadora que figura como proprietária do bem, titular do direito real incidente sobre o imóvel. Obrigação de arcar com os débitos condominiais que acompanha a coisa (propter rem). Tese defensiva relativa à venda dos imóveis e transferência da obrigação relativa aos débitos que se confunde com o mérito. - Falta de interesse de agir. Via inadequada. Rejeição. Uso da demanda executiva configura opção do credor, que pode optar pela ação ordinária para perseguir seu crédito. CPC, art. 785. Jurisprudência do STJ é firme acerca da possibilidade de propositura de ação de conhecimento pelo detentor de título executivo – uma vez não existir prejuízo ao réu em procedimento que lhe franqueia ampliados meios de defesa (REsp 981.440/SP, Rel. Ministro LUIS FELIPE SALOMÃO, QUARTA TURMA, julgado em 12/04/2012, DJe 02/05/2012) - Nulidade referente ao prazo anterior à audiência prévia. Prazo do artigo 334 do CPC. Inexistência. Ausência de prejuízo. Audiência realizada e com conciliação infrutífera. Defesa ofertada a contento e no prazo legal. CPC, art. 283, parágrafo único.
Prejudicial - Prescrição. Rejeição. Prescrição quinquenal (CC, art. 206, § 5º, I). STJ. Entendimento firmado em sede de recurso repetitivo. Na vigência do Código Civil de 2002, é quinquenal o prazo prescricional para que o Condomínio geral ou edilício (vertical ou horizontal) exercite a pretensão de cobrança de taxa condominial ordinária

ou extraordinária, constante em instrumento público ou particular, a contar do dia seguinte ao vencimento da prestação (REsp 1483930/DF, Rel. Ministro LUIS FELIPE SALOMÃO, SEGUNDA SEÇÃO, julgado em 23/11/2016, DJe 01/02/2017) Ação protocolada em 1º de março de 2017. Prazo prescricional que ainda não havia se esvaído.

Mérito

- Fixação dos pontos controvertidos. Controvérsia estabelecida no que toca ao dever de efetuar o pagamento relativo aos débitos condominiais, bem ainda quanto ao dever de indenizar relativo à negativação operada em virtude da dívida cobrada.
- Demanda analisada à luz dos artigos 1.336, I, e § 1º, e 1.348, VII, do CC.
- As despesas condominiais, compreendidas como obrigações propter rem, são de responsabilidade daquele que detém a qualidade de proprietário da unidade imobiliária, ou ainda pelo titular de um dos aspectos da propriedade, tais como a posse, o gozo ou a fruição, desde que este tenha estabelecido relação jurídica direta com o condomínio.
- Segundo entendimento fixado pelo STJ em sede de julgamento de recurso submetido à sistemática dos repetitivos, o que define a responsabilidade pelo pagamento das obrigações condominiais não é o registro do compromisso de compra e venda, mas a relação jurídica material com o imóvel, representada pela imissão na posse pelo promissário comprador e pela ciência inequívoca do condomínio acerca da transação. Além disso, havendo compromisso de compra e venda não levado a registro, a responsabilidade pelas despesas de condomínio pode recair tanto sobre o promitente vendedor quanto sobre o promissário comprador, dependendo das circunstâncias de cada caso concreto. Somente se admite o afastamento da responsabilidade do vendedor se ficar comprovado que o promissário comprador se imitira na posse, e que o condomínio teve ciência inequívoca da transação (REsp 1345331/RS, Rel. Ministro LUIS FELIPE SALOMAO, SEGUNDA SEÇÃO, julgado em 08/04/2015, DJe 20/04/2015). Caso concreto que apresenta contornos que determinam a manutenção da responsabilidade da ré. Promessas de compra e venda não registradas. Inexistência de imissão na posse dos promitente-compradores, bem ainda de ciência inequívoca do condomínio acerca da alienação. CPC, art. 373, I e II. Ônus que competia à ré, que se limitou a afirmar que tal dever de notificação acerca do negócio competia aos compradores, de modo a se eximir de sua responsabilidade.
- Cobrança de multa contratual de 2%. Previsão expressa na convenção condominial. Anuência expressa da ré, que inclusive foi responsável pela elaboração do texto base da convenção que posteriormente foi aprovado. Boa-fé objetiva (CC, art. 422).
- Cobrança referente aos honorários contratuais. Legalidade. Os honorários advocatícios extrajudiciais não se confundem com os honorários de sucumbência, de modo que o condômino inadimplente deve pagar os honorários decorrentes da cobrança extrajudicial ou judicial da taxa de condomínio, desde que essa exigência esteja prevista na convenção do condomínio, uma vez que não se mostra razoável que os outros condôminos suportem despesa extra com a contratação de escritório de advocacia para efetuar a cobrança de taxas condominiais em atraso. Inteligência dos artigos 389 e 395 do Código Civil. Enunciado 426 da V Jornada de Direito Civil do Conselho da Justiça Federal. No STJ: A liberdade contratual integrada pela boa-fé objetiva acrescenta ao contrato deveres anexos, entre os quais, o ônus do credor de minorar seu prejuízo buscando soluções amigáveis antes da contratação de serviço especializado.

O exercício regular do direito de ressarcimento aos **honorários** advocatícios, portanto, depende da demonstração de sua imprescindibilidade para solução extrajudicial de impasse entre as partes contratantes ou para adoção de medidas preparatórias ao processo judicial, bem como da prestação efetiva de serviços privativos de advogado e da razoabilidade do valor dos **honorários** convencionados (STJ – REsp: 1274629 AP 2011/0204599-4, Relator: Ministra NANCY ANDRIGHI, Data de Julgamento: 16/05/2013, T3 – TERCEIRA TURMA, Data de Publicação: DJe 20/06/2013).

- Na cobrança de taxa de condomínio, tratando-se de mora ex re - constituída por obrigação líquida, certa e com vencimento previamente determinado -, o termo inicial de incidência dos juros de mora e da correção monetária é a data do vencimento da obrigação, isto é, do inadimplemento de cada taxa no respectivo vencimento.

Reconvenção.

- Responsabilidade civil. Necessidade de presença dos requisitos cumulativos previstos em lei (CC, art. 927 e 186). Ato ilícito, dano e nexo de causalidade. Exercício regular do direito verificado. Negativação decorrente de dívida existente e válida. Opção do credor.

Dispositivo

- Procedência dos pedidos formulados na ação principal para condenar a ré a: a) pagar ao autor o valor referente aos débitos condominiais em atraso das unidades 2-A, 3-A, 5-A, 9-A e 15-A, corrigido pelo INPC e com juros de mora de 1% ao mês, desde a data do inadimplemento, bem como a pagar as taxas vencidas no decorrer da ação, e que não tenham sido pagas; b) pagar ao autor a multa de 2% sobre a dívida incidente de cada unidade, acrescido de juros de mora de 1% e correção pelo INPC do inadimplemento; c) pagar ao autor o montante relativo aos honorários contratuais, acrescido de juros de mora de 1%, da citação, e correção monetária pelo INPC, da propositura da ação. Improcedência dos pedidos formulados na reconvenção.
- Resolução de mérito da ação e reconvenção (CPC, art. 487, I).
- Na principal, custas e honorários pela parte ré, estes fixados em 10% sobre o valor da condenação (CPC, art. 85, § 2°). Na reconvenção, custas e honorários pela ré-reconvinte, estes fixados em 10% sobre o valor da causa (CPC, art. 85, § 2°)
- Transitada em julgado, sem mais requerimentos, dê-se baixa e arquivem-se.
- P.R.I. Assinatura do Juiz.

2.24 Exercício 24

Relatório

Dispensa pelo enunciado da questão.

Preliminares

- Inépcia da inicial. Rejeição. Hipóteses previstas no artigo 330, § 1°, do CPC, não materializadas no caso. Há pedido certo e causa de pedir, e da narração dos fatos decorre conclusão lógica. Além disso, a ré ofertou defesa a contento, o que demonstra compreensão dos fatos e pedidos descritos na inicial. Eventual avaliação sobre a existência ou não de dano moral é matéria de mérito, e não se confunde com os vícios que determinam a inépcia da inicial.

Prejudicial – Prescrição. Rejeição. Prescrição anual (CC, art. 206, § 1º, II). STJ. Entendimento sumulado (Enunciado 229 – O pedido do pagamento de indenização à seguradora suspende o prazo de prescrição até que o segurado tenha ciência da decisão). Na esteira do entendimento do STJ, o prazo prescricional para a indenização securitária fica suspenso enquanto a seguradora analisa a comunicação do sinistro, voltando a fluir a partir da resposta definitiva acerca do pagamento da indenização (AgRg no REsp 1536431/MG, Rel. Ministro MOURA RIBEIRO, TERCEIRA TURMA, julgado em 18/08/2015, DJe 28/08/2015). Pedido administrativo protocolado em 25/02/2016, e negado expressamente em 25/04/2016, data em que o prazo voltou a fluir. Ação protocolada em 25/02/2017. Prazo prescricional que ainda não havia se esvaído.
Mérito – Fixação dos pontos controvertidos. Controvérsia estabelecida no que toca ao dever de indenizar referente ao contrato de seguro, bem ainda eventual valor a ser pago. Divergem as partes, ainda, quanto ao dano moral (existência de ato ilícito e do dano). – Autor e réu que se subsumem ao conceito de consumidor e prestador de serviços (CDC, art. 2º e 3º). Incidência do CDC. – Demanda analisada à luz dos artigos 757 e seguintes do Código Civil, que regulam o contrato de seguro. – Seguro. Afastamento do dever de indenizar pelo fato de o sinistro ter ocorrido antes do fim do parcelamento contratualmente estabelecido quanto ao prêmio. Impossibilidade. Contrato válido e eficaz. Proposta aceita e pagamento das parcelas efetuado (CC, arts. 758, 759, 765). Previsão contratual expressa (CC, art. 422 e CDC, art. 47). Inexistência de mora por parte do consumidor. Documentação apresentada atestando o pagamento nas datas aprazadas (CPC, art. 373, I). – Seguro. Afastamento do dever de indenizar. Entrega do veículo a terceiro. Ofensa ao contrato inexistente. Contrato que solicitava apenas a descrição do condutor principal, e não vedava a entrega da direção a terceira pessoa. Interpretação que não pode ser extensiva para prejudicar o consumidor, implicando diminuição da cobertura securitária sem expressa previsão nesse sentido (CC, art. 760 e 765; CDC, art. 47). – Seguro. Afastamento do pagamento da indenização contratualmente previsto. Alegação de agravamento do risco (CC, art. 768). O agravamento intencional de que trata o art. 768 do CC envolve tanto o dolo quanto a culpa grave do segurado, que tem o dever de vigilância (culpa in vigilando) e o dever de escolha adequada daquele a quem confia a prática do ato (culpa in eligendo). Interpretação dada pelo STJ ao citado artigo no sentido de que somente conduta imputada ao segurado, que, por dolo ou culpa grave, incremente o risco contratado, dá azo à perda da indenização securitária (REsp 1485717/SP, Rel. Ministro RICARDO VILLAS BÔAS CUEVA, TERCEIRA TURMA, julgado em 22/11/2016, DJe 14/12/2016). Embriaguez não comprovada. Ausência de prova firme seja da existência da embriaguez, seja de que essa foi determinante para a ocorrência do acidente – CPC, art. 373, I. Prova testemunhal produzida que não indicou culpa do condutor pelo acidente. Ônus da prova da embriaguez que pertencia à seguradora – CPC, art. 373, II. (AgInt no REsp 1451386/SC, Rel. Ministro PAULO DE TARSO SANSEVERINO, TERCEIRA TURMA, julgado em 21/03/2017, DJe 28/03/2017).

- Seguro. Valor da indenização. Rejeição da tese defensiva. Expressa cláusula contratual. Força obrigatória dos contratos. Há contratos que estabelecem que a indenização do sinistro deve ser feita pelo valor do veículo determinado na apólice e há contratos que determinam que essa indenização securitária seja realizada pelo valor de mercado referenciado. Cabe ao consumidor optar pela modalidade que lhe pareça mais favorável. Opção realizada pelo valor do veículo descrito na apólice. Pagamento de prêmio proporcional ao montante segurado. Proibição do comportamento contraditório pela seguradora (CC, art. 422 e 765). Recebimento de valor condizente com o risco coberto. Entendimento diverso implicaria enriquecimento sem causa da demandada (CC, art. 884). Nesse sentido: (REsp 1189213/GO, Rel. Ministro LUIS FELIPE SALOMÃO, Rel. p/ Acórdão Ministro RAUL ARAÚJO, QUARTA TURMA, julgado em 22/02/2011, DJe 27/06/2011).
- Dano moral. CDC - art. 14. CC, artigos 186 e 927. Ofensa à personalidade não demonstrada. Requisitos legais cumulativos. Inadimplemento contratual que configura mero dissabor do cotidiano.
- Litigância de má-fé. Afastamento. Mera propositura de ação não configura má-fé do proponente. Ausência dos requisitos legais. Situação que não se amolda as previstas nos incisos do artigo 80 do CPC.

Dispositivo
- Parcial procedência dos pedidos formulados para condenar a ré a pagar ao autor o valor de R$ 497.000,00, com juros de mora de 1% ao mês contados do pleito administrativo, e correção monetária pelo INPC desde o pleito administrativo (MORA EX PERSONA).
- Resolução de mérito da ação (CPC, art. 487, I).
- Custas e honorários em proporção, sendo 80% para a parte ré e 20% para a parte autora, estes fixados em 10% sobre o valor da condenação (CPC, art. 85, § 2º).
- Transitada em julgado, sem mais requerimentos, dê-se baixa e arquivem-se.
- P.R.I. Assinatura do Juiz.

2.25 Exercício 25

Relatório
Dispensa expressa da elaboração pelo enunciado.

Julgamento antecipado. CPC, art. 355, I e 370, § único.

Preliminar da ação principal – embargos (Ordem expressa do artigo 337 do CPC)
- Nulidade de citação. Rejeição. Previsão legal expressa. CPC, art. 248, § 4º.

Preliminares da reconvenção
- Interesse de agir (CPC, art. 17). Necessidade, utilidade e adequação. STJ. Súmula 292 (A reconvenção é cabível na ação monitória, após a conversão do procedimento em ordinário). CPC, art. 702, § 6º. Expressa autorização legal.
- Impugnação à gratuidade de justiça. Rejeição. Presunção de veracidade que milita em favor do declarante. Ônus da prova atribuído ao impugnante, do qual não se desincumbiu. Simples moradia em condomínio de alto padrão não descaracteriza a hipossuficiência, ainda mais quando a ação persegue justamente duplicata pela falta de pagamento do valor descrito no título, que não teria sido pago. CPC, art. 99, §§ 3º e 4º.

Mérito

Improcedência dos pedidos formulados na ação monitória. Acolhimento dos pedidos trazidos nos embargos. Acolhimento do pleito reconvencional.

- Fixação dos pontos controvertidos. Inexistência do crédito e ausência de preenchimento dos ditames legais quanto ao título apresentado (duplicata) – principal, e presença dos requisitos da responsabilidade civil ato ilícito – reconvenção.
- Demanda analisada à luz dos ditames do artigo 700 e seguintes do CPC.
- A teor do que dispõe o art. 700 do CPC, o cabimento da ação monitória depende de prova escrita que sustente o crédito que se busca na inicial, ou que indique ao menos certo grau de probabilidade acerca do direito alegado em juízo. A prova exigida pelo Estatuto Processual Civil deve ser compreendida como aquela que possibilite ao magistrado dar eficácia executiva ao documento, ou seja, que lhe permita inferir a existência do direito alegado, independentemente de ter sido o documento produzido pelo devedor ou por ele subscrito. (REsp. 287.528/SP, 2ª T., rel. Min. Franciulli Netto, DJU 06.09.2004, p. 192). Nas palavras de Ernane Fidelis dos Santos: "não é qualquer forma escrita que faz o título hábil para o pedido monitório. Mister que ele revele obrigação certa, líquida e exigível. (Manual de Direito Processual Civil, Volume 3, 10ª ed., Saraiva p. 181).
- Caso que não apresenta os requisitos legais. Falta de prova da existência e entrega efetiva das mercadorias. Duplicata. O protesto por indicação tem lugar quando o sacado retém o título. E, como é realizado mediante simples afirmação do suposto credor quanto à existência da duplicata, não pressupõe nem demonstra a existência do crédito, da entrega da mercadoria ou da relação jurídica entre emitente e sacado. Nessa ordem de ideias, se não há prova da existência da duplicata, da relação jurídica advinda de compra e venda mercantil ou da entrega das mercadorias, como na espécie, o protesto por indicação representa mero começo de prova completamente inapto para dar respaldo à ação monitória. Como ensina Fran Martins, "deve a fatura espelhar não só a venda feita como a entrega ou remessa das mercadorias ao comprador, pois, para extrair a fatura, é necessário que não apenas o contrato de venda tenha se aperfeiçoado, mas também que o vendedor tenha cumprido a obrigação nascida do contrato, de transferir o domínio da coisa para o comprador, o que é realizado, em virtude de se tratar de coisa móvel, com a entrega ou a remessa da mercadoria para o comprador. (Títulos de Crédito, Vol. II, 4ª ed., Forense, p. 187). Assinatura de pedido não implica presunção de entrega das mercadorias (CPC, art. 373, I e II).
- Ressalta-se, ainda, ofensa à simultaneidade exigida pelo artigo 2º, caput, da Lei 5.474/68 – duplicata levada a protesto por indicação em mais de uma fatura e notas fiscais emitidas dentro de lapso temporal de 9 meses. Em arremate, como pontua o STJ, a duplicata só pode espelhar uma fatura, e, mesmo nas hipóteses de notas parciais, passíveis de soma e agrupamento em uma fatura, há de se respeitar o prazo desse somatório, considerando o lapso de um mês – compras e vendas realizadas com notas parciais emitidas em um mês: (REsp 1356541/MG, Rel. Ministro RICARDO VILLAS BÔAS CUEVA, TERCEIRA TURMA, julgado em 05/04/2016, DJe 13/04/2016).

Reconvenção

- Embargos acolhidos. Protesto indevido. CC, art. 927 e 186. Ato ilícito. Protesto por indicação foi realizado sem a demonstração de que a duplicata foi emitida e enviada ao sacado, e de que as mercadorias foram entregues. Dano presumido (AgRg no AREsp 270.557/RJ, 3ª T., rel. Min. Ricardo Villas Boas Cueva, DJe 19/05/2014). Valor. Fixação por parâmetros.

Razoabilidade como critério que deve imperar na fixação da quantia compensatória dos danos morais. Para além do postulado da razoabilidade, a jurisprudência, tradicionalmente, elegeu parâmetros (leia-se regras) para a determinação do valor indenizatório. Dentre eles, encontram-se, por exemplo: (a) a forma como ocorreu o ato ilícito: com dolo ou com culpa (leve, grave ou gravíssima); (b) o tipo de bem jurídico lesado: honra, intimidade, integridade etc.; (c) além do bem que lhe foi afetado, a repercussão do ato ofensivo no contexto pessoal e social; (d) a intensidade da alteração anímica verificada na vítima; (e) o antecedente do agressor e a reiteração da conduta; (f) a existência ou não de retratação por parte do ofensor. Aceitação de montante entre R$ 5.000,00 e R$ 10.000,00.

Dispositivo

- Acolhimento dos pedidos formulados nos embargos e improcedência dos pedidos formulados na demanda monitória. Procedência do pedido trazido na reconvenção para condenar a autora-reconvinda a pagar a ré-reconvinte o montante de R$ 5.000,00, a título de danos morais, com juros de mora de 1%, do evento danoso (Súmula 54 do STJ) – existência da relação contratual não demonstrada, e correção desta data (Súmula 362 do STJ).
- Resolução de mérito da ação monitória e reconvenção (CPC, art. 487, I).
- Na ação principal, custas e honorários pela parte autora, estes fixados em 10% sobre o valor da causa (CPC, art. 85, § 2º).
- Na reconvenção, custas pela reconvinda, estes fixados em 10% sobre o valor da condenação (CPC, art. 85, § 2º).
- Transitada em julgado, sem mais requerimentos, dê-se baixa e arquivem-se.
- P.R.I. Assinatura do Juiz.

2.26 Exercício 26

Relatório

Elaboração de relatório. Menção expressa ao nome jurídico da ação – ação de reparação de danos. Relato dos fatos principais do processo e marcha processual. Citação das teses autorais e pedidos, bem como das defensivas (preliminares e mérito).

Preliminares (Ordem expressa do artigo 337 do CPC)

- Impugnação ao valor da causa. Acolhimento. Valor da causa deve exprimir a totalidade do proveito econômico buscado (R$ 122.300,00). Expressa previsão legal. Arts. 291 e 292, V, do CPC.
- Inépcia de inicial. Rejeição. Hipóteses previstas no artigo 330, § 1º, do CPC, não materializadas no caso. Há pedido certo e causa de pedir, e da narração dos fatos decorre conclusão lógica. Além disso, a ré ofertou defesa a contento, o que demonstra compreensão dos fatos e pedidos descritos na inicial. Matéria relativa a comprovação do ilícito imputado ao município que se relaciona ao mérito, onde será avaliado se as provas constantes dos autos se prestam ou não a autorizar a manifestação positiva quanto ao pleito autoral.
- Ilegitimidade passiva. Rejeição. CPC, art. 17. Pertinência subjetiva passiva verificada. Atribuição de responsabilidade civil por omissão ao município. Questão atinente a eventual obra e defeitos de execução que não repercutem no pleito reparatório. Responsabilidade que é matéria de mérito, e lá será avaliada. Ademais, ainda que

assim não fosse, o STJ possui entendimento de não ser obrigatória a denunciação à lide de empresa contratada pela administração para prestar serviço de conservação de rodovias, nas ações de indenização baseadas na responsabilidade civil objetiva do Estado.(AgRg no AREsp 534.613/SC, Rel. Ministro HERMAN BENJAMIN, SEGUNDA TURMA, julgado em 18/12/2014, DJe 02/02/2015).

- Impugnação à gratuidade de justiça. Rejeição. Presunção de veracidade que milita em favor do declarante. Ônus da prova atribuído ao impugnante, do qual não se desincumbiu. CPC, art. 99, §§ 3º e 4º. Simples propriedade de bem (motocicleta) e uso da rede particular que não atestam a impropriedade do deferimento do benefício legal.

Mérito

- Fixação dos pontos controvertidos. Controvérsia estabelecida no que toca a responsabilidade civil da parte ré em razão dos fatos narrados, considerando a necessidade de demonstração dos requisitos legais aplicáveis para tanto no que toca aos danos materiais, morais e lucros cessantes.
- Demanda avaliada à luz dos artigos 37, § 6º, da CF, e 43 do CC.
- Responsabilidade civil da administração. Omissão relevante e específica. Responsabilidade objetiva, e não de risco integral (STF, ARE 847116 AgR, Relator(a): Min. LUIZ FUX, Primeira Turma, julgado em 24/02/2015, PROCESSO ELETRÔNICO DJe-047 DIVULG 11-03-2015 PUBLIC 12-03-2015; STJ, AgInt no REsp 1581961/SP, Rel. Ministro MAURO CAMPBELL MARQUES, SEGUNDA TURMA, julgado em 01/09/2016, DJe 14/09/2016; AgRg no REsp 1521352/RN, Rel. Ministro HERMAN BENJAMIN, SEGUNDA TURMA, julgado em 18/06/2015, DJe 05/08/2015). Necessidade de se provar a omissão específica, o dano e o nexo de causalidade. No TJSC: (...) havendo uma omissão específica, o Estado deve responder objetivamente pelos danos dela advindos. Logo, se o prejuízo é consequência direta da inércia da Administração frente a um dever individualizado de agir e, por conseguinte, de impedir a consecução de um resultado a que, de forma concreta, deveria evitar, aplica-se a teoria objetiva, que prescinde da análise da culpa (Apelação Cível n. 0003665-18.2010.8.24.0038, de Joinville, rel. Des. Francisco Oliveira Neto, j. 27-06-2017; TJSC, Apelação Cível n. 0092695-69.2007.8.24.0038, de Joinville, rel. Des. Francisco Oliveira Neto, j. 27-06-2017; AC n. 2009.046487-8, rel. Des. Luiz Cézar Medeiros, j. 15.9.09).
- Abordagem acerca da culpa que não influi na análise meritória. Prova certa do acidente, bem como do motivo que o ocasionou. Testemunhas que corroboraram a versão autoral (CPC, art. 373, I). Prova documental (fotos e boletins de ocorrência). Excludentes de responsabilidade não apresentadas pela parte ré, sobre quem recaia o ônus de provar culpa exclusiva da vítima ou de fato de terceiro, bem ainda caso fortuito ou força maior (TJSC, Apelação Cível n. 0500840-11.2013.8.24.0015, de Canoinhas, rel. Des. Francisco Oliveira Neto, j. 09-05-2017). Danos que emergiram do acidente narrado.
- O dano material não se presume, exigindo-se, para que seja passível de reparação, a comprovação do efetivo prejuízo experimentado, uma vez que "a indenização mede-se pela extensão do dano" (art. 944 do CC). Se antes do ajuizamento da demanda o conserto da motocicleta ainda não havia se realizado, o dano material é comprovado através da juntada do orçamento. (TJSC, Apelação Cível n. 0092695-69.2007.8.24.0038, de Joinville, rel. Des. Francisco Oliveira Neto, j. 27-06-2017). Orçamentos e notas fiscais juntados. Prova certa (CPC, art. 373, I). Prova do nexo causal entre as despesas e o acidente. Dever de pagamento que não se afasta em virtude da alegação de percebimento de seguro DPVAT, que sequer foi provada nos autos.

- Lucros cessantes. Rejeição. Recebimento de auxílio doença no período. Falta de prova suficiente para demonstrar que o valor era aquém do efetivamente auferido pela requerente, de modo a materializar o dano. Prova documental que competia à requerente (TJSC, Apelação Cível n. 0004052-09.2013.8.24.0012, de Caçador, Rel. Des. Luiz Fernando Boller, j. 11/07/2017).
- Dano moral verificado. Ofensa à personalidade. Qualquer ofensa à integridade física, mesmo quando passageira e sem deixar marcas estéticas, produz, muito além da sensação de incômodo, um decaimento na autoestima da vítima que, ao se ver nesta situação, nunca se conformará com o fato de ter de padecer, física e psiquicamente, em razão da conduta culposa de outrem. Eis aí identificado o dano moral." (TJSC, AC n. 2008.069491-1, rel. Des. Newton Janke, j. 19.5.09). O valor da indenização por danos morais a ser arbitrado deve seguir critérios de razoabilidade e proporcionalidade, mostrando-se efetivo à repreensão do ilícito e à reparação do dano, sem, em contrapartida, constituir enriquecimento (TJSC, Apelação n. 0054537-82.2010.8.24.0023, da Capital, rel. Des. Francisco Oliveira Neto, j. 09-08-2016). Sugere-se o montante de R$ 10.000,00, considerando os precedentes das Câmaras de Direito Público do TJSC.

Dispositivo

- Parcial procedência dos pedidos formulados para condenar a parte ré a pagar à autora: a) R$ 10.000,00, a título de danos morais, com juros na forma do art. 1º-F da Lei n. 9.494/97, do evento danoso (Súmula 54 do STJ), e correção desta data, também consoante o referido artigo, nos termos da Súmula n.362 do STJ; b) R$ 10.300,00, a título de danos materiais, com juros e correção do evento danoso (desembolso e orçamento), na forma do artigo 1º-F da Lei 9.494/97, na redação dada pelo art. 5º da Lei 11.960/09. Neste sentido: (...) Os juros e correção monetária fixados em desfavor da Fazenda Pública a incidirem após o advento da Lei n. 11.960/09 devem ser calculados com base nos índices da caderneta de poupança em razão da alteração do art. 1º-F da Lei n. 9.494/97. (TJSC, Apelação Cível n. 0003066-92.2010.8.24.0066, de São Lourenço do Oeste, rel. Des. Francisco Oliveira Neto, j. 16-05-2017; TJSC, Apelação Cível n. 0092695-69.2007.8.24.0038, de Joinville, rel. Des. Francisco Oliveira Neto, j. 27-06-2017).
- Resolução de mérito da ação (CPC, art. 487, I).
- Demandado isento das custas processuais, conforme disposto no artigo 35, "i", da Lei Complementar Estadual n. 156/1997.
- Honorários em proporção, sendo 60% para a parte ré e 40% para a parte autora, fixados em 10% do valor da condenação, nos termos do artigo 85, § 3º, I, do CPC, cumulado com o artigo 86, também do CPC, suspensa a exigibilidade quanto à requerente pela gratuidade deferida (CPC, art. 98, § 3º).
- Correção do valor da causa, para exprimir o montante pleiteado (R$ 122.300,00).
- Remessa necessária dispensada, ante o valor da condenação (CPC, art. 496, § 3º, III).
- Transitada em julgado, sem mais requerimentos, dê-se baixa e arquivem-se.
- P.R.I. Assinatura do Juiz.

Capítulo VI

SENTENÇAS DE CASOS CONCRETOS

Luiz Otávio Rezende

Um dos grandes gargalos do aprendizado relativo a redação da sentença cível se refere ao acesso a peças reais, derivadas da análise pormenorizada de fatos concretos submetidos à apreciação judicial.

Neste capítulo, procura-se apresentar diversas formas de elaboração do ato sentencial, sempre no intuito de aumentar o contato direto com a praxe forense, e sem determinar um formato único de escrita e análise, uma vez que se entende de suma importância a disponibilização de variadas técnicas de abordagem para que o leitor possa escolher aquela que melhor se adequa ao seu perfil quando da redação da sentença cível.

Serão colacionadas em primeiro lugar as sentenças afetas à área estadual[1], e, em seguida, as proferidas por colega da justiça federal[2], visando atender o intento de exposição comparativa acima delineado[3].

Espera-se que esse capítulo possa servir de auxílio a todos que procuram aprender os caminhos rumo a correta construção da peça cível, seja com o objetivo voltado ao concurso público, seja para o dia a dia forense.

1 Quanto às sentenças cedidas da Justiça Estadual, cabe o especial agradecimento aos amigos Atalá Correa, Ângelo Pinheiro Fernandes, Ana Magali Pinheiro, José Rodrigues Chaveiro Filho, Luciano dos Santos Mendes, Magáli Dellape Lopes, Matheus Santarelli Zulliani, Ricardo Rocha Leite, Roque Fabrício Viel, todos Juízes da Justiça do Distrito Federal e Territórios.

2 Vale o agradecimento ao colega Társis Augusto de Santana Lima, Juiz Federal da Justiça Federal da 1ª Região – TRF 1ª Região, que gentilmente enviou várias peças de sua autoria envolvendo assuntos submetidos à competência da justiça federal.

3 Não houve alteração do conteúdo das sentenças, mas apenas supressão, em alguns casos, do inteiro teor do aresto jurisprudencial citado, para a regular formatação do livro. Procurou-se manter o espírito de exposição comparativa de estilos de redação do ato sentencial, e apresentação de sentenças reais envolvendo feitos de grande interesse prático.

1. AÇÃO CIVIL PÚBLICA – INTERVENÇÃO NO DOMÍNIO ECONÔMICO – REDE DE POSTOS DE COMBUSTÍVEIS

I. RELATÓRIO

Trata-se de ação civil pública movida pelo MINISTÉRIO PÚBLICO DO DISTRITO FEDERAL E DOS TERRITÓRIOS em desfavor de COMBO COMBUSTÍVEIS LTDA (REDE GASOLINA) e outros em que pretende intervenção no domínio econômico fundamentando sua pretensão com os seguintes argumentos indicativos de sua causa de pedir:

a) que em razão da política de redução do controle praticada pelo governo tem por dever atuar na proteção da livre concorrência e do consumidor coletivamente considerado em face de práticas desleais no mercado de varejo de combustíveis que tem gerado o aumento abusivo de preços da gasolina tipo "c";
b) que promoveu acompanhamento do mercado de combustíveis do Distrito Federal a partir de setembro/2000 e que realizou procedimento investigativo no período compreendido entre novembro/2003 e maio/2004;
c) aduz que o parâmetro para aferição da abusividade foi fixado pela margem bruta média de lucro, destacando que a rede de postos representadas pelas Rés detém 30% (trinta por cento) dos postos do Distrito Federal;
d) que a partir de março/abril de 2007 verificou um aumento abusivo no preço dos combustíveis, especificamente da gasolina tipo "c", aduzindo que este aumento não encontra paralelo em majoração de custos, anunciando que os parâmetros comparativos utilizados foram os mercados semelhantes e análise cronológica;
e) a partir do acompanhamento verificou que houve um aumento da ordem de R$ 0,20 (vinte centavos de reais) no preço da gasolina tipo "c" e que esse aumento seria abusivo, lançando como argumento o teor da Nota Técnica da Agência Nacional do Petróleo – ANP nº 40 (fls. 63/73);
f) com amparo nestas ponderações, postula a condenação das Rés a manter a margem máxima de lucro bruto na revenda da gasolina comum no patamar de 15,87% (quinze vírgula oitenta e sete por cento), calculado sobre o preço de aquisição do produto (sem frete), durante o período de 06 (seis) meses a fim de reorganizar o mercado.

Com a inicial juntou documentos (fls. 31/495). Ausência de recolhimento das custas.

Às fls. 497/499 houve apreciação e deferimento do pedido de antecipação dos efeitos da tutela, bem como às fls. 501 o Ministério Público peticionou anunciando novo aumento abusivo no preço da gasolina comum.

Às fls. 508/509 houve manifestação de órgão sindical postulando seu ingresso na lide a título de assistente litisconsorcial. Os Réus informaram a interposição de Agravo de Instrumento em face da decisão interlocutória que antecipou os efeitos da tutela (fls. 598), providência que foi igualmente adotada pelo assistente litisconsorcial (fls. 630).

O Tribunal deferiu a tutela recursal no Agravo de Instrumento (fls. 668/675), emprestando efeito suspensivo a fim de impedir a produção de efeitos da decisão interlocutória que antecipou a tutela. O Ministério Público ao se manifestar sobre o pedido de assistência litisconsorcial (fls. 679/681) postulou o indeferimento da intervenção.

Sobrevieram duas contestações (fls. 694/725 e 823/853), somente a última acompanhada de documentos (fls. 854/940), por meio das quais foram lançados os seguintes argumentos com os quais se pretende refutar a tese declinada na peça de ingresso:

a) que uma forte influência não significa dominação de mercado, bem como que a pretensão do Ministério Público não constatou nenhum dos requisitos para caracterização de cartel;
b) que a posição das empresas Requeridas de dominação no mercado exsurge como mera consequência de uma eficiência administrativa e organizacional;
c) que não há abusividade no preço praticado, realçando a importância de se observar a composição do custo para aferir eventual nível abusivo de preços, bem como destacando que o preço da gasolina não sofre qualquer espécie de tabelamento;
d) destacou aspectos que indicam atipicidades do mercado de combustíveis, promovendo referência à limitação da capacidade de armazenamento, aos padrões de rentabilidade média e aos custos com cartões de crédito;
e) ponderou que uma eventual lucratividade excessiva somente poderia ter por parâmetro o lucro líquido resultante e que o Ministério Público não apresentou prova de que houve aumento abusivo da margem de lucro, bem como que o mero aumento de preço é diferente de abusividade.

Nova intervenção litisconsorcial foi postulada (fls. 730/749) por posto de gasolina não integrante da rede demandada.

Facultada a oportunidade, o Ministério Público ofereceu réplica (fls. 953/965), rebatendo as teses de defesa e reafirmando os fundamentos declinados na peça de ingresso, ratificando os pedidos de procedência da demanda.

Às fls. 967/972 houve decisão no Agravo de Instrumento interposto pelo assistente litisconsorcial declarando o recurso prejudicado em razão do conhecimento e concessão de tutela recursal no recurso dos Réus.

Sobreveio às fls. 973 decisão proferida em sede de audiência preliminar. O Ministério Público acostou petição postulando a juntada de novo documento (fls. 979). Durante audiência preliminar (fls. 993), o Autor postulou o julgamento antecipado da lide ao passo que os Réus pugnaram pela produção de prova pericial.

Através de decisão saneadora (fls. 999) houve indeferimento da prova pericial, decisão que deu ensejo à interposição de dois Agravos de Instrumentos (fls. 1006 e 1037), os quais foram convertidos em agravos retidos (fls. 1105 e 1142). O Ministério Público apresentou contra minuta aos agravos (fls. 1155). Desde então os autos se encontram conclusos para sentença.

Eis o que merece relato. Decido.

II. FUNDAMENTAÇÃO

II.1. Da Assistência

Da análise dos autos, verifico que não existem preliminares que impeçam a análise de mérito. Entretanto, vislumbro a necessidade de resolver os pedidos de assistência (intervenção litisconsorcial) formulados por entidade sindical e posto não compreendido no pólo passivo.

De início, verifico que a intervenção do sindicato (fls. 508/509), tem por objetivo proteger os interesses dos demais postos de combustíveis do Distrito Federal que poderiam ser afetados pela decisão a ser proferida na presente demanda. De outro lado, com igual fundamentação, a intervenção litisconsorcial de posto de combustível não integrante do polo passivo da lide (fls. 730/749).

Contudo, impera ponderar que a assistência se caracteriza pelo ingresso de terceiro em processo alheio com a finalidade de auxiliar um dos litigantes. O pressuposto inarredável da assistência se funda na possibilidade desse terceiro vir a sofrer PREJUÍZOS JURÍDICOS com eventual prolação de sentença em desfavor do assistido, de modo que a intervenção traz ao assistente a oportunidade de influenciar no julgamento da causa.

A partir desse pressuposto, fica nítido que o INTERESSE JURÍDICO exsurge como requisito fundamental da intervenção, a qual não pode e não deve ser acatada quando o intento evidenciado tiver contornos meramente econômicos ou até mesmo afetivo/moral.

Com foco nessas considerações, observo com atenção que não obstante o órgão sindical anunciar que não detém interesse econômico, inclusive por lhe ser vedado tal postura em face do seu estatuto social, constato que ele atua na qualidade de substituto processual dos postos de combustíveis que não integram o polo passivo da lide, bem como que o verdadeiro interesse evidenciado se limita exclusivamente às repercussões econômicas que dizem serão produzidas em caso de eventual procedência do pedido Ministerial.

Para chegar a tal conclusão me fio na passagem consignada pelo próprio assistente (fls. 509) ao assim anunciar: *"a liminar prejudica toda a categoria de revenda de combustíveis, que terão que concorrer com os mesmos preços agora "tabelados" pela decisão, pelo período de 6 (seis) meses"*.

Ora, não há que se confundir a ausência de interesse lucrativo do sindicato com a presença do interesse econômico de seus associados. Da leitura do pleito assistencial parece claro que o sindicato atua na condição de substituto processual dos seus associados e como tal defende sim os interesses meramente econômicos que diz serão produzidos com a eventual procedência da lide.

No mesmo sentido é a pretensão assistencial do posto de combustível não integrante do polo passivo (fls. 730/749). Observo com atenção que o referido assistente muito mais se preocupou em destacar todos os efeitos econômicos que supostamente justificariam sua intervenção do que declinar o interesse efetivamente jurídico.

Este entendimento resulta de uma cristalina limpidez através de passagens do arrazoado declinado, por exemplo, às fls. 733, quando o interveniente pondera que: *"com a tarifação percentual do lucro da GASOLINA, sobrevirá para a requerente a impossibilidade de competir com aquela Rede e, consequentemente, conforme se explanará depois, sua quebra ou insolvência será questão de tempo."*

A certeza de que o móvel da interveniente se funda basicamente no critério econômico ressai de forma abrupta da passagem consignada às fls. 748 de sua manifestação quando abre o tópico "Da provável ruína da assistente", ponderando claramente que os eventuais efeitos de uma decisão pela procedência lhe afetará sob o ponto de vista econômico, evidenciando que o seu único interesse na lide repousa sobre bases econômicas e não jurídicas.

Vistas tais questões, entendo que os intervenientes não lograram êxito em demonstrar que possuem interesse jurídico apto a lhes autorizar figurar no feito na qualidade de assistentes, eis que da leitura de seus respectivos arrazoados é possível entrever que a única preocupação e interesse declinado repousam sobre bases nitidamente econômicas, porquanto o indeferimento da assistência é medida que se impõe.

II.2. Do mérito

Superada a questão "preliminar", verifico que as partes são legítimas e se encontram bem representadas, o juízo se evidencia competente, a intervenção judicial se posta útil às finalidades perseguidas pelo Órgão Ministerial, bem como o pedido formulado se apresenta juridicamente possível, razão pela qual enxergo a presença das condições da ação e os pressupostos processuais que me autorizam a ingressar na solução do mérito.

Ainda nessa senda, observo que os elementos de informação e as provas já produzidas pelas partes se evidenciam suficientes para permitir ao julgador forma sua convicção, desnecessária, portanto, a produção de outras provas, situação que autoriza o julgamento conforme o estado do processo a teor do que prescreve o art. 355, I do CPC.

Assim, a fim de bem compreender a controvérsia instalada entre as partes, reputo oportuno revisitar as teses em conflito a fim de relembrar que o Ministério Público pretende intervenção no domínio econômico, sob o fundamento de prática de preços abusivos na comercialização da gasolina tipo "c" com o objetivo de limitar a margem de lucro bruto a 15,87% por um período de 06 (seis) meses. De outro lado, as Rés defendem que não houve demonstração de margem abusiva de lucro e que a intervenção pretendida seria indevida em razão dos postulados constitucionais da livre iniciativa e livre concorrência.

Vistas tais ponderações, entendo que antes de ingressar propriamente na questão inerente à verificação da abusividade ou não dos preços praticados pelas empresas Requeridas, importa ponderar sobre uma questão que se põe em plano prejudicial ao mérito capaz de influir no resultado do julgamento e que diz respeito à possibilidade, no caso concreto, de se admitir a pretendida intervenção no domínio econômico.

Tida como um acontecimento histórico "recente" a regulação constitucional da atividade econômica surge no contexto de um Estado liberal que implementou um aparente desinteresse da ciência jurídica pelo fato econômico, marco histórico a partir do qual teve início o surgimento das primeiras constituições chamadas de "econômicas".

Em breve síntese, o espírito destes postulados constitucionais parte do pressuposto de que o Estado não mais substituiria o mercado, mas atuaria de forma interventiva em reduzido grau a fim de estabelecer, por meio de um conjunto de normas e princípios, um padrão de proteção que de um lado consagrasse os direitos de propriedade, de empresa e de trabalho, estes como direitos fundamentais econômicos, mas que de outro lado vedasse os abusos no exercício desses mesmos direitos.

No Brasil, o marco constitucional que começou a implementar esta tendência teve assento com a Constituição de 1934 que pela primeira vez inseriu no bloco constitucional um título denominado "Da Ordem Econômica e Social", o qual teve a incumbência de lançar o lastro dos princípios da justiça social com o objetivo de viabilizar a ideia de uma existência digna, precursora da dignidade da pessoa humana, através da garantia dos postulados econômicos agora vistos sob os limites do abuso.

Esse tratamento constitucional do fenômeno econômico ao lado do postulado social veio a ser consagrado no texto político de 1988 o qual colocou no mesmo plano os valores sociais do trabalho e o da livre iniciativa, estes erigidos como fundamentos da República Federativa do Brasil.

É possível dizer, inclusive, que o texto constitucional foi além na medida em que promoveu uma conciliação entre os postulados da livre iniciativa e da livre concorrência com os princípios da defesa do consumidor no contexto de uma justiça social tendente a assegurar uma existência digna, porquanto materializando o postulado também de índole fundamental da dignidade da pessoa humana.

Ao assim tratar a questão, a Constituição logrou êxito em conciliar o inconciliável, eis que acaso tomados em suas acepções abstratas absolutas seria inevitável se chegar à conclusão de que tais princípios são representações antagônicas de fenômenos historicamente opostos, o econômico e o social, mas que quando relativizados podem conviver em harmonia. A partir desse pressuposto, inevitável concluir que o ponto de harmonia desses fenômenos reside justamente nos limites do abuso do poder econômico.

Nesse cenário, reputo de extrema relevância as premissas declinadas no julgamento da ADI nº 319/DF no STF, quando se pautou o argumento de que o poder econômico abusivo pode ser entendido como aquele que tem por objetivo promover o aumento arbitrário dos lucros. Mas antes de penetrar na questão posta em foco, sob a abusividade ou não do lucro praticado pelo grupo Requerido, algumas ponderações imperam sobre a questão da livre iniciativa e livre concorrência, alçadas pelo grupo Demandado como fundamento de defesa.

A fim de expor uma breve e clara noção sobre tais postulados, dignas de nota são as lições de Gilmar Ferreira Mendes ao ponderar que *"a livre concorrência está intimamente ligada ao princípio da livre iniciativa"*, e continua lecionando que *"enquanto a livre iniciativa aponta para a liberdade política, que lhe serve de fundamento,* a livre concorrência significa a possibilidade dos agentes econômicos poderem atuar sem embaraços juridicamente justificáveis". (Mendes, Gilmar Ferreira. Curso de direito constitucional/Gilmar Ferreira Mendes, Inocêncio Mártires Coelho, Paulo Gustavo Gonet Branco. – 3. ed. rev. e atual. – São Paulo: Saraiva, 2008)

Ainda nesse contexto de delimitação da livre iniciativa o Ministro do STF segue ponderando que a livre iniciativa *"não é senão a projeção da liberdade individual no plano da produção, circulação e distribuição das riquezas"*, enquanto que a livre concorrência, segundo sua definição, *"tem caráter instrumental, significando o "princípio econômico" segundo o qual a fixação dos preços das mercadorias e serviços não deve resultar de atos da autoridade administrativa, mas sim do livre jogo das forças em disputa de clientela na economia de mercado"*.

Porquanto ser possível concluir, aprioristicamente, que a intervenção no domínio econômico não convive com tais postulados de mercado livre, exsurge de fundamental relevo a colocação realizada por Gilmar Mendes ao afirmar que a opção da Constituição pela política econômica do tipo liberal do processo econômico "só admite a intervenção do Estado para coibir abusos e preservar a livre concorrência *de quaisquer interferências, quer do próprio Estado, quer do embate de forças competitivas privadas que pode levar à formação de monopólios e ao abuso do poder econômico visando ao aumento arbitrário dos lucros".*

Ou seja, fica claro a partir de tais premissas que a livre concorrência possui na intervenção do Estado no domínio econômico um mecanismo de autopreservação do sistema, eis que a liberdade de mercado é um fenômeno autodestrutivo por força da natural tendência de desigualdade dos agentes econômicos, daí a afirmação do Ministro do STF de que *"a concorrência livre somente poderia ter lugar em condições de mercado nas quais não se manifestasse o fenômeno do poder econômico"*.

Ora, se o poder econômico *"por natureza, tende a se expandir e não conhecer limites"*, como anuncia Gilmar Mendes, mais que natural que se admita a intervenção do Estado nessa seara do domínio econômico a fim de estabelecer uma espécie de sistema de freios e contrapesos com a finalidade de preservar o regime da livre concorrência.

Vistas tais peculiaridades, me parece claro que a intervenção do Estado no domínio econômico se evidencia absolutamente admissível. Mas, como fenômeno de exceção, tem por pressuposto uma situação de abuso do poder econômico, este verificado concretamente quando houver, dentre outras manifestações patológicas de mercado, um aumento arbitrário dos lucros.

Partindo desses pressupostos, o ponto controvertido central da querela reside na verificação do aumento da margem média de lucro bruto como manifestação ou não da patologia de mercado caracterizada como o aumento arbitrário do lucro, capaz de autorizar a medida interventiva postulada pelo Ministério Público.

Segundo o *parquet*, entre março e abril/2007 o preço final da gasolina comum passou a sofrer aumento considerado abusivo, eis que injustificado frente a estabilidade do preço de aquisição. A fim de demonstrar a referida abusividade, o Ministério Público lançou mão de dois critérios/parâmetros comparativos: a análise de mercados com características semelhantes, e; o estudo cronológico das margens de lucro médio bruto praticados pela própria rede Demandada nos últimos anos.

No plano da comparação de mercados, destacou o Ministério Público que a margem média do lucro bruto na revenda da gasolina tipo "c" no Distrito Federal no período objeto da fiscalização (R$ 0,418), se apresentou razoavelmente maior que àquela praticada no Rio de Janeiro, São Paulo e Goiânia respectivamente (R$ 0,246; R$ 0,325 e; R$ 0,339). Sob a óptica da comparação cronológica, o mesmo comportamento se evidenciou, de modo que houve um aumento a partir de abril/2007 da ordem de R$ 0,20, eis que a margem de revenda passou de R$ 0,21 para R$ 0,41 sem qualquer justificativa para tanto.

Um outro elemento que o *parquet* destaca a fim de demonstrar a influência da rede Demandada no mercado de combustíveis do Distrito Federal, segue no sentido de que ela atua como líder, balizando os preços dos combustíveis e especialmente da gasolina tipo "c", o que evidencia o seu poder de controlar o mercado desse produto, evidenciando que o mercado do Distrito Federal é caracterizado como de pouca ou praticamente nenhuma variação de preços, agregado a uma elevada margem de lucro na revenda, conclusões obtidas a partir de uma nota técnica exarada pela Agência Nacional de Petróleo – ANP (Nota Técnica nº 040/CDC).

A partir destes elementos de informação, me parece desnecessária a realização de perícia para aferir a situação peculiar de cada posto que ocupa o polo passivo da demanda, bem como entendo que o parâmetro de aferição da margem média de lucro bruto do preço da gasolina tipo "c", obtido pelos métodos de comparação realizados pelo Ministério Público são suficientes para indicar a prática de margem média de lucro bruto abusiva, capaz de indicar abuso no poder econômico pelo aumento arbitrário do lucro.

A fim de se chegar a esta conclusão, algumas ponderações se impõem. Primeiro, observo com atenção que a medida interventiva postulada pelo Ministério Público se restringe a um único elemento/produto comercializado pela rede Demandada, qual seja a gasolina tipo "c", sendo certo que isso em nada afeta o lucro obtido em relação aos demais produtos comercializados, dentre os quais poderíamos destacar a gasolina aditivada, o álcool, o diesel, além dos demais produtos e serviços que são oferecidos atualmente em todo e qualquer posto de combustível, à exemplo das lojas de conveniência, das lavagens dentre outros.

Ademais, da análise aos documentos de fls. 855/940, apresentados pela rede demandada, é possível promover o cotejamento dos lucros líquidos no periodo compreendido entre 2004 e 2007. Dessa análise, cujos parâmetros percentuais seguem demonstrados nas tabelas abaixo, é possível concluir que os elementos contábeis das empresas requeridas apenas confirmam a tese defendida pelo *parquet*.

POSTO	CRESCIMENTO LUCRO LÍQUIDO (2004/2005)	CRESCIMENTO LUCRO LÍQUIDO (2005/2006)	CRESCIMENTO LUCRO LÍQUIDO (2006/2007)
AUTO POSTO GASOLINA	11,77%	9,45%	70,39%
JOIA COMBUSTÍVEIS	-19,61%	207,24%	54,61%
COBR	44,79%	38,28%	64,39%
CALCARIO COMBUSTÍVEIS	73,51%	15,03%	86,71%
GASOLINA COMBUSTÍVEIS	-12,50%	59,34%	18,61%
LUBRIFICANTES GASOLINA	-24,38%	66,21%	48,34%

POSTO	CRESCIMENTO LUCRO LÍQUIDO (2004/2005)	CRESCIMENTO LUCRO LÍQUIDO (2005/2006)	CRESCIMENTO LUCRO LÍQUIDO (2006/2007)
COM COMBUSTÍVEIS	-22,95%	107,85%	40,03%
CANADEAÇUCAR	51,84%	-1,61%	42,40%
CONTACOMB	-21,33%	105,63%	9,24%
BOM POSTO	31,04%	88,66%	15,99%

GRUPO	CRESCIMENTO DO LUCRO LÍQUIDO MÉDIO – PERÍODO 2004/2005	CRESCIMENTO DO LUCRO LÍQUIDO MÉDIO – PERÍODO 2005/2006	CRESCIMENTO DO LUCRO LÍQUIDO MÉDIO – PERÍODO 2006/2007
REDE GASOLINA	11,21%	616,28%	45,07%

Fonte: balanços patrimoniais (Doc. fls. 855/940)

Ora, da observação dos indicadores contábeis/econômicos apresentados pela própria rede demandada não há margem para dúvidas. A conclusão que ressai é imperativa a fim de demonstrar que logo após o fim do período do acordo entabulado com o Ministério Público que limitou a margem de lucro bruto em 15,87%, com vigência entre 25/10/2004 e 18/06/2005 houve um aumento exponencial e significativo da margem de lucro líquido das empresas que compõem a rede demandada.

Esse aumento se apresenta de forma cristalina através da demonstração do crescimento do lucro líquido médio da rede no ano de 2006 que se evidenciou da ordem de 616,28% superior quando comparado com o ano de 2005, seguido imediatamente por um outro aumento do lucro líquido médio não tão vultoso, mas também significativo, registrado no período de 2007 da ordem de 45,07% maior do que o já exponencial aumento de 2006.

Apenas a título de registro, o lucro líquido médio anual da rede/grupo foi obtido através da soma dos lucros líquidos de cada posto integrante da rede e ocupante do pólo passivo, incluindo os meses negativos, divididos pela quantidade de postos integrante do grupo. Essa operação serviu de base para o julgador obter o lucro líquido médio da rede em cada ano compreendido entre 2004 e 2007, conforme informações dos balanços patrimoniais, bem como promover o cotejamento entre os lucros e, assim, aferir o crescimento desse referencial no período.

De outro lado, também merece registro que não obstante o acordo pactuado entre a rede demandada e o Ministério Público em 25/10/2004, limitando a margem média do lucro bruto em 15,87% até 18/06/2005, há de se observar que no período 2004/2005 ainda assim houve um aumento do lucro líquido médio da rede na ordem de 11,21%, percentual que apresenta duas importantes características: representa uma boa margem de crescimento do lucro líquido anual para qualquer empresa e indica a prática de preços justos ao consumidor.

Ora, diante destas constatações é inevitável concluir que o aumento significativo do lucro líquido somente se justifica ou se faz possível mediante um aumento também significativo do lucro bruto, o que torna insofismável a tese defendida pelo *parquet*. Poderia a rede Demandada haver demonstrado que tal aumento exponencial houvesse ocorrido em razão de um significativo incremento nas vendas. Entretanto, mesmo detentora de tais informações, que seriam facilmente demonstradas, não acostou aos autos nenhum elemento de informação capaz de justificar esse aumento, omissão que fortalece a verossimilhança da tese do Ministério Público.

Tendo havido um aumento do lucro líquido e bruto, bem como tendo sido esse aumento significativo, ressai, portanto, a abusividade capaz de evidenciar o aumento arbitrário do lucro que caracteriza infração à ordem econômica apta a justificar a intervenção pretendida.

Nessa senda, outra observação merece destaque. A abusividade do aumento dos lucros brutos e líquidos obtidos pela rede Demandada se faz evidente quando observamos que não houve demonstração de nenhuma modificação das variáveis que compõem o preço da gasolina, como bem destacou o Ministério Público. Ou seja, verificado o aumento significativo do lucro sem um correspondendo aumento razoável do custo do produto, fica caracterizada, portanto, a abusividade que justifica a medida interventiva.

Sob outro foco, objetivando esgotar todas as formas de visualizar a questão, tomando como parâmetro publicação da Petrobrás, tendo como premissa que a gasolina é composta de 75% de gasolina A e 25% de álcool anidro, bem como que as parcelas das margens de distribuição e revenda são estimadas, a composição do preço da gasolina tem a seguinte formatação teórica:

- 18% (distribuição e revenda)
- 7% (custo álcool anidro)
- 29% (ICMS)
- 13% (CIDE, PIS/PASEP e COFINS
- 33% (Parcela Petrobrás)

Fonte (http://www2.petrobras.com.br/produtos_servicos/port/composicao/preco_gasolina.asp)

De início, compete expor que este levantamento foi realizado com base na média do preço da gasolina ao consumidor final, mediante levantamento feito nas principais capitais do país.

Transpondo este referencial aos parâmetros objeto da presente demanda algumas observações ressaltam. Primeiro, observo atentamente que o custo relativo ao percentual do ICMS encontrado no preço médio foi da ordem de 29% (vinte e nove por cento), ao passo que este percentual no Distrito Federal é da ordem de 25% (vinte e cinco por cento), o que teoricamente deveria indicar que o preço da gasolina no Distrito Federal deveria ser menor.

Igualmente me chama a atenção um fato curioso. Segundo o levantamento da Petrobrás, o custo médio conjunto da revenda e distribuição representa 18% (dezoito por cento) do preço final da gasolina vendida ao consumidor. Transpondo este parâmetro para o caso concreto, inevitável perceber que se o preço final da gasolina apurada pelo Ministério Público foi da ordem de R$ 2,575, à época do levantamento, bem como a margem média do lucro bruto apurada em R$ 0,418, isso significa que a margem média do lucro bruto representa nada menos do que 16,233% do preço da gasolina, conforme investigação realizada pelo *parquet*.

Em outras palavras, de um custo médio que representa 18% e que engloba tanto a revenda como a distribuição, a rede demandada obtém uma margem de lucro bruto que representa 16,233% dos 18%, o que permite se inferir a conclusão de que apenas 1,767% representa o custo da distribuição ou, ainda, que dos 100% relativos ao custo conjunto da revenda e distribuição, somente a revenda (lucro médio bruto) representa 90,18% desse referencial.

Por fim, entendo que exsurge de relevo analisar sinteticamente algumas características tributárias a fim de verificar a plausibilidade do parâmetro eleito pelo Ministério Público. Para tanto, observo que sobre os combustíveis existe basicamente a incidência de quatro tributos, conforme o art. 155, parágrafo 3º da Constituição Federal, sendo eles três impostos (ICMS, Imposto de Importação, Imposto de Exportação) e uma contribuição (CIDE Combustível).

Desses quatro tributos, 03 (três) seriam federais (Imposto de Importação, Imposto de Exportação e Cide Combustível), ao passo que apenas 01 (um) seria estadual (ICMS). Além desses tributos, outras duas exações foram entendidas passíveis de incidir sobre os combustíveis, sendo elas espécie de contribuições social-previdenciárias (PIS e COFINS), conforme entendimento consagrado na súmula nº 659 do STF.

Nesse contexto, tendo em conta que o objeto de análise é a revenda da gasolina no mercado interno, desnecessária se faz qualquer ponderação sobre os impostos de importação e exportação, eis que não incidentes na operação sobre a qual se busca obter um parâmetro de abusividade ou não da margem de lucro relativa à revenda interna.

Vistas tais ponderações, exsurge como algo irrefutável a conclusão de que de todas as exações incidentes sobre os combustíveis somente uma delas pode divergir quando realizada a comparação de mercados semelhantes (DF, GO, RJ e SP), sendo esta caracterizada como o ICMS, o qual por ser um tributo (imposto) de competência estadual pode ser fixado em alíquotas distintas capazes de gerar alguma incongruência no parâmetro de comparação utilizado pelo Ministério Público.

Partindo dessa premissa e considerando que a alíquota do ICMS sendo matéria de ordem pública pode ser conhecia de ofício pelo julgador, vejamos as alíquotas dos Estados tomados pelo *parquet* como referência para julgamento da abusividade:

- São Paulo: alíquota ICMS = 25% (Dec. 45.490/00, RICMS art. 52 a 55)
- Rio de Janeiro: alíquota ICMS = 30% (Lei nº 2.657/96, art. 14, XX)
- Goiás: alíquota ICMS = 27% (Dec. 4.852/97, RICMS art. 20)
- Distrito Federal: alíquota ICMS = 25% (Dec. 18.955/97, RICMS art. 46 e 47)

Sendo o ICMS o único tributo capaz de justificar uma eventual diferença substancial do preço da gasolina, bem como tendo em conta que o ICMS do Distrito Federal incidente sobre a gasolina é o de menor alíquota dentre os paradigmas objeto da comparação, igualando-se à São Paulo, não há como justificar a considerável diferença de margem média do lucro bruto entre estes dois entes federados.

Observe-se, que a margem média do lucro bruto na revenda da gasolina em São Paulo foi apurada na ordem de R$ 0,325, ao passo que esta mesma margem foi obtida no Distrito Federal na ordem de R$ 0,418, o que significa que a margem média do lucro bruto no Distrito Federal é 28,61% maior do que a média de São Paulo, não obstante possuírem a mesma alíquota de ICMS.

A diferença atinge seu ápice quando a comparação é feita com o Rio de Janeiro, Estado que apresenta a maior alíquota de ICMS dos entes objeto da comparação (30%), e, portanto, deveria ostentar a maior margem média de lucro bruto, mas não obstante tem uma margem média de lucro bruto da ordem de R$ 0,246, portanto 41,15% menor do que aquela apurada no Distrito Federal que pratica uma alíquota de ICMS de 25%.

No tocante às demais obrigações legais que oneram os combustíveis, cuja rede Demandada elencou como taxas de localização, licenças ambientais e outros encargos, é de se notar que tais obrigações também são impostas em qualquer Estado da Federação, o que sendo matéria de ordem pública poderia haver sido demonstrada, independente de perícia, a distinção entre tais obrigações a ponto de justificar a diferença da margem média de lucro bruto apurada no comparativo do *parquet*, providência que não parece ter sido objeto de preocupação da rede Demandada.

Especificamente em relação aos custos com operações envolvendo cartões (de crédito e de débito), interessante ponderar que a rede demandada apenas lançou uma face desta variável, qual seja o custo operacional que este tipo de "moeda" gera. Entretanto, deixou de ventilar uma importante observação que consiste no aumento/incremento que este tipo de pagamento produz na comercialização dos produtos.

Ademais, o uso do cartão de crédito/débito ainda tem o efeito reflexo de eliminar um sério problema na revenda dos combustíveis, qual seja o inadimplemento, eis que a partir das vendas efetuadas por meio de cartões de crédito/débito o pagamento é realizado pela operadora do cartão que assume o risco do negócio, operando a transferência do ônus de inadimplemento do posto para a operadora do cartão.

Um outro fator que merece destaque, se funda no precedente firmado pelo Ministério Público e rede Demandada, que ajustaram pelo prazo aproximado de 01 (um) ano, a limitação da margem de lucro bruta média no patamar perseguido pela presente demanda. Ora, se em tempo pretérito a própria rede Demandada optou por aderir a um termo de acordo pelo qual aceitou limitar sua margem de lucro por um período que é o dobro do que agora se pretende limitar, a única conclusão que se impõe é a de que tal intervenção não ostenta o condão de inviabilizar as atividades comerciais desenvolvidas pela rede Ré, como de fato não inviabilizou, eis que demonstrado um lucro líquido positivo no período em que houve a limitação da margem média do lucro bruto quando do acordo outrora celebrado.

Ademais, observo com atenção que quando dessa anterior limitação da margem de lucro inexistiu notícia de postos que "quebraram" ou encerraram suas atividades, ao passo que de outro lado o Ministério Público bem anotou que durante o tempo em que tal limitação teve vigência foi possível observar uma salutar competição e um benefício à coletividade consumidora da gasolina tipo "c" no Distrito Federal.

Dessa forma, tendo em conta o tempo de intervenção ora pretendido, que representa metade do tempo anteriormente fixado por acordo das próprias partes envolvidas na querela, entendo que não há a possibilidade de um efeito comercial ou social negativo a ponto de implicar em inviabilização de empresas ou de imposição de prejuízos.

Tendo em conta tais ponderações, entendo que o Ministério Público logrou êxito em demonstrar que de fato houve um aumento da margem de lucro bruta no período objeto da investigação, sem um correspondente aumento do preço de aquisição, bem como não tendo a rede demandada se ocupado de demonstrar, mediante provas que poderiam ser pré constituídas, razões capazes de justificar o aumento dessa margem média do lucro bruto, forçoso concluir que efetivamente houve abusividade através do aumento arbitrário dos lucros capaz de ensejar o abuso do poder econômico que autoriza a medida interventiva postulada.

III. DISPOSITIVO

Isto posto, com amparo nos motivos acima declinados, rejeito as intervenções pretendidas, JULGO PROCEDENTE o pedido e com isso resolvo o processo com análise de mérito, na forma do art. 487, I do CPC, a fim de limitar a margem média do lucro bruto da rede demandada na comercialização da gasolina tipo "c" (comum) a 15,87% (quinze vírgula oitenta e sete por cento) pelo período de 06 (seis) meses, sob pena de multa que arbitro em R$ 50.000,00 (cinquenta mil reais) por cada situação, devidamente comprovada, que ensejar o descumprimento da presente determinação, limitada a multa ao teto de R$ 5.000.000,00 (cinco milhões de reais). Em face da espécie processual e da intensa divergência jurisprudencial sobre o tema, deixo de condenar a rede Demandada em custas e honorários sucumbenciais.

P.R.I.

Brasília, dia/mês/ano

ÂNGELO PINHEIRO FERNANDES DE OLIVEIRA

Juiz de Direito Substituto

2. AÇÃO CIVIL PÚBLICA – IMPROBIDADE ADMINISTRATIVA

RELATÓRIO

O MINISTÉRIO PÚBLICO DO DISTRITO FEDERAL E TERRITÓRIOS propôs ação de improbidade administrativa contra A.C. e F.C., requerendo a condenação dos réus como incursos nas penas do art. 12, II e III, da Lei 8249/1992.

Segundo o exposto na inicial, o réu F.C., titular da Secretaria de Estado Extraordinária da Copa 2014 – SECOPA, oficiou à TERRACAP solicitando aquisição de ingressos para o jogo de abertura da Copa das Confederações, realizada em 2013. A proposição foi acolhida pelo réu A.C., presidente da TERRACAP, sob a justificativa de potencializar a divulgação da empresa perante o mercado e a população em geral. O contrato foi assinado e publicado no DODF de 13/2/2013, ao custo total de R$ 2.852.227,35. Em seguida, foi celebrado convênio entre a TERRACAP e a SECOPA com a finalidade de desenvolver ações conjuntas para a divulgação da TERRACAP e para a entrega e distribuição de ingressos e camarote, mas que na verdade não passou de simples distribuição de autorizações de acesso a uma lista de convidados. Afirma que a prática de marketing de emboscada era vedada pela própria FIFA. Além disso, a justificativa para a inexigibilidade de licitação não condizia com a finalidade estatutária da empresa. Aponta liberação de verba pública sem observar as regras aplicáveis, incorrendo-se em gasto não autorizado. Alega desvio de finalidade do ato, sendo que a realização do evento já era previamente conhecida e não havia razão para a aquisição dos ingressos com recursos da TERRACAP. Sustenta que a compra dos ingressos não era permitida pela legislação que rege a empresa e aponta falta dos requisitos de inexigibilidade de licitação. Além disso, não foi observada a supremacia do interesse público, com ofensa à legalidade e finalidade da norma.

O réu F.C. apresentou defesa prévia às fls. 532. Negou que o ato praticado seja ímprobo e destacou que não houve irregularidade na aquisição dos ingressos. Observou que a SECOPA não dispunha de orçamento e que a compra foi feita numa estratégia de apresentação do patrimônio e divulgação da cidade.

O réu A.C. apresentou defesa prévia às fls. 571. Disse não haver improbidade no ato praticado e afirmou que não teve poder decisório na contratação. Argumentou que a compra dos ingressos não é estranha à atuação da empresa. Negou ter atribuição para dispor sobre os critérios de seleção dos convidados.

O DISTRITO FEDERAL se manifestou às fls. 620, esclarecendo que se manterá em posição de neutralidade.

O mesmo fez a TERRACAP às fls. 641.

Na decisão de fls. 652 foi recebida a inicial.

O réu F.C. contestou às fls. 658. Apontou inicialmente inépcia da petição inicial. No mérito, destacou que a SECOPA foi criada em 3/9/2012, após a extinção do Comitê Organizador Brasília 2014. Disse que dentre as atribuições do Secretário, incluía-se a de coordenar as atividades, obras e programas dos órgãos da Administração direta e indireta, no tocante aos eventos da Copa do Mundo 2014 e da Copa das Confederações, não constando poder para determinar ações. Destacou que caberia à TERRACAP a aquisição ou não dos ingressos e camarote, no quantitativo que julgasse pertinente. Argumenta que apenas se limitou a informar as providências que poderiam ser tomadas, mas não ordenou a aquisição. Abordou o procedimento de compra dos ingressos, destacando que a licitação era inviável. Asseverou que constitui finalidade da TERRACAP o desenvolvimento econômico e social do Distrito Federal, além do que a empresa é proprietária do complexo poliesportivo e detém autonomia para explorá-lo economicamente. Defendeu a compra dos ingressos como medida de promoção do desenvolvimento econômico da TERRACAP. Argumentou que a aquisição seguiu os trâmites regulares, sendo deliberada por decisão colegiada. Negou ter participado da definição dos beneficiários dos ingressos. Acrescentou que a compra não se enquadra como marketing de emboscada, pois não houve associação da TERRACAP com a FIFA.

O réu A.C. contestou às fls. 865. Narrou que o pedido para a compra dos ingressos foi feito em reunião com o Chefe do Executivo e outras autoridades, em razão de a FIFA ter cedido apenas quatro ingressos nominativos de cortesia para o Distrito Federal. Argumentou que a medida foi determinada pelo Governo do Distrito Federal, em razão do caráter estratégico do evento. Além disso, a contratação foi aprovada após exame técnico na TERRACAP, considerando-

-se a natureza do empreendimento e a necessidade de divulgar a empresa, que pretendia lançar editais de parcerias público-privadas. Houve também o reconhecimento da existência de recursos orçamentários compatíveis com o gasto. Afirmou que a compra foi autorizada pela Diretoria Colegiada, e não pelo réu monocraticamente, bem como ratificada pelo Conselho de Administração. Observou que a TERRACAP, para a compra dos ingressos, firmou convênio com a Secretaria de Estado de Comunicação Social – SECOM e com a SECOPA, pois não dispunha de conhecimentos para efetuar a aquisição. Destacou que a licitação era inexigível na hipótese. Apontou inadequação da ação de improbidade, por não haver ato ímprobo. Disse que não praticou ato decisório para a aquisição e que o gasto foi feito no cumprimento das finalidades da empresa; negou ter atribuição para definir a lista de agraciados. Sustentou a licitude do procedimento de compra e a inexistência de ofensa à legalidade e finalidade. Aduziu que não houve dolo ou má fé em sua conduta e que não foi praticado marketing de emboscada. Apontou a necessidade de inclusão no pólo passivo, como litisconsortes necessários, de outras pessoas envolvidas na operação e também da União, por ter participação no capital social da TERRACAP.

Em réplica (fls. 925), o MINISTÉRIO PÚBLICO pugnou pela rejeição das preliminares e, no mais, reiterou as razões expostas inicialmente.

Na decisão de fls. 977 foi afastada a inépcia da inicial alegada por F.C., bem como indeferida a produção de prova oral requerida por esse mesmo réu. Contra essa decisão F.C. interpôs agravo retido às fls. 981. A decisão agravada foi mantida às fls. 990.

A seguir, vieram os autos conclusos.

FUNDAMENTAÇÃO

Preliminares

Inicialmente, cumpre analisar questões preliminares levantadas pelo réu A.C. em sua contestação e que não foram enfrentadas na decisão saneadora de fls. 977.

O réu alegou no item 3 de sua peça de defesa (fls. 881), que a ação proposta é inadequada, em razão da inexistência de ato de improbidade.

Na verdade, a verificação se o ato atacado pode ou não ser considerado ímprobo é questão pertinente ao mérito, não cabendo o reconhecimento antecipado de que a ação proposta seja inadequada à finalidade almejada.

O réu ainda requereu a citação de litisconsortes necessários (item 4.1 – fls. 910), alegando que o ato foi praticado por órgão colegiado, devendo os seus demais integrantes obrigatoriamente compor o polo passivo da demanda.

Nesse ponto, também não pode prevalecer o argumento do réu.

A ação foi proposta contra o Presidente da TERRACAP e o Secretário da SECOPA por se entender, em tese, que essas duas autoridades foram responsáveis pela compra dos ingressos.

O fato de a compra dos ingressos ter sido aprovada por órgão colegiado da TERRACAP não determina a formação de litisconsórcio necessário com a participação de todos os conselheiros. Não há imposição legal para que a ação seja obrigatoriamente proposta contra todos os eventuais partícipes ou beneficiários do ato questionado.

Nesse ponto, vale trazer o ensinamento de Waldo Fazzio Júnior ("Improbidade Administrativa: doutrina, legislação e jurisprudência", Atlas, 2ª edição, 2014, p. 465):*"Quando a ação civil de improbidade administrativa é dirigida contra os partícipes da conduta reprovada, certamente visualiza-se um litisconsórcio passivo. (...) Contudo, predito litisconsórcio é facultativo. Inexiste a indispensabilidade da presença compulsória de todos os colegitimados passivamente. Nos termos do art. 47 do Código de Processo Civil, o litisconsórcio é necessário independente da vontade das partes, mas por determinação de lei, ou pela própria natureza da pretensão à tutela do direito deduzida em juízo. Pois bem. Não há, na Lei nº 8.429/92, previsão legal de formação de litisconsórcio necessário entre o imputado autor do ato de improbidade e eventuais beneficiários ou participantes do ato. Não há relação jurídica entre as partes que obrigue o juiz a decidir com uniformidade a demanda, o que, certamente, repele a incidência do art. 47 do CPC. Ante a inexistência de litisconsórcio necessário, não há que se falar em nulidade processual quando não integram o pólo passivo todos aqueles pretendidos pelo agente público processado."*

Nesse mesmo sentido é a orientação do egrégio STJ: (AgRg no REsp 1461489/MG, Rel. Ministro MAURO CAMPBELL MARQUES, SEGUNDA TURMA, julgado em 18/12/2014, DJe 19/12/2014).

Por fim, outra questão proemial trazida pelo réu A.C. diz respeito à necessidade de inclusão da União no pólo passivo, com a consequente transferência da competência para a Justiça Federal (item 4.2 – fls. 913).

Não há, contudo, como se vislumbrar interesse da União no caso apenas pelo fato de ter participação societária na TERRACAP. Esta empresa é dotada de personalidade jurídica própria e não se confunde com a pessoa dos sócios. Ademais, o ato praticado acarretou gastos de recursos próprios da empresa, e não de verbas de natureza federal.

A presença, no Conselho de Administração da empresa, de componentes indicados pela União também não envolve o ente federal no caso. Os atos praticados pelo colegiado traduzem a manifestação de vontade do órgão, não podendo ser imputada a responsabilidade à União ou a outros entes apenas porque responsáveis pela indicação dos conselheiros.

Com isso, REJEITAM-SE as preliminares trazidas na contestação de A.C..

Mérito – análise do quadro fático

Em 28/1/2013, o réu F.C., na condição de Secretário da SECOPA, encaminhou o ofício de fls. 30 ao réu A.C., então Presidente da TERRACAP, com o seguinte teor:

> 1. *"Cumpre-me, no exercício das atribuições estabelecidas pelo Exmo. Senhor Governador do Distrito Federal para a Secretaria Extraordinária da Copa das Confederações e da Copa do Mundo informar sobre a necessidade de que os órgãos da administração direta e indireta do Distrito Federal adotem com a brevidade decorrente da proximidade do início da Copa das Confederações, que ocorrerá nesta Capital da República, no dia 15 de junho de 2013, as providências destinadas a assegurar os meios de acesso ao jogo de abertura da referida competição internacional de futebol, seja na forma de um camarote e um lote de mil ingressos, seja no quantitativo que as instâncias decisórias desta renomada empresa pública entenderem pertinentes.*
>
> 2. *Com efeito, conforme recomendações da própria FIFA medidas como as ora cogitadas tendem a contribuir de forma significativa para o bom relacionamento institucional com entidades, autoridades públicas, bem como com outros parceiros da TERRACAP e dos Governos do Distrito Federal e da União, considerada a realização desse histórico evento.*
>
> 3. *A vinculação do Estádio Nacional de Brasília com a TERRACAP e a própria relação do evento com os objetivos institucionais desta empresa pública afiguram-se, no entendimento do Governo do Distrito Federal como razões relevantes para o investimento neste histórico momento.*
>
> 4. *Porém, considerando a grande procura já demonstrada por empresas do Brasil e do exterior, inclusive conforme a própria FIFA tem alertado importa ponderar sobre a conveniência de que as providências administrativas indispensáveis à aquisição dos ingressos ocorram com antecedência.*
>
> 5. *Quanto à distribuição dos ingressos, a Secretaria de Comunicação Social do Distrito Federal, se dispõe a colaborar mediante a celebração de convenio de cooperação técnica, considerando a expertise que detém aquela Secretaria na área de marketing e comunicação social, podendo, assim, potencializar a divulgação da imagem da TERRACAP perante o mercado e população em geral, com reflexos positivos para seus objetivos legais."*

Na TERRACAP, a Assessoria de Comunicação Social – ASCOM manifestou-se favoravelmente ao pedido, considerando que *"a solenidade de abertura* [da Copa das Confederações 2013] *representa oportunidade única para reunir stakeholders, ou seja, pessoas ou grupos fundamentais não só ao processo de construção de uma nova identidade para a Terracap enquanto Agência de Desenvolvimento, como também para a atração de investidores"* (fls. 34).

A Consultoria Jurídica da empresa também não vislumbrou nenhum óbice no negócio (fls. 105-111).

Em seguida, o Presidente A.C. proferiu decisão (fls. 112) autorizando a compra de um camarote e mil ingressos para o jogo de abertura da Copa das Confederações 2013, no valor de R$ 2.852.227,35, ad referendum do Conselho de Administração. No mesmo dia, a Diretoria Colegiada - DIRET da TERRACAP ratificou a decisão do Presidente, autorizando a compra (fls. 117).

Posteriormente, o Conselho de Administração da empresa homologou o ato em 27/2/2013, autorizando a emissão de nota de empenho para a aquisição do camarote e ingressos (fls. 129).

Após isso, firmou-se o contrato de compra dos ingressos e camarote com a empresa MATCH Hospitality Serviços Ltda. (fls. 140), com a transferência do numerário em 8/3/2013 (fls. 152).

A TERRACAP, em seguida, firmou convênio com a Secretaria de Estado de Comunicação Social - SECOM e a SECOPA para o *"desenvolvimento de ações conjuntas para a divulgação da TERRACAP e para entrega e distribuição de ingressos e camarote"* (fls. 164).

A SECOM, em ofício de 22/7/2013, informou sobre os critérios para seleção dos convidados a receber os ingressos adquiridos pela TERRACAP, conforme documento de fls. 472-477.

Enquadramento como ato de improbidade

Dentro do contexto fático acima exposto, não é possível reconhecer que o réu F.C. tenha praticado ou mesmo contribuído de forma relevante para a prática do ato de improbidade.

Com efeito, o ato considerado ímprobo nesta ação consiste essencialmente na compra de ingressos e camarote, com recursos da TERRACAP, para a partida de abertura da Copa das Confederações 2013, realizada no Estádio Nacional Mané Garrincha, entre Brasil x Japão.

Essa aquisição foi feita exclusivamente pela TERRACAP, que utilizou recursos próprios para tanto, sem participação da SECOPA, até porque esta secretaria sequer dispunha de verba orçamentária, limitando sua atuação à coordenação das atividades, obras e programas dos órgãos da administração direta e indireta do Governo do Distrito Federal relacionadas à Copa do Mundo 2014, bem como relacionada à Copa das Confederações, como estabelecido no Decreto 33915/2012.

No ofício encaminhado à TERRACAP, o Secretário F.C. não impôs como exigência à empresa a compra dos ingressos, apenas "informou" sobre a necessidade de entidades da Administração assegurarem o acesso ao jogo de abertura da Copa das Confederações 2013.

Nesse quadro, a aquisição pela TERRACAP não se deu em cumprimento a ordens advindas da SECOPA, até porque a empresa dispõe de autonomia administrativa e econômica que lhe garantem independência na tomada de suas decisões corporativas.

Acrescente-se que, segundo relato do réu A.C. (fls. 918), a solicitação para a compra dos ingressos foi feita pessoalmente pelo Governador do Distrito Federal em reunião ocorrida em janeiro de 2013, em data não especificada. A justificativa apresentada pelo Chefe do Poder Executivo local foi a de que a FIFA teria disponibilizado poucos ingressos de cortesia para o jogo e, como o Governador já teria convidado autoridades para assistir a partida, seria necessária a compra de mais entradas para distribuir aos convidados.

O Secretário da SECOPA, então, apenas formalizou via ofício ao Presidente da TERRACAP o pedido que fora feito diretamente pelo Governador do Distrito Federal na tal reunião. E o fez em termos adequados, solicitando a colaboração da empresa para atender aos interesses do governo, mas não como imposição.

Nesse quadro, eventual atribuição da responsabilidade pelo ato de improbidade, se for o caso, deve ser dirigida ao Chefe do Poder Executivo, que foi, afinal, quem fez o pedido (ou ordem, segundo as declarações do réu A.C.) para a compra dos ingressos.

A participação do Secretário da SECOPA, portanto, limitou-se a formalizar por escrito uma solicitação à TERRACAP para a compra das entradas e do camarote.

Pode-se questionar qual a necessidade de se criar uma secretaria especial para coordenar os trabalhos preparatórios para a cidade sediar os eventos esportivos, bem como a relevância e utilidade do órgão, que sequer dispunha de orçamento próprio. Contudo, não há como se atribuir ao titular da pasta a responsabilidade por ato de improbidade, se sua participação se limitou a atuar como mero repassador de recados do Chefe do Poder Executivo ao Presidente da TERRACAP.

Ademais, após o envio do ofício em destaque, todo o procedimento adotado para justificar o gasto foi levado a efeito internamente na TERRACAP, que avaliou a possibilidade de realizar a compra e a disponibilidade de recursos, sem participação do titular da SECOPA. Vale dizer, o Secretário de Estado não intercedeu junto à empresa para o convencimento sobre a necessidade da compra, tendo a TERRACAP decidido por si mesma a respeito da operação.

Em vista disso, mostra-se inviável imputar ao réu F.C. responsabilidade pelo ato questionado nesta ação à luz das regras da Lei 8429/1992, visto que não teve participação juridicamente relevante para a prática do ato de improbidade. A simples remessa de ofício à TERRACAP, no contexto analisado, não chega nem mesmo a caracterizar ato de indução para a prática do ato, ainda mais em se considerando que o Secretário da SECOPA não poderia auferir qualquer vantagem com a compra. Tampouco houve concorrência, pois a compra foi realizada diretamente pela TERRACAP, sem interferência da SECOPA.

Desse modo, o pedido em relação ao réu F.C. deve ser julgado improcedente.

Em relação ao réu A.C., a situação é distinta, como já pontuado acima.

O MINISTÉRIO PÚBLICO atribui ao réu a prática de ato de improbidade enquadrado nos incisos VIII e XI do art. 10 e no inciso I do art. 11, ambos da Lei 8429/1992, cuja redação é a seguinte: "*Art. 10. Constitui ato de improbidade administrativa que causa lesão ao erário qualquer ação ou omissão, dolosa ou culposa, que enseje perda patrimonial, desvio, apropriação, malbaratamento ou dilapidação dos bens ou haveres das entidades referidas no art. 1º desta lei, e notadamente: VIII - frustrar a licitude de processo licitatório ou dispensá-lo indevidamente; XI - liberar verba pública sem a estrita observância das normas pertinentes ou influir de qualquer forma para a sua aplicação irregular;(...)Art. 11. Constitui ato de improbidade administrativa que atenta contra os princípios da administração pública qualquer ação ou omissão que viole os deveres de honestidade, imparcialidade, legalidade, e lealdade às instituições, e notadamente - praticar ato visando fim proibido em lei ou regulamento ou diverso daquele previsto, na regra de competência;*"

Em sua defesa, o réu sustenta que não seria possível promover licitação para a compra dos ingressos, tratando-se de hipótese de inexigibilidade prevista no art. 25 da Lei 8666/1993.

De fato, não caberia licitação, em tese, para a compra dos ingressos e camarote, considerando que a venda era realizada por uma única empresa, que detinha exclusividade para a negociação.

Ocorre que o MINISTÉRIO PÚBLICO, ao enquadrar a conduta no inciso VIII do art. 10 da Lei 8429/1992, não alegou que houve aplicação indevida da inexigibilidade de licitação. O fundamento apresentado pelo Parquet em relação a esse inciso gira em torno da impossibilidade de aquisição dos ingressos pela TERRACAP e à ausência de motivação legítima para a realização da despesa.

Se a alegação da defesa se mostra impertinente, já que não se atribui ao réu a realização de compra com falsa inexigibilidade de licitação, por outro lado é preciso também reconhecer que o enquadramento do ato no inciso VIII do art. 10 da LIA não se mostra adequada em face da conduta praticada pelo réu.

A primeira parte nesse inciso refere-se à conduta de frustrar a licitude de processo licitatório. Tal agir, na lição de Mauro Roberto Gomes de Mattos ("O limite da improbidade administrativa: comentário à Lei nº 8.429/92", Forense, 5ª edição, 2010, p. 307), corresponde àquele em que "*o agente público, deliberadamente, impede que o procedimento licitatório se desenrole com competitividade, deixando de observar o tomador do serviço a melhor contratação. Ou pela definição de Marino Pazzaglini Filho: 'Frustrar a legalidade da licitação significa fraudar, burla, tornar inútil o procedimento licitatório, mais especificadamente o caráter competitivo da licitação.'*".

No caso em tela, a improbidade alegada não envolve interferência indevida em processo de licitação nos moldes acima mencionados, até porque sequer licitação houve.

A irregularidade apontada se prende à incompatibilidade do gasto vis-à-vis com a finalidade social da empresa e também com a ausência de nexo com a motivação apresentada. Nesse sentido, não há como se reconhecer que a conduta do réu tenha sido a de frustrar a licitude de processo licitatório.

A segunda parte do inciso VIII diz respeito à conduta de dispensar indevidamente a realização de licitação prévia em contrato, situação essa, como já dito anteriormente, que não se verifica no caso em análise, pois a compra dos ingressos não poderia mesmo ser submetida a procedimento licitatório.

Mostra-se cabível, no entanto, o enquadramento em relação ao inciso XI do art. 10 e ao inciso I do art. 11 da LIA.

Com efeito, a compra dos ingressos e camarote foi realizada de forma indevida, contrariamente às regras internas da TERRACAP e ao interesse da empresa.

A decisão do réu A.C. pela compra foi exposta na decisão de fls. 112, em que apresentou as seguintes razões: a TERRACAP é a proprietária do estádio; a TERRACAP fora reestruturada, incluindo-se dentre suas funções a de atuar como agência de desenvolvimento do Distrito Federal, devendo divulgar sua marca e produtos; havia dotação orçamentária para atender ao pedido.

Nenhum desses argumentos, contudo, se apresenta consistente e, numa análise mais atenta, verifica-se que são alheios à verdadeira motivação do ato.

O fato de a TERRACAP ser a proprietária do estádio não a obriga a assumir a compra de ingressos para serem distribuídos pelo Poder Executivo local, pois o estádio fora cedido durante o período das competições para a FIFA. Aliás, se o domínio sobre o imóvel pudesse ter alguma relevância nesse caso, seria para garantir à TERRACAP algum tipo privilégio no acesso aos eventos realizados na arena esportiva, o que dispensaria, então, a necessidade de dispêndio de recursos para aquisição de entradas. No entanto, ao aceitar as condições para sediar o evento, admitiu-se a cessão do equipamento à entidade organizadora, excluindo qualquer ingerência ou participaçao da TERRACAP nos jogos, a despeito de ser a proprietária do bem.

Também é equivocado o raciocínio de que a TERRACAP teria de assumir a despesa em razão de sua condição de agência de desenvolvimento do Distrito Federal ou com a finalidade de aproveitar o momento para divulgar sua marca ou adotar qualquer estratégia de marketing ou comunicação.

De fato, a Lei Distrital 4.586/2011 atribuiu à TERRACAP a função de Agência de Desenvolvimento do Distrito Federal, a ser desempenhada por intermédio da proposição, da operacionalização e da implementação de programas e projetos de desenvolvimento econômico e social de interesse do Distrito Federal.

O art. 1º, III, daquela Lei local permitiu à TERRACAP estabelecer parcerias público-privadas, constituir sociedades de propósito específico e promover operações urbanas consorciadas para implantação e desenvolvimento de empreendimentos considerados estratégicos pelo Governo do Distrito Federal.

Não há, contudo, como se encaixar dentre essas atribuições a iniciativa de aquisição de entradas para o jogo de futebol. Esse gasto não guarda qualquer vínculo com a finalidade de promover o desenvolvimento econômico e social do Distrito Federal, ou a atender a um fim estratégico vislumbrado pela Administração do ente distrital.

O numerário gasto para a compra dos ingressos e camarote não reverteu em nenhum benefício para o Poder Público em geral, seja direta ou indiretamente. O argumento de que o evento teve divulgação mundial não tem, aqui, qualquer relevância, pois a divulgação não foi voltada para incrementar a imagem da cidade, focando apenas no fato esportivo primordialmente.

Ademais, passados hoje praticamente dois anos do evento, não se consegue vislumbrar qual foi efetivamente a vantagem que a distribuição de ingressos e camarote a autoridades diversas trouxe para o Distrito Federal em termos de desenvolvimento ou incremento econômico permanente.

No máximo, sabe-se que o evento gerou ganhos pontuais em alguns setores econômicos específicos como rede hoteleira e de bares e restaurantes, com duração efêmera. Nada que possa ser incluído como fruto de estratégia de desenvolvimento.

Também não se pode reconhecer que a aquisição das entradas poderia ser considerada como medida destinada ao marketing da empresa ou para reforçar sua marca no mercado. Ainda que esse tivesse sido o intento, mesmo assim não geraria qualquer efeito, porquanto as condições do regulamento de venda de pacote de hospitalidade da Copa das Confederações 2013 vedava expressamente qualquer medida de marketing de emboscada. Vale dizer, a TERRACAP não poderia se aproveitar do evento para divulgar sua própria marca, pois fora proibida qualquer divulgação conjunta com o empreendimento da FIFA.

Por outro lado, os argumentos do réu tentando vincular o gasto a uma tentativa de investimento no desenvolvimento local se mostram vazios de significado, considerando-se que a compra teve o fim específico de atender ao desejo do Poder Executivo local de atender aos convidados para o evento. Essa versão foi dada pelo próprio réu A.C. em seu depoimento às fls. 918. Disse o réu perante a autoridade policial:

> *"(...) QUE em relação de tais ingressos o declarante esclarece que na segunda quinzena de janeiro de 2013 o assunto foi tratado em uma reunião ocorrida no Palácio do Buriti por convocação do Governador AGNELO, na qual além deste e o declarante estava presente o secretário Extraordinário da Copa, C., e o Presidente do BRB, P.E., que quando chegou no local designado para tal reunião o assunto já havia sido tratado pelos demais presentes, ocasião que passou a tomar conhecimento do assunto que logo*

> *após chegar o Governador AG informou que teria sido comunicado pela FIFA que o Distrito Federal receberia apenas 4 ingressos nominativos de cortesia para o jogo de abertura da Copa das Confederações, sendo que tais ingressos seria em nome do Governador, da Primeira Dama e de seus filhos, que o Governador AG disse que tinha convidado outras autoridades para o jogo de abertura e que diante da dificuldade da aquisição de ingressos pela internet, teria ele afirmado que havia contatado a empresa responsável pela venda dos ingressos para verificar a possibilidade de uma aquisição direta; QUE diante de tal possibilidade o Governador disse que a TERRACAP e o BRB teriam de envidar esforços em tal compra, que o Governador AG afirmou que cada um dos órgãos teriam que comprar 1000 ingressos e 1 camarote, para 18 pessoas, que na ocasião o Governador AG mostrou as modalidades dos ingressos que deveriam ser adquiridos; QUE o declarante argumentou que a TERRACAP deveria ser formalmente acionada pelo GDF e que a compra deveria ser levada para a Diretoria Colegiada e o Conselho de Administração da empresa; QUE o Governador AG deixou claro que a compra se tratava de uma determinação dele, ou seja, uma ordem do sócio majoritário da empresa; que na reunião o declarante se manifestou no sentido de que deveria ser o próprio GDF ou uma secretaria a ele ligada quem deveria escolher as autoridades que receberiam os ingressos, devendo também, ficar responsável pela sua entrega, tendo em vista que não havia nenhum interesse imediato da TERRACAP na aquisição dos mesmos; (...)"*

O relato é claro e indica que a compra dos ingressos não teve qualquer intuito de atender ao interesse público ou ao interesse corporativo da TERRACAP. Sua finalidade foi a satisfação de interesse pessoal do Chefe do Poder Executivo da época.

Igualmente irrelevante se mostra a afirmação do réu de que o esporte estaria ligado à noção de desenvolvimento e, como cabe à TERRACAP promover ações de desenvolvimento econômico e social, a compra dos ingressos se justificaria dentro desse âmbito de atuação.

Convém ressaltar que a aquisição de ingressos para evento esportivo não se confunde com incentivo ao esporte, considerado como atividade vinculada ao lazer e bem-estar da população. Esse gasto, no máximo, incentiva o agente que promove o espetáculo, garantindo-lhe o retorno financeiro esperado.

Sob outro ponto de vista, nota-se que sequer se sabe efetivamente para quem os ingressos foram entregues. A tal lista de convidados elaborada pela SECOM consiste em mera peça de despiste, tanto que não há registro de entrega das entradas para as pessoas ali arroladas.

Até o DISTRITO FEDERAL fez questão de vir aos autos informar que um dos integrantes da lista não recebeu nenhum ingresso, como pontuado na petição de fls. 620, o que desmascara a tentativa de emprestar alguma seriedade à operação.

Ou seja, embora a TERRACAP tenha adquirido os ingressos, sequer sabe para quem foram distribuídos, o que afasta por completo o argumento de que a operação poderia resultar em melhor divulgação de sua marca.

O fato é que foram adquiridos ingressos e camarote para o evento esportivo com recursos orçamentários da TERRACAP, de natureza pública, de forma irregular, porquanto em desacordo com a atividade fim da empresa, senão apenas para satisfazer interesse pessoal do Governador do Distrito Federal de então, motivado pela vontade agraciar alguns apaniguados.

O dolo do réu A.C. ao praticar o ato se mostra inquestionável.

O depoimento de fls. 918 mostra com clareza que o Presidente da TERRACAP tinha plena consciência da irregularidade da operação de aquisição dos ingressos, tanto que sugeriu que o Poder Executivo enviasse alguma provocação por escrito, na tentativa de, com isso, justificar o gasto público com tal finalidade.

Ao receber o ofício da SECOPA, o réu A.C. providenciou com extrema rapidez a elaboração de pareceres internos na tentativa de revestir o ato com algum verniz de legalidade, decidindo monocraticamente pela liberação da verba. Além disso, incluiu a necessidade de referendo do Conselho de Administração para tentar diluir sua responsabilidade.

É importante destacar que o ato aqui discutido claramente não se insere como uma ação desastrada do gestor público, ou um mero erro de dirigente incompetente. As condições que antecedem a prática do ato, que envolveram a convocação do réu A.C. para reunião, assim como o ato em si, amparado em fundamentação claramente inadequada, porém cercado de pareceres destinados a tentar obnubilar a ilegalidade, indicam que o requerido tinha pleno domínio dos acontecimentos e das consequências que dele poderiam advir, o que indica que agiu de forma consciente para sua prática, não cabendo aqui o reconhecimento de conduta meramente culposa.

O réu A.C., mesmo sabendo da irregularidade em se utilizar de recursos da TERRACAP para compra de ingressos e camarote, ao invés de agir em conformidade com o interesse público e na defesa da instituição que presidia, optou por se curvar à vontade pessoal do Governador do Distrito Federal da época, aceitando empenhar quase R$ 3 milhões (valor da época) na aquisição das entradas, sem retorno algum para a empresa ou para o Poder Público.

Ao assim agir, o réu inegavelmente praticou ato de improbidade enquadrado no art. 10, XI, e no art. 11, I, da Lei 8.429/1992, pois permitiu a liberação de verba da TERRACAP em desacordo com as normas pertinentes, visto que a compra de ingressos e camarote não era condizente com a atuação da empresa, além do que agiu em desvio de finalidade ao invocar como justificativa fundamentos inidôneos, destinados apenas a revestir o ato de aparente legalidade, ocultando o verdadeiro objetivo que seria atender a um pedido pessoal do Governador do Distrito Federal, que estava preocupado em atender os convidados para o evento.

A respeito do tema, vala citar o comentário ao art. 11, I, da Lei 8429/1992 de Waldo Fazzio Júnior ("Improbidade Administrativa: doutrina, legislação e jurisprudência", Atlas, 2ª edição, 2014, p. 312-315), que se amolda ao caso em análise:

> *"Se o interesse público está embutido na lei e/ou regulamentação da lei, a conduta que persegue um fim, neles proibido ou diverso do previsto, caracteriza desviação objetiva do agir administrativo. A lei se torna irrelevante para o agente ímprobo. Ao praticar ato dirigido a fim proibido em lei ou regulamento, o agente público investe, incisivamente, contra o núcleo do Estado de Direito, a legalidade. Trata-se, pois, de um desvio qualificado. No desvio de poder/finalidade in natura, nem sempre está presente o que Celso Bandeira de Mello (1993, p. 187) chama de 'intenção inadequada' ou 'intenção viciada'. O que mancha juridicamente o ato não é a intenção do agente público, de modo que o ato pode resultar de engano, não necessariamente de dolo. Já, no inciso em epígrafe, não se trata de agir canhestramente fora das coordenadas normativas, mas dolosamente fora e até contra elas. O dolo está presente na prática consciente daquilo que a lei veda ou diversamente do que a lei autoriza. (...) O móvel do desvio de poder/finalidade pode provir ou não de má-fé, mas é do desvio de poder/ finalidade radicado na má-fé que devemos nos ocupar. Dele resulta a mais tosca espécie de distorção das metas administrativas, vale dizer, a inversão absoluta do ato de administrar, pelo fato de subtrair o caráter coletivo da função pública e acrescentar-lhe artificial fito particular. (...) No desvio de poder/finalidade com dolo do agente público apresenta-se um ânimo predeterminado, uma vontade consciente e deliberada de exercer os poderes inerentes à competência para alcançar resultado contrário ao interesse coletivo. É a intencionalidade que marca o desvio de poder alimentado pela má-fé. Para resumir, n art. 11, inciso I, o agente público pratica ato nulo, porque seu objeto é ilegal ou por desviação dolosa de sua competência. De duas, uma: a meta objetivada pelo ato que o agente público pratica é antijurídica ou, então, não faz parte de seu contingente de atribuições. Em qualquer direção ocorre o desvio, porque o ato não trilha o caminho do interesse público; porque tem por escopo concretizar finalidade descoincidente com a lei; ou porque ao agente público não incumbe praticar o ato."*

Em conclusão, resta evidente que a conduta do réu configura clara violação à legalidade, enquadrando-se como ato de improbidade à luz da LIA.

Penas

Quanto às penalidades a serem aplicadas, diz o art. 12 da Lei 8.429/1992:

> *"Art. 12. Independentemente das sanções penais, civis e administrativas previstas na legislação específica, está o responsável pelo ato de improbidade sujeito às seguintes cominações, que podem ser aplicadas isolada ou cumulativamente, de acordo com a gravidade do fato: (...)*

II - na hipótese do art. 10, ressarcimento integral do dano, perda dos bens ou valores acrescidos ilicitamente ao patrimônio, se concorrer esta circunstância, perda da função pública, suspensão dos direitos políticos de cinco a oito anos, pagamento de multa civil de até duas vezes o valor do dano e proibição de contratar com o Poder Público ou receber benefícios ou incentivos fiscais ou creditícios, direta ou indiretamente, ainda que por intermédio de pessoa jurídica da qual seja sócio majoritário, pelo prazo de cinco anos;

III – na hipótese do art. 11, ressarcimento integral do dano, se houver, perda da função pública, suspensão dos direitos políticos de três a cinco anos, pagamento de multa civil de até cem vezes o valor da remuneração percebida pelo agente e proibição de contratar com o Poder Público ou receber benefícios ou incentivos fiscais ou creditícios, direta ou indiretamente, ainda que por intermédio de pessoa jurídica da qual seja sócio majoritário, pelo prazo de três anos.

Parágrafo único. Na fixação das penas previstas nesta lei o juiz levará em conta a extensão do dano causado, assim como o proveito patrimonial obtido pelo agente."

Segundo a lei, portanto, as penas previstas consistem na perda de bens ou valores, perda da função pública, suspensão dos direitos políticos, ressarcimento do dano, se houver, pagamento de multa civil e proibição de contratar com o Poder Público.

Em relação à perda da função pública, não se aplica, porquanto o réu A.C. não mais exerce a presidência da TERRACAP.

O ressarcimento dos danos causados ao erário deve ser aplicado, tendo em vista que houve o dispêndio de vultosa quantia para a compra dos ingressos e camarote, realizando-se despesa indevida, fazendo-se mister a recomposição do patrimônio da TERRACAP.

Assim, deve o réu ser condenado a pagar à TERRACAP a quantia de R$ 2.852.227,35, a serem corrigidos monetariamente pelo índice legal a partir de 8/3/2013 (fls. 152), acrescidos de juros de mora a contar do trânsito em julgado.

Quanto à multa civil, o inciso II do art. 12 da LIA estipula seu valor em até duas vezes o valor do dano. Já o inciso III, em cem vezes o valor da remuneração paga pelo agente.

No caso, como o valor do dano é bastante elevado, utilizá-lo como base de cálculo para a multa acarretaria penalidade por demais onerosa. Assim, deve-se observar o critério da proporcionalidade previsto no parágrafo único do art. 12 da LIA, fixando-se o montante em cinco vezes o valor da remuneração auferida pelo réu no cargo ocupado na época do fato (8/3/2013), com correção monetária pelo índice oficial a contar desta data e juros de mora a partir do trânsito em julgado.

No que tange à suspensão dos direitos políticos, vale destacar que a incidência dessa sanção independe de exercer o agente público mandato eletivo, cabendo sua aplicação de acordo com a gravidade do ato.

No caso em tela, a aplicação dessa sanção deve observar o prazo mínimo previsto no inciso II do art. 12 da LIA, qual seja, cinco anos, não sendo cabível a cumulação dos prazos dos incisos II e III daquele dispositivo.

DISPOSITIVO

Pelo exposto, JULGO PROCEDENTE EM PARTE o pedido para condenar apenas o réu A.C. pela prática de ato de improbidade administrativa, com fulcro no art. 10, XI, e no art. 11, I, da Lei 8.429/1992, bem como para lhe impor, nos termos do art. 12, II e III, da mesma Lei, as seguintes penas: a) ressarcimento dos danos causados ao erário, mediante o pagamento de R$ 2.852.227,35 à TERRACAP, a serem corrigidos monetariamente pelo índice legal a partir de 8/3/2013 (fls. 152), acrescidos de juros de mora a contar do trânsito em julgado; b) pagamento de multa civil em valor equivalente a cinco vezes o valor da remuneração auferida pelo réu no cargo ocupado na época do fato (8/3/2013), com correção monetária pelo índice oficial a contar desta data e juros de mora a partir do trânsito em julgado; e c) suspensão dos direitos políticos pelo prazo de cinco anos.

Outrossim, julga-se IMPROCEDENTE o pedido em relação ao réu F.C..

Condeno o réu A.C. ao pagamento das custas processuais.

Condeno o mesmo réu também ao pagamento de honorários de sucumbência, fixados em 10% sobre o valor da condenação, nos termos do art. 85, § 2º, do CPC.

Sentença sujeita ao segundo grau de jurisdição, por aplicação analógica do art. 19 da Lei 4.717/1965, em razão da procedência parcial.

Após o trânsito em julgado, providenciem-se as comunicações cabíveis a respeito da condenação. Em seguida, arquivem-se os autos.

P. R. I.

Brasília-DF, dia/mês/ano.

Roque Fabrício Antonio de Oliveira Viel

Juiz de Direito

3. AÇÃO CIVIL PÚBLICA – ILEGALIDADE DE GREVE

Cuida-se de ação declaratória de ilegalidade de greve c/c com obrigação de não fazer proposta pelo MINISTÉRIO PÚBLICO em desfavor do SINDICATO DOS POLICIAIS CIVIS.

Relatou o autor que a parte ré tem promovido inúmeros movimentos grevistas no período compreendido entre os anos de 2010 e 2011, e que, a partir do dia 23 de fevereiro de 2011, foi iniciada nova paralisação de 72 horas.

Trouxe aos autos informação sobre uma cartilha de greve, que orientava os filiados a adotar determinadas atitudes omissivas com o intuito de promover uma seleção dos serviços que continuariam a ser prestados à população do Distrito Federal.

Informou que no dia 29 de março de 2011 foi realizada assembleia, onde se decidiu pela paralisação total das atividades de segurança pública da polícia civil por prazo indeterminado, sendo que o início seria efetivado no dia 31/03/2011.

Alegou a ilegalidade da greve da classe representada pelo sindicato réu e requereu, em sede de tutela antecipada, as seguintes medidas: a) determinação de que os integrantes da categoria representada pelo réu se abstivessem de paralisar suas atividades funcionais, sob pena de multa diária no valor de R$ 100.00,00 (cem mil reais) ao réu, bem como multa diária de R$ 1.000,00 (mil reais) ao presidente do Sinpol; b) ordem de que o sindicato réu fosse obrigado a comprovar a devida notificação da decisão a todos os associados.

No mérito, requereu a confirmação da tutela antecipada e a declaração da ilegalidade da greve dos integrantes das carreiras policiais, determinando-se, por conseguinte, a impossibilidade desses realizarem movimento paredista, e, além disso, a determinação, por sentença, do desconto dos dias não trabalhados daqueles policiais que aderiram à greve e a condenação da parte ré nos consectários de sucumbência.

Acompanharam a inicial os documentos de fls. 29/51.

Às fls. 53/55, este Juízo deferiu a tutela de urgência para determinar a suspensão da greve e a abstenção da categoria de participar do movimento paredista previsto para o dia 31/03/2011, bem como para ordenar a comunicação pelo réu a todos os filiados da decisão liminar, sob pena de multa diária de R$ 50.000,00 (cinquenta mil reais). Ordenou ainda o cumprimento da medida em regime de plantão e a citação da parte ré.

Pedido de reconsideração apresentado pela ré.

Às fls. 225/227, este Juízo indeferiu o pedido de reconsideração, negando a hipótese de litispendência no caso em tela, e firmando a competência para a apreciação da causa.

Às fls. 228/232, petição do MP noticiando o descumprimento da liminar. Apresentou documentos.

Às fls. 244/246, este Juízo deferiu o pedido de majoração da multa aplicada para o montante de R$ 100.000,00 diários para a hipótese de descumprimento da ordem de retorno imediato ao serviço.

Agravo de instrumento interposto pela ré (fl. 247), seguido de agravo regimental, sendo o primeiro conhecido e desprovido, e o segundo não conhecido.

À fl. 335, o Juiz Titular da 10ª Vara Cível de Brasília à época reconheceu a incompetência absoluta do Juízo Cível para processar o feito e declinou-o em favor de uma das Varas do Trabalho do Distrito Federal.

Agravo de instrumento interposto pelo MP (fl. 337), conhecido e provido para manter a competência da 10ª Vara Cível para processar e julgar o presente feito (Acórdão n.511367, Relator: CARMELITA BRASIL, 2ª Turma Cível, Data de Julgamento: 08/06/2011, Publicado no DJE: 13/06/2011. Pág.: 93).

Às fls. 375/378, nova petição do MP noticiando a continuidade da greve da Polícia Civil estadual e requerendo, em suma, no provimento de urgência para: a) arrestar quantia suficiente para garantir o pagamento da multa aplicada por descumprimento; b) acautelamento de viaturas para uso exclusivo em serviço; c) informação aos grevistas pela Diretoria Geral da Polícia Civil para a paralisação do movimento e desconto dos dias parados; d) bloqueio dos salários dos policiais que aderiram a greve até o seu término; e) impedimento de assinatura de ponto pelos policiais grevistas.

Petição do Sindicato informando as atividades essenciais estão sendo mantidas pela categoria, pleiteando a reconsideração da decisão (fl. 495/496).

À fl. 565, decisão deste Juízo deferindo os pleitos formulados pelo MP nos seguintes termos: "Assim, proceda-se ao bloqueio via BACENJUD; intimem-se a Direção-Geral da Polícia Civil, na pessoa de seu Diretor-Geral ou de seu substituto para cumprir a determinação de descontar os dias parados de todos os servidores policiais que não retornaram às suas atividades após a decisão de fls. 53/55, de 30/03/2011, e para que citada autoridade informe as providências administrativas para impedir a utilização de veículos caracterizados ou descaracterizados nos movimentos grevistas, e se algum procedimento disciplinar já foi aberto para coibir tais faltas funcionais praticadas pelos agentes de polícia, escrivães, peritos criminais, peritos médicos legistas, agentes penitenciários e outros. Expeçam-se os mandados de intimação, inclusive para o Diretor-Geral da Polícia Civil com cópia de todas as decisões proferidas por este Juízo. Proceda-se o bloqueio via BACENJUD."

Petição da Direção Geral da Policia Civil informando a tomada de providências para o cumprimento da tutela antecipada concedida (fl. 575).

Contestação da ré às fls. 591/640, alegando, preliminarmente, ilegitimidade ativa, litispendência e incompetência absoluta, e, no mérito, refutando a impossibilidade de greve pela categoria, aduzindo que o movimento fora legal, não tendo havido paralisação total das atividades da Polícia Civil do estado. Questionou o valor da multa aplicada, e requereu a extinção do feito pela perda do objeto em razão do retorno dos servidores ao trabalho.

A peça de resistência veio acompanhada de documentos.

Inconformado com a decisão de fl. 565, a ré interpôs novo agravo de instrumento, recurso esse conhecido e provido parcialmente apenas para obstar o desconto dos dias parados dos policiais até o julgamento do mérito da demanda (Acórdão n.521612, Relator: CARMELITA BRASIL, 2ª Turma Cível, Data de Julgamento: 20/07/2011, Publicado no DJE: 26/07/2011. Pág.: 85).

A ré interpôs ainda outro agravo de instrumento no tocante à decisão que determinou o bloqueio de valores da ré, recurso esse conhecido e desprovido (Acórdão n.516456, Relator: CARMELITA BRASIL, 2ª Turma Cível, Data de Julgamento: 29/06/2011, Publicado no DJE: 04/07/2011. Pág.: 86).

Réplica rebatendo as preliminares e reafirmando os termos da inicial.

À fl. 724, o MP informou a realização de novo movimento paredista, requerendo nova ordem de suspensão da greve.

Às fls. 758/760, este Juízo reconheceu se tratar de movimento autônomo, que deveria ser alvo de ação própria, negando o novo pleito do MP.

À fl. 769, este Juízo determinou a remessa dos autos para sentença.

À fl. 831, converteu o feito em diligência determinando o aguardo do trânsito em julgado do AGI 6165-1/2011 para posterior prosseguimento do feito.

Vista dos autos solicitada pelo MP à fl. 833.

À fl. 840, o MP solicitou o bloqueio do valor de R$ 1.000.000,00, conforme decisão de 555/566.

À fl. 851, este Juízo chamou o feito à ordem e determinou a remessa dos autos conclusos para sentença.

Após, foram-me os autos conclusos para sentença.

É o breve relatório.

Decido.

De início, cabe ressaltar que a questão meritória vertida é eminentemente de direito, razão pela qual faz-se mister o julgamento antecipado, nos termos do artigo 355, I, do Código de Processo Civil. Nesses casos, não há que se falar em cerceamento de defesa, sendo dever do juiz julgar antecipadamente e, não, mera faculdade conferida por lei. Além disso, é o juiz o destinatário da prova (CPC, art. 370).

Posto isso, passo à análise das preliminares levantadas pela parte ré, cuja rejeição se impõe, nos termos a seguir alinhados.

Com efeito, tenho que o vínculo estatutário do policial civil do Distrito Federal e a qualificação distrital afeta ao cargo afastam a possibilidade de a presente demanda ser submetida à justiça do trabalho ou à justiça federal. Estas duas justiças especializadas possuem sua competência estabelecida na Constituição, não lhes cabendo, por certo, a hipótese de julgamento de demandas envolvendo a situação jurídica de servidores estaduais.

Corroborando o entendimento aqui exposto, colaciono os seguintes precedentes do E.TJDFT: (Acórdão n. 511367, 20110020061651AGI, Relator CARMELITA BRASIL, 2ª Turma Cível, julgado em 08/06/2011, DJ 13/06/2011 p. 93; (20060020078628MSG, Relator GETULIO PINHEIRO, Conselho Especial, julgado em 01/06/2007, DJ 02/07/2007 p. 120)

No tocante a segunda preliminar, destaco que não há qualquer mácula no pólo ativo da ação, havendo, pois, perfeita pertinência subjetiva, visto ser o Ministério Público legitimado a propor as medidas judiciais cabíveis no intuito de cumprir seu múnus constitucional previsto no artigo 127 da Constituição Federal, que, no caso em tela, consiste na defesa do interesse público na continuidade de serviço essencial à população, qual seja, o de segurança pública.

A meu sentir, vedar legitimidade ao MP para buscar a defesa de interesse tão sensível à população significaria impor um limite à atuação do parquet sem qualquer previsão legal ou constitucional, em dissonância direta da regra contida no artigo 129, II da CF/88, que atribuiu a este órgão a função de "zelar pelo efetivo respeito dos poderes públicos e dos serviços de relevância pública aos direitos assegurados nesta Constituição, promovendo as medidas necessárias a sua garantia".

Noutra via, descabe falar em perda do objeto da ação em virtude do retorno dos policiais às suas atividades, sobretudo em razão de o pleito autoral englobar pretensão declaratória, cujo objeto não se mostra ligado ao citado retorno, motivo pelo qual a presente demanda ainda se mostra necessária, útil e adequada ao fim colimado pela parte autora.

Por fim, no tocante a litispendência alegada, consigno que tal matéria já foi apreciada às fls. 225/227, onde a magistrada então responsável pela 10ª Vara Cível bem pontuou que:

> *"Embora de fato as duas demandas envolvam as mesmas partes e veiculem pedidos semelhantes, a causa de pedir é evidentemente diversa. No caso da demanda citada, uma ação civil pública, a causa de pedir deflagradora da pretensão foi a iminência da greve programada para ocorrer a partir de 27 de maio de 2010. Tal movimento paredista foi posteriormente cessado, retornando os servidores às suas atividades normais, com perda do objeto da cautelar proposta e prosseguimento do curso da ação principal, mas não mais quanto ao pedido de abstenção da paralisação, mas apenas e especialmente para a discussão jurídica acerca da competência da segunda instância para apreciar a greve dos servidores. Agora, nesta ação de obrigação de não fazer, outra causa de pedir restou configurada diante de nova assembleia da categoria realizada no dia 29 último, oportunidade na qual foi deliberada a paralisação dos servidores a partir de hoje, por prazo indeterminado. Cuida-se, portanto, de eventos distintos e distanciados no tempo, rendendo ensejo à propositura de demandas diferentes para sua*

> *discussão, não havendo que se falar em litispendência, porquanto não há identidade completa de todos os elementos que compõem as ações."*

Desse modo, rejeito as preliminares aviadas.

Ante a ausência de outras questões processuais pendentes, passo ao exame do mérito, consignando, desde já, que ao autor assiste razão.

À evidência, nos termos do decidido pelo Supremo Tribunal Federal no julgamento da Reclamação n. 6568/SP, os policiais civis não detêm o direito à greve, levando em conta, principalmente, o fato de exercerem função essencial à sociedade civil (defesa da segurança pública) e a necessidade de conservação do bem comum.

Nesse ponto, cumpre transcrever a ementa do julgamento da reclamação acima referida, *in verbis*:

> *EMENTA: RECLAMAÇÃO. SERVIDOR PÚBLICO. POLICIAIS CIVIS. DISSÍDIO COLETIVO DE GREVE. SERVIÇOS OU ATIVIDADES PÚBLICAS ESSENCIAIS. COMPETÊNCIA PARA CONHECER E JULGAR O DISSÍDIO. ARTIGO 114, INCISO I, DA CONSTITUIÇÃO DO BRASIL. DIREITO DE GREVE. ARTIGO 37, INCISO VII, DA CONSTITUIÇÃO DO BRASIL. LEI N. 7.783/89. INAPLICABILIDADE AOS SERVIDORES PÚBLICOS. DIREITO NÃO ABSOLUTO. RELATIVIZAÇÃO DO DIREITO DE GREVE EM RAZÃO DA ÍNDOLE DE DETERMINADAS ATIVIDADES PÚBLICAS. AMPLITUDE DA DECISÃO PROFERIDA NO JULGAMENTO DO MANDADO DE INJUNÇÃO N. 712. ART. 142, § 3º, INCISO IV, DA CONSTITUIÇÃO DO BRASIL. INTERPRETAÇÃO DA CONSTITUIÇÃO. AFRONTA AO DECIDIDO NA ADI 3.395. INCOMPETÊNCIA DA JUSTIÇA DO TRABALHO PARA DIRIMIR CONFLITOS ENTRE SERVIDORES PÚBLICOS E ENTES DA ADMINISTRAÇÃO ÀS QUAIS ESTÃO VINCULADOS. RECLAMAÇÃO JULGADA PROCEDENTE. 1. O Supremo Tribunal Federal, ao julgar o MI n. 712, afirmou entendimento no sentido de que a Lei n. 7.783/89, que dispõe sobre o exercício do direito de greve dos trabalhadores em geral, é ato normativo de início inaplicável aos servidores públicos civis, mas ao Poder Judiciário dar concreção ao artigo 37, inciso VII, da Constituição do Brasil, suprindo omissões do Poder Legislativo. 2. Servidores públicos que exercem atividades relacionadas à manutenção da ordem pública e à segurança pública, à administração da Justiça — aí os integrados nas chamadas carreiras de Estado, que exercem atividades indelegáveis, inclusive as de exação tributária — e à saúde pública. A conservação do bem comum exige que certas categorias de servidores públicos sejam privadas do exercício do direito de greve. Defesa dessa conservação e efetiva proteção de outros direitos igualmente salvaguardados pela Constituição do Brasil. 3. Doutrina do duplo efeito, segundo Tomás de Aquino, na Suma Teológica (II Seção da II Parte, Questão 64, Artigo 7). Não há dúvida quanto a serem, os servidores públicos, titulares do direito de greve. Porém, tal e qual é lícito matar a outrem em vista do bem comum, não será ilícita a recusa do direito de greve a tais e quais servidores públicos em benefício do bem comum. Não há mesmo dúvida quanto a serem eles*

> *titulares do direito de greve. A Constituição é, contudo, uma totalidade. Não um conjunto de enunciados que se possa ler palavra por palavra, em experiência de leitura bem comportada ou esteticamente ordenada. Dela são extraídos, pelo intérprete, sentidos normativos, outras coisas que não somente textos. A força normativa da Constituição é desprendida da totalidade, totalidade normativa, que a Constituição é. Os servidores públicos são, seguramente, titulares do direito de greve. Essa é a regra. Ocorre, contudo, que entre os serviços públicos há alguns que a coesão social impõe sejam prestados plenamente, em sua totalidade. Atividades das quais dependam a manutenção da ordem pública e a segurança pública, a administração da Justiça — onde as carreiras de Estado, cujos membros exercem atividades indelegáveis, inclusive as de exação tributária — e a saúde pública não estão inseridos no elenco dos servidores alcançados por esse direito. Serviços públicos desenvolvidos por grupos armados: as atividades desenvolvidas pela polícia civil são análogas, para esse efeito, às dos militares, em relação aos quais a Constituição expressamente proíbe a greve [art. 142, § 3º, IV]. 4. No julgamento da ADI 3.395, o Supremo Tribunal Federal, dando interpretação conforme ao artigo 114, inciso I, da Constituição do Brasil, na redação a ele conferida pela EC 45/04, afastou a competência da Justiça do Trabalho para dirimir os conflitos decorrentes das relações travadas entre servidores públicos e entes da Administração à qual estão vinculados. Pedido julgado procedente. (Reclamação 6568/SP. Rel. Min. Eros Grau. Julgamento 21/05/2009. Órgão Julgador: Tribunal Pleno. DJe 181. Publicação 25/09/2009).*

Pela lucidez depositada, calha trazer trecho do voto do eminente ministro Cezar Peluso no julgamento da Reclamação n. 6568/SP:

> *"Eu também não tiro a impossibilidade de os policiais exercerem o direito de greve, do art. 142, mas tiro-a do caráter relativo do direito de greve, de acordo com a interpretação do art. 37, VII. Quando a Constituição se remete aos limites da lei, é porque tal direito não tem caráter absoluto – aliás, é um lugar comum, é um truísmo dizer-se que na constituição não existem direitos de caráter absoluto. Mas, neste caso, ela se remete explicitamente a legislação infraconstitucional, atribuindo-lhe o poder de definir não apenas aspectos secundários desse exercício, mas até as categorias que podem exercê-lo. Ainda que a lei não o faça, a interpretação unitária da Constituição me leva, junto com o eminente relator em seu belo voto, a concluir que os policiais não têm direito de greve, assim como não o têm outras categorias, sobre as quais não quero manifestar-me na oportunidade, porque seria impertinente. E não o têm, porque lhes incumbem, nos termos do artigo 144, caput, dois valores incontornáveis da subsistência de um Estado: segurança pública e a incolumidade das pessoas e dos bens. Ora, é inconcebível que a Constituição tutele estas condições essenciais de sobrevivência, de coexistência, de estabilidade de uma sociedade, de uma nação, permitindo que os responsáveis pelo*

resguardo desses valores possam, por exemplo, entrar em greve, reduzindo seu efetivo a vinte por cento. Se os policiais com o efetivo total não conseguem – e isto não é defeito dos policiais, mas da complexidade das questões que lhes estão submetidas – desempenhar com plenitude esses encargos constitucionais, como supor que, com vinte por cento de seus efetivos, possam garantir aqueles valores constitucionais?"

Noutra via, em recente reclamação ajuizada pela Federação Nacional dos Policiais Federais questionando justamente a legalidade do movimento paredista da categoria por ela representada e o corte do ponto dos dias parados, consignou o Min. Gilmar Mendes, ao analisar a liminar, que "o Supremo já se manifestou no sentido de que policiais em geral, em razão de constituírem expressão da soberania nacional, revelando-se braços armados da nação, garantidores da segurança dos cidadãos, da paz e da tranquilidade públicas, devem ser equiparados aos militares (art. 142, § 3º, inciso IV, CF/88) e, portanto, devem ser proibidos de fazer greve" (RCL 17358 MC / DF. Rel. Min. Gilmar Mendes. Proferida em 17/03/2014).

Também recentemente, ao negar liminar no HC 122.148 MC/BA, impetrado em favor de líder de movimento paredista da Polícia Militar da Bahia, o Ministro RICARDO LEWANDOWSKI examinou doutrina e jurisprudência sobre o direito de greve, inclusive dos policiais civis e de policiais armados, expendendo as seguintes considerações:

"A Constituição Federal, ao proibir expressamente (art. 142, § 3º, IV) aos militares, a sindicalização e a greve, buscou preservar o próprio funcionamento das instituições republicanas. Isso porque seria um contrassenso permitir que agentes armados e responsáveis pela ordem pública pudessem realizar movimentos paredistas, comprometendo a segurança de toda sociedade. Nesse sentido, destaco o quanto assentou o Professor Ives Gandra: 'Ora, se há o direito da sociedade de exigir segurança do Estado, não podem aqueles que, por vocação, decidiram servir à pátria, ofertando segurança à sociedade, nulificar, mediante greve, esse direito e impedir que ele seja assegurado pelo ente estatal. Em outras palavras, o princípio explícito da vedação do direito de greve aos militares das Forças Armadas, a meu ver, é um princípio implícito para todas as forças componentes do elenco de agentes de segurança do artigo 144 da Constituição, pois o direito de greve, se concedido, representaria, de rigor, uma restrição do direito da sociedade de exigir segurança ofertada pelo Estado. Dessa forma, minha linha de raciocínio _ de que as restrições de direito devem ser interpretadas também de forma restritiva _ é nítida, mas, neste caso, o direito da sociedade prevalece sobre o direito do servidor público, pois, para mim, a vedação do direito de greve é princípio implícito da Constituição Federal, para todos os que, por vocação, decidiram servir o povo, oferecendo segurança pública' (MARTINS, Ives Gandra da Silva. O direito da sociedade de ter segurança. Folha de São Paulo, São Paulo, 15 nov. 2008). Na mesma linha também é o

> *posicionamento do Ministro Carlos Velloso, para quem 'homens que portam armas, responsáveis pela preservação da ordem pública e da incolumidade das pessoas e do patrimônio (art. 144, CF), não podem fazer greve. (...) É que, homens que portam armas, se não estiverem submetidos à disciplina e à hierarquia, viram bandos armados. As armas a eles confiadas, para a manutenção da ordem pública e da incolumidade das pessoas, passam a ser fonte de insegurança' (VELLOSO, Carlos Mario da Silva. A greve de policiais militares, Consulex: revista jurídica, v. 16, n.363, p. 26-27, mar. 2012). (...) É interessante notar que a Constituição Federal vedou expressamente a greve dos policiais militares e foi silente quanto à possibilidade do direito de greve dos policiais civis. Todavia, pela semelhante razão que levou o Constituinte originário a vedar o direito de greve aos policiais militares, a jurisprudência desta Corte tem assentado que essa vedação se estende também aos policiais civis, a partir de uma interpretação sistemática do Texto Magno. Nesse sentido, confira-se o julgamento da Rcl 6.568/SP, de relatoria do Ministro Eros Grau, de cuja ementa destaco o seguinte trecho: '(...) Esse entendimento foi reafirmado pelo Ministro Gilmar Mendes ao indeferir pedido de medida liminar na Rcl 17.358/DF. Destaco, por oportuno, o quanto assentou na decisão: 'Ademais, cumpre registrar, ainda, que a matéria deve ser melhor debatida por esta Corte quando do julgamento do mérito da presente reclamação, e que o Supremo já se manifestou no sentido de que policiais em geral, em razão de constituírem expressão da soberania nacional, revelando-se braços armados da nação, garantidores da segurança dos cidadãos, da paz e da tranquilidade públicas, devem ser equiparados aos militares (art. 142, § 3º, inciso IV, CF/88) e, portanto, devem ser proibidos de fazer greve'. Ora, se a jurisprudência deste Tribunal caminha para não admitir o direito de greve aos policiais civis _ para os quais não há vedação expressa na Constituição _, não poderia permitir, em razão de proibição expressa, a greve de policiais militares armados (...)'" (HC 122.148 MC/BA, Rel. Ministro RICARDO LEWANDOWSKI, DJe de 28/04/2014).*

Nesse ponto, transcrevo ainda trecho de decisão proferida em 23 de outubro de 2014 pela Ministra Assusete Magalhães, em processo onde o STJ foi instado a se manifestar sobre o direito à greve de policiais federais, *in verbis*:

> *"Nesse contexto, verifica-se que os Policiais Federais, por exercerem função essencial à segurança pública, encontram-se impedidos do exercício do direito de greve, em face da natureza das suas atribuições, previstas no art. 144, § 1º, I, II, III e IV, da CF/88, que são indelegáveis, exercidas por agentes armados, razão pela qual equiparam-se, em relação ao impedimento do exercício do direito de paralisação, aos Policiais Civis, conforme entendimento exarado na jurisprudência do Supremo Tribunal Federal, aplicável, mutatis mutandis, ao caso dos autos. Observo que o Ministro NAPOLEÃO NUNES MAIA FILHO, ao apreciar pedido análogo, envolvendo greve de policiais federais, tendo como requerida, entre outros, também a Federação*

Nacional dos Policiais Federais - FENAFEP, deferiu liminar, em 16/08/2012, para determinar, entre outras providências, que as entidades requeridas se abstivessem "de realizar qualquer operação padrão, que implique abuso ou desafio, de modo que mantenham o seu exercício profissional no nível da respeitável tradição, no modelo de eficiência que a sociedade admira", sob pena de sanção pecuniária diária de R$ 200.000,00 (PET 009409, DJe de 20/08/2012). In casu, entendo que demonstrada, em princípio, a relevância do fundamento do pedido. Do mesmo modo, afigura-se presente o periculum in mora, consubstanciado no indicativo de greve noticiado nos diversos meios de comunicação, com assembléia agendada pela Federação Nacional dos Policiais Federais, para os dias 13, 14 e 15 de maio/2014. Com efeito, os documentos de fls. 20/23e noticiam indicativos de greve de policiais federais, em vários Estados da Federação, alguns com paralisação de atividades (fl.21e), outros com paralisação por 24 horas (fl. 23e), outros com paralisação parcial de atividades não consideradas urgentes (fl. 23e). O documento de fl. 24e registra que _os agentes seguem em regime de protesto e não descartam uma greve durante a realização do mundial_ e o Presidente da Federação requerida prevê a deflagração de greve, durante os jogos da Copa do Mundo (fl. 25e). Dirigente de entidade sindical esclarece que a assembleia a se realizar na Federação sindical, em Brasília, em 13, 14 e 15/05/2014, já possui, em sua pauta, indicativo de greve aprovado, e, se não apresentada proposta oficial, a Polícia Federal entrará em greve durante os jogos da Copa do Mundo (fls. 26e, 30e, 33e e 41e). Os documentos de fls. 20/46e convencem do perigo da demora e do risco iminente de deflagração do movimento grevista da categoria, com sérios riscos para a segurança pública, a preservação da ordem pública, a incolumidade das pessoas e do patrimônio, inclusive com o risco de flagrantes prejuízos para a realização ordeira dos próximos jogos da Copa do Mundo. Evidentemente, não se nega, aos policiais federais _ que têm exercido trabalho digno da admiração e do respeito da sociedade brasileira _ o direito de reivindicarem, legitimamente, as melhorias remuneratórias, estruturais, operacionais e corporativas que atendam às suas demandas. Mas _ como também registrou o Ministro NAPOLEÃO NUNES MAIA FILHO, na PET 009409 _ tais reivindicações devem ser exercidas sem prejuízo da continuidade e da regularidade do serviço público essencial que prestam, de tamanha responsabilidade e envergadura, sem as inegáveis perturbações que a paralisação total ou parcial, ou a sua redução acarretariam para a sociedade. Os canais do diálogo devem ser abertos, de ambos os lados, mesmo porque se noticia que há reivindicações, não apenas de natureza remuneratória, mas também quanto à melhoria de outras condições de trabalho (fls. 24e, 26e). A União, por sua vez, esclarece que _a proposta de reajuste de 15,8%, apresentada aos servidores foi a possível, no momento (em 2012), o que não implica afastar definitivamente a possibilidade de se atender as reivindicações da categoria_ (fl. 17e). Concita-se ambas as partes, pois, ao diálogo. Ante o exposto, presentes o periculum in mora e o fumus boni iuris, defiro a liminar, para determinar às entidades rés que se abstenham de deflagrar o movimento paredista, inclusive na forma de *"operação-padrão" ou outra ação organizada que, direta ou indiretamente, venha a interferir nas rotinas, condutas e protocolos estabelecidos e normalmente adotados, no âmbito interno e no tratamento ao público, sob pena de multa de R$ 200.000,00 por dia de descumprimento, nos termos do art. 461, §§ 4º e 5º, do CPC" (fls. 593/600). Com efeito, como demonstrado, inequívoca é a impossibilidade de os Policiais Federais realizarem movimento paredista, em face da natureza de suas atribuições, que visam preservar a ordem pública, proteger as pessoas e o patrimônio, manter a paz social e o Estado Democrático de Direito, notadamente às vésperas do 2º turno das eleições, que se realizará no dia 26/10/2014 e no qual compete à Polícia Federal prestar imprescindível e relevante serviço de polícia judiciária eleitoral e de prevenção ao cometimento de crimes eleitorais. Registre-se, por oportuno, que os Policiais Federais dispõem de outros meios para negociar suas reivindicações, que merecem especial consideração do Poder Público, por força dos relevantes serviços prestados, pela categoria, à sociedade brasileira. Reitera-se, portanto, que as partes reabram os canais de diálogo, na busca de solução para o impasse. Por outro lado, infere-se, dos documentos juntados aos autos, o iminente descumprimento da medida liminar anteriormente deferida, em razão do expresso indicativo de paralisações de Policiais Federais, em vários Estados da Federação, nos dias 22, 23 e 24 do outubro de 2014 (fls. 2.511e, 2.512e, 2.513e, 2.519e, 2.521e e 2.522e). Nesse contexto, impõe-se a modificação do valor da multa aplicada, a fim de assegurar o cumprimento da decisão judicial, eis que ela se mostrou insuficiente para inibir a paralisação dos Policiais Federais. Ante o exposto, determino o cumprimento da decisão liminar deferida, e, tendo em vista a iminência do movimento grevista, a ser deflagrado pelos Policiais Federais, majoro o valor da multa, fixada a título de astreintes, para R$ 500,00 (quinhentos mil reais) por dia, com fundamento no art. 461, § 6º, do CPC. Intimem-se da presente decisão, com urgência, a direção das entidades rés e o Advogado-Geral da União. I. (PET na Pet 010484. Min. Assusete Magalhães. Dje de 23/10/2014).*

Cumpre frisar que o entendimento E.TJDFT não destoa do esposado nos arestos acima colacionados, consoante se percebe dos seguintes precedentes: (Acórdão n.692077, 20110112053628APC, Relator: ALFEU MACHADO, Revisor: FLAVIO ROSTIROLA, 1ª Turma Cível, Data de Julgamento: 03/07/2013, Publicado no DJE: 15/07/2013. Pág.: 78; (Acórdão n.701250, 20130020136862AGI, Relator: TEÓFILO CAETANO, 1ª Turma Cível, Data de Julgamento: 01/08/2013, Publicado no DJE: 13/08/2013. Pág.: 65)

Este magistrado comunga do entendimento esposado acima, sendo mister ressaltar que o policial civil, ao escolher exercer as funções inerentes ao cargo que ocupa, deve ter em mente a importância e a necessidade de manutenção total do serviço que desempenha, mesmo em situações de trabalho não consideradas ideais, não havendo hipótese, a meu ver, em que a paralisação deste serviço seja admitida.

Na verdade, ressoa pertinente assentar que o descaso do Executivo em promover uma política salarial condizente com a carreira de policial civil não se presta a permitir a utilização da greve com o intuito de pressionar o Estado a atender os anseios de uma categoria de servidores em detrimento de bens maiores constitucionalmente protegidos e insuscetíveis de supressão.

Igual raciocínio deve ser feito quando a greve se fundamenta na omissão do Executivo em proporcionar aos seus servidores meios e estrutura para o exercício de suas funções, razão essa também incapaz, por si só, de prevalecer sobre a necessidade de manutenção da segurança pública.

Cabe frisar, ainda, os inúmeros transtornos causados à população do Distrito Federal, que se viu tolhida do direito de ter do Estado serviço essencial, à míngua da possibilidade de lavratura de ocorrências, ou mesmo de formulação de pedidos de medidas protetivas de urgência, consoante se depreende da vasta documentação juntada pelo Ministério Público ao relatar, por diversas vezes, o descumprimento da liminar deferida nos presentes autos.

Em suma, quando se está em jogo a segurança da população, é inaceitável a redução do efetivo policial em qualquer porcentagem, restando vedado ao Judiciário anuir a uma situação fática que possa redundar no aumento da criminalidade que assola a sociedade brasileira.

Desse modo, tenho que o acolhimento da pretensão autoral é medida que se impõe, sendo imperioso o reconhecimento da ilegalidade do movimento paredista da polícia civil do Distrito Federal, com o consequente desconto, por óbvio, do ponto dos servidores que aderiram à greve relatada na inicial.

Assim, necessário o envio de cópia deste decisum ao Distrito Federal para que tome as medidas cabíveis para o desconto dos dias não trabalhados pelos servidores que aderiram ao movimento grevista relatado na inicial, considerando, por certo, os limites da presente ação.

Pelo exposto, confirmo as tutelas antecipadas concedidas e julgo procedentes os pedidos formulados para declarar a ilegalidade da greve dos policiais civis do Distrito Federal iniciada no dia 31/03/2011, determinando, ainda, a expedição de ofício ao Distrito Federal para que, em razão da ilegalidade do movimento paredista, promova o desconto dos dias não trabalhados pelos servidores que aderiram à greve.

Oficie-se com urgência ao Distrito Federal enviando cópia desta sentença.

Custas pela parte ré.

Escudado na simetria, deixo de impor ao réu qualquer condenação em honorários advocatícios, visto que o autor – MPDFT, quando vencido na lide, não os paga ao réu. Precedente do STJ[4].

---

4 "Primeira Seção decide que Ministério Público não recebe honorários de sucumbência", notícia referente ao EREsp 895530/PRveículada em 02.10.2009, no sitio do STJ http://www.stj.gov.br/portal_stj/publicacao/ engine.wsp?tmp.area=398&tmp.texto=94035

Após o trânsito em julgado, arquivem-se os autos com as cautelas de estilo.

Publique-se. Registre-se. Intimem-se.

Brasília - DF, dia/mês/ano.

Luiz Otávio Rezende de Freitas

Juiz de Direito Substituto

4. AÇÃO CIVIL PÚBLICA – DIREITO DO CONSUMIDOR

Trata-se de AÇÃO CIVIL PÚBLICA, sob a égide do rito especial da lei, ajuizada pelo MINISTÉRIO PÚBLICO DO DISTRITO FEDERAL em desfavor da COMPANHIA BRASILEIRA LTDA, partes devidamente qualificadas nos autos em epígrafe.

Em suas considerações iniciais aduz que mediante manifestação de consumidor instaurou o Inquérito Civil 08190.XXXXX/16-11 para apurar conduta da requerida.

Tomou conhecimento de que a requerida estava praticando conduta abusiva ao anunciar em sua gôndola de produtos um preço, mas ao passar no caixa, o preço do produto era outro, mais caro.

Noticia que a requerida respondeu a notificação dizendo que foram poucas vezes que isso aconteceu por problemas pontuais relacionadas ao programa de incentivo a cliente de fidelização.

Explica que requisitou ao PROCON/DF uma inspeção no estabelecimento, tendo sido constatado a prática denunciada em 5 produtos.

Anota que em sítio de reclamação da internet consta inúmeras reclamações nesse sentido.

Discorre sobre a legitimidade do Ministério Público do Distrito Federal.

Tece arrazoado jurídico e postula a condenação da requerida na obrigação de não fazer consistente em não estabelecer preços diferentes de produtos aos consumidores, inclusive com aplicação de multa diária; na condenação de restituir em dobro os consumidores que comprovarem a prática; na obrigação de fazer em colocar informações educativas nos caixas a respeito da observância dos preços corretos, e por fim, a condenação em danos morais coletivos no importe de R$ 1.000.000,00 [Um milhão de reais].

Com a inicial vieram documentos [fls. 11/133].

Citada a parte requerida apresentou contestação.

Alega, em preliminar, que o Ministério Público do Distrito Federal não tem legitimidade para ingressar com a demanda, e ainda, que há pedidos incompatíveis, uma vez que não se aceita a cumulação de pagamento de indenização com obrigação de fazer. No mérito aponta que ocorreram fatos esporádicos e que foram solucionados; na infração XXX/2015 o preço da gôndola era mais caro e do caixa mais barato, o que denota a ausência de má-fé e prejuízo para a requerida, indicando o erro operacional; que não há comprovação; que não cabe indenização por danos morais coletivos no caso. Como tese subsidiária sustenta que tem que ter razoabilidade na hipótese de se acolher os pleitos autorais. Ao final, pede a improcedência da demanda.

A parte autora apresentou réplica, combatendo os argumentos levantados em sede de contestação, bem como ratificando os suscitados na peça inaugural.

Recebi os autos conclusos para sentença.

Esse é o relato do que reputo ser necessário. Passo a decidir.

Procedo ao julgamento antecipado, porquanto a questão é prevalentemente de direito, o que atrai a normatividade do art. 355, I, do Código de Processo Civil. No mais, o Juiz, como destinatário final da prova, consoante disposição do art. 370 do CPC, fica incumbido de indeferir as provas inúteis ou protelatórias. A sua efetiva realização não configura cerceamento de defesa, não sendo faculdade do Magistrado, e sim dever [STJ – REsp 2.832-RJ rel. Min. Sálvio de Figueiredo Teixeira]. Trata-se de um comando normativo cogente que se coaduna com o princípio da celeridade e prestigia a efetividade da prestação jurisdicional.

Passo a análise das preliminares suscitadas.

Rejeito a preliminar de ilegitimidade e acolho a de pedidos incompatíveis. Explico.

O Ministério Público é instituição permanente, essencial à função jurisdicional do Estado, incumbindo-lhe a defesa da ordem jurídica, do regime democrático e dos interesses sociais e individuais indisponíveis. É o disposto no art. 127 da Constituição Federal.

E o que seria os interesses sociais e individuais indisponíveis?

Os direitos transindividuais, também conhecido como direitos fundamentais de terceira geração, consistem em direitos que transcendem o indivíduo, abarcando uma gama indiscriminada de pessoas. Em sua, o direito de toda a coletividade. São eles direitos difusos, coletivos *stricto sensu* e individuais homogêneos.

O art. 81 do Código de Defesa do Consumidor traz cada um desses direitos, sendo o direito difuso como aquele que tutela direitos transindividuais e indivisíveis, que pertencem a pessoas indeterminadas com o mesmo interesse devido a circunstâncias de um fato comum [art. 81, I, CDC]. Consideram-se interesse coletivo em sentido estrito os transindividuais, de natureza indivisível de que seja titular grupo, categoria ou classe de pessoas ligadas entre si ou com a parte contrária por uma relação jurídica base [art. 81, parágrafo único,

II, do Código de Defesa do Consumidor]. Por fim, os interesses individuais homogêneos que possuem origem comum onde os titulares sejam identificáveis [art. 81, III, CDC].

Por classificação legal os adquirentes de produtos em supermercado ou hipermercado encaixam-se na categoria de interesses individuais homogêneos.

No caso estamos tratando de um direito coletivo impróprio, já que esse não possui natureza organizacional entre os integrantes da classe, categoria ou grupo, mas sim, ligando esses a um terceiro, no caso, a requerida.

A questão é, o Ministério Público do Distrito Federal tem legitimidade para tutelar interesses individuais homogêneos?

Sim. Chegou-se ao consenso de que, nessa espécie de interesse, somente surge a legitimidade ativa por parte do órgão do Ministério Público caso exista um interesse social concomitante ao envolvido. Ou seja, ainda que a lesão seja individual, mas houver um interesse social na sua apuração, o Ministério Público pode agir.

Nesse sentido é a jurisprudência desta Corte de Justiça. Confira: *(Acórdão n.928717, 20140110643156APC, Relator: MARIO-ZAM BELMIRO, Relator Designado: JOÃO EGMONT, Revisor: JOÃO EGMONT, 2ª TURMA CÍVEL, Data de Julgamento: 24/02/2016, Publicado no DJE: 01/04/2016. Pág.: 265/272)*

Ora, no caso em questão há repercussão social, uma vez que o requerido possui supermercados em todo o Brasil. Se a conduta pela qual é investigada for verdadeira, milhões de consumidores são atingidos no país todo. Assim, evidente o caráter social, o que legitima a atuação do Ministério Público do Distrito Federal.

Quanto a incompatibilidade de pedidos, nota-se que não há incompatibilidade entre o pedido de obrigação de fazer e de pagamento de quantia, desde que esse seja para abarcar um fato já praticado, e aquele para atingir uma conduta futura de fazer. Ou seja, cabe ressarcir consumidores que já foram lesados pela venda de produtos com preço discrepante, e ainda, compelir a requerida a não mais efetuar essa prática. Todavia, não cabe pedir que todos os consumidores que forem, a partir da sentença, lesados por essa prática sejam ressarcidos em dobro, e ainda, impor pena diária para obrigar a requerida a não mais assim agir.

Nessa senda, deverá o pedido de ressarcimento aos consumidores ser extinto pela incompatibilidade com o pedido de obrigação de fazer.

Superadas as preliminares, passo ao mérito da presente demanda.

No mérito o pedido é procedente em parte. Justifico.

A sobrevivência social depende da interatividade entre as pessoas, em que há a compra e venda de bens [móveis e imóveis], aluguel, prestação de serviços, o entretenimento, as relações amorosas, sociais, de família e com o poder público.

Muitas vezes essa interatividade entre as pessoas não acaba de forma feliz.

A vida em sociedade tem um preço. Consiste na obediência da lei com a finalidade de se permitir o respeito aos demais e aos limites impostos.

O Ministério Público do Distrito Federal, Órgão da Administração com o objetivo de proteção da coletividade em direitos transindividuais, tem a missão de buscar o Poder Judiciário, para que a tutela seja efetivamente garantida.

É importante consignar que o Código de Defesa do Consumidor, modelo de diploma protetivo no mundo todo, tem a finalidade precípua de proteger a parte mais fraca da relação consumerista, evitando, desta feita, que ela seja devorada pela parte mais forte, restando obrigada a atender as suas imposições. É por isso que a Constituição Federal denomina o consumidor de parte vulnerável.

O Código de Defesa do Consumidor foi publicado para proteção do consumidor contra armadilhas do comércio e para equilíbrio das relações, tendo em vista a desvantagem natural.

Configura direito básico do consumidor a efetiva reparação dos danos experimentados, a teor do artigo 6º, inciso VI do CDC – incluindo-se o devido cumprimento de oferta contratual, nos termos do artigo 30 do CDC.

É dever do fornecedor nas relações de consumo manter o consumidor informado permanentemente e de forma adequada sobre todos os aspectos da relação contratual. O direito à informação visa assegurar ao consumidor uma escolha consciente, permitindo que suas expectativas em relação ao produto ou serviço sejam de fato atingidas, manifestando o que vem sendo denominado de consentimento informado ou vontade qualificada.

Além do princípio da informação, é necessário que prestadores de serviços em geral se atentem para o princípio da transparência nas relações empresariais.

Nesse cenário, abandona-se a premissa do *caveat emptor,* consistente na obrigação imposta ao consumidor de buscar se informar adequadamente acerca do produto ou do serviço, para se adotar o *caveat vendictor*, em que se inverte a obrigação, competindo ao fornecedor o dever de informar todos os aspectos relevantes do produto ou do serviço.

O art. 6º, IV da Lei 8.078/199 garante como direito básico do consumidor a proteção contra a publicidade enganosa.

Dispõe o Código de Defesa do Consumidor, no art. 36 que *"A publicidade deve ser veiculada de tal forma que o consumidor, fácil e imediatamente, a identifique como tal".*

Sem contar que o mesmo diploma protetivo veda a publicidade enganosa ou abusiva [art. 37 do CDC].

> *"O Código de Defesa do Consumidor, em seu art. 37, veda expressamente a chamada publicidade enganosa, que é aquela inteira ou parcialmente*

> *falsa ou, ainda, mesmo que verdadeira, capaz de levar o consumidor a erro a respeito da natureza, características, qualidade, quantidade, e quaisquer outros dados sobre produtos e serviços. Em outros termos, tanto a publicidade que apresenta informações inexatas como a que tem o potencial de confundir o consumidor são enganosas." [TJDFT - Acórdão nº 206751 - Des. Humberto Adjuto Ulhôa].*

A partir do instante em que o consumidor vai até o supermercado fazer suas compras mensais ou semanais ele confia que o preço anunciado pelo fornecedor na gôndola de produtos será mantido quando passar pelo caixa de pagamento. Trata-se em um princípio de direito que não envolve apenas a relação de consumo, mas toda relação social.

Em compras mensais de supermercado a obediência a esse princípio fica acentuada já que é trabalhoso para o consumidor abastecer a esteira com seus produtos, e, ao mesmo tempo, fiscalizar os preços na tela do operador de caixa, sem contar que é humanamente impossível decorar os preços exatos dos produtos nas gôndolas.

Assim, a reprimenda a esse tipo de conduta deve ser severa.

Há nos autos diversos autos de infração que comprovam que a requerida pratica essa conduta, prejudicando clientes em quantidades pequenas, mas que se levada em conta a quantidade de clientes no Brasil pode causar um dano considerável.

Nota-se que em 2013 foi lavrado o auto de infração nº 70/2013, no qual apurou a prática aqui analisada [fl. 37/39]. No mesmo ano foi instaurado o auto 1421/2013, também constatando tal prática com saco de freezer [fls. 40/41]. Em 2014 novamente, agora com o autor 71/2014 [fls. 42/43] e 865/2015 [fls. 44/45]; em 2015 [auto 345/2015], e por fim, em 2016 [autos nsº 165/2016 e 188/2016].

Ademais, nota-se que há diversas reclamações na rede mundial de computadores nas diversas lojas espalhadas pelo Brasil, como se nota do site de reclamação [www.reclameaqui.com.br].

Portanto, não poderá mais a requerida praticar essa conduta em sua rede de supermercado em todo o DF sob pena de multa de R$ 1.000,00 [Um mil reais] por cada produto destoante.

Quanto a obrigação de fazer de informar os consumidores, deverá a requerida colocar anúncio em sua loja alertando os consumidores sobre a necessidade de atenção na hora de verificar os preços nas gôndolas e no caixa, uma vez que já foi constatado erros nesse sentido.

Por fim, passo ao dano moral coletivo.

> *"O dano moral coletivo caracteriza-se pelo fato de que o patrimônio valorativo de uma certa comunidade, idealmente considerado, foi agredido de*

> *maneira absolutamente injustificável do ponto de vista jurídico; quer isso dizer, em última instância, que se feriu a própria cultura, em seu aspecto imaterial"[TJDFT – Acórdão 641689 – Des. Rel. FLAVIO ROSTIROLA].*

Pelo conceito relatado no Acórdão é possível notar que a prática realizada pela requerida ofende a comunidade, agredindo-a de maneira absolutamente injustificável do ponto de vista jurídico, já que ofende a confiança, a transparência, a informação e a boa-fé objetiva.

O ordenamento jurídico vigente não agasalhou a tese do tabelamento do dano moral, ficando a valoração á critério do Magistrado. Deverá esse, em atenção ao art. 944 do Código Civil, medir a indenização pela extensão do dano, bem como outros criados pela jurisprudência pátria, tais como a culpa do ofensor, razoabilidade e proporcionalidade e, principalmente, as condições sociais e econômicas das partes. No caso em tela, levando-se em consideração a lesão ao direito da personalidade experimentado pela sociedade, a quantia de R$ 500.000,00 [quinhentos mil reais], se mostra suficiente para compensá-la pelos danos morais sofridos.

Acerca da fixação da indenização a doutrina nos ensina:

> *"O arbitramento é um ato de consciência jurídica e o juiz deve mentalizar, em primeiro lugar, a situação da vítima [a extensão do dano e sua repercussão na esfera íntima do indivíduo e no aspecto social]. Esse é um exercício que se cumpre examinando as condições pessoais do lesado, sua capacidade de autodeterminação diante da gravidade do fato e do trauma que um ser humano dotado de personalidade mediana [entre o fraco e o forte] suporta, bem como a perspectiva de superação com o poder do dinheiro a ser pago" [ZULIANI, Ênio Santarelli in Direitos in Particularidades do Arbitramento do Dano Moral Na Responsabilidade Civil do Estado – Responsabilidade Civil do Estado, Desafios Contemporâneos – Editora Quartier Latin].*

Sobre essa questão jurídica o TJDFT, em face de outra rede de supermercados, decidiu da mesma forma. Confira: *(Acórdão n.875655, 20110112141532APC, Relator: JOÃO EGMONT, Revisor: LEILA ARLANCH, 2ª TURMA CÍVEL, Data de Julgamento: 10/06/2015, Publicado no DJE: 25/06/2015. Pág.: 140)*

Forte nessas razões julgo PROCEDENTE EM PARTE O PEDIDO formulado pela parte autora, e assim o faço com resolução do mérito nos termos do art. 487, I, do Código de Processo Civil para:

1. CONDENAR a requerida a se abster de praticar a conduta de cobrar preços discrepantes nos produtos anunciados na gôndola e no caixa de pagamento, sob pena de multa de R$ 1.000,00 [Um mil reais] por produto com preço equivocado.

2. CONDENAR a requerida a informar em sua loja a necessidade dos consumidores prestarem atenção entre os preços anunciados e os preços pagos;

3. CONDENAR a requerida no pagamento de R$ 500.000,00 [quinhentos mil reais] a título de danos morais coletivos, a serem pagos diretamente ao fundo do consumidor indicado na inicial, corrigida monetariamente desde o arbitramento [súmula 362 do STJ], conforme índice do INPC, acrescidos de juros de 1% [um por cento] ao mês, contados desde o fato danoso [súmula 54 do STJ].

E ainda, extingo o processo sem resolução do mérito, com fundamento no art. 485, X c.c 330, IV, ambos do Código de Processo Civil, em razão da inépcia da inicial quanto ao pedido de obrigação de ressarcir os consumidores que forem lesados, por seu incompatível com a obrigação de fazer ou não fazer.

Por fim, em face da sucumbência, condeno a parte autora no pagamento de 80% das despesas processuais. Sem condenação em honorários de sucumbência.

Oportunamente, transitada em julgado, não havendo outros requerimentos, intime-se para recolhimento das custas em aberto, se houver e, após, dê-se baixa e arquivem-se, observando-se as normas do PGC.

Publique-se. Intimem-se. Sentença registrada eletronicamente.

Intime-se o Ministério Público do Distrito Federal da sentença prolatada.

Sentença proferida em atuação no Núcleo Permanente de Gestão de Metas do Primeiro Grau – NUPMETAS-1.

Brasília-DF, 30 de janeiro de 2017.

MATHEUS STAMILLO SANTARELLI ZULIANI

Juiz de Direito Substituto

5. DIREITO CIVIL (FAMÍLIA) – AÇÃO DE ALIMENTOS

R..L.M., K.L.M. e K.M, representados por sua genitora, L.S., ajuizaram a presente ação em face de A.M., com vistas à condenação deste a prestar-lhes alimentos no importe de 150% do salário mínimo, sendo 1/3 para cada filho.

Os alimentos provisórios foram fixados em 120% do salário mínimo, fl. 36, valor alterado para 90% do salário mínimo na audiência de conciliação, fl. 80. Contra esta decisão foi interposto Agravo de Instrumento, o qual não foi conhecido, fls. 184/198.

Citado, fl. 59/verso, o requerido compareceu na audiência de conciliação, e apresentou contestação, fls. 60/67, na qual impugna as alegações iniciais e, e requer a fixação dos alimentos no importe de 50% do salário mínimo.

Realizada audiência de instrução, fls. 157/159, na qual foram ouvidas duas testemunhas, L.S.I. e A.S.

Após apresentação de alegações finais pelas partes e MPDFT, o réu apresentou petição na qual comprova a aquisição de vínculo empregatício, fls. 205/212, a constituição de novo casamento e o nascimento de novo filho, fls. 263/264.

Realizada nova audiência de conciliação em 02/08/2016, foi determinada a expedição de ofícios DIMOF e DECRED, fl. 266.

Ofícios às fls. 279/280.

Alegações finais pelas partes e MPDFT, fls. 282/286, 292/294 e 296.

É o relatório do necessário. Decido.

Na hipótese, a obrigação do requerido decorre do dever de sustento imposto aos pais em relação aos filhos menores, uma vez que estes não podem provê-los por si, conforme dispõe o art. 229 da Constituição Federal.

No que tange ao valor da obrigação alimentícia, embora o legislador não tenha determinado um percentual ou uma verba específica, estabeleceu critérios para sua fixação.

Nesse sentido, determina o art. 1.694, §1º, do Código Civil, seja observada a proporcionalidade entre a necessidade do alimentando e os recursos econômico-financeiros do alimentante. Cabe ao julgador, em cada caso concreto, ponderar esses dois fatores, de forma que não haja o comprometimento da subsistência deste último e nem ocorra extrapolação dos limites de endividamento daquele.

Os requerentes possuem despesas relativas à alimentação, educação, vestuário, transporte, lazer etc., condizentes com suas idades (R. com 07 anos e os gêmeos K.L.M. e K.M com 09 anos) e classe social.

Neste contexto, registro que tanto K.L.M. quanto K.M possuem hipermetropia em ambos os olhos e ambiopia no olho direito com baixa acuidade visual neste olho, necessitando de acompanhamento médico oftalmológico, cm consultas de 6 a 12 meses para controle, fls. 270/271, além disso, foram avaliados com possível diagnóstico de TDA/TDAH, necessitando da realização de exames para confirmação, fls. 272/273.

Quanto à capacidade contributiva, o réu passou a ter vínculo empregatício no curso do processo, auferindo rendimentos de R$ 798,29, fls. 209/212, possui mais um filho, nascido em 01/05/2016, e casou-se novamente em 13/04/2016, fl. 264.

Neste ponto, ressalto o resultado das pesquisas DIMOF e DECRED as quais comprovaram os gastos em cartão de crédito e débito no ano de 2015 no valor de R$ 15.834,66 (R$ 7.917,10 + R$ 7.917,56), representando um gasto mensal na ordem de R$ 1.319,55 (R$ 15.834,66 ÷ 12 meses).

Tal valor de gasto mensal supera em muito o valor da remuneração percebida pelo réu, demonstrando que o réu tem outras fontes de renda não declaradas, tanto que possui condições de viajar para outros Estados de férias, fls. 132/139.

Além disso, os autores apresentaram requerimento de empresário em nome do requerido, contudo, não obtiveram êxito em comprovar qual rendimento o réu obtém de tal empreendimento.

Sendo assim, considerando os gastos com os menores (R$ 1.290,11, fl. 22), e a maior necessidade dos gêmeos, entendo que o réu deve prestar o valor de 110% do salário mínimo a título de pensão alimentícia, sendo 40% para cada gêmeo e 30% para R.

Ante o exposto, nos termos do art. 487, I, do NCPC, resolvo o mérito, altero a decisão que fixou alimentos provisórios (fls. 36 e 80), acolho em parte o parecer do Ministério Público e JULGO PARCIALMENTE PROCEDENTE O PEDIDO para condenar o requerido a pagar pensão alimentícia em favor de seus filhos na importância equivalente a 110% (cento e dez por cento) do salário mínimo, sendo 40% (quarenta por cento) para K.L.M., 40% (quarenta por cento) para K.M. e 30% (trinta por cento) para R.L.M., valor que deve ser pago todo dia 10 de cada mês, depositada na conta bancária em nome da genitora dos menores, fl. 06.

Ante a sucumbência, condeno os autores no pagamento de 25% e o réu no pagamento de 75% das custas processuais e honorários advocatícios, que fixo em 10% (dez por cento) do valor da causa atualizado, nos termos do art. 85, §8º, do NCPC. Ante a gratuidade de justiça deferida a ambas as partes, suspendo a exigibilidade da verba de sucumbência.

P.R.I. Transitada em julgado, dê-se baixa e arquivem-se os autos.

Brasília, dia/mês/ano.

Magáli Dellape Gomes

Juíza de Direito

6. DIREITO CIVIL (FAMÍLIA) – DIVÓRCIO LITIGIOSO COM PARTILHA DE BENS

D.B.C. ajuizou ação de Divórcio Direto Litigioso contra D.F.C.

Alega a autora que contraiu núpcias com o réu em 10/07/1975, sob o regime da comunhão universal de bens, alegando estar separada de fato desde 17/11/2015, sem a mínima possibilidade de manterem qualquer vínculo matrimonial.

Afirma que constituem o patrimônio do casal: 1) imóvel na SHA, Conj. 0X, chácara 10X, Lote 04, Taguatinga Sul/DF, no valor de R$ 500.000,00; 2) imóvel na 2ª avenida, bloco 158X, casa 0X, Núcleo Bandeirante/DF, no valor de R$ 500.000,00; 3) caminhão volvo placa BXF XX66, no valor de R$ 80.000,00; 4) carreta placa KBE XX14, no valor de R$ 40.000,00; 5) Lote em Porto Franco/MA, no valor de R$ 40.000,00; 6) imóvel na Rua 0X, quadra 0X, lote 3X, Valparaíso/GO, no valor de R$ 100.000,00; 7) dívidas de empréstimo contraída pelo cônjuge varão, com prestações no valor de R$ 2.700,00; 8) crédito no processo nº 2010.01.1.XXXXXX-8, no valor de R$ 22.284,44.

Requer a decretação da dissolução da sociedade conjugal, a partilha dos bens comuns à razão de 50% para cada uma das partes, e o retorno de seu nome para o de solteira (inicial e emenda de fls. 44/45. Juntou documentos, fls. 05/22 e 46.

Citado, fl. 41, o réu apresentou contestação, na qual concorda com os valores e com a partilha dos seguintes bens: 1) imóvel na SHA, Conj. 0X, chácara 10X, Lote 04, Taguatinga Sul/DF, no valor de R$ 500.000,00; 2) imóvel na 2ª avenida, bloco 158X, casa 0X, Núcleo Bandeirante/DF, no valor de R$ 500.000,00; 5) Lote em Porto Franco/MA, no valor de R$ 40.000,00.

Quanto aos itens 3) caminhão volvo placa BXF XX66, o réu indica o valor de avaliação em R$ 50.000,00; 4) carreta placa KBE XX14, o réu indica o valor de avaliação em R$ 25.000,00; 6) imóvel na Rua 0X, quadra 0X, lote 3X, Valparaíso/GO, o réu alega que não está disponível o bem, por ser objeto de ação judicial, não devendo ser partilhado; 7) quanto às dívidas de empréstimo contraída pelo cônjuge varão, com prestações no valor de R$ 2.700,00, o réu inclui dívida de um segundo empréstimo, sendo que ambos empréstimos somam o valor de R$ 3.000,00 em prestação; 8) quanto ao crédito no processo nº 2010.01.1.XXXXXX-8, no valor de R$ 22.284,44, o réu informa que o valor já foi recebido e serviu para quitar dívidas do casal.

Além destes bens, pretende incluir na partilha um lote com galpão localizado na Rua Porto Joaquim Pereira, nº26XX, Porto Franco/MA, ora indicado como "9)"; bem como um veículo Linea financiado em nome do filho comum W., ora indicado como "10)".

Em réplica, fls. 110/118, a autora alega o seguinte: 6) quanto ao imóvel na Rua 0X, quadra 0X, lote 30, Valparaíso/GO, a ré impugna a alegação do réu, e sustenta que não há que ser excluído o bem da partilha, pois ainda não houve o trânsito em julgado da sentença; 7) quanto à inclusão de outro empréstimo pelo cônjuge varão, no valor total de R$ 3.000,00 de prestação, a autora alega que o segundo empréstimo não foi tomado em benefício do casal; 8) quanto ao crédito no processo nº 2010.01.1.XXXXXX-8, no valor de R$ 22.284,44, a autora alega que o réu não provou que o valor serviu para quitar dívidas do casal; 9) quanto ao lote com galpão localizado na Rua Porto Joaquim Pereira, nº 26XX, Porto Franco/MA, a autora alega que recebeu como herança de seu falecido pai, e, portanto, não entra na partilha; 10) quanto ao veículo línea, a autora confirma que parte do veículo foi paga pelo ex casal, mas o filho atualmente assumiu as prestações.

Em especificação de provas, o réu se manifestou, fls. 154/165, nada requerendo. A autora requereu a juntada de documentos e oitiva de testemunhas, fls. 167/168. Em decisão, fl. 208, foram indeferidas as provas.

É o relatório do necessário. Decido.

Para o divórcio já não se exige o cumprimento de qualquer lapso temporal, ante as alterações trazidas pela Emenda Constitucional 66/2010. Além disso, o réu não impugnou o pedido, demonstrando sua concordância tácita.

Sendo assim, necessário verificar a situação da partilha de bens do casal.

Inicialmente, verifico que os litigantes se casaram pelo regime da comunhão universal de bens em 10/07/1975 (fl. 08), sendo que a separação de fato do casal ocorreu em 17/11/2015, fato que se tornou incontroverso ante a não impugnação do réu.

Assim, impõe-se à partilha igualitária, na forma do art. 262 do Código Civil de 1916, por força do disposto no art. 2.039 do Código Civil vigente, que assim preconiza:

"Art. 2.039. O regime de bens nos casamentos celebrados na vigência do Código Civil anterior, Lei nº 3.071, de 1º de janeiro de 1916, é o por ele estabelecido."

Com efeito, no regime de comunhão universal de bens, comunicam-se todos os bens adquiridos a título oneroso durante a convivência conjugal, nos exatos termos do art. 262 do CC/16, atualmente previsto no art. 1.667 do CC/02.

Neste contexto, verifico que são incontroversos a existência e os valores de avaliação dos seguintes bens, eis que a autora alegou e o réu concordou expressamente na contestação, vejamos: a) imóvel na SHA, Conj. 0X, chácara 10X, Lote 0X, Taguatinga Sul/DF, no valor de R$ 500.000,00; b) imóvel na 2ª avenida, bloco 15XX, casa 0X, Núcleo Bandeirante/DF, no valor de R$ 500.000,00; c) Lote em Porto Franco/MA, no valor de R$ 40.000,00; d) dívida de empréstimo contraída pelo cônjuge varão, com prestação no valor de R$ 2.700,00. Assim, estes bens devem ser partilhados na ordem de 50% para cada ex cônjuge.

Quanto ao caminhão volvo, verifico que na verdade é um "trator Volvo NL 12, 360 4X2", placa BXF 88XX, fl. 19, e a carreta, na verdade é um "reboque/guerra/c. aberta", placa KBE 0714, fl. 19, e que as partes controvertem quanto ao valor das avaliações, contudo, nenhuma das partes apresentou documentos que fundamentassem suas alegações, devendo ser feita avaliação judicial quanto da extinção do condomínio.

Assim, por não haver controvérsia quanto à partilha, determino a partilha do trator Volvo NL 12, 360 4X2, placa BXF XX66, e do reboque/guerra/c.

aberta, placa KBE XX14, na proporção de 50% para cada ex cônjuge, sendo que o valor de alienação deverá ser objeto de avaliação judicial.

Quanto ao imóvel localizado na Rua 0X, quadra 0X, lote 3X, Valparaíso/GO, entendo que deve ser incluído na partilha os eventuais direitos e obrigações incidentes sobre referido imóvel, mesmo na existência de ação pendente sobre o bem. Com efeito, havendo interesse econômico envolvido sobre o bem, este está sujeito a ser partilhado, não impedindo o fato de ser objeto de demanda judicial. Assim, este bem deve ser partilhados na ordem de 50% para cada ex cônjuge.

Quanto à dívida de empréstimo com prestação de R$ 281,45, contraída pelo cônjuge varão, este afirma que deve ser partilhada com a autora, entretanto, esta discorda informando que não foi contraída em benefício do casal.

Neste ponto, é ônus do réu a prova dos fatos constitutivos do seu direito, eis que incluiu o referido bem na ocasião da contestação, contudo, não provou o alegado, não fazendo juntar a cópia do contrato de contratação do referido empréstimo.

Na verdade, pela análise do contracheque de fl. 203, verifico que o primeiro desconto do referido empréstimo foi realizado em dezembro/2015, portanto, fora do período do casamento havido entre as partes, já que a separação de fato ocorreu em 17/11/2015. Assim, não tendo havido a prova efetiva de que foi contratado durante a existência do casamento, e não durante a separação de fato, rejeito a inclusão do empréstimo com prestação de R$ 281,45 da partilha do ex casal.

Quanto ao crédito no processo nº 2010.01.1.XXXXXX-8, no valor de R$ 22.284,44, o réu não impugnou a existência do crédito, apenas alegou que utilizou para quitar dívidas do casal.

Assim, entendo que é incontroversa a existência do crédito em si, entretanto, mais uma vez, o réu não provou nem data que recebeu o valor nem quais dívidas teriam sido pagas com o referido valor, não se desincumbindo deste ônus, pois é fato extintivo do direito da autora.

Desta forma, considero que o réu já recebeu o valor e gastou segundo seu alvitre o montante, devendo ressarcir a autora no valor equivalente a 50% de R$ 22.284,44, ou seja, no valor de R$ 11.142,22. Este valor deve ser atualizado desde a data que o réu recebeu a quantia e sobre ele deve incidir juros de mora de 1% ao mês, a contar da citação do réu.

Quanto ao lote com galpão localizado na Rua Porto Joaquim Pereira, nº 26XX, Porto Franco/MA, o réu pretende incluir na partilha e a autora alega que é seu bem exclusivo por ter recebido a título de herança.

Com efeito, a autora comprovou que recebeu o referido bem a título de herança deixada por U.M., fls. 123/124, contudo, não demonstrou que tal bem teria sido herdado com cláusula de incomunicabilidade.

Neste ponto, registro o disposto no art. 263, inciso, XI, do Código Civil de 1916, vigente na época da constituição do casamento, e também o disposto no art. 1.668 do Código Civil de 2002, *verbis*:

> *"Art. 263. São excluídos da comunhão: (...)*
>
> *XI – Os bens da herança necessária, a que se impuser a clausula de incomunicabilidade (art. 1.723)" grifei*
>
> *"Art. 1.668. São excluídos da comunhão:*
>
> *I - os bens doados ou herdados com a cláusula de incomunicabilidade e os sub-rogados em seu lugar" grifei*

Assim, não tendo sido fixada cláusula de incomunicabilidade sobre o bem deixado por herança para a autora, não há que se falar na sua exclusão da partilha. Portanto, este bem deve ser partilhado na ordem de 50% para cada ex cônjuge.

Quanto ao veículo Línea essence 1.8, placa OVVXXXX, fl. 20, verifico que encontra-se registrado em nome de W.C.N., e, tendo as partes efetuado pagamento de parte do veículo, mas concordado com o registro em nome do filho comum, entendo que ocorreu doação para o filho, e, portanto, não há que se falar na partilha do referido bem.

Por fim, pretende o réu ter a posse de uma das casas do ex casal, a fim de que não pague aluguel.

Com efeito, considerando tratar-se de bem comum, e estando a autora residindo em uma das residências de propriedade do casal, nada mais justo que o réu possa ocupar a outra casa, localizada na SHA, Conj. 0X, chácara 10X, Lote 0X, Taguatinga Sul/DF, até que ocorra a extinção do condomínio dos bens ora partilhados.

Ante o exposto, nos termos do art. 487, I, do NCPC, resolvo o mérito e JULGO PARCIALMENTE PROCEDENTES OS PEDIDOS para decretar o divórcio das partes, D..B.C. e D.F.C., declarando dissolvida a sociedade conjugal até então existente entre ambos, cessados os deveres assumidos com o casamento, consoante EC nº 66 de 13/07/2010 que alterou o artigo 226, parágrafo 6º, da Constituição Federal, e no art. 1.580, parágrafo 2º, do Código Civil.

Após o trânsito em julgado, expeça-se mandado de averbação para o Cartório de Registro Civil, atentando-se que o cônjuge mulher voltará a usar o nome de solteira, ou seja, D.J.B.

Determino a partilha dos bens adquiridos na constância do casamento da seguinte forma:

A) Deverão ser partilhados na ordem de 50% (cinquenta por cento) para cada ex cônjuge, os seguintes bens:

A.1) Imóvel localizado na SHA, Conj. 0X, chácara 10X, Lote 0X, Taguatinga Sul/DF, no valor de R$ 500.000,00;

A.2) Imóvel localizado na 2ª avenida, bloco 15XX, casa 0X, Núcleo Bandeirante/DF, no valor de R$ 500.000,00;

A.3) Imóvel localizado em Porto Franco/MA, no valor de R$ 40.000,00;

A.4) Dívida de empréstimo contraída em nome do cônjuge varão, com prestação no valor de R$ 2.700,00;

A.5) Veículo trator Volvo NL 12, 360 4X2, placa BXFXX66;

A.6) Veículo reboque/guerra/c. aberta, placa KBE XX14;

A.7) Eventuais direitos e obrigações incidentes sobre o imóvel localizado na Rua 0X, quadra 0X, lote 3X, Valparaíso/GO;

A.8) Imóvel localizado na Rua Porto Joaquim Pereira, nº26XX, Porto Franco/MA.

B) O ex cônjuge varão deverá indenizar a ex cônjuge virago no valor de R$ 11.142,22 (onze mil cento e quarenta e dois reais e vinte e dois centavos), a título de indenização pelos valores por ele recebidos do processo nº 2010.01.1.XXXXXX-8. Este valor deve ser atualizado desde a data que o réu recebeu a quantia e sobre ele deve incidir juros de mora de 1% ao mês, a contar da citação do réu.

C) São excluídos da partilha:

C.1) Dívida de empréstimo contraído em nome do ex cônjuge varão, com desconto em contracheque e prestação de R$ 281,45;

C.2) Veículo Línea essence 1.8, placa 0VVXX63.

Em razão da sucumbência recíproca, condeno a autora no pagamento de 30% e o réu no pagamento de 70%, das custas processuais e honorários advocatícios, que fixo em 10% do valor da causa, nos termos do artigo 85, §8º, do NCPC. Ante a gratuidade deferida à parte autora, suspendo a exigibilidade das verbas de sucumbência que lhe cabem, pelo prazo de 05 (cinco) anos, nos termos do art. 12, da Lei 1060/50.

Expeça-se Formal de Partilha, nos estritos limites da sentença, com a advertência que a partilha de direitos imobiliários depende da prévia existência de matrícula do imóvel em nome de pelo menos uma das partes, não dispensando o atendimento do princípio da continuidade registral.

Tratando-se de promessa de compra e venda ou cessão de direitos, ou bem alienado fiduciariamente ou em regime de arrendamento mercantil, a partilha incidirá sobre eventuais direitos.

A presente sentença, em nenhuma hipótese, significará regularização de propriedade imóvel ou dispensa de cumprimento de exigência legal.

Transitada em julgado, em homenagem aos princípios da economia e celeridade processuais, confiro a esta sentença força de mandado de averbação, o que dispensa a expedição de quaisquer outras diligências. Os autores, após o trânsito em julgado, deverão extrair cópia autenticada da presente sentença junto à Secretaria do Juízo, encaminhando-a ao Registro Civil competente, acompanhada das demais peças necessárias para a realização do ato.

Publique-se. Registre-se. Intimem-se.

Brasília, dia/mês/ano

Magáli Dellape Gomes

Juíza de Direito

7. DIREITO CIVIL (FAMÍLIA) – AÇÃO DE GUARDA

Cuida-se de ação de guarda com pedido liminar de busca e apreensão e antecipação de tutela, ajuizada em 06/12/2012, proposta por U.F em face de R.M.F., partes qualificadas nos autos, em relação ao filho em comum, O.F, nascido em 25/02/2004.

Afirma o autor que o menor foi fruto de uma relação casual deste e, desde o seu nascimento, a ré tem causado alienação parental. Alega que a ré se muda com frequência de endereço, prejudicando o contato do autor com o filho. Afirma que o Conselho Tutelar acompanha o caso, há bastante tempo. Detalha os problemas havidos desde 2010 até 2012 (ano do ajuizamento da ação).

Requer, em sede liminar, que seja realizada a busca e apreensão do menor, que deverá permanecer com o autor até o julgamento da presente ação. No mérito, requer a fixação da guarda definitiva em seu favor. Juntou documentos, fls. 26/157.

Em decisão, proferida em 06/12/2012, fls. 158, foi antecipada a tutela para regulamentar as visitas do pai em relação ao filho, quinzenalmente, de sábado 8h até domingo às 20h; além do ano novo, natal, parte das férias de janeiro/2013, e fixando o dever da ré de informar ao juízo o endereço onde se encontra o menor, e que deverá informar ao juízo as mudanças de endereço.

O autor peticionou, fls. 161/163, informando que a ré – sabendo do ajuizamento da presente ação – comunicou ocorrência de violência doméstica, em 20/11/2012, e obteve medida protetiva de proibição de aproximação da ré e de contato com o menor.

Em nova decisão, fl. 168, foram alterados os termos da decisão anterior, para determinar que os avós paternos acompanhassem o autor para buscar e deixar o menor em seu direito de visitas.

O autor peticionou, fls. 183/192, informando o descumprimento da decisão judicial por parte da ré, ocasião em que juntou cópia de boletim de ocorrência registrado em Delegacia de Polícia.

Foi deferido o pedido para que o pai ficasse no período de 10 a 30/01/2013 com o menor, com entrega deste perante este Juízo, sob pena busca e apreensão, fl. 193. A entrega do menor ocorreu em 10/01/2013, fl. 197.

Nova decisão, fl. 210, garantindo ao autor o direito de acompanhar suas atividades escolares e ter acesso aos relatórios médicos.

A ré foi pessoalmente citada, fl. 213 e 216, apresentando contestação, fls. 222/232, na qual alega que o menor sofre de problemas psicológicos em virtude da crise entre os genitores, que não há alienação parental, que deve ser mantida a guarda em seu favor. Informa que, desde que se mudou para Brasília, em 2010, já morou em Taguatinga, Asa Norte, Asa Sul, Núcleo Bandeirante, e que estas alterações se deram porque vive de aluguel. Sustenta que o autor faz "bullyng" com seu próprio filho. Requer a improcedência do pedido e o encaminhamento de ofícios ao Conselho Tutelar, Brasília Norte e Núcleo Bandeirante, para que encaminhe as pastas do menor.

Réplica às fls. 271/284.

À fl. 309 a ré informou mudança de endereço e à fl. 311 informou a mudança da escola do menor. À fl. 323 a ré informou nova mudança de endereço. À fl. 328/329 a ré informa nova mudança de endereço.

Às fls. 326/327 foi juntado parecer técnico psicossocial realizado a pedido da Vara de Violência Doméstica contra a Mulher do Núcleo Bandeirante.

Às fls. 339/342 o autor informa que não localizou o menor para passar férias com este, pois havia se mudado.

Às fls. 352/368 o autor apresenta cópia de Boletim de Ocorrência, informando que o menor saiu de casa sem informar, o qual foi encontrado pela agente policial.

À fl. 373 a ré informa nova mudança de endereço.

Às fls. 374/378 foi apresentado parecer do Setor Psicossocial.

À fl. 429 a ré informa nova mudança de escola do menor.

Realizada audiência de instrução e julgamento, fls. 437/443, foram ouvidas as partes e testemunhas. Por meio de Carta Precatória, foram ouvidas outras duas testemunhas, fls. 526/528.

À fl. 532 a ré informa nova mudança de endereço.

Em parecer final, fls. 554/560, o MPDFT pugnou pela fixação da guarda compartilhada do menor, com fixação do lar de referência maternos e regime de visitas em favor do genitor.

A ré, fl. 561, informou nova mudança de endereço.

O processo foi encaminhado para o Projeto Constelar e Conciliar realizado por este Juízo na data de 18/03/2016, ocasião na qual apenas o autor compareceu, tendo sido realizada posterior audiência de conciliação em 23/05/2016, sem êxito na transação entre as partes.

É o relatório. Decido.

A questão em julgamento cinge-se em decidir sobre a guarda do menor, sendo que o autor pretende que lhe seja fixada unilateralmente, com o que discorda a ré.

Com efeito, a guarda compartilhada passou a ser regra legal para filhos de pais separados, conforme alteração legislativa introduzida pela Lei 13.058/2014 no Código Civil, podendo ser aplicada pelo juiz por ocasião da sentença, vejamos:

> *"Art. 1.584. A guarda, unilateral ou compartilhada, poderá ser: (...)*
>
> *II - Decretada pelo juiz, em atenção a necessidades específicas do filho, ou em razão da distribuição de tempo necessário ao convívio deste com o pai e com a mãe; (...)*
>
> *§ 2º Quando não houver acordo entre a mãe e o pai quanto à guarda do filho, encontrando-se ambos os genitores aptos a exercer o poder familiar, será aplicada a guarda compartilhada, salvo se um dos genitores declarar ao magistrado que não deseja a guarda do menor."*

Com efeito, a guarda compartilhada *"é o modo de garantir, de forma efetiva, a corresponsabilidade parental, a permanência da vinculaçao mais estrita e a ampla participação destes na formação e educação do filho, a que a simples visitação não dá espaço"* (Maria Berenice Dias, Manual de direito das famílias, Ed. RT, 6ªed, 2010: São Paulo, pág. 436).

A guarda compartilhada permite a divisão entre os deveres e direitos dos genitores relacionados ao exercício do poder familiar, tanto é assim que a nova redação do art. 1.634 do Código Civil estabelece que: *"compete a ambos os pais, qualquer que seja a sua situação conjugal, o pleno exercício do poder familiar, que consiste em, quanto aos filhos: I - dirigir-lhes a criação e a educação".*

Isto significa que, na guarda compartilhada ambos os genitores participam ativamente das decisões importantes da vida dos filhos, além de poderem dividir o tempo da vida dos filhos de forma mais equilibrada, a fim de que nenhum seja excluído da participação no crescimento físico, moral e intelectual dos menores.

A guarda compartilhada é também – e principalmente – um direito dos filhos, de serem cuidados e orientados por ambos os pais, de terem a participação direta dos genitores nas suas vidas, uma vez que o melhor interesse dos filhos deve preponderar sobre quaisquer outros interesses próprios.

Nesse sentido, vejamos o ensinamento contido na obra Guarda Compartilhada, Delgado, Mário e Coltro, Matia – Coordenadores, Rio de Janeiro: Forense, 2009, *in*: O Direito Fundamental à Convivência Familiar e a Guarda Compartilhada - Pereira, Tânia da Silva e Franco, Natália Soares, pag. 357, *verbis*:

"A vulnerabilidade dos filhos deve ser atendida no intuito de protegê-los. Afastada a ideia de um direito potestativo, o poder familiar representa, antes de tudo, um conjunto de responsabilidades, sem afastar os direitos pertinentes. Assim é que, atender o melhor interesse dos filhos está muito além dos ditames legais quanto ao estrito exercício do poder familiar".

Como muito bem lançado pela Ministra Nancy Andrighi em seu voto no Recurso Especial nº 1.428.596, *"a guarda compartilhada é o ideal a ser buscado no exercício do Poder Familiar entre pais separados, mesmo que demandem deles reestruturações, concessões e adequações diversas, para que seus filhos possam usufruir, durante sua formação, do ideal psicológico de duplo referencial"*.

Em tal precedente estava em discussão a possibilidade de aplicação da guarda compartilhada em caso de ausência de consenso entre os pais de criança, na época em que a regra legal ainda era a guarda unilateral. No caso em tela está em discussão a aplicação da guarda compartilhada em caso de inexistência de consenso entre os pais, portanto, aplicável o precedente ao caso ora em julgamento.

Com efeito, deixou *"de ser aplicada a regra que colocava o filho como prêmio ou alvo indevido de instrumento de punição perante o cônjuge que tivesse dado causa ao fim do relacionamento do casal, para exigir dos genitores um desarmamento total, uma superação de mágoas e das frustrações, de modo a ser garantida ao menor a proteção ao seu melhor interesse, devendo prevalecer o princípio basilar, ainda que conflite com as pretensões dos genitores, quando da fixação da guarda"* (Artigo: "Aplicação da guarda compartilhada como regra: ainda que inviável? Uma análise do instituto da guarda diante da lei 13.058/2014", Alessandro Coimbra dos Santos e Juliana Ferreira Ribas, IBDFAM: 08/10/2015).

É certo que o estado de beligerância que se instala entre os genitores por ocasião da separação e da luta pela guarda dos filhos, reflete nestes, os quais são utilizados como instrumentos de vingança. Assim, a guarda compartilhada vem com o intuito de equilibrar esses poderes, porquanto distribui os deveres e obrigações com o par parental, os quais se veem impelidos a atuar efetivamente pensando nos filhos e não mais apenas em si próprios.

No caso, verifico que a melhor solução para a questão em julgamento é a guarda compartilhada, vejamos.

Por um lado, a genitora utilizando-se dos poderes inerentes à guarda unilateral mudou-se de endereço por seis vezes durante o curso do processo, tendo mudado a criança de escola duas vezes. Ressalto que esse número considera apenas as vezes que foram informadas pela ré nos autos.

Tal conduta vem prejudicando de forma grave o contato do pai com o filho, porque, frequentemente, o pai não encontra o filho no endereço anterior ou na escola anterior para exercer seu direito de visitas.

Este comportamento é inadmissível, seja porque o menor precisa de segurança com relação ao seu local de moradia, seja porque prejudica a sua formação psicológica a ausência do pai.

Com efeito, na psique de uma criança de 12 anos (tinha 08 anos no momento do ajuizamento da ação) não fica claro que a falta de contato do pai é em virtude das reiteradas mudanças de endereço da mãe, porque, simplesmente a criança sente a falta do pai, e este sentimento já é suficiente para gerar a sensação de abandono, mesmo que não real.

Neste ponto, ressalto que não foi possível comprovar que a ré se mude com tanta frequência de endereço apenas para prejudicar o liame emocional existente entre o filho e o pai, ou se é em razão dos contratos de aluguel e dificuldades financeiras.

Em razão disso, deixo, neste momento, de reconhecer a alienação parental suscitada pelo autor, pela inexistência de provas robustas neste sentido.

Contudo, tal situação não pode se perpetrar no tempo, e esta sentença servirá para impedir que tais mudanças continuem ocorrendo na vida do menor envolvido. Portanto, a ré somente poderá mudar de endereço residencial e o menor de escola, com a autorização expressa do autor ou judicial, como muito bem proposto pelo MPDFT:

> *"Estabelecimento de guarda compartilhada do menor O., com lar de referência materno e base de moradia o Núcleo Bandeirante/DF (art. 1583, §3º, do CC) com vedação de mudança de domicílio ou colégio sem acordo de ambos os pares ou autorização judicial", fls. 554/560.*

Por outro lado, para que o pai tenha efetiva participação na vida do menor deve a guarda ser compartilhada, em virtude de a opção legislativa ser a que efetivamente atende o melhor interesse do menor.

Neste ponto, ressalto a conclusão do laudo Psicossocial de fls. 375/378: *"Por conseguinte e a despeito das demandas e dos benéficos quanto à presença da figura paterna para o desenvolvimento de O. avalia-se que, neste momento, a mudança de guarda representaria significativas rupturas e perdas e, consequentes abalos emocionais para a criança, tendo em vista as possíveis mudanças na sua rotina e relações, uma vez que o pai reside em Luziânia/GO".*

Tal posicionamento corrobora com a fixação da guarda compartilhada, a fim de assegurar a crescente participação do genitor na vida do filho, com lar de referência o materno, para evitar perdas e rupturas com a mudança para outro Estado da federação.

O genitor exercerá as visitas, em relação ao menor:

1) em finais de semana alternados, podendo buscá-lo ao final do expediente escolar, às sextas feiras, devolvendo-o aos domingos às 19h;
2) nos feriados de forma alternada, podendo o pai buscá-lo ao final do expediente escolar do último dia que anteceder o feriado, devolvendo-o aos domingos às 19h, iniciando-se no feriado de 07 de setembro de 2016;
3) nos festejos de final de ano de forma alternada, de forma que a mãe passe o natal e o pai o ano novo, nos anos ímpares, invertendo-se a ordem nos anos pares;
4) o genitor que houver passado o natal, poderá passar as férias de dezembro com o menor e, o que o ano novo, as férias de janeiro;
5) as férias do meio do ano serão divididas de forma equivalente entre os genitores, sendo que a primeira metade caberá àquele que passou as férias de dezembro do ano anterior e, a segunda metade, àquele que passou as férias de janeiro anterior;
6) no dia das mães e no aniversário da genitora, independentemente de ser dia de visita, a criança poderá ficar com esta e no dia dos pais e no aniversário do genitor, independentemente de ser dia de visita, a criança ficará com este;
7) nos anos ímpares o menor passará seu aniversário com a pai invertendo-se nos anos pares.

Ante o exposto, na forma do art. 487, I, do Novo Código de Processo Civil, resolvo o mérito, acolho parcialmente o parecer do Ministério Público e JULGO PARCIALMENTE PROCEDENTE O PEDIDO para fixar guarda compartilhada do menor O.F. em favor dos genitores U.F. e R.M.F., com lar de referência o materno, garantido ao genitor as visitas conforme fixadas na fundamentação.

CONDENO a genitora/ré na obrigação de fazer consubstanciada em manter sua residência no Núcleo Bandeirante e de não fazer consubstanciada em não se mudar de endereço residencial e de não mudar o menor de escola, sem autorização expressa do genitor/autor ou autorização judicial, sob pena de ser alterado o lar de referência para o paterno. Caso haja descumprimento das obrigações ora fixadas, deverá o genitor comprovar por meio de registro de ocorrência em delegacia de polícia ou perante o conselho tutelar.

Expeça-se termo de guarda para ambas as partes, devendo o genitor apresentar o termo na escola para que possa participar ativamente da vida escolar do menor.

Em razão da sucumbência parcial, condeno o autor no pagamento de 30% e a ré no pagamento de 70%, das custas e honorários advocatícios, que fixo em R$ 2.000,00 (dois mil reais), nos termos do art. 85, §2º, do Código de Processo

Civil. Defiro a gratuidade de justiça à ré, motivo pelo qual suspendo a exigibilidade das verbas de sucumbência que lhe cabem, na forma do art. 12 da Lei 1.060/50.

Transitada em julgado, expedidas as diligências necessárias, arquivem-se os autos com as cautelas devidas.

Publique-se. Registre-se. Intime-se.

Brasília, dia/mês/ano.

Magáli Dellape Gomes
Juíza de Direito

8. DIREITO CIVIL (FAMÍLIA) – RECONHECIMENTO E DISSOLUÇÃO DE UNIÃO ESTÁVEL

Cuidam os presentes autos de ação de reconhecimento e dissolução de união estável c\c partilha de bens proposta por M.L. em desfavor de A.P.

Alega a autora que viveu em união estável com o requerido no período de 1998 a março/2016. Durante o curso da união estável tiveram uma filha, T.L. (nascida em 12/03/2012). Afirma que foram adquiridos os seguintes bens durante a união estável: Casa na Rua 0X, Chácara 8X, Lote BX, Vicente Pires; Ford focus placa NFX XX59; Fiat Strada placa JHD 01XX; Fiat Mille economy placa EWM XX27; gol placa GVZ XX08; moto Honda lead placa PUD 66XX; microônibus volare A8 placa JJB XX74; Renault máster placa AQK XX17; permissões de escolar números 04XX e 03XX; valores existentes em contas bancárias.

Afirma que o requerido não a deixava trabalhar, pois era possessivo, que está despreparada para o mercado de trabalho. Informa que viviam sob o mesmo teto, e se apresentavam à sociedade como marido e mulher, e mantinham relacionamento público, longo e contínuo. Afirma que está com a guarda da menor, o que deve ser mantido.

Requer o reconhecimento da união estável no período indicado, com a partilha dos bens na ordem de 50% para cada ex convivente, fls. 02/12 e emenda de fls. 40/41.

O réu compareceu espontaneamente por ocasião da Audiência prévia de conciliação, fl. 68, tendo constituído advogado e apresentado contestação, fls. 76/80.

Em contestação, o réu alega que não houve união estável, mas apenas amizade entre as partes, e que em virtude de uma viagem feita em conjunto em 2011 a autora engravidou. Quanto aos bens, afirma que não há o que ser partilhado, impugnando individualmente cada bem apresentado. Afirma que manteve namoro firme e notório com M. A.M., tendo, inclusive, tido uma filha com ela, M.A., nascida em 15/02/2013. Requer a improcedência do pedido.

Réplica, fls. 89/105.

Encaminhadas as partes ao Projeto Constelar e Conciliar, em 23/09/2016, ambas as partes compareceram e participaram diretamente do trabalho realizado.

Realizada Audiência de conciliação, fl. 207, foram deferidas as provas documentais e testemunhais requeridas.

Realizada Audiência de instrução e julgamento, fls. 255/261, foram colhidos os depoimentos das partes e das testemunhas W.S., A.C., J.C. e dos informantes M. A.M. e J.L.. Na ocasião, ante a não comprovação do encaminhamento de intimação para a testemunha R.R pela parte autora, foi considerada a desistência na referida inquirição, com encerramento da instrução.

Alegações finais pelas partes, fls. 264/271 e 274/276, e pelo MPDFT, fls. 278/279.

É o relatório do necessário. Decido.

Pretende a autora o reconhecimento de que manteve com o réu uma união estável, ou seja, um relacionamento como se casados fossem, duradouro, público e contínuo, estabelecido com o objetivo de constituição de família.

Com efeito, o artigo 1.723 do Código Civil dispõe o seguinte: *"É reconhecida como entidade familiar a união estável entre o homem e a mulher, configurada na convivência pública, contínua e duradoura e estabelecida com o objetivo de constituição de família."*

No caso, a parte autora afirmou em seu depoimento pessoal que *"que passou a morar junto com o requerido aos 17 anos, na QN XXC, Conjunto 0X, Casa 1X, Riacho Fundo II/DF"* (fl. 256), e que a união estável teria ocorrido entre o período de 1998 a março 2016.

O réu, por sua vez, que *"nunca morou sob o mesmo teto que a requerente, nem após o nascimento de T. (...) que tem amizade pela requerente, não tendo com ela nenhum relacionamento, tendo chamado sua amiga para viajar em 2011, quando ela engravidou"* (fl. 257).

Com efeito, as provas produzidas nos autos demonstram que as partes compartilharam do mesmo endereço no período de 2011 a 2015, pois o endereço da autora nos documentos de fls. 113, 118, 120 e 122 é o mesmo declarado pelo réu no qual residiu de 2005 a 2014, qual seja, QN XXC, Conjunto 0X, Casa 1X. Além disso, nos documentos de fls. 115, 146 e 147, consta novamente o mesmo endereço da autora e do réu, qual seja, Rua 0X, Chácara 8X, Conjunto X, Lote 0X, Vicente Pires/DF, a partir de 2014, exatamente no mesmo período em que o réu informou ter se mudado para o referido local, fl. 257.

Além disso, as fotos de fls. 170/194 demonstram o relacionamento amoroso, íntimo e duradouro tido entre as partes, inclusive com a participação da família de ambos, o que pode ser comprovado pelo depoimento pessoal do réu, fl. 257:

> *"apresentada a foto de fl. 172, afirma que tinha conhecimento da família da autora, tendo tirado uma foto com o sobrinho desta; apresentada a foto de fl. 173, afirma que a primeira foto foi na viagem para Mato Grosso, em 2011; que a segunda foto de fl. 173 figuram a mãe, cunhada e irmão do depoente"*

Consta, inclusive, em referidas fotos o pedido de casamento formulado pelo réu à autora, com colocação de aliança de noivado no dedo anelar direito, fls. 176.

O relacionamento era também público e notório, tanto que as partes foram padrinhos de casamento da sobrinha do réu, fls. 182/183, onde tiraram fotos como casal que realmente foram.

Além disso, a testemunha W.S. informou que, trabalhou de faxineira na casa do casal no Riacho Fundo, sendo que estes moravam sob o mesmo teto e dormiam juntos na cama do casal, fls. 258:

"que conhece a autora há mais de dez anos; que trabalhava na mesma rua em que a mãe da autora mora; que passou a trabalhar de diarista para autora, quinzenalmente, no Riacho Fundo II, Quadra XX, Conjunto X, sendo que a autora a buscava de carro; que a autora morava juntamente com o requerido, indicando este neste recinto; que as partes dormiam na mesma cama de casal; que os via de abraços, dando beijos, como marido e mulher; que trabalhou no referido endereço por aproximadamente um ano, antes do nascimento de T.; que as partes usavam aliança de compromisso; que nos dias em que fazia faxina não recebia visita em casa; que não conheceu M.A."

Por sua vez, a testemunha A.C. declarou que conheceu as partes e soube do relacionamento matrimonial havido entre eles, os quais moraram juntos em diversos endereços, fl. 259:

> *"que conhece a autora há 17 anos; que a autora teve relacionamento matrimonial com A.; que desde que conheceu a mãe da autora e a autora, esta já tinha relacionamento com o requerido; que o relacionamento era público e que ambas as famílias sabiam do relacionamento; que não havia dúvida se as partes eram apenas amigos ou se mantinham relacionamento, pois mantinham relacionamento; que não sabe dizer se as partes usavam aliança; que as partes chegaram a morar juntos no Gama e no Riacho Fundo II, além de outros lugares que não sabe precisar; que não sabe dizer se o requerido tinha outros relacionamentos ao mesmo tempo; que o relacionamento das partes foi contínuo desde quando conheceu a autora até esta separação, que não sabe precisar quando aconteceu; que a autora nunca estudou ou trabalhou enquanto esteve com o requerido, voltando a estudar depois que se separou; que a autora voltou a morar na casa de sua mãe após a separação, não sabendo a depoente precisar a data".*

Até mesmo a testemunha arrolada pelo réu, J.C., fl. 260, disse que *"que viu a M. em meados de 2013 na casa do Riacho Fundo com o bebê"*.

Assim, entendo que as partes viveram em união estável durante o período de agosto/2011 a setembro/2015, em convivência pública, inclusive com a participação da família de ambas as partes, de forma contínua, duradoura e com o objetivo de constituição de família.

Ressalto que não houve provas produzidas no sentido de que houve constituição de união com objetivo de formar uma família pelas partes antes de agosto/2011, tampouco após setembro/2015.

Noutro diapasão, ressalto que a Constituição Federal não exige a exclusividade ou a fidelidade nas relações tidas no âmbito da união estável, portanto, a existência do namoro do réu com M.A.M. não impede o reconhecimento da união estável havida entre as partes.

É certo que as relações patrimoniais entre os companheiros são regidas, salvo contrato escrito, pelo regime da comunhão parcial de bens, no que couber (CC, art. 175). Portanto, aplicável ao caso o art. 1659, I, do Código Civil que dispõe: *"excluem-se da comunhão" "os bens que cada cônjuge possuir ao casar, e os que sobrevierem na constância do casamento, por doação"*.

In casu, o réu comprovou a aquisição dos direitos incidentes sobre o imóvel localizado na Rua 0X, Chácara 8X, Lote BX, Vicente Pires em 08/03/2006, período anterior à união estável, não havendo que se falar em partilha.

Quanto aos à moto Honda lead placa PUD 66XX e à carretinha, considerando que a autora não provou a propriedade destes, apenas juntou as fotos de fls. 30 e 34, as quais não têm o condão de demonstrar a propriedade, notadamente por não ter havido qualquer outra prova que corroborasse com o alegado, entendo que não pode se falar na partilha.

Quanto aos veículos Ford Focus placa NFX 64XX e Fiat Strada placa JHD XX31, consta os documentos de propriedade às fls. 26 e 27, respectivamente, ambos em nome do requerido e com data de 2010, data anterior à união estável ora reconhecida, portanto, não podem ser objeto de partilha.

Quanto ao veículo Fiat Mille Economy placa EWM XX27, este foi adquirido em leilão ocorrido em 26/11/2015, fl. 85, portanto, também não pode ser objeto de partilha, eis que adquirido após o período em que foi reconhecida a união estável.

Quanto ao veículo Gol placa GVZ XX08, este foi adquirido por leilão em 14/01/2016, fl. 29, logo, também não pode ser objeto de partilha, eis que adquirido após o período em que foi reconhecida a união estável.

Quanto ao microônibus Volare A8 placa JJB XX74, consta à fl. 31 documento de 2014 em nome do requerido, o qual não comprovou a alienação do veículo, e, por ter sido demonstrada sua aquisição durante o período da união estável, deve ser partilhado na ordem de 50% para cada ex convivente.

Quanto ao veículo Renault máster placa AQK XX17, consta à fl. 32 documento de 2015 em nome do requerido, o qual, mesmo se utilizando do referido veículo para o seu trabalho deve ser objeto de partilha, haja vista que adquirido no curso da união estável, por conseguinte, deve ser partilhado na ordem de 50% para cada ex convivente. Ressalto que incide alienação fiduciária sobre este veículo, sendo que as obrigações a ela relacionadas também devem ser partilhadas entre as partes.

Quanto à permissão de escolar nº 04XX consta registro em nome de terceiro à fl. 127, não sendo possível, com a documentação que consta nos autos afirmar que o réu tenha adquirido tal permissão, não tendo a autora se desincumbido do ônus da respectiva prova. Assim, não há que se falar na sua partilha.

Quanto à permissão de escolar nº 03XX, considerando que não houve impugnação do réu quanto à data da compra, bem como que o veículo de utilização foi adquirido em 2015, data em que se presume que a licença foi emitida, data na qual as partes mantinham união estável, deve ser partilhada na proporção de 50% para cada ex convivente.

Quanto à partilha dos valores existentes em contas bancárias, considerando que o réu não se opôs ao pedido, entendo que devem ser objeto de partilha o saldo existente em 30/09/2015 entre as partes, na proporção de 50% para cada ex convivente.

Por fim, na forma do art. 322, §2º, do NCPC, mesmo não tendo sido formulado pedido específico na inicial para fixação da guarda da menor T.L. em favor da genitora/autora, à fl. 06 a autora informou que "está sob sua guarda situação que deve ser mantida".

Assim, considero que o conjunto da postulação formulado na inicial inclui a questão da guarda, não tendo o réu se oposto à fixação desta de forma unilateral em favor da genitora (NCPC, art. 322, §2º).

Estabeleço, por conseguinte, regime de visitas que permita contato da menor também com o genitor:

1) O genitor exercerá o direito de visitas à menor quinzenalmente, nos finais de semana, retirando-o às sextas-feiras na escola da criança, ao final do expediente escolar, e devolverá a criança na escola, às segundas-feiras, antes do expediente escolar; 2) Os feriados serão intercalados entre os genitores, ocasião na qual o genitor pegará a criança às 9h, e a devolverá às 18h do mesmo dia, ou incluirá o dia em seu final de semana, caso haja coincidência de datas; 3) Nas festividades de final de ano, nos anos ímpares, o menor ficará na companhia do pai durante o Natal, e na companhia da mãe na passagem do ano, invertendo-se a ordem nas festividades nos anos pares; 4) O genitor que estiver em companhia do menor, por ocasião da festividade de ano novo, poderá permanecer as férias de janeiro, e o genitor que passar o Natal, poderá

permanecer as férias de dezembro; 5) O período de férias do meio do ano será dividido igualitariamente entre os genitores, cabendo ao genitor que passou as férias de dezembro do ano anterior, passar a primeira metade das férias do meio do ano, e ao genitor que passou as férias de Janeiro anterior, passar a segunda metade das férias do meio do ano; 6) Nas festividades do dia das mães e do dia dos pais, bem como nos respectivos aniversários dos genitores, o menor comemorará com o genitor homenageado; 10) No aniversário da criança, esta passará em companhia do pai nos anos ímpares e em companhia da mãe, nos anos pares.

Ante o exposto, nos termos do art. 487, I, do NCPC, resolvo o mérito e JULGO PARCIALMENTE PROCEDENTE O PEDIDO para declarar a existência e a dissolução da união estável havida entre M.L. e A.P., que se iniciou em agosto/2011 a setembro/2015.

Determino a realização da partilha dos bens havidos na constância da união, da seguinte forma:

A) 50% (cinquenta por cento) para cada ex-convivente, dos eventuais direitos e obrigações incidentes sobre o microônibus Volare A8 placa JJB XX74;

B) 50% (cinquenta por cento) para cada ex-convivente, dos eventuais direitos e obrigações incidentes sobre o veículo Renault máster placa AQK XX17;

C) 50% (cinquenta por cento) para cada ex-convivente, dos eventuais direitos e obrigações incidentes sobre a permissão de escolar nº 03XX;

D) 50% (cinquenta por cento) para cada ex-convivente do saldo existente nas contas bancárias em nome do requerido na data de 30/09/2015.

FIXO A GUARDA unilateral da menor T.L. em favor da genitora, com o regime de visitas que constou na fundamentação.

Em razão da sucumbência recíproca, condeno a autora no pagamento de 20% e o réu no pagamento de 80%, das custas processuais e honorários advocatícios, que fixo 10% sobre o valor da causa fixado na decisão de fl. 51, nos termos do artigo 85, §2º, do NCPC. Entretanto, ante a gratuidade de justiça deferida à autora, fl. 60, suspendo a exigibilidade das verbas de sucumbência que lhe incumbe, pelo prazo de cinco anos, nos termos do art. 12, da Lei 1060/50.

Publique-se. Registre-se. Intimem-se.

Núcleo Bandeirante - DF, dia/mês/ano.

Magáli Dellape Lopes

Juíza de Direito

9. DIREITO CIVIL – DIREITO AUTORAL (RECONHECIMENTO DE PRESCRIÇÃO)

I. RELATÓRIO

Cuida-se de ação de conhecimento que tramita pelo procedimento comum proposta por João da Silva contra o DISTRITO FEDERAL.

Alega a parte autora que é poeta e possui vários textos, poesias, letras de músicas, homenagens e hinos evangélicos divulgados em seu domínio na rede mundial de computadores (www.joaodasilvapoeta.com), cujas obras estão devidamente licenciadas. Acrescenta que é permitida a cópia, distribuição, exibição e execução, desde que seja concedido o respectivo crédito ao autor.

Não obstante, recebeu de um oficial do Corpo de Bombeiros do Distrito Federal um exemplar do Informativo BIZU, de responsabilidade da Assessoria de Comunicação Social do CBMDF, que circulou no ano de 2003, no qual constava uma poesia de autoria do requerente, porém sem o respectivo crédito e com título diferente. Sustenta que foi intitulada "Soldado do Fogo", porém no periódico foi alterada para "Memórias de um Paladino da Vida". Acrescenta que à época levou ao conhecimento do Chefe da Assessoria de Comunicação do Órgão, com vistas à alteração do título e respectiva atribuição do crédito.

Contudo, como foi mantida adulteração, sem qualquer publicação retificadora, em 13 de abril de 2016 requereu ao Comandante-Geral informações sobre a quantidade de exemplares disponibilizados bem como o custo das publicações. Em resposta, obteve a informação que o período foi restrito à circulação interna no órgão. Diante desta situação, requer compensação por danos morais, indenização no valor correspondente à tiragem de 2000 (dois mil) exemplares, além da aplicação de multa, nos termos da Lei n. 9610/1998. Com a inicial vieram os documentos de fls. 24/38.

Decisão de fl. 43 determinou a emenda da petição inicial para alterar o polo passivo da demanda e incluir o Distrito Federal.

Emenda apresentada às fls. 46/66.

Decisão de fl. 68 determinou a remessa dos autos ao Juízo da Fazenda Pública.

A emenda foi recebida pela decisão de fl. 73.

Citado (fl. 78), o Distrito Federal apresentou contestação às fls. 80/85. Suscitou a prejudicial de mérito da prescrição, porquanto a publicação ocorreu em 2003 e a ação foi proposta somente em setembro de 2016. Quanto ao mérito propriamente dito, alegou que não houve qualquer oposição do autor em relação à publicação e não seria possível exigir do CBMDF que tivesse conhecimento do autor do texto publicado, cabendo ao autor levar ao conhecimento das instâncias competentes a informação. Sustentou que não houve a prática de qualquer ato ilícito pela Administração Pública.

A parte autora manifestou em réplica (fls. 89/94).

Decisão de fl. 96 entendeu pela desnecessidade de uma maior dilação probatória.

É o que importa relatar. FUNDAMENTO E DECIDO.

II. FUNDAMENTAÇÃO

Prejudicial de Mérito – Prescrição.

A parte autora almeja indenização pelo uso de sua poesia sem a devida atribuição do crédito. O direito autoral está relacionado ao direito pessoal de seu autor e a legislação específica atribui a possibilidade de vindicação da obra a qualquer tempo, ressalvada a hipótese que caia em domínio público (art. 24, I, da Lei n. 9.610/1998): "Art. 24. São direitos morais do autor: I - o de reivindicar, a qualquer tempo, a autoria da obra".

Contudo, esta hipótese específica da legislação retrata tão somente a imprescritibilidade da reivindicação da autoria e não a reparação civil decorrente da violação das normas de direito autoral. Ou seja, o requerente pode questionar a autoria da poesia a qualquer tempo, mas eventual reparação civil deve observar o prazo prescricional previsto no Código Civil, porquanto representa aferição patrimonial pela prática de um ato ilícito.

Acerca deste aspecto econômico, retrata pretensão de responsabilidade civil, e o STJ entendeu pela aplicação do prazo trienal previsto no artigo 206, §3º, V, do CC.

Recurso Especial. Direito autoral. Violação. ECAD. Pretensão fundada em responsabilidade civil. Prescrição trienal. Art. 206, §3º, V, do Código Civil. A cobrança em juízo dos direitos decorrentes da execução de obras musicais sem prévia e expressa autorização do autor envolve pretensão de reparação civil, a atrair a aplicação do prazo de prescrição de 3 (três) anos de que trata o art. 206, §3º, V, do Código Civil, observadas as regras de transição previstas no art. 2028 do mesmo diploma legal, não importando se proveniente de relações contratuais ou extracontratuais. Recurso especial não provido. (REsp 1.474.832/SP. Rel. Min. Paulo de Tarso Sanseverino. Relator para o acórdão: Min. Ricardo Villas Bôas Cueva, DJ 13/12/2016).

O periódico do Corpo de Bombeiro do Distrito Federal, objeto de impugnação pelo Requerente, foi publicado no ano de 2003. Segundo a teoria da *actio nata*, o termo *a quo* para cômputo do prazo prescricional é o momento em que a parte que se sentiu violada tomou conhecimento da conduta. No caso, o próprio autor confirmou em juízo que tomou conhecimento do fato à época de sua divulgação, porquanto levou ao conhecimento do Chefe de Assessoria de Comunicação daquele Órgão a informação sobre o erro no título da poesia bem como a falta do crédito em seu favor.

Neste sentido, como o fato ocorreu em 2003, já na vigência do Código Civil de 2002, devem ser observados os prazos prescricionais por ele estabelecidos. Ainda que se observe o prazo geral de dez anos, a pretensão da parte autora já está fulminada pela prescrição. Nesse sentido:

(...)Considerando o caráter pessoal dos direitos autorais decorrentes da execução de obras musicais não autorizadas em academia, a pretensão de cobrança submete-se ao prazo prescricional decenal previsto no artigo 205 do Código Civil. 2. Embargos Infringentes conhecidos, mas não providos. Unânime. (Acórdão n.923891, 20130110364727EIC, Relator: FÁTIMA RAFAEL, Revisor: MARIA DE LOURDES ABREU, 1ª CÂMARA CÍVEL, Data de Julgamento: 22/02/2016, Publicado no DJE: 03/03/2016. Pág.: Sem Página Cadastrada.)

DISPOSITIVO

Em razão do que foi exposto, RECONHEÇO A PRESCRIÇÃO E EXTINGO O PROCESSO, com análise do mérito, na forma do art. 487, II, do CPC.

Em virtude da sucumbência, condeno a autora ao pagamento das custas, despesas processuais e honorários advocatícios, que arbitro na quantia de R$ 2.000,00 (dois mil reais), na forma do art. 85, §8º, do CPC.

Oportunamente, transitada em julgado, não havendo outros requerimentos, intime-se para recolhimento das custas em aberto, e, após, dê-se baixa e arquivem-se.

Publique-se. Intimem-se. Sentença registrada eletronicamente.

Ricardo Rocha Leite

Juiz de Direito Substituto

10. DIREITO CIVIL – RESPONSABILIDADE CIVIL (USO INDEVIDO DE IMAGEM/RETIRADA DE NOTÍCIAS VEICULADAS NA INTERNET)

L.P. ajuizou ação indenizatória em face de Rádio e Televisão Capital Ltda., na qual alegou, em síntese, que foi difamada e caluniada pela ré, razão pela qual requereu a suspensão das notícias veiculadas a seu respeito, que mencionam seu nome, foto e dados contidos na CNH, compensação por uso indevido de imagem, no valor de R$150.000,00, e pelas humilhações causadas, no valor de R$ 300.000,00. Ainda pleiteou seja publicada retratação televisiva e virtual nos mesmos espaços onde se deram as ofensas. Esclareceu a requerida abusou do direito de informar e falsamente divulga que a autora exercia ilegalmente a profissão de dentista. No dia 22.7.2013, em jornal denominado

Balanço Geral, a autora foi acusada de exercer ilegalmente a profissão de dentista, expondo sua imagem e foto de sua carteira de motorista. Foi exposta sua imagem na delegacia. Notícias com ofensas iguais são veiculadas na internet. A divulgação equivocada da notícia e dos dados pessoais da autora lhe trouxe diversos transtornos, que passou a ser isolada nos meios que frequentava e teve que pleitear transferência para outra instituição de ensino, abrindo mão dos benefícios de financiamento estudantil, mas mesmo aí era hostilizada e sofria humilhações. Divulgada a notícia na internet, ela permanece disponível em diversos sites e por meio de qualquer pesquisa

A decisão de fls. 76/79 indeferiu o pedido de antecipação dos efeitos da tutela. Foi interposto agravo, ao qual se negou provimento.

Citada, a requerida apresentou contestação (fls. 83/92), destacando que não houve conduta culposa ou dolosa de sua parte e que exerceu regularmente o direito de informação. Noticiou fatos verídicos, sem distorções ou juízos de valor, cuja veiculação era de interesse público. Não houve divulgação tendenciosa, manipuladora ou que fizesse pré-julgamento. Relatou os fatos, conforme narrado pelo presidente do Conselho Regional de Odontologia, que investigava a autora. O fato de a autora ter sido absolvida na esfera criminal não torna ilícita a divulgação realizada. A foto e imagens divulgadas estavam dentro do contexto da notícia. Não cabe o pedido de retratação pública.

Réplica a fls. 114/118, a qual reiterou os termos da inicial.

Intimadas as partes para manifestar interesse na instrução, o requerido pleiteou a produção de prova oral; a requerente pleiteou o julgamento antecipado.

É o relatório. Passo a decidir.

Presentes os pressupostos processuais e as condições da ação e não tendo nenhuma questão de ordem processual pendente, passo ao exame do mérito.

O processo comporta julgamento no estado em que se encontra. A controvérsia envolve apenas questões de direito e, no que diz respeito aos fatos, esses não precisam ser demonstrados ou as partes abriram mão da iniciativa probatória. O julgamento antecipado ainda prestigia a duração razoável do processo, tal como assegurada no art. 5º, LXXVII, CF. Aplica-se, portanto, o art. 355 do CPC.

I. O regime jurídico da circulação de informação.

A controvérsia cinge-se a definir em que medida é lícito noticiar a existência de apuração e investigação contra determinada pessoa. Dada essa particular característica, a lide que ora se apresenta tem, como pano de fundo, o direito de comunicação, de expressão e, mais especificamente, um conflito de direitos constitucionalmente assegurados.

É certo que a Constituição Federal assegura a todos a liberdade de pensamento (art. 5º, IV, da CF), bem como a livre manifestação deste pensamento (art. 5º, IX, da CF) e o acesso à informação (art. 5º, XIV, da CF). No entanto, também é verdadeiro que a liberdade de expressão não deve violar direitos à reputação, à honra e à imagem, sob pena de ensejar o direito à indenização pelos danos morais e materiais que lhes sejam causados (art. 5º, X, da CF).

A solução deste conflito não se dá pela negação de quaisquer desses direitos. Ao contrário, cabe ao legislador e ao aplicador da lei buscar o ponto de equilíbrio onde os dois princípios mencionados possam conviver, exercendo verdadeira função harmonizadora.

A questão não é substancialmente diversa de tantas outras que se apresentam cotidianamente ao Poder Judiciário, mas merece ser vista com cautela, para que se esclareçam os limites da liberdade de expressão. Nessa busca por harmonização, é essencial o manejo correto das regras de responsabilidade civil, pois só elas podem indicar onde há abuso de liberdade e lesão injustamente causada a outrem. Em outras palavras, há responsabilidade civil se estão presentes a divulgação culposa de informação lesiva a honra de outrem, bem como o nexo causal entre a culpa e a lesão a honra.

II.A. Comunicação e jornalismo.

Dada a relevância que a mídia assume na sociedade contemporânea, não se pode deixar de reconhecer que as disputas envolvendo a liberdade de informação são mais frequentes no campo da atividade jornalística. Isso porque a atividade jornalística consubstancia-se essencialmente no exercício da liberdade de expressão. Não por outro motivo, o e. STF, o julgar a ADPF 130, conclui que a imprensa goza de um núcleo duro de liberdade de expressão do pensamento e que, por isso, não se submete, nesse aspecto, a regras diversas daquelas aplicáveis a todo o cidadão (STF, ADPF 130, Pleno, Rel. Min. Carlos Britto, DJe-208 5.11.2009).

II.B. Informação lesiva à honra alheia.

Tem-se reconhecido ilicitude na divulgação de dois tipos de informação, pois elas certamente lesam a honra alheia: (i) a informação falsa; (ii) a informação, ainda que verdadeira, mas em relação a qual não há interesse público. O c. STJ já teve oportunidade de asseverar que "a liberdade de informação deve estar atenta ao dever de veracidade, pois a falsidade dos dados divulgados manipula em vez de formar a opinião pública, bem como ao interesse público, pois nem toda informação verdadeira é relevante para o convívio em sociedade" (STJ, REsp 896.635/MT, 3ª Turma, Rel. Min. Nancy Andrighi, DJe 10/03/2008). Veracidade e interesse público pautam, portanto, a liberdade de crônica.

Dito de outra forma, a honra e imagem dos cidadãos não são ilicitamente violadas quando se divulgam informações verdadeiras, fidedignas e que, além disso, são do interesse público.

A existência de interesse público retira os fatos sob apuração da esfera privada, do íntimo e da privacidade, para justificar sua comunicação ao público ou a qualquer interessado. Em outras palavras, a existência de interesse público faz com que um determinado fato passe ao debate aberto em sociedade.

A observância do dever de veracidade exige atenção, pois aquilo que, inicialmente, parece simples pode revelar peculiaridades relevantes. Em princípio, a questão é singela porque o juízo de veracidade, quando abstratamente considerado, só pode levar a dois resultados: a informação é falsa ou verdadeira. Não há outras alternativas possíveis. Mas a linguagem revela sutilezas que não podem escapar ao aplicador da lei. O agente da comunicação pode construir a mensagem com um conteúdo de certeza (é certo que ocorreu isso) ou de incerteza (suspeita-se que ocorreu isso). Na primeira hipótese, que envolve certeza, o fato informado, que se considerou certo, deve ser verdadeiro. Na segunda hipótese, apenas a existência da suspeita deve ser verdadeira. Com efeito, uma coisa é a veracidade acerca de uma suspeita; outra coisa diversa é a veracidade sobre o fato que se diz suspeito.

II.C. A culpa.

Age com culpa aquele que divulga como verdadeira uma informação que, empregada a diligência de um homem médio, saber-se-ia falsa. Se ouço um boato e o divulgo amplamente, sem prévia preocupação com sua veracidade, atuo de forma culposa e posso vir a indenizar.

Esse problema foi objeto de profundas considerações pelo e. STJ (REsp 984.803/ES, 3ª Turma, Rel. Min. Nancy Andrighi, DJe 19/08/2009) e as lições que dali se extraem jogam luz sobre a presente controvérsia. Confira-se:

> *"Quando é possível afirmar livremente que alguém é suspeito de algo? É essa pergunta que exige resposta. Para enfrentar esse problema, deve-se ter em mente aquele que talvez seja o requisito mais importante para aferir a responsabilidade do veículo de imprensa, qual seja, a culpa. De fato, os veículos de imprensa e comunicação sujeitam-se a um regime de responsabilidade subjetiva, não havendo que se falar aqui de responsabilidade por risco. Consequentemente, não basta a divulgação de informação falsa, exige-se prova de que o agente divulgador conhecia ou poderia conhecer a inveracidade da informação propalada. A doutrina especializada de Enéas Costa Garcia, com apoio no direito anglo-saxão, afirma que 'a regra da 'actual malice' significa que o ofendido, para lograr êxito na ação de indenização, deve provar a falsidade da declaração e que o jornalista sabia da falsidade da notícia (knowledge of the falsity) ou teria demonstrado um irresponsável descuido (reckless disregard) na sua conduta. Não basta a falsidade da notícia' (Responsabilidade Civil dos Meios de Comunicação. São Paulo: Editora Juarez de Oliveira, 2002, p. 140). O veículo de comunicação exime-se de culpa quando busca fontes fidedignas, quando exerce atividade investigativa, ouve as diversas partes interessadas e afasta quaisquer dúvidas sérias quanto à veracidade do que divulgará. Pode-se dizer que o jornalista tem um dever de investigar os fatos*

que deseja publicar. Diz-nos a doutrina que "quanto mais séria, ofensiva ou improvável for a notícia, maior deve ser o grau de investigação, mais detalhada deve ser a aferição de sua credibilidade" (Op. Cit., p. 148). Não é por outro motivo que o Código de Ética do Jornalista estabelece que "o compromisso fundamental do jornalista é com a verdade dos fatos, e seu trabalho se pauta pela precisa apuração dos acontecimentos e sua correta divulgação" (art. 7º). O compromisso ético com a verdade exige a obrigação natural de escutar ambas as partes envolvidas em um determinado fato para que, assim, o leitor possa formar sua opinião ou, pelo menos, para que ele, leitor, tenha em mãos elementos suficientes para discordar da opinião crítica manifestada pelo jornalista. Por isto, o Código de Ética profissional estabelece que "o jornalista deve: a) ouvir sempre, antes da divulgação dos fatos, todas as pessoas, objeto de acusações não comprovadas, feitas por terceiros e não suficientemente demonstradas ou verificadas; b) tratar com respeito a todas as pessoas mencionadas nas informações que divulgar (art. 14). (...) Embora se deva exigir da mídia um mínimo de diligência investigativa, isso não significa que sua cognição deva ser plena e exauriente à semelhança daquilo que ocorre em juízo. A elaboração de reportagens pode durar horas ou meses, dependendo de sua complexidade, mas não se pode exigir que a mídia só divulgue fatos após ter certeza plena de sua veracidade. Isso se dá, em primeiro lugar, porque a recorrente, como qualquer outro particular, não detém poderes estatais para empreender tal cognição. Ademais, impor tal exigência à imprensa significaria engessá-la e condená-la a morte. O processo de divulgação de informações satisfaz verdadeiro interesse público, devendo ser célere e eficaz, razão pela qual não se coaduna com rigorismos próprios de um procedimento judicial".

Essas ponderações levam imediatamente à seguinte conclusão: aquele que divulgou um fato aparentemente verdadeiro, mas que ao final de longa discussão se revelou falso, pode, eventualmente, se escusar do dever de indenizar. Isso é possível quando se divulga uma suspeita. A suspeita divulgada sabe-se verdadeira e fundada no momento de sua divulgação; o fato suspeito pode, contudo, revelar-se, ao final, falso.

III. Interesse Público, Veracidade e Culpa na hipótese dos autos.

Com todas essas observações em mente, deve-se voltar os olhos à hipótese desses autos.

A apuração do interesse público é relativamente simples. Em hipóteses como a desses autos, justifica-se a divulgação de informações a toda a sociedade civil. Supostamente, estar-se-ia diante da prática do crime de exercício irregular da profissão de dentista, o que poderia levar ao atendimento indevido de dezenas de pessoas.

A questão relativa à veracidade exige-se uma análise circunstanciada dos fatos. A reportagem levada ao ar, conforme indicado na inicial, narrou que a autora foi presa "acusada de exercício ilegal da profissão", que "costumava atender diariamente numa clínica de Santa Maria Sul", que "estaria trabalhando sem qualquer supervisão de um profissional da área". Vê-se, portanto, que o fato noticiado é a prisão por suspeita da prática de um crime. Não há acusação direta. A requerida não afirma que a autora praticou um crime, mas apenas que era suspeita de um crime.

Estabelecido esse ponto, a pergunta seguinte que deve ser feita é: havia verdadeiramente uma suspeita sobre a conduta da autora? Muitos elementos levam à resposta positiva: sim, existiam elementos a configurar uma suspeita. O primeiro e principal indício a amparar a suspeita são a narrativa feita, na época, pelo Presidente do Conselho Regional de Odontologia, Sr. A.A.. Mas sabe-se que a suspeita foi ratificada pelo Ministério Público, que chegou a oferecer denúncia contra a autora.

Vê-se que à época dos fatos, a requerida, com base em fontes independentes, narrou a existência de uma suspeita e a necessidade de investiga-la, o que foi posteriormente corroborado pelo Ministério Público.

Por tudo isso, vê-se claramente que a ré atuou com a diligência devida, não extrapolando os limites impostos à liberdade de informação. A suspeita que recaía sobre a autora, por mais dolorosa que lhe seja, de fato, existia e era, à época, fidedigna. Se hoje já não pesam sobre a autora essa suspeita, isso não faz com que o passado se altere.

Entendimento diverso, que sancionasse com danos morais o autor de denúncia que, ao final, revelou-se falsa, impediria toda e qualquer atuação do poder de polícia. Com isso, não se quer favorecer um "denuncismo" vazio e oportunista. Constatada a falta de indícios razoáveis, a comunicação de uma suspeita poderia dar ensejo à reparação dos danos morais. Mas essa não é a hipótese dos autos.

Assim, apenas para que fique bastante claro: não se afirmou aqui que a autora participou de qualquer conduta ilícita. Isso é irrelevante para o presente processo. Para o que aqui interessa, bastava concluir pela inicial existência de uma suspeita fundada em indícios razoáveis.

IV. Divulgação de Fotos e Dados.

Não vislumbro utilização ilegal da imagem da autora, seja por exposição de sua imagem em delegacia de polícia, seja pela divulgação de fotografia de sua Carteira Nacional de Habilitação, pois isso foi feito na medida necessária para ilustração da reportagem em tela. Não se tratam de imagens captadas no receio do lar ou cuja divulgação por si só possa se considerar ofensiva. Nesse sentido, confira-se a jurisprudência:

> *"INDENIZAÇÃO - DANOS MORAIS – Matéria publicada em jornal – Veiculação de que o autor estava com seu veículo atravessado em cima da*

faixa de pedestre – Uso da imagem sem autorização e que identificaria o recorrente - Irrelevância – Ausência de abuso por parte da ré, não havendo na notícia qualquer afirmação maliciosa ou inverídica que implique em ofensa à honra do autor - Exercício regular do direito de informação – Ademais, existência de nítido interesse social, permeado pelo interesse público, sem intenção de ofensa à honra - Cerceamento de defesa inocorrente - Sentença mantida - Recurso não provido" (TJSP, Relator(a): Moreira Viegas; Comarca: Atibaia; Órgão julgador: 5ª Câmara de Direito Privado; Data do julgamento: 09/09/2015; Data de registro: 10/09/2015)

"RESPONSABILIDADE CIVIL - INDENIZAÇÃO POR DANO MORAL VIOLAÇÃO À IMAGEM E HONRA - REPORTAGEM JORNALÍSTICA QUE NOTICIOU A PRISÃO DO AUTOR, ILUSTRANDO A NOTÍCIA COM SUA FOTOGRAFIA - NARRATIVA DOS FATOS SEM JUÍZO DE VALOR, EXAGERO, INTENÇÃO DE DENEGRIR OU IMPUTAÇÃO FALSA - INEXISTÊNCIA DE ATO ILÍCITO - MITIGAÇÃO DA PROTEÇÃO À IMAGEM, SOBRESSAINDO O DIREITO À INFORMAÇÃO - SENTENÇA DE IMPROCEDÊNCIA MANTIDA. RECURSO IMPROVIDO" (TJSP, Relator(a): Neves Amorim; Comarca: Mogi das Cruzes; Órgão julgador: 2ª Câmara de Direito Privado; Data do julgamento: 23/06/2015; Data de registro: 24/06/2015)

"Ação indenizatória - Matéria jornalística acerca do crime ambiental (caça de tatus) na qual em uma das fotos aparece, ao fundo, a imagem do autor. Dano moral não caracterizado. Matéria que mostra foto dos indiciados algemados e os identifica por intermédio das iniciais e idade. Apelado que aparece em foto que destaca a arma do crime, num segundo plano, em outra sala, quase de costas, e de forma desfocada, não havendo vinculação ao crime. Autor que faz parte, tao somente, do cenário da foto. Não se pode imputar à ré a intenção de colocar o autor em situação vexatória, humilhante, ou que de alguma forma ofendesse sua honra e a boa fama, que pudesse caracterizar abuso no exercício da liberdade de informação - Ausência de violação ao direito de imagem e nem dano moral a ser indenizado Sentença reformada Sucumbência invertida - Recurso provido" (TJSP, Relator(a): Silvério da Silva; Comarca: São Carlos; Órgão julgador: 8ª Câmara de Direito Privado; Data do julgamento: 16/04/2015; Data de registro: 17/04/2015)

"RESPONSABILIDADE CIVIL. Imprensa. Matéria jornalística com informação de prisão em flagrante, reincidência e fotografia. Fato verdadeiro de interesse público. Caráter narrativo da reportagem. Ausência de sensacionalismo. Imagem publicada no contexto da matéria, no exercício regular do direito de informar. Desnecessidade de autorização da pessoa fotografada. Emprego da palavra "reincidente" em sentido vulgar para expressar fato verdadeiro, atinente a envolvimento anterior com a mesma infração determinante da prisão em flagrante. Inexistência de ilicitude. Ação improcedente. Apelação não provida" (TJSP, Relator(a): Guilherme Santini Teodoro; Comarca: Indaiatuba; Órgão julgador: 2ª Câmara de Direito Privado; Data do julgamento: 31/03/2015; Data de registro: 31/03/2015)

V. Retratação e Resposta.

Não havendo ilícito, não há que se falar em direito de publicar retratação ou em direito de resposta. Como já asseverou o e. TJDFT, "o direito de resposta deve ser concedido na presença de informação falsa ou errônea nas matérias veiculadas pelos meios de comunicação, a fim de "inibir abusos no desfrute da plenitude de liberdade de imprensa (ADPF 130/DF). Não constatados abusos, erros ou inverdades, não há agravo a ser reparado pelo direito de resposta (CF 5°, V)" (Acórdão n.885304, 20120110449299APC, Relator: SERGIO XAVIER DE SOUZA ROCHA, Revisor: JAMES EDUARDO DA CRUZ DE MORAES OLIVEIRA, 4ª TURMA CÍVEL, Data de Julgamento: 29/07/2015, Publicado no DJE: 04/09/2015. Pág.: 180).

VI. Direito ao Esquecimento.

No que concerne ao direito ao esquecimento, outras considerações devem ser feitas. Em primeiro lugar, a tutela da dignidade humana faz com que se deva reconhecer no campo do direito civil um direito geral de personalidade. Isso significa que os direitos de personalidade não devem ser considerados em "numerus clausus". Assim, diante da moderna sociedade da informação e da computação, em que milhões de informações permanecem armazenadas na rede mundial de computadores por prazo indeterminado, é que se fala em direito ao esquecimento como forma de tutelar a dignidade individual.

Se um fato particular pode revelar interesse social quando de sua divulgação, essa relevância pode se perder ao longo do tempo, fazendo com que uma informação particular deixe de pertencer legitimamente ao domínio público.

Essa discussão vem levando a jurisprudência, no Brasil e no mundo, a tratar do direito ao esquecimento sob duas vertentes. A mais discutida e reconhecida delas é o direito a desindexação dos mecanismos de busca. Com efeito, uma vez divulgada de forma legítima, uma informação qualquer é comumente reproduzida em diversos veículos de divulgação virtual, blogs, sites e portais. Essas informações poderiam permanecer incógnitas ou acessíveis ao público cativo a cada um desses veículos, não fosse o enorme poder de localização e indexação por mecanismos de busca, como Google, Bing e outros. A outra vertente, mais simples, apenas indica que o veículo que uma informação passada não pode continuar sendo divulgada, na ausência de interesse público, por um indivíduo específico.

Apenas a segunda hipótese está sob discussão nestes autos, pois não se pede que a requerida tire a notícia de qualquer sítio na internet, mas apenas dos sítios sob seu controle (controle que de resto não é questionado).

Em se reconhecendo o direito ao esquecimento, deve-se questionar qual o prazo razoável para que uma notícia continue acessível a quem interessar possa. Como não há regulamentação qualquer e nem parâmetros legais, o tema deve ser decidido caso a caso. Deve-se aplicar aqui um teste sobre a permanência ou não do interesse público na divulgação de um fato.

Ao trazer essas considerações para os autos, é evidente que não há mais interesse público na divulgação de notícia sobre fato passado há cerca de 3 anos, pois, nesse período, ficou claro que a suspeita se revelou infundada e a autora foi absolvida na esfera criminal. De lá para cá, a autora graduou-se e hoje está habilitada para exercer a profissão. Não há interesse público em noticiar que a autora não pode exercer a profissão para a qual está habilitada e, ao contrário, a divulgação dessa informação pode trazer embaraço à vida da autora. Tampouco há interesse no registro histórico do fato. Friso que, em situações análogas, a jurisprudência tem tomado solução equivalente. Confira-se a jurisprudência: (Acórdão n.772390, 20100112151953APC, Relator: VERA ANDRIGHI, Revisor: ESDRAS NEVES, 6ª Turma Cível, Data de Julgamento: 19/03/2014, Publicado no DJE: 01/04/2014. Pág.: 464)

Assim, a autora detém, na espécie, direito ao esquecimento que obriga a requerida a deixar de veicular, nas páginas indicadas na petição inicial e a si vinculadas, a notícia sobre os fatos em litígio nos autos.

Não decorre daí a obrigação de reparar danos morais, pois pode-se perceber que as notícias foram veiculadas à época dos fatos e permaneceram a disposição desde então. O ato inicial de divulgação era lícito e a retirada se dá por força de decisão judicial. Sem que haja um prazo claro para a retirada de notícias antigas de sítios da internet, haveria, na pior das hipóteses, erro escusável a excluir a ilicitude da conduta da ré.

DISPOSITO

Forte em tais razões, JULGO PARCIALMENTE PROCEDENTES os pedidos formulados pela autora para determinar a exclusão das notícias constantes dos autos e veiculadas nos sites indicados na nota 3 de fl. 21, no prazo de 5 (cinco) dias, sob pena de multa diária de R$500,00 (quinhentos reais) até o limite de R$50.000,00 (cinquenta mil reais).

Declaro resolvido o mérito com amparo no art. 487, I, do CPC.

Em razão da sucumbência recíproca, mas não proporcional, a autora arcará com 70% (setenta por cento) e a requerida com 30% (trinta por cento) das custas processuais e honorários advocatícios, esses que ora fixo esses que ora fixo, considerando o irrisório proveito econômico e o caráter inestimável do litígio (art. 85, §8°, CPC), em R$4.000,00 (quatro mil reais). O valor é adequado diante do grau de zelo dos profissionais envolvidos, o lugar de prestação do serviço, a natureza e importância da causa, bem como sua duração.

Sentença registrada neste ato. Publique-se. Intimem-se.

Brasília, XX de XX de 2017.

Atalá Correa
Juiz de Direito Substituto

11. DIREITO CIVIL – AÇÃO DE COBRANÇA CUMULADA COM CANCELAMENTO DE PROTESTO

I. RELATÓRIO

Autos nº 2016.14.1.XXXX81-8 – Cobrança

Trata-se de ação de conhecimento, submetida ao procedimento comum, ajuizada em 14/7/2015 por C.M. em desfavor de COOPERATIVA DOS CAMINHONEIROS LTDA, partes qualificadas nos autos.

A autora narra que em 17/7/2009 firmou com a requerido contrato de locação nº 013/09, cujo objeto era efetuar patrulha mecanizada com o caminhão de propriedade do requerente. Afirma que o contrato foi prorrogado até 21/7/2014 e que mesmo após o término do contrato os serviços continuaram sendo prestados até novembro de 2014. Assevera, entretanto, que não foi remunerada desde agosto de 2014.

Diante de tal cenário, requer a condenação da requerida ao pagamento da quantia de R$ 23.048,56, referente à soma dos valores locatícios referentes aos meses de agosto a novembro de 2014. Pede, ainda, indenização por danos morais no valor de R$ 10.000,00 e gratuidade de justiça.

A inicial foi instruída com os documentos de fls. 6-28.

A gratuidade de justiça foi deferida (fl. 54).

Não houve acordo na audiência realizada à fl. 62 e em seguida a ré noticiou a propositura de uma ação de cancelamento de protesto (2016.14.1.005029-3) cujo objeto é o mesmo desta ação.

A parte ré apresentou contestação e documentos às fls. 87-131.

Não suscita questões processuais.

No mérito, aduz que é cooperativa de trabalho e que a autora não foi contratada como prestadora de serviços, pois era associada da cooperativa para que seu caminhão fosse utilizado pela ré nos ajustes firmados com o DF em contratos de licitação. Afirma que a autora tinha ciência de que os valores a serem recebidos dependeriam do repasse da NOVACAP, não tendo a ré responsabilidade pelo atraso.

Refuta os danos morais e pugna pela improcedência dos pedidos.

Réplica às fls. 134-135.

Saneador à fl. 142.

Não foram produzidas outras provas.

Autos nº 2016.14.1.XXXX29-3– Cancelamento de Protesto

COOPERATIVA DOS CAMINHONEIROS LTDA ajuizou, em 29/9/2015, ação de conhecimento, com pedido de antecipação de tutela, em desfavor de C.M., partes qualificadas nos autos.

A autora descreve que as partes firmaram o Contrato nº 013-09 (adesão) para utilização do caminhão da ré no contrato existente entre a demandante e a NOVACAP. Diz que a ré tinha conhecimento de que o recebimento dos valores dos quilômetros rodados dependia do repasse da NOVACAP, e que a autora não tinha responsabilidade pelos atrasos ocorridos.

Assim, argumenta que o protesto efetuado pela ré é indevido, porquanto incumbe à autora tão somente repassar as quantias faturadas pela NOVACAP, conforme cláusula oitava do contrato firmado entre as partes. Assevera que está impedida de participar de licitações, firmar contratos com pessoas jurídicas de direito público e realizar transações bancárias em razão da inscrição de seu nome no cadastro de proteção ao crédito.

Ao remate, requer a antecipação da tutela para determinar o cancelamento do protesto e expedição de ofício ao Cartório do 2º Ofício de Protesto de Títulos do Guará/DF, a fim de que retire os protestos existentes em seu nome. No mérito, pleiteia a confirmação da medida e a procedência da ação e a condenação da ré em ônus sucumbenciais.

Instruíram a inicial os documentos de fls. 9-54.

A tutela foi deferida em parte às fls. 57- 58 para determinar que o Tabelião do 2º Ofício de Protesto de Títulos do Guará abstenha-se de dar publicidade ao protesto lavrado (12345, protocolo XXXX, lançado em 26/6/2015, no valor de R$ 20.795,85).

Ofício à fl. 60 do 2º Ofício de Protesto de Títulos do Guará/DF a informar o sobrestamento dos efeitos do protesto objeto da lide.

Citada (fl. 72), a ré se manifestou às fls. 73-74 e suscitou preliminar de incompetência do Juízo, requereu a remessa dos autos à Vara Cível do Guará/DF, em face da conexão (art. 55, §2º, inciso I, do NCPC) existente com a demanda processada em apenso, originalmente tombada sob o nº XXXX-3/2015. Postula gratuidade de justiça.

Documentos acostados pela ré às fls. 75-77 e 86-111.

Gratuidade de justiça deferida à ré à fl. 79.

A autora pleiteia a desconsideração da manifestação da demandada e a declaração da competência do foro de Brasília para processar e julgar a demanda, uma vez que sequer houve a citação no feito em trâmite perante o juízo da Vara Cível do Guará/DF (fls. 81-82).

Decisão às fls. 115/116-v, reconheceu a conexão e determinou a remessa do feito a este Juízo.

Réplica às fls. 127-143.

Saneador à fl. 149.

Sem outras provas, vieram os autos conclusos.

É o relato do necessário.

II. FUNDAMENTAÇÃO

Consigno, inicialmente, que não obstante a presente sentença ser prolatada sob a égide do NCPC (Lei nº 13.105/2015), vigente a partir do dia 18/3/2016, grande parte da instrução processual se desenvolveu sob a vigência do CPC/73, fato que atrai a normatividade dos artigos 14 e 1.047 do NCPC.

Desta maneira, sem prejuízo da necessidade de eventual colmatação do provimento decisório final ao novel ordenamento jurídico, não há espaço para inovações procedimentais substanciais nesse momento processual, inclusive para evitar indesejáveis surpresas aos litigantes, destinatários imediatos da atividade jurisdicional ora desenvolvida.

Nesse viés, e levando ainda em conta o que preceitua o já citado art. 14 do NCPC, devem ser respeitados e observados todos os atos processuais já praticados e as situações jurídicas igualmente consolidadas sob a vigência do código revogado.

Com estes indispensáveis esclarecimentos, consigno que ambos os feitos estão aptos a receberem sentença no estado em que se encontram, não sendo necessária a produção de provas outras.

Portanto, é o caso de julgamento antecipado da lide, na forma dos art. 354 e 355, I, do NCPC.

Não há questões preliminares ou outras de ordem processual pendentes de apreciação.

Por outro lado, constato a presença dos pressupostos de constituição e desenvolvimento da relação processual, do interesse processual e da legitimidade das partes, razão pela qual avanço à matéria de fundo.

Alega a autora na ação de cobrança que prestou serviços à ré no período de agosto a novembro de 2014, porém a Cooperativa não efetuou os pagamentos devidos. Afirma a ré, por sua vez, que os pagamentos aos cooperados eram vinculados aos repasses efetuados pela NOVACAP, o que ainda não teria ocorrido, informando, na oportunidade, a existência de decreto distrital (Decreto 36.755/15) adiando o pagamento da dívida para pagamento parcelado em até 60 meses, a partir de julho de 2016.

Consigne-se primeiramente que a relação jurídica analisada não possui caráter negocial puro e simples, mas sim cooperativista.

O vínculo entre as partes é regido pela Lei nº 5.764/71, tendo em vista que a autora é cooperada da ré, conforme comprova o documento de adesão de fls. 104-107, sendo certo que os contratos juntados às fls. 8-19 e 108-123 se prestam unicamente à regular a forma de realização dos serviços, padronizando as normas aplicáveis aos cooperados.

O conceito legal de sociedade cooperativa é dado pelo artigo 4º do citado diploma normativo, segundo o qual as cooperativas são sociedades de pessoas, com forma e natureza jurídica próprias, de natureza civil, não sujeitas a falência, constituídas para prestar serviços aos próprios associados, distinguindo-se das demais sociedades pelas peculiares características elencadas, dentre elas prestação de assistência aos associados, e, quando previsto nos estatutos, aos empregados da cooperativa (inciso X).

Além disso, de acordo com o art. 3º da lei o contrato de sociedade cooperativa é estabelecido entre pessoas que se obrigam a contribuir em prol de um objetivo comum, sem qualquer finalidade de lucro.

Nesse diapasão, os interesses e vantagens pessoais dos cooperados não sobrepõem aos da coletividade de interessados.

Diante de tal panorama, evidente que todas as prestações e vantagens devidas aos cooperados devem ter previsão nos normativos internos da entidade ou na própria lei que rege seu funcionamento, sob pena de desvirtuamento de sua finalidade social.

Na espécie, como adiantado acima, pagamento dos valores referentes aos meses de agosto a novembro de 2014, incide o comando dos arts. 80, 86, 89 e 90 da Lei nº 5.764/71, os quais estabelecem que o rateio dos valores entre os cooperados será feito após a obtenção das verbas provenientes dos serviços prestados pela cooperativa. Por tal motivo, é plenamente válida a cláusula oitava do contrato firmado entre as partes (fl. 12 e 112), que condiciona o recebimento dos valores referentes aos serviços prestados ao efetivo pagamento pelo órgão contratante.

Além disso, a NOVACAP emitiu declaração à fl. 124, afirmando que o pagamento ainda não foi efetuado à cooperativa.

Destarte, tendo em vista o inadimplemento da NOVACAP, bem como a previsão em legislação específica acerca do prazo para pagamento, não há como ser imputada à ré a obrigação de pagamento referente aos documentos de fls. 20-26.

Ademais, a autora anuiu em ser cooperada e concordou com a cláusula atinente às condições de pagamento (cláusula 8ª, § 1º, fl. 12) em que condiciona tal pagamento ao repasse dos valores pela NOVACAP.

Embora a autora afirme que em processos internos da NOVACAP há a notícia de pagamentos, não juntou aos autos qualquer declaração ou outro documento hábil a comprovar tal afirmação.

Neste viés, ausente a comprovação de que a NOVACAP realizou os pagamentos, improcede o pedido de cobrança em desfavor da Cooperativa.

Por conseguinte, resta prejudicada a análise dos danos morais, porque não há qualquer ato ilícito perpetrado pela Cooperativa.

Nesse quadro, é irregular o protesto efetuado em desfavor da Cooperativa, (12345, protocolo XXXXX, lançado em 26/6/2015, no valor de R$ 20.795,85) no

2º Ofício de Protesto de Títulos do Guará, pois como dito, a cooperada anuiu com os termos do pagamento e o repasse dos valores estava condicionado ao pagamento da NOVACAP.

Destaco, por fim, que as disposições legais constantes nos artigos 82 e seguintes do NCPC, que tratam das despesas processuais e dos honorários advocatícios são inaplicáveis aos processos ainda em curso, mas iniciados sob a égide do CPC/73.

Em primeiro lugar porque os referidos dispositivos legais, notadamente os que dizem respeito aos honorários advocatícios, não tratam de regras de direito processual, mas de verdadeiro direito material, embora inseridos no novel diploma adjetivo.

Importante explicitar, no ponto, que o direito substancial é regulado pelas normas vigentes ao tempo da consumação do ato jurídico, no caso o ajuizamento da demanda, não havendo que se falar em incidência das alterações legislativas supervenientes, sob pena gerar manifesta insegurança jurídica. De mais a mais, o efetivo parâmetro para determinação do dever de custear as despesas do processo é a causalidade e não a sucumbência.

Em suma, a condenação em honorários, tal como ocorre com a disciplina dos juros legais e correção monetária, compõe o próprio mérito da lide, de maneira que o sentido, o alcance e extensão das normas que preveem critérios para a solução do objeto litigioso é questão afeta ao direito material.

Todavia, ainda que a disciplina da matéria tivesse natureza estritamente processual, a solução haveria de ser idêntica.

Com efeito, a condenação em honorários decorre da prática do ato processual inicial, o ajuizamento da demanda, momento da análise da causalidade, e não de fato jurídico superveniente, como a procedência ou a improcedência dos pedidos, porquanto pela teoria do isolamento dos atos processuais (NCPC, art. 14), não se aplica a lei nova aos atos adjetivos já praticados, ainda que seus efeitos sejam produzidos no curso da lide.

Corrobora a citada orientação, o Enunciado Administrativo nº 7 do Superior Tribunal de Justiça, aprovado na sessão do dia 9/3/2016, que, ao também dispor sobre honorários de sucumbência, embora recursais, definiu que somente nos recursos interpostos contra decisão publicada a partir de 18/3/2016 será possível o arbitramento de honorários sucumbenciais recursais, na forma do art. 85, § 11, do novo NCPC.

Como se vê, a interpretação do NCPC, quando possível e necessária, deve ser efetuada de forma parcimoniosa, de forma a se evitar decisões que causem indesejáveis surpresas aos litigantes e gerem insegurança jurídica ao sistema.

III. DISPOSITIVO

Autos nº 2016.14.1.XXXX81-8 – Cobrança

JULGO IMPROCEDENTES OS PEDIDOS formulados na inicial.

Condeno a autora ao pagamento das custas processuais e dos honorários advocatícios, estes fixados em R$ 1.000,00 (mil reais), com espeque nos art. 20, § 4º, do CPC/73, observada a gratuidade anteriormente deferida nos autos (fl. 54).

Autos nº 2016.14.1.XXXX29-3– Cancelamento de Protesto

Confirmo os efeitos da liminar deferida às fls. 57/58 e JULGO PROCEDENTES os pedidos iniciais para reconhecer a irregularidade do protesto lavrado (12345, protocolo XXXXX, lançado em 26/6/2015, no valor de R$ 20.795,85) no 2º Ofício de Protesto de Títulos do Guará, bem como determinar o seu cancelamento.

Condeno a ré ao pagamento das custas processuais e dos honorários advocatícios, estes fixados em R$ 1.000,00 (mil reais), com espeque nos art. 20, § 4º, do CPC/73, observada a gratuidade deferida (fl. 79).

Resolvo o mérito de ambas as demandas, com fulcro o art. 487, I, do NCPC.

Após o trânsito em julgado, oficie-se ao Cartório acima nominado para que adote as providências a seu cargo. Não havendo outros requerimentos, dê-se baixa e arquivem-se os autos.

Sentença registrada nesta data. Publique-se. Intimem-se, a Defensoria pessoalmente.

Brasília - DF, domingo, 28/05/2017 às 11h10.

José Rodrigues Chaveiro Filho

Juiz de Direito Substituto

12. DIREITO CIVIL (EMBARGOS À EXECUÇÃO)

BMB SA propôs em 11/5/2016 embargos à execução intentada em seu desfavor por SCP LTDA, partes qualificadas nos autos.

A embargante afirma que figura no passivo de ação de execução de título extrajudicial ajuizada pela parte embargada (Autos nº 2015.14.1.XXXXX-7) objetivando o recebimento do crédito decorrente de contrato de prestação de serviços de intermediação imobiliária atinentes à promessa de compra e venda de imóvel consistente na Área Remanescente (50%) do Lote 09, Setor de Garagens e Concessionárias de Veículos – SGVC – Guará/DF.

Descreve que o contrato entabulado entre as partes, na sua versão inicial, trazia na cláusula relativa ao pagamento (cláusula segunda) dois componentes (item 2 e subitem 2.1), o item 2 versava sobre condições suspensivas ao pagamento e o subitem 2.1 previa pagamento por dois modos distintos um por meio de depósito bancário (TED) e outro por percentual do imóvel em dação em pagamento.

Aponta que o item 2 tinha a seguinte redação: "2. Será devido o pagamento de corretagem e legalização documental apenas após a superação das seguintes condições precedentes vinculadas ao negócio pretendido para a Área Remanescente: (i) assinatura do contrato definitivo com a proprietária; (ii) a ratificação pelo conselho administrativo da contratante; e (iii) inexistência de ônus que inviabilize o negócio e aprovação do projeto de construção do empreendimento imobiliário.

Lado outro o subitem 2.1 estipulava o seguinte: "2.1 O valor total dos serviços é de R$ 3.630.000,00 a ser pago em 5 parcelas de R$ 760.000,00, vencendo-se a primeira após 15 dias contados da assinatura do contrato definitivo e desde que superadas as condições resolutivas precedentes [...], mais 1,06% de área privativa do empreendimento mediante dação em pagamento a ser formalizada em até 30 dias contados do registro de incorporação imobiliária do empreendimento a que se destinará a Área Remanescente".

Assevera, todavia, que foi firmado termo aditivo ao contrato em que a embargante renunciou somente às condições contidas no "item 2" relativas ao pagamento da quantia de R$ 3.630.000,00, permanecendo, assim, incólume a condição suspensiva quanto à dação em pagamento.

Ressalta que a quantia atinente ao depósito bancário no valor de R$ 3.630.000,00, já foi adimplida. Entretanto, noticia que a obrigação atinente à dação em pagamento, que é o objeto da execução, ainda não está vencida porque somente seria exigível após 30 dias do registro da incorporação imobiliária do empreendimento, o que ainda não ocorreu.

Aduz que não houve aprovação do projeto de construção e empreendimento por motivos alheios a vontade da embargante. Sustenta que o valor cobrado na execução não é o constante do título e que a embargada se vale de proposta de acordo formulada pela embargante para alterar os valores pactuados. Defende, assim, que o título executado não ostenta os indispensáveis requisitos da certeza, liquidez e exigibilidade.

Pede, ao remate, a extinção da execução e a condenação da embargada a ressarcir os gastos com seguro contratado exclusivamente para garantir o processo de execução.

A inicial foi instruída com os documentos de fls. 31-175 e 181-183, dentre eles procurações e guia de recolhimento de custas.

Por meio da decisão de fl. 185 os embargos foram recebidos, com efeito suspensivo.

A parte embargada, intimada, apresentou impugnação às fls. 192-213.

Não suscita questões preliminares.

No mérito, em suma, rebate os argumentos trazidos pela embargante, sustenta a exequibilidade do título e a higidez das obrigações e da presença dos pressupostos da execução, defendendo que os embargos devem ser prontamente rejeitados.

Vieram os autos conclusos (fl. 217).

Eis o relato do necessário. DECIDO.

II. FUNDAMENTAÇÃO

O feito encontra-se apto a receber sentença, uma vez que os elementos de convicção já acostados aos autos são suficientes à compreensão do alcance da pretensão e ao desate da controvérsia instaurada.

Em relação aos próprios embargos não existem questões preliminares ou de ordem processual pendentes de apreciação.

Por outro lado, constato a presença dos pressupostos de constituição e desenvolvimento da relação processual, do interesse processual e da legitimidade das partes, razão pela qual avanço à matéria de fundo.

Razão assiste à embargante. Exponho os motivos.

Conforme ensinamentos de Eduardo Talamini e Luiz Rodrigues Wambier (Curso Avançado de Processo Civil, Execução, 15ª ed. 2015, p. 312), os embargos de executado (ou de devedor) são ação de conhecimento, geradora de processo incidental e autônomo, mediante a qual, com a eventual suspensão da execução, o executado impugna a pretensão creditícia do exequente e a validade da relação processual executiva.

Portanto, constituem instrumento que se confere ao devedor para que possa discutir o mérito do direito pretendido pelo exequente, bem como suscitar defeitos na constituição e andamento da execução, tendo a possibilidade de, desde que presentes determinados requisitos, obter a suspensão do processo executivo enquanto se apreciam suas alegações.

Ainda de acordo com os citados doutrinadores, servem os embargos não só à discussão do crédito pretendido e à desconstituição do título executivo como também para corrigir defeitos do processo de execução, impedindo, em todos esses casos, a atuação executiva indevida.

Por sua vez, Francesco Carnelutti (Instituciones de derecho procesal civil, v. 1, n.º 175, p. 271), leciona que o título é certo quando não há dúvida acerca da sua existência; líquido, quando inexiste dúvida concernente ao seu objeto; e exigível, quando não se levantam objeções sobre sua atualidade.

No caso em testilha, todavia, pelo que há nos autos, inexiste certeza, liquidez e exigibilidade em relação ao débito executado, de maneira que resta inviável o prosseguimento do feito satisfativo anteriormente ajuizado.

A embargante afirma que o título é inexequível porque a obrigação não está vencida e por isso é inexigível, além disso, aponta disparidade entre o valor executado e o previsto no contrato objeto da execução.

Nesse quadro, da simples análise do título às fls. 153-v-154-v e seu aditivo fls. 158-158-v é possível verificar que a dação em pagamento somente seria formalizada após 30 dias do registro da incorporação imobiliária do empreendimento, o que ainda não ocorreu, conforme documentos às fls. 63-133.

Nota-se que não há no contrato previsão expressa quanto à ocorrência de atraso no registro da incorporação imobiliária, afastando a exigibilidade. Ademais, embora a embargante tenha demonstrado desinteresse no empreendimento à fl. 159-v, no instrumento contratual não consta cláusula expressa de conversão da obrigação em perdas e danos.

Nesse sentido, a exequente, desde o início, tinha ciência de que o recebimento de pelo menos parcela de seu credito poderia demorar considerável período de tempo, sendo descabida imediata exigência via execução.

Em relação ao valor devido, há apenas previsão contratual de percentagem de 1,06% da área do empreendimento mediante dação em pagamento que não é possível afirmar que corresponda exatamente à quantia de R$ 4.099.020,00, o que desqualifica o título, diante das sérias dúvidas apontadas pela embargante, como instrumento apto a fundamentar o processo executivo, ante a ausência dos requisitos da liquidez e certeza.

Destaco que, ao contrário do que afirmado pela embargada, o cálculo explanado à fl. 203 não pode ser utilizado, pois é baseado apenas numa proposta de acordo e não no título executivo. Além disso, não vislumbro que o crédito exequendo seja apurado por simples operações aritméticas como faz inferir a embargada, considerando o porte do empreendimento imobiliário.

Portanto, como dito, inexiste certeza, liquidez e exigibilidade ao título que aparelha a execução, motivo pelo qual merecem acolhimento os presentes embargos.

Nada obsta, entretanto, que a embargada maneje ação de conhecimento para discutir de forma ampla a natureza do débito e, por conseguinte, eventual dívida efetivamente existente.

Por fim, o pedido de indenização decorrente da contratação de seguro garantia deve ser veiculado, caso persista o interesse, na via própria, pois os embargos não se prestam a tal fim.

III. DISPOSITIVO

Ante o exposto, ACOLHO OS EMBARGOS À EXECUÇÃO em razão da ausência de certeza, liquidez e exigibilidade do título exequendo, indispensável ao regular desenvolvimento do feito executivo instaurado em desfavor do embargante, e, por via de consequência, JULGO EXTINTO o processo de execução, sem resolução do mérito, nos termos do art. 485, IV, c/c art. 801 e 803, I, do NCPC.

Condeno a embargada ao pagamento das custas e honorários advocatícios, que arbitro em 10% sobre o valor da causa, nos termos do art. 85, §2°, do NCPC.

Após o trânsito em julgado, não havendo outros requerimentos, dê-se baixa e arquivem-se os autos, com as cautelas de praxe.

Sentença prolatada em atuação no Núcleo Permanente de Gestão de Metas do Primeiro Grau – NUPMETAS -1, instituído pela Portaria Conjunta nº 33, de 13/05/2013.

Sentença registrada nesta data. Publique-se. Intime-se.

Brasília - DF, sexta-feira, 31/03/2017 às 17h35.

José Rodrigues Chaveiro Filho

Juiz de Direito Substituto

13. DIREITO CIVIL (EXTINÇÃO DE CONDOMÍNIO)

Trata-se de AÇÃO DE EXTINÇÃO DE CONDOMÍNIO c.c ALIENAÇÃO JUDICIAL c.c REPARAÇÃO DE DANOS, sob a égide do rito ordinário, ajuizada por F.M. em desfavor de R.S., partes devidamente qualificadas nos autos em epígrafe.

Em suas considerações iniciais alega que foi casada com o requerido durante certo tempo, vindo a divorciar-se em 14/9/2010, mediante sentença transitada em julgado.

Aponta que na sentença foi feita a partilha de bens adquiridos durante a convivência, ficando a autora com 11% do imóvel sito na Quadra 3XX, Conj. X, Bl. "X", lotes 1X,2X,3X,4X,5X,6X,2X,2X e 2X; 50% do veículo Fiat Palio Young, ano 2001 e 36% do veículo Ford Ka, Flex, ano 2009.

Relata que até os dias atuais no requerido não extinguiu o condomínio e tampouco repassa valores a autora.

Tece arrazoado jurídico e postula o deferimento de justiça gratuita. No mérito requere a procedência da demanda para extinguir o condomínio em relação aos bens e alienação judicial dos mesmos, e ainda, a condenação do requerido no pagamento de R$ 900,00 mensais a título de aluguel por ficar no bem, até que os bens sejam alienados.

Com a inicial vieram documentos [fls. 7/41].

Gratuidade deferida [fl. 49].

Citado o requerido contestou. Preliminarmente aponta a necessidade de trazer, como litisconsorte necessário, sua irmã – R.F.S. – pelo fato da aquisição do bem ter sido feita mediante a constituição de renda. No mérito aponta que a requerida tem direito a 5,5% do imóvel e não 11% como faz crer em sua inicial; que concorda com o valor de avaliação em R$ 280.000,00; que o saldo líquido do imóvel é de R$ 136.089,13; que a autora teria direito ao recebimento de R$ 7.484,90 [sete mil quatrocentos e oitenta e quatro reais e noventa centavos]; que tem direito ao recebimento de R$ 6.391,50 [seis mil trezentos e noventa e um reais e cinquenta centavos] pela fração de 50% do veículo Fiat Pálio; que o outro imóvel ficou na posse da autora, sendo de sua responsabilidade a venda e a repartição de valores; que não tem que pagar aluguéis sobre o imóvel. Ao final, pede a improcedência da demanda.

A parte autora apresentou réplica, combatendo os argumentos levantados em sede de contestação, bem como ratificando os suscitados na peça inaugural.

Foi determinada a realização de audiência de conciliação. Audiência realizada. Proposta de acordo juntada aos autos [fls. 170/172].

Parte autora não concordou com a proposta de acordo [fl. 175].

Os autos foram remetidos para a conclusão.

Convertido em diligência, foi determinada a inclusão da irmã do requerido a título de litisconsorte passiva [fls. 179/181].

A segunda requerida não contestou [fl. 198].

Recebi os autos conclusos para sentença.

Esse é o relato do que reputo ser necessário. Passo a decidir.

Procedo ao julgamento antecipado, porquanto a questão é prevalentemente de direito, o que atrai a normatividade do art. 355, I, do Código de Processo Civil. No mais, o Juiz, como destinatário final da prova, consoante disposição do art. 370 do CPC, fica incumbido de indeferir as provas inúteis ou protelatórias. A sua efetiva realização não configura cerceamento de defesa, não sendo faculdade do Magistrado, e sim dever [STJ – REsp 2.832-RJ rel. Min. Sálvio de Figueiredo Teixeira]. Trata-se de um comando normativo cogente que se coaduna com o princípio da celeridade e prestigia a efetividade da prestação jurisdicional.

O requerido postulou gratuidade de justiça, que não foi apreciado, o que passo a fazer.

Nota-se que o requerido é corretor de imóveis. Não juntou qualquer comprovante de renda. Também não juntou qualquer documento que demonstre que, como autônomo, aufere quantia insuficiente para pagar as custas.

Nessa trilha indefiro o pedido de gratuidade.

Sem preliminares passo ao mérito da presente demanda.

No mérito o pedido é procedente em parte. Justifico.

A venda de coisa comum indivisível, quando haja divergência em relação à alienação ou quanto ao valor do bem em comum, deve ser promovida judicialmente, através de procedimento de jurisdição voluntária previsto nos artigos 730 c.c art. 879 e seguintes, todos do Código de Processo Civil.

Por se tratar de Jurisdição Voluntária, administração de interesses privados na visão da doutrina dominante, a autuação do Ministério Público do Distrito Federal é obrigatória diante do art. 721 do Código de Processo Civil, desde que previsto uma das hipóteses do art. 178 do Código de Processo Civil.

Assim, ante a ausência dos requisitos que ensejam a intimação do Ministério Público do Distrito Federal, sua intimação mostra-se desnecessária.

Não se pode negar que é direito potestativo do condômino pretender a divisão do bem comum, com a venda judicial do bem, em caso de resistência, extinguindo-se o condomínio, ante a disposição do art. 1.320 do Código Civil, *in verbis:*

> *"A todo tempo será lícito ao condômino exigir a divisão da coisa comum, respondendo o quinhão de cada um pela sua parte nas despesas da divisão".*

Reconhecido o direito incidente a cada parte ideal do imóvel aos condôminos, merece respaldo a pretensão de extinguir o condomínio, direito que pode ser exercido a qualquer tempo objetivando a alienação judicial do bem, precedida de avaliação, de modo a repartir o produto alcançado com a venda.

Assim, primeiro se procede a avaliação do imóvel, por oficial de justiça, para depois ir a leilão.

O imóvel foi avaliado em R$ 270.000,00 [duzentos e setenta mil reais]. A autora detém a cota de 5,5% do referido bem imóvel. Na sentença consta que *"No cálculo destas porcentagens, nota-se, tomaram-se em consideração as informações constantes dos autos e segundo as quais na separação do casal já haviam sido quitadas parcelas que correspondem exatamente a estes percentuais, de modo que na partilha do patrimônio o que cabe a cada uma das partes é a metade do percentual apontado sobre o valor venal de hoje".*

Portanto, a autora tem direito a 5,5% do valor da avaliação final.

Quanto ao valor do veículo Fiat Pálio, a autora tem direito a metade do valor de venda. Caso o autor deseja pagar a ele, terá que fazer levando-se em conta o valor da tabela FIPE.

Quanto ao veículo Ford kA, nada tem a receber, ante a entrega do veículo á financeira, por ambos [fl. 123 e 129].

Por fim, quanto ao pedido de indenização por fruição, passa-se a fazer apontamentos.

Qualquer condômino que esteja na posse do bem sem a permissão gratuita ou mera tolerância do outro condômino tem que pagar aluguel, sob pena de enriquecer sem causa.

A autora é condômina na fração de 5,5%. Com isso tem direito ao recebimento de 5,5% do aluguel que esse imóvel poderia gerar. Tendo em vista que o aluguel foi avaliado em R$ 1.000,00 [Um mil reais] mensais, tem a autora o direito a receber o montante mensal de R$ 55 [cinquenta e cinco reais], desde a citação nesses autos.

Nesse sentido é a jurisprudência desta Corte de Justiça. Confira: *[...] 3- No que concerne ao direito do autor de perceber aluguéis, a jurisprudência é mansa e pacífica, no sentido de se reconhecer ao condômino que não está na posse do bem, o direito a perceber aluguel, em percentual correspondente à sua cota-parte no condomínio [destaque inexistente no original]. 4. Sentença mantida. (Acórdão n.857404, 20130610071877APC, Relator: MARIA IVATONIA BARBOSA DOS SANTOS, Revisor: TEOFILO RODRIGUES CAETANO NETO, 1ª TURMA CÍVEL, Data de Julgamento: 25/03/2015, Publicado no DJE: 07/04/2015. Pág.: 144)*

Por óbvio, que a autora teria a obrigação de arcar com essa mesma porcentagem em relação aos impostos do bem. Todavia, como o réu não requereu deverá mover ação autônoma para reaver o valor.

DOS HONORÁRIOS ADVOCATÍCIOS NA VIGÊNCIA DO NOVO CÓDIGO DE PROCESSO CIVIL.

É certo que a norma processual entra em vigor imediatamente [*tempus regit actum*], nos termos do que dispõe o art. 1.046 do novo Código de Processo Civil. No entanto, sua aplicação imediata, no que se refere aos honorários advocatícios de sucumbência, encontra barreira em outro princípio, qual seja, a segurança jurídica.

Ora, quando se ingressa com uma demanda judicial a parte é informada [assim espera-se esse comportamento de seu causídico] dos riscos da demanda, seja no caso de êxito ou não.

Assim, a parte foi informada a respeito das regras de honorários de sucumbência que vigiam no antigo Código de Processo Civil, hoje totalmente reformulada.

Para evitar surpresas indesejadas, para as ações ajuizadas antes da entrada em vigor do novo Código de Processo Civil, aplica-se a regra antiga, no que tange aos honorários sucumbenciais.

Nesse sentido o STJ editou o enunciado administrativo nº 7 que diz: *"Somente nos recursos interpostos contra decisão publicada a partir de 18 de março de 2016, será possível o arbitramento de honorários sucumbenciais recursais, na forma do art. 85, § 11, do novo CPC"*.

Nesse sentido o TJDFT já se manifestou. Confira: *[...] Em respeito ao ato jurídico perfeito e à segurança jurídica, ao perdedor da demanda devem ser cominadas as consequências sucumbenciais esperadas na ocasião do seu ingresso em juízo [destaque inexistente no original]. Tendo sido os honorários fixados em conformidade com a complexidade da causa apresentada, não há que se cogitar a alteração de aludida verba, posto que estipulada em consonância com o grau de zelo do profissional, o local da prestação dos serviços, a natureza e importância da causa, considerando, ainda, o trabalho realizado pelo causídico e o tempo exigido para desempenhá-lo. Recurso adesivo desprovido. (Acórdão n.961824, 20150111284715APC, Relator: CARMELITA BRASIL 2ª TURMA CÍVEL, Data de Julgamento: 24/08/2016, Publicado no DJE: 26/08/2016. Pág.: 232/248)*

Forte nessas razões julgo PROCEDENTE EM PARTE O PEDIDO formulado pela parte autora, e assim o faço com resolução do mérito nos termos do art. 487, I, do Código de Processo Civil para DETERMINAR a dissolução do condomínio havido entre as partes, com alienação judicial do imóvel e do veículo restante, em sede de HASTA PÚBLICA, resguardando-se o direito de preferência na aquisição do bem, nos termos do Código de Processo Civil, observadas as frações ideais de 5,5% para a autora no que concerne ao imóvel, e 50% no que tange ao veículo. Fica facultado ao requerido o pagamento da cota á autora, levando-se em consideração a fundamentação supra;

CONDENAR o primeiro requerido no pagamento de aluguéis à autora, no importe de R$ 55,00 [cinquenta e cinco reais], desde a citação até a venda do bem imóvel, corrigido monetariamente conforme INPC e com incidência de juros de mora de 1% ao mês, ambos contados da citação nesses autos.

Em face da sucumbência recíproca e não equivalente, condeno as partes ao pagamento na proporção de 70% para a parte requerida e 30% para a requerente das custas e despesas processuais. No que se refere aos honorários advocatícios, condeno a parte requerida no pagamento de 70% dos quais fixo em R$ 2.000,00 [dois mil reais], nos termos do artigo 20, § 4º c/c artigo 21, caput, ambos do antigo Código de Processo Civil de 1973, vedada a compensação.

Fica ressaltado a gratuidade deferida a autora, com exigibilidade suspensa, nos termos do art. 98, § 3º do Código de Processo Civil.

Oportunamente, transitada em julgado, não havendo outros requerimentos, intime-se para recolhimento das custas em aberto, se houver e, após, dê-se baixa e arquivem-se, observando-se as normas do PGC.

Publique-se. Intimem-se. Sentença registrada eletronicamente.

Sentença proferida em atuação no Núcleo Permanente de Gestão de Metas do Primeiro Grau – NUPMETAS-1.

Brasília-DF, 26 de abril de 2017.

MATHEUS STAMILLO SANTARELLI ZULIANI

Juiz de Direito Substituto

14. DIREITO CIVIL – AÇÃO DE ADJUDICAÇÃO COMPULSÓRIA

I. RELATÓRIO

Trata-se de ação de adjudicação compulsória ajuizada por A.P. e T.O. em desfavor de A.S. e TERRACAP COMPANHIA IMOBILIARIA DE BRASILIA, partes qualificadas nos autos.

Alegam os autores, em suma, que, no dia 23.04.2007, o requerente teria adquirido de A. S. e de M.R, por instrumento particular de cessão de direitos o imóvel com área de 200m², situado na SNX, Quadra 0X, Lote 1X8, Brazlândia-DF, que, por sua vez, o teria adquirido de M.M.O, que o recebeu por cessão de direitos, de A.V.S., réu nesta ação e, primeiro adquirente junto à TERRACAP – segunda demandada.

Sustentam que a apesar de o imóvel encontrar-se quitado junto à segunda demandada, não tendo localizado primeiro réu, não foi possível a realização do respectivo registro no Cartório de Registro de Imóveis competente. Pugnam, assim, pela declaração da propriedade do imóvel em favor dos autores, bem como a sua adjudicação compulsória, servindo a sentença como título para o competente registro.

Juntaram documentos às fls. 7-113 e emendou a inicial às fls. 118-125 e fls. 138-147. Comprovaram o recolhimento das custas iniciais às fls. 158-160.

Citada, a TERRACAP apresentou contestação e documentos às fls. 191-215. Preliminarmente, defende a ilegitimidade passiva, em face da total quitação da promessa de compra e venda registrada na margem na matrícula. No mérito, insurge-se contra os argumentos apresentados, e pugna pela improcedência do pedido.

O demandado A.S., por sua vez, citado por edital (fl. 235-241), não apresentou contestação (fls. 243). A curadoria especial apresentou contestação por negativa geral (fl. 251).

Vieram-me os autos conclusos.

É o relatório. DECIDO.

II. FUNDAMENTAÇÃO

Consigno, inicialmente, que não obstante a presente sentença ser prolatada sob a égide do NCPC (Lei nº 13.105/2015), vigente a partir do dia 18.3.2016, a peça que deu início ao procedimento, bem como parte da instrução processual, foi apresentada e se desenvolveu ainda sob a vigência do CPC/73.

Desta maneira, sem prejuízo da necessidade de eventual colmatação do provimento decisório final ao novel ordenamento jurídico, não há espaço para inovações procedimentais substanciais nesse momento processual, inclusive para evitar indesejáveis surpresas aos litigantes, destinatários imediatos da atividade jurisdicional ora desenvolvida.

Nesse viés, e levando ainda em conta o que preceitua o art. 14 do NCPC, devem ser respeitados e observados todos os atos processuais já praticados e as situações jurídicas igualmente consolidadas sob a vigência do código revogado, inclusive no que tange ao saneamento do feito e à possibilidade de as partes se manifestarem sobre as questões fáticas e jurídicas que serão objeto do pronunciamento final.

Procedo ao julgamento conforme o estado do processo, nos moldes do artigo 354 do CPC, porquanto não há a necessidade de produção de outras provas, o que atrai a normatividade do artigo 355, inciso I, do Novo Código de Processo Civil.

No mais, o Juiz, como destinatário final das provas, tem o dever de apreciá-las independentemente do sujeito que as tiver promovido, indicando na decisão as razões da formação de seu convencimento consoante disposição do artigo 371 do NCPC, ficando incumbido de indeferir as provas inúteis ou protelatórias consoante dicção do artigo 370, parágrafo único, do mesmo diploma normativo.

A sua efetiva realização não configura cerceamento de defesa, não sendo faculdade do Magistrado, e sim dever, a corroborar com o princípio constitucional da razoável duração do processo – artigo 5º, inciso LXXVIII da CF c/c artigos 1º e 4º do NCPC.

Inicialmente, indefiro, por ordem de prejudicialidade, a preliminar de ilegitimidade passiva deduzida pela segunda demandada.

Consoante já consignado na r. decisão de fls. 116-116v, a adjudicação compulsória é ação que deve ser ajuizada pelo comprador que pagou integralmente o imóvel contra o vendedor que não lhe outorgou a escritura pública para registro, com o fim de obter uma sentença que supra a vontade do vendedor e permita a transferência compulsória da propriedade do bem. A causa de pedir que justifica o ingresso em juízo é a recusa do vendedor em outorgar a escritura.

Sobre o tema, reza o CC/02:

> *"Art. 476. Nos contratos bilaterais, nenhum dos contratantes, antes de cumprida a sua obrigação, pode exigir o implemento da do outro."*
>
> *"Art. 481. Pelo contrato de compra e venda, um dos contratantes se obriga a transferir o domínio de certa coisa, e o outro, a pagar-lhe certo preço em dinheiro."*
>
> *"Art. 1.227. Os direitos reais sobre imóveis constituídos, ou transmitidos por atos entre vivos, só se adquirem com o registro no Cartório de Registro de Imóveis dos referidos títulos (arts. 1.245 a 1.247), salvo os casos expressos neste Código."*

Ainda, reza o CPC/73 vigente à época da propositura da demanda:

> *"Art. 466-A. Condenado o devedor a emitir declaração de vontade, a sentença, uma vez transitada em julgado, produzirá todos os efeitos da declaração não emitida."*
>
> *"Art. 466-B. Se aquele que se comprometeu a concluir um contrato não cumprir a obrigação, a outra parte, sendo isso possível e não excluído pelo título, poderá obter uma sentença que produza o mesmo efeito do contrato a ser firmado."*
>
> *"Art. 466-C. Tratando-se de contrato que tenha por objeto a transferência da propriedade de coisa determinada, ou de outro direito, a ação não será acolhida se a parte que a intentou não cumprir a sua prestação, nem a oferecer, nos casos e formas legais, salvo se ainda não exigível."*

Por sua vez, o art. 501 do CPC/2015, dispõe:

> *"Art. 501. Na ação que tenha por objeto a emissão de declaração de vontade, a sentença que julgar procedente o pedido, uma vez transitada em julgado, produzirá todos os efeitos da declaração não emitida."*

A ação de adjudicação compulsória "... confere ao promitente comprador mecanismos eficazes para se vitoriar frente ao promitente vendedor, ante a resistência injusta deste em outorgar-lhe escritura definitiva do imóvel que comprou e pagou." (Arnaldo Marmitt, em Adjudicação Compulsória, Editora Aide, pág. 21)

Nesse sentido, a ação de adjudicação compulsória deve ser movida contra o proprietário do bem (promitente-vendedor) que se recusa a outorgar ao promitente-comprador a escritura definitiva, no caso a Terracap.

Dito isto, indeferida sobredita preliminar.

Quanto ao mérito, verifica-se que a pretensão da autoral destina-se ao reconhecimento/declaração da propriedade dos autores, sobre o imóvel descrito na inicial, bem como à adjudicação compulsória deste bem em seu favor, servindo a sentença como título para o competente registro.

Com razão, os autores.

A respeito da ação de adjudicação compulsória, assim dispõem os artigos 1417 e 1418 do Código Civil:

> *"Art. 1.417. Mediante promessa de compra e venda, em que se não pactuou arrependimento, celebrada por instrumento público ou particular, e registrada no Cartório de Registro de Imóveis, adquire o promitente comprador direito real à aquisição do imóvel."*
>
> *"Art. 1.418. O promitente comprador, titular de direito real, pode exigir do promitente vendedor, ou de terceiros, a quem os direitos deste forem cedidos, a outorga da escritura definitiva de compra e venda, conforme*

o disposto no instrumento preliminar; e, se houver recusa, requerer ao juiz a adjudicação do imóvel."

Extraem-se, portanto, os seguintes pressupostos autorizadores da adjudicação de bem imóvel: contrato, abstenção do promitente vendedor em cumprir a avença e quitação do valor por parte do adquirente.

O registro da promessa de compra e venda - ou da cessão da promessa de compra e venda - é considerado, por disposição expressa do artigo 1.417 do Código Civil, requisito essencial à existência do direito real de aquisição e, por conseguinte, à possibilidade de adjudicação compulsória.

Sobre o tema, anota Narciso Orlando Neto:

"Claramente, a lei exige o registro para o exercício da adjudicação compulsória. E não poderia ser diferente, sob pena de se admitir o risco de ser adjudicado ao promitente comprador bem pertencente a terceiro. É que só o registro assegura ao promitente comprador a aquisição da propriedade, à medida que impede a constituição de qualquer outro direito real que não se subordine ao seu. É por isso que a lei fala em oponibilidade a terceiros, que, eventualmente, possam ter adquirido os direitos do promitente vendedor. Se a jurisprudência não pode revogar a lei, o Superior Tribunal de Justiça há de se curvar ao disposto no Código Civil de 2002, a respeito da exigibilidade do prévio registro para a ação de adjudicação compulsória. Mesmo sem registro, não estará desamparado o promitente comprador, que sempre terá execução por obrigação de fazer para compelir o promitente vendedor a celebrar o contrato definitivo, ou fazer substituir por sentença sua declaração de vontade (arts. 639 e 641 do CPC). (O Registro de Imóveis e o Novo Código Civil, in O Novo Código Civil e o Registro de Imóveis, IRIB, safE, 2004, p. 137).

É de se reconhecer, de outra borda, que a adjudicação compulsória, compreendida como engenho jurídico de transferência dominial coativa em caso de leniência do alienante, pode se lastrear em direito estritamente obrigacional.

Consoante explanam Cristiano Chaves de Farias e Nelson Rosenvald:

> *"O registro do contrato preliminar no fólio competente não é requisito para que o contratante possa exigir a celebração do contrato principal, mas pressuposto de oponibilidade a terceiros de boa-fé, quer dizer, a tutela da promessa em caráter erga omnes, caso o objeto da prestação seja transmitido a terceiros no curso da execução do contrato preliminar." (Curso de Direito Civil, Vol. 5, 8ª ed., JusPodivm, p. 960).*

Significa dizer que, ainda que não tenha havido o registro da promessa de compra e venda, há fundamento legal para a adjudicação compulsória.

No caso dos autos, verifico que os autores comprovaram que preenchem todos os requisitos para adjudicação compulsória.

A existência do negócio jurídico firmado entre as partes, tendo como objeto o imóvel com área de 200m², situado na SNX, Quadra 0X, Lote 1X8, Brazlândia-DF, está devidamente demonstrada pelos instrumentos particulares de cessão de direitos de fls. 19-25. A recusa dos demandados em outorgar a escritura definitiva aos autores está evidenciada nos autos, até porque, o primeiro demandado – promitente comprador do bem – sequer foi localizado.

Verifico, também, que, por meio dos documentos juntados aos autos, não havia cláusula de arrependimento do negócio jurídico firmado entre as partes.

Quanto ao último requisito, o adimplemento da contraprestação, registra-se que, conforme informação prestada pela própria TERRACAP, o preço ajustado fora integralmente quitado.

Nesse passo, estando formalmente perfeita a cessão de direitos, com observância de todos os requisitos essenciais ao contrato a ser celebrado, estando a cedente em mora e havendo demonstração de terem sido cumpridas as contraprestações pelos cedidos, a adjudicação compulsória é medida que se impõe. Neste sentido: (Acórdão n. 557339, 20100110450342APC, 5ª Turma Cível, julgado em 14/12/2011, DJ 10/01/2012 p. 129).

Atento ao princípio da causalidade, no entanto, deixo de condenar a segunda demandada ao pagamento dos ônus sucumbências, tendo em vista que adjudicação pleiteada, somente não ocorrera em razão do não comparecimento do primeiro demandado aos autos, de modo que este, em face de sua conduta, dever arcar com a totalidade destes encargos.

Gizadas estas razões, outro caminho não há senão o da procedência do pedido inicial.

E é justamente o que faço.

Oportuno pontuar, por fim, que com o advento do CPC/2015, ocorreram diversas alterações na disciplina legal dos honorários sucumbenciais. Em que pese a norma geral de cunho processual, pela qual tempus regit actum, consagrada pelo artigo 1.046 da novel legislação, algumas ponderações precisam ser realizadas.

A imposição do princípio constitucional da segurança jurídica veda a exposição das partes à surpresa no direito processual, aqui tomada como a súbita mudança de expectativa que afeta conduta tomada anteriormente como lícita.

Não se trata aqui da discussão acerca de proteção à mera expectativa de direito. Ao contrário, o que se busca resguardar é justamente a situação em que a parte, amparada por legítima expectativa, faz uso de determinado proceder, sem que tenha qualquer previsibilidade de que alteração legislativa poderá alterar a sua esfera de direitos.

Assim, não se pode admitir que a parte, ao ingressar em juízo, aderindo às consequências sucumbenciais esperadas de sua conduta, seja subitamente surpreendida com a revelação de que tais consequências serão alteradas, onerando-a excessivamente. Aqui, há de se proteger o ato jurídico perfeito e a segurança jurídica, cominando as consequências sucumbenciais esperadas na ocasião do ingresso em juízo.

A situação dos honorários sucumbenciais aqui, caso se aplique imediatamente a nova legislação, importará em retroatividade média da lei, alcançando os efeitos jurídicos pendentes de ato já produzido (ingresso em juízo).

Considerando que a regra é a irretroatividade das leis, há que se considerar que, nesta situação específica, não há como aplicar as normas referentes aos honorários sucumbenciais aos processos ajuizados antes de 18/03/2016.

O STJ, em enunciado administrativo recém-editado referente à aplicação do novo CPC, acordou que "Somente nos recursos interpostos contra decisão publicada a partir de 18 de março de 2016, será possível o arbitramento de honorários sucumbenciais recursais, na forma do art. 85, § 11, do novo CPC" (enunciado administrativo n. 7/STJ). Em síntese, parece ter adotado o mesmo entendimento aqui exposto.

Assim, aplicam-se ainda, no presente feito, ajuizado antes de 18/03/2016, as disposições dos artigos 20 e 21 do CPC/1973.

III. DISPOSITIVO

Tecidas estas considerações, JULGO PROCEDENTE o pedido formulado por A.P. e T.O. em face de A.S. e TERRACAP COMPANHIA IMOBILIARIA DE BRASILIA, partes qualificadas nos autos, para adjudicar em favor dos Autores, sem prejuízo da observância das regras registrais cabíveis, o imóvel situado na SNX, Quadra 0X, Lote 1X8, Brazlândia-DF, objeto da Matrícula nº 45678, do 3º Ofício do Registro de Imóveis do Distrito Federal (fl. 18).

Caberá aos autores fornecerem todos os dados de qualificação necessários à lavratura do ato, bem como recolherem todos os emolumentos e tributos incidentes sobre a operação.

Por conseguinte, resolvo o mérito do processo, nos termos do artigo 487, inciso I, do Código de Processo Civil.

Em face da sucumbência, e atento ao princípio da causalidade, condeno o primeiro demandado ao pagamento das custas e despesas processuais, bem como dos honorários advocatícios, que fixo em R$ 1.000,00 (mil reais), com fundamento no artigo 20, § 4º, do CPC/73.

Após o trânsito em julgado, inertes as partes, dê-se baixa e arquivem-se.

Sentença registrada nesta data. Publique-se e Intimem-se.

Brasília - DF, quarta-feira, 22/03/2017 às 18h07.

Luciano dos Santos Mendes

Juiz de Direito Substituto

15. DIREITO EMPRESARIAL (AVERBAÇÃO DE ALTERAÇÃO EM CONTRATO SOCIAL)

I. RELATÓRIO

Trata-se de ação de conhecimento, com pedido liminar, proposta em 7/3/2016 por S.P.S. e A.C.S em desfavor de J.P. e M.L., partes qualificadas nos autos.

Alegam os autores acordaram com os réus, em novembro de 2006, a venda da empresa denominada Instituto de Ensino LTDA ME com sede na QNO XX6, conjunto X, lotes 1-3, Ceilândia/DF. Relatam, porém, que até a presente data os requeridos, adquirentes, não providenciaram as devidas alterações junto aos órgãos competentes e em razão disso os alienantes suportaram cobranças indevidas em nome da empresa, ações trabalhistas, com inclusão de seus nomes nos órgãos de proteção ao crédito.

Diante de tal cenário pedem liminarmente a retirada de seus nomes dos cadastros restritivos. No mérito, buscam a confirmação da medida e determinação para que os réus averbem a alteração contratual na junta comercial, de forma retroativa à data de assinatura do contrato, sem prejuízo da assunção de todos os débitos adquiridos em nome da empresa. Pleiteiam, ainda, a gratuidade de justiça e a indenização pelos danos morais que dizem ter experimentado, no importe de R$ 30.000,00.

A inicial foi instruída com procuração, declaração de hipossuficiência e outros documentos diversos (fls. 11-119).

A gratuidade de justiça foi deferida à fl. 122.

Emenda às fls. 124-133 e 137-146.

A liminar foi indeferida às fls. 148/148-v.

Citados por edital (fl. 200), os réus não compareceram aos autos (fl. 202), motivo pelo qual foram eles encaminhados à Curadoria Especial, que apresentou contestação (fls. 203-209).

Não suscita questões processuais.

No mérito, aduz que o negócio jurídico não observou as regras para aquisição de empresas, sem registro da alienação na junta comercial, nos termos do art. 1114 do CCB. Defende que os adquirentes são responsáveis pelos débitos contraídos pela sociedade apenas a partir do ato de alteração contratual. Refuta os danos morais. Pugna, ao final, pela improcedência dos pedidos e, subsidiariamente, que eventual indenização seja em valor razoável e proporcional. Pede a gratuidade de justiça.

Réplica às fls. 211-212.

O pedido de gratuidade de justiça formulado pela Curadoria foi indeferido às fls. 214/214-v.

Saneador à fl. 219.

Sem outras provas, vieram os autos conclusos (fl. 220).

É o relato do necessário.

II. FUNDAMENTAÇÃO

Consigno, inicialmente, que não obstante a presente sentença ser prolatada sob a égide do NCPC (Lei nº 13.105/2015), vigente a partir do dia 18/3/2016, a ação foi ajuizada ainda sob a vigência do CPC/73, fato que atrai a normatividade dos artigos 14 e 1.047 do NCPC.

Desta maneira, sem prejuízo da necessidade de eventual colmatação do provimento decisório final ao novel ordenamento jurídico, não há espaço para inovações procedimentais substanciais nesse momento processual, inclusive para evitar indesejáveis surpresas aos litigantes, destinatários imediatos da atividade jurisdicional ora desenvolvida.

Nesse viés, e levando ainda em conta o que preceitua o já citado art. 14 do NCPC, devem ser respeitados e observados todos os atos processuais já praticados e as situações jurídicas igualmente consolidadas sob a vigência do código revogado.

Com estes indispensáveis esclarecimentos, consigno que o feito encontra-se apto a receber sentença, uma vez que os elementos de convicção já acostados aos autos são suficientes à compreensão do alcance da pretensão e ao desate da controvérsia instaurada.

Portanto, é o caso de julgamento antecipado da lide, na forma dos art. 354 e 355, I, do NCPC.

Não há questões preliminares ou outras de ordem processual pendentes de apreciação.

Por outro lado, constato a presença dos pressupostos de constituição e desenvolvimento da relação processual, do interesse processual e da legitimidade das partes, razão pela qual avanço à matéria de fundo.

Muito embora a parte ré seja revel, é certo que a contestação por negativa geral possibilitada à Curadoria de Ausentes pelo art. 341, parágrafo único, do NCPC tem o condão de afastar os efeitos da revelia, ilidindo a automática presunção de veracidade dos fatos afirmados pelos autores, trazida pelo art. 344 do NCPC.

O ordenamento jurídico brasileiro consagra que a alienação ou cessão por qualquer título do estabelecimento é denominada trespasse e que para sua eficácia em relação a terceiros é necessária a averbação no registro em que se encontrar a empresa (empresário), além de necessitar, em face de credores, de prévia notificação (art. 1.144 do CCB e art. 129, VI, Lei 11.101/05).

Reportado pressuposto, todavia, é imprescindível para a plena produção de efeitos apenas em relação a terceiros, sendo dispensável no que diz respeito aos próprios contratantes, no plano interno.

No caso em apreço, embora sem registro perante a Junta Comercial, o negócio realizado entre as partes está documentalmente comprovado às fls. 28-33. A falta de anotação perante a Junta Comercial macula apenas o plano da eficácia em relação a terceiros, em nada atinge o plano da validade e eficácia entre as partes.

Nota-se que o termo de acordo às fls. 28-30 está diretamente relacionado à terceira alteração contratual (fls. 31-33) e naquele termo está expressamente consignado que os réus "após alteração contratual a ser efetivada num prazo de 15 dias serão os únicos responsáveis por qualquer pendência financeira do Instituto de Ensino LTDA ME" (fl. 29), ou seja, a partir da data de 9/11/2006.

Nesse quadro, claro que os próprios réus assumiram as responsabilidades pelas obrigações da referida sociedade empresária, a partir da data do negócio. Portanto, a partir de tal marco, no plano interno, devem responder pelas dívidas, porque há no contrato de trespasse cláusula contratual expressa sobre a responsabilidade das adquirentes em relação às pendências financeiras, eventual despesa fica a cargo deles.

Entretanto, é de suma importância ressaltar que tal provimento não alcança direitos de terceiros, situação possível apenas depois do registro.

Em relação aos débitos trabalhistas descritos às fls. 46-89, a própria legislação laboral é categórica ao dispor que, mesmo formalizada, "qualquer alteração na estrutura jurídica da empresa não afetará os direitos adquiridos por seus empregados (CLT, art. 10).

Os débitos tributários cujos lançamentos são anteriores ao registro da alteração contratual e, consequentemente à alienação (fl. 54) e que foram inscritos em dívida ativa também não poderão ser alcançados por tal provimento. Aplicam-se as disposições dos arts. 132 e 133 do CTN.

Nesse passo, como formalmente os autores ainda são responsáveis pelas obrigações assumidas pela sociedade empresaria, não há qualquer irregularidade na negativação promovida por terceiros, credores, que sequer compõem o polo passivo da lide.

Ademais, como bem observado na decisão de que indeferiu a tutela provisória, os autores não demonstraram os elementos esclarecedores pelos quais eles mesmos não providenciaram o arquivamento das alterações contratuais perante a Junta Comercial, conforme autoriza o art. 1.151 do CCB.

Lado outro, no que tange aos danos morais, o mero inadimplemento contratual, em regra, não o gera. Entretanto, no caso, da simples análise dos documentos de fls. 23-27 é possível verificar que os autores experimentaram prejuízos imateriais em decorrência das restrições creditícias indevidas decorrentes da falta de registro da alteração contratual da pessoa jurídica objeto do trespasse e do inadimplemento dos réus.

O dano moral decorre de uma violação de direitos da personalidade, atingindo, em última análise, o sentimento de dignidade da vítima. Pode ser definido como a privação ou lesão de direito da personalidade, independentemente de repercussão patrimonial direta, desconsiderando-se o mero mal-estar, dissabor ou vicissitude do cotidiano, sendo que a sanção consiste na imposição de uma indenização, cujo valor é fixado judicialmente, com a finalidade de compensar a vítima, punir o infrator e prevenir fatos semelhantes.

O valor da compensação por danos morais deve ser arbitrado em consonância com os princípios da razoabilidade e proporcionalidade, a fim de não conduzir ao enriquecimento sem causa da vítima, nem ser considerado irrisório ou mesmo indiferente para o ofensor, já que relevante também sua função preventivo-pedagógica-reparadora-punitiva.

Com base no citado panorama, a quantia de R$ 5.000,00, para cada autor, atende com presteza às particularidades do caso concreto.

Destarte, a parcial procedência dos pedidos é medida que se impõe.

Destaco, por fim, que as disposições legais constantes nos artigos 82 e seguintes do NCPC, que tratam das despesas processuais e dos honorários advocatícios são inaplicáveis aos processos ainda em curso, mas iniciados sob a égide do CPC/73.

Em primeiro lugar porque os referidos dispositivos legais, notadamente os que dizem respeito aos honorários advocatícios, não tratam de regras de direito processual, mas de verdadeiro direito material, embora inseridos no novel diploma adjetivo.

Importante explicitar, no ponto, que o direito substancial é regulado pelas normas vigentes ao tempo da consumação do ato jurídico, no caso o ajuizamento da demanda, não havendo que se falar em incidência das alterações legislativas supervenientes, sob pena gerar manifesta insegurança jurídica. De mais a mais, o efetivo parâmetro para determinação do dever de custear as despesas do processo é a causalidade e não a sucumbência.

Em suma, a condenação em honorários, tal como ocorre com a disciplina dos juros legais e correção monetária, compõe o próprio mérito da lide, de maneira que o sentido, o alcance e extensão das normas que preveem critérios para a solução do objeto litigioso é questão afeta ao direito material.

Todavia, ainda que a disciplina da matéria tivesse natureza estritamente processual, a solução haveria de ser idêntica.

Com efeito, a condenação em honorários decorre da prática do ato processual inicial, o ajuizamento da demanda, momento da análise da causalidade, e não de fato jurídico superveniente, como a procedência ou a improcedência dos pedidos, porquanto pela teoria do isolamento dos atos processuais (NCPC, art. 14), não se aplica a lei nova aos atos adjetivos já praticados, ainda que seus efeitos sejam produzidos no curso da lide.

Corrobora a citada orientação, o Enunciado Administrativo nº 7 do Superior Tribunal de Justiça, aprovado na sessão do dia 9/3/2016, que, ao também dispor sobre honorários de sucumbência, embora recursais, definiu que somente nos recursos interpostos contra decisão publicada a partir de 18/3/2016 será possível o arbitramento de honorários sucumbenciais recursais, na forma do art. 85, § 11, do novo NCPC.

Como se vê, a interpretação do NCPC, quando possível e necessária, deve ser efetuada de forma parcimoniosa, de forma a se evitar decisões que causem indesejáveis surpresas aos litigantes e gerem insegurança jurídica ao sistema.

III. DISPOSITIVO

Ante o exposto, ao tempo em resolvo o mérito da demanda, com lastro no art. 487, I, do NCPC, JULGO PARCIALMENTE PROCEDENTES os pedidos contidos na petição inicial para declarar a validade e eficácia, no plano interno, do negócio jurídico entabulado entre as partes, a partir da data do ajuste, 9/11/2006 (fls. 28-33), ressalvados eventuais direitos de terceiros, devendo os réus, em decorrência, promoverem a alteração contratual perante a Junta Comercial, no prazo de até 30 dias e, ainda, pagarem (solidariamente) a quantia de R$ 5.000,00 (cinco mil reais) para cada requerente como forma de compensação pelos danos morais por eles experimentados, montante que deverá ser monetariamente corrigido pelo INPC a partir desta data, e acrescido de juros de mora de 1% ao mês a partir da citação.

Em razão do princípio da causalidade, condeno os réus ao integral pagamento das custas processuais e dos honorários advocatícios, que fixo em R$ 1.000,00 (mil reais), nos termos do art. 20, §4º, do CPC/73.

Após o trânsito em julgado, não havendo outros requerimentos, dê-se baixa e arquivem-se os autos.

Sentença prolatada em atuação no Núcleo Permanente de Gestão de Metas do Primeiro Grau – NUPMETAS -1, instituído pela Portaria Conjunta nº 33, de 13/05/2013.

Sentença registrada nesta data. Publique-se. Intimem-se.

Brasília - DF, terça-feira, 21/02/2017 às 11h20.

José Rodrigues Chaveiro Filho

Juiz de Direito Substituto

16. DIREITO EMPRESARIAL – CHEQUES (AÇÃO MONITÓRIA)

Trata-se de ação monitória entre as partes mencionadas na epígrafe, pretendendo a parte autora o pagamento dos valores descritos nos títulos injuntivos que instruem a inicial.

Relatou a feitura de contrato de contrato entre as partes, avença essa descumprida pela ré, que deixou de honrar 10 cheques, no valor de R$ 150.000,00.

Com a inicial vieram os documentos de fls. 06/26.

Citada, consoante os artigos 700 e seguintes, do Código de Processo Civil, a parte ré não pagou a dívida, mas opôs embargos à monitória, alegando, preliminarmente, que não firmou negócio com o autor, e, além disso, houve inadimplemento do contrato então firmado, bem como outros pagamentos não relacionados na inicial. Requereu a improcedência do pleito inicial e o acolhimento dos embargos.

Réplica reafirmando os termos da inicial.

Regulamente intimadas a especificar provas, as partes requereram a produção de prova testemunhal.

Designada audiência de instrução, foram tomados os depoimentos pessoais das partes e ouvidas duas testemunhas.

Memoriais apresentados.

É o breve relato. Decido.

Antes de adentrar ao mérito do pedido, cumpre aduzir que o magistrado deve avaliar a presença de todas as condições da ação, sendo possível o reconhecimento da ausência dessas a qualquer tempo.

No caso em tela, ao analisar as cártulas trazidas pela parte autora, percebo que essas são nominativas, sendo as de fls. 07, 08, 09, 10, 13, 16 emitidas em favor de uma empresa, qual seja, E.B. ME.

Dito isso, cabe mencionar que, em tais hipóteses, é necessário que o beneficiário do cheque faça o regular endosso, sob pena de retirar a legitimidade do eventual possuidor da cártula para efetuar a cobrança dessa.

Nesse sentido, confira-se: (Acórdão n.814072, 20110110871198APC, Relator: SILVA LEMOS, Revisor: NÍDIA CORRÊA LIMA, 3ª Turma Cível, Data de Julgamento: 30/07/2014, Publicado no DJE: 27/08/2014. Pág.: 135; Acórdão n.769929, 20130310279875APC, Relator: ARNOLDO CAMANHO DE ASSIS, Revisor: ANTONINHO LOPES, 4ª Turma Cível, Data de Julgamento: 12/03/2014, Publicado no DJE: 24/03/2014. Pág.: 242).

Assim, como não há endosso nos cheques acima relatados, reconheço a ilegitimidade do autor para manejar a presente monitória com relação a esses, nos termos do artigo 485, VI do CPC.

Ante a ausência de outras questões processuais pendentes, passo ao exame do mérito, consignando, desde já, que ao autor assiste parcial razão.

Com efeito, ressalto a princípio que a propositura da ação monitória não depende da demonstração da causa debendi (motivo/origem do débito), notadamente quando fundada em cheques prescritos.

Nesse sentido, confira-se: (Acórdão n.805891, 20140020134189AGI, Relator: JAIR SOARES, 6ª Turma Cível, Data de Julgamento: 23/07/2014, Publicado no DJE: 29/07/2014. Pág.: 280; (Acórdão n.470363, 20080110618170APC, Relator: CARMELITA BRASIL, Revisor: ARLINDO MARES, 2ª Turma Cível, Data de Julgamento: 15/12/2010, Publicado no DJE: 11/01/2011. Pág.: 324)

No entanto, uma vez descrita a causa debendi na inicial (contrato de venda de fundo de comércio que teria o autor como sócio oculto e beneficiário direto de metade dos valores auferidos no acordo – fl. 128), e opostos embargos ressaltando a impossibilidade de cumprimento da avença por fato de terceiro, os benefícios inerentes a tais títulos, como a autonomia, abstração e não oponibilidade de exceções pessoais a terceiros de boa-fé devem ser afastados, de maneira a permitir a avaliação judicial do negócio que redundou na emissão das cártulas, considerando, ademais, que os títulos não circularam, foram emitidos diretamente ao autor e sua empresa em razão do contrato narrado na inicial, também assinado pelo requerente na qualidade de testemunha.

Posto isso, e uma vez retirada a possibilidade de manejo pelo autor da monitória para seis cheques, representando o valor de R$ 60.000,00, insta mencionar que a análise meritória será circunscrita ao valor remanescente, qual seja, R$ 90.000,00.

Nesse ponto, e após a oitiva das partes em audiência, com a tomada dos depoimentos pessoais, juntamente com a análise dos documentos acostados, percebo que o contrato firmado previa que a avença possuía uma condição resolutiva (CC, art. 127), qual seja, a anuência dos proprietários dos imóveis onde era localizado o fundo de comércio à transferência do contrato de locação.

Conforme se depreende da documentação juntada, uma das locadoras decidiu não mais continuar a locação, pleiteando para si o imóvel para uso próprio (fl. 138), situação essa que tornou inviável a continuidade do negócio, sobretudo após o deferimento da liminar de despejo pelo juízo da 6ª Vara Cível de Brasília.

Consigno aqui que o Sr. J.C., que administrava a Padaria LTDA, afirmou expressamente que em nenhum momento promoveu a notificação da Sra. I. (responsável pela ré) a promover a transferência dos contratos de locação, mesmo ante a previsão da cláusula sétima do contrato (fl. 130), e, ainda, informou expressamente que somente teria levado tal informação aos locadores na semana anterior a assinatura do contrato de cessão, mesmo ciente das cláusulas proibitivas presentes nos contratos locatícios (fls. 130, 54 e 47).

No caso em análise, percebo que os pagamentos relativos ao contrato deixaram de ser exigíveis após o conhecimento, pela cedente do fundo de comércio, da intenção da locadora de retomada para uso próprio do espaço onde era localizado o fundo de comércio (31/08/2012 – conforme explicitado na sentença proferida nos autos 2012.01.1.XXXXX-8).

Isso porque tal pedido de retomada inviabilizou a continuidade do estabelecimento réu no local, tornando a avença inexequível, haja vista que a cessão do fundo de comércio foi feita tomando por base a manutenção dos contratos de locação dos imóveis.

Ressalto, ainda, que restou reconhecido nos autos 2012.01.1.XXXXXX-8 que a notificação para a desocupação do imóvel foi válida, e realizada na data de 31/08/2012.

Nesses termos, é importante dizer que até a mencionada data o contrato de cessão de fundo de comércio se mostrava possível, e, claro, exigível, na forma prevista na avença, conforme previsão expressa do artigo 128 do Código Civil, que apregoa que a condição resolutiva, nos negócios de execução continuada, não tem eficácia quanto a atos já praticados, com a ressalva da necessidade desses atos serem compatíveis com a natureza da condição e conforme os ditames da boa-fé.

A teor dos depoimentos tomados, e considerando os termos do contrato, percebe-se que a ré promoveu o pagamento de R$ 90.000,00, relativos a entrada de R$ 40.000,00 e mais quatro cheques de R$ 10.000,00, bem como de R$ 17.500,00, relacionados também ao negócio narrado na inicial, consoante restou afirmado pelo autor e a testemunha J. em seu depoimento, totalizando o montante de 107.500,00 pagos em virtude do negócio.

Incidem, na espécie, os arts. 422 e seguintes do CC, que demandam a presença da boa-fé em todas as fases do contrato.

À evidência, nos termos do Enunciado n. 26 da I Jornada de Direito Civil do Conselho da Justiça Federal, "a cláusula geral contida no art. 422 do novo Código Civil impõe ao juiz interpretar e, quando necessário, suprir e corrigir o contrato segundo a boa-fé objetiva, entendida como a exigência de comportamento leal entre os contratantes".

No caso em epígrafe, e considerando os estritos termos do contrato de cessão e a data do conhecimento da intenção de retomada do imóvel pela locadora pelos representantes da Padaria LTDA, somente seriam exigíveis da empresa ré os montantes devidos até a data de 31/08/2012, que atingiam, à época, R$ 140.000,00, respeitadas as datas previstas nas cártulas para compensação e exigibilidade, tendo em vista a aposição de data certa para cumprimento das obrigações continuadas no contrato.

Qualquer valor maior representaria ofensa à boa-fé objetiva, e, além disso, significaria enriquecimento sem causa do demandante (CC, art. 884), tendo em vista a impossibilidade de cumprimento do contrato a partir da citada data.

Ao analisar os cheques apresentados pelo autor, já excluídos os relativos à ilegitimidade ativa reconhecida neste feito, e considerando o decote de valores exigíveis acima colacionado, bem como o termo final de exigência (31/08/2012), apenas o cheque de fl. 11 seria passível de cobrança, pois datado para o dia 25 de agosto de 2012, nos termos da obrigação prevista no contrato, restando os demais, datados para momentos posteriores ao implemento da condição resolutiva, imprestáveis para fins de cobrança, razão pela qual o acolhimento parcial dos embargos opostos é medida que se impõe.

Por fim, na hipótese, e a partir dos termos do contrato, os juros de mora e correção monetária deverão incidir a partir do inadimplemento contratual (data pagamento prevista no contrato – 25/08/2012).

Ante o exposto, reconheço a ilegitimidade ativa do autor para manejar o presente feito no tocante aos cheques colacionados às fls. 07, 08, 09, 10, 13, 16, e acolho parcialmente os embargos opostos, para declarar a inexigibilidade dos demais cheques relativos às obrigações assumidas após a data de 31/08/2012, e, por consequência, converter o mandado inicial em título executivo judicial apenas no que toca ao montante de R$ 10.000,00, relativo à cártula de fl. 11, que se sujeitará ao procedimento de cumprimento de sentença, previsto no art. 523 e seguintes, do Código de Processo Civil.

Resolvo o feito nos termos dos artigos 485, VI e 487, I, ambos do CPC.

Juros de mora de 1% ao mês e correção pelo INPC a partir do descumprimento contratual.

Ante a sucumbência mínima da ré/embargante, custas e honorários pela autora, estes fixados em 20% sobre o valor da condenação, com fundamento no art. 85, § 2º, do Código de Processo Civil.

Transitada em julgado, sem mais requerimentos, recolham-se as custas finais e arquivem-se.

Publique-se. Registre-se. Intimem-se.

Brasília, dia/mês/ano.

Luiz Otávio Rezende de Freitas

Juiz de Direito Substituto

17. DIREITO CIVIL (OPOSIÇÃO E AÇÃO PRINCIPAL)

Trata-se de ação de nulidade de negócio jurídico proposta por C.A. e J. B. contra S.M. e A.B.S.

Alegam que são companheiros e que o primeiro autor reside no imóvel situado na Chácara nº 104, localizada na Colônia Agrícola Samambaia, recolhendo IPTU há mais de 10 anos. Acrescentam que o primeiro autor conheceu a primeira requerida no ano de 2007 e no ano de 2008, a primeira requerida, advogada, defendeu os interesses do primeiro autor em uma ação reivindicatória proposta pela TERRACAP em relação ao imóvel em litígio.

Após a derrota nesta demanda reivindicatória, a primeira requerida induziu a segunda autora a vendar parte do imóvel como forma de defender a posse sobre o bem. Na oportunidade, foi transferida parte do imóvel para cada um dos requeridos. Argumentam que os negócios jurídicos foram simulados e os requeridos começaram a exercer a posse injusta com a construção de edificações e pleiteando licenças perante a Administração Regional de Taguatinga. Requereram, ao final, a decretação da nulidade do negócio jurídico das cessões de direitos feitas pela segunda autora com os réus.

Com a inicial vieram os documentos de fls. 12/220.

Decisão de fls. 223/224 do Juízo da Vara do Meio Ambiente declinou da competência para este Juízo.

Decisão de fl. 231 ratificou a competência deste Juízo e deferiu a gratuidade de justiça à parte autora.

A primeira requerida foi citada à fl. 263 e apresentou contestação (fls. 265/273). Inicialmente, suscitou a preliminar de ilegitimidade ativa do primeiro autor. Quanto ao mérito, argumenta que adquiriu legitimamente o lote de n° 04 da segunda requerente, cuja quantia foi paga em espécie, razão pela qual não há se falar em simulação. Acrescenta que o primeiro requerente alienou parte da chácara a Elio Peres. Requereu, ao final, a improcedência dos pedidos.

O segundo requerido apresentou contestação às fls. 382/394. Preliminarmente, suscitou a inépcia da petição inicial, a falta de interesse de agir e a ilegitimidade ativa. Quanto ao mérito, assevera que não mantém relacionamento afetivo com a primeira requerida. Aduz que o imóvel em discussão foi parcelado e os autores moram no lote de nº 1 e que não há qualquer vício do consentimento. Requereu a condenação dos autores nas penalidades da litigância de má-fé e pugnou pela improcedência dos pedidos.

Os autores manifestaram em réplica (fls. 429/445).

Decisão de fls. 488 apreciou o pedido de produção de prova e determinou a realização de audiência de instrução e julgamento.

A audiência de instrução e julgamento foi realizada em 27/09/2016 (fls. 970/975).

As partes apresentaram alegações finais, sob a forma de memoriais; a parte autora às fls. 977/985; o segundo requerido às fls. 991/996 e a primeira requerida às fls. 999/1007.

Autos 12345-8/14

Trata-se de OPOSIÇÃO proposta por J.A. e I.Q. contra C.A, J.B., S.M. e A.B.

Alegam os opoentes que são casados e adquiriram a posse de uma área de 20.000 m2 situada na Chácara 104, com quatro casas erigidas, de propriedade do primeiro oposto. Acrescentam que o valor contratado foi devidamente quitado, contudo a segunda oposta revendeu parte do bem dos oponentes para o terceiro e quarto opostos e somente tomaram conhecimento após a conclusão do negócio. Asseveram que o terceiro e quarto opostos também foram ludibriados e, por mera liberalidade, deixaram construir e morar nos imóveis em um contrato verbal de comodato. Não concordam com a tentativa de anulação para ocupação da área disputada, pois eles detêm a posse de todo o imóvel.

Requereram, ao final, os benefícios da gratuidade de justiça e a procedência dos pedidos, para que seja reconhecida a posse e determinada a reintegração dos opostos nos Lotes 3 e 4 do imóvel. Com a inicial vieram os documentos de fls. 8/167.

Decisão de fl. 179 deferiu a gratuidade de justiça aos opoentes e determinou a citação dos opostos.

A terceira oposta apresentou contestação às fls. 181/183. Alega que adquiriu de forma onerosa o imóvel situado na Chácara 104, lote 04, da segunda oposta e que não tinha conhecimento que o imóvel estaria situado dentro da área dos opoentes. Acrescenta que agiu de boa-fé e não houve nenhum tipo de fraude na compra. Requereu a improcedência dos pedidos.

O quarto oposto apresentou contestação às fls. 185/188. Aduziu acerca da ilegitimidade ativa dos opoentes. Quanto ao mérito, aduz que adquiriu o imóvel pagando um valor justo e que tomou todas as precauções na análise da cadeia dominial. Acrescenta que já cedeu os direitos possessórios a um terceiro no ano de 2010. Requereu a improcedência dos pedidos.

O primeiro e segundo opostos apresentaram contestação às fls. 190/195. Aduzem que o primeiro oposto é legítimo possuidor do imóvel situado na Chácara 104 da Colônia Agrícola Samambaia, com área de 2,20 ha, desde 17 de outubro de 1990. Em junho de 2003 o imóvel foi vendido ao primeiro opoente pelo valor de R$ 90.000,00 (noventa mil reais), cujo montante seria pago da seguinte forma: R$ 20.000,00 no ato da compra e catorze notas promissórias de R$ 5.000,00 cada, no período de 10/07/2003 a 10/03/2004. Acrescentam que o valor não foi totalmente pago, o que motivou o ajuizamento de uma ação de execução contra o primeiro opoente. Ainda, argumentam que foi realizado o distrato e foi restituído o valor de R$ 25.000,00 ao primeiro opoente. Sustentam que os opoentes nunca tiveram a posse do imóvel e o ocupam por contrato de comodato verbal que ocorreu em 2007. Requereram, ao final, os benefícios da gratuidade de justiça e a improcedência dos pedidos. Pugnaram, ainda, para que os opoentes sejam condenados nas penalidades da litigância de má-fé.

Os opoentes manifestaram em réplica (fls. 299/302).

Decisão de fl. 349 determinou a realização de audiência de instrução e julgamento, a qual foi realizada em 19/07/2016 e colhido o depoimento pessoal do primeiro oposto (fls. 375/377). Em continuidade, foi realizada nova instrução processual em 27/09/2016 (fls. 402/413).

Ao final, apresentaram alegações sob a forma de memoriais: primeiro e segundo opostos (fls. 416/424); terceiro oposto (fls. 427/429); opoentes (fls. 430/431) e quarta oposta (fls. 432).

É o relatório. DECIDO.

Dispõe o art. 686 do Código de Processo Civil que "cabendo ao juiz decidir simultaneamente a ação originária e a oposição, desta conhecerá em primeiro lugar".

A oposição, com o advento do Código de Processo Civil de 2015, foi retirada do rol das intervenções de terceiro e incluída no rol dos procedimentos especiais. É uma ação em que o terceiro ingressa na lide para excluir o direito do autor e réu, pleiteando para si a coisa. Em suma, quando as partes litigam por algum bem, o opoente ingressa para demonstrar que, na realidade, o bem material discutido na lide originária não pertence a nenhuma das partes, mas sim a ele.

Fundamentação da oposição.

Inicialmente, passo à análise da preliminar. A legitimidade de parte deve ser aferida a partir da relação jurídica de direito material deduzida em juízo, segundo a teoria da asserção. No caso, há a discussão sobre negócio jurídico entre os envolvidos, o que atrai a discussão para o mérito da demanda. Desta forma, rejeito a preliminar.

Do mérito

O ponto controvertido da demanda cinge-se em determinar a (in)validade dos instrumentos jurídicos que conferem poder de posse sobre o imóvel descrito na inicial, qual seja, Chácara n° 104, localizada na Colônia Agrícola Samambaia, Taguatinga/DF.

Inicialmente, deve ser destacado que no processo de n° 2005.01.1.XXXXX-2, em que a TERRACAP almejava a reivindicação do imóvel em discussão, foi julgado procedente pelo Juízo do primeiro grau e alterado, em parte, no segundo grau de jurisdição, para conceder ao primeiro oposto neste processo a possibilidade de indenização pelas benfeitorias realizadas. A ementa do julgado foi assim publicada:

> *CIVIL - AÇÃO REIVINDICATÓRIA - TERRACAP - BEM PÚBLICO - INDENIZAÇÃO PELAS BENFEITORIAS: POSSIBILIDADE - GRATUIDADE DE JUSTIÇA: CONCESSÃO - PARCIAL PROVIMENTO. 1. A Lei n° 4.545/64 cuidou de explicitar a situação ao estabelecer em seu art. 24 o caráter precário da*

posse dos particulares sobre terras públicas do Distrito Federal, inclusive subordinando sua ocupação à prévia autorização governamental. 2. A longa permanência no imóvel público tolerada e consentida pela Administração, não tem o condão de legitimar a posse precária, mesmo porque áreas públicas são insuscetíveis de posse legítima, contudo, assegura aos ocupantes o ressarcimento pelas benfeitorias úteis e necessárias com direito de retenção até o pagamento. 3. Recursos parcialmente providos. (Acórdão n.396171, 20050110065652APC, Relator: JOÃO MARIOSI, Revisor: MARIO-ZAM BELMIRO, 3ª Turma Cível, Data de Julgamento: 18/11/2009, Publicado no DJE: 10/12/2009. Pág.: 86)

Foi interposto recurso especial ao Superior Tribunal de Justiça (REsp 1.XXX.441-DF) e este Tribunal Superior entendeu que no caso não há se falar sequer em indenização pelas benfeitorias realizadas:

INDENIZAÇÃO PELAS BENFEITORIAS: POSSIBILIDADE - GRATUIDADE DE JUSTIÇA: CONCESSÃO – PARCIAL PROVIMENTO.

1. A Lei n0 4.545/64 cuidou de explicitar a situação ao estabelecer em seu art. 24 o caráter precário da posse dos particulares sobre terras públicas do Distrito Federal, inclusive subordinando sua ocupação à prévia autorização governamental.

2. A longa permanência no imóvel público tolerada e consentida pela Administração, não tem o condão de legitimar a posse precária, mesmo porque áreas públicas são insuscetíveis de posse legítima, contudo, assegura aos ocupantes o ressarcimento pelas benfeitorias úteis e necessárias com direito de retenção até o pagamento.

3. Recursos parcialmente providos.

Houve o trânsito em julgado e o processo foi arquivado na 1ª Vara da Fazenda Pública do Distrito Federal em 27/10/2016.

O entendimento jurisprudencial consagrado no STJ é no sentido de que a ocupação de área pública não configura posse, mas sim detenção.

A detenção está prevista no artigo 1198 do Código Civil e caracteriza a figura do denominado fâmulo da posse:

O fâmulo da posse é aquele que, em razão de sua situação de dependência em relação a outra pessoa (ao dono ou possuidor), exerce sobre a coisa, não um poder próprio, mas dependente. Está a serviço da posse de outro, é instrumento mecânico de posse, mas não possuidor, como bem se expressou notável escritor." (SANTOS, J. M. Carvalho. C.C.B. interpr. 7. ed. v.7, p. 31).

Vale também citar o ensinamento de Clóvis Bevilácqua:

Na posse direta, o possuidor exerce um poder próprio, fundado em título jurídico, ao passo que ao detentor de coisa alheia nenhum poder próprio assiste." (BEVILACQUA, Clovis. Dir. das coisas. 5. ed. v. 1, p. 36).

O detentor não tem acesso aos interditos possessórios, pois apenas conserva a posse em nome ou recebendo ordens e instruções do verdadeiro possuidor. Não exerce, por direito próprio, nenhuma das prerrogativas inerentes ao domínio, porquanto há uma relação de subordinação com o possuidor. O detentor pode apenas, excepcionalmente, em caso de turbação ou esbulho, valer-se da legítima defesa da posse ou desforço imediato (art. 1210, §2°, do CC).

Com base no entendimento do STJ exarado no acórdão, transitado em julgado, que concedeu a reivindicação do imóvel discutido nestes autos à TERRACAP, sem a possibilidade de retenção por benfeitorias, pois se trata de detenção, ato de mera tolerância, não é possível aos opoentes utilizarem instrumentos para conservação da posse que não lhes foi assegurada. Não há sequer a posse precária.

Por fim, entendo que não há se falar na aplicação da pena da litigância de má-fé ao caso, pois não vislumbro nenhuma das hipóteses legais e deve ser assegurada às partes o amplo acesso ao Poder Judiciário (art. 5°, XXXV, da Constituição Federal).

Fundamentação da ação originária.

Inicialmente, passo à análise das preliminares. A legitimidade de parte deve ser aferida a partir da relação jurídica de direito material deduzida em juízo. No caso, embora não figure como cedente do imóvel em litígio, os autores alegam simulação do negócio jurídico, o que atrai a discussão para o mérito da demanda.

Quanto à ausência de outra condição da ação, o interesse de agir, os autos demonstraram o trinômio necessidade-utilidade-adequação do processo para os fins almejados, o que afasta a discussão sobre a falta desta condição da ação.

Por fim, acerca da inépcia da inicial, o segundo requerido não demonstrou a incidência de nenhuma das hipóteses do artigo 330, §1°, do Código de Processo Civil. Desta forma, rejeito as preliminares.

Do mérito

O ponto controvertido da demanda cinge-se em determinar a (in)validade dos instrumentos jurídicos que conferem poder de posse sobre o imóvel descrito na inicial, qual seja, Chácara n° 104, localizada na Colônia Agrícola Samambaia, Taguatinga/DF.

Inicialmente, conforme já mencionado, no processo de n° 2005.01.1.XXXXX-2, em que a TERRACAP almejava a reivindicação do imóvel em discussão, foi julgado procedente pelo Juízo do primeiro grau e alterado, em parte, no segundo grau de jurisdição, para conceder ao primeiro requerente neste processo a possibilidade de indenização pelas benfeitorias realizadas. Foi interposto recurso especial ao Superior Tribunal de Justiça (REsp 1.XXX.441-DF) e este Tribunal Superior entendeu que no caso não há se falar sequer em indenização pelas benfeitorias realizadas:

INDENIZAÇÃO PELAS BENFEITORIAS: POSSIBILIDADE - GRATUIDADE DE JUSTIÇA: CONCESSÃO - PARCIAL PROVIMENTO.

1. A Lei n0 4.545/64 cuidou de explicitar a situação ao estabelecer em seu art. 24 o caráter precário da posse dos particulares sobre terras públicas do Distrito Federal, inclusive subordinando sua ocupação à prévia autorização governamental.

2. A longa permanência no imóvel público tolerada e consentida pela Administração, não tem o condão de legitimar a posse precária, mesmo porque áreas públicas são insuscetíveis de posse legítima, contudo, assegura aos ocupantes o ressarcimento pelas benfeitorias úteis e necessárias com direito de retenção até o pagamento.

3. Recursos parcialmente providos.

Houve o trânsito em julgado e o processo foi arquivado na 1ª Vara da Fazenda Pública do Distrito Federal em 27/10/2016.

Pois bem. Os autores estavam cientes desta demanda reivindicatória e, segundo alegado, por orientação da primeira ré, advogada, cederam os direitos sobre parte do bem, com vistas a defender sua posse na chácara. A eticidade e a boa-fé objetiva são elementos de todas relações negociais, conforme se pode inferir dos artigos 113 e 422 do Código Civil.

Os autores alegam simulação do negócio jurídico, apesar de cônscios da tentativa de burlar o Poder Público na retomada do bem, e argumentam a incidência de hipótese prevista no artigo 167 do Código Civil. Para que fique caracterizada a simulação, é necessário demonstrar alguns requisitos, dentre os quais: a) a intencionalidade da divergência entre a vontade real e a vontade declarada, b) o consenso entre as partes e c) o objetivo de enganar para obter vantagem indevida.

O negócio jurídico simulado é envolto pela aparente legalidade para encobrir negócio jurídico dissimulado, o qual é o verdadeiramente objetivado com a simulação. A ilicitude está na sua gênese, pois atenta contra a lisura e a legalidade que devem permear os negócios jurídicos. No caso dos autos, os autores, ao buscarem o Poder Judiciário, almejam a desconstituição de um ato que contribuíram diretamente para a sua consecução. A simulação fraudulenta por eles alegada foi consentida e, de acordo com a boa-fé objetiva, representa um comportamento contraditório, porquanto visavam burlar a retomada do bem pelo Poder Público. Contudo, após o conluio, requerem a decretação de sua nulidade.

Em que pese a discussão sobre o fato de a simulação poder ser arguida pelo próprio simulador, pois a ninguém é dado valer-se da própria torpeza, o Código Civil trata a simulação como caso de nulidade do negócio jurídico e, por tratar de matéria de ordem pública, o artigo 167, parágrafo único, do CC, estabelece: "As nulidades devem ser pronunciadas pelo juiz, quando conhecer do negócio jurídico ou dos seus efeitos e as encontrar provadas, não lhe sendo permitido supri-las, ainda que a requerimento das partes".

Portanto, passo à análise do conjunto probatório acerca da ocorrência da invalidade do negócio jurídico. Neste ponto, deve ser destacado, mais uma vez, que o imóvel em discussão é de propriedade do Poder Público e, segundo informado na ação cautelar em apenso, há notícia de parcelamento irregular do solo.

Os instrumentos de cessão de direitos discutidos neste processo referem-se às transferências realizadas pela segunda requerente aos requeridos no ano de 2006 (fls. 59/65). Na cláusula segunda de ambos os instrumentos consta que o valor de R$ 75.000,00 (setenta e cinco mil reais) foi pago no ato em moeda nacional e a cedente deu quitação na oportunidade. Incide, nesta situação, o artigo 320, parágrafo único, do CC: "Ainda sem os requisitos estabelecidos neste artigo valerá a quitação, se de seus termos ou das circunstâncias resultar haver sido paga a dívida".

Neste cenário, entendo que este documento é válido como prova da quitação do valor pago, o que demonstra que os requeridos se desincumbiram da sua obrigação de pagar pelo imóvel. Deste modo, caberia aos requerentes demonstrarem que não houve o pagamento, além das hipóteses que configuram o instituto da simulação, pois o ordenamento jurídico presume a boa-fé e não a má-fé.

De toda a documentação juntada aos autos, não vislumbro a ocorrência da invalidade alegada pelos autores. Os ânimos acirrados há alguns anos demonstram a existência de procedimentos criminais, sendo que em um deles, distribuído à 1ª Vara Criminal de Taguatinga/DF (XXXX-2/2011), que apurava se os requeridos teriam induzido a erro os autores nas negociações imobiliárias, o Representante do Ministério Público entendeu pela ausência de justa causa para a deflagração de uma ação penal (fls. 782/783), o que gerou a sentença de arquivamento do processo (fl. 785).

Em que pese vigorar em nosso ordenamento jurídico a independência das instâncias cível, criminal e administrativa, o procedimento instaurado em uma destas searas pode embasar o material probatório para análise pelo magistrado em outras instâncias como meio de prova documental.

Em relação ao discutido contrato de honorários de fl. 812, embora haja indícios de falsificação pela primeira requerida, os autores não demonstraram a ausência de pagamento pela primeira requerida, pois, conforme mencionado, nos instrumentos foi dada a quitação e o eventual delito praticado deve ser averiguado pelo respectivo procedimento.

Por sua vez, os depoimentos prestados em juízo não foram convincentes em demonstrar qualquer mácula no negócio jurídico entabulado entre as partes. Desta forma, encerrada a instrução processual e chegado o momento de valorar o extenso conjunto probatório existente nos autos, entendo que não há prova suficiente para demonstrar a invalidade do negócio jurídico, razão pela qual deve incidir o critério estático como regra de julgamento estabelecido no artigo 373, I, do CPC. Neste sentido: (Acórdão n.998656, 20110110586986APC, Relator: MARIA IVATÔNIA 5ª TURMA CÍVEL, Data de Julgamento: 22/02/2017, Publicado no DJE: 20/03/2017. Pág.: 554/557; Acórdão n.900692, 20030110094455APC, Relator: CRUZ MACEDO, Revisor: FERNANDO HABIBE, 4ª TURMA CÍVEL, Data de Julgamento: 09/09/2015, Publicado no DJE: 23/10/2015. Pág.: 272)

Por fim, entendo que não há se falar na aplicação da pena da litigância de má-fé ao caso, pois não vislumbro nenhuma das hipóteses legais e deve ser assegurada às partes o amplo acesso ao Poder Judiciário (art. 5º, XXXV, da CF).

DISPOSITIVO

Tecidas estas considerações, JULGO IMPROCEDENTES os pedidos formulados na oposição e na lide originária.

Por conseguinte, resolvo o mérito das demandas, nos termos do art. 487, inciso I, do Código de Processo Civil.

Em razão da sucumbência na oposição, condeno os opoentes no pagamento das custas processuais e honorários advocatícios, os quais fixo em 20% sobre o valor atualizado da causa. Contudo, tendo em vista a gratuidade de justiça concedida, fica suspensa a exigibilidade.

Em razão da sucumbência na lide originária, condeno os autores no pagamento das despesas processuais e honorários advocatícios, os quais fixo em 20% sobre o valor atualizado da causa. Contudo, tendo em vista a gratuidade de justiça concedida aos autores, fica suspensa a exigibilidade.

Após o trânsito em julgado, inertes as partes, dê-se baixa e arquivem-se.

Sentença registrada nesta data. Publique-se e intimem-se.

Brasília, dia/mês/ano.

Ricardo Rocha Leite

Juiz de Direito Substituto

18. LOCAÇÕES – AÇÃO RENOVATÓRIA

Trata-se de Ação Renovatória de Locação ajuizada por M.L. S.A. contra O.B S/A, T.K. e M.A.

Relata a demandante ser locatária em contrato de locação comercial do imóvel situado na CNB-08, Taguatinga-DF, conforme avença firmada em

16/08/2010 para vigência pelo prazo determinado de cinco anos. Alega estar adimplente no cumprimento de suas obrigações contratuais. Indica como fiador a empresa Club Administradora de Cartões de Crédito Ltda, a qual possui idoneidade financeira para assumir a garantia. Ao fim, requer a renovação do contrato por mais cinco anos, com fixação de aluguel nos termos do contrato, atualmente equivalente a R$ 20.889,50 e reajuste anual pelo IPC.

Os Requeridos apresentaram contestação (fls. 159/162). Aduziram que não foram preenchidos os requisitos legais para a renovação. Acrescentaram que, no caso de eventual renovação da avença, o valor pago é insuficiente e requereram a importância de R$ 30.000,00 mensais.

Réplica apresentada às fls. 184/202.

À fl. 233 foi determinada a especificação de provas pelas partes.

A parte autora pugnou pela produção do meio de prova oral e pela produção do meio de prova pericial em razão do fato controvertido do valor do aluguel.

Decisão de fl. 234 deferiu a produção de prova pericial.

Produzida prova técnica para avaliação do preço de locação, o laudo foi juntado às fls. 257/269.

Manifestaram-se as partes sobre o parecer, sendo que a requerente juntou parecer divergente (fls. 291/298).

O perito prestou esclarecimentos às folhas 304/311.

Após novas manifestações, vieram os autos conclusos para julgamento.

É o que importa relatar. FUNDAMENTO E DECIDO.

Inexistentes questões processuais a serem sanadas e presentes as condições da ação e os pressupostos processuais, avanço no exame do mérito desta demanda.

No mérito propriamente dito, a pretensão autoral consiste na renovação da relação locatícia que une as partes, motivo pelo qual a analiso com amparo no disposto nos artigos 51 e 52 da Lei nº 8.245/1991.

Assim, vislumbro a comprovação da existência de contrato escrito, com prazo determinado e vigente à época do ajuizamento da ação, consoante contrato acostado às folhas 29/34, com prazo de mais de cinco anos, cujo termo final era 15/08/2015 (cláusula quarta). Desta forma, é possível inferir que foi observado o prazo decadencial previsto no artigo 51, §5º, da Lei de Locação, pois ajuizada a ação em 21/01/2015.

Outrossim, está comprovado o efetivo exercício da mesma atividade empresarial pelo demandante por pelo menos três anos ininterruptos, até mesmo porque não houve impugnação específica neste ponto. Ademais, o demandado não demonstrou a ocorrência da situação prevista no artigo 52, I, da Lei de Locação. Em relação ao adimplemento das obrigações contratuais, a parte autora juntou documentação suficiente para demonstrar que não há débitos pendentes.

Controvertem as partes quanto ao valor de locação aplicável a partir do fim do contrato celebrado. Saliento, nesse tema, que, por se tratar de avença de natureza estritamente comercial, presume-se a igualdade de forças entre as partes. Nessa situação, a ingerência do Poder Judiciário para modificação de cláusulas contratuais deve ser realizada com parcimônia, como já amplamente sedimentado nos tribunais pátrios e em consonância com o Enunciado nº 21 da I Jornada de Direito Comercial promovida pelo Conselho da Justiça Federal, consolidado nos seguintes termos: "nos contratos empresariais, o dirigismo contratual deve ser mitigado, tendo em vista a simetria natural das relações interempresariais".

O laudo pericial apresentou o seguinte resultado da avaliação (fl. 269):

O valor do aluguel mensal para o mês de referência considerado (agosto de 2016), para a unidade imobiliária localizada na CNB 08 Lote 05 – Taguatinga-DF é de R$ 26.000,00 (vinte e seis mil reais).

O valor da avaliação para o mês de janeiro/2015, data de autuação do processo, corrigido pelo índice previsto no contrato (IPC-FIPE) será de R$ 22.172,00 (vinte de dois mil cento e setenta e dois reais)

Por ocasião da apresentação de esclarecimentos aos questionamentos das partes, destacou o auxiliar do Juízo que há diferentes métodos para avaliação de imóveis estabelecidos pela NBR 14.653-1 e NBR 14.653-2 da ABNT. Dentre os métodos, está o Método Comparativo de Dados de Mercado, o qual pode utilizar diferentes técnicas. Ao final, manteve o resultado do laudo (fls. 304/311).

Em relação ao Laudo Divergente apresentado pela parte autora (fls. 291/298), deve ser ponderado que os pontos discutidos foram esclarecidos pelo perito. Além do mais, o perito é um auxiliar do Juízo e o laudo elaborado pela parte autora foi confeccionado de forma unilateral, razão pela qual, para efetiva garantia do contraditório, deve ser privilegiado o laudo do perito nomeado pelo Juízo. Neste sentido:

(...) 3.2 - Por sua imparcialidade, no auxílio ao juiz, cumprindo suas determinações, presume-se que os parâmetros e metodologia aplicados não estão equivocados uma vez que, diante do munus público que lhe é outorgado, o perito não objetiva satisfazer os interesses das partes, mas apenas auxiliar na prestação jurisdicional de forma imparcial. 3.3 - Na espécie, considerando que o laudo divergente apresentado pelo assistente técnico da parte é considerado prova desprovida da imparcialidade necessária ao julgamento da causa com justiça, não é possível o seu acolhimento como parâmetro único para fixação de valor de aluguel para o novo período contratual, mormente quando o parecer técnico apresentado pelo perito nomeado pelo d. Juízo está devidamente fundamentado e tendo em vista que todos os quesitos apresentados pelas partes foram devidamente respondidos. (...) (Acórdão n.934457, 20120111671507APC, Relator: ALFEU MACHADO 1ª TURMA CÍVEL, Data de Julgamento: 13/04/2016, Publicado no DJE: 26/04/2016. Pág.: 189-206) (g.n.).

No que tange às demais cláusulas a regerem a relação locatícia renovada, a demandante, em sua petição inicial e em cumprimento ao disposto no artigo 71, IV, da Lei 8.245/91, indicou fiador e demonstrou sua idoneidade financeira. Além do mais, não houve insurgência da demandada quanto à manutenção da mesma garantia fidejussória.

DISPOSITIVO

Em razão do que foi exposto, JULGO PARCIALMENTE PROCEDENTE o pedido para declarar renovado o contrato de locação mantido entre as partes por 60 (sessenta) meses a partir de 16/08/2015, reconhecendo o valor mensal do aluguel de R$ 22.172,00 (vinte e dois mil cento e setenta e dois reais) até julho de 2016. A partir de agosto de 2016, o valor do aluguel mensal é de R$ 26.000,00 (vinte e seis mil reais), mantendo-se incólumes as demais cláusulas do contrato.

Resolvo o mérito na forma do artigo 487, I, do Código de Processo Civil. Em virtude da sucumbência parcial, condeno ambas as partes ao pagamento das despesas processuais, na proporção de 30% para a demandante e 70% para a parte ré. Fixo os honorários de sucumbência em 10% por cento sobre o valor atualizado da causa

Eventuais diferenças de aluguel devidas pelo locatário serão executadas na forma da lei (art. 73 da Lei 8.245/91).

Oportunamente, transitada em julgado, não havendo outros requerimentos, dê-se baixa e arquivem-se.

Sentença registrada eletronicamente nesta data.

Publique-se. Intimem-se.

Brasília, dia/mês/ano.

Ricardo Rocha Leite

Juiz de Direito Substituto

19. DIREITO DO CONSUMIDOR – REPARAÇÃO DE DANOS

Relatório dispensado (artigo 38 da Lei 9.099/95). DECIDO.

Promovo o julgamento antecipado do pedido, nos termos do artigo 355, inciso I, do NCPC.

Presentes os pressupostos processuais e as condições da ação, não havendo questão de ordem processual pendente, passo à análise do mérito.

Cuida-se de ação de conhecimento, subordinada ao rito da Lei 9.099/95, na qual a autora pleiteia ressarcimento de dano material.

Narra, em síntese, ter firmado contrato de transporte aéreo com a ré, no dia 07.02.2017, referente ao trecho Brasília/Miami/Brasília, com a emissão de bilhetes aéreos para si e sua mãe, a ser realizado no dia 10.03.2017 (ida) e 19.03.2017 (volta).

Informa que, ao realizar a compra, o sítio eletrônico da ré "saiu do ar", dando a entender que não tinha sido concluída, ocasião na qual efetuou a mesma compra perante outra companhia aérea, pelo mesmo valor.

Diz que, ao verificar o saldo do seu cartão de crédito, constatou que a compra dos bilhetes aéreos perante a ré tinha sido concluída, razão pela qual requereu a desistência da viagem, sendo informado que teria que pagar multa no importe de USD400,00 por passageiro, o que entende ser abusivo.

A ré, em sede de contestação, aduz a impossibilidade de restituição do valor total da compra.

A relação jurídica obrigacional formalizada entre as partes, comprovada pelo documento anexado, qualifica-se como relação de consumo (artigos 2º e 3º do Código de Defesa do Consumidor).

Restaram incontroversas, nos presentes autos, a desistência da viagem, com a comunicação à ré, trinta dias antes da realização do trecho de ida, assim como a intenção da ré em efetuar a devolução parcial do valor, com a retenção de USD 400,00 por passageiro, no total de USD 800,00, em virtude de falta de impugnação específica da ré (artigo 341, "caput", do NCPC).

A controvérsia instaurada nos autos cinge-se à licitude da cobrança das referidas taxas e encargos exigidos em razão da desistência por parte da autora e de sua mãe.

De início, registro que o contrato de transporte é regido pelos artigos 730 e seguintes do Código Civil, devendo tal regramento ser interpretado ainda à luz do Código de Defesa do Consumidor.

A teor do artigo 740 do Código Civil, independentemente de a tarifa ser promocional ou não, o passageiro tem direito à rescisão do contrato de transporte antes do início da viagem, "desde que feita a comunicação ao transportador em tempo de ser renegociada".

Trata-se de verdadeiro direito potestativo do consumidor, que não pode ser subtraído e ao qual o transportador deve se sujeitar, devendo haver, tão somente, comunicação em tempo hábil para que o fornecedor do serviço possa renegociar o assento.

No caso sob exame, constato que a autora observou essa condição, pois comunicou à ré sobre a desistência dos trechos contratados com trinta dias de antecedência da data de partida do voo, período mais do que suficiente para a renegociação das passagens.

Por outro lado, na esteira da dicção legal, assiste direito ao transportador de retenção de parte do preço pago pelas passagens como multa compensatória, como preceitua o §3° do artigo 740 do Código Civil.

No caso, a cláusula penal instituída pela companhia como condição para o cancelamento foi de USD800 para as duas passageiras, sendo o valor total dos bilhetes adquiridos de R$6.214,60 (Id 7023773 - Pág. 5).

O importe exigido pela ré é exorbitante, uma vez que a penalidade atingiria grande parte do objeto contratado, desnaturando-o.

Nesse contexto, tal disposição contratual contraria a legislação de regência quanto aos limites que a cláusula penal pode ter e deve ser restringida, conforme já adiantado, também em tributo às disposições do Código de Defesa do Consumidor, pois constitui medida que coloca o consumidor em desvantagem exagerada (art. 51, inciso IV, §1°, inciso III, do CDC).

Logo, como os trechos foram adquiridos por R$6.214,60 (Id 7023773 - Pág. 5), entendo lídimo que a companhia retenha, como cláusula penal pelo cancelamento dos trechos (art. 740, §3°, CC), 5% deste valor, o que equivale a R$310,73, devendo ser restituído o valor remanescente, qual seja R$5.903,87 (cinco mil novecentos e três reais e oitenta e sete centavos).

Registro que a ré não comprovou o reembolso parcial à autora (artigo 373, inciso II, do CPC), pelo que a restituição deve ser no valor supracitado.

Esclareço, ainda, que a restituição desse numerário é consequência lógica do desfazimento do contrato de transporte, conduzindo as partes ao estado anterior, sob pena de se permitir o enriquecimento sem causa da companhia aérea, o que é vedado por nosso ordenamento jurídico.

Ademais, a teor do artigo 322, §2°, do NCPC, a interpretação do pedido deve considerar o conjunto da postulação, pelo que o desfazimento do vínculo contratual é medida que se impõe.

Ante o exposto, JULGO PROCEDENTE O PEDIDO para decretar a resolução do contrato de transporte aéreo firmado entre as partes em 07.02.2017, quanto às passagens de localizador 3KSN6x (Id 7023773 - Pág. 4); e, para condenar a ré a ressarcir à autora a quantia de R$5.903,87 (cinco mil, novecentos e três reais e oitenta e sete centavos), devidamente atualizada desde a data do desembolso (07.02.2017 – Id 7023773 - Pág. 4) e acrescida de juros moratórios de 1% ao mês, a partir da citação até o efetivo pagamento, nos moldes dos artigos 405 e 406 do Código Civil e do artigo 161, § 1°, do Código Tributário Nacional.

Julgo o processo, com resolução de mérito, nos termos do inciso I do art. 487 da Lei 13.105/15 - NCPC.

Sem custas e sem honorários (art. 55 da Lei nº 9099/95).

Após o trânsito em julgado, dê-se baixa e arquivem-se os autos.

Publique-se; registre-se e intimem-se.

Brasília, dia/mês/ano.

Ana Magali de Souza Pinheiro Lins

Juíza de Direito Substituta

20. DIREITO ADMINISTRATIVO - MANDADO DE SEGURANÇA

I. RELATÓRIO

Trata-se de mandado de segurança com pedido liminar, impetrado em 28/6/2016 por DIRECIONAL ENGENHARIA SA em desfavor de ato supostamente coator praticado pelo GERENTE DE ARRECADAÇÃO E PARCELAMENTO DA SECRETARIA DE ESTADO DA GESTÃO DO TERRITÓRIO E HABITAÇÃO (SEGETH), partes qualificadas.

Narra a impetrante que atua no ramo de construção e incorporação e, no exercício de sua atividade, adquiriu os imóveis localizados nas Áreas números 19 e 21 do Setor C Norte, Taguatinga/DF, com o fim de construir empreendimentos imobiliários residenciais para posterior alienação.

A impetrante questiona a postura estatal que condicionou a expedição de alvará de construção para edificação de imóveis residenciais ao pagamento da Outorga Onerosa de Alteração de Uso (ONALT). Assevera que a cobrança do preço público em questão não se enquadra nos requisitos da Lei Complementar Distrital nº 294/2000, regulamentada pelos Decretos nº 22.121/01 e 23.776/03, por não ter havido alteração da destinação do imóvel.

Diz que a ilegalidade da cobrança já foi objeto de apreciação no mandado de segurança nº 2007.01.1.142040-8 em que foi concedida a segurança para considerar indevida a cobrança da ONALT em razão da inconstitucionalidade formal da Lei Complementar Distrital nº 294/2000. Acrescenta que pende apreciação do agravo em recurso especial interposto em face de acórdão que considerou descabida a cobrança.

Após tecer arrazoado jurídico requer provimento jurisdicional liminar que reconheça a inexigibilidade da ONALT vinculada ao processo administrativo nº 132.000.785/200. No mérito pede a confirmação da liminar.

A inicial foi instruída com os documentos de fls. 24-142.

Liminar deferida, à fl. 146.

A Autoridade apontada prestou informações (fls. 153-164).

O *Parquet* oficiou pela denegação da segurança (fls. 166-170).

É o relatório. Decido.

II. FUNDAMENTAÇÃO

O feito encontra-se apto a receber sentença, uma vez que os elementos de convicção já acostados aos autos são suficientes à compreensão da pretensão e ao desate da controvérsia instaurada.

Não há preliminares ou qualquer outra questão de ordem processual pendente de apreciação.

Por outro lado, constato a presença dos pressupostos de constituição e desenvolvimento da relação processual, do interesse processual e da legitimidade das partes, razão pela qual avanço à matéria de fundo.

No mérito, razão não assiste à impetrante. Exponho os motivos.

Conceder-se-á mandado de segurança para proteger direito líquido e certo, não amparado por habeas corpus ou habeas data, sempre que, ilegalmente ou com abuso de poder, qualquer pessoa física ou jurídica sofrer violação ou houver justo receio de sofrê-la por parte de autoridade, seja de que categoria for e sejam quais forem às funções que exerça.

O ponto nodal a ser apreciado e resolvido na presente demanda constitucional cinge-se à legalidade da exigência do pagamento da Outorga Onerosa de Alteraçao de Uso – ONALT para expedição de alvará de construção.

A outorga onerosa de alteração de uso (ONALT) é uma contraprestação devida ao Poder Público, previsto na Lei Orgânica do Distrito Federal e instituído pela Lei Complementar Distrital nº 294/2000, decorrente da valorização de unidade imobiliária em virtude da alteração de uso do bem.

O empreendedor fica obrigado a promover o recolhimento da ONALT por força de lei independentemente de ter havido qualquer alteração do uso do imóvel com aferição da respectiva unidade imobiliária, na hipótese de habitação coletiva e dentre outras previstas no art. 123 da Lei Complementar Distrital nº 90/98.

Nos termos do art. 6º da LC nº 294/2000, a expedição do alvará de construção está condicionada ao pagamento de débito relativo ao valor integral da outorga onerosa da alteração de uso – ONALT.

Importante destacar que havia divergência no âmbito deste e. TJDFT acerca da natureza jurídica da ONALT e da legalidade da cobrança.

Porém, o STF já se manifestou sobre o tema e entendeu que a natureza jurídica da ONALT é de preço público (RE 387.047/SC).

Além disso, o tema foi abjeto de apreciação também nos Recursos Extraordinários nº 601.894/DF, 598366/DF, 666.777, 688.218/DF e 795.711/DF. Neste último, a Ministra Cármen Lúcia deu provimento ao recurso constitucional para, anulando acórdão proferido por este e. TJDFT, determinar o retorno do feito para que a questão incidental de inconstitucionalidade do art. 6º da Lei Complementar Distrital nº 294/2000 fosse submetida ao Conselho Especial, tendo em vista a inobservância da cláusula de reserva do plenário, como estabelece a Súmula Vinculante nº 10.

Em decorrência, o c. Conselho Especial deste e. TJDFT, ao julgar a Arguição de Inconstitucionalidade nº 2012.00.2.006872-8 declarou a constitucionalidade do art. 6º da Lei Complementar Distrital n. 294/2000 *(Acórdão n.671253, 20120020068728AIL, Relator: ROBERVAL CASEMIRO BELINATI, Conselho Especial, Data de Julgamento: 12/03/2013, Publicado no DJE: 25/04/2013. Pág.: 54).*

Destarte, diante do atual cenário, a exigência de pagamento da ONALT para que seja expedido o competente alvará de construção se mostra constitucional e devidamente regular.

Ademais, a simples alegação de que a cobrança foi reconhecida como indevida nos autos do mandado de segurança nº 2007.01.1.142040-8, não é apta a viabilizar a concessão da ordem neste novo *mandamus*, porquanto a atual orientação jurisprudencial é no sentido de que a natureza da cobrança é de preço público, ao contrário do que foi anteriormente assentado em decisão ainda provisória.

Em suma, inexiste no caso em análise qualquer ilegalidade a justificar a atuação judicial.

Nesse rumo, a denegação da ordem é o único caminho a ser trilhado e é exatamente o que faço.

III. DISPOSITIVO

Ante o exposto, ao tempo em que revogo a liminar anteriormente deferida, DENEGO A SEGURANÇA BUSCADA PELA IMPETRANTE (NCPC, art. 487, I).

Custas pela parte impetrante.

Sem condenação em honorários (Súmulas n° 512 do STF e n°105 do STJ e art. 25 da Lei 12.016/2009).

Remetam cópia da presente sentença ao impetrado.

Oportunamente, após o trânsito em julgado, sem outros requerimentos, dê-se baixa e arquivem-se os autos.

Sentença prolatada em atuação no Núcleo Permanente de Gestão de Metas do Primeiro Grau – NUPMETAS -1, instituído pela Portaria Conjunta n. 33, de 13/05/2013.

Sentença registrada nesta data. Publique-se. Intimem-se.

Brasília - DF, sexta-feira, 17/02/2017 às 14h23.

José Rodrigues Chaveiro Filho

Juiz de Direito Substituto

21. RESPONSABILIDADE CIVIL DO ESTADO – REPARAÇÃO DE DANOS

N.C., A.C. (menor) e L.C. (menor) propuseram ação contra o DISTRITO FEDERAL, postulando a condenação do réu ao pagamento de indenização por danos morais no valor de R$ 1,2 milhão, bem como indenização por danos materiais consistente no pagamento de pensão equivalente

Segundo o exposto na inicial, os autores eram esposa e filhos de J.C., que foi morto pelo 2º Sargento da PMDF E.F. em 4/4/2013. O fato foi apurado em ação penal (processo 2013.03.1.XXXXXX-5). Os policiais montaram versão de que a morte teria ocorrido durante perseguição policial, mas é falsa. A vítima tinha 27 anos de idade e era funcionário da FUNCEF, atuando como auxiliar de arquivo, com salário de R$ 1.393,00, mais abono semestral de R$ 2.043,45, auxílio-creche e participação em plano de saúde. Frequentava curso superior de Administração. Prestava serviços complementares e auferia renda extra mensal de R$ 1 mil. No dia do fato, J.C. acompanhou dois colegas até Águas Lindas-GO. Ao trafegarem pela BR 070, depararam-se com uma viatura da PMDF parada no canteiro central, quando um dos policiais disparou contra o veículo, sem qualquer justificativa. O tiro atingiu a motorista do carro e J.C., que veio a falecer em razão dos ferimentos. O policial justificou que havia ordenado a parada do veículo, pois aguardavam a passagem de outro carro suspeito. Afirmam que a viatura policial não estava com sinais luminosos e sonoros ligados e que o policial não sinalizou para que parassem. Sustentam a responsabilidade do DISTRITO FEDERAL pelos danos causados, devendo arcar com o pagamento de pensão mensal equivalente a 2/3 da renda da vítima, que atingia o valor mensal médio de R$ 2.849,84. Acrescentam que em razão do óbito perderam o direito a plano de saúde. Dizem que a vítima tinha outra filha menor, para quem pagava pensão mensal. Aduzem que houve perda concreta de chance de melhoria de vida, pois a vítima cursava faculdade e tinha expectativa de elevação de rendimentos. Além disso, afirmam ter sofrido dano moral.

A antecipação de tutela foi indeferida às fls. 108.

Citado, o DISTRITO FEDERAL contestou às fls. 115. Alegou a inocorrência da responsabilidade civil do Estado em razão da ausência de nexo de causalidade, pois o dano foi provocado por fato exclusivo da vítima. No caso, a condutora do veículo em que estava a vítima, K.P.G., não obedeceu à ordem dos policiais para que parasse e acelerou. Um dos policiais efetuou disparo na tentativa de acertar o pneu traseiro do carro; naquele exato momento a viatura policial em que ele se encontrava arrancou e seu corpo se projetou para trás. Isso alterou a direção do disparo, fazendo com que o projétil atingisse os ocupantes do carro. Aduz que o policial agiu no estrito cumprimento do dever legal, sendo certo que a realização do disparo foi provocada pela conduta da motorista, que acelerou seu veículo para se afastar da viatura policial. Destacou que no julgamento do policial que efetuou o disparo houve desclassificação do crime pelo Conselho de Sentença do Tribunal do Júri, afastando-se o caráter doloso de sua conduta. Em relação aos danos, aduz que o autor L.C. não tem direito a indenização, pois sequer havia nascido na época dos fatos. Apontou falta de comprovação dos rendimentos extras auferidos pela vítima e da perda da chance de melhoria de vida. Disse que a viúva não comprovou sua dependência econômica em relação à vítima e que os filhos menores somente fazem jus a pensão até a maioridade. Ponderou que o valor pretendido a título de indenização por danos morais é excessivo.

Em réplica (fls. 141), os autores reiteraram as razões expostas inicialmente.

Na decisão de fls. 169 foi declarado saneado o processo, deferindo-se parcialmente a produção de prova oral.

Às fls. 188 foi deferido o depoimento pessoal da autora N..

Na audiência de instrução foi tomado o depoimento pessoal da autora N. e ouvidas duas testemunhas, arrolada pelos autores. As partes apresentaram alegações finais por escrito às fls. 215 (autores) e 228 (DISTRITO FEDERAL).

A douta Promotoria de Justiça se manifestou pela procedência do pedido.

A seguir, os autos vieram conclusos.

FUNDAMENTAÇÃO

Responsabilidade civil do Estado

No dia 4/4/2013, de madrugada, J.C. encontrava-se no veículo FIAT/Uno conduzido por K.P.G., que seguia pela BR 070, em direção a Águas Lindas.

Naquele dia o réu E.F.P. integrava uma viatura da PMDF com outros dois militares, que se encontrava nas imediações (conforme narrou em seu interrogatório na ação penal 2013.03.1.XXXXXX-5). Receberam comunicado via rádio sobre roubo de veículo ocorrido em Ceilândia, sendo que o veículo roubado estaria seguindo na direção da viatura. Os policiais posicionaram a viatura no canteiro central da rodovia e aguardaram. Alguns veículos se aproximaram e o policial sinalizou para que parassem. Alguns carros pararam, mas o FIAT/Uno conduzido por K., após reduzir a velocidade, acelerou. Em vista disso, E. apontou sua arma para o pneu traseiro do FIAT/Uno, mas naquele exato momento a viatura arrancou e ocorreu um disparo, que atingiu não o pneu, mas a cabine de passageiros, vindo a ferir J.C., que se encontrava no banco do passageiro dianteiro, causando-lhe a morte. O disparo também atingiu de raspão a motorista K.P.G., que inclusive postula indenização em ação própria – processo 2015.01.1.XXXXXX-5.

A responsabilidade civil do Estado é definida no art. 37, § 6º, da CF.

Para a configuração do dever do Estado de indenizar, portanto, é necessário que se verifique a ocorrência de dano e o nexo de causalidade entre esse dano e a conduta do agente público, independentemente da existência de culpa, visto se tratar de responsabilidade civil objetiva.

No caso em tela, tem-se que J.C. morreu em decorrência dos ferimentos causados por disparo efetuado por um Policial Militar no exercício de sua função. Trata-se de fato incontroverso, conforme reconhece a própria defesa do DISTRITO FEDERAL. Nessa circunstância, tem-se configurada a possibilidade de se atribuir ao ente público o dever de indenizar os danos causados por seu agente no exercício da função.

O DISTRITO FEDERAL alega em sua defesa que a conduta do policial militar foi lícita, pois era seu dever deter o veículo conduzido por K.. Também afirma que não houve excesso do policial e que o evento foi decorrente de fato exclusivo da vítima, pois a condutora do FIAT/Uno não parou o veículo, tal como ordenado pelo policial militar.

Nenhuma dessas alegações, contudo, merece prosperar.

Quanto à licitude da ação do policial, mostra-se bastante discutível o argumento. O dever do policial, dadas as circunstâncias da diligência, era o de parar o veículo para averiguação, pois dispunha de informações precárias transmitidas pelo sistema de rádio sobre roubo de veículo semelhante ocorrido horas antes. Nesse caso, a conduta recomendável seria proceder a uma abordagem para verificação da documentação do veículo e de seus ocupantes. Isso não foi realizado, tendo o policial disparado em direção ao veículo de forma evidentemente precipitada, antes de ponderar adequadamente as informações disponíveis e confirmar, com razoável certeza, que se tratava do bem roubado.

Não se mostra amparada pela lei, portanto, a conduta de alvejar o veículo em movimento, com base em mera desconfiança do policial sobre os ocupantes do carro, desconfiança essa não amparada em nenhuma ação prévia de conhecimento efetivo da situação e análise dos dados existentes.

Também não é possível acolher a alegação de fato exclusivo da vítima, nem mesmo para fins de configuração de culpa concorrente.

Não há como se reconhecer que a condutora do FIAT/Uno desobedeceu à ordem do policial para parar. Não consta que o policial tenha feito sinalização adequada para que o carro parasse. A uma, porque não foi feita uma barreira policial na rodovia. A viatura policial foi posicionada no canteiro central, em sentido transversal. Sequer ocupava a pista de rolamento. Não foram colocados cones ou outros obstáculos na via. Além disso, a viatura não estava com os sinais luminosos ligados ou sonoros ligados, como referiram as testemunhas K.P.G. e M.O.L. nos depoimentos prestados na ação penal 2013.03.1.XXXXXX-5. Assim, não se tem configurado que o FIAT/Uno furou uma barreira policial, mas simplesmente que transitava por uma rodovia e passou por uma viatura policial estacionada no canteiro central.

A duas, embora o policial E. tenha declarado que sinalizou para que o FIAT/Uno parasse, essa sinalização, se é que existiu, não foi suficiente para chamar a atenção da condutora do carro. Vale notar que E. encontrava-se embarcado na viatura; ele sequer desceu do veículo para se posicionar à beira da pista e, assim, tornar-se mais visível. Cabe o registro que chovia naquele momento e havia certamente o receio de possível reação dos ocupantes do FIAT/Uno, já que os policiais criaram a suspeita de que se tratava de veículo roubado. A maior evidência de que E. não desceu da viatura decorre de sua própria alegação de que o disparo foi desviado porque efetuado bem na hora em que a viatura arrancou.

Nesse quadro, se é que o policial sinalizou para a motorista do FIAT/Uno, essa ordem não foi emitida de forma visível, pois o policial se encontrava dentro da viatura, com os faróis e sinais luminosos desligados, à noite, debaixo de chuva, estacionada no canteiro central. Nessa situação, não se poderia exigir da condutora do FIAT/Uno que observasse o suposto sinal feito pelo policial e, em seguida, obedecesse a ordem.

Por isso, não deve prevalecer o argumento do DISTRITO FEDERAL de que se a condutora do FIAT/Uno tivesse parado o veículo conforme a sinalização do policial, o disparo não teria sido efetuado. Na verdade, tivesse sido emitida sinalização adequada, possivelmente a motorista teria parado seu veículo ou reduzido de modo a afastar a suspeita dos policiais.

Acrescente-se que o disparo letal contra o veículo que não atendeu à suposta sinalização também se apresenta como medida manifestamente desproporcional. E isso não apenas porque atingiu a cabine, ao invés do pneu. Mesmo que o tiro tivesse sido bem executado, acertando o pneu do carro, ainda assim seria medida extrema, consideradas as peculiaridades da situação já relatadas.

Diante de tais circunstâncias, resta evidente que a sinalização para que o veículo parasse, se dada, não foi razoavelmente visível, o que afasta a possibilidade de se reconhecer que o comportamento da vítima (ou, no caso, de terceiro, pois a vítima não era a condutora do FIAT/Uno) não contribuiu para o evento, mas apenas o do agente público.

Dano material – Pensão

Evidenciado o nexo causal entre a conduta do agente público e o evento danoso, cumpre então analisar os danos alegados pelos autores.

Em relação aos danos materiais, os autores requerem o pagamento de pensão equivalente a 2/3 dos rendimentos auferidos pela vítima.

A pretensão dos autores, nessa parte, encontra amparo na regra do art. 948 do CC, que estabelece as condições de reparabilidade do dano nos casos em que a vítima vier a perder ou sofrer redução em sua capacidade de trabalho.

Trata-se de dano material reflexo, em que o ato ilícito não atinge diretamente aquele que requer a indenização, mas sim outra pessoa, esta titular da relação jurídica afetada efetivamente pelo dano. Nesse caso, há de se perquirir sobre a existência de nexo de causalidade entre o óbito da vítima e a perda patrimonial alegada pelos autores, o que se verifica pela análise da dependência econômica dos autores diante da vítima.

Quanto aos filhos menores, a dependência é presumida, não havendo qualquer óbice a reconhecê-la. No tocante à viúva, consta que também dependia economicamente da vítima, visto não ter renda própria.

Assim, cabível a instituição da pensão em favor dos autores.

O valor da pensão deve corresponder a dois terços da remuneração que a vítima auferia, já que o terço restante se presume que seria destinado ao sustento do próprio titular da renda. Os dependentes, assim, devem receber somente a parte da renda que lhes seria destinada se a vítima ainda sobrevivesse. Nesse sentido é a lição de SERGIO CAVALIERI FILHO e CARLOS ALBERTO MENEZES DIREITO (Comentários ao Novo Código Civil, Volume XIII, Forense, 2004, p. 415-416).

No tocante ao valor da pensão, de acordo com o alegado pelos autores, J.C. percebia salário de R$ 1.093,00, mais R$ 340,00 de abono semestral (R$ 2.040,45 divididos por 6), mais R$ 305,00 de auxílio-creche e R$ 111,84 de FGTS, perfazendo R$ 1.849,84. Além disso, auferia R$ 1.000,00 em serviços extras, totalizando renda de R$ 2.849,84. Aduzem que dois terços desse total equivalem a R$ 1.849,88, correspondentes a 2,7284 salários mínimos (considerado o salário mínimo de R$ 678,00, vigente da data do óbito).

Há um erro na conta dos autores. Dois terços de R$ 2.849,84 são R$ 1.899,89, que correspondem a 2,802 salários mínimos da época.

De todo modo, verifica-se que a base de cálculo da pensão foi inflada pelos autores.

Com efeito, a pensão deve ser calculada sobre o salário da vítima, não podendo ser incluídas verbas que não integravam a sua renda, tal como a contribuição para o FGTS. Além disso, os acréscimos temporários, tal como auxílio-creche, devem ser considerados somente pelo período de sua duração.

Assim, o cálculo deve incluir R$ 1.093,00, mais R$ 340,00 do abono e R$ 305,00 do auxílio-creche (este a ser mantido até 19/5/2019, quando o autor L. completar seis anos), perfazendo R$ 1.738,00. Desse valor devem ser aplicados os descontos obrigatórios de contribuição previdenciária, IRRF e vale-transporte, totalizando renda líquida de R$ 1.488,94, conforme dados disponíveis às fls. 104. Esse valor, portanto, servirá de base para o cálculo da pensão.

Além da verba salarial, os autores sustentam que ele auferia rendimentos extras em trabalhos informais. Os depoimentos de fls. 211-212 confirmaram que J.C. prestava serviços diversos no ramo de construção civil com certa regularidade. Por isso, os rendimentos provenientes desses serviços extras devem também ser computados para fins de cálculo da pensão, pois esta se baseia na renda total da vítima. Não há informações sobre os valores auferidos, razão pela qual presume-se que recebia o equivalente a um salário mínimo – R$ 678,00 na época do óbito.

Com isso, tem-se que a renda líquida auferida pela vítima era de R$ 2.166,94.

Cada um dos autores fará jus a um quinto do correspondente a dois terços da renda líquida da vítima – ou 13,33%.

Isso porque a vítima deixou outros dependentes, a saber, sua mãe e uma filha menor, que já obtiveram judicialmente o reconhecimento do direito a pensão, conforme definido no julgamento do processo 2013.01.1.XXXXXX-8. Naquele caso houve condenação do DISTRITO FEDERAL a pagar pensão à filha e mãe da vítima no correspondente a 13,33% de sua renda líquida.

Igual critério deve ser adotado neste julgamento, até para evitar que o DISTRITO FEDERAL seja obrigado a arcar com pensionamento por valor maior do que o percebido pela vítima em vida.

Assim, a cada um dos autores nesta ação deverá ser paga pensão equivalente a 13,33% da renda líquida da vítima, qual seja, R$ 2.166,94, valor esse que deverá ser reduzido para R$ 1.861,94 a partir de 19/5/2019 por conta da cessação do auxílio-creche.

Além disso, deverá ser decotado o valor já auferido pelos autores a título de pensão paga pelo INSS, conforme relatado pela autora N. em seu depoimento de fls. 211, não sendo possível cumular duas pensões para obter valor maior do que o recebido pela vítima quando em vida, sob pena de enriquecimento indevido.

Cabe registrar que o critério dos autores de indexar o valor da pensão ao do salário mínimo não pode ser aceito, por ferir a regra do art. 7º, IV, "in fine", da CF.

A respeito da duração da pensão, ela deve ser paga aos filhos menores até quando completem 25 anos cada um – ou seja, até 27/1/2036 para A.C. e até 19/5/2038 para L.C..

Em relação à viúva N.C., a pensão é de caráter vitalício deve ser paga até a data em que a vítima completaria 74,9 anos de idade, considerando-se a expectativa de vida dos brasileiros em 2013, ou até o falecimento da beneficiária, o que ocorrer primeiro.

Como a vítima nasceu em 21/8/1985, completaria setenta e quatro anos em 21/8/2059. Acrescidos mais 328 dias da fração, alcança-se o termo final em 14/7/2060.

Sobre as prestações vencidas devem incidir, desde a data do óbito, juros de mora legais, além do que deverão ser corrigidas monetariamente conforme previsto na Lei 9494/1997 até a expedição do respectivo precatório/requisitório. Após a expedição, devem ser observados os critérios definidos pelo STF no julgamento da ADI nº 4357/DF, aplicando-se o IPCA-E.

As prestações vincendas deverão ser corrigidas monetariamente pelo índice legal da Lei 9494/1997, considerado o termo inicial a data do óbito.

Oportunamente deverá o DISTRITO FEDERAL incluir os autores em folha de pagamento, conforme art. 533, § 2º, do NCPC.

Plano de saúde

Além do pensionamento, os autores requerem que o DISTRITO FEDERAL lhes proporcione *"plano de saúde equivalente ao que desfrutavam ao tempo da vida de seu esposo e pai ou pague o valor equivalente, desde a data da morte do marido e pai dos Autores"*.

Nesse ponto o pedido não deve ser acolhido.

O plano de saúde disponibilizado pelo empregador não integra a renda e, por isso, em caso de morte decorrente de ato ilícito, o responsável pelo evento não deve arcar com tal despesa.

Ademais, insta destacar que o DISTRITO FEDERAL já proporciona a todos os cidadãos atendimento de saúde na rede pública, não cabendo a imposição de despesa para custeio de plano privado de assistência médica.

Dano moral

No tocante ao dano moral, verifica-se configurado na hipótese.

O dano moral está intimamente ligado à dignidade da pessoa humana. Na lição de MARIA CELINA BODIN DE MORAES ("Danos à Pessoa Humana: uma leitura civil-constitucional dos danos morais", 2003, Renovar, p. 132-133), o dano moral tem como causa a injusta violação a uma situação jurídica subjetiva extrapatrimonial, protegida pelo ordenamento jurídico através da cláusula geral de tutela da personalidade que foi instituída e tem sua fonte na Constituição Federal, em particular e diretamente decorrente do princípio da dignidade da pessoa humana – o qual também é identificado com o princípio genérico de respeito à dignidade humana.

A prestigiada autora acrescenta que a dignidade se encontra fundada em quatro substratos e, por isso, corporificada no conjunto dos princípios da igualdade, liberdade, integridade psicofísica e solidariedade.

Sempre que houver ofensa relevante a esses valores, inevitavelmente, estar-se-á diante de hipótese de dano de natureza imaterial.

A verificação da ocorrência do dano, no caso em análise, se dá através da constatação de que os autores são viúva e filhos da vítima, sendo afetados diretamente pelo falecimento do ente familiar.

Vale salientar que o dano moral, nesse caso, independe de comprovação efetiva, visto que existe "in re ipsa", como decorrência natural do fato danoso.

No que tange ao "quantum" indenizatório, deve ser fixado a partir dos critérios de proporcionalidade e razoabilidade, observada a natureza jurídica do bem lesado, as consequências do fato, o grau da culpa e demais circunstâncias do caso.

No caso em análise, deve-se destacar que a ação do agente público foi culposa, como restou definido no julgamento do Tribunal do Júri, não se tratando de ato deliberado para causar o dano, o que deve ser considerado para fins de definição do valor devido.

O valor pretendido pelos autores, de R$ 1,2 milhão, mostra-se exagerado e desproporcional.

Considerando-se os fatores acima referidos, fixa-se o valor da indenização, equitativamente, em R$ 80.000,00 a cada um dos autores, montante que deve ser atualizado monetariamente e também acrescido de juros de mora pelo índice legal a partir desta data.

Cabe registrar que tal quantia é a mesma definida em favor dos demais familiares da vítima no julgamento do processo 2013.01.1.XXXXX-8.

DISPOSITIVO

Pelo exposto, JULGO PROCEDENTE EM PARTE o pedido para condenar o DISTRITO FEDERAL a pagar: a) indenização por danos morais de R$ 80 mil a cada um dos autores, com a correção monetária e os juros de mora já estipulados acima; b) pensão mensal no equivalente a 13,33% da renda líquida da vítima a cada um dos autores, decotado o valor já percebido pelos autores a título de pensão do INSS (quantia essa a ser informada pelos requerentes), sendo que, para os menores, deverá ser paga até a data em que completem 25 anos e, para a viúva, deverá ser paga até a data em que a vítima completaria 74,9 anos ou o óbito da pensionista, o que ocorrer primeiro, mais o equivalente a gratificação natalina e terço de férias, observados os critérios de correção monetária e juros de mora expostos acima.

Condeno os autores a arcar como equivalente a 30% das custas processuais. Sem custas para o DISTRITO FEDERAL, porque isento.

Quanto aos honorários advocatícios, são fixados em 10% sobre o total da condenação, que abrange os valores líquidos mais doze prestações das pensões (art. 85, § 9º, do NCPC), e deverão ser divididos proporcionalmente entre as partes à razão de 70% em favor dos autores e 20% em favor do DISTRITO FEDERAL (art. 86 do NCPC).

Observe-se, para os autores, o art. 98, § 3º, do NCPC.

Dispensado o reexame necessário, considerando-se o art. 496, § 3º, II, do NCPC.

Após o trânsito em julgado, arquivem-se os autos, com baixa.

P. R. I.

Brasília, dia/mês/ano

Roque Fabricio Antonio de Oliveira Viel

Juiz de Direito

22. RESPONSABILIDADE CIVIL DO ESTADO – REPARAÇÃO DE DANOS

Trata-se de ação ordinária proposta por B.F. e M.S. contra o DEPARTAMENTO NACIONAL DE INFRAESTRUTURA DE TRANSPORTE – DNIT e do ESTADO DE MINAS GERAIS requerendo a condenação destes em ressarci-la pelos danos morais e materiais suportados em razão de acidente de trânsito.

Consta, basicamente, na inicial que: (I) no dia 01/05/2016 a primeira autora, em companhia dos seus genitores, ao trafegar na BR-474, na altura do Km 02, perdeu a direção do seu veículo, ocasionando o seu capotamento, em virtude de excesso de lama que a tornava intransitável, embora não houvesse qualquer sinalização ou aviso nesse sentido; (II) o DNIT e o Estado de Minas Gerais são responsáveis pelo o acidente pela falta de manutenção e de sinalização da pista; (III) as únicas causas do acidente foram a má conservação da estrada e a presença de lama no meio da pista sem que houvesse qualquer aviso sobre o seu estado intransitável; (V) o acidente resultou na deterioração do veículo, cujo reparo foi orçado em R$15.700,00; (VI) o veículo era utilizado para a realização do trabalho familiar e, em razão do acidente, encontra-se inutilizado, o que prejudica o sustento da família; (VII) requer indenização por danos morais no valor de R$ 50.000,00.

Com a inicial vieram os documentos de fls. 11/46.

O DNIT apresentou contestação às fls. 100/121. Alega, em síntese, que: (I) para a apuração da responsabilidade dos entes estatais por atos omissivos, aplica-se a responsabilidade subjetiva e não a responsabilidade objetiva; (II) contrariamente às alegações da autora, a rodovia BR-474, possui regular manutenção com, inclusive, contrato em vigor celebrado entre o DNIT e a empresa PAIVA Pavimentos e Vias S/A; (III) conforme consta do Boletim de Ocorrência, o estado de conservação da pista era bom, havia sinalização (vertical e horizontal) no local considerada satisfatória, não havendo restrição de visibilidade no trecho em linha reta; (IV) a condutora não tomou os devidos cuidados e dirigiu em situação adversa, assumindo o risco do acidente; (V) se o acidente foi causado pela queda de barreira sobre a pista, é certo que o DNIT não foi omisso, decorrendo o fato de causas naturais, cujos reparos não podem ser previstos e instantaneamente executados; (VI) quanto aos danos morais, não houve comprovação do nexo de causalidade entre suposta omissão do DNIT e o acidente alegado.

Com a contestação vieram os documentos de fls. 122/155.

O Estado de Minas Gerais apresentou contestação às fls. 157/171. Preliminarmente, suscitou sua ilegitimidade para figurar o polo passivo da presente demanda e a ilegitimidade ativa da autora B.F.. No mérito, alegou, basicamente, que: (I) aplica-se ao caso a responsabilidade subjetiva e não a responsabilidade objetiva; (II) não se verifica no caso, a existência de nexo de causalidade, porquanto não é possível afirmar que o acidente tenha ocorrido exclusivamente em decorrência da lama na pista; (III) não é cabível indenização por danos morais por ausência de dano;

O Estado de Minas Gerais juntou os documentos de fls. 175/179.

Intimadas para especificarem provas às fls. 172, o DNIT informou à fl. 185 e o Estado de Minas Gerais informou à fl. 194 que não desejam produzir outras provas. As autoras deixaram transcorrer o prazo sem qualquer manifestação.

É o breve relato. Decido.

2. FUNDAMENTAÇÃO

2.1. Das preliminares

REJEITO a preliminar e ilegitimidade ativa da autora B.F., pois, embora não seja proprietária do veículo em questão, comprovou conduzir o veículo no momento do acidente (fls. 22/28) – veículo de propriedade da segunda autora (fl. 19).

É certo que a sua legitimidade restringe-se ao pedido de indenização por dano moral.

ACOLHO a preliminar de ilegitimidade passiva do Estado de Minas Gerias para o feito. As autoras atribuíram ao referido ente a responsabilidade civil pelos danos em questão sob o fundamento de que omissão do dever de conservar a rodovia na qual ocorreu o acidente. Conforme afirmam as próprias autoras, o evento danoso ocorreu na BR-474, rodovia federal, cuja manutenção incumbe ao DNIT (fl. 123).

Sem mais preliminares, passo a análise do mérito.

2.2. Do mérito

A responsabilidade civil do Estado é disciplinada pelo art. 36, §7º, da CR/88, segundo o qual *"as pessoas jurídicas de direito público e as de direito privado prestadoras de serviços públicos responderão pelos danos que seus agentes, nessa qualidade, causarem a terceiros, assegurado o direito de regresso contra o responsável nos casos de dolo ou culpa"*.

A referida norma constitucional consagra a teoria do risco administrativo, impondo ao Poder Público ou aos seus delegatários/concessionários a responsabilidade civil objetiva pelos danos que causarem a terceiros, admitindo sua exclusão na hipótese de caso fortuito, força maior ou culpa exclusiva da vítima.

Tanto a doutrina quanto a jurisprudência pátrias são pacíficas quanto à limitação da responsabilidade objetiva do Estado às hipóteses de danos decorrentes de condutas comissivas. Tratando-se de condutas omissivas, prevalece o entendimento de que a responsabilidade civil do Estado apenas será objetiva nos casos de omissão específica (na qual o ente público possui um especial dever de agir, pertinente a uma obrigação individualizada), de sorte que os danos decorrentes de omissão genérica se resolvem pela regra da responsabilidade civil subjetiva (CAVALIERI, Sérgio. *Programa de Responsabilidade Civil.* 10ª Ed. São Paulo/SP: Editora Atlas, 2012, p. 267-268).

É que a responsabilidade civil do Estado em caso de omissão genérica se baseia na teoria da *faute du service*, pela qual se deve demonstrar a falha na prestação do serviço pelo Poder Público, decorrente da culpa deste. Em outras palavras, *"responsabilidade por omissão estatal assenta-se no binômio falta do serviço - culpa da Administração Pública. Em tais hipóteses o dever de indenizar surge quando, no caso concreto, o Estado devia e podia agir, mas foi omisso, e dessa omissão tenha resultado dano a terceiro"* (TRF1 - AC 2007.38.03.002573-8/MG – 6ª Turma – Rel.: Des. Federal Carlos Moreira Alves – e-DJF1 22/10/2013).

Nesse sentido decidiu a 2ª Seção do STJ, no julgamento de feito submetido ao rito dos recursos repetitivos: (STJ - REsp 1210064/SP – 2ª Seção – Rel.: Min. Luiz Felipe Salomão – DJe 31/08/2012).

No caso em questão, as autoras imputam ao DNIT a conduta omissiva de não executar os serviços de manutenção adequados na Rodovia BR-474, principalmente, a retirada da lama, fato este que teria dado causa ao evento danoso – devendo, assim, ser avaliada a culpa da autarquia no evento.

O boletim de ocorrência indica as seguintes características do trecho onde ocorreu o acidente: pista simples, duas faixas de trânsito, largura estreita (7 m), traçado da pista em linha reta, relevo plano, separação física por marcas viárias, material na pista, pavimento em asfalto, sem acostamento, mão dupla de direção, pista molhada, tempo nublado, luminosidade entardecer, boa sinalização horizontal e vertical, marcas longitudinais faixa intermitente. (fl. 24).

Com relação à dinâmica do acidente relatada no Boletim de Ocorrências (fl. 25), nota-se que o acúmulo de lama na pista foi decisivo na ocorrência do evento danoso.

As fotografias de fls. 43/44 permitem concluir que a lama decorreu de deslizamento lateral da lama que se precipitou para a mão de direção pela qual a autora trafegava, pois não havia acostamento.

Nas informações e registros fotográficos trazidos (fls. 123/126), embora o DNIT negue ter conhecimento de queda de barreira no trecho do acidente, não há demonstração que contradiga as fotografias de fls. 43/44, indicativas da precipitação da lama da barreira lateral sobre a faixa de rolamento em que trafegavam as autoras.

O argumento segundo o qual o deslizamento de terra sobre a pista decorreu de fatores naturais imprevistos ou imprevisíveis mostra-se frágil em concreto, pois, conforme se vê da fotografia de fl. 43, no trecho onde ocorreu o capotamento do veículo em que trafegavam as autoras a inexistência de acostamento fez com que qualquer deslizamento de terra da encosta lateral à pista se precipitasse diretamente para a faixa de rolamento. Não há evidências de que as chuvas ocorridas na data foram acima do ordinário, podendo-se concluir justamente em contrário pela descrição contida no boletim de ocorrência.

Cabe o registro de que o relatório de avaliação da manutenção do trecho da rodovia (fl. 155) não contém entre os itens avaliados a contenção de encostas, providência essencial quando se observa que não há sequer acostamento separando a faixa de rolamento da encosta de terra.

O conjunto da prova, pois, revela omissão do DNIT em promover a mínima manutenção correspondente às cautelas necessárias a impedir acidentes no trecho em que ocorreu o acidente.

No mesmo sentido, transcrevo recente julgado do Tribunal Regional Federal da 1ª Região: (AC 0012730-16.2012.4.01.3700 / MA, Rel. DESEMBARGADOR FEDERAL NÉVITON GUEDES, QUINTA TURMA, e-DJF1 de 20/02/2017)

Por outro lado, as imagens do local do acidente indicam que o evidente excesso de lama foi o único responsável pela perda da direção do veículo e seu capotamento (fl. 43), não prevalecendo a tese segundo a qual a condutora não teria adotado as devidas cautelas em virtude das condições meteorológicas.

Quanto ao pedido indenizatório pelos danos materiais, procede a impugnação do DNIT ao valor indicado na petição inicial, que correspondem ao preço de venda do veículo ao tempo dos fatos.

Além disso, baseia apenas nos orçamentos colhidos pela parte autora (fls. 45/46), um dos quais sem a mínima descrição dos serviços. Também não há base objetiva para a compensação da depreciação, seja por ser ela subsidiária (não incidirá no caso de perda total), seja por não haver prova do método utilizado na sua estimativa.

Como não há prova da perda total do veículo, a demonstração efetiva do custo dos reparos, a compensação dos "salvados" (preço pago pelo veículo alienado com as avarias resultantes do acidente), nem a prova de que o veículo não possuía cobertura securitária, a indenização devida a título de danos materiais será apurada em liquidação de sentença mediante a comprovação do custo efetivo do conserto ou, na comprovada inviabilidade deste por perda total, pelo valor de revenda de veículo do mesmo ano e modelo tendo como referência a Tabela Fipe.

Os danos morais encontram-se igualmente comprovados pela gravidade do acidente que, embora não tenha ocasionado lesões corporais nas autoras (ao menos não houve comprovação em relação a elas), constitui inequivocamente fator de abalo à integridade psíquica, dado o eminente risco de morte experimentado.

Tomando como referência o valor pago pelo DPVAT em caso de acidentes com vítimas (R$13.500,00), e considerando não ter havido lesão de maior gravidade, fixo o valor da indenização de danos morais em R$6.750,00 para cada autora.

3. DISPOSITIVO.

Portanto, acolho a preliminar de ilegitimidade passiva do Estado de Minas Gerias, julgando EXTINTO o processo sem resolução de mérito (art. 485, VI, do CPC) em relação ao ente. Julgo PROCEDENTES EM PARTE OS PEDIDOS formulados na inicial para: a) condenar o DNIT a ressarcir a autora M.S. pelos danos materiais causados ao veículo de sua propriedade (GM/CORSA SEDAN, ano/modelo 2003, cor cinza, placa MSL-XXXX, Aimorés/MG, RENAVAM 0080XXXXXX), em indenização a ser apurada em liquidação de sentença mediante a comprovação do custo efetivo do conserto ou, na comprovada inviabilidade deste por perda total, pelo valor de revenda de veículo de mesmo ano e modelo tendo como referência a Tabela Fipe; b) pagar indenização a título de danos morais no valor de R$6.750,00 (seis mil setecentos e cinquenta reais) para cada autora.

O valor da indenização deverá ser acrescido de correção monetária pelos índices do Manual de Cálculos da Justiça Federal, não se lhes aplicando o índice previsto no art. 1º-F, da Lei nº 9.494/1997, com redação dada pela Lei nº 11.960/2009, na linha do posicionamento adotado pelo Superior Tribunal de Justiça[5] quanto ao alcance da inconstitucionalidade por arrastamento declarada nas ADIs 4.357/DF e 4.425/DF. Para os danos materiais, a partir da data do

5 (AgRg no REsp 1287451/RS, Rel. Ministro NAPOLEÃO NUNES MAIA FILHO, PRIMEIRA TURMA, julgado em 19/05/2015, DJe 28/05/2015)

fato; para os danos morais, tendo por termo inicial a data do arbitramento, ou seja, a data desta sentença (Súmula nº 362, do STJ). A correção monetária conta-se até a data do efetivo pagamento.

Sobre tal valor deverão incidir juros de mora a partir da data do fato (Súmula nº 54, do STJ) pelos índices aplicáveis aos saldos em caderneta de poupança, nos termos do art. 1º-F, da Lei nº 9.494/1997.

Os juros de mora tem como termo final a data da última conta de liquidação[6]

Condeno as autoras a pagarem ao Estado de Minas Gerais honorários de sucumbência arbitrados em dez por cento sobre o valor da condenação (art. 85, §2º, do CPC). Tal condenação deverá permanecer suspensa em virtude da gratuidade de justiça ora deferida (art. 98, §3º, do CPC).

Condeno o DNIT a pagar às autoras honorários de sucumbência arbitrados em 10% sobre o valor da condenação (art. 85, §3º, I, do CPC).

Sentença não sujeita a reexame necessário (art. 496, CPC).

Publique-se. Registre-se. Intimem-se.

Governador Valadares, 12 de maio de 2017.

TÁRSIS AUGUSTO DE SANTANA LIMA

Juiz Federal

23. DIREITO PREVIDENCIÁRIO – AÇÃO DE CONVERSÃO DE APOSENTADORIA

1. RELATÓRIO

Trata-se de ação ordinária proposta por H.N. contra o INSTITUTO NACIONAL DO SEGURO SOCIAL – INSS, objetivando a conversão do beneficio de aposentadoria por tempo de contribuição em aposentadoria especial, bem como o pagamento das parcelas vencidas desde a data do requerimento administrativo, formulado em 29/01/2014 (fl. 33). Requer, ainda, o benefício da justiça gratuita.

Consta da inicial, em síntese, que: a) trabalhou exposto ao agente "eletricidade", com tensão superior a 250 volts, no período de 09/08/1982 a 01/09/2010; b) o uso de EPI's e EPC não possui qualquer eficácia na neutrali-

6 (AI 764975 ED, Relator(a): Min. LUIZ FUX, Primeira Turma, julgado em 31/05/2011, DJe-116 DIVULG 16-06-2011 PUBLIC 17-06-2011 EMENT VOL-02546-02 PP-00325)

zação ou eliminação do risco e, consequentemente, a qualidade de especial da atividade laborativa; c) o INSS deixou de reconhecer o período de 06/03/1997 a 01/09/2010 como de labor sob condições especiais.

Juntou documentos às fls. 22/43.

À fl. 45, foi deferido o pedido de gratuidade judiciária.

Citado, o INSS apresentou contestação às fls. 111/119. Sustenta que o autor não teria comprovado sua exposição permanente, habitual, não intermitente ao agente nocivo, e em potência superior a 250 volts. Ademais, alega que após a edição do Decreto 2.172/97 a eletricidade foi excluída do rol dos agentes nocivos hábeis a configurar atividade perigosa. Afirma, ainda, que o uso EPI eficaz seria capaz de neutralizar a nocividade, o que descaracterizaria a atividade especial. Subsidiariamente, postula pela aplicação do art. 1º-F da Lei nº 9.494/1997 no que concerne a fixação de juros e correção monetária.

Juntou processo administrativo e documentos, respectivamente, às fls. 47/109 e 120/127.

Impugnação à contestação apresentada às fls. 130/136.

Oportunizada a especificação de provas (fl.45), o autor pugnou pelo julgamento da lide no estado em que se encontra, reiterando as provas trazidas anteriormente (fl.138/140). O réu, por sua vez, manifestou-se que não produzirá outras provas (fl.140v).

É o breve relato. Decido.

2. FUNDAMENTOS

Preliminarmente, saliento que a indicação errônea, pelo segurado, da natureza do benefício pretendido não impede que o INSS avalie qual o benefício aplicável ao caso (art. 621, da Instrução Normativa INSS nº 45/2010).

Passo ao mérito.

Os requisitos para a concessão de aposentadoria especial são: a) carência de 180 contribuições mensais (art. 25, II, da Lei 8.213/91), observada, para o segurado inscrito no RGPS até 24/07/1991, a regra de transição do art. 142 da Lei 8.213191; b) labor em condições especiais durante 15, 20 ou 25 anos, a depender de qual seja o agente nocivo (art. 57, caput, da Lei 8.213191). A perda da qualidade de segurado não será considerada na concessão deste beneficio (art. 3º da Lei 10.666/03).

Quanto à definição dos agentes nocivos que caracterizam a atividade especial, estes são definidas em ato do Poder Executivo, nos moldes do art. 58 da Lei nº 8.213/91. Embora após a edição do Decreto 2.172 de 05/03/1997, a eletricidade tenha sido excluída da lista de agentes nocivos caracterizadores da atividade especial (até então estava prevista no item 1.1.8 do quadro anexo ao Decreto 53.831/64, quanto a tensão for superior a 250 volts), ao julgar recurso repetitivo representativo de controvérsia o Superior Tribunal de

Justiça decidiu tratar-se de rol exemplificativo, reconhecendo a eletricidade como agente nocivo, mesmo após a sua exclusão do decreto regulamentador[7].

As regras sobre a caracterização da exposição aos agentes nocivos sofreram modificações ao longo do tempo[8]: a) até 28/04/1995 (dia anterior à vigência da Lei nº 9.032/95), pelo enquadramento profissional (Decreto nº 83.080/1979 e Decreto nº 53.831/1964), ou mediante formulários da própria empresa ou laudos técnicos; b) a partir de 29/04/1995, por formulários próprios (SB-40 e DSS-8030, padronizados pelo INSS), preenchidos pela empresa, ou mediante laudo; c) a partir de 06/03/1997 (Lei nº 9.528/1997), por Laudo Técnico de Condições Ambientais do Trabalho (LTCAT), expedido por médico do trabalho ou engenheiro de segurança do trabalho, devendo as empresas, desde então, elaborar e manter Perfil Profissiográfico Previdenciário (PPP) das atividades desenvolvidas pelos trabalhadores.

Quanto aos requisitos para caracterização da atividade como desenvolvida sob condições especiais nocivas à saúde, aplica-se a lei vigente ao tempo da prestação[9]. Já quanto aos critérios de conversão (índice multiplicador), aplicam-se os vigentes ao tempo em que reunidas as condições para a concessão do benefício[10].

---

7 (REsp 1306113/SC, Rel. Ministro HERMAN BENJAMIN, PRIMEIRA SEÇÃO, julgado em 14/11/2012, DJe 07/03/2013)

8 Quanto à exposição ao agente nocivo ruído, em relação a todo o período é necessária a comprovação da constatação do exercício de atividade desenvolvida em ambiente com ruído médio superior a 80dB (oitenta decibéis), na vigência simultânea e sem incompatibilidades dos Decretos nº 53.831/1964 e 83.080/1979; superior a 90dB (noventa decibéis) com o Decreto nº 2.172 em 05/03/1997; e superior a 85dB (oitenta e cinco decibéis) a partir da edição do Decreto nº 4.882, de 18/11/2003, que não pode ser aplicado retroativamente. Nesse sentido, a jurisprudência do STJ: "O limite de tolerância para configuração da especialidade do tempo de serviço para o agente ruído deve ser de 90 dB no período de 6.3.1997 a 18.11.2003, conforme Anexo IV do Decreto 2.172/1997 e Anexo IV do Decreto 3.048/1999, sendo impossível aplicação retroativa do Decreto 4.882/2003, que reduziu o patamar para 85 dB, sob pena de ofensa ao art. 6º da LINDB (ex-LICC). Precedentes do STJ". (STJ, recurso repetitivo no REsp nº 1398260/PR).

9 a) Caracterização, enquadramento e comprovação da exposição à nocividade/permanência - aplica-se a legislação vigente à época da prestação de serviço exercida em condições especiais; b) Critérios de conversão - aplica-se a legislação da data em que satisfeitas todas as condições para a concessão da aposentadoria. (STJ: AgRg no REsp 1015694/RS, Rel. Ministra MARIA THEREZA DE ASSIS MOURA, SEXTA TURMA, julgado em 16/12/2010, DJe 01/02/2011).

10 Na linha da jurisprudência do STJ, aplica-se os critérios previsto em lei regente à data em que satisfeitos os requisitos para a concessão da aposentadoria, e não da data em que prestado o serviço, sendo que a) trabalho laborado até 28.04.1995 - admite-se a conversão recíproca (especial para comum e vice-versa); b) trabalho laborado a partir de 29.04.1995 (data da vigência da Lei n° 9.032/95) - admite-se apenas a conversão de tempo especial em comum; e c) mantida a validade da conversão de tempo de serviço especial para comum

No caso dos autos, discute-se apenas o período de 06/03/1997 a 01/09/2010, em relação ao qual o INSS considera não haver lei respaldando a conversão pretendida.

A parte autora defende que esteve exposta de forma habitual e permanente a agentes biológicos e químicos nocivos à saúde também no período de 06/03/1997 a 01/09/2010.

Para comprovar a exposição, trouxe aos autos o(s) laudo(s)/Perfil(s) Profissiográfico(s) Previdenciário(s) relativos aos seguintes períodos:

EMPREGADOR	PERÍODO	PPP/LAUDO
CEMIG	06/03/1997 a 01/09/2010	Laudo e PPP fls. 35/38

A comprovação da nocividade/permanência deve ser realizada em formulários modelo-padrão de forma individualizada, preenchidos pelas empresas, e elaborados com base em informações constantes do Laudo Técnico de Condições Ambientais do Trabalho - LTCAT que indique os elementos informativos básicos constitutivos e assinados por engenheiro de segurança do trabalho ou médico do trabalho, devendo o referido laudo ser mantido e atualizado em poder da empresa, suprida ou complementada por laudos técnicos e demonstrações ambientais de convicção.

São aceitos os antigos formulários (SB-40 e DSS-8030) emitidos até 31/12/2003, e o Perfil Profissiográfico Previdenciário - PPP (documento histórico laboral do trabalhador) emitido a partir de 1º/01/2004.

No caso dos autos, o (s) PPP (s), embora não assinado (s) por peritos em segurança/medicina do trabalho, encontra(m)-se vinculado(s) a laudo de análise de condições ambientais. A legislação previdenciária, inclusive, prevê que o formulário descritivo da exposição a agentes insalubres ou perigosos, cujas informações foram extraídas do laudo técnico, dispensa a apresentação deste (artigo 161, § 1º, da IN INSS/PRES 27/2008 e do Art. 256, IV, da IN INSS/PRES 45/2010).

Deles consta que a parte autora esteve exposta ao agente físico eletricidade de forma habitual e permanente, no período de 06/03/1997 a 01/09/2010, quando exerceu a função de Eletricista de Manutenção e Técnico Industrial, executando operações de reparos, montagens e ajustes em equipamentos de transformação e manobra em subestações; inspeções, testes e ensaios em equipamentos de transformação; execução de serviços de maior complexidade

mesmo após 1998. (STJ: Resp 1.151.363/MG- representativo de controvérsia). (STJ: RECURSO REPETITIVO (Tema: 546). REsp 1.310.034/PR RECURSO ESPECIAL 2012/0035606-8. Relator(a) Ministro HERMAN BENJAMIN (1132). Órgão Julgador: PRIMEIRA SEÇÃO. Data do Julgamento 24/10/2012 Data da Publicação/Fonte DJe 19/12/2012).

relativos a manutenção elétrica; atividades de manutenção nos equipamentos e instalações do sistema elétrico, em circuitos energizados e desenergizados.

Nesses períodos, o PPP relata a exposição ao agente *"eletricidade, com tensão superior a 250 volts"* (fl. 35/37).

Quanto à permanência da exposição, embora nem sempre haja contato com redes eletrificadas ativas, o risco está sempre presente, o que justifica o reconhecimento da habitualidade e permanência da exposição, conforme orientação do Tribunal Regional Federal da 1ª Região.

Quanto à eficácia do uso do EPI capaz de neutralizar os efeitos do agente nocivo para afastar o reconhecimento do tempo especial, no julgamento do ARE 664335, sob rito da repercussão geral, em 04/12/2014, o Pleno do STF fixou as seguintes teses: a) o direito à aposentadoria especial pressupõe a efetiva exposição do trabalhador a agente nocivo à sua saúde, de modo que, se o EPI for realmente capaz de neutralizar a nocividade não haverá respaldo constitucional à aposentadoria especial. A Administração poderá, no exercício da fiscalização, aferir as informações prestadas pela empresa, sem prejuízo do inafastável judicial review. Em caso de divergência ou dúvida sobre a real eficácia do Equipamento de Proteção Individual, a premissa a nortear a Administração e o Judiciário é pelo reconhecimento do direito ao benefício da aposentadoria especial. Isto porque o uso de EPI, no caso concreto, pode não se afigurar suficiente para descaracterizar completamente a relação nociva a que o empregado se submete; b) na hipótese de exposição do trabalhador a ruído acima dos limites legais de tolerância, a declaração do empregador, no âmbito do Perfil Profissiográfico Previdenciário (PPP), no sentido da eficácia do Equipamento de Proteção Individual - EPI, não descaracteriza o tempo de serviço especial para aposentadoria. (STF, repercussão geral no ARE 664335, em 04/12/2014, Rel. Ministro Luiz Fux, Pleno, julgado em 04/12/2014, DJe-029 de 12/02/2015.

Como em concreto não há nos Perfis Profissiográficos Previdenciários ou laudos indicativo de que os EPI neutralizaram a exposição aos agentes nocivos, o seu uso não descaracteriza o trabalho em condições especiais.

Comprovado o exercício de atividade perigosa pela parte autora por mais de vinte e cinto anos (09/08/82 a 01/09/2010, data da rescisão do contrato de trabalho, fl. 25), na data do requerimento administrativo a parte autora já fazia jus à aposentadoria especial, nos moldes do art. 57 da Lei nº 8.213/91.

3. DISPOSITIVO

Portanto, JULGO PROCEDENTE O PEDIDO, com resolução de mérito, para condenar o INSS a:

(1) averbar, nos registros da parte autora, o período de 09/08/1982 a 01/09/2010 como laborado sob condições especiais;

(2) conceder o benefício de aposentadoria especial, com vigência a partir da data do requerimento administrativo (29/01/2014, fl. 33), e a pagar todas as parcelas vencidas desde então, ressalvada a prescrição quinquenal.

As parcelas vencidas - ressalvada a prescrição quinquenal quando o requerimento administrativo for anterior aos cinco anos do ajuizamento desta ação – bem como as vincendas, deverão ser atualizadas monetariamente pelo INPC a partir do respectivo vencimento até a data do efetivo pagamento.

Também deverão ser acrescidas de juros de mora a partir da citação, no percentual de 1% ao mês até a entrada em vigor da Lei nº 11.960/2009 (30/06/2009) e, a partir de então, com base na mesma taxa aplicável aos depósitos em caderneta de poupança[11] (art. 1º-F, da Lei nº 9.494/1997) até a data da conta de liquidação[12].

Quanto à correção pelo INPC, esclareço que, embora ainda esteja submetida à Repercussão Geral a incidência do art. 1º-F, da Lei nº 9.494/1997 também sobre a correção monetária dos créditos contra a Fazenda Pública no período que antecede a formação do precatório/RPV[13], o Superior Tribunal de Justiça considera haver regra especial aplicável aos créditos relativos a benefícios previdenciários (art. 41-A da Lei n. 8.213/91, alterado pela Lei 11.430/2006), devendo ser observada mesmo após a Lei nº 11.960/2009.

Quanto às prestações vencidas, os juros de mora fluirão a contar da citação, e das datas dos respectivos vencimentos em relação às vencidas posteriormente, pois só então ocorre, quanto a estas, o inadimplemento da obrigação, conforme enunciado nº 204 da súmula do STJ.

Sem custas (art. 4º, I, da Lei nº 9.289/96). Tendo em vista a desnecessidade de instrução probatória e a baixa complexidade da demanda, condeno o INSS em honorários advocatícios de sucumbência equivalentes a 10% da soma das parcelas vencidas até a data de prolação desta sentença (art. 85, §2º, do CPC), interpretado à luz da orientação contida na Súmula nº 111, do Superior Tribunal de Justiça[14], que prevalece em relação em que pese o disposto no art. 292, §§1º e 2º, do CPC, pois repete previsão já contida no art. 260 do

11 (AgRg no REsp 1248259/SC, Rel. Ministro NEFI CORDEIRO, SEXTA TURMA, julgado em 10/02/2015, DJe 23/02/2015)

12 (AI 764975 ED, Relator(a): Min. LUIZ FUX, Primeira Turma, julgado em 31/05/2011, DJe-116 DIVULG 16-06-2011 PUBLIC 17-06-2011 EMENT VOL-02546-02 PP-00325)

13 (RE 870947 RG, Relator(a): Min. LUIZ FUX, julgado em 16/04/2015, ACÓRDÃO ELETRÔNICO DJe-077 DIVULG 24-04-2015 PUBLIC 27-04-2015)

14 "Os honorários advocatícios, nas ações previdenciárias, não incidem sobre as prestações vencidas após a sentença".

CPC/1973, em cuja vigência firmou-se o precedente ora aplicado, não significando, o advento do CPC/2015, cancelamento da súmula.

Intimem-se. Publique-se. Registre-se.

Governador Valadares, 08 de dezembro de 2016.

TÁRSIS AUGUSTO DE SANTANA LIMA

Juiz Federal

24. DIREITO TRIBUTÁRIO – REPETIÇÃO DE INDÉBITO

1. RELATÓRIO

COOPERATIVA AGRO LTDA ajuizou a presente ação ordinária contra a UNIÃO (FAZENDA NACIONAL). Postula declaração do direito de repetir os valores recolhidos, por meio de compensação, ao PIS e COFINS nos Processos Administrativos Fiscais n. 10630.00XXXX/2003-74 e 10630.00XXXX/2003-20.

Consta basicamente da inicial que: a) a autora teria natureza jurídica de cooperativa mista de produção agropecuária e de consumo; b) fora autuada pela Receita Federal ao argumento de que as operações objeto da autuação não estariam inseridas no conceito de ato cooperativo e não teriam sido realizadas em benefício dos cooperados para atendimento do objetivo social da Cooperativa; c) a fiscalização teria desconsiderado que as despesas autuadas seriam custos agregados ao produto agropecuário previsto no art. 15 da MP/1.858/99 (MP 2.158/01), art. 17 da Lei n. 10.684/03 e art. 33 da IN/SRF n. 247/2002 (alterada pela IN n. 358/2003); d) mencionados custos agregados seriam o ICMS, despesas do grupo 4 (despesas administrativas e despesas financeiras) e operações realizadas com outras cooperativas; e) a fiscalização afastou indevidamente a existência de associação entre mencionadas cooperativas e a autora.

Com a inicial de fls. 03/51 vieram os documentos de fls. 54/2519.

A União apresentou contestação às fls. 2532/2614, alegando basicamente: a) perda do objeto da ação pela compensação dos créditos apurados de PIS e COFINS no exercício de 2004 a 2008 com o débito relativo à COFINS (Processo Administrativo n. 10630.00XXXX/2003-20), inscrito na CDA n. 60 6 10 00XXXX-30 e executado nos autos da execução fiscal n. XXXX-63.2010.4.01.3813), bem como com o débito relativo ao PIS (Processo Administrativo 10630.000.00XXXX/2003-74); b) o pedido de compensação foi deferido administrativamente em 03/03/2011 e gerou a extinção dos créditos impugnados; c) a autora teria renunciado ao direito sobre o qual se funda a presente ação ao reconhecer a legitimidade dos débitos e proceder à compensação em conformidade com o art. 74, § 6º da Lei n. 9.430/96, de forma a dispensar qualquer ato formal de lançamento pela autoridade fiscal; d) no mérito afastou a alegação de não incidência do PIS/CONFINS pretendida, aos seguintes fundamentos: d.1) constitucionalidade da revogação da isenção da COFINS pela MP n. 1858/99, d.2) inexistência de autorização legal para excluir o ICMS da base de cálculo da COFINS, d.3) as despesas objeto da autuação estariam vinculadas à parte administrativa e financeira da cooperativa e não se enquadrariam no conceito de insumos e nem de custo agregado ao produto agropecuário e, d.4) a autora não teria comprovado a existência de associação com as cooperativas com as quais realizou operações.

Réplica às fls. 2620/2696. Oportunizada às partes a especificação de provas (fl. 2647), a autora pugnou pela prova pericial contábil (fls. 2650/2651), deferida à fl. 2652. A União dispensou sua produção (fl. 2651-v).

Perícia contábil juntada às fls. 2706/2839, fls. 2859/2860 e fls.2881/2917. Manifestação da autora às fls. 2852/2856. Manifestação da União às fls. 2865/2867; fls. 2875/2877, com juntada dos documentos de fls. 2868/2872 e, manifestação à fl. 2919.

É o relatório decido.

2. FUNDAMENTOS

2.1. Preliminares

a) Perda do objeto da ação.

A União pugnou pela extinção do presente feito com fundamento no art. 269, V do CPC/73 ao argumento de que a autora teria renunciado ao direito sobre o qual se funda a ação, ao requerer administrativamente compensação de créditos de PIS e COFINS (exercício 2004 a 2008) com débitos de PIS e COFINS referente ao exercício 2000 a 2002 - materializados nos Procedimentos Administrativos Fiscais n. 10630.00XXXX/2003-74 (PIS) e 10630.00XXXX/2003-20 (CONFINS) - no valor de R$ 4.007.322,48 (quatro milhões, sete mil, trezentos e vinte e dois reais e quarenta e oito centavos).

Entretanto, a preliminar deve ser rejeitada, tendo em vista que a renúncia ao direito sobre o qual se funda a ação exige manifestação expressa do contribuinte nesse sentido, devendo ser registrado que o requerimento de compensação promovido pelo contribuinte na via administrativa, com posterior homologação pela Receita Federal, por si só não se traduz em renúncia, a autorizar a extinção do processo com julgamento do mérito (art. 269, V, do CPC/73), como pretende a União. Na verdade, observado o prazo prescricional quinquenal, faz a autora jus ao prosseguimento desta ação de repetição de indébito no tocante aos valores compensados em sede administrativa, qual seja o Procedimento Administrativo Fiscal n. 10630.00XXXX/2003-74 que apurou débitos do PIS. Essa é a posição firmada pelo Superior Tribunal de Justiça[15].

Rejeito, portanto, a preliminar.

b) Inadequação da via eleita.

A autora defende a tese de que a quitação dos créditos tributários apurados nos Procedimentos Administrativos Fiscais n. 10630.00XXXX/2003-74 (PIS) e 10630.00XXXX/2003-20 (CONFINS) - este último gerou a execução fiscal n. XXXX.2010.401.3813, no valor de R$ 4.007.322,48 – não implicaria concordância com as autuações, tendo em vista que a quitação foi realizada pela necessidade de obtenção de certidões negativas.

De fato, a autora busca com a presente ação ordinária a desconstituição dos pagamentos realizados nos autos da execução fiscal n. XXXX-63.2010.4.01.3813 (COFINS) e no Procedimento Administrativo Fiscal n. 10630.00XXXX/2003-74 (PIS), ambos com pagamentos realizados na modalidade de compensação.

Em relação aos valores objeto da compensação realizada no bojo da execução fiscal n. XXXXXX.2010.401.3813, a sentença que a extinguiu o fez com julgamento de mérito, pelo pagamento, em conformidade com o art. 794, I, do CPC (fl. 2933), tendo o Superior Tribunal de Justiça jurisprudência consolidada no sentido de que a extinção pelo pagamento se caracteriza como reconhecimento do pedido e, como tal, faz coisa julgada material[16].

É importante registrar que o pedido formulado nestes autos não se refere a erros materiais no cálculo do pagamento, ou outro aspecto procedimental da forma como a execução foi extinta. A autora, em verdade, impugna a própria existência da dívida que quitou, por entendê-la contrária à legislação que rege os atos cooperativos.

No caso, pretendendo-se a desconstituição de sentença que reconheceu a validade e suficiência do pagamento - produzindo coisa julgada material, a jurisprudência do Superior Tribunal de Justiça e do Tribunal Regional Federal da Primeira Região impede que a desconstituição seja obtida por meio de ação ordinária, reclamando para tanto a propositura de ação rescisória[17].

No presente caso, os documentos de fl. 2429 e fls. 2932/2933 (Informações do Oracle), comprovam que a sentença que pôs termo à execução fiscal n.

---

15 (STJ. REsp 1124420 / MG Relator(a) Ministro NAPOLEÃO NUNES MAIA FILHO PRIMEIRA SEÇÃO DJe 14/03/2012 RT vol. 920 p. 7670)

16 (STJ. REsp 1253922 / SP Relator(a) Ministro MAURO CAMPBELL MARQUES (1141) T2 - SEGUNDA TURMA DJe 09/08/2011)

17 (STJ. REsp 885713 / RS Relator(a) Ministro MAURO CAMPBELL MARQUES (1141) T2 - SEGUNDA TURMA DJe 28/06/2010; TRF1. AC 2004.33.00.024642-8 Relatora DESEMBARGADORA FEDERAL MARIA DO CARMO CARDOSO OITAVA TURMA e-DJF1 Data:10/04/2015 PAGINA:2192)

XXXX-63.2010.4.01.3813, pelo pagamento, foi proferida em 11/11/2011 e fez coisa julgada material em 27/03/2012 (fl. 2933), momento em que teve início o prazo para a propositura da respectiva ação rescisória para sua desconstituição, pretensão que, repita-se, não poderia ter sido deduzida por esta via ordinária.

Por isso, em relação aos créditos tributários relativos à COFINS e quitados na execução fiscal n. XXXX-63.2010.4.01.3813, deve o processo ser extinto, nos termos do art. 485, VI, § 3º do CPC/15, por inadequação da via eleita relativamente ao pedido de repetição de indébito da Contribuição para o Financiamento da Seguridade Social (COFINS), no montante não atualizado de R$ 4.007.322,48 (quatro milhões, sete mil e trezentos e vinte e dois reais e quarenta e oito centavos), quitados pela autora na referida execução fiscal, remanescendo para exame nestes autos o apenas o pedido de anulação da compensação dos débitos apurados no Procedimento Administrativo Fiscal n. 10630.00XXXX/2003-74 (PIS), no montante de 197.945,78 (cento e noventa e sete mil, novecentos e quarenta e cinco reais e setenta e oito centavos).

2.2. Mérito

2.2.1 Da incidência do PIS/COFINS sobre receita de cooperativa.

A tese de isenção, das cooperativas, em relação às contribuições ao PIS e COFINS sobre o faturamento ou receita bruta já foi rejeitada em decisões do Supremo Tribunal Federal em regime de Repercussão Geral, bem como no âmbito do Superior Tribunal de Justiça sob o rito de Recursos Repetitivos, a saber: a) legitimidade das alterações introduzidas pela Medida Provisória n. 1.858/1999 relativamente à revogação da isenção de contribuição às sociedades cooperativas (RE n. 598085/RJ[18]); b) definição de atos cooperativos próprios ou internos como sendo aqueles realizados pela cooperativa com os seus associados (cooperados) na busca dos seus objetivos institucionais; c) incidência de PIS/COFINS sobre ato cooperativo praticado com terceiro não associado (RE 599362/RJ[19]); d) recepção da Lei nº 5.764/71 pela Constituição de 1988 com natureza de lei ordinária e o seu art. 79 apenas define o que é ato cooperativo, sem nada referir quanto ao regime de tributação. Se essa definição repercutirá ou não na materialidade de cada espécie tributária, só a análise da subsunção do fato na norma de incidência específica, em cada caso concreto, dirá; e) os atos cooperativos típicos não são *intuitu personae* pela simples presença da cooperativa no polo da relação, já que sua caracterização de ato típico se dá quando realizados pela cooperativa na consecução dos seus objetivos sociais

18 (STF.RE 598085/RJ Rel.: Min. LUIZ FUX. Tribunal Pleno REPERCUSSÃO GERAL – MÉRITO DJe-027 PUBLIC 10-02-2015).

19 (STF.RE 599362/RJ.Rel.: Min. DIAS TOFFOLI - Pleno REPERCUSSÃO GERAL – MÉRITO DJe-027 10-02-2015).

institucionais (REsp 1141667/RS[20]), f) afastamento da tese de que as cooperativas não possuem lucro ou faturamento quanto ao ato cooperativo praticado com terceiros não associados (não cooperados), já que, inexistindo imunidade tributária, haveria violação à determinação constitucional de que a seguridade social será financiada por toda a sociedade, ex vi, art. 195, I, b, da CF/88, seria violada (RE n. 598085/RJ).

Conclui-se, portanto, que, enquanto não editada a lei complementar prevista no art. 146, III, c, CRFB/1988, persiste a possibilidade de tributação da receita das cooperativas, e na atual interpretação jurisprudencial do art. 79 da Lei n. 5.764/71, a receita e o faturamento da cooperativa decorrente da venda de seus produtos a terceiros não cooperados está no campo de incidência tributária.

2.2.2. Deduções realizadas pela autora e glosadas pelo Fisco

Dito isso, toda a questão dos autos se resume a interpretar o cabimento das exclusões promovidas pela autora na base de cálculo do PIS, no momento da apuração do tributo objeto da autuação ora em análise.

A autora alega que o ICMS e as despesas do grupo 4 do seu balanço (despesas administrativas e despesas financeiras), assim como e as operações realizadas com outras cooperativas, seriam custos agregados ao produto agropecuário previsto no art. 15 da MP 1.858/99 (MP 2.158/01), art. 17 da Lei n. 10.684/03 e art. 33 da IN/SRF n. 247/2002 (alterada pela IN n. 358/2003) indevidamente glosados pelo Fisco. Argumentou também que a fiscalização afastou indevidamente a existência de associação entre mencionadas cooperativas e a autora.

Passo à análise de cada item.

Antes, porém, é importante rememorar que os créditos tributários relativos à COFINS foram excluídos do mérito na presente ação por força do conhecimento, de ofício, da inadequação da via ordinária para sua desconstituição (item 2.1 – b). Não obstante, não se pode olvidar que tanto a legislação quanto a jurisprudência conferem igual tratamento às contribuições do PIS e COFINS, como já assentado pelo Pleno do STF no RE 598085, acima transcrito.

a) ICMS

Registro inicialmente que se esgotou em 25/09/2010 o prazo de suspensão dos processos, determinado na ADC n. 18, cujo objeto tratasse da inclusão do ICMS na base de cálculo do PIS e COFINS, não havendo óbice ao regular prosseguimento do feito nesse ponto.

Em que pese o julgamento do Recurso Extraordinário n. 240.785/MG pelo Plenário do Supremo Tribunal Federal, afastando o ICMS da base de cálculo da COFINS (STF - RE 240785 – Tribunal Pleno – Rel.: Min. Marco

20 (REsp 1141667/RS, Rel. Ministro NAPOLEÃO NUNES MAIA FILHO, PRIMEIRA SEÇÃO, julgado em 27/04/2016, DJe 04/05/2016).

Aurélio - DJe 16/12/2014), e embora o Tribunal Regional da 1ª Região AGA 0058876-55.2015.4.01.0000 / DF, Rel. DESEMBARGADOR FEDERAL JOSÉ AMILCAR MACHADO, SEXTA TURMA, e-DJF1 de 02/09/2016) assim venha decidindo, a matéria ainda não se encontra pacificada.

A discussão foi novamente iniciada no RE 574706/PR, pautado como tema 69 no STF - sendo que, no julgamento do RE n. 890940/ PN (STF-RE 890940 AgR / PR - Relator: Min. ROBERTO BARROSO Primeira Turma DJe-184 DIVULG 16-09-2015 PUBLIC 17-09-2015) o Relator Ministro Roberto Barroso expressamente consignou que a controvérsia será novamente examinada pela nova composição do Tribunal nos autos do RE nº 574.706-RG, já que o RE nº 240.785/MG fora julgado apenas em razão das peculiaridades nele existentes, não aplicáveis a todos os casos que envolvem a inclusão do ICMS na base de cálculo do PIS/COFINS.

Além disso, a jurisprudência do Superior Tribunal de Justiça[21] mantém posição consolidada no sentido de que o ICMS compõe o preço da mercadoria e, ao tratar especificamente do PIS e da COFINS na sistemática não-cumulativa, afirmou a impossibilidade de afastar o conceito de receita previsto nas Leis nº 10.637/02 e 10.833/2003 (STJ.REsp 1528604 / SC Relator(a) Ministro MAURO CAMPBELL MARQUES SEGUNDA TURMA DJe 17/09/2015), pois a própria quantificação da base de cálculo resulta das exclusões de custos legalmente autorizadas.

Portanto, não se vislumbra patente inconstitucionalidade a ser declarada, especialmente porque, na linha dos votos vencidos no Recurso Extraordinário nº 240785/MG, o mecanismo da tributação "por dentro" está arraigado ao sistema tributário nacional, cuja constitucionalidade foi recentemente afirmada pelo próprio Supremo Tribunal Federal (AI 510439 AgR, Relator(a): Min. JOAQUIM BARBOSA, Segunda Turma, julgado em 26/06/2012, ACÓRDÃO ELETRÔNICO DJe-159 DIVULG 13-08-2012 PUBLIC 14-08-2012).

Mantenho, portanto, o ICMS na base de cálculo do PIS/COFINS, e, por isso, tenho como superado o exame das matérias de direito e da impugnação apresentada pela União às 2865/2867 em face dos quesitos de fls. 2656/2660 apresentados pela autora.

Registro, ainda, que tenho como adequado o aproveitamento da perícia contábil realizada nestes autos com a finalidade de esclarecer as questões remanescentes, quais sejam, informações sobre os documentos comprobatórios da eventual associação entre a autora e as cooperativas mencionadas no auto de infração e bem assim para identificação das atividades da qual a autora se valeu para excluir operações da base de cálculo do PIS/COFINS.

21 Súmula n.º 68, de DJ 04/02/1993: A parcela relativa ao ICM inclui-se na base de cálculo do PIS e da Súmula 94, de DJ 28/02/1994: A parcela relativa ao ICMS inclui-se na base de cálculo do FINSOCIAL (atual COFINS).

b) Conta contábil do Grupo 4 (despesas administrativas e despesas financeiras)

Quanto a essas despesas glosadas, a autora defende que seriam custos agregados ao produto agropecuário previsto no art. 15 da MP/1.858/99 (MP 2.158/01), art. 17 da Lei n. 10.684/03 e art. 33 da IN/SRF n. 247/2002 (alterada pela IN n. 358/2003) por intrinsecamente interligadas a toda estrutura necessária à introdução no mercado dos produtos fornecidos pelos cooperados e por ela beneficiados.

Em que pese a argumentação relativa ao extenso rol de itens que considera passíveis de exclusão da base de cálculo do PIS/COFINS, as exclusões conferidas às cooperativas - no presente caso cooperativa mista de produção agropecuária e de consumo com recolhimento pela sistemática não cumulativa do PIS/COFIN - não estão contempladas nas previsões contidas no art. 3º, §2º, da Lei n. 9.718/98; no art. 17 da Lei n. 10.684/03; no art. 1º da Lei n. 10.676/03 e nas Instruções Normativas Regulamentadoras.

Destaque-se que a IN RFB n. 635/06 elenca no art. 9º as hipóteses de exclusão da base de cálculo do PIS/COFINS, em seu art. 11, §8º define custo agregado ao produto agropecuário e bem assim, e, em seu art. 23, III, a relação das despesas e custos que podem ser excluídos da base de cálculo.

Do mesmo modo, as Leis nº 10.637/02 e 10.833/2003, que dispõem sobre a incidência não cumulativa do PIS e COFINS, não trazem autorização para a ampliação das exclusões pretendidas pela autora.

De acordo com o laudo pericial de fls. 2706/2756, a perita do juízo informa que a glosa realizada pela Receita Federal na base de cálculo do PIS/CONFINS incidiu sobre os seguintes itens:

> *I – tributos incidentes sobre as vendas, ao argumento de não existiria previsão legal para tal exclusão;*
>
> *II – custo de industrialização de matéria-prima a cooperativas associadas, por entender que não se tratavam verdadeiramente de cooperativas associadas;*
>
> *III – custos de vendas de material de consumo, já que este seria utilizado na industrialização de leite das cooperativas mencionadas no item II que não foram consideradas como associadas;*
>
> *IV – despesas incorridas pela cooperativa (conta contábil do grupo 4) que, segundo a fiscalização, não se relaciona ao custo agregado ao produto agropecuário. (fl. 2706).*

Em relação às despesas excluídas pela autora e as respectivas glosas, a perita registrou tratarem-se de glosas relativas à parte administrativa da cooperativa, e, portanto, não agregadas diretamente ao processo de produção. Cito trechos do laudo.

** água, energia elétrica, telefone, internet e correios, somente foram glosadas as despesas relacionadas à parte administrativa da empresa. Em esclarecimentos requeridos pela autora, a Perita Oficial afirmou que o custo da água e da energia utilizadas na produção comercial foi excluído da base de cálculo na rubrica "despesas de manutenção própria". Apenas houve glosa em relação à parte administrativa (fls. 2714 – resposta ao quesito 6, 2859/2860);*

** a Receita somente glosou a importância correspondente à parte administrativa da cooperativa, no que se refere às despesas com telefone, internet e correios (fl. 2.715 - resposta ao quesito 9);*

** a Receita Federal permitiu a dedução das despesas com vestimentas específicas e EPI's (fls. 2.715/2.716 – resposta ao quesito 11);*

** o custo da mão de obra da diretoria e conselheiros é passível de dedução pela INRFB n. 247/03 (fl. 2.716 - resposta ao quesito 12);*

** cursos, simpósios, feiras e congressos foram considerados despesas com comercialização;*

** a dedução de locação de máquinas para embalagem foi autorizada pela Receita Federal (fl. 2.717 – resposta ao quesito 14);*

** as despesas com pagamento de funcionários, encargos gerais, horas extras, encargos sociais, adicionais noturnos, férias, FGTS, INSS, aviso prévio/indenização trabalhista, vale transporte, Programa alimentação trabalhador, salários somente foram glosados em relação à parte administrativa da cooperativa (fl. 2717 – resposta ao quesito 16);*

** os itens relativos à publicidade somente foram glosados em relação à parte administrativa da cooperativa e comercialização do produto da parte administrativa, bem como foram glosados bens de pequeno valor e material de consumo somente em relação à parte administrativa da empresa (fl. 2717 – resposta ao quesito 17);*

** as despesas com seguro do acervo patrimonial, dos produtos dos cooperados e transporte dos produtos capitados e comercializados é permitida a dedução dos aludidos valores na Subconta despesas com transporte (fl. 2.718 – resposta ao quesito 20);*

** as glosas dos "descontos concedidos, descontos obtidos e bônus sobre aquisição de embalagem" foram realizadas por tais descontos representarem receitas integrantes da base de cálculo (fl. 2.719 – resposta ao quesito 22);*

** não existe previsão para compensação de multas fiscais (fl. 2.719).*

Nota-se, pois, que a interpretação extensiva defendida pela autora, voltada a abranger todas as despesas de funcionamento da cooperativa, não possui amparo legal, devendo ser registrado que não há nos autos discussão acerca da aplicação indevida do §1º do art. 3º da Lei nº 9.718/98, declarado inconstitucional pelo STF.

A título de reforço, restou demonstrado pela perícia contábil que, afora a regularidade na associação das cooperativas, <u>as glosas foram realizadas em</u>

relação a itens que não possuem previsão legal de exclusão, além de estarem somente relacionadas com a parte administrativa da cooperativa e não com os objetivos que caracterizam atos cooperativos típicos (fls. 2712/2719).

b.1) itens I e IV – tributos incidentes sobre a venda e despesas conta contábil do grupo 4 (dispêndios de comercialização e dispêndios financeiros.

Questionada se os tributos sobre as vendas e as despesas do grupo 4 estariam vinculados à atividade produtiva da cooperativa e a todas as necessidades de produção e comercialização dos produtos dos cooperados, a perita manifestou-se pela não exclusão dos tributos, conclusão que se encontra em conformidade com a análise realizada por este juízo no item "2.2.2 - a" desta decisão (matéria de direito) que entendeu pela legalidade da inclusão do ICMS na base de cálculo do PIS/COFINS.

c) Operações realizadas com outras cooperativas

É importante registrar que, as partes não controvertem quanto às conclusões periciais relativas aos itens sobre os quais incidiram as glosas, havendo manifestado concordância expressa com o laudo nesse ponto (a autora às fls. 2852/2856 e União à fl. 2919). A controvérsia concentra-se nos aspectos interpretativos quanto ao cabimento das glosas (já decididos nos termos da fundamentação acima), e nas glosas decorrentes da não comprovação da associação com outras cooperativas (fl. 2919).

- Nesse último ponto, a perícia concluiu pela regularidade da associação em conformidade com o art. 30 da Lei 5.764/71 em relação às seguintes cooperativas: a) Cooperativa de Mantena (quotas integralizadas em 27/10/1994); b) Cooperativa de Resplendor (quotas integralizadas em 16/02/1996) e, c) Cooperativa de Ipanema (quotas integralizadas 25/06/1999).
- Também identificou que a aquisição do leite foi realizada nos períodos de 05/12/2000 a 30/12/2002, 05/12/2000 a 31/12/2001 e 04/12/2000 a 30/11/2001, respectivamente, circunstância que, segundo a perícia (fls. 2713/2714), teria ensejado tributação sobre deduções permitidas pelo art. 15 da MP n. 2158/01 em relação às seguintes contas: Conta 31303 (receitas com serviço cooperados – industrialização matéria prima); Conta 39101 (custo de mercadoria revendida); Conta 39303 (custo industrialização de matéria prima).
- O laudo pericial justificou a regularidade da associação das cooperativas de Mantena, Resplendor e de Ipanema, com base nas subscrições das quotas-partes de capital social e nas assinaturas na ficha de matrícula realizadas. O art. 30 da Lei n. 5.764/71 que justificou a alegação de regularidade da associação contém a seguinte redação:

> *Art. 30. À exceção das cooperativas de crédito e das agrícolas mistas com seção de crédito, a admissão de associados, que se efetive median-*

te aprovação de seu pedido de ingresso pelo órgão de administração, complementa-se com a subscrição das quotas-partes de capital social e a sua assinatura no Livro de Matrícula.

Portanto, estando a cooperativa autora fora das exceções contidas no transcrito art. 30, é de se concluir pela comprovação da associação por meio das subscrições das quotas – partes e assinatura no Livro de Matrícula, e, por conseguinte, reconhecer como indevida a glosa realizada exclusivamente pelo fundamento de associação irregular, devendo, neste ponto, o pedido ser julgado procedente.

Anote-se, todavia, que o deferimento do pedido ater-se-á ao PIS, tendo em vista que o processo em relação a COFINS foi extinto por inadequação da via.

3. DISPOSITIVO

Portanto, Julgo PARCIALMENTE PROCEDENTE o pedido formulado na inicial, para condenar a União a revisar o Procedimento Administrativo Fiscal n. 10630.00XXXX/2003-74 que apurou débitos relativos ao PIS, a fim de ser abatida a cobrança incidente sobre os atos entre cooperativas, nos termos do item 2.2.2 – c desta sentença.

Por consequência, condeno a União a restituir à autora a diferença decorrente da revisão do lançamento tributário, acrescida da taxa Selic, em conformidade com a jurisprudência assente do STJ (REsp 681.824/PE, Rel. Ministro SÉRGIO KUKINA, PRIMEIRA TURMA, julgado em 07/05/2015, DJe 18/05/2015), desde a data da compensação. Faculto à Fazenda utilizar referida diferença para extinção, mediante compensação, de outros eventuais créditos tributários constituídos contra a autora. Quanto a esse pedido, extingo o processo com resolução do mérito (art.487, I do CPC/2015)

Julgo extingo o processo sem resolução do mérito (art. 485, VI, do CPC/2015) em relação aos débitos da COFINS, objeto de quitação na execução fiscal n. XXXX-63.2010.4.01.3813, no montante não atualizado de R$ 4.007.322,48 (quatro milhões, sete mil e trezentos e vinte e dois reais e quarenta e oito centavos).

Tendo em vista a sucumbência mínima da União, condeno a autora a pagar-lhe honorários advocatícios que fixo em 5% (cinco por cento) sobre o valor atribuído à causa, corrigido pela Tabela de Cálculos da Justiça Federal (art. 85,§§2° e 3°, III, combinados com o §4°, todos do CPC/2015).

Sem reexame necessário.

Publique-se. Registre-se. Intimem-se.

Governador Valadares, 23 de setembro de 2016.

TÁRSIS AUGUSTO DE SANTANA LIMA

Juiz Federal

25. EMBARGOS DE TERCEIRO

1. RELATÓRIO.

Trata-se de embargos de terceiros, com pedido liminar, opostos por S.G. contra a UNIÃO, AUTO LTDA, A.F. e N.S visando à desconstituição da penhora incidente sobre o imóvel inscrito sob a matrícula 62.XXX, registrado no Cartório de Registro de Imóveis do 1º Ofício de Belo Horizonte/MG, decretada nos autos da execução fiscal n. 2006.38.13.00XXXXX.

Consta basicamente da inicial, que: a) o imóvel penhorado é de única e exclusiva posse (plena), domínio (propriedade) da embargante; b) o referido imóvel é proveniente de doação pelo pai da embargante que era proprietário do terreno que fora permutado com a Construtora Arco Engenharia em 1991; c) que manteve com o Sr. A.F., relacionamento matrimonial no regime da comunhão parcial de bens que se extingui litigiosamente conforme certidão anexa de fls. 19; d) o bem ora constrito fora adquirido exclusivamente pela embargante por meio de sub-rogação, sendo, portanto excluído da comunhão nos termos do art. 1.659 CC/02; e) trata-se de bem de família impenhorável nos termos da Lei nº 8.009/90. Por fim, requereu a o benefício da gratuidade judiciária e, liminarmente, a suspensão do processo principal e a expedição de mandado de manutenção de posse.

A gratuidade de justiça requerida pela embargante ficou condicionada à comprovação de renda mensal inferior a 10 salários-mínimos (fls. 124/125).

Cumprida a diligência (fls. 127/146), e intimada a União, esta apresentou impugnação aos embargos (fls. 148/154), arguindo basicamente que: a) impugnação ao valor da causa, pois não condiz com o valor do bem penhorado; b) ausência de prova da doação do bem penhorado em data anterior ao casamento com o executado A.F.; c) existência de indícios de aquisição onerosa do bem na constância do casamento; d) diante da indivisibilidade do bem, caberia a alienação em hasta pública e reserva da meação devida à embargante; e) ausência de provas de ser o imóvel penhorado o único destinado à residência da embargante e sua família, de modo a caracterizar a impenhorabilidade.

Houve réplica (fls. 158/163).

É o relatório. Decido.

2. FUNDAMENTAÇÃO.

O feito comporta o julgamento antecipado da lide, pois as teses trazidas por ambas as partes amparam-se exclusivamente em prova documental, dispensando, assim, instrução probatória em audiência.

2.1. Impugnação ao valor atribuído à causa.

Com razão a União, quando alega que o valor atribuído à causa pela embargante está em descompasso com o conteúdo econômico da demanda.

Considerando que os embargos visam à desconstituição total da penhora incidente sobre o imóvel, o valor da causa deve corresponder ao valor de avaliação do bem, da ordem de R$2.200.000,00 (fl. 52).

2.2. Mérito.

Analisando os documentos que instruem a petição inicial, é possível concluir com segurança que a embargante é proprietária do bem objeto de constrição nos autos principais n. 2006.38.13.00XXXXX e que o referido imóvel foi adquirido no plano fático através de sub-rogação de bens do seu genitor.

De acordo com as declarações de imposto de renda do genitor da embargante nos anos de 1980 e 1987(fls. 62, 74, 90), já naquela época constava a transferência, à embargante, de fração ideal do imóvel situado à Rua Gonçalves Dias, nº XXXX, Belo Horizonte, que vem a ser o bem ora em discussão.

Na declaração do imposto de renda dos anos de 1991 e 1992, nota-se a menção expressa à permuta do imóvel primitivo por quatro apartamentos da edificação erguida sobre ele pela Construtora Arcos Ltda. (fls. 107 e 112).

A ata da assembleia geral do condomínio do Edifício Don Leonardo da Vinci, presidida pela Construtora Arcos Ltda., ocorrida em 1991 (fl. 118/119), registra a presença de J.B. (genitor da autora) na condição de primitivo proprietário do imóvel sobre o qual foi erguido o edifício em questão e ao qual foram dadas em permuta quatro unidades do empreendimento, dentre as quais a de nº 80X, que vem a ser justamente o imóvel penhorado ora em discussão.

Vê-se, portanto, que antes mesmo do matrimônio do executado A.F. com a embargante (15/03/1988, fl. 19), há elementos indicativos de que o imóvel em questão já integrava o seu patrimônio.

Embora, de fato, não haja nos autos escritura pública ou instrumento particular da doação do imóvel pelo seu genitor, não há como ignorar as provas existentes a revelar que o imóvel em questão não foi adquirido pelo casal na constância do casamento.

Quanto à alegação da União, segundo a qual o registro imobiliário indicaria compra e venda ocorrida no ano de 1993, a análise do documento de fls. 54/56 à luz das peças referidas acima apenas permite concluir que a menção à compra e venda e valores deve-se antes a exigências formais de ordem registral e menos à realidade do negócio jurídico.

Para tanto, cabe nova menção ao teor da ata da assembleia condominial do ano de 1991 (fl. 118) na qual há referência expressa à unidade nº 80X como objeto da permuta havida com o genitor da autora e anterior proprietário do imóvel em questão.

Embora conste da declaração de imposto de renda da embargante referência à doação havida em 1993 (fls. 131 e 136), tal registro é incapaz de alterar o conjunto das evidências segundo as quais o imóvel ingressou no seu patrimônio em data anterior.

De mais a mais, considerando que o divórcio é anterior à penhora, e o imóvel foi mantido no domínio da embargante, o imóvel em questão já não poderia servir como garantia à execução em curso.

Por fim, é preciso registrar que, havendo sido o matrimônio constituído na vigência do Código Civil de 1916, quando também se deu a doação, deve-se atentar às previsões ali contidas acerca do regime de bens eleito pela embargante e seu ex-cônjuge, como expressamente prevê o art. 2.039, do Código Civil de 2002.

De acordo com tais regrar, mesmo que se considere haver sido realizada a doação na constância do casamento, não se comunicaria ao outro cônjuge, como previa o art. 269, do Código Civil de 1916.

Por outro lado, a prova existente nos autos também revela tratar-se de bem de família. A declaração de bens do imposto de renda da embargante não indica outro imóvel de sua propriedade (fls. 127/146).

Além disso, de acordo com a certidão do oficial de justiça (fls. 50), a embargante é a moradora do imóvel penhorado.

A União não produziu contraprova nesse aspecto.

3. DISPOSITIVO.

Portanto, com esses fundamentos, JULGO PROCEDENTES OS PRESENTES EMBARGOS DE TERCEIRO, para desconstituir a penhora realizada na Execução Fiscal nº 2006.3813.XXXXX-5, incidente sobre o imóvel situado à Rua Gonçalves Dias, nº 2XXX, apartamento nº 80X, Belo Horizonte – MG, registrado na matrícula nº 62.XXX do Cartório de Registro de Imóveis do 1º Ofício de Belo Horizonte – MG.

Sem custas (art. 4º, I, da Lei nº 9.289/96). Condeno a União ao pagamento de honorários advocatícios arbitrados em 08% (oito por cento) do valor atribuído à causa (art. 85, §3º, II, do CPC), dada a baixa complexidade da demanda e o seu julgamento antecipado. O valor da causa corresponde ao valor de avaliação do bem: R$2.200.000,00 (fl. 52).

Traslade cópia da presente decisão aos autos n. 2006.38.13.00XXXX-5.

Oficie-se ao Cartório de Imóveis do 1º Oficio de Belo Horizonte – MG, requisitando a baixa do gravame.

Publique-se. Registre-se. Intimem-se.

Governador Valadares, 24 de abril de 2017.

TÁRSIS AUGUSTO DE SANTANA LIMA

Juiz Federal

POSFÁCIO

A presente obra, derivada da cuidadosa pesquisa desenvolvida por dois insignes Magistrados do Distrito Federal, Dr. Fabrício Castagna Lunardi e Dr. Luiz Otávio Rezende, é fruto de uma reflexão madura, tanto no aspecto teórico como no plano prático, acerca da técnica de elaboração das sentenças cíveis.

O Estado confere aos seus Juízes o poder de dizer o direito no caso concreto (jurisdição – "juris dicere"), exercido mediante a elaboração de sentenças ("sentire"), que, representando a conclusão dos processos judiciais, buscam resolver os litígios estabelecidos entre as partes (conflitos de interesses).

A sentença, como o ato mais importante do processo e um dos mais importantes da própria vida social, apresenta uma técnica especial de elaboração a partir dos requisitos traçados na própria legislação processual civil.

No presente livro, os autores, partindo da experiência haurida em seu "Curso de Sentença Penal", concentraram os seus esforços na elaboração de um "Curso de Sentença Cível" aproveitando as inovações do Código de Processo Civil de 2015.

A obra, elaborada de forma clara e didática, ao longo de seus seis capítulos, após analisar os aspectos teóricos das sentenças cíveis em geral, preocupa-se em trazer modelos de decisões em diferentes modalidades de processos cíveis.

Preocupados com os candidatos aos concursos públicos para a Magistratura, apresentam o regramento geral editado pelo Conselho Nacional de Justiça (CNJ), além de exercícios simulados envolvendo diferentes setores da área cível (Direito Civil, Empresarial, Administrativo, Constitucional).

Complementam a obra com rica pesquisa de precedentes do Supremo Tribunal Federal (STF) e do Superior Tribunal de Justiça (STJ), especialmente em sede de repercussão geral e recursos repetitivos, acerca de temas de Direito Civil e de Direito Processual Civil.

Trata-se, enfim, de um trabalho completo, reunindo teoria e prática da sentença, apresentando-se como uma obra imprescindível a todos os operadores do Direito que pretendam se debruçar sobre o tema.

A comunidade jurídica em geral (Magistrados, Ministério Público, Advogados, Professores, estudantes de Direito) agradece o esforço dos autores, trazendo a lume uma obra que será de grande valia para compreensão não apenas da técnica de elaboração de sentenças cíveis, mas também de como os juízes expressam o seu sentimento de Justiça no ato decisório mais importante do processo.

Brasília, agosto de 2017.

Paulo de Tarso Vieira Sanseverino
Ministro do Superior Tribunal de Justiça

REFERÊNCIAS BIBLIOGRÁFICAS

ALEXY, Robert. *Teoria dos direitos fundamentais*. (trad. Virgílio Afonso da Silva). 2. ed. São Paulo: Malheiros, 2011.

ALMEIDA, Vitor Luís de. O artigo 489 do Novo CPC e o direito à fundamentação das decisões judiciais. In: SANTANA, Alexandre Ávalo; ANDRADE NETO, José de. *Novo CPC:* análise doutrinária sobre o novo direito processual civil brasileiro. v. 2. Campo Grande: Contemplar, 2016.

ALVES, Alexandre Henry. *Sentença cível.* 2. ed. Porto Alegre: Verbo Jurídico, 2011.

ALVES, Jones Figueirêdo; LIRA, Jorge Américo Pereira de. Apresentação. In: ALVES, Jones Figueirêdo; LIRA, Jorge Américo Pereira de. Apresentação (Coord.). *Manual das decisões judiciais cíveis.* 2. ed. Rio de Janeiro: Forense, 2010.

ARAÚJO, José Henrique Mouta. *Mandado de Segurança.* 6º ed. rev., atual. e ampliada. Salvador: Juspodivm, 2017.

BENETI, Sidnei Agostinho. *Modelos de despachos e sentenças.* 6. ed. São Paulo: Saraiva, 2004.

BUENO, Cassio Scarpinella (Coord.). *Comentários ao Código de Processo Civil.* v. 3. São Paulo: Saraiva, 2017.

______. *Curso sistematizado de direito processual civil:* teoria geral do direito processual civil. v. 1. São Paulo: Saraiva, 2007.

______. *Mandado de Segurança.* São Paulo: Saraiva, 2002.

CÂMARA, Alexandre Freitas. *O novo processo civil brasileiro*. São Paulo: Atlas, 2015.

CARNEIRO, Athos Gusmão. *Intervenção de terceiros.* 13. ed. São Paulo: Saraiva, 2001.

CORRÊA, André Rodrigues. Por que privilegiar o desenvolvimento de competências? Relato de uma aula de Direito Contratual. In: GHIRARDI, José Garcez; VANZELLA, Rafael Domingos Faiardo (orgs.). *Ensino jurídico participativo: construção de programas, experiências didáticas.* São Paulo: Saraiva, 2009. p. 27-72.

DALLARI. Dalmo de Abreu. *O poder dos juízes.* 3. ed. São Paulo: Saraiva, 2008.

DESTEFENNI, Marcos. *Curso de processo civil.* São Paulo: Saraiva, 2006.

DIDIER JR., Fredie. *Curso de direito processual civil:* introdução ao direito processual civil, parte geral e processo de conhecimento. v. 1. 18. ed. Salvador: Juspodivm, 2016.

______. *Ações Constitucionais*. Do mandado de Segurança. Eduardo Sodré. Salvador: Juspodvm, 2006.

DINAMARCO, Cândido Rangel. *Intervenção de terceiros*. 3. ed. São Paulo: Malheiros, 2002.

DONIZETTI, Elpídio. *Redigindo a sentença cível*. 8. ed. São Paulo: Atlas, 2017.

DUNN, Pintip Hompluem. How Judges Overrule: Speech Act Theory and the Doctrine of Stare Decisis. *Yale Law Journal*, v. 113, Issue 2, p. 493-532, November 2003.

FURTADO, Lucas Rocha. *Curso de Direito Administrativo*. 3. ed. Belo Horizonte: Fórum, 2012.

FUX, Luiz. *Novo Código de Processo Civil Temático*. São Paulo: Mackenzie, 2016.

______. *O novo processo de execução*: o cumprimento da sentença e a execução extrajudicial. 1. ed. Rio de Janeiro: Forense, 2008.

______. *Teoria Geral do Processo Civil*. Rio de Janeiro: Forense, 2016.

GAJARDONI, Fernando da Fonseca; DELLORE, Luiz; ROQUE, Andre Vasconcelos; OLIVEIRA JR., Zulmar Duarte de. *Processo de conhecimento e cumprimento de sentença:* comentários ao CPC de 2015. Rio de Janeiro: Forense, 2016.

______; ______; ______; ______. *Teoria geral do processo:* comentários ao CPC de 2015: parte geral. São Paulo: Forense, 2015.

GIDI, Antônio. Aspectos da inversão do ônus da prova no Código de Defesa do Consumidor. *Revista de Direito do Consumidor*, São Paulo, n. 13, p. 33-41, jan.-mar. 1995.

GIL, Antonio Carlos. *Didática do Ensino Superior*. São Paulo: Atlas, 2008.

GONÇALVES, Marcus Vinicius Rios. *Novo curso de direito processual civil*. 2. ed. São Paulo: Saraiva, 2006.

GRECO, Leonardo. *A teoria da ação do processo civil*. São Paulo: Dialética, 2003.

GRECO FILHO, Vicente. *Direito processual civil brasileiro*. v. 1. 20. ed. São Paulo: Saraiva, 2007.

GUSTIN, Miracy B. S.; DIAS, Maria Tereza Fonseca. *(Re)pensando a pesquisa jurídica*. Belo Horizonte: Del Rey, 2010.

HABERMAS, Jürgen. *Direito e democracia:* entre faticidade e validade. (trad. Flávio Beno Siebeneichler). v. 1. Rio de Janeiro: Tempo Brasileiro, 2010.

JANSEN, Euler. *Manual de sentença criminal*. 2. ed. Rio de Janeiro: Renovar, 2009.

JORGE NETO, Nagibe de Melo. *Sentença cível:* teoria e prática. 7. ed. Salvador: Juspodivm, 2016.

LORENZETTI, Ricardo Luis. *Teoria da decisão judicial: fundamentos de direito*. 2. ed. São Paulo: Revista dos Tribunais, 2010.

LOPES JUNIOR, Jaylton Jackson de Freitas. *Sentença Cível Descomplicada*. 2ª Edição, revista e atualizada. Brasília: Editora CPiuris, 2017.

LUDWIG, Guilherme Guimarães. *Manual de sentença trabalhista*. Salvador: Juspodivm, 2013.

LUNARDI, Fabrício Castagna. *Curso de direito processual civil*. 2. ed. São Paulo: Saraiva, 2017.

______. Hermenêutica dos direitos fundamentais na pós-modernidade: do positivismo ao paradigma pós-positivista e neoconstitucionalista. *Direitos Fundamentais & Justiça*, Porto Alegre, a. 6, n. 20, p. 173-207, jul.-set. 2012.

______. O direito fundamental à identidade genética e a condução coercitiva para realização de exame de DNA: um debate necessário. *Direitos Fundamentais & Justiça*, Porto Alegre, ano 7, n. 23, p. 308-335, abr./jun. 2013.

MARCATO, Antonio Carlos. *Procedimentos especiais*. São Paulo: Atlas, 2007.

MARINONI; Luiz Guilherme; ARENHART, Sérgio Cruz; MITIDIERO, Daniel. *Novo Código de Processo Civil comentado*. São Paulo: Revista dos Tribunais, 2015.

______; ______. *Prova*. 2. ed. São Paulo: Revista dos Tribunais, 2011.

MATOS, Cecília. O ônus da prova no Código de Defesa do Consumidor. *Revista de Direito do Consumidor*, São Paulo, n. 11, p. 161-169, jul.-set. 1994.

MAZZILLI, Hugo Nigro. *A defesa dos interesses difusos em juízo*. 18. ed. São Paulo: Saraiva, 2005.

MEDINA, José Miguel Garcia. *Novo Código de Processo Civil Comentado*. 4. ed. São Paulo: Revista dos Tribunais, 2016.

______. Novo CPC não deve adotar conceito sobre condições para a ação. Disponível em: <http://www.conjur.com.br/2014-ago-25/cpc-nao-adotar-conceito-condicoes--acao>. Acesso em: 25/10/2016.

MONTENEGRO FILHO, *Misael. Ações possessórias no Novo CPC*. 4. ed. São Paulo: Atlas, 2017.

MOREIRA, José Carlos Barbosa. *Comentários ao código de processo civil*. v. 5. 7. ed. Rio de Janeiro: Forense, 1998.

______. Notas sobre a Inversão do Ônus da Prova em benefício do Consumidor. *Revista de Direito do Consumidor*, São Paulo, n. 22, p. 135-149, abr./jun. 1997.

NALINI, José Renato. *Ética na magistratura*. 2. ed. São Paulo: Revista dos Tribunais, 2010.

NERY JÚNIOR, Nelson. Aspectos do Processo Civil no Código de Defesa do Consumidor. *Revista do Direito do Consumidor*, São Paulo, v. 1, p. 200-221, mai. 1992.

______. *Princípios do processo na Constituição Federal*. 10. ed. São Paulo: Revista dos Tribunais, 2010.

NEVES, Daniel Amorim Assumpção. *Novo Código de Processo Civil*. São Paulo: Método, 2015.

______. *Ações Constitucionais*. 3ª Ed., rev., atual. e ampl. Salvador: Juspodivm, 2017.

NOGUEIRA, Tania Lis Tizzoni. Direitos básicos do consumidor: a facilitação da defesa dos consumidores e a inversão do ônus da prova. *Revista de Direito do Consumidor*, São Paulo, n. 10, p. 48-60, abr./jun. 1994.

OLIVEIRA, Vallisley de Souza. *Nulidade da sentença e princípio da congruência*. São Paulo: Saraiva, 2004.

PACÍFICO, Luiz Eduardo Boaventura. Perspectiva sistemática do momento de inversão do ônus da prova: do CDC ao CPC. *Juris Plenum*, Caixas do Sul, RS, ano 4, n. 20, p. 65-76, mar.-abr. 2008.

PELUSO, Vinicius de Toledo Piza; GONÇALVES, José Wilson. *Comentários à lei orgânica da magistratura nacional:* Lei Complementar 35/1979 – LOMAN. São Paulo: Revista dos Tribunais, 2010.

PEREIRA, Ézio Luiz. *Sentenças cíveis & "dicas" para concursos de ingresso na magistratura*. 2. ed. Leme, SP: CL Edijur, 2002.

POLONI, Ismair Roberto. *Técnica estrutural da sentença cível:* juízo comum e juizado especial. 2. ed. Rio de Janeiro, 2003.

PORTANOVA, Rui. *Motivações ideológicas da sentença*. 4. ed. Porto Alegre: Livraria do Advogado, 2000.

RABONEZE, Ricardo. *Provas obtidas por meios ilícitos*. 4. ed. Porto Alegre: Síntese, 2002.

REZENDE, Luiz Otávio. *Concurso para a magistratura:* guia prático. Salvador: Juspodivm, 2017.

RODRÍGUEZ-AGULERA, Cesáreo. *La sentencia*. Barcelona: Bosch, 1974.

SANSEVERINO, Paulo de Tarso. O arbitramento da indenização por dano moral e a jurisprudência do STJ. *Revista Justiça & Cidadania*, Editora JC, Rio de Janeiro, v. 188, abr. 2016.

______. O princípio da segurança jurídica e a força vinculante dos precedentes no Novo Código de Processo Civil. In: RÊGO, Werson (Coord.). *Segurança jurídica e protagonismo judicial:* desafios em tempos de incertezas. Rio de Janeiro: GZ, 2017. Pp. 809-834.

SANTINI, José Raffaelli. *Sentenças e acórdãos cíveis:* doutrina, jurisprudência e prática. 3. ed. Campinas: Agá Juris, 1999.

SANTOS, Moacir Amaral. *Primeiras linhas de direito processual civil:* processo de conhecimento. v. 1. 25. ed. São Paulo: Saraiva, 2007.

SANTOS, Nelton Agnaldo Moraes dos. *A técnica de elaboração da sentença civil*. São Paulo: Saraiva, 1996.

SCHMITZ, Leonard Ziesemer. *Fundamentação das decisões judiciais:* a crise na construção de respostas no processo civil. São Paulo: Revista dos Tribunais, 2015.

SILVA, Amaury. *Manual das sentenças e atos judiciais cíveis*. 2. ed. Leme: J. H. Mizuno, 2017.

SILVA, Marcelo Andrade Campos. *Técnica de sentença cível:* noções aplicadas de processo civil, prática de redação de sentenças cíveis e exemplos de sentenças. São Paulo: Pilares, 2012.

SILVA, Ovídio A. Baptista da. *Curso de processo civil*: processo de conhecimento. v. 1. 7. ed. Rio de Janeiro: Forense, 2006.

SLAIBI FILHO, Nagib; SÁ, Romar Navarro de. *Sentença cível:* fundamentos e técnica. 9. ed. Rio de Janeiro: Forense, 2017.

SOUZA, Eduardo Francisco de. *Sentença criminal para concursos da magistratura.* São Paulo: Edipro, 2012.

TARUFFO, Michele. *A motivação da sentença civil.* (trad. Daniel Mitidiero, Rafael Abreu, Vitor de Paula Ramos). São Paulo: Marcial Pons, 2015.

TEODORO JÚNIOR, Humberto. *Curso de direito processual civil:* procedimentos especiais. v. 2. 51. ed. Rio de Janeiro: Forense, 2017.

TONIAZZO, Paulo Roberto Froes. *Técnica de elaboração de sentença cível:* parágrafo por parágrafo. Florianópolis: Conceito Editorial, 2014.

VALÉRIO, J.N. Vargas. *Curso Avançado de Sentença Trabalhista*. Rio de Janeiro: Forense, 2012.

WATANABE, Kazuo. Disposições gerais. In: GRINOVER, Ada Pellegrini et. al. *Código Brasileiro de Defesa do Consumidor:* comentado pelos autores do anteprojeto. 8. ed. Rio de Janeiro: Forense, 2004. p. 21-58.

EDITORA
JusPODIVM
www.editorajuspodivm.com.br

Impressão e acabamento:
Geográfica
editora